성피티의
생활
스포츠
지도사
2급 필기
합격공식

성피티의
생활
스포츠
지도사
2급 필기
합격공식

초판 1쇄 발행 2016년 3월 17일
개정 10판 1쇄 발행 2025년 2월 10일

지은이   성우재·정빛나
펴낸이   이기봉
편집   좋은땅 편집팀
펴낸곳   도서출판 좋은땅
출판등록 제2011-000082호
주소   서울특별시 마포구 양화로12길 26 지월드 빌딩 (서교동 395-7)
전화   02)374-8616~7
팩스   02)374-8614
이메일   so20s@naver.com
홈페이지 www.g-world.co.kr

ISBN   979-11-388-3827-6 (13690)

성피티의
생활
스포츠
지도사
2급 필기
합격공식

성우재 · 정빛나

2025
최신업데이트
개정판

좋은땅

머리말

2015년을 기점으로 생활체육지도자3급에서 생활스포츠지도사 2급으로 자격 명칭의 변경과 함께 자격 종목의 세분화와 더불어 시험장의 변경 등 대대적인 변화가 일어났습니다.

필기시험을 먼저 치르는 방식으로 시험 순서가 변경되면서, 필기시험은 실기 및 구술시험을 치르기 위한 하나의 관문이 되었습니다. 그리고 해를 거듭할수록 시험의 난이도가 점점 더 상승하고 있는 것을 부정할 수 없습니다.

특히 체육을 전공하지 않은 분들의 입장에서는 필기 과목들이 생소하고 부담스러울 수 있다고 생각됩니다. 제가 운영하는 성피티의 생활스포츠지도사2급 아카데미에 오시는 분들 또한 90%는 체육을 전공하지 않았고 순수하게 운동을 좋아하는 일반인입니다. 그러한 분들이 필요 이상 너무 깊이 많은 시간을 할애해서 광범위하게 공부하지 않을 수 있도록 최대한 기출문제를 중심으로 이해하기 쉽게 내용을 정리하려 부단히 노력했습니다.

공부의 시작과 끝은 기출문제입니다. 초록색으로 표시된 내용들은 모두 한 번 이상은 기출된 내용이니 이 부분들을 중심으로 공부하셔서, 좀 더 효율적으로 공부할 수 있었으면 하는 바람입니다.

스포츠지도사 시험이 점점 더 어려워지면서 필기책의 구성을 어떻게 해야 할지 고민이 많았습니다. 그러나 책을 내는 취지는 동일합니다. 체육을 전공하지 않은 분들도 실기, 구술시험에 응시하기 위해 필기 합격 커트라인을 넘을 수 있게끔 도와드리는 것. 그것이 성피티가 필기책을 내는 이유입니다. **이 책과 함께하면 스포츠지도사 시험에 충분히 합격할 수 있습니다.**

매년 기출문제는 물론이고 그에 해당하는 내용을 본문에 추가 반영하여 생활스포츠지도사2급 필기책을 출간하고 있으며, 그 노력을 알아주셔서인지 베스트셀러를 넘어서 스테디셀러로 사랑받고 있습니다. 그리고 매년 제 책을 통해 시험에 합격하신 많은 분들이 제가 운영하는 커뮤니티에도 방문하셔서 수많은 합격 소식을 전해 주십니다. 여러분이 관심과 응원에 고개 숙여 감사드립니다.

스포츠지도사 응시생분들 모두 안전하게 필기시험에 합격하여 원하시는 종목의 현장지도사로 거듭날 수 있기를 진심으로 기원합니다. 2025년에도 여러분들이 시험에 합격하실 수 있도록 진심으로 함께하겠습니다.

감사합니다.

성우재, 정빛나

자주하는 질문과 답

Q 스포츠지도사 시험은 1년에 몇 번 있나요?
A 1년에 단 한 번뿐입니다.

Q 스포츠지도사2급 시험 응시 자격이 어떻게 되나요? 체육을 전공하지 않았는데 시험을 볼 수 있나요?
A 만 18세 이상이면 체육을 전공하지 않아도 누구나 응시 가능합니다.

Q 필기시험 후 한 달 정도 뒤에 합격자 발표가 나던데, 그 전에는 합격 여부를 전혀 알 수 없나요?
A 필기시험일에 시험이 끝난 후 본인의 시험지를 가지고 나오실 수 있습니다. 그리고 당일 오후 정도에 체육지도자연수원 사이트에 문제지 및 정답가안이 올라오기 때문에 필기시험이 끝난 당일에 대략적으로 본인의 합격 여부를 판단하실 수 있습니다.

Q 필기시험을 보러 들어갔을 때, 제가 선택한 5과목에 대한 시험지만을 받아보나요? 시험 과목을 변경할 수는 없나요?
A 필기시험을 보러 가시면 모든 과목의 시험지를 받습니다. 그리고 답안지를 제출할 때 5과목의 답안지만을 제출합니다.

Q 과목당 시험 시간이 어떻게 되나요?
A 쉬는 시간 없이 모든 과목을 한번에 시험보며, 시간은 총 100분입니다.

Q 필기시험은 몇 과목을 시험 보며, 총 몇 문제인가요?
A 총 5과목을 선택하여 시험 봅니다. 과목별 20문제씩 총 100문제입니다.

Q 필기시험의 합격 기준이 어떻게 되나요?
A 필기시험의 경우 과목마다 만점의 40% 이상 득점하고, 전 과목 평균 60% 이상 득점하셔야 합니다. 즉, 과목별 과락이 되지 않으려면 20문제 중 8문제 이상을 맞히셔야 합니다. 그리고 평균을 충족하시려면 100문제 중 60문제 이상을 맞히셔야 합니다.

Q 책 내용 중 초록색으로 표시된 내용들은 무엇인가요?
A 한 번 이상 시험에 기출된 표현들입니다. 기출 표현을 중심으로 공부하면 좀 더 효율적으로 공부할 수 있습니다.

Q 책 내용 중 Tip이라고 되어 있는 내용은 무엇인가요?
A 응시생분들이 어려워하는 혹은 중요한 내용들을 Tip으로 구성해 이해를 도왔습니다.

Q 기출문제를 풀고 난 후에 답안지를 확인해보니 답안이 여러 개인 경우가 있던데요. 실제 시험 볼 때 '모두 고르시오.' 가 아니더라도 답이 두 개 같으면 두 개를 골라야하나요? 아니면 답안지 오류인가요?
A 몇몇 문제의 답이 여러 개인 이유는 시험 후 문제 오류로 복수정답이 인정되었기 때문입니다. 실제 시험을 보실 때에는 가장 정답이라고 생각하는 답 하나만 고르시면 됩니다.

스포츠지도사 시험 안내

1 자격 정의

생활/전문 스포츠지도사
학교·직장·지역사회 또는 체육단체 등에서 체육을 지도할 수 있도록 국민체육진흥법에 따라 해당 자격을 취득한 사람

노인 스포츠지도사
노인의 신체적·정신적 변화 등에 대한 지식을 갖추고 해당 자격 종목에 대하여 노인을 대상으로 생활체육을 지도하는 사람

유소년 스포츠지도사
유소년(만 3세부터 중학교 취학 전까지를 말함)의 행동양식, 신체발달 등에 대한 지식을 갖추고 해당 자격종목에 대하여 유소년을 대상으로 체육을 지도하는 사람

2 생활스포츠지도사2급 응시자격

- 각 요건 중 어느 하나에 해당되는 자격 구비 및 서류 제출
- 만 18세 이상 응시 가능

응시자격	취득절차
① 만 18세 이상인 사람	필기-실기-구술-연수(90)
② 2급 생활스포츠지도사 자격을 가지고 보유한 자격 종목이 아닌 다른 종목의 자격을 취득하려는 사람	실기-구술
③ 해당 자격종목의 유소년 또는 노인 스포츠지도사 자격을 가지고 동일한 종목의 자격을 취득하려는 사람	구술-연수(40)

3 스포츠지도사 필기시험 과목

2급 전문/생활 스포츠지도사 7과목 중 5과목 선택
- 스포츠심리학, 운동생리학, 스포츠사회학, 운동역학, 스포츠교육학, 스포츠윤리, 한국체육사

노인 스포츠지도사 필수 1과목+선택 4과목
- 필수 1과목: 노인체육론
- 선택 4과목: 스포츠심리학, 운동생리학, 스포츠사회학, 운동역학, 스포츠교육학, 스포츠윤리, 한국체육사

유소년 스포츠지도사 필수 1과목+선택 4과목
- 필수 1과목: 유아체육론
- 선택 4과목: 스포츠심리학, 운동생리학, 스포츠사회학, 운동역학, 스포츠교육학, 스포츠윤리, 한국체육사

4 생활스포츠지도사2급 자격종목 (65개 종목)

- 동계(설상): 스키
- 하계·동계(빙상): 검도, 게이트볼, 골프, 국학기공, 궁도, 농구, 당구, 댄스스포츠, 등산, 라켓볼, 럭비, 레슬링, 레크리에이션, 배구, 배드민턴, 보디빌딩, 복싱, 볼링, 빙상, 사격, 세팍타크로, 소프트볼, 소프트테니스, 수상스키, 수영, 스쿼시, 스킨스쿠버, 승마, 씨름, 아이스하키, 야구, 양궁, 에어로빅, 오리엔티어링, 요트, 우슈, 윈드서핑, 유도, 육상, 인라인스케이트, 자전거, 조정, 족구, 주짓수, 줄넘기, 철인3종경기, 체조, 축구, 치어리딩, 카누, 탁구, 태권도, 택견, 테니스, 파크골프, 패러글라이딩, 펜싱, 풋살, 플로어볼, 하키, 합기도, 핸드볼, 행글라이딩, 힙합
- ※ 계절영향이 없는 동계종목(빙상, 아이스하키 등)은 하계종목에 포함

5 유의사항

- 동일 자격등급에 한하여 연간 1인 1종목만 취득 가능(동·하계 중복 응시 불가)
- 하계 필기시험 또는 동계 실기구술시험에 합격한 사람에 대해 다음 해에 실시되는 해당 자격검정 1회 면제
- 필기시험에 합격한 해의 12월 31일부터 3년 이내에 연수과정을 이수하여야함(병역 복무를 위해 군에 입대한 경우 의무복무 기간은 불포함)
- 나이 요건 충족 기준일은 각 자격요건별 취득절차상 첫 절차의 접수마감일 기준
- 첫 취득절차가 필기인 경우 필기시험 접수마감일 기준, 첫 취득절차가 실기인 경우 실기시험 접수마감일 기준으로 나이요건(만 18세)을 충족해야 함.

6 자격검정 합격기준

- **필기시험** 과목마다 만점의 40% 이상 득점하고 전 과목 총점 60% 이상 득점
- **실기·구술 시험** 실기시험과 구술시험 각각 만점의 70% 이상 득점
- **연수** 연수과정의 100분의 90 이상을 참여하고, 연수태도·체육 지도·현장 실습에 대한 평가점수 각각 만점의 100분의 60 이상

- 체육지도자연수원 시험공고를 기준으로 작성되었으며, 추후 공고에서 일부 변경될 수 있습니다.
- 자격제도 및 자격별 응시자격 등 세부적인 사항은 체육지도자연수원 홈페이지(sqms.kspo.or.kr)를 참고해주시기 바랍니다.

목차

CHAPTER 01

스포츠사회학

성피티의 생활스포츠지도사
2급 필기 합격공식

스포츠사회학의 이해

스포츠사회학

1 스포츠사회학의 의미

(1) 스포츠의 이해

① 단순한 신체활동의 의미뿐 아니라 복잡하고 다양한 사회적인 가치와 의미 포함

② 내적/외적 동기로 유발된 개인에 의해 이루어지는 활발한 신체활동을 포함하는 제도화된 경쟁적 활동

③ 조직화되고 경쟁적인 요소를 포함하는 신체적인 활동

④ 놀이는 자발적 놀이와 조직화된 놀이로 구분할 수 있으며, 그중 조직화된 놀이를 '게임'이라고 함 → 게임은 비경쟁적 게임과 경쟁적 게임으로 나눌 수 있으며, 경쟁적 게임을 '경기'라고 함 → 스포츠는 경쟁적 게임(경기) 중 신체적 활동 요소를 포함하는 경기

⑤ 스포츠의 특성

  • 허구성: 현실에서 경험할 수 없는 다양한 경험을 가능하게 함

  • 비생산성: 재화나 상품을 목적으로 하지 않음

  • 불확실성: 경기 결과를 예측할 수 없어 대중에게 승리에 대한 기대감, 긴장 등을 제공

  • 제도화된 규칙성: 사전에 합의된 공식적으로 명문화된 규칙

  • 경쟁성: 승부를 겨루는 것으로 승자와 패자가 명확하게 구별됨

  • 신체 움직임 및 탁월성: 신체 움직임은 하나의 목적으로 간주되며, 신체적 탁월성은 승리 여부를 판가름하는 주요 요소가 됨

  • 제도화: 스포츠의 가치, 규범, 기술 등이 공식화되어 있음

<스포츠의 제도화 과정>

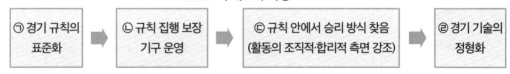

⑥ 근대(현대) 스포츠의 특성[by 거트만(A. Guttmann)]

  • 수량화(계량화): 시간, 거리, 점수 등 측정 가능한 숫자로 표현

  • 평등성: 자산, 지위, 계층과 관계없이 동일한 종목에 참여

  • 전문화: 포지션의 분화와 리그의 세분화를 촉진

  • 관료화: 규칙을 제정하고 경기를 조직적으로 운영

  • 합리화: 합리적인 의사결정에 의해 규칙과 전략이 존재, 규칙은 경쟁을 주관, 장비·기술·참가의 제한 등을 명시화

- 세속화: 즐거움, 건강, 경제적 이득, 명예 등 세속적 관심의 충족을 추구
- 기록화(기록지향): 기록을 세우고 깨뜨리는 것에 대한 강조

⑦ 놀이(play), 게임(game), 스포츠(sports)의 특성 비교

놀이	게임	스포츠
허구성	허구성	허구성
비생산성	비생산성	비생산성
자유성	불확실성	불확실성
규칙성(임의)	규칙성(관례화)	규칙성(제도화)
쾌락성	경쟁성	경쟁성
	신체기능, 전술, 확률	신체기능, 전술, 확률
		신체 움직임 및 탁월성
		제도화

(2) 스포츠사회학의 정의

① 스포츠와 사회관계에 관심을 두는 학문, 스포츠 현장의 사회구조와 사회과정을 설명하는 학문
② 스포츠 현상에 사회학적 이론과 연구 방법을 적용하여 연구하는 사회학과 스포츠 과학의 한계과학이자 분과 학문, 하위 학문, **학제적 학문**
③ 스포츠에서 나타나는 행동 유형과 사회과정에 초점을 두고 있으며, 이를 스포츠 활동이 존재하는 일반 사회구조의 측면에서 설명하는 학문
④ 스포츠 장면에서 일어나는 행동 유형과 사회과정을 일반 사회구조의 측면에서 설명하는 학문
⑤ 스포츠현장의 인간행동을 예측하고 이해하고, 스포츠의 맥락에서 인간의 사회행동 법칙을 규명
⑥ 사회행동의 과정과 유형을 스포츠의 맥락에서 설명하는 학문
⑦ 스포츠는 사회영역과 밀접한 관계를 맺고 있어 통찰과 분석이 필요함
⑧ 스포츠와 관계있는 다양한 사회문제를 사회학적 관점에서 실증적 그리고 객관적으로 연구하여 스포츠 현상의 합리화를 추구하는 과학
⑨ 스포츠 현상을 사회현상으로 규정하여 이를 사회학적 이론과 연구 방법으로 설명하는 학문
⑩ 스포츠의 관점에서 인간이 주체적으로 행하는 사회행동 법칙을 규정하는 학문
⑪ 신체문화와 스포츠에 의하여 영향을 주고받는 사회집단·사회계층의 행동과 집단이나 개인적으로 스포츠 활동에 참여하는 사회집단·사회계층을 연구하는 학문

성피티 TIP

스포츠사회학의 정의는 굉장히 자주 출제되는 문제입니다. 주요 개념을 한두 문장으로 정리할 수도 있지만, 표현이 조금만 달라져도 헷갈릴 수 있기 때문에 여러 가지 방식으로 표현된 정의를 모두 수록하였습니다. 단순히 암기하기보다는 이해하는 것이 중요합니다.

(3) 스포츠사회학의 역할

① 스포츠의 중요성과 위상을 체계적으로 주장
② 생활체육의 필요성과 당위성을 효과적으로 설명
③ 스포츠의 사회적, **문화적, 정치적,** 그리고 경제적 가치를 객관적으로 규명
④ 생활체육진흥을 위한 다양한 현실적 대안을 제시

(4) 스포츠사회학 연구의 필요성
① 스포츠의 사회적 중요성 증대
② 사회적 신념의 재확인
③ 사회영역과 스포츠의 밀접성

(5) 스포츠사회학 연구 주제
① 미시적 영역: 개인의 신체활동, 건강, 체력 증진, 일탈, 사회화, 조직, 소집단 등
② 거시적 영역: 정치, 경제, 문화, 종교, 교육 등

(6) 스포츠사회학 연구 방법
① 양적 연구방법
  • 사회적 현상 또는 다양한 경험적 자료를 계량화하여 통계적으로 분석하는 방법
  • 주로 설문지를 이용하여 자료 수집
  • 통계적인 분석을 통해 가설 검증 및 사회현상의 법칙 발견
② 질적 연구방법
  • 사회적 현상을 수집하여 해석적인 절차에 따라 유형과 특성을 파악
  • 주로 관찰 및 인터뷰 등의 방법으로 자료 수집
  • 사회현상에 대한 심층적인 이해 도모

(7) 스포츠사회학 연구 동향
① 사회적으로 이슈화된 문제를 중심으로 연구가 많이 이루어짐
② 점점 미시적 영역의 연구에서 거시적 영역의 연구로 변화
③ 점차 양적 연구방법보다 질적 연구방법을 더 많이 사용

(8) 스포츠사회학을 적용한 연구 사례
① 종교가 스포츠 보급에 미치는 영향을 분석
② 운동선수들의 은퇴 후 사회적응과정을 분석
③ 스포츠 활동과 생활만족도 간의 관계를 연구

2 스포츠의 사회적 기능
주요 기능: 사회체제 유지 및 긴장 해소

(1) 사회 정서적 기능
① 욕구 해소, 신체적·정신적 스트레스 해소, 심리적 만족 및 안정
② 공격성, 긴장감, 좌절감을 효과적으로 방출
③ 사회구성원의 긴장과 공격성을 해소해주는 기능
④ 폭력이나 일탈과 같은 부정적 행동을 예방할 수 있는 사회적 안전판의 기능

(2) 사회화 기능(역할)
① 인격 형성

- 성실, 책임감, 협동, 예의 등 바람직하고 사회가 요구하는 인격을 형성
- 학교와 가정을 통해서도 인격이 형성되나 스포츠에서는 위로부터의 간섭 없이 보다 자율적으로 독자적인 인격의 형성 및 발달이 가능

② 규율성
- 상내방을 인정하고 존중하며 규칙을 준수하고 심판의 권위에 복종할 것을 자연스럽게 가르침
- 스포츠는 목표 달성의 기준을 제시
- 승리를 위해 노력해야 하나 경기 규칙을 준수해야만 하고, 성공에는 보상이 있으나 이를 위해서는 노력과 규범의 준수가 필수적임을 깨닫게 해줌
- 규칙을 준수하지 않고 심판에 복종하지 않으면 제재가 따른다는 것도 습득하게 됨

③ 경쟁
- 경쟁을 통한 승리, 그리고 승리를 통한 보상의 기회를 제공
- 경쟁과 이를 위한 훈련은 참여자들에게 인내, 용기, 담력 등 자기발전 및 실현, 사회진보에 필요한 인성들을 갖추게 함

④ 적응
- 환경의 변화와 주변으로부터의 도전에 대응할 수 있도록 해줌
- 체력 및 정신력 향상에 긍정적이고 직접적인 영향을 줌
- 튼튼한 체력은 각 개인이 한 사회의 구성원으로서 맡은 역할을 충실하게 수행하면서 물리적 변화에 대응할 수 있는 기반이 될 뿐만 아니라 국가 군사력의 측면에서도 필수적임
- 강한 정신력은 급변하는 현대사회에서 요구되는 필수적 요소인 극기심과 인내력을 가져다줌

(3) 사회통합 기능
① 성, 연령, 계층과 관계없이 사회적 소통을 촉진
② 피부색, 종교, 민족, 지역 등의 모든 장벽을 뛰어 넘어 국민들을 하나로 뭉치게 하는 기능
- 넓은 국토에 다양한 인종이 함께 사는 미국이나 보수와 진보가 치열하게 대결하는 유럽 국가들, 그리고 정치군사적으로 적대시하는 남북한도 스포츠를 통해 국민적 화합과 단합을 꾀함
- 경제, 사회, 정치적으로 불안정한 많은 개발도상국들은 사회를 통합시키는 데 있어서 스포츠를 적극적으로 활용
  예) 2002년 한일월드컵에서 한국축구대표팀은 4강 신화를 만들었고, 이 과정에서 많은 국민들이 길거리 응원에 참가하며 국가에 대한 애착심과 소속감을 되새김

(4) 사회통제 기능
① 지배층은 문화를 통해 피지배층의 여가활동과 관심, 그리고 이에 따르는 취향, 의식, 가치관, 태도 등을 그들이 원하는 방향으로 이끌어 가려고 함
② 스포츠는 대중의 관심을 끄는 데 가장 효과적이고 특히 강압이나 힘에 의존한다는 비난 없이 사회통제를 이룰 수 있는 매개체
③ 과거 사회주의와 공산주의 국가들, 그리고 몇몇 독재국가들에서는 지배층의 이데올로기를 주입하고 사회통제와 안정을 실현하는 수단으로 스포츠를 이용해 옴
④ 적용 사례
- 정치인들이 국민의 스포츠에 대한 관심을 증대시켜 정치적 무관심을 유도
- 정치인들이 스포츠 경기를 자신의 이익이나 권력을 공고히 하는 데 이용
- 1980년대 우리나라의 3S 정책의 하나로 스포츠를 이용

(5) 신체소외
① 스포츠 참가자의 신체가 돈을 벌기 위한 도구로만 인식됨
② 스포츠선수의 신체는 기록 경신과 승리 등을 위한 도구로 전락

(6) 과도한 상업주의
① 자본주의와 함께 스포츠산업이 확산되면서 자본가들이 스포츠 산업에 투자하여 부를 축적

(7) 성차별
① 스포츠가 남성의 전유물이라는 고정관념이 여성들의 스포츠 참여를 어렵게 함

성피티 TIP

2 스포츠의 사회적 기능 중 (1), (2), (3)은 순기능, (4), (5), (6), (7)은 역기능에 해당합니다. 순기능과 역기능을 잘 구분하시기 바랍니다.

3 스포츠와 사회이론

(1) 구조기능주의 이론
① 사회를 하나의 유기체에 비유하면서 인간의 여러 신체기관들이 하나의 구조를 이루고 그 기능을 원활하게 수행할 때 건강을 유지할 수 있는 것처럼 사회는 하나의 실체이며 구성원들이 자신의 역할을 충실히 수행할 때 건강한 사회가 유지될 수 있음
② 사회의 주요 구성체인 교육, 종교, 경제, 스포츠는 사회·정서적 기능, 사회 통합 기능, 사회계층 이동 기능, 사회화 기능, 정치적 기능 등을 수행하며 사회 유지에 기여함
③ 파슨즈(T. Parsons)의 AGIL 모형에 근거한 사회적 기능
   • 적응(Adaptation) 기능: 사회구성원들이 사회 환경과 조화를 이루고 환경의 요구들에 잘 대처하는 것
      - 스포츠는 사회구성원에게 현실에 적합한 사고, 감정, 행동양식 등을 학습할 수 있는 장을 마련해줌
      - 스포츠는 개인의 체력 및 건강증진을 도모하여 효율적으로 사회 활동에 참여할 수 있게 함
   • 목표성취(달성)(Goal attainment) 기능: 목적을 달성하기 위한 방법 및 수단을 제공함으로써 구성원들의 동기 부여 및 사회적 만족감을 부여하는 것
      - 스포츠에서의 성공신화 및 보상 등은 경쟁을 통한 성공을 사회의 기본적인 목표로 설정함으로써 누구든지 노력을 통해 사회적 지위 또는 부를 성취할 수 있음을 전달함
   • 사회통합(Integration) 기능: 사회 각 부분을 관리하여 조화로운 사회관계를 유지하고 일탈행위가 발생할 경우 이를 바로잡는 기능
      - 스포츠는 사회구성원을 결집시키고 조직의 일체감을 조성함
      - 스포츠는 우호적인 인간관계를 형성하고 강화시키며, 인간소외와 일탈문제를 해결함
   • 체제유지 및 관리(Latent pattern maintenance) 기능: 사회의 주요 가치관을 지속적으로 재생산함으로써 현존하는 사회관계들이 존속할 수 있도록 하는 것
      - 스포츠는 사회의 규범과 가치를 구성원에게 학습시키고 내면화시킴으로써 사람들을 순응시키는 기능을 수행함

- 스포츠는 경기 성적에 따른 계층 서열화 및 이에 따른 차별적 보상 등을 통해 위계적 사회관계를 자연스러운 현상으로 비춰질 수 있도록 함

(2) 갈등 이론

① 지배계급은 피지배계급을 억압하고 착취함
② 재화의 불평등한 분배는 사회의 본질적 속성임
③ 스포츠는 일부 지배계급에 의해 그들의 이익을 증대시키는 데 이용됨
④ 스포츠는 지배집단의 현상 유지를 위한 도구로 유순한 노동력을 기르는 데 기여함
⑤ 스포츠는 자본주의 사회의 특정한 이데올로기를 전파하며, 상업화되어 일부 자본가들이 독점하고 있는 시장에 의한 지배를 받고 있음
⑥ 스포츠의 사회적 기능: 사회갈등 유발, 사회통제, 신체 소외, 과도한 상업주의, 성차별 및 인종차별 등

(3) 비판 이론

① 자본주의의 사회적 모순에 관한 비판
  • 자본주의사회에서 관료집단이나 정치체계의 합리성은 증대되었으나, 자유와 인간성은 더욱 억압되었다고 봄
  • 자본주의 체제의 도구적 이성을 타파할 수 있는 것으로 '실천적이고 비판적인 이성'을 강조함
② 정통 마르크스주의에 의한 인간해방의 개념을 재구성
  • 근대사회의 문화 형태는 자본주의적 경제관계의 산물에 불과하다는 마르크스적 인식을 부정하고, 문화의 사회성과 자율성 문제에 주목
  • 법, 정치, 예술, 종교 등 마르크스주의에 있어 경제적 요인에 의해 좌우되는 것으로 여겨지던 문화영역은 사실 이데올로기로 작용하면서 기존의 계급위치를 더욱 강화할 뿐 아니라 개인의 자유와 인간성을 억압한다고 봄

(4) 상징적 상호작용론

① 과정을 중시하고 인간의 상호작용에 초점을 맞추고 있는 미시적 이론
② 인간은 사회제도나 규칙에 대해 능동적으로 사고하고 해석하며 의미를 부여하는 성찰력있는 존재
③ 개인의 행동이나 사고는 사회의 영향을 받는 동시에 사회를 구성하고 변화시키는 역할을 함
  예) 스포츠 팀의 주장은 리더십이 필요하기 때문에 점차 그 역할에 맞는 리더십을 발휘함

(5) 교환 이론

① 비용과 보상을 바탕으로 하는 인간의 상호작용을 설명하는 미시적 이론
② 개인의 사회적 관계에 초점을 두고 인간의 상호작용을 설명하는 이론

성피티 TIP

구조기능주의 이론과 갈등 이론은 거시적 이론에 속하고, 상징적 상호작용론과 교환 이론은 미시적 이론에 속합니다. 구분하시기 바랍니다.

스포츠와 정치

2

스포츠사회학

1 스포츠와 정치의 결합

(1) 에티즌(D. Eitzen)과 세이지(G. Sage)가 제시한 스포츠의 정치적 속성

① 대표성
  - 소속 조직에 대한 대표성을 가지며, 스포츠 경기에 수반되는 의식과 행동은 선수의 충성심을 상 징적으로 재확인하는 것에 목적이 있음
  - 스포츠 조직은 구호, 응원가, 유니폼, 마스코트 등의 상징을 통해 조직에 대한 선수의 충성심을 지속시키거나 강화함

② 권력투쟁
  - 다양한 팀, 리그, 선수단체 및 행정기구는 각각의 특성에 따라 불평등하게 배분된 자원과 권한 을 갖게 되고, 더 많은 권한을 갖기 위해 대립적 갈등을 겪게 됨
  - 선수와 구단주 간, 리그 간, 행정기구 간, 조직들 간에 존재

③ 상호의존성
  - 스포츠는 국가 홍보 역할을 하고(국위선양), 국가는 스포츠에 혜택을 부여
    예) 올림픽에 출전하여 메달 획득 시 군 복무 면제 **및 연금 지급, 기업체에 대한 조세감면 혜택**

④ 긴장관계
  - 스포츠와 정치 간의 밀접한 상호관계 성립
  - 스포츠는 정치적 표현의 장, 외교적 항의, 외교적 친선 및 승인

⑤ 보수성
  - 보수적인 성향을 지니고 있어서 현존하는 질서를 지지하고 유지하려 함
  - 스포츠 경기에 수반되는 애국 의식은 정치체계를 강화시키는 역할을 함

(2) 스포츠의 정치적 순기능

① 국민 화합의 수단: 사회통합 및 애국심 고취, 일체감 조성, 민족주의 강화
② 외교적 소통 창구: 국가 간 화해와 대화의 발판을 마련하는 효과적인 외교 수단
③ 사회 규범 및 준법정신 교육
④ 생산성 증대: 국민의 신체적·정신적 건강 향상
⑤ 사회운동의 수단: 집단의식을 통하여 새로운 방향이나 형태를 지향

(3) 스포츠의 정치적 역기능

① 국가 간 정치적 이데올로기 충돌: 정치적 우월성을 입증하는 수단으로 사용되기도 하며, 국가 간 이 념의 대립으로 인해 갈등을 조장하여 전쟁을 유발하기도 함
② 지배 권력 형성 및 유지의 정당성 부여: 정치적 무관심 유발 및 정치적 참여 방해
③ 국수주의적 배타성 조장: 극단적 국가주의를 초래할 수 있음

(4) 스포츠와 정치의 결합 방법

① 상징
- 직접 자각할 수 없는 의미나 가치 등을 유사적인 표현을 사용해 구상화하는 것
- 스포츠에 참여하는 선수나 팀이 스포츠 경기 자체를 뛰어넘어 특정 집단을 대리 또는 대표하는 것으로 의미가 확장되는 것
- 운동선수가 국가를 대표하는 것
- 스포츠를 수용하는 대중의 인식
  - **예)** 경기 전 국가연주, 국기에 대한 경례 등의 의식, 선수 복장, 태권도는 대한민국 국기(國技)

② 동일화
- 자신과 타인이 일치된 상태
- 스포츠를 통하여 스포츠의 영웅이나 국가와 동일화시킴
- 스포츠에 대한 대중의 태도, 대중은 선수나 팀을 자신과 일치시키는 태도를 형성함
  - **예)** 올림픽에서 금메달 수상 장면을 보면서 내가 획득한 것처럼 눈물을 흘리는 것

③ 조작
- 정치권력이 인위적 개입을 통해 상징 등의 효과를 극대화하는 것
- 정치인의 비리, 부정 등을 은폐하기 위해 스포츠를 이용
- 조작을 통해 정치권력의 정당성을 부여
  - **예)** 정부의 3S(sports, screen, sex) 정책, **선동적 행위 조작**

2 스포츠와 국내정치

(1) 국가가 스포츠에 개입하는 원인(목적, 의미)

① 사회질서 유지 및 보호
- 스포츠의 합법적 형태, 조직 방법, 스포츠 이용 대상자, 시설 이용에 관한 규칙과 법률을 제정
- 시설과 이용자의 갈등을 제도나 규칙을 통하여 해소하고, 이용자가 언제 어디서나 자유롭고 안전하게 이용할 수 있도록 안전을 보장
  - **예)** 공공질서를 보호하기 위해 공원에서 스케이트보드 금지 및 헬멧 착용 등의 도시조례를 제정, 체육을 포함한 교육 현장의 양성 평등을 위해 Title IX을 제정

② 국민건강 증진과 체력 향상 및 여가 기회 제공
- 스포츠 활동 참여는 국민의 체력을 유지하고 향상시키며, 향상된 체력은 국민의 건강을 유지하고, 좋은 건강은 의료비 지출을 감소시킴
- 국민의 건강과 체력은 산업생산력과 국민의 만족감을 향상시켜 삶의 질을 향상시킴
- 국민의 스포츠 활동 참여를 촉진시켜 국민 각자의 건강을 증진시키고 체력을 향상시키기 위한 적극적인 지원 활동 내용을 정책적으로 수행
  - **예)** 시민들의 건강 및 체력유지를 위해 체육단체와 반도핑 기구에 재원을 지원

③ 국가 권위의 향상: 국위선양 및 경제 발전에 기여

④ 국민의 정체감, 소속감, 단결심 고취: 스포츠를 통하여 국민의 정체감을 형성하고 국민을 하나로 결집시키기 위하여 스포츠에 개입
  - **예)** 우리나라 팀을 응원할 때 태극기를 흔들고 애국가를 부르며 우리 팀이 승리하기를 열망하는 국민적인 정서적 일체감이 곧바로 국가에 대한 소속감을 형성하고 국민적 단결을 높이는 기능을 발휘함

⑤ 정치적 이념(지배이데올로기)에 부합하는 가치나 성향의 강조
- 스포츠는 힘든 과정을 이겨내는 인내심과 집단에 충성하는 충성심을 강조하며, 목표 달성과 성공을 최대 덕목으로 삼음
- 정부는 국민들에게 근면과 노력을 요구하고 경쟁을 통한 성공을 요구하기 위하여 스포츠를 이용

⑥ 정부와 정치지도자에 대한 국민적 지지 확보
- 정치체제의 합법성을 강화하고 정치제도 내의 지배계급을 지원하기 위하여 스포츠를 이용
- 자신이 후원하는 스포츠 활동에 참여하는 사람들에게 즐거움과 가치를 줄 수 있다면 자신의 정치적 합법성이 증가한다고 믿음
- 각종 스포츠 활동을 지원하고, 중요한 대회에 참석하고자 노력

3 스포츠와 국제정치

(1) 국제정치에서 스포츠의 역할
① 국위 선양
  예) 2002년 한일월드컵 4강 진출로 대한민국이 축구 강국으로 인식, 88서울올림픽에서 많은 메달을 획득하고 대회를 성공적으로 개최한 결과 우리나라의 국제적 위상이 향상됨
② 국제 이해와 평화
- 다른 나라에 대한 편견이나 오해를 줄이게 해줌
- 다른 나라의 가치체계나 문화에 대한 이해를 증대시켜 국제적 대화를 가능하게 함
③ 이데올로기 및 체제 선전의 수단(정치이념 선전)
  예) 1936년 베를린올림픽에서 나치즘의 정당성과 우월성 과시
④ 외교적 친선 및 승인: 스포츠 조직 간의 교류를 통하여 협력관계를 형성하고 대화관계를 증진함
  예) 2018년 평창동계올림픽에서 남북한 여자 아이스하키 단일팀이 구성되었으며, 이를 계기로 그동안 중단되었던 남북교류가 다시 활성화되고 있음
⑤ 외교적 항의
  예) 남아프리카공화국의 인종차별정책(아파르트헤이트)에 반대하는 많은 국가들이 남아프리카공화국에서 개최된 국제대회에 불참하고 남아프리카공화국 선수들은 올림픽을 비롯한 국제대회의 참여가 거부됨, 구소련의 아프가니스탄 침공을 문제 삼아 미국을 비롯한 서방국가들이 1980년 모스크바올림픽 경기대회에 불참(서방 국가들의 보이콧 선언)
⑥ 국가 경제력 표출
⑦ 갈등 및 전쟁의 촉매

(2) 올림픽 경기의 정치화 요인
① 민족주의 심화
- 민족주의는 국가에 대한 충성심과 헌신을 요구하며 자민족 중심의 문화와 이익을 대변하는 욕구를 반영
- 올림픽을 정치화시키고 해당 국가의 이익을 강조
② 정치권력 강화 및 보상
- 정치적 목적에 따라서 국가 정책의 수단으로 활용
- 국가이념이나 정치체제 강화 및 국민 단결

③ 상업주의 팽창
- 통신수단 및 대중매체의 발달로 올림픽 경기는 상업적 이윤을 추구할 수 있는 투자 대상으로 부각됨
- 국제올림픽위원회도 올림픽 사업을 확산시키기 위한 재원의 부족을 충당하는 방안으로 방송중계, 로고 사용 등을 허용

올림픽에서 스폰서십(sponsorship)을 시행함으로써 IOC는 기업으로부터 금전 및 물자를 제공받고, 기업은 자사 제품 광고 및 홍보에 올림픽 공식 로고와 휘장을 사용할 수 있는 권한을 얻는다.

(3) 역대 올림픽 경기에서 정치가 영향을 미친 사례
① 베를린올림픽(1936년): 히틀러 정부는 나치의 민족우월주의를 선전, 나치의 이념과 민족주의를 과시, 게르만족의 우월성을 강조, 정치이념 선전
② 멜버른올림픽(1956년): 네덜란드, 스페인, 스위스는 소련의 헝가리 침공에 항의하며 불참
③ 도쿄올림픽(1964년): 인도네시아가 아시안 게임에서 대만과 이스라엘 선수단을 제외시킨 것을 이유로 인도네시아의 참가를 거절, 인도네시아는 GANEFO를 조직
④ 멕시코올림픽(1968년): 미국 흑인 육상선수들이 시상대 위에서 인종 차별에 대해 항변하는 시위를 함, 정치적 이슈의 쟁점화
⑤ 축구전쟁(100시간 전쟁): 1969년 중남미 월드컵 지역 예선 경기에서 발생하였으며, 온두라스와 엘살바도르 간의 갈등이 심화되어 일어난 전쟁을 의미함
⑥ 핑퐁외교(1971년)
- 일본 나고야에서 열렸던 세계탁구 선수권대회에 중국 선수단이 참가하고 뒤이어 이 대회에 참가했던 미국 탁구선수단과 기자들이 중국을 친선 방문한 것이 계기가 되어 오랫동안 적대적으로 대립해 왔던 미국-중국, 일본-중국의 관계가 개선된 사건
- 탁구를 통해 미국과 중국의 수교를 튼 스포츠외교(외교적 도구), 정치적으로 앙숙인 국가들이 정치색이 적은 스포츠를 매개로 관계 개선에 성공한 대표적 사례로 언급되고 있는 역사적으로 매우 의미 있는 사건
⑦ 뮌헨올림픽(1972년): 팔레스타인의 과격 단체 '검은 구월단' 소속 테러리스트 8명이 이스라엘 선수단 숙소를 습격해 이스라엘인 2명을 사살하고 선수 9명을 인질로 납치하는 사건, 검은구월단 테러리스트에 의한 이스라엘 선수촌 총격 난사 사건 발생, 국가 간 갈등 및 적대감이 올림픽을 통해 표출된 테러 사건
⑧ 몬트리올 대회(1976년): 대만이 올림픽에서 축출당하고 아프리카 국가들이 뉴질랜드팀의 남아프리카 럭비대회 참가를 항의하여 대회 불참, 집단 항의
⑨ 모스크바올림픽(1980년): 미국은 구소련의 아프가니스탄 침공에 항의하며 불참, 소련의 아프가니스탄 침공에 항의하여 미국을 비롯한 서방 자유주의 국가의 불참, 이념 대립 표출
⑩ LA올림픽(1984년)
- 1980년 모스크바올림픽 당시 자유진영 국가들의 보이콧에 대한 보복으로 구소련, 동유럽국가들, 쿠바 등 공산진영 국가들이 대회 참가를 거부
- 소련을 비롯한 사회주의 국가들이 미국의 그라나다 침공을 이유로 불참하였으나 중국은 처음으로 올림픽 대회에 참가, 이념 대립 표출
⑪ 헤이젤 참사(1985년): 1985년 5월 29일 유러피언컵 결승전이 열린 벨기에 브뤼셀의 헤이젤 경기장에서 이탈리아의 유벤투스 FC와 잉글랜드 리버풀 FC 서포터 사이에 벌어진 싸움으로 인해 39명이 사망하고 454명이 부상당한 사건

⑫ 서울올림픽(1988년): 동서화합의 자리를 마련하였으나, 북한의 정치적 위협과 국내의 정치적 갈등과 대립 현상 초래

(4) 올림픽 경기의 개선 방안
① 선수들의 유니폼 착용 배제
  - 선수들의 유니폼은 각 선수가 소속한 국가의 정치적 상징임
  - 선수 개인에게 관심을 가지고 민족주의를 방지하기 위해서 유니폼 착용을 막음
② 입장식을 개선
  - 선수단의 입장을 국가별로 하는 것은 민족주의의 표출 방식임
  - 선수단의 입장은 각 경기 종목별로 하며 깃발도 국기가 아닌 종목을 표상화한 깃발을 사용
③ 시상식에서의 국가연주와 국기게양 배제
  - 선수를 국가 대표 존재로 인식하기보다 모든 인류의 대표로 인식
  - 시상식에서 국가 대신 올림픽 송가를 연주하고 국기게양 대신 올림픽기를 게양함으로써 올림픽 대회에서의 정치적 요소를 배제시킴
④ 국가별 메달집계 중지: 올림픽 대회에서 메달집계를 강조하는 것은 국가 간의 정치적 차이를 강조하는 국수주의자들의 행동임
⑤ 팀 스포츠의 개선: 팀 스포츠는 선수나 관중에게 올림픽 경기가 국가의 위신과 명예를 획득하기 위하여 승리를 추구하는 기회임을 강조하기 때문에 스포츠를 통한 우호관계의 형성을 어렵게 함
⑥ 부유한 계층의 스포츠 종목 폐지: 모든 국가가 경제적 제약 없이 참여할 수 있는 종목의 개발
⑦ 올림픽 모토의 개선
  - 올림픽 모토인 "더 빨리, 더 높게, 더 강하게"는 참여를 중요시하기보다는 결과에 중점을 두고 있음
  - 올림픽 모토는 참가 선수 사이의 친선과 페어플레이를 강조하는 내용으로 개선되어야 함
⑧ 올림픽 개최지의 다양화: 올림픽 대회에 투입하는 국가재정은 사회간접시설이나 국민 복지 정책 예산의 감소 효과를 나타내어 사회적 갈등을 야기시키므로, 올림픽 대회 개최지를 다양화하는 것이 바람직함

4 스포츠와 남북관계

(1) 남북한 스포츠 교류의 의의
① 역사적으로 전통성을 지닌 문화행사
② 한민족 가치 회복에 많은 영향을 미침
③ 스포츠를 매개로 국제 외교 가능

(2) 남북한 스포츠 교류의 기능
① 양국 간의 갈등을 해결하는 가교 역할 수행
② 민족적 동질성 회복 및 정체성 확립에 기여

(3) 남북단일팀 추진의 긍정적인 효과
① 긴장 완화 및 평화 분위기 조성
② 평화 올림픽에 대한 홍보

③ 세계 각국에 한반도 평화와 통일에 대한 의지 천명
④ 남북 대화와 북핵 문제 해결의 계기로서 기회 제공
⑤ 전쟁 위기를 고조시키려는 여러 세력들의 입지를 약화시킴

(4) 남북단일팀 추진의 부정적인 효과
① 국가를 위한 선수들의 희생 강요 및 합리화
② 대회 출전 기회 감소, 경기에 출전하지 못하는 선수 발생

(5) 스포츠 남북 교류 역사상 남북 단일팀이 구성된 사례
① 1991년 4월: 일본 지바에서 열린 제41회 세계 탁구 선수권 대회(코리아: 홍차옥, 현정화, 리분희, 유순복)
② 1991년 6월: 포르투갈 리스본에서 열린 FIFA 세계 청소년 축구 선수권 대회
③ 2011년 11월: 카타르 도하에서 열린 피스앤드스포츠컵(탁구)
④ 2018년 2월: 대한민국 평창에서 열린 2018년 동계 올림픽(아이스하키 여자)
⑤ 2018년 7월 4일: 평양시에서 열린 남북 통일농구대회
⑥ 2018년 8월: 인도네시아 자카르타, 팔렘방에서 열린 2018년 아시안 게임(여자 농구, 카누 용선, 조정)
⑦ 2018년 9월: 아제르바이잔, 바쿠에서 열린 2018년 세계 유도 선수권 대회 혼성단체전
⑧ 2018년 10월: 인도네시아 자카르타에서 열린 2018년 장애인 아시안 게임(수영, 탁구)
⑨ 2019년 1월: 독일·덴마크에서 열린 2019년 세계 남자 핸드볼 선수권 대회

성피티 TIP

스포츠 남북 교류 역사상 남북 단일팀이 구성된 최초의 사례는 1991년 일본 지바에서 열린 세계 탁구 선수권 대회입니다. 그리고 올림픽에서의 최초 단일팀은 2018년 평창 동계 올림픽 여자 아이스하키입니다. 꼭 구분하시기 바랍니다.

1 상업주의와 스포츠

(1) 스포츠 산업의 영역
① 스포츠 용품 사업: 스포츠 산업은 개발도상국에서 많이 생산하여 수출하고 있어 국가 간의 국제교역의 중요 품목, 스포츠 용품의 발전은 일반인의 스포츠 참여를 확산시키는 동시에 경제를 발전시키는 역할을 수행
② 스포츠 시설 사업
- 수많은 경기장과 레크리에이션 시설 건설
- 교량, 도로, 하천, 항만과 같은 사회간접자본의 건설도 병행
③ 기념품 제조 및 판매 사업: 수입을 늘리기 위하여 로고가 새겨진 기념품, 음식, 음료수를 판매
④ 관광 사업: 대회에 참가하는 선수단, 기자단뿐만 아니라, 대회를 관람하기 위하여 모여드는 방문객이 지불하는 호텔비, 식비, 교통비는 지역경제에 큰 영향을 미침
⑤ 광고 사업: 각 기업은 각종 경기에 막대한 규모의 홍보비를 투자, 광고를 통하여 기업의 이미지를 널리 알리고 매출액을 늘리기 위한 경영 전략의 일환(스포츠 커뮤니케이션)
⑥ 고용사업: 취업기회 제공 및 일자리 증가

(2) 현대 스포츠 발전에 영향을 미친 사회적 요인
① 산업의 고도화: 스포츠 용품의 대량생산 및 용구의 표준화, 여가시간 증가 및 생활수준 향상
② 도시화: 노동자들이 일자리가 많은 도시로 이동(인구의 고밀도화), 일상 탈출 욕구 및 여가 수요 증대, 쾌적한 생활환경으로 인해 스포츠 참가 증가, 프로스포츠 형성에 기여
③ 교통·통신의 발달: 수송체계가 원활해지면서 다양한 스포츠 행사가 열림, 인적 이동 및 물류 이동의 원활, 정보 유통의 원활로 스포츠 저널리즘 발달

(3) 상업주의 스포츠 출현 및 발전의 사회·경제적 조건
① 자본주의적 시장 경제 체계
② 인구가 밀집되어 있는 도시
③ 스포츠 기반시설 구축을 위한 거대 자본, 자본의 집중
④ 소비를 강조하는 문화
⑤ 경제적 여유가 있는 소비자

(4) 상업화된 스포츠의 성장 요인
① 개인의 스포츠 소비 증가
- 개인의 스포츠 소비: 개인이 스포츠와 관련된 욕구를 충족시키기 위해서 스포츠와 관련된 재화를 소모하는 것
- 상업스포츠나 비상업스포츠(동호회 회비, 스포츠교실 참가비 등)에 사용된 비용이 모두 포함됨
  예) 스포츠 용품의 구입비, 관람을 위한 입장료, 스포츠 시설의 이용료, 교습 비용, 이벤트 참가에 드는

비용, 스포츠 정보의 이용료, 스포츠 활동을 목적으로 조직되는 관광 비용 등
② 대중매체의 변화: 방송의 기술 환경 변화
③ 기업의 스포츠 투자 증가
④ 스포츠 참여 인구의 증가

(5) 기업의 스포츠 투자 형태
① 직접 투자
- 상업스포츠 시설 건설 및 운영, 프로구단 설립 및 운영
  예) 스키장, 골프장, 종합체육시설 등
- 관람스포츠에 자본 투자
  예) 프로구단의 소유 및 운영
② 간접 투자
- 스포츠 스폰서십: 운동선수나 팀, 연맹, 협회, 스포츠 행사에 현금이나 물품 또는 노하우나 조직적 서비스를 제공하는 행위
  예) 협찬, 기부금, 월드컵이나 올림픽 등 대형 국제운동경기 대회 공식 후원

(6) 스포츠의 상업화로 인한 변화
① 스포츠 목적의 변화
- 아마추어리즘 약화 및 프로페셔널리즘 추구
  - 아마추어리즘보다 흥행에 입각한 프로페셔널리즘을 추구
- 흥행을 통한 이윤 추구(관중의 흥미 유발)
- 관중의 흥미 유발을 위한 4가지 요인
  - 선수의 탁월한 기량, 경기에 참가한 선수나 팀에 대한 관중의 애정
  - 예측 불가능한 경기 결과(경기 결과의 불확실성)
  - 선수들이 경기에 집중할 수 있도록 하는 높은 보상(재정적 보상)
  - 경기 내 재미있고 극적인 장면들
② 스포츠 구조의 변화: 규칙 및 제도의 변화
- 빨라진 경기 진행 속도: 관중이 지루하지 않도록 스피디한 경기 진행
  예) 경기 시간 제한
- 득점체계 다양화: 경기가 좀 더 박진감이 있도록 득점을 늘릴 수 있는 규칙
  예) 농구의 3점 슛
- 경기력의 균형: 경기 결과가 불명확하도록 팀 간의 경기력 균형
  예) 샐러리캡 제도, 드래프트 제도
- 극적인 요소의 극대화: 관중은 극적인 경기 결과를 만드는 경기나 극적으로 경기를 역전시키는 선수를 좋아함
  예) 연장전, 승부차기
- 선수와 팀에 대한 관중의 애정 고조를 위한 다양한 이벤트
- 광고를 위한 경기시간 조정: 경기 도중 광고할 수 있는 휴식 시간을 확보하는 규칙
  예) 농구의 경우 전·후반전에서 쿼터제로 변화
③ 스포츠 내용의 변화: 선수 및 코치의 경기 성향 변화
- 참여보다 승리 및 성공에 가치 부여

- 심미적 가치보다 영웅적 가치를 중요시함
- 경기 내적인 요소보다 외적인 요소를 중요시함
- 관중의 이목을 끌기 위한 선수의 위험한 플레이나 과감한 플레이

<상업화에 따른 스포츠 경기의 지향성 변화>

전(前)	후(後)
심미적 경향 중심	영웅적 경향 중심
움직임의 즐거움과 아름다움	움직임의 환희와 위험성
기술기능의 숙달과 능력	극적표현의 숙달과 표현성
한계를 탐색	한계에 도전
참여자로 활동에 참여	팀의 승리와 성공에 참여

④ 스포츠 조직의 변화
- 스포츠 조직의 관료화 및 세계화, 스포츠 조직의 수익성 및 경영효율성 중시
- 상업화는 스포츠를 통제하는 스포츠 조직을 변화시킴
- 스포츠 조직은 경기력 향상, 신기술 개발과 같은 경기의 내면적 성과보다 개·폐회식과 같은 의전행사, 식전과 식후 공개 행사, 경품 규모, 대회 수입, 관중 수, 매스컴의 반응과 같은 경기 외적 요소에 초점을 맞춤
- 스포츠 조직은 관중에게 흥미를 제공하고 경제적 이익의 증대에만 관심을 두게 됨
  예) 2013년 미국프로야구 LA 다저스와 신시내티 레즈의 경기에서 한국의 류현진 선수와 추신수 선수 간의 맞대결이 펼쳐지자 한국의 걸그룹 소녀시대를 초청하여 애국가를 제창하게 하고, 각종 의전행사 및 경품행사를 개최함

⑤ 스포츠와 도박
- 경기 결과를 예측할 수 없는 불확실성과 경기 결과의 확률성은 관중들로 하여금 내기를 성행하게 만듦
- 스포츠에서 도박은 주로 프로스포츠 종목에서 성행하고 있으나 사회적으로 문제가 되고 있는 것은 비합법적 도박 행위
- 불법 도박은 탈세, 승부 조작, 담합, 선수에 대한 금전 제공, 폭력 등과 같은 반사회적 행위를 유발하며, 순수한 스포츠팬을 스포츠 현장에서 떠나게 만드는 중요한 원인이 된다는 점에서 스포츠 발전의 위험 요소임

⑥ 스포츠의 직업화, 직업선수의 등장

(7) 프로스포츠의 성장
① 스포츠가 일반 국민의 여가활용 방법으로 등장하고 방송매체를 통한 홍보 효과가 증대되면서 스포츠는 기업가의 투자 대상으로 부상
② 스포츠를 직업으로 하는 직업적 선수와 구단, 프로모터, 광고회사, 기업가와 후원가 등이 프로스포츠를 형성

(8) 프로스포츠의 순기능
① 일반 국민에게 흥밋거리를 제공하여 개인의 여가활용과 스트레스 해소 및 생활의 활력소 역할
② 일반 국민의 스포츠 참여를 확산시키고 사회적 긴장 해소

③ 지역사회 연대감 증대 및 팀이 소속한 지역주민의 공동의식 유발
④ 지역 경제의 활성화와 지역 사회 발전의 기회 제공
⑤ 스포츠 참여를 통한 스포츠의 대중화
⑥ 아마추어 스포츠의 활성화
⑦ 아마추어 선수의 은퇴 후 취업할 수 있는 기회를 제공하여 선수의 경기력 향상에 도움을 줌
⑧ 스포츠 용품의 개발, 마케팅 전략 개발 등 스포츠 관련 산업의 발전을 촉진시킴

(9) 프로스포츠의 역기능
① 스포츠의 물질만능주의 확대
② 인기종목과 비인기종목의 불균형 초래(심화)
③ 우수 선수의 스카우트 경쟁 과열, 심화
④ 아마추어 선수의 조기은퇴를 유도하여 엘리트 스포츠의 경기력을 저하시킴
⑤ 스포츠의 상업화로 인한 아마추어리즘(아마추어 정신)의 퇴보(퇴색)와 스포츠 본질 왜곡
⑥ 선수 및 지도자의 경기 결과 조작 등 불법 행위 발생
⑦ 합법적 도박 기회의 발생으로 국민들의 사행심 조장
⑧ 스포츠 도박의 성행
⑨ 경기 규칙을 변화시키고 비정규종목을 창조하여 기존의 스포츠 질서를 흔듦

(10) 우리나라의 프로스포츠
① 한국의 프로스포츠는 복싱과 레슬링을 시작으로 프로야구, 프로축구, 프로농구, 프로배구 등의 발전이 가속화 됨
② 우리나라의 프로스포츠 구단은 대기업의 사회 환원 도구로 인식되는 경향이 있음

(11) 프로스포츠 제도
① 드래프트(Draft): 프로스포츠리그의 신인선수 선발 방식 중 하나이며 신인선수 쟁탈에 따른 폐단을 막기 위해 도입됨, 계약금 인상 경쟁을 막기 위한 방법으로 고안됨, 신인 선수를 선발할 때 지난 시즌에서 성적이 좋지 않았던 팀에게 성적이 좋은 팀보다 먼저 선수를 고를 수 있는 선택권을 주는 것, 전력이 약한 팀이 기량이 뛰어난 선수를 영입해 팀 성적을 향상시킬 수 있는 기회를 갖게 되어 팀들의 전력 평준화를 유도함
② 보류(유보)조항(Reserve Clause): 한 선수가 특정 구단과 계약을 맺고 나면 그 구단이 선수에 대한 모든 권리를 독점적으로 행사할 수 있도록 하는 제도로 일정 기간 선수들의 자유로운 계약과 이적을 막아 선수단 운영비를 줄이기 위한 목적으로 도입됨
③ 웨이버 조항(Waiver Rule): 프로스포츠 구단이 소속 선수와의 계약을 해지하고 다른 구단에게 해당 선수를 양도받을 의향이 있는지 공개적으로 묻는 제도, 기량이 떨어지거나 심각한 부상을 당한 선수를 방출하는 수단으로 이용, 구단에서 선수에 대한 권리를 포기하는 것
④ 샐러리 캡(Salary Cap): 팀에 소속된 전체선수의 연봉 총액 상한선에 대한 규정으로 스포츠 스타들의 과도한 몸값을 제한하기 위한 제도
⑤ 트레이드(Trade): 스포츠 팀 간 선수들을 맞바꾸는 이적 방법으로 전적으로 구단에 권리가 있음, 선수와 선수를 맞바꾸는 트레이드뿐만 아니라 돈을 주고 선수를 받아오는 현금 트레이드와 조건 없이 선수를 내주는 무상 트레이드도 있음
⑥ 최저연봉제: 프로선수들이 생계고민 없이 운동에 전념할 수 있도록 구단이 지불해야 하는 연봉의

최하한선

⑦ 에이전트(대리인) 제도: 스포츠 선수를 대신해서 연봉 협상이나 광고 계약 및 다른 구단으로의 이적 등에 관한 업무를 처리해주는 법정 대리인

⑧ 자유계약제도(Free Agent, FA): 일정기간 프로선수로 재직한 사람에게 자신의 뜻대로 구단과 협상할 권리를 주는 제도

2 스포츠 메가 이벤트(국제 스포츠 이벤트)의 경제

(1) 스포츠 메가 이벤트의 긍정적 효과

① 고용 효과 증대: 국제적 규모의 스포츠 행사를 위한 신규 일자리 발생

② 생산 유발 효과: 스포츠 행사를 개최하는 과정에서 각종 스포츠 용품의 생산 증가 효과

③ 기반시설의 확충

④ 개최국의 이미지 제고로 인한 수출 증대와 국민의 자긍심 고취

⑤ 개최 지역 이미지 제고로 인한 지역주민의 자긍심 고취

⑥ 관광객 유치 증진에 기여

⑦ 국가 및 지역 간 교류 증가

⑧ 시민 의식 향상

(2) 스포츠 메가 이벤트의 부정적 효과

① 무리한 시설 투자

② 지역 간의 불균형 및 불평등 발생

③ 사회 결집력 약화

④ 환경오염, 교통혼잡, 물가상승

⑤ 기회비용

1 스포츠의 교육적 기능

(1) 스포츠의 교육적 순기능

① 전인교육
- 학업활동 격려 및 촉진
- 사회화 촉진
  - 사회적으로 바람직한 가치와 태도 및 행동을 형성
  - 목표에 대한 도전과 이를 위한 노력, 평등한 조건에서의 경쟁, 인내력의 습득, 스포츠맨십의 고취 등을 이루게 해줌
- 정서함양 및 순화에 기여
  - 기본적인 욕구 충족, 청소년 일탈 예방 및 치유
  - 폭력, 일탈과 같은 부정적 행동을 예방할 수 있는 사회적 안전판의 기능
  - 청소년의 근원적 경향성에 대한 안전판의 기능 담당, 자기 통제력 강화

② 사회통합
- 학교 내 통합
  - 운동경기는 구성원 모두가 관심을 가지고 참여하게 됨
  - 운동경기를 통해 참여 학생이나 관람 학생 모두 '우리'라는 일체감을 형성하여 승리를 위해 함께 노력하고 응원하게 되고 이것은 결국 애교심과 단결심으로 연결됨
    - **예)** 학생 상호 간, 학생과 교사 간 교류가 줄어들면서 '우리'라는 공동체 의식을 형성하지 못한 채 갈등을 겪고, 이러한 문제를 해결하기 위해 스포츠를 적극 활용
- 학교와 지역사회 통합, 지역사회와의 유대관계를 형성
  - 학교 체육시설의 방과 후 개방은 지역주민들이 건전한 여가활동을 즐길 수 있는 환경을 조성하는 데 크게 기여함
  - 지역의 행사를 학교에서 치르도록 배려하는 것은 학교에 대한 지역사회의 관심을 환기시키는 효과적인 방법
  - 학교의 운동부가 대회에 나가 선전하는 경우 지역사회의 관심과 응원을 받게 됨
  - 학교와 지역주민 간의 이해부족을 해결해주는 가교 역할을 함

③ 사회선도
- 여권 신장
  - 여학생들의 체육 활동 참여로 남성의 전유물로만 여겨지던 스포츠에 대한 인식 전환
  - 여학생들의 스포츠 진출로 인한 여성의 사회적 지위 향상
- 장애자의 적응력 배양, 장애인의 삶의 질 향상
  - 신체 기능 퇴화 방지 및 회복, 사회적 소외 의식 해소
- 평생체육과의 연계, 평생체육의 여건 형성
  - 평생체육의 기반은 청소년기에 다져지는 경향이 큼
  - 청소년기에 좋아하게 된 스포츠는 성년이 된 이후에도 지속적인 관심을 갖게 되고 참여하게

되어 그들의 삶을 더욱 만족스럽게 함

> **예)** 스포츠 참여를 통해 생애주기에 적합한 스포츠를 즐길 수 있는 습관을 형성, 학교에서의 스포츠 경험은 개인이 전 생애에 걸쳐 스포츠를 즐길 수 있는 토대를 마련

(2) 스포츠의 교육적 역기능

① 교육목표 결핍
- 승리지상주의(승리제일주의)
  - 승리지상주의 심화로 인한 교육목표 결핍
  - 승리만을 위해 다른 교육적 목표와 내용이 희생되고 있는 문제점
  - 참가보다는 성적이 강조되고 노력의 과정보다는 결과가 중시되는 현상
- 일반 학생의 참여기회 제한
  - 소수의 운동기능 우수자들만이 참여하는 엘리트 스포츠의 특성
  - 대외 경기에만 치중하고 교내의 모든 학생들에게 참여의 기회가 주어지는 대내 경기는 등한 시하는 경우가 빈번하게 발생
- 성차별
  - 여성에 대한 편견이 사라진 지금도 여학생들의 체육 활동 참여는 대단히 제한적
  - 학교를 대표하는 운동선수는 남자의 몫이고 응원이나 치어리더는 여자의 몫이라는 고정관념 은 아직까지 존재
  - 남녀 팀을 불문하고 남성지도자가 많음

② 부정행위 조장
- 스포츠 상업화
  - 스포츠의 상업화로 인하여 순수 아마추어인 학생들에게 경제적 보상이 제공됨
  > **예)** 장학금의 형태로 학비보조, 숙식비의 감면, 상급학교 진학 시 선수와 가족에 대한 각종 금품의 제공 등
  - 학교가 학생 선수들을 활용하여 경제적 이득을 취할 수도 있다는 가능성, 그리고 장학금으로 위장된 보수를 지급하고 학업에 대한 독려는 등한시하면서 학생 선수들을 착취할 수 있는 가 능성에 대한 문제가 있음
- 위선과 착취
  > **예)** 학생 선수의 성적 위조, 탈법적인 상급학교로의 진학
- 일탈 조장
  - 승리의 중요성이 강조되면 강조될수록 경기의 준비 과정이나 내용에서 선수들의 일탈행위는 증가
  - 선수들에게 국한되지 않고 팀과 경기에 관여하는 성인들에게까지 확대됨
  - 학교와 팀의 성공을 위해 학생 선수의 의도적 유급, 성적 위조 등을 조장

③ 편협된 인간 육성
- 독재적 지도자: 학생 선수에게 무조건적인 복종을 강요함으로써 자신의 지도 방식에 절대적으로 순응하도록 강요
- 비인간적인 훈련
  - 비과학적 훈련 방법으로 학생 선수를 혹사시킴
  - 학교 운동부 지도자 중에는 자신의 성공을 통해 자신의 위치를 확고하게 하기 위하여 선수들 을 비인간적으로 훈련시키는 경우가 있으며, 그 과정에서 학생 선수들은 학교와 코치의 성공 의 도구로 전락하게 됨
  - 과도한 훈련, 지속적인 체벌, 공포 분위기를 경험할 수 있음

스포츠의 상업화는 '3장 스포츠와 경제'에서 다룬 부분입니다. 스포츠의 상업화가 꼭 나쁜 것일까요? 무조건 역기능일까요? 그렇지 않습니다. 다만 스포츠의 상업화로 스포츠 조직의 수익성 및 경영효율성만을 중시하고, 참여보다 승리 및 성공에 가치를 부여하는 부분들로 인해 **교육적인 부분에서는 역기능**에 속할 수 있는 것입니다.

2 학원엘리트스포츠에 대한 이해

(1) 학원엘리트스포츠에 관한 시각
① 구조기능주의 관점
- 학교에 대한 애교심 강화
- 지위 창출의 수단, 사회이동의 기제로 작용
- 사회에서 요구되는 책임감, 성취감, 적응력 등을 배양(규범, 가치, 태도, 문화 등을 학습)
- 학교생활에 긍정적인 영향
- 또래 친구들의 우상이 됨
- 학교 내 가장 발전한 문화
② 갈등주의 관점
- 교육에 앞서 상업화 및 직업화를 추구
- 학생 선수의 사회계층화, 계급 존재 및 재생산
- 인기 스포츠는 후원, 비인기 스포츠는 소외됨

(2) 학원엘리트스포츠의 문제점
① 사회구조적 문제: 학생 선수의 학습권 제한, 합숙소 시스템, 체육특기자 제도 관련 비리
② 사회문화적 문제: 학생 선수의 (성)폭력 문제, 학생 선수의 인권 침해, 약물복용

(3) 학원엘리트스포츠의 개선 방안
① 최저학력제 도입 및 운영, 공부하는 학생 선수 육성
　예) 미국: 학교의 운동부에 속하고 경기에 임하기 위해서는 일정 수준의 학점을 유지해야 하는 제도
　　　우리나라: 학생 선수들은 상급학교에 진학하기 위해서는 일정 수준의 학업성취도(예: 수능성적)를 습득
　　　해야 함
② 경쟁적 보상구조 완화
③ 학교 스포츠클럽 육성
④ 운동부지도자 처우 개선
⑤ 주말 리그제 시행
⑥ 합숙 기간의 축소
⑦ 학교 운동부 운영 투명화
⑧ 학생 선수 인권 보호
⑨ 일탈 행위에 대한 제제 강화

스포츠 육성 정책 모형

- 피라미드 모형: 학생들의 스포츠 참여 저변이 확대되면, 이를 기반으로 기량이 좋은 학생선수가 배출됨
- 낙수효과 모형: 우수한 학생선수들을 육성하면 그들의 영향으로 학생들의 스포츠 참여가 확대됨
- 선순환 모형: 스포츠 선수들의 우수한 성과는 청소년의 스포츠 참여를 촉진하고, 이를 통해 형성된 스포츠 참여 저변 위에서 우수한 스포츠 선수들이 성장함

스포츠클럽법 [시행 2024. 7. 24.] [일부개정 2024. 1. 23.]

제1조 목적 이 법은 스포츠클럽의 지원과 진흥에 필요한 사항을 규정함으로써 국민체육 진흥과 스포츠복지 향상 및 지역사회 체육발전에 기여함을 목적으로 함

제2조 정의

1. 스포츠클럽: 회원의 정기적인 체육활동을 위하여 제6조에 따라 등록을 하고 지역사회의 체육활동 진흥을 위하여 운영되는 법인 또는 단체
2. 지정스포츠클럽: 스포츠클럽 중에서 제9조에 따라 문화체육관광부장관이 지정한 스포츠클럽
3. 스포츠클럽회원: 스포츠클럽의 시설이나 프로그램을 이용하기 위하여 스포츠클럽에 가입하여 정기적으로 회비를 납부하고 활동하는 사람

제3조 국가 및 지방자치단체의 책무 ① 국가 및 지방자치단체는 스포츠클럽의 지원 및 진흥에 필요한 시책을 수립·시행하여야 함

② 국가 및 지방자치단체는 장애인의 스포츠클럽 활동을 장려·지원하기 위하여 필요한 시책을 강구하여야 함

③ 지방자치단체는 제1항 및 제2항의 시책을 수립하고 스포츠클럽을 안정적으로 지원할 수 있도록 스포츠클럽 진흥에 관한 조례를 제정하여 운영할 수 있음

제9조 지정스포츠클럽 ① 문화체육관광부장관은 다음 각 호의 사업을 추진하기 위하여 스포츠클럽 중에서 지정스포츠클럽을 지정할 수 있음

1. 스포츠클럽과 「학교체육 진흥법」에 따른 학교스포츠클럽 및 학교운동부와의 연계
2. 종목별 전문선수의 육성
3. 연령·지역·성별 특성을 반영한 스포츠 프로그램의 운영
4. 장애인 선수의 육성 및 장애 유형과 정도, 성별 등의 특성을 반영한 스포츠 프로그램의 운영
5. 대통령령으로 정하는 기초 종목 및 비인기 종목의 육성
6. 그 밖에 대통령령으로 정하는 사항

② 문화체육관광부장관은 지정스포츠클럽이 제1항 각 호의 사업을 추진하는 데 필요한 비용을 지원할 수 있음

③ 지정스포츠클럽의 지정 요건 및 절차 등에 관하여 필요한 사항은 대통령령으로 정함

성피티 TIP

기출 지문을 중심으로 법령 내용 중 일부만 발췌하였습니다. 법령 전문은 포털사이트에서 확인 가능합니다.

스포츠와 미디어

스포츠사회학

1 스포츠와 미디어의 이해

(1) 스포츠미디어의 개념
① 미디어: 송신자(정보 제공)와 수용자(정보 습득) 간 정보 전달 매체
② 미디어의 기능
- 광고 판매를 통한 경제적 이익 창출
- 사회규범, 문화, 가치관 등을 효과적으로 전달
- 공공의 복지 증진
- 대중에게 즐거움을 주는 콘텐츠 제공
③ 스포츠미디어: 스포츠에 담긴 인간의 정서, 지식, 가치 등을 미디어를 통해 대중에게 전달하는 것
④ 스포츠미디어의 기능
- 정보 기능: 스포츠 관련 정보 제공
- 통합적 기능: 대중이 공유할 수 있는 경험을 제공함으로써 사회집단을 통합하는 기능
- 정의적 기능: 즐거움, 관심, 흥미 등을 느끼게 함
- 도피 기능: 대리만족을 경험하며 일상생활에서 느끼는 불안, 좌절, 스트레스 등을 해소함

(2) 스포츠와 미디어의 관계
① 스포츠와 미디어는 공생관계
② 스포츠: 신문 판매 증진, 광고 수익, TV와 라디오 방송시간을 이용한 수익 계약의 증대 등에 이용되고 있음
③ 미디어: 스포츠와 관련된 소비상품을 경기 장소에서 관람객들에게 판매하도록 도움
④ 스포츠는 미디어의 주요 콘텐츠로 자리 잡을 때 경제적 가치를 인정받을 수 있음
⑤ 뉴미디어의 등장으로 스포츠 콘텐츠의 생산자와 수용자의 경계가 모호해지고 있음
⑥ 스포츠가 미디어에 의존할수록 미디어의 스포츠에 대한 통제력은 증가함
⑦ 스포츠 메가 이벤트는 미디어의 이윤창출에 기여
⑧ 스포츠 저널리즘은 미디어를 통해 이루어지는 스포츠 관련 커뮤니케이션 활동으로 대중의 호기심과 흥미를 유발하는 '옐로 저널리즘'의 성격이 강함

> **옐로 저널리즘 yellow journalism**
>
> 선수 개인의 사생활이나 비공식적인 내용을 중심으로 대중을 자극하고 호기심에 호소하는 흥미 위주의 스포츠 관련 보도(=황색 저널리즘)

⑨ 스포츠 저널리즘은 정확성·공정성·객관성 결여와 개인 사생활 침해, 스포츠선수의 상품화로 논란이 되기도 함
⑩ 1964년 동경올림픽경기 대회는 최초로 인공위성을 통해 미국에 중계됨

보편적 접근권

국민의 관심이 높은 스포츠 경기를 무료 혹은 저렴한 비용으로 시청할 수 있는 권리, **스포츠 콘텐츠의 보편화를 위한 미디어 정책**

2 스포츠와 매스미디어 이론

(1) 맥루한(M. McLuhan)의 매체이론
① 핫미디어, 핫 매체 스포츠
  • 전달 형태가 논리적이고, 계획적이며, 장시간을 통하여 개별적으로 수용이 가능한 매체
  • 정의성: 높음
  • 관람자(수용자)의 감각적 참여도: 낮음
  • 관람자(수용자)의 감각적 몰입도: 낮음
  • 스포츠 유형: 정적 스포츠, 개인 스포츠, 기록 스포츠, 공격과 수비가 구분된 스포츠
    예) 신문, 라디오, 영화, 잡지, 야구, 테니스, 사격, 양궁, 펜싱, 검도, 골프, 권투, 배드민턴, 볼링, 태권도, 수영, 체조 등
② 쿨미디어, 쿨 매체 스포츠
  • 전달 형태가 일시적이고 감각적이며, 비논리적인 매체
  • 전달 내용이 복잡한 형태로 분산되어 전달됨
  • 정의성: 낮음
  • 관람자(수용자)의 감각적 참여도: 높음
  • 관람자(수용자)의 감각적 몰입도: 높음
  • 스포츠 유형: 동적 스포츠, 팀 스포츠, 득점 스포츠, 공격과 수비가 구분되지 않는 스포츠
    예) 인터넷, 모바일 기기, 비디오 게임, 비디오, 만화, 텔레비전, 축구, 핸드볼, 농구, 배구, 미식축구, 아이스하키 등

<맥루한의 미디어 이론에 따른 구분 및 특성>

구분 \ 특성	정의성	감각 참여성	감각 몰입성	경기 진행 속도	경기 진행 형태
핫 미디어 스포츠	높음	낮음	낮음	느림	단선형
쿨 미디어 스포츠	낮음	높음	높음	빠름	복선형

(2) 개인차 이론
① 매스미디어가 시청자의 인성특성에 흥미를 끄는 이미지를 제공
② 대중들은 능동적 수용자로서 특수한 심리적 욕구를 만족시키기 위해 매스미디어를 적극 이용
③ 미디어 수용자는 인지적, 정의적, 도피적, 통합적 욕구를 충족시키기 위해 스포츠를 주제로 다루는 매스미디어를 이용
④ 매스미디어가 해결해 주는 욕구 4가지: 인지적 욕구, 정의적 욕구, 도피적 욕구, 통합적 욕구
  • 인지적 욕구: 스포츠에 대한 지식, 경기결과 및 선수와 팀에 대한 통계적 지식을 제공
  • 정의적 욕구: 스포츠에 대한 흥미와 즐거움을 제공
  • 도피적 욕구: 불안, 초조, 욕구불만, 좌절 등의 감정을 해소하도록 도움
  • 통합적 욕구: 다른 사회집단과 우호관계를 도모하고, 사회적 경험을 공유함으로써 공감대를 형성

(3) 사회범주 이론
① 미디어의 영향력과 스포츠의 소비 형태는 연령, 성, 사회계층, 교육수준, 결혼여부 등에 따라 달라질 수 있음
② 미디어의 영향력이 서로 다른 하위집단의 구성원에게 획일적으로 미치지 않을 수 있음

(4) 사회관계 이론
① 미디어를 통한 개인의 스포츠 소비 형태는 중요타자의 가치와 소비행동에 의해 영향을 받음
② 스포츠 수용자 역할로의 사회화는 스포츠에 참여하는 가족 구성원으로부터 받은 스포츠 소비에 대한 승인 정도가 중요하게 작용함
③ 개개인이 원하는 정보를 선택하고 해석할 때는 주변 사람의 영향이 크고, 개인의 대중 매체에 대한 접촉 양식은 중요 타자와의 사회관계에 많은 영향을 받음

(5) 문화규범 이론
① 대중매체가 현존하는 사상이나 가치를 선택적으로 제시하며 강조함
② 대중매체는 주어진 어떤 상황에 대한 정의를 내리고, 이러한 정의는 행동의 지침이 되어 인간의 규범을 형성함으로써 사람들의 행동 양식에 영향을 미침

3 스포츠와 미디어의 상호관계

(1) 스포츠가 미디어(대중매체)에 미친 영향
① 미디어콘텐츠 제공
  예) 영국 프리미어리그 경기는 방송사에 수준 높은 콘텐츠를 제공
② 미디어 기술(테크놀로지) 발전
  예) 시청자의 욕구를 충족시켜 주기 위해 슬로우영상, 반복영상 등을 제공
③ 스포츠 보도 위상 제고(향상)
④ 미디어 보급 및 확산
  예) 손흥민, 류현진 선수 등의 활약으로 인한 스포츠 관련 방송 시장의 확대

(2) 미디어(대중매체)가 스포츠에 미치는 영향
① 스포츠에 대한 관심과 인기, 참여 증대(스포츠 인구 증가)
② 스포츠 기술의 전문화와 일반화, 표준화에 기여
③ 스포츠 상품화, 대중화에 기여
④ 스포츠 실시간 중계 가능
⑤ 스포츠 정보 습득 용이
⑥ 스포츠 경기 규칙 변경 및 일정 변경
  예) 방송사의 편익을 위해 배구의 랠리포인트제, 농구의 쿼터제 등 경기규칙을 변경
⑦ 흥미 위주의 스포츠 규칙 개정
⑧ 새로운 스포츠 종목 창출
⑨ 스포츠용구의 변화
⑩ 아마추어 정신 퇴색

(3) 스포츠 미디어의 이데올로기 전파

① 자본주의 이데올로기: 스포츠 중계를 통해 시청자들의 상품 소비를 촉진, **경제적 가치를 중시하여** 스포츠의 소비를 유도

② 성차별(젠더) 이데올로기: 남성스포츠 경기를 역사적 중요성을 갖고 있는 것처럼 묘사하며 여성들이 참여하는 경기를 '여성 경기'로 부름, 여성 선수를 불안하고 취약한 존재로 묘사하며 경기의 내용보다는 성(性)적인 측면을 강조함, 성과나 실력보다 여성성과 외모에 더 많은 관심을 보이고 부각시킴

③ 성공 이데올로기: 경쟁에서의 승리와 개인 및 팀의 성공만을 강조

④ 영웅 이데올로기: 우수한 선수를 영웅으로 구성하고, 이들을 화려하고 강한 인물로 표현

⑤ 국가주의 이데올로기: 민족주의나 국민적 일체감을 강조

⑥ 개인주의 이데올로기: 개인적 노력을 강조함으로써 개인의 노력으로 대부분의 문제를 해결할 수 있음을 강조

1 사회계층의 이해

(1) 사회계층의 정의
① 사회적 불평등에 포함되는 하위 영역의 형태
② 불평등으로 인해 사회의 위계질서가 여러 층으로 다양하게 나누어지는 상태
③ 사회성층이라고도 하며, 사회적으로 제도화된 불평등 체계
④ 사회계층 현상은 계급과 계층의 개념을 포함함

(2) 계층과 계급의 차이
① 계층: 분류적·조작적 개념, 사회적 희소가치들을 누가 얼마만큼 많이 가지고 있는가에 따른 서열화
② 계급: 주관적 소속감(계급·집합 의식)이 있음, 상호 지배·복종의 관계에 있는 사회적 집단

(3) 사회계급 이론
① 카를 마르크스의 사회계급 이론
  • 경제적인 생산수단의 소유 여부에 따라 지배 계급(자본가 계급)과 피지배 계급(노동자 계급)으로 구분
② 막스 베버의 사회계급 이론
  • 사회계급은 생산수단의 한 요인에 의해 결정되는 것이 아닌, 재산·신분·권력 등의 요인이 영향을 미침
  • 권력·위신·지식 등 사회적 자원의 소유 정도에 따라 개인이 문화적 향유를 누릴 수 있는 생활의 기회가 달라지며, 그로부터 생활양식의 차이가 발생함
  • 계급 구분의 지표: 생활 기회와 생활양식의 차이
③ 라이트의 사회계급 이론
  • 3가지 차원의 통제를 통해 계급이 결정됨: 투자나 화폐자본에 대한 통제, 물리적 생산 수단에 대한 통제, 노동력에 대한 통제
  • 자본가 계급: 3가지 차원에 대한 통제력을 모두 갖춤
  • 노동자 계급: 3가지 차원에 대한 통제력이 없음
④ 베블런의 유한계급론
  • 자신이 가진 자원을 다른 사람에게 보여주어 그들로부터 인정받는 것(과시하는 것)이 중요
  • 유한: 생산에 임하지 않는 시간의 소비, 예절과 교양을 쌓기 위한 훈련에 투입되는 시간적 소비
⑤ 부르디외의 계급: 경제, 문화, 사회적 자본
  • 생활양식과 같은 사회문화적 요소를 계급결정 요인으로 간주하고 이를 자본의 개념으로 다룸, 이 개념에 따르면 스포츠는 체화된 문화자본의 한 형태로써 사회의 계층구조에 관여함
  • 경제자본: 화폐와 부동산 등 소유권의 제도화된 형태
  • 문화자본
    – 체화된 문화자본: 스포츠 활동처럼 몸으로 체득하게 되는 성향을 의미하며, 획득하는데 시간

이 오래 걸리고 타인에게 양도나 전이 및 교환이 어려움

　　　예) 테니스의 경기 기술뿐만 아니라 경기 매너도 습득하게 됨

　　－ 객관화(객체화)된 문화자본: 그림, 책, 사전, 악기 등과 같은 문화상품의 형태
　　－ 제도화된 문화자본: 자격증, 졸업장 등 교육적 성취의 형태
- 사회자본: 혈연, 지연, 학연 등 지속적인 네트워크 혹은 인정이 제도화된 관계
- 계급분화와 계급구조를 유지하는 기본 원리: 남들로부터 자신을 구별하여 두드러지게 하는 것
- '나의 문화'는 가치있고 향유할 만한 것이지만, '너의 문화'는 쓸모없고 가치 없는 것으로 구별 지음

2 사회계층과 스포츠 참가

(1) 스포츠 계층
① 사회계층의 한 형태로서 스포츠라는 사회체계 내에서 계층이 형성되는 것
② 개인의 사회적, 문화적, 생물학적 특성에 따라 권력, 부, 사회적 평가, 심리적 만족 등이 특정 집단이나 개인 및 종목에 차별적으로 배분
③ 사회의 희소가치가 스포츠 체계에 속한 구성원들 사이에 불균등하게 분배되어 구조화되고 제도화된 체계를 이루고 있는 현상
④ 상호 서열의 위계적 체계를 의미

(2) 투민(M. Tumin)의 스포츠계층 형성 과정
① 지위의 분화
- 지위 및 역할 분업에 따라 지위를 분화하고, 사회적 지위에 대하여 각기 다른 역할을 부여함으로써 다른 지위와 구별
　－ 선수, 코치, 트레이너, 감독, 구단주와 같은 사회적 지위에 대하여 각각의 특정한 역할이 부여됨
② 지위의 서열화
- 개인적 특성, 숙련된 기능이나 능력, 역할의 사회적 기능에 따라 서열화가 이루어짐, 적재적소에 인재를 배치하기 위하여 서열화함
　－ 뛰어난 운동신경과 능력뿐만 아니라 탁월한 개인적 특성을 갖추고 있어야 함
　－ 특정 스포츠 영역에서 요구되는 운동기술이 특출한 기량을 발휘해야 함(우수한 운동수행능력)
　－ 스포츠 팀 구성원으로 자신의 능력이 팀의 승리에 미치는 영향력이 커야 함
③ 지위의 평가(사회적 평가)
- 지위의 위광(명예)·개인적 호감·사회적 인기 등에 따른 가치 판단, 가치나 유용성의 정도에 따라 각기 다른 지위를 적절하게 배열
　－ 주장보다는 코치나 감독에게, 코치나 감독보다는 구단주에게 더 높은 경의를 표함
　－ 특정 선수를 선망의 대상으로 생각하거나 팬으로서 특정 선수를 좋아함
　－ MVP 선발
④ 보수 부여(보수 차별화)
- 평가된 각 지위에 차별적 보상 및 자원 배분
　－ 사회체계가 사회적 분화가 되고 서열화 되어 사회적으로 평가가 부여되면, 평가된 지위에 대하여 차별적 보상

(3) 투민(Tumin)의 스포츠 계층의 특성

① 사회성
- 스포츠 계층은 다양한 사회문화적 현상과 연관을 맺고 있음
- 스포츠 내에서 사회적으로 바람직하다고 인정되는 가치들이 개인의 생물학적 특성과 서로 어우러질 때 서열을 판가름힐 수 있게 됨
- 보수의 분배가 스포츠 규범이나 관행에 의해 결정됨

② 고래성(역사성)
- 스포츠 계층은 일반 사회의 불평등의 역사와 함께 변천해옴
- 스포츠 참여와 관람의 특권이 시대별로 다름

③ 보편성(편재성)
- 스포츠 계층은 언제 어디서나 발생 가능하며, 대부분의 스포츠 현상에는 계층 불평등이 나타남
- 현대 스포츠에서 계층은 종목 간, 종목 내에서 나타남
- 종목 간 편재성: 인기 종목과 비인기 종목의 분류
- 종목 내 편재성: 띠를 매개로 급이나 단이 나누어지는 스포츠, 체급별로 구분되는 스포츠
  - **예)** 종합격투기는 체급에 따라 대전료와 중계권료 등에 차등이 있음, 태권도 및 유도는 승단체계에 따라 종목 내 계층이 형성됨

④ 다양성
- 사회마다 서로 다른 계층구조를 형성

⑤ 영향성
- 계층에 따라 스포츠 참여 빈도·유형·종목이 달라지며, 이러한 차이는 개인의 삶에 영향을 미침
- 스포츠 참여에서 나타나는 사회적 불평등은 일상 생활에도 유사하게 나타남
- 경제적 차이뿐만 아니라 생애기회와 생활양식에도 영향을 미침

(4) 사회계층에 따른 스포츠 참가

① 스포츠 참가 유형은 계급 및 계층별 사회적 조건에 따라 달라짐
② 사회계층은 스포츠 참가와 관계가 있으며, 선호하는 스포츠 종목에 영향을 미침
③ 스포츠는 상이한 계층 간의 사회적 상호작용을 가능하게 함
④ 직업은 스포츠 참가에 영향을 미침: 학력이 높을수록 스포츠 참가 경향이 높음
⑤ 소득수준과 학력수준이 신체활동 참여 비율에 영향을 미침

(5) 스포츠 참가와 사회계층

상류층	하류층
직접 참가	간접 참가
·일차적 관람을 선호 ·과시적 소비성향의 스포츠를 선호 ·건강 운동에 더 많이 참가 ·개인 종목을 선호 ·요트, 승마와 같은 자연친화적 개인스포츠를 선호 ·사생활이 보호되는 장소에서 소수 인원이 즐기는 스포츠 참여를 선호	·TV 등을 통한 이차적 관람을 선호 ·경제적 조건 때문에 상류계층보다 상대적으로 스포츠의 직접관람률이 낮음 ·단체 종목 또는 투기 종목을 선호
골프, 승마, 테니스, 탁구	축구, 야구, 복싱

③ 스포츠와 계층 이동

스포츠는 계층 이동을 위한 수단으로 활용되며, 사회계층의 이동은 사회적 상황과 개인적 상황을 반영함

(1) 스포츠 계층 이동의 유형
① 수직이동: 사회 지위나 보상 체계에 차이가 뚜렷하게 발생하는 계층 이동
- 상승이동: 계층적 지위가 높아지는 경우
  예) 후보 선수에서 주전 선수로 이동, 선수에서 코치나 감독으로 이동, 대학팀 선수에서 프로팀 선수로 이동, 2군 감독에서 1군 감독으로 소속이 변경
- 하향이동: 계층적 지위가 내려가는 경우
  예) 주전 선수에서 후보 선수로 이동, 부상으로 인한 은퇴, 1군 감독에서 2군 감독으로 소속이 변경

② 수평이동: 종목 간·종목 내 이동
  예) A팀에서 B팀으로 동등한 수준으로 트레이드

③ 세대 간 이동: 세대 사이에서의 이동
  예) 자녀 세대에서 부모 세대보다 더 높거나 낮은 사회적 지위를 획득

④ 세대 내 이동: 개인의 생애 내에서의 이동
  예) 개인의 생애 중 이전보다 높거나 낮은 사회적 지위를 획득

⑤ 개인이동: 개인의 노력과 능력으로 사회적으로 지위가 상승하는 경우
  예) K는 가난한 가정에서 태어나 끊임없는 훈련을 통해 축구 월드스타가 됨

⑥ 집단이동: 조건이 유사한 집단이 특정 계기를 통하여 집합적으로 이동하는 경우

⑦ 경쟁이동: 타인과의 경쟁을 통한 사회이동

⑧ 후원이동: 타인의 도움에 의한 사회이동

성피티 TIP

수직이동과 수평이동은 이동 방향을 기준으로, 세대 간 이동과 세대 내 이동은 시간 간격을 기준으로, 개인이동과 집단이동은 이동 주체를 기준으로, 경쟁이동과 후원이동은 계층이동에 미치는 인간관계를 기준으로 구분됩니다. 계층이동과 관련된 내용은 시험문제에 자주 출제되므로 꼭 숙지하시기 바랍니다.

(2) 로이(J. Loy)와 레오나르드(G. Leonard)가 제시한 사회이동 기제로서 스포츠 역할
① 어린 시절부터 조직적인 스포츠에 참가함으로써 최소한의 교육을 받고서도 신체적 기량 및 능력의 발달을 도모할 수 있음(신체적 기량 및 능력 발달)
② 조직적인 스포츠 참가는 직·간접적으로 교육적 성취도를 향상시킴(교육적 기회 제공 및 성취도 향상)
③ 프로스포츠 선수들은 다양한 형태의 후원 및 광고출연의 기회가 있음(직업적 후원의 다양한 기회 제공)
④ 스포츠 참가는 사회생활을 하는 데 가치 있다고 여겨지는 태도 및 행동 양식을 학습시킴(올바른 태도 및 행동 함양)

1 스포츠 사회화의 의미와 과정

(1) 스포츠 사회화의 개념

① 사회화
- 사회집단의 사회제도·지식·규범·태도 등을 습득하는 과정
- 인간이 소속된 사회집단의 가치, 역할, 문화적 태도 등을 습득하며 그 사회집단의 구성원으로서 참여하고 역할을 수행하게 되는 과정
- 인간의 생애 전 과정을 통해 일어나지만 유년기에 특히 중요하고 가장 강한 영향력을 행사함

② 스포츠 사회화
- 스포츠 참여를 통해 스포츠 집단이 가지는 가치관, 신념, 태도 등을 체득하는 과정
- 스포츠라는 소사회에서 개인이 스포츠를 통하여 집단 구성원이 공통으로 가지고 있는 가치관, 신념, 태도 등을 집단 내의 다른 구성원과의 상호작용을 통하여 습득하는 과정
- 스포츠를 직접 또는 간접적으로 경험함으로써 개인이 스포츠 문화권의 가치 체계 등을 내면화하여 그 스포츠 집단 내의 한 구성원이 되어가는 과정
- 가족, 동료 집단, 학교, 지역사회, 대중매체 등의 매개체를 통해 진행되며, 개인의 인격 형성과 자아실현의 밑바탕이 됨
- 평생을 통해 이루어지지만, 이미 개인적으로 가치관이나 태도가 뚜렷하게 형성되어 있는 성인이나 장·노년층보다는 주로 청소년기 이전에 미치는 영향력이 크다고 봄

성피티 TIP

스포츠 사회화의 개념을 한 문장으로 정리할 수도 있지만, 표현이 조금만 바뀌어 나와도 헷갈려하는 경우가 많아서 다양한 설명 및 표현을 수록하였습니다.

(2) 스포츠사회화의 과정

<사회화의 두 가지 접근법(J. Coakley, 2009)>

구 분	내면화로서의 사회화	상호작용으로서의 사회화
핵심 관념	사회역할·사회제도	자아정체성
핵심 이론	기능주의	상호작용/문화연구
행위의 형태	• 개인이 사회의 메시지를 이해하고, 각본대로 행함 • 사회의 메시지에 대한 개인의 순응이 강조됨 • 수동적인 학습자로서 사회화된 '인간'의 개념	• 개인이나 사회의 메시지에 대한 개인적 해석과 반응 • 능동적 또는 창조적인 관계를 통한 '역할수행자'

① 내면화로서의 사회화
- 인간이 백지 상태에서 사회의 정보와 영향을 받아 수동적으로 사회화가 이루어짐
- 인간의 존재는 수동적인 학습자

- 스포츠를 통한 사회화, 스포츠로의 사회화, 스포츠 밖의 사회화를 익힌다고 봄
② 상호작용을 통한 사회화
  - 개인이 다른 사람들과의 관계에서 상호의존적인 상호작용
  - 능동적으로 사회화가 이루어짐
  - 현대의 급격한 사회과정 속의 사회구조를 이해하는데 스포츠와 스포츠를 통한 경험들이 매우 중요하다는 것을 보여줌

(3) 스포츠사회화 이론
① 사회학습이론
  - 개인이 어떻게 사회적 행동을 습득하고 수행하는가를 밝히려는 이론
  - 스포츠 역할의 학습을 이해하기 위해 강화, 코칭, 관찰학습의 개념을 활용
  - 강화: 사회적 역할의 습득과 수행에 있어서 상과 벌의 역할을 강조하는 것, 상과 벌을 통해 행동의 변화가 일어남
    예) A고교 농구 감독은 팀 훈련 과정에서 학생선수들의 운동 수행 능력을 향상시키기 위하여 상과 벌을 활용
  - 코칭: 사회화의 대상이 사회화의 주관자에 노출되거나 가르침을 받는 것, 사회화 주관자의 가르침을 통해 행동이 변화함
  - 관찰학습: 타인의 행동을 모방하고 관찰함으로써 학습이 이루어지는 것, 다른 사람의 행동을 관찰하여 모방이 일어남
    예) B선수는 다른 팀 선수가 독특한 타격 자세로 최다 안타상을 획득하자 그 선수의 타격자세를 관찰하여 자신만의 것으로 발전시킴
② 역할이론
  - 개인이 사회 속에서 각자의 사회적 지위를 향한 역할기대 또는 행동양식을 획득하는 과정을 설명하려는 이론
  - 야구에서 투수와 포수, 외야수, 내야수 등은 각자 고유의 역할을 제대로 수행하고 구성원들 간의 상호작용이 이상적으로 이루어질 때 야구라는 스포츠가 성립됨
  - 팀 내에서 자기 역할을 수행하며 팀 동료와의 관계, 타협, 문제 해결 등을 통한 경험들은 중요한 사회화 과정의 기능을 가짐
③ 준거 집단이론
  - 인간은 스스로 집단이나 타인에게 적응하고 이들의 행동, 태도, 감정 등을 자신의 행동이나 태도, 감정의 형성을 위한 중요한 판단 기준이 되는 준거의 척도로 삼는다는 이론
  - 준거 집단은 규범집단, 비교집단, 청중집단 등으로 구성

(4) 스포츠사회화 과정
  - 스포츠로의 사회화 → 스포츠를 통한 사회화 → 스포츠 탈사회화 → 스포츠 재사회화

2 스포츠로의 사회화와 스포츠를 통한 사회화

(1) 스포츠로의 사회화

① 의미
- 스포츠 참가 자체를 의미하는 것으로 스포츠로의 참가가 전제됨
- 일반적 사회화와는 달리 스포츠에 참여하지 않으면 스포츠로의 사회화는 일어날 수 없음
- 모든 사회구성원들이 경험하는 것이 아니라 개인적 특성이나 환경에 따라 선별적으로 참여하게 됨
- 스포츠에 참여하고 집단 내 다른 이들과 교류하게 되면 그 스포츠 집단이나 조직이 요구하는 가치관이나 행동양식을 익히게 됨
- 유아기부터 시작하여 아동기·청년기를 거쳐 계속되며, 때로는 성년기나 그 이후로도 가능
- 스포츠 참가에 영향을 미친 사람(주요 타자)이나, 참가 당시의 주변 상황(사회적 상황) 등 개입 요소들에 의해 스포츠에 대한 참여 형태, 참여 수준, 경기 성향 등이 결정됨
- 주요 타자 또는 사회화 주관자의 역할이 중요 요인임
  - **예)** 친구들과 처음 스키캠프에 참가, 건강을 위해 처음 수영강습에 참가, 선수들의 경기 보도 증가로 인한 대중들의 스포츠 참여 촉진, 교내에서 체육 교과와 다양한 프로그램을 통해 학생들이 스포츠에 참여, 부모의 스포츠에 대한 긍정적인 태도는 자녀의 스포츠 참여 가능성을 높임, 아빠와 함께 골프연습장에 자주 가면서 골프를 배우게 됨

② 영향 요인

> **성피티 TIP**
>
> 스포츠로의 사회화의 영향 요인은 자주 출제되는 내용입니다. 영향 요인을 크게 세 가지로 나누면 개인적 특성, 스포츠 사회화의 주관자, 사회적 상황이라고 할 수 있습니다. 그리고 사회적 주관자 안에 가족, 동료 집단, 학교, 지역사회, 대중매체가 속합니다. 또한 스포츠 사회화의 주관자의 동의어를 꼭 알아두세요! 스포츠 사회화의 주관자는 준거 집단, 주요 타자, 중요 타자, 사회적 주관자라고도 칭할 수 있습니다.

개인적 특성	개인이 가지고 있는 특성이나 상항 예) 성별, 연령, 출생 서열, 체력과 체격, 사회·경제적 지위 등	
	가족	• 스포츠와 여가활동의 역할 사회화가 최초로 이루어지는 준거 집단 • 가장 중요한 주관자 • 가정의 사회·경제적 지위, 제도상의 사회문화적 특징, 가족 구성원 간의 인간관계, 가족 중 자녀 수, 출생 순서, 부모의 교육수준, 부모의 과거 스포츠 참여 경력 등

스포츠사회화의 주관자 = 주요 타자 = 준거 집단 = 중요 타자 = 사회적 주관자	동료 집단 (또래 집단)	• 같은 관심을 가진 동년배 집단을 의미 • 청소년기에 가장 영향력이 큰 사회화 주관자 • 청소년기 동안에 동료와 함께 골목에서 야구와 축구를 하면서 스포츠에 대한 흥미를 갖게 되고, 학교에서 스포츠클럽에 참여하게 되며, 같은 사회 계급 동료와 함께 다양한 스포츠에 참여하게 됨
	학교	• 사회에서 요구하는 기본적인 지식 및 기능을 가르치고, 책임감과 시민으로서의 역할 등을 교육하는 공식적 사회화 기관 • 다양한 체육 교육 과정 • 정규 체육시간에 교내 또는 교외 스포츠 활동을 실시함으로써 학생들에게 긍정적 사회화 과정의 학습 기회를 제공
	지역사회	• 중앙정부, 지방자치단체나 YMCA와 같은 비영리단체, 영리를 목적으로 한 스포츠 시설, 스포츠 동호회 등 • 스포츠 프로그램을 제공해주는 스포츠 환경, 스포츠 시설, 용품 및 기구, 프로그램 등의 접근성과 편리성 등은 지역사회마다 차이가 있음 • 지역사회의 환경에 따라 스포츠 참가에 관한 영향력이 달라질 수 있음
	대중매체 (매스미디어)	• 과학기술의 발달로 인한 TV, 라디오, 신문, 잡지, 영화, 인터넷 등의 대중매체 • 역할모형을 제시하여 스포츠 참가를 유도 　예) 프로스포츠의 스타 선수들, 국내외 유명 선수들
사회적 상황 = 사회화 상황 = 사회화 특성		사회적 상황 및 정치, 경제, 문화 제도와 역사, 종교, 국민성 등 지역의 특성과 전통에 의해 제약을 받음 　예) 종교적 자유가 보장되고 민주주의가 보편화된 나라의 여성들은 스포츠 참가에 어떠한 영향도 받지 않는 반면, 종교적으로 여성의 신체노출을 금기시 하는 일부 중동국가의 경우 여성의 스포츠 참가를 불가능하게 하며 스포츠 경기 관람조차 허용하지 않고 있음

(2) 스포츠를 통한 사회화

① 의미
- 스포츠 장면에서 학습된 기능, 특성, 가치, 태도, 지식 및 성향 등이 다른 사회현상으로 전이 또는 일반화되는 과정
- 스포츠를 경험함으로써 결과적으로 사회화가 되는 것
- 스포츠 참가의 결과
- 스포츠 학습 결과의 전이
- 스포츠 활동을 통하여 스포츠 세계가 요구하는 가치, 태도, 행동 등을 습득함으로써 스포츠 영역 밖의 전체 사회가 그 구성원들에게 요구하는 사고, 가치, 태도, 지식, 행동 등의 습득 및 함양으로 연결되어지는 것
- 스포츠에 참여하게 될 때 스포츠맨십을 통한 예절, 인내와 노력을 통한 성취감, 경쟁을 통한 성공, 규칙에 근거한 공정성 등 사회구성원으로서 필수적 요소인 바람직한 인성과 도덕성 그리고 건전한 시민정신을 갖추게 되는 것
　예) 중학생 고영주는 학교 스포츠클럽에 참가하면서 교우관계가 원만해짐, 테니스참여를 통해 사회성 및 준법정신이 강한 선수가 됨, 골프의 매력에 빠져 골프선수가 되어 사회성과 체력이 함양됨
② 케넌(G. Kenyon)의 스포츠 참가 유형

- 행동적 참가
  - 스포츠 상황 내에서 다양한 지위와 규범을 이행함으로써 스포츠에 실질적으로 참여하는 형태
  - 스포츠에 직접 참여하는 일차적 참가와 스포츠 생산자와 소비자로 구분되는 이차적 참가로 나뉨
    예) 생활체육 동호인, 선수, 감독, 심판, 해설자로 활동
- 인지적 참가: 사회 기관, 학교, 매스컴, 타인과의 접촉 등을 통해 스포츠에 관한 정보를 체득함으로써 이루어지는 참여
  예) 스포츠 정보 검색
- 정의적 참가: 실제로 스포츠 상황에 참여하지는 않지만 개인적으로 선호하는 특정한 선수나 팀에 대하여 감정적 성향을 나타내는 것
  예) 특정 스포츠 물품 수집, SNS 커뮤니티 활동

③ 케넌(G. Kenyon)과 슈츠(Z. Schutz)가 구분한 스포츠 참가 유형
- 일상적 참가: 스포츠 활동에 정기적으로 참여하고 활동이 개인의 생활과 잘 조화를 이루는 상태
- 주기적 참가: 일정 간격을 유지하면서 스포츠에 지속적으로 참가하는 상태
- 일차적 일탈 참가: 자신의 직업을 등한시하거나 포기하고 대부분의 시간을 스포츠 참가에 할애하는 상태(스포츠 중독)
- 이차적 일탈 참가: 경기 결과에 거액의 돈을 걸고 도박을 할 정도로 스포츠를 탐닉하는 상태
- 참가 중단: 스포츠 활동에 참가하지 않는 상태

④ 스포츠 참가 수준
- 조직적 스포츠 참가: 팀이나 개인의 승리를 목표로 스포츠를 경험하는 구조적으로 안정된 활동
- 비조직적 스포츠 참가: 만족과 기쁨을 목적으로 하는 자발적 참여

⑤ 스포츠 역할의 사회화 단계

(3) 스포츠 사회화의 전이 조건[by 스나이더(E. Snyder)]
① 스포츠 참가 정도: 스포츠 활동 참가의 빈도, 강도, 기간에 따라 역할의 전이성이 달라짐
② 스포츠 참가의 자발성 여부: 자발적 참가자가 비자발적 참가자보다 역할수행 능력의 전이효과가 큼
③ 스포츠 참가자의 개인적·사회적 특성: 성, 연령, 인종, 사회계층, 거주지역 등이 영향을 미침
④ 사회화 주관자의 위신 및 위력 : 사회화 주관자의 위력이 클 때 스포츠 참가자의 역할 수행 능력의 전이효과가 큼
⑤ 사회적 상호작용의 형태: 참가자와 지도자의 상호작용이 본질적이고 내면적일수록 긍정적으로 전이됨

3 스포츠 탈사회화와 재사회화

(1) 스포츠로부터의 탈사회화
① 의미
- 지속적으로 스포츠 활동을 하던 사람이 스포츠 참가를 중도에 포기하거나 아예 그만둠으로써 스포츠에서 이탈하는 것

- 환경, 취업, 정서 등의 요인은 운동선수의 스포츠 탈사회화에 영향을 미침
- 새로운 직업에 대한 기회가 많고, 교육수준이 높고, 현재와 미래의 재정적 상황이 좋지 않은 운동선수일수록 자발적 은퇴를 선택할 가능성이 높음
- 청년기에는 다른 활동을 위해 스포츠를 중단하는 경우가 발생할 수 있음
- 장년기에는 경쟁적 스포츠 활동에서의 이탈현상이 두드러짐
- 타의적인 탈 사회화는 사회적응에 문제가 될 수 있음
  예) 경기 중 부상으로 운동선수생활 은퇴, 무릎인대 손상으로 테니스선수생활을 그만둠, 손목수술 후유증으로 인해 골프선수를 그만둠

(2) 스포츠로의 재사회화

① 의미
- 조직화된 경쟁스포츠에 참여했던 개인이 스포츠로부터 탈사회화 과정을 거쳐 사회·심리학적 적응을 경험하면서 스포츠 영역에서 새로운 직업이나 환경으로 변화하는 과정
- 스포츠 활동에 다시 참여
- 대다수의 운동선수들은 스포츠로부터의 탈퇴 후 재사회화를 긍정적으로 생각하지만, 모든 은퇴선수에게 나타나는 과정은 아님
  예) 선수생활 중단 5년 후 스포츠클럽 지도자로 활동, 프로야구 선수가 부상으로 은퇴한 후 해설가로 활동하면서 사회인 야구의 감독을 맡음, 테니스 지도자가 되어 초등학교에서 테니스를 가르치게 됨, 골프선수 은퇴 후 골프아카데미 원장으로 부임하면서 골프꿈나무를 양성하게 됨

스포츠와 일탈

스포츠사회학

1 스포츠 일탈의 이해

(1) 스포츠 일탈의 개념
① 페어플레이 정신과 스포츠맨십에 위반되는 행동
② 시간, 장소, 사회적 상황, 평가하는 사람에 따라 다양하게 평가됨
③ 절대론적 접근에 따르면 스포츠 일탈은 절대적인 사회적 기준에 따르는 것이며, 이 기준을 벗어난 경우 일탈에 해당됨
④ 상대론적 접근은 사회 환경에서 발생하는 모든 현상의 원인을 고유한 상황에서 찾으며, 상황에 따라 용인될 수 있는 범위가 존재하며 이 범위를 벗어날 경우 일탈에 해당되고, 일탈은 개인의 윤리적 문제가 아닌 사회 구조적인 문제임, 일탈의 용인되는 범위의 경계는 사람들 간의 타협을 통해 이루어지며 '구성주의적 접근'이라고도 불림

<스포츠 일탈의 상대론적 접근>

부정적 일탈	용인되는 범위	긍정적 일탈
과소동조		과잉동조
규범 위반·무시·거부 (반규범지향적)	정상적 행동	규범의 무비판적 수용 (규범지향적)
예) 금지약물복용, 구타, 폭력		예) 오버 트레이닝, 운동중독, 부상투혼

(2) 코클리(J. Coakley)가 제시한 일탈적 과잉동조를 유발하는 스포츠 윤리규범의 유형과 특징
① 몰입 규범: 운동선수는 경기에 헌신해야 하며 이를 그들의 삶에서 우선순위에 두어야 함
② 구분짓기 규범: 운동선수는 다른 선수와의 차별성을 강조하며 다른 선수와 구별되기 위해 경기에서 탁월성을 추구해야 함, 운동 수행능력 향상 및 승리를 위한 노력, 본인과의 경쟁을 통한 기록 경신
③ 인내 규범: 운동선수는 위험을 받아들이고 고통 속에서도 경기에 참여해야 함, 경쟁 과정에서 두려움과 고통 인내
④ 도전 규범: 운동선수는 스포츠에서 성공을 위해 장애를 극복하고 역경을 헤쳐 나가는 노력을 해야 함, 성공을 위한 어떤 장애물도 용납하지 않음

(3) 스포츠 일탈의 유형과 원인을 규정하기 어려운 이유
① 스포츠 일탈의 유형과 원인은 매우 다양하고 종류도 다양하기 때문에 단 한가지 이론이나 설명으로 설명하는 것이 불가능
② 일반적인 일탈과 스포츠 일탈의 상대성: 스포츠에서 허용되는 행동이 사회의 다른 영역에서는 일탈이 될 수 있으며, 반대로 사회에서 허용되는 행동이 스포츠에서는 일탈이 될 수 있음
③ 스포츠 일탈은 규범에 대한 거부와 함께 무비판적 수용도 포함함

④ 기준의 가변성: 과학기술의 급속한 발전과 새로운 스포츠 규범 사이에 시간적 차이가 발생함

(4) 스포츠 일탈의 원인

① 스포츠 활동이 지향하는 모순적 가치, 양립 불가능한 가치의 동시 지향
- 스포츠에서 요구하는 스포츠맨십, 정정당당한 정신, 참가에 의의를 두는 순수한 아마추어리즘의 추구와 경기에 참가하는 한 수단과 방법을 가리지 않고 승리해야 하는 또 하나의 승리 추구 가치는 양립할 수 없는 서로 상충되는 가치
- 양립 불가능한 가치의 동시 추구는 스포츠 내에 구조화된 형태로 항상 존재하고 있기 때문에 현실적 목표와 도덕적 규범 사이의 갈등은 일탈 행동으로 나타남

② 강한 승리 의지 및 경쟁적 보상 구조
- 경기에서 승리하기 위해서 규범이 허용하는 한도 내에서 훈련량을 최대로 만듦
- 성공에 대한 강박관념으로 선수 개인 또는 집단적으로 규범을 깨뜨리며 연습에 전념하는 현상 발생
- 학생 선수의 수업 불참과 연중 합숙과 같은 직업 선수화 현상은 승리에 대한 강박관념을 더욱 고조시켜 일탈 행동을 유발

③ 선수로서의 역할과 다른 사회적 역할 사이에서의 갈등, 주변의 역할 기대 간의 불일치
- 선수는 팀에 소속되어 있는 동시에 개인적인 사회집단에 소속되어 각기 다른 역할을 수행
- 학생으로서의 운동선수 역할과 운동선수로서의 학생 역할을 동시에 요구
- 두 가지 역할을 동시에 요구하는 것은 갈등을 조장할 뿐이며, 각기 다른 역할의 불일치로 인한 일탈 행동이 일어나게 됨

(5) 스포츠 일탈의 기능

① 순기능
- 집단에 소속된 구성원으로 하여금 일탈적 행동에 반대하고 규범에 동조하려는 규범 동조를 강화시킴
- 규범의 존재를 재확인시켜줌
- 잠재적 공격성과 불만을 잠재우는 사회적 안전판의 역할을 수행하여 심각한 사회적 문제의 발생을 예방
- 사회에 개혁과 창의성을 가져다주는 역할
- 스포츠 제도의 변화를 유도하는 역할
- 후대의 제도적 변화를 유도하고 기술의 발전을 촉진시키는 변화의 기능 수행
- 참가자의 사회화에 긍정적인 영향을 미칠 수 있음
  예) 승부조작 사례를 보고 많은 선수들이 경각심을 가짐, 아이스하키 경기에서 허용된 주먹다짐은 잠재된 공격성을 해소시켜 줌, 높이뛰기에서 배면뛰기 기술의 창안은 기록경신에 기여함, 1966년 보스턴 마라톤 대회에서 여성의 신분을 속이고 참가한 로베르타 깁은 600명이 넘는 남자들과 겨루어 135등을 차지하면서 완주-당시 여성의 마라톤 경기는 허용되지 않았기 때문에 매스컴에서도 그녀의 완주를 경이로운 시각으로 다루었으며 이는 여성 마라톤의 시발점이 됨

② 역기능
- 스포츠 체계를 위협하고 공정성 및 질서체계를 훼손하며 긴장과 불안을 조성
- 스포츠 본질 파괴, 참가선수들에게 신체적 위협을 가함
- 스포츠 참가자에게 부정적인 가치를 심어줌

- 스포츠 참가자의 사회화에 부정적인 영향을 미칠 수 있음
- 스포츠 폭력에 대한 위협으로 스포츠 참가자가 탈사회화하는 현상 발생
  예) 스포츠에서 선수들의 약물복용이 지속되면 경기의 공정성이 훼손됨

(6) 스포츠 일탈의 주요 이론

① 머튼(R. Merton)의 아노미(anomie) 이론
- 스포츠에서 일탈 현상이 발생하는 원인과 과정을 잘 설명해주는 이론
- 구조기능론적 관점에서 사회구성원 간 규범적 합의를 기준으로 일탈을 규정
- 일탈의 주요 초점은 사회적 규정보다 규범 위반에 두고 있음
- 아노미: 무규범 상태, 사회적 규범의 결핍 상태, 목표와 수단의 괴리로 발생
- 목표와 수단의 불일치에 의해 발생하는 갈등을 개인이 해소하는 방법
  - 동조주의: 스포츠에서는 규칙을 준수하면서 이기는 것이 중요함, 목표와 수단을 모두 수용
    예) 전략적 시간 끌기 작전, 경기규칙이 허용하는 범위 내에서의 파울 행위 등
  - 혁신주의: 스포츠에서 이기기 위해서는 수단과 방법을 가리지 않아야 함, 목표는 수용하고 수단은 거부
    예) 벤 존슨은 불법약물복용으로 올림픽 금메달을 박탈당했다. 불법 스카우트, 금지 약물 복용, 경기장 폭력, 승부조작 등
  - 의례주의: 스포츠에서는 승패보다 규칙을 지키며 참가하는 데 가치가 있음, 목표는 거부하고 수단은 수용
    예) 승리에 대한 집념보다는 규칙을 지키며 최선을 다해 경기에 참여한다. 승패에 집착하지 않고 참가에 의의를 두고, 결과보다는 경기 내용을 중시한다.
  - 도피주의: 은둔형으로 스포츠 참가를 중단하거나 포기함, 목표와 수단을 모두 거부
    예) 스스로 실력의 한계를 느끼고 운동부에서 탈퇴한다. 스포츠에 내재된 비인간성, 승리지상주의, 상업주의, 학업 결손 등에 염증을 느껴 스포츠 참가를 포기한다.
  - 반란(반역)주의: 기존의 스포츠를 거부하고 새로운 형태의 스포츠를 개발해야 함, 새로운 목표와 수단 제시
    예) 학생선수의 학습권을 보장하기 위해 최저학력제를 도입하였다.

적응 유형	목표	수단
동조	+	+
혁신	+	-
의례	-	+
도피	-	-
반역	±	±

+: 수용, -: 거부, ±: 거부·대체

② 차별교제이론
- 스포츠 일탈을 상호작용론 관점으로 설명하며, 일탈 규범을 내면화하는 사회화 과정이 존재함
- 일탈자가 선천적으로 일탈 행위의 유형을 가지고 있는 것이 아니라 다른 사람과 상호작용을 통해 스포츠 일탈 행동을 학습함
- 일탈: 일탈 문화 안에서 일탈자들 간의 상호작용 속에서 이루어지는 사회과정

③ 낙인이론
- 일탈의 개념을 사회적 규정의 측면에서 접근, 일탈행동의 사회적 상대성을 강조
- 일탈: 그 행위 자체가 갖는 본질적인 것이 아니라 그 행위가 발생하는 상황과 여건에 따라 규정 됨, 누가 일탈을 규정짓느냐의 문제에 주목
- 사회집단이 규칙을 만들고 그 규칙을 적용시켜 낙인을 찍음으로써 일탈 행위를 만들어 냄

④ 중화이론
- 일탈이 일어나는 과정을 설명하는 이론
- 인간은 근본적으로 규범을 어기고 싶은 욕구를 갖고 있으며, 규범동조와 규범파괴 사이에서 표류하는 존재
- 일탈에 대한 압박을 중화시킬 수 있는 사람이 범죄를 저지름, 일탈 행위를 정당화시키는 기술을 학습하여 양심의 압박을 중화시켜 일탈을 함
- 중화기법: 일탈행위에 대해 당위성이나 정당성, 필연성을 부여하는 것
  - 책임의 부인: 자신의 책임이 아니라고 부정함
  - 가해의 부인: 행위의 잘못을 사소한 것으로 치부하거나 부인함
  - 피해자의 부인: 피해자가 당한 것은 당연한 것이라고 합리화함
  - 비난자의 비난: 범죄통제자에 대한 비난, 범죄통제기구를 반도덕적인 부패기구로 몰아감
  - 높은 충성심에 의한 호소: 규범 거부가 아닌 긴급하고 고귀한 규범을 우선시하기 때문이라고 합리화함, 초기 일탈자들이 흔히 보이는 기법

2 스포츠 일탈의 유형

(1) 폭력행위
① 의미: 고의적 또는 수단적으로 상대방에게 신체적 위해를 가하는 공격적 행동
② 발생 원인
- 개인적 특성, 스포츠 팀의 구조적 특성
- 강한 승리 욕망
- 스포츠의 상업화
③ 경기장 내 신체 폭력 유형
- 격렬한 신체 접촉: 자리를 잡기 위한 선수 간 몸싸움이나 공을 빼앗기 위한 태클 등으로 불법이나 처벌 대상이 아님
- 경계 폭력: 경기의 규칙을 위반하는 행위지만 대부분의 선수나 지도자들이 용인하는 폭력 행위, 경기 전략의 하나로 활용되며 상대방의 보복 행위를 유발할 수 있음
  예) 야구경기에서의 빈 볼
- 유사 범죄 폭력: 경기의 규칙 위반 행위로 상대 선수에게 치명적인 부상을 입힐 수 있는 행위, 선수들 사이에서 인정받지 못할 뿐만 아니라 벌금과 출전정지 대상이 됨
- 범죄 폭력: 명백한 법 위반이자 범죄에 해당되는 행위
④ 폭력의 이유에 따른 유형
- 개인적 차원의 적대적 공격 행위(적대적 폭력)
  - 상대의 고통을 목적으로 공격하는 행위
  - 상대방으로부터 공격을 당하거나 좌절로 인한 분노를 느꼈을 때 행위 당사자의 공격성이 충

동적으로 나타나 폭력행위로 표출되어 나타나는 것
- 보복적 폭력의 성격이 짙음
  예) 야구에서 투수가 자신을 화나게 만든 타자에게 안쪽 또는 높은 공을 던지는 행위
- 구조적 차원의 도구적 공격 행위(도구적 폭력)
  - 팀의 승리를 위한 수단이나 도구로 시용하는 도구적 공격성
  - 팀 단합과 자존심을 위해 또는 경기의 주도권이나 승리를 위해 신체적 고통 이외의 목적을 추구하는 행위
  - 상대방과 아무런 개인적 감정이나 개인적 적대감이 없음에도 불구하고 팀의 승리를 위한 폭력행위를 상대방에게 나타내는 것
    예) 승리·금전·위광 등 다른 외적 보상이나 목표를 획득하기 위한 행위, 유격수에게 과감한 슬라이딩을 감행해 더블플레이를 방해하는 행위, 농구에서 팔꿈치를 크게 휘두르는 행위, **야구에서 투수가 바깥쪽 공을 던지기 전 몸 쪽 공을 던지는 행위, 농구의 센터가 경기 초반 주도권을 잡기 위해 리바운드한 뒤 팔꿈치를 거칠게 흔드는 행위, 주자가 더블플레이를 방지하기 위하여 다리를 높여 슬라이딩하는 것**

(2) 약물복용(도핑)
① 더 나은 기록과 경기력을 발현시키기 위하여 금지된 약물을 복용하는 사례
② 각종 국제 경기 대회에서는 엄격한 약물검사를 실시하고 양성반응자에 대하여는 대회 출전 금지는 물론, 선수 자격을 일정 기간 정지시키거나 박탈함
③ 역사
  - 19세기 이후 본격적으로 시작
  - 1886년 프랑스 사이클 경기에서 첫 사망자가 나옴
  - 1904년 세인트루이스 올림픽에서 마라톤 우승자가 경기 전 흥분제를 복용한 결과로 경기 종료 직후 졸도한 사례 발생
  - 1930년대에 도핑이라는 용어가 생겨나면서 비윤리적이라는 인식이 확산됨
  - 1950년대 이후 의학의 발달과 함께 약물복용사례가 급증하기 시작
  - 1973년 IOC 회의에서 각종 약물의 복용을 금지하는 안건이 통과되었으나 지금까지 약물 복용으로 인한 올림픽 메달 박탈의 사례는 계속 이어지고 있음
④ 흔하게 복용되고 있는 약물
  - 근력 향상을 위한 아나볼릭 스테로이드, 암페타민, 에페드린
  - 혈액 내 산소 공급량을 늘리기 위한 방법인 혈액 도핑
⑤ 약물 복용은 운동수행능력을 잠시 향상시키는 경우도 없지 않으나 결국 신체에 장기적이고 심각한 악영향을 미치게 됨
⑥ 궤양, 간암, 심장마비, 뇌출혈 등으로 많은 운동선수들이 그 부작용으로 사망에 이름
⑦ 약물검사 찬성 입장: 선수들의 건강 보호 및 스포츠의 공정성 확보
⑧ 약물검사 반대 입장: 개인 사생활 침해 및 비싼 검사 비용

(3) 부정행위
① 의미: 게임에서 승리하기 위하여 혹은 상대방보다 유리한 위치를 차지하기 위하여 규칙이나 규정에서 정한 범위를 벗어나는 행위를 하는 것
② 원인
  - 승리에 대한 보상이 상대적으로 클 때

- 경기 규칙이 지나치게 엄격할 때
- 경기 결과가 불투명할 때
- 산업기술이 경기의 중요 요소일 때
- 하류계층 출신 경기자가 많을 때

③ 유형
- 제도적 부정행위: 계획적이고 이성적이며 전술적인 행동으로 전략적 차원에서 용인되는 행위
  예) 심판에게 반칙판정을 유도하는 할리우드 액션, **농구에서 팔꿈치를 크게 휘두르는 행위, 거친 태클 등**
- 일탈적 부정행위: 사회적으로 용인되지 않으며, 엄격한 제재를 받는 행위
  예) 경주마에 약물 투여, 상대편 **경기 용구의 훼손**, 담합에 의한 경기성적의 조작, **서류 위조, 비승인 용구나 기구의 사용**

(4) 범죄 행위
① 시민질서를 깨뜨리는 공공질서 파괴 행위, 폭력단 조직과 같은 조직범죄 등의 범죄 행위
② 법률에 의하여 금지된 행위
③ 민사적, 형사적 범죄 행위를 모두 포함
④ 사람을 해치는 살인, 강도, 강간, 폭행과 같은 폭력범죄
⑤ 운동선수의 범죄율은 일반인에 비하여 상대적으로 낮지만, 운동선수의 범죄는 관심거리가 되기 때문에 커다란 사회문제로 인식됨

(5) 과도한 참가(운동 중독)
① 운동이 항상 참가자들에게 긍정적인 혜택만 주는 것이 아니라 부정적인 중독증을 유발할 수 있다는 점을 인식해야 함
② 운동 중독의 정도는 관찰만으로 측정이 불가하므로 측정을 위한 도구가 필요함
③ 운동 중독의 금단 증세에는 불안, 긴장, 죄의식, 분노, 성급함 등이 있음
④ 긍정적 운동 중독은 건강에 도움을 주고 생활의 활력을 가져옴
⑤ 운동에 대한 긍정적 중독은 운동을 자신의 존재의 중요한 국면으로 간주하고 더 나아가 일, 가정, 가족 및 친구들에 대한 책무와 조화를 잘 이루게 함
⑥ 부정적 중독의 운동선수들은 건강, 경력, 사람과의 관계와 같은 삶의 다른 영역에 대해 방해를 받을 수 있음
⑦ 운동에 중독된 사람은 운동수준과 빈도를 감소시키는 것이 좋음
⑧ 운동 중독은 치료보다 예방이 더 중요한 요소임
⑨ 스포츠에 과도하게 참가하는 것은 과잉동조의 한 개념으로 부정적인 일탈과는 달리 사회 규칙이나 규정을 위반하지 않기 때문에 긍정적 일탈이라고도 함

(6) 관중 폭력
① 집합행동
- 일시적이고, 충동적이며, 비조직적인 집단적 행동
- 군중, 폭동, 공황, 유행, 광란, 선전, 여론, 사회운동과 같은 현상
② 스포츠 집합행동: 스포츠와 관련된 특정 상황에 처한 다수의 관중이나 선수 또는 일반 대중이 공통의 자극에 충동적으로 반응할 때 발생
③ 스포츠 집합행동(관중 폭력) 발생의 주요 요인

- 관중의 규모가 많을수록 관중의 익명성과 몰개성적 경향이 강하게 나타나고, 통제가 불가능하여 관중의 공격적 행동이 증가함
- 관중의 밀도가 높을수록 관중은 혼란에 빠지고 불쾌한 감정을 경험하며 인내의 수준이 낮아져 공격적인 행동이 발생함
- 자기편을 응원하거나 상대팀을 비난하는 고함 소리는 관중을 흥분상태로 빠지게 하여 이성적인 판단과 행동지침을 상실하게 됨
- 관중이 많은 경기장에서 서 있는 관중은 앉아있는 관중보다 행동적이며, 공격적임
- 경기의 중요도가 매우 높을수록, 경기의 후반부일수록, 시즌의 막바지로 접어들수록 난동 발생 가능성이 높음
- 기온이 올라갈수록 난동 발생 가능성이 높음

④ 스포츠 집합행동(관중 폭력)의 통제 전략
- 물리적 환경의 정리
  - 실외 경기장의 경우 경기장과 관중석의 분리
  - 실내 경기장의 경우 경기장과 관중석의 유리벽 차단 및 높이 조절
  - 선수석에 보호막 설치
  - 응원단의 분리 배치 및 출입구 구분 배정
  - 관중석 블록별 이동식 차단벽 설치
  - 계단에 접이식 간이 좌석 설치
- 제도적 장치의 보완
  - 음주류 반입 금지의 강화
  - 음주자 강제 퇴장
  - 경기장 청원 경찰 제도 도입 및 사법권 부여
  - 지정좌석제의 탄력적 운영
  - 경기 시작 전 관중에 대한 안전 교육 실시
  - 각 블록별 민간 자원 봉사자 배치
  - 경기장 감시용 폐쇄회로 TV 설치 운영
  - 가족석 설치 운영 및 할인제도 시행

(7) 집합행동 관련 이론

① 전염이론
- 군중은 피암시성, 순환적 반작용에 의해 폭력적 집단행동이 나타남
- 개인의 사고나 감정이 집단 속에서 타인으로부터 영향을 받아 개인적 정체성을 상실하게 됨
- 이성적인 인간이 군중 속에 존재하게 되면 비이성적 사고가 형성됨
- 한 개인을 시작으로 타인에게 영향을 미쳐 폭력이 전체 집단에 전파되어 관중폭력이 발생함
  예) 관중들의 야유 소리가 점점 커지면서 관중폭력이 일어남

② 수렴이론
- 군중들의 반사회적 성향이 익명성, 몰개성화에 의해 집합행동으로 나타남
- 일상생활에서 숨겨져왔던 본연의 실제 자아가 사회적 익명성의 상황에서 감정적 행동으로 표출됨
- 평소 이성에 의해 통제되던 개인 행동이 군중이라는 대상과 결합되어 폭력성을 드러냄

③ 규범생성이론
- 특정 사회적 상황에서의 공유의식은 구성원의 감정과 정숙 정도, 수용성 등에 영향을 줌

- 개인의 특수성과 장소 고유의 규범이 생성됨에 따라 동조압력에 의해 집합행동이 발생

④ 부가가치이론
- 선행적 사회구조적·문화적 요인으로 인한 단계적 절차는 집합행동을 생성, 발전 및 소멸시킴
- 집합행동의 발생원인 및 결정요인을 장소와 시간 및 양식 등으로 설명
- 일정한 형태의 조건이나 계기의 순서에 따라 단계적인 조합으로 집합행동이 발생
- 어떠한 요인이나 조건들이 순차적으로 조합을 이루어 집합행동이 발생

    예) 인종차별과 같은 사회구조적·문화적 선행요건으로 인해 두 팀 관중들 간에 폭력이 발생

1 미래 스포츠 변화에 영향을 미치는 요인

(1) 미래의 통신 및 전자매체가 스포츠 변화에 미친 영향

① 테크놀로지 발전
- 스포츠 장비 개선
- 뉴 스포츠의 지속적 등장
- 스포츠 활동의 위험성 감소
- 최상의 운동수행 능력 발현
- 용품, 장비, 시설 등 스포츠 환경이 더욱 개선됨
- 새로운 형태의 스포츠가 지속적으로 생겨남
- 스포츠 과학이 획기적으로 발전
- '기술도핑(technical doping)'은 스포츠의 공정성과 형평성을 훼손함

② 통신 및 전자매체의 발달
- 미디어에 의한 스포츠 정보 제공, 스포츠에서 미디어의 영향력 증가
- 미래 스포츠에 대해 상상할 수 있는 다양한 정보 제공
- 관람스포츠의 형태 변화, 다양한 스포츠 관람형태
- 다양한 경기 전략에 대한 정보를 신속하게 제공 받음

③ 조직화 및 합리화
- 미디어 제작자들의 미래 스포츠 모습에 대한 영향력 증가

④ 상업화 및 소비성향의 변화
- 소비 성향의 변화에 따라 노인의 스포츠 참여율 증가
- 스포츠 교육서비스에 대한 요구가 증대됨

⑤ 다양한 문화적 배경의 융합

(2) 스포츠의 미래에 대한 전망

① 스포츠 정보화와 유비쿼터스 패러다임
- 스포츠 정보화의 개념은 스포츠 현상과 관련된 다양한 사실을 알리는 효력을 뜻하며, 스포츠 현상을 알리기 위해 구성된 그 자체를 의미
- 디지털기술이 도입된 이후, 모든 산업 부문에서 디지털화가 급속히 이루어지며 스포츠 정보화에도 긍정적 영향을 미치게 됨

② 스포츠 다양화와 e-sports 확대
- 탈중심화 경향과 다양성이 요구되는 탈현대 사회에서는 스포츠도 유사성과 동질성보다는 이질성과 다양성이 존중되는 추세에 있으며, 자연 친화형 에코스포츠나 뉴 스포츠가 등장하고 e-sports가 확대됨
- e-sports는 'electronic sports'를 줄여서 부르는 용어로, 컴퓨터를 매개로 인터넷상에서 진행되는 스포츠를 의미

③ 노인 인구의 급증에 따른 사회 환경의 변화
- 노인 인구의 급증에 따라 사회 환경이 변화되고 있으며, 노인들의 신체 능력 저하와 건강 문제, 역할 상실 및 여가 문제, 사회·심리적 고립 및 소외 문제, 소비 욕구 상승과 문화적 수요의 증가에 따른 문제 등이 새로운 세계적인 사회문제로 대두되고 있음
- 고령자층의 스포츠 활동 참여 성향
  - 건강, 체형 관리, 사회적 관계 등에 중점을 둔 스포츠를 선호
  - 게이트볼, 볼링 등 신체 접촉이 배제된 스포츠를 선호
  - 체력과 집중력이 약하므로 위험하지 않은 스포츠를 즐김

④ 고령사회 진입에 따른 시니어 건강운동산업 증대
- 세계적인 노인 인구 급증에 따른 사회 환경의 변화에 따라 시니어 건강운동산업의 강점 및 약점 등을 예측하여 진단을 하며 시니어스포츠 시장 진입을 위한 발전 전략 및 차별화를 꾀하여야 함

(3) Naisbitt의 메가트랜드이론에 따른 21세기 스포츠 분야의 전망

구분		내용
Naisbitt의 메가트랜드이론	21세기 사회변화	• 민족국가 중심에서 네트워크 중심으로 이전
		• 정부 주도에서 시장 주도로 전환
		• 노동 집약 산업에서 첨단 기술 산업으로 이전
		• 남성지배구조에서 여성참여구조로 변화
		• 문화 중심이 서양에서 동양으로 이전
		• 세계와 아시아의 변화에서 KOREA의 기여
	21세기 스포츠 분야의 전망	• 아시아 국가 간의 네트워크형성, 전통적인 지역의 스포츠도 부상
		• 스포츠 정책이 정부 주도에서 시장경제원리 적용
		• 스포츠 관련 시설, 용구, 용품들이 고도로 과학화
		• 동양의 신체문화 관련 산업 확대
		• 아시아 각국의 민족적 스포츠문화 중시
		• 스포츠계에 여성의 영향력 증대
		• 도시화로 인한 실내 운동 정책 및 산업의 비중 증가
		• 동양 특유의 가부장제에서 탈피하여 여성의 영향력 강화
		• 국제스포츠계에서 동양의 역할과 대한민국의 입지 확보

2 스포츠 세계화

(1) 세계화
① 의미
- 다방면에 걸친 전 지구적 차원의 활발한 교류가 이루어지고 있는 사회적 변화
- 지구적 차원의 사회적 관계 강화
- 세계 경제의 통합
- 시·공간의 제약 약화

- 탈영토화
- 사람들 사이의 초영토적 관계의 증가

(2) 스포츠 세계화

① 의미
- 규칙과 경쟁을 기초로 스포츠를 통해 지구적 차원의 사회관계를 유연하게 할 뿐만 아니라 문화적·정치적·경제적 교류 등을 꾀하게 함
- 스포츠의 탈영토화를 의미
- 스포츠 소비문화의 측면에서도 이루어지고 있음
- 스포츠가 내재하고 있는 가치를 전 세계에 전파하는 데 기여함
  예) 외국 선수의 국내 유입과 자국 선수의 해외 진출이 자유롭게 이루어짐, 나이키와 아디다스 같은 스포츠 기업이 다국적 기업으로 성장, 태권도가 올림픽 정식 종목으로 채택되면서 많은 국가에 보급됨

성피티 TIP

세계화와 국제화를 혼용해서 사용하는 경우가 많습니다. 국제화가 민족국가 간의 교류가 늘어나는 현상을 말한다면, 세계화는 양적 교류의 확대를 넘어서 현대적인 사회생활이 새롭게 재구성됨으로써 세계 사회가 독자적인 차원을 획득하는 과정입니다. 따라서 최근 스포츠 조직이나 경기는 민족 간의 교류인 국제화를 넘어 다차원적 통합을 뜻하는 세계화의 개념으로 확장되었다고 봅니다.

② 과정
- 제국주의 시대에 스포츠를 통한 동화정책은 식민지 체제의 지배를 정당화하는 데 기여
- 19세기 기독교는 아시아와 아프리카 원주민의 종교적 거부감을 해소하는 데 스포츠를 활용
- 과학기술의 진보는 스포츠의 시·공간적 제약을 극복하는 데 기여
③ 특징
- IOC, FIFA 등 국제스포츠 기구 성장
- 다국적 기업의 국제적 스폰서십 및 마케팅 증가
- 글로벌 미디어 기업의 스포츠에 관한 개입 증가

(3) 스포츠 세계화의 원인

① 제국주의 확장
- 자국의 정치적·경제적 지배권을 다른 민족국가의 영토로 확장시키려는 국가의 충동이나 정책
- 1870년대 이후 서구 열강은 전 세계 영토의 대부분을 점령하며 그들의 식민제국을 건설하였고, 스포츠는 제국주의시대를 통해 서구열강에 의해 전 세계로 전파됨
- 스포츠는 피식민국에 대한 식민국의 정치적 프로그램이자 식민 지배의 도구로 활용되었고, 전근대적인 피식민지 국민을 깨우칠 수 있는 동화정책의 일환이자, 근대적 교육프로그램
- 유럽의 군인, 행정가, 선교사들이 근대스포츠를 사회통제의 유용한 수단으로 전파한 사례
  - 영국이 인도에 대한 식민 지배를 한 후, 행정가들에 의해 크리켓이 소개되었고 영국에서 유학한 인도의 귀족 등 친영 엘리트 그룹들이 귀국 후 영국의 관습과 고상한 매너에 대한 욕구가 높아져 크리켓에 적극적으로 참여
  - 영국의 스포츠로 알려진 크리켓과 럭비는 대부분 영국의 식민지였던 영연방국가에서 인기가 있음

- '코먼웰스 게임(commonwealth games)'은 영연방국가들이 참가하는 스포츠 메가 이벤트로, 영연방국가의 통합에 기여하는 측면이 있음

② 민족주의
- 민족주의(국가주의)가 스포츠 세계화에 대한 결정적 동기부여를 함
- 스포츠가 가지고 있는 '경쟁'이라는 요소가 이를 뒷받침해주는데, 초창기부터 국가의 이름으로 치러진 국제경기는 민족이란 정체성을 확인시켜 주는 과정이었고, 이는 '그들만의 하나', 즉 '민족 형성'을 유발하는 결정적 요인

③ 과학기술의 발전(테크놀로지의 진보)
- 교통, 통신, 미디어 등 테크놀로지의 진보로 오늘날 세계 각국에서 열리는 스포츠 경기는 시공간의 제약을 넘어 거의 실시간으로 서로 다른 나라와 지역으로 생생하게 전달되고 있으며, 스포츠의 세계화에 결정적 영향을 미치게 됨
- 1960년대 개발되기 시작한 위성 기술은 1980년대 이후 본격적으로 세계 각국에서 일어나는 스포츠 경기를 중계하며 세계화를 주도하게 되었으며, IT기술 등의 발달로 첨단 미디어들을 선보이며 스포츠를 핵심 콘텐츠로 활용하게 됨

④ 종교 전파
- 원주민의 종교적 거부감을 해소하는 중요한 도구로 스포츠를 활용

(4) 스포츠 세계화의 결과
① 신자유주의의 확대
- 1990년대 이후 자유로운 선수의 이동과 함께 스포츠의 신자유주의적 세계화를 본격화시킴
- 전 세계의 우수한 선수들을 영입하는 데 더욱더 많은 돈을 지불하며 시장의 확대를 가져옴
- 우수 선수들은 미국의 MLB, NBA, 영국의 프리미어리그 등 주요 몇몇 리그로 영입되면서 큰 인기를 끌고 있음
- 프로스포츠 시장의 이윤 극대화로 빈익빈 부익부 현상이 심화됨
- 스포츠시장의 경계가 국경을 초월해 전 세계로 확대됨
- 세계인들이 표준화된 스포츠 상품과 스포츠 문화를 소비하도록 하게 됨
- 스포츠 세계화에 편승하지 못한 전통적 신체문화나 전통스포츠는 몰락하는 경우가 많음

② 스포츠 노동이주
- 프로스포츠의 경우 다른 국가로부터 우수한 선수를 영입할 때 노동이주가 발생
- 스포츠시장의 규모가 확대됨에 따라 노동이동은 전 세계적으로 이루어지고 있으며, 국제적인 노동 이주를 하는 선수들은 상대적으로 많은 경제적 보상을 확보할 수 있는 미국이나 유럽으로 이동하는 경향성을 보임
- 최근 들어 선진국으로 이동하는 전통적인 스포츠 노동이주의 형태와는 반대로 선진국가에서 후발 발전국가로 의도적으로 이동하는 사례가 증가하고 있음
- 스포츠 노동이주 유형
  - 개척자형: 금전적 보상이 최고의 가치가 아님, 이주 국가와 친밀한 관계 형성
  - 용병형: 최고의 이주 결정 요인은 경제적 보상, 더 나은 경제적 보상을 위해 다시 이주할 수 있음
  - 유목민형: 종목의 특성으로 인해 국가 간 이동이 발생, 개인의 취향에 의해 선택하는 경우도 흔히 발생, 흥미로운 장소를 돌면서 스포츠를 즐기는 유형
  - 정착민형: 경제적 보상 외에 다른 요인에 의해 정착, 보다 나은 사회적 환경이나 교육환경에서 거주, 영구적으로 정착할 수 있는 곳을 찾음

- 귀향민형: 해외로 이주했다가 다시 국내로 귀향, 해외경험을 바탕으로 자국으로 복귀

③ 글로컬라이제이션(glocalization)

- 글로벌(global)과 지역(local)의 합성어로 세계화와 동시에 지역화가 진행되는 것을 의미
- 동질화되고 표준화된 문화를 확산시키는 동시에 지역 및 국가의 특성을 강화시킴

스포츠세계화와 관련된 용어

① 세방화(Glocalization)

- 로버트슨(R. Robertson)이 제시한 용어
- globalization(세계화)과 localization(현지화)을 합성한 신조어로 세계화를 추구하면서 동시에 현지 국가의 문화를 존중하는 것

  예) LA 다저스팀이 박찬호 선수를 영입하여 좋은 경기력을 펼치면서 메이저리그 경기가 한국에서 인기가 높아졌다. 맨체스터 유나이티드팀이 박지성 선수를 영입하면서 프리미어리그 경기가 한국에서 인기가 높아졌다.

② 스포츠화(Sportization)

- 폭력적이고 무질서했던 신체적 활동이 규칙과 제도를 갖춘 스포츠로 문명화되는 과정

③ 미국화(Americanization)

- 미국의 제도, 문화, 비즈니스가 미국 밖의 다른 국가에 미치는 영향

④ 세계표준화(Global Standardization)

- 전 세계적으로 국제표준을 개발하고 통일하는 것

---

1. <보기>에서 훌리한(B. Houlihan)이 제시한 '정부(정치)의 스포츠 개입 목적'에 관한 사례인 것을 모두 고른 것은?

〈보기〉

> ㄱ. 시민들의 건강 및 체력유지를 위해 체육단체에 재원을 지원한다.
> ㄴ. 체육을 포함한 교육 현장의 양성 평등을 위해 Title IX을 제정했다.
> ㄷ. 공공질서를 보호하기 위해 공원에서 스케이트보드 금지, 헬멧 착용 등의 도시 조례가 제정되었다.

① ㄱ
② ㄱ, ㄷ
③ ㄴ, ㄷ
④ ㄱ, ㄴ, ㄷ

2. 스포츠클럽법(시행 2022.6.16.)의 내용으로 옳지 않은 것은?
① 지정스포츠클럽은 전문선수 육성 프로그램을 운영할 수 없다.
② 스포츠클럽의 지원과 진흥에 필요한 사항을 규정하고 있다.
③ 국민체육진흥과 스포츠 복지 향상 및 지역사회 체육발전에 기여함을 목적으로 한다.
④ 국가 및 지방자치 단체는 스포츠클럽의 지원 및 진흥에 필요한 시책을 수립·시행하여야 한다.

3. <보기>에서 스티븐슨(C. Stevenson)과 닉슨(J. Nixon)이 구조기능주의 관점으로 설명한 스포츠의 사회적 기능 중 옳은 것만을 모두 고른 것은?

〈보기〉

> ㄱ. 사회·정서적 기능
> ㄴ. 사회갈등 유발 기능
> ㄷ. 사회 통합 기능
> ㄹ. 사회계층 이동 기능

① ㄱ, ㄴ
② ㄱ, ㄷ
③ ㄴ, ㄹ
④ ㄱ, ㄷ, ㄹ

4. <보기>의 ㉠~㉢에 해당하는 스포츠 육성 정책 모형이 바르게 제시된 것은?

〈보기〉

> ㉠ 학생들의 스포츠 참여 저변이 확대되면, 이를 기반으로 기량이 좋은 학생선수가 배출된다.
> ㉡ 우수한 학생선수들을 육성하면 그들의 영향으로 학생들의 스포츠 참여가 확대된다.
> ㉢ 스포츠 선수들의 우수한 성과는 청소년의 스포츠 참여를 촉진하고, 이를 통해 형성된 스포츠 참여 저변 위에서 우수한 스포츠 선수들이 성장한다.

	㉠	㉡	㉢
①	선순환 모형	낙수효과 모형	피라미드 모형
②	피라미드 모형	선순환 모형	낙수효과 모형
③	피라미드 모형	낙수효과 모형	선순환 모형
④	낙수효과 모형	피라미드 모형	선순환 모형

5. <보기>에서 스포츠 세계화의 동인으로 옳은 것만을 모두 고른 것은?

〈보기〉

> ㄱ. 민족주의   ㄴ. 제국주의 확대
> ㄷ. 종교 전파   ㄹ. 과학기술의 발전
> ㅁ. 인종차별의 심화

① ㄱ, ㄴ, ㄷ
② ㄴ, ㄷ, ㅁ
③ ㄱ, ㄴ, ㄷ, ㄹ
④ ㄱ, ㄷ, ㄹ, ㅁ

6. 투민(M. Tumin)이 제시한 사회계층의 특성을 스포츠에 적용한 설명으로 옳은 것은?
① 보편성: 대부분의 스포츠 현상에는 계층 불평등이 나타난다.
② 역사성: 현대 스포츠에서 계층은 종목 내, 종목 간에서 나타난다.
③ 영향성: 스포츠에서 계층 불평등은 역사발전 과정을 거치며 변천해 왔다.
④ 다양성: 스포츠 참여에서 나타나는 사회적 불평등은 일상 생활에도 유사하게 나타난다.

7. 스포츠에서 나타나는 사회계층 이동에 대한 설명으로 옳지 <u>않은</u> 것은?

① 스포츠는 계층 이동을 위한 수단으로 활용된다.

② 사회계층의 이동은 사회적 상황과 개인적 상황을 반영한다.

③ 사회 지위나 보상 체계에 차이가 뚜렷하게 발생하는 계층 이동은 '수직 이동'이다.

④ 사회계층의 이동 유형은 이동 방향에 따라 '세대 내 이동', '세대 간 이동'으로 구분한다.

8. <보기>에서 설명하는 스포츠 일탈과 관련된 이론은?

〈보기〉

- 스포츠 일탈을 상호작용론 관점으로 설명한다.
- 일탈 규범을 내면화하는 사회화 과정이 존재한다.
- 다른 사람과 상호작용을 통해 스포츠 일탈 행동을 학습한다.

① 문화규범 이론　　　② 차별교제 이론

③ 개인차 이론　　　　④ 아노미 이론

9. 스미스(M. Smith)가 제시한 경기장 내 신체 폭력 유형 중 <보기>의 설명에 해당하는 것은?

〈보기〉

- 경기의 규칙을 위반하는 행위지만, 대부분의 선수나 지도자들이 용인하는 폭력 행위 유형이다.
- 이 폭력 유형은 경기 전략의 하나로 활용되며, 상대방의 보복 행위를 유발할 수 있다.

① 경계 폭력　　　　　② 범죄 폭력

③ 유사 범죄 폭력　　　④ 격렬한 신체 접촉

10. 코클리(J. Coakley)가 제시한 상업주의와 관련된 스포츠 규칙 변화에 따른 결과로 옳지 <u>않은</u> 것은?

① 극적인 요소가 늘어났다.

② 득점이 감소하게 되었다.

③ 상업 광고 시간이 늘어났다.

④ 경기의 진행 속도가 빨라졌다.

11. 파슨즈(T. Parsons)의 AGIL이론에 관한 설명으로 옳지 <u>않은</u> 것은?

① 상징적 상호작용론 관점의 이론이다.

② 스포츠는 체제 유지 및 긴장 처리 기능을 한다.

③ 스포츠는 사회구성원을 통합시키는 기능을 한다.

④ 스포츠는 사회구성원이 사회체제에 적응하게 하는 기능을 한다.

12. 에티즌(D. Eitzen)과 세이지(G. Sage)가 제시한 스포츠의 정치적 속성 중<보기>의 설명에 해당하는 것은?

〈보기〉

- 국가대표 선수는 스포츠를 통해 국위를 선양하고 국가는 선수에게 혜택을 준다.
- 국가대표 선수가 올림픽에 출전하여 메달을 획득하면 군복무 면제의 혜택을 준다.

① 보수성　　　　　　　② 대표성

③ 상호의존성　　　　　④ 권력투쟁

13. <보기>의 ㉠~㉣에 들어갈 스트렝크(A. Strenk)의 '국제정치 관계에서 스포츠 기능'을 바르게 제시한 것은?

〈보기〉

- (㉠): 1936년 베를린 올림픽
- (㉡): 1971년 미국 탁구팀의 중화인민공화국 방문
- (㉢): 1972년 뮌헨올림픽에서의 검은구월단 사건
- (㉣): 남아프리카공화국의 아파르트헤이트에 대한 국제사회의 대응

	㉠	㉡	㉢	㉣
①	외교적 도구	외교적 항의	정치이념 선전	갈등 및 적대감의 표출
②	정치이념 선전	외교적 도구	갈등 및 적대감의 표출	외교적 항의
③	갈등 및 적대감의 표출	정치이념 선전	외교적 항의	외교적 도구
④	외교적 항의	갈등 및 적대감의 표출	외교적 도구	정치이념 선전

14. 베일(J.Bale)이 제시한 스포츠 세계화의 특징에 관한 설명으로 옳지 <u>않은</u> 것은?

① IOC, FIFA 등 국제스포츠 기구가 성장하였다.

② 다국적 기업의 국제적 스폰서십 및 마케팅이 증가하였다.

③ 글로벌 미디어 기업의 스포츠에 관한 개입이 증가하였다.

④ 외국인 선수 증가로 팀, 스폰서보다 국가의 정체성이 강화되었다.

15. 스포츠의 교육적 역기능에 해당하는 것은?

① 정서 순화

② 사회 선도

③ 사회화 촉진

④ 승리지상주의

16. 스포츠미디어가 생산하는 성차별 이데올로기에 관한 설명으로 옳지 <u>않은</u> 것은?

① 경기의 내용보다는 성(性)적인 측면을 강조한다.

② 여성 선수를 불안하고 취약한 존재로 묘사한다.

③ 여성들이 참여하는 경기를 '여성 경기'로 부른다.

④ 여성성보다 그들의 성과에 더 많은 관심을 보인다.

17. <보기>의 사례에 관한 스포츠 일탈 유형과 휴즈(R. Hughes)와 코클리(J. Coakley)가 제시한 윤리 규범이 바르게 연결된 것은?

〈보기〉

- 2002년 한일월드컵 당시 황선홍 선수, 김태영 선수의 부상 투혼
- 2022년 카타르 월드컵에서 손흥민 선수의 마스크 투혼

	스포츠 일탈 유형	스포츠 윤리 규범
①	과소동조	한계를 이겨내고 끊임없이 도전해야 한다.
②	과소동조	경기에 헌신해야 한다.
③	과잉동조	위험을 감수하고 고통을 인내해야 한다.
④	과잉동조	탁월성을 추구해야 한다.

18. 레오나르드(W. Leonard)의 사회학습이론에서 <보기>의 설명과 관련된 사회화 기제는?

〈보기〉

- 새로운 운동기능과 반응이 학습된다.
- 학습자에게 동기를 부여할 수 있게 된다.
- 지도자가 적합하다고 생각하는 새로운 지식을 알게 된다.

① 강화

② 코칭

③ 보상

④ 관찰학습

19. 스포츠로부터의 탈사회화에 관한 설명으로 옳은 것은?

① 부상, 방출 등의 자발적 은퇴로 탈사회화를 경험한다.

② 스포츠 참여를 통한 행동의 변화를 스포츠로부터의 탈사회화라고 한다.

③ 개인의 심리상태, 태도에 의해 참여가 제한되는 것을 내재적 제약이라고 한다.

④ 재정, 시간, 환경적 상황에 의해 참여가 제한되는 것을 대인적 제약이라고 한다.

20. 과학기술의 발전에 따른 스포츠의 변화에 관한 설명으로 옳지 <u>않은</u> 것은?

① IoT, 웨어러블 디바이스 발전으로 경기력 측정의 혁신을 가져왔다.

② 프로야구 경기에서 VAR 시스템 적용은 인간심판의 역할을 강화시켰다.

③ 4차 산업혁명에 따른 초지능, 초연결은 스포츠 빅데이터의 활용을 확대시켰다.

④ VR, XR 디바이스의 발전으로 가상현실 공간을 활용한 트레이닝이 가능해졌다.

1. <보기>에서 스포츠의 교육적 순기능으로만 묶인 것은?

〈보기〉

> ㉠ 학교와 지역사회의 통합
> ㉡ 평생체육의 연계
> ㉢ 스포츠의 상업화
> ㉣ 학업활동의 격려
> ㉤ 참여기회의 제한
> ㉥ 승리지상주의

① ㉠, ㉡, ㉣   ② ㉠, ㉢, ㉤
③ ㉡, ㉢, ㉣   ④ ㉡, ㉤, ㉥

2. <보기>에서 코클리(J. Coakley)의 상업주의에 따른 스포츠의 변화에 관한 설명으로 옳은 것을 모두 고른 것은?

〈보기〉

> ㉠ 스포츠 조직의 변화: 스포츠 조직은 경품 추첨, 연예인의 시구와 같은 의전행사에 관심을 갖게 되었다.
> ㉡ 스포츠 구조의 변화: 스포츠의 심미적 가치보다 영웅적 가치를 중시하게 되었다.
> ㉢ 스포츠 목적의 변화: 아마추어리즘보다 흥행에 입각한 프로페셔널리즘을 추구하게 되었다.
> ㉣ 스포츠 내용의 변화: 프로 농구의 경우, 전·후반제에서 쿼터제로 변경되었다.

① ㉠, ㉡   ② ㉠, ㉢
③ ㉡, ㉢, ㉣   ④ ㉠, ㉢, ㉣

3. <보기>에서 설명하는 스포츠 세계화의 원인은?

〈보기〉

> '코먼웰스 게임(commonwealth games)'은 영연방국가들이 참가하는 스포츠 메가 이벤트로, 영연방국가의 통합에 기여하는 측면이 있다. 영국의 스포츠로 알려진 크리켓과 럭비는 대부분 영국의 식민지였던 영연방국가에서 인기가 있다.

① 제국주의   ② 민족주의
③ 다문화주의   ④ 문화적 상대주의

4. <보기>에 해당하는 케넌(G. Kenyon)의 스포츠 참가 유형은?

〈보기〉

> • 특정 선수의 사인볼 수집
> • 특정 스포츠 관련 SNS 활동
> • 특정 스포츠 물품에 대한 애착

① 일탈적 참가   ② 행동적 참가
③ 정의적 참가   ④ 인지적 참가

5. <보기>의 ㉠, ㉡에 해당하는 거트만(A. Guttmann)의 근대스포츠 특징은?

〈보기〉

> • (㉠): 국제스포츠조직은 규칙의 제정, 대회의 운영, 종목 진흥 등의 역할을 담당한다.
> • (㉡): 투수라는 같은 포지션 내에서도 선발, 중간, 마무리 등으로 구분된다.

	㉠	㉡
①	관료화	평등성
②	합리화	평등성
③	관료화	전문화
④	합리화	전문화

6. 스나이더(E. Snyder)가 제시한 스포츠 사회화의 전이 조건이 <u>아닌</u> 것은?

① 참가의 가치

② 참가의 정도

③ 참가의 자발성 여부

④ 사회화 주관자의 위신과 위력

7. <보기>는 버렐(S. Birrell)과 로이(J. Loy)의 스포츠 미디어를 통해 충족할 수 있는 욕구에 관한 설명이다. ㉠~㉢에 해당하는 용어가 바르게 연결된 것은?

〈보기〉

- (㉠) 욕구: 스포츠 경기의 결과, 선수와 팀에 대한 통계적 지식을 제공해 준다.
- (㉡) 욕구: 스포츠에 대한 흥미와 흥분을 제공해 준다.
- (㉢) 욕구: 다른 사회집단과 경험을 공유하게 하며 공동체 의식을 갖게 한다.

	㉠	㉡	㉢
①	정의적	인지적	통합적
②	인지적	통합적	정의적
③	정의적	통합적	인지적
④	인지적	정의적	통합적

8. <보기>의 ㉠, ㉡에 해당하는 용어가 바르게 연결된 것은?

〈보기〉

- (㉠): 국민의 관심이 높은 스포츠 경기를 무료 혹은 저렴한 비용으로 시청할 수 있는 권리를 말한다.
- (㉡): 선수 개인의 사생활을 중심으로 대중을 자극하고 호기심에 호소하는 흥미 위주의 스포츠 관련 보도를 지칭한다.

	㉠	㉡
①	독점 중계권	뉴 저널리즘(new journalism)
②	보편적 접근권	옐로 저널리즘(yellow journalism)
③	독점 중계권	옐로 저널리즘(yellow journalism)
④	보편적 접근권	뉴 저널리즘(new journalism)

9. <보기>에서 설명하는 프로스포츠의 제도는?

〈보기〉

- 프로스포츠 구단이 소속 선수와의 계약을 해지하고 다른 구단에게 해당 선수를 양도받을 의향이 있는지 공개적으로 묻는 제도이다.
- 기량이 떨어지거나 심각한 부상을 당한 선수를 방출하는 수단으로 이용하고 있다.

① 보류 조항(reserve clause)

② 웨이버 조항(waiver rule)

③ 선수대리인(agent)

④ 자유계약(free agent)

10. 스포츠 일탈의 순기능에 관한 사례로 적절하지 <u>않은</u> 것은?

① 승부조작 사례를 보고 많은 선수들이 경각심을 갖는다.

② 아이스하키 경기에서 허용된 주먹다짐은 잠재된 공격성을 해소시켜 준다.

③ 스포츠에서 선수들의 약물복용이 지속되면 경기의 공정성이 훼손된다.

④ 높이뛰기에서 배면뛰기 기술의 창안은 기록경신에 기여하고 있다.

11. <보기>는 스트렌크(A. Strenk)가 제시한 국제정치에서 스포츠의 기능에 관한 설명이다. ㉠~㉢에 해당하는 내용이 바르게 연결된 것은?

〈보기〉

- (㉠): 2002년 한일월드컵 4강 진출로 대한민국이 축구 강국으로 인식
- (㉡): 1980년 모스크바올림픽에서 서방 국가들의 보이콧 선언
- (㉢): 1936년 베를린올림픽에서 나치즘의 정당성과 우월성 과시

	㉠	㉡	㉢
①	외교적 도구	정치이념 선전	국위선양
②	국위선양	외교적 항의	정치이념 선전
③	국위선양	외교적 도구	외교적 항의
④	외교적 도구	외교적 항의	정치이념 선전

12. <보기>에서 설명하는 부르디외(P. Bourdieu)의 문화자본 유형은?

〈보기〉

- 테니스의 경기 기술뿐만 아니라 경기 매너도 습득하게 된다.
- 스포츠 활동처럼 몸으로 체득하게 되는 성향을 의미한다.
- 획득하는데 시간이 오래 걸리고, 타인에게 양도나 전이, 교환이 어렵다.

① 체화된(embodied) 문화자본
② 객체화된(objectified) 문화자본
③ 제도화된(institutionalized) 문화자본
④ 주체화된(subjectified) 문화자본

13. <보기>에서 투민(M. Tumin)이 제시한 스포츠계층의 특성 중 보편성(편재성)에 해당하는 것으로만 묶인 것은?

〈보기〉

- ㉠ 스포츠는 인기종목과 비인기종목으로 구분된다.
- ㉡ 과거에 비해 운동선수들의 지위가 향상되고 있다.
- ㉢ 종합격투기는 체급에 따라 대전료와 중계권료 등에 차등이 있다.
- ㉣ 계층에 따라 스포츠 참여 빈도, 유형, 종목이 달라지며, 이러한 차이는 개인의 삶에 영향을 미친다.

① ㉠, ㉡
② ㉠, ㉢
③ ㉡, ㉣
④ ㉢, ㉣

14. <보기>의 밑줄 친 ㉠, ㉡을 설명하는 집합행동 이론이 바르게 연결된 것은?

〈보기〉

이 코치: 어제 축구 봤어? 경기 도중 관중폭력이 발생했잖아.

김 코치: ㉠ 나는 그 경기를 경기장에서 직접 봤는데 관중들의 야유 소리가 점점 커지면서 관중폭력이 일어났어.

이 코치: ㉡ 맞아! 그 경기 이전에 이미 관중의 인종차별 사건이 있었잖아. 만약 인종차별이 먼저 발생하지 않았다면, 어제 경기에서 그런 관중폭력은 없었을 거야.

	㉠	㉡
①	전염이론	규범생성이론
②	수렴이론	부가가치이론
③	전염이론	부가가치이론
④	수렴이론	규범생성이론

15. 메기(J. Magee)와 서덴(J. Sugden)이 제시한 스포츠 노동이주의 유형에 관한 설명 중 적절하지 않은 것은?

① 개척자형: 스포츠 보급을 통해 금전적 보상을 추구하는 유형
② 정착민형: 영구적으로 정착할 수 있는 곳을 찾는 유형
③ 귀향민형: 해외에서의 스포츠 경험을 바탕으로 자국으로 복귀하는 유형
④ 유목민형: 개인의 취향대로 흥미로운 장소를 돌아다니면서 스포츠에 참여하는 유형

16. <보기>는 코클리(J. Coakley)가 제시한 스포츠 일탈에 관한 설명이다. ⊙, ⓒ에 해당하는 용어가 바르게 연결된 것은?

〈보기〉

> • (⊙)에 따르면 스포츠 일탈이 용인되는 범위는 사회적으로 타협하는 과정을 통해 구성된다.
> • (ⓒ)는 과훈련(over-training), 부상 투혼 등을 거부감 없이 무비판적으로 수용하는 것이다.

	⊙	ⓒ
①	상대론적 접근	과소동조
②	절대론적 접근	과잉동조
③	절대론적 접근	과소동조
④	상대론적 접근	과잉동조

17. 스포츠사회화를 이해하기 위한 사회학습이론의 관점으로 적절하지 않은 것은?

① 상과 벌을 통해 행동이 변화한다.
② 다른 사람의 행동을 관찰하여 모방이 일어난다.
③ 사회화 주관자의 가르침을 통해 행동이 변화한다.
④ 개인은 자신이 처해있는 상황을 스스로 학습하고 변화한다.

18. <보기>에서 설명하는 스포츠의 정치적 속성은?

〈보기〉

> 에티즌(D. Eitzen)과 세이지(G. Sage)에 의하면 다양한 팀, 리그, 선수단체 및 행정기구는 각각의 특성에 따라 불평등하게 배분된 자원과 권한을 갖게 되고, 더 많은 권한을 갖기 위해 대립적 갈등을 겪게 된다.

① 보수성　　② 긴장관계
③ 권력투쟁　　④ 상호의존성

19. <보기>에서 설명하는 맥퍼슨(B. McPherson)의 스포츠 미디어 이론은?

〈보기〉

> • 대중매체를 통한 개인의 스포츠 소비 형태는 중요타자의 가치와 소비행동에 의해 영향을 받는다.
> • 스포츠 수용자 역할로의 사회화는 스포츠에 참여하는 가족 구성원으로부터 받은 스포츠 소비에 대한 승인 정도가 중요하게 작용한다.

① 개인차 이론　　② 사회범주 이론
③ 문화규범 이론　　④ 사회관계 이론

20. <보기>에서 설명하는 스포츠사회학 이론은?

〈보기〉

> • 일상에서 특정 물건을 소비하는 것은 자신의 계급 위치를 상징화하는 행위이다.
> • 자원과 시간의 소비가 요구되는 스포츠에 참여하는 것은 계급 표식 행위이다.
> • 고가의 스포츠용품, 골프 회원권 등의 과시적 소비 양상이 나타난다.

① 갈등이론　　② 구조기능이론
③ 비판이론　　④ 상징적 상호작용론

1. <보기>에서 스포츠의 사회적 기능을 설명한 파슨즈 (T. Parsons) AGIL 모형의 구성요소는?

〈보기〉

> • 스포츠는 사회구성원에게 현실에 적합한 사고, 감정, 행동양식 등을 학습할 수 있는 장을 마련해준다.
> • 스포츠는 개인의 체력 및 건강증진을 도모하여 효율적으로 사회 활동에 참여할 수 있게 한다.

① 적응　　　　② 목표성취
③ 사회통합　　④ 체제유지 및 관리

2. 에티즌(D. Eitzen)과 세이지(G. Sage)가 제시한 스포츠의 정치적 속성이 아닌 것은?

① 보수성　　　② 대표성
③ 권력투쟁　　④ 상호배타성

3. <보기>에서 설명하는 사회학습이론의 구성요소는?

〈보기〉

> 상과 벌은 행동의 학습과 수행에 긍정적·부정적 영향을 미친다. 스포츠 현장에서 스포츠에 내재된 가치, 태도, 규범에 그릇된 행위는 벌을 통해 중단되거나 회피된다.

① 강화　　　　② 코칭
③ 관찰학습　　④ 역할학습

4. <보기>에 해당하는 스포츠사회화 과정이 바르게 연결된 것은?

〈보기〉

> • (㉠): 손목수술 후유증으로 인해 골프선수를 그만두게 되었다.
> • (㉡): 골프의 매력에 빠져 골프선수가 되어 사회성, 체력, 준법정신이 함양되었다.
> • (㉢): 아빠와 함께 골프연습장에 자주 가면서 골프를 배우게 되었다.
> • (㉣): 골프선수 은퇴 후 골프아카데미 원장으로 부임하면서 골프꿈나무를 양성하게 되었다.

	㉠	㉡	㉢	㉣
①	스포츠로의 재사회화	스포츠를 통한 사회화	스포츠로의 사회화	스포츠 탈사회화
②	스포츠로의 재사회화	스포츠로의 사회화	스포츠를 통한 사회화	스포츠 탈사회화
③	스포츠 탈사회화	스포츠를 통한 사회화	스포츠로의 사회화	스포츠로의 재사회화
④	스포츠 탈사회화	스포츠로의 사회화	스포츠를 통한 사회화	스포츠로의 재사회화

5. 학원엘리트스포츠를 지지하는 입장이 아닌 것은?

① 애교심을 강화시킬 수 있다.
② 학교의 자원 및 교육시설을 독점할 수 있다.
③ 지위 창출의 수단, 사회이동의 기제로 작용할 수 있다.
④ 사회에서 요구되는 책임감, 성취감, 적응력 등을 배양시킬 수 있다.

6. <보기>의 내용과 관련이 깊은 사회학 이론은?

〈보기〉

- 미시적 관점의 이론이다.
- 인간은 사회제도나 규칙에 대해 능동적으로 사고하고 의미를 부여하며 행동한다.
- 스포츠 팀의 주장은 리더십이 필요하기 때문에 점차 그 역할에 맞는 리더십을 발휘한다.

① 갈등이론   ② 교환이론
③ 상징적 상호작용론   ④ 기능주의이론

7. 정치의 스포츠 이용 방법에 관한 설명 중 옳은 것은?

① 태권도를 보면 대한민국 국기(國技)라는 동일화가 일어난다.
② 정부의 3S(sports, screen, sex) 정책은 스포츠를 이용하는 상징의 대표적인 방법이다.
③ 스포츠 이벤트에서 국가 연주, 선수 복장, 국기에 대한 의례 등은 상징의식에 해당한다.
④ 올림픽에서 금메달 수상 장면을 보면서 내가 획득한 것처럼 눈물을 흘리는 것은 상징화에 해당한다.

8. <보기>에서 설명하는 투민(M. Tumin)의 스포츠계층 형성 과정은?

〈보기〉

- 스포츠 종목에서 요구되는 우수한 운동수행 능력을 갖추어야 한다.
- 뛰어난 경기력뿐만 아니라 탁월한 개인적 특성을 갖추어야 한다.
- 스포츠 팀 구성원으로 자신의 능력이 팀 승리에 미치는 영향력이 커야 한다.

① 평가   ② 지위의 분화
③ 보수부여   ④ 지위의 서열화

9. <보기>의 내용과 관련 있는 용어는?

〈보기〉

- 로버트슨(R. Robertson)이 제시한 용어이다.
- LA 다저스팀이 박찬호 선수를 영입하여 좋은 경기력을 펼치면서 메이저리그 경기가 한국에서 인기가 높아졌다.
- 맨체스터 유나이티드팀이 박지성 선수를 영입하면서 프리미어리그 경기가 한국에서 인기가 높아졌다.

① 세방화(Glocalization)
② 스포츠화(Sportization)
③ 미국화(Americanization)
④ 세계표준화(Global Standardization)

10. 국제사회에서 발생한 스포츠 사건에 관한 설명으로 옳은 것은?

① 남아프리카 공화국은 아파르트헤이트(apartheid)로 인해 국제대회 참여가 거부되었다.
② 구소련의 아프가니스탄 침공을 이유로 1984년 LA올림픽경기대회에 많은 자유 진영 국가가 불참하였다.
③ 2018년 평창동계올림픽경기대회에서 메달 획득을 위해 여자 아이스하키 남북 단일팀이 결성되었다.
④ 1936년 베를린올림픽경기대회에서 검은구월단 무장단체가 선수촌에 침입하여 이스라엘 선수를 살해하였다.

11. <보기>의 설명은 머튼(R. Merton)의 아노미 (anomie) 이론에 대한 것이다. ㉠~㉢에 해당하는 적응유형이 바르게 연결된 것은?

〈보기〉

> - 도피주의-스포츠에 내재된 비인간성, 승리지상주의, 상업주의, 학업 결손 등에 염증을 느껴 스포츠 참가 포기
> - (㉠)-승패에 집착하지 않고 참가에 의의를 두는 것, 결과보다는 경기 내용 중시
> - (㉡)-불법 스카우트, 금지 약물 복용, 경기장 폭력, 승부조작 등
> - (㉢)-전략적 시간 끌기 작전, 경기규칙이 허용하는 범위 내에서의 파울 행위 등

	㉠	㉡	㉢
①	혁신주의	동조주의	의례주의
②	의례주의	혁신주의	동조주의
③	의례주의	동조주의	혁신주의
④	혁신주의	의례주의	동조주의

12. <보기>의 내용을 기든스(A, Giddens)의 사회계층 이동 준거와 유형으로 바르게 묶은 것은?

〈보기〉

> - K는 가난한 가정에서 태어나 끊임없는 훈련을 통해 축구 월드스타가 되었다.
> - 월드스타가 되고 난 후, 축구장학재단을 만들어 개발도상국에 축구학교를 설립하여 후진양성에 큰 역할을 하고 있다.

	이동 주체	이동 방향	시간적거리
①	개인	수직이동	세대내이동
②	개인	수평이동	세대간이동
③	집단	수직이동	세대간이동
④	집단	수평이동	세대내이동

13. <보기>에서 설명하는 스포츠 미디어 이론은?

〈보기〉

> 대중들은 능동적 수용자로서 특수한 심리적 욕구를 만족시키기 위해 매스미디어를 적극 이용한다. 이에 미디어 수용자는 인지적, 정의적, 도피적, 통합적 욕구를 충족시키기 위해 스포츠를 주제로 다루는 매스미디어를 이용한다.

① 사회범주이론   ② 개인차이론
③ 사회관계이론   ④ 문화규범이론

14. <보기>에서 코클리(J. Coakley)가 제시한 상업주의와 관련된 스포츠 규칙 변화의 충족 조건으로 옳은 것만을 모두 고른 것은?

〈보기〉

> ㉠ 경기의 속도감 향상 ㉡ 관중의 흥미 극대화
> ㉢ 득점 방법의 단일화 ㉣ 상업적인 광고 시간 할애

① ㉠, ㉡   ② ㉢, ㉣
③ ㉠, ㉡, ㉢   ④ ㉠, ㉡, ㉣

15. <보기>에서 설명하는 프로스포츠의 제도는?

〈보기〉

> - 프로스포츠리그의 신인선수 선발 방식 중 하나이다.
> - 신인선수 쟁탈에 따른 폐단을 막기 위해 도입되었다.
> - 계약금 인상 경쟁을 막기 위한 방법으로 고안되었다.

① FA(free agent)
② 샐러리 캡(salary cap)
③ 드래프트(draft)
④ 최저연봉(minimum salary)

16. <보기>에서 대중매체가 스포츠에 미치는 영향에 해당되는 것만을 모두 고른 것은?

〈보기〉

> ㉠ 대중매체의 기술이 발전한다.
> ㉡ 스포츠 인구가 증가한다.
> ㉢ 새로운 스포츠 종목이 창출된다.
> ㉣ 미디어 콘텐츠를 제공한다.
> ㉤ 경기규칙과 경기일정이 변경된다.
> ㉥ 스포츠 용구가 변화한다.

① ㉠, ㉡, ㉢   ② ㉠, ㉢, ㉣

③ ㉡, ㉢, ㉣, ㉤   ④ ㉡, ㉢, ㉤, ㉥

17. 스포츠의 교육적 순기능 중 사회선도 기능이 <u>아닌</u> 것은?

① 여권신장

② 학교 내 통합

③ 평생체육과의 연계

④ 장애인의 삶의 질 향상

18. 다음 ㉠~㉣에서 코클리(J. Coakley)가 제시한 일탈적 과잉동조를 유발하는 스포츠 윤리규범의 유형과 특징으로 옳은 것만을 모두 고른 것은?

〈보기〉

	유형	특징
㉠	구분짓기규범	다른 선수와 구별되기 위해 탁월성을 추구해야 한다.
㉡	인내규범	위험을 받아들이고 고통 속에서도 경기에 참여해야 한다.
㉢	몰입규범	경기에 헌신해야 하며 이를 그들의 삶에서 우선순위에 두어야 한다.
㉣	도전규범	스포츠에서 성공을 위해 장애를 극복하고 역경을 헤쳐 나가야 한다.

① ㉠, ㉡   ② ㉡, ㉢

③ ㉠, ㉢, ㉣   ④ ㉠, ㉡, ㉢, ㉣

19. 맥루한(M. McLuhan)의 매체이론에 관한 설명으로 <u>옳지 않은</u> 것은?

① 핫(hot) 미디어 스포츠는 관람자의 감각 참여성이 낮다.

② 쿨(cool) 미디어 스포츠는 관람자의 감각 몰입성이 높다.

③ 핫(hot) 미디어 스포츠는 경기 진행 속도가 빠르다.

④ 쿨(cool) 미디어 스포츠는 메시지의 정의성이 낮다.

20. 스포츠 세계화의 특징으로 <u>옳지 않은</u> 것은?

① 스포츠 시장의 경계가 국경을 초월해 전 세계로 확대되었다.

② 모든 나라의 전통스포츠(folk sports)가 세계적으로 확대되었다.

③ 세계인이 표준화된 스포츠 상품과 스포츠 문화를 소비하게 되었다.

④ 프로스포츠 시장의 이윤 극대화로 빈익빈 부익부 현상이 심화되었다.

1. 홀리한이 제시한 정부의 스포츠 개입 목적에 관한 사례로 ㄱ, ㄴ, ㄷ 모두 옳은 설명이다.

2. 스포츠클럽법 제9조에 따르면 종목별 전문선수의 육성 및 연령·지역·성별 특성을 반영한 스포츠 프로그램의 운영을 위하여 지정스포츠클럽을 지정할 수 있다.

3. 사회갈등 유발 기능은 갈등 이론 관점으로 설명한 스포츠의 사회적 기능이다.

4. ㉠은 생활체육을 우선으로 생각하는 피라미드 모형, ㉡은 엘리트체육을 우선으로 생각하는 낙수효과 모형, ㉢은 피라미드 모형과 낙수효과 모형의 통합형인 선순환 모형에 대한 설명이다.

5. 스포츠 세계화의 동인(원인)으로는 민족주의, 제국주의 확대, 종교 전파, 과학기술의 발전이 있다.

6. ①이 옳은 설명이다. ②는 보편성, ③은 역사성, ④는 영향성에 대한 설명이다.

7. 수직이동과 수평이동은 이동 방향을 기준으로, 세대 간 이동과 세대 내 이동은 시간 간격을 기준으로, 개인이동과 집단이동은 이동 주체를 기준으로, 경쟁이동과 후원이동은 계층이동에 미치는 인간관계를 기준으로 구분된다.

8. 〈보기〉는 일탈자가 선천적으로 일탈 행위의 유형을 가지고 있는 것이 아니라 다른 일탈자들로부터 행동을 배우는 학습화 과정을 통해 일탈 행동을 취하게 된다고 보는 차별교제 이론이다.

9. 〈보기〉는 경계 폭력에 해당한다. 범죄 폭력은 명백한 법 위반이자 범죄에 해당되는 행위이며, 유사 범죄 폭력은 경기의 규칙 위반 행위로 상대 선수에게 치명적인 부상을 입힐 수 있는 행위이다. 격렬한 신체 접촉은 자리를 잡기 위한 선수 간 몸싸움이나 공을 빼앗기 위한 태클 등으로 불법이나 처벌 대상이 아니다.

10. ② 경기가 좀 더 박진감이 있도록 득점을 늘릴 수 있는 규치들이 생기면서 득점체계가 다양화되었다.

11. 파슨즈의 AGIL이론은 구조 기능주의 이론 관점의 이론이다.

12. 〈보기〉는 상호의존성에 해당한다. 보수성은 현존하는 질서를 지지하고 유지하려 하는 성향, 대표성은 소속 조직에 대한 대표성을 가지며 스포츠 경기에 수반되는 의식과 행동은 선수의 충성심을 상징적으로 재확인하는 것에 목적이 있는 것을 의미한다. 권력투쟁은 다양한 팀·리그·선수단체·행정기구가 각각의 특성에 따라 불평등하게 배분된 자원과 권한을 갖게 되고, 더 많은 권한을 갖기 위해 대립적 갈등을 겪게 되는 것을 의미한다.

13. ㉠은 나치즘의 정당성과 우월성을 과시하는 정치이념 선전의 수단이었으며, ㉡은 탁구를 통해 미국과 중국의 수교를 튼 스포츠외교(외교적 도구)이다. ㉢은 국가 간 갈등 및 적대감이 올림픽을 통해 표출된 테러이며, ㉣은 남아프리카공화국의 인종차별정책(아파르트헤이트)에 반대하는 많은 국가들이 남아프리카공화국에서 개최된 국제대회에 불참하고 남아프리카공화국 선수들은 올림픽을 비롯한 국제대회의 참여가 거부된 외교적 항의에 해당한다.

14. 외국인 선수 증가로 국가의 정체성보다 팀이나 선수가 더 중요시되고, 스폰서가 증가하였다.

15. 스포츠의 교육적 순기능에는 전인교육(학업활동 격려 및 촉진, 사회화 촉진, 정서 순화), 사회통합, 사회선도 등이 있다. 승리지상주의는 스포츠의 교육적 역기능에 해당한다.

16. 성차별 이데올로기는 그들의 성과나 실력보다 여성성과 외모에 더 많은 관심을 보인다.

17. 과소동조는 규범을 위반·무시·거부하는 것을 의미하며, 과잉동조는 규범의 무비판적 수용·운동중독·부상투혼을 의미한다. 〈보기〉는 스포츠 일탈 유형 중 과잉동조에 해당하며, 위험을 감수하고 고통을 인내하는 인내 규범에 해당한다.

18. 사회학습이론은 개인이 어떻게 사회적 행동을

습득하고 수행하는가를 밝히려는 이론으로, 스포츠 역할의 학습을 이해하기 위해 강화·코칭·관찰학습의 개념을 활용한다. 〈보기〉는 사회화 주관자의 가르침을 통해 행동이 변화하는 코칭에 해당한다.

19. ② 스포츠 참여를 통한 행동의 변화를 스포츠를 통한 사회화라고 한다. ④ 재정, 시간, 환경적 상황에 의해 참여가 제한되는 것을 외재적 제약이라고 한다.

20. ② 프로야구 경기에서 VAR 시스템 적용은 인간 심판의 역할을 약화시켰다.

2023년 생활·전문 스포츠지도사2급 스포츠사회학

1. ① 2. ② 3. ① 4. ②, ③, ④ 5. ③ 6. ① 7. ④
8. ② 9. ② 10. ③ 11. ② 12. ① 13. ② 14. ③
15. ① 16. ④ 17. ④ 18. ③ 19. ④ 20. ①, ②, ③, ④

1. 스포츠의 교육적 순기능에 해당하는 것은 ㉠, ㉡, ㉣이다. ㉢, ㉤, ㉥은 스포츠의 교육적 역기능에 해당한다.

2. ㉡은 스포츠 내용의 변화, ㉣은 스포츠 구조의 변화에 해당한다.

3. 〈보기〉는 스포츠 세계화의 원인 중 제국주의에 대한 내용이다.

4. 〈보기〉는 케년의 스포츠 참가유형 중 정의적 참가에 해당한다. 그렇지만 〈보기〉의 내용을 행동적 참가 및 인지적 참가로 볼 수도 있기 때문에 추후 복수정답이 인정되어 ②, ③, ④ 모두 정답이다.

5. ㉠은 규칙을 제정하고 경기를 조직적으로 운영하는 관료화, ㉡은 포지션의 분화와 리그의 세분화를 촉진하는 전문화에 대한 설명이다.

6. 스나이더가 제시한 스포츠 사회화의 전이 조건으로는 스포츠 참가 정도, 참가의 자발성 여부, 참가자의 개인적·사회적 특성, 사회화 주관자의 위신 및 위력, 사회적 상호작용의 형태가 있다.

7. ㉠은 인지적 욕구, ㉡은 정의적 욕구, ㉢은 통합적 욕구에 대한 설명이다. 이 외에도 불안, 초조, 욕구불만, 좌절 등의 감정을 해소하도록 돕는 도피적 욕구가 있다.

8. ㉠은 스포츠 콘텐츠의 보편화를 위한 미디어 정책인 보편적 접근권, ㉡은 옐로 저널리즘에 대한 설명이다.

9. 〈보기〉는 구단에서 선수에 대한 권리를 포기하는 웨이버 조항에 대한 설명이다.

10. ③은 스포츠 일탈의 역기능에 해당한다.

11. ㉠은 국위선양, ㉡은 외교적 항의, ㉢은 정치이념 선전에 대한 사례이다.

12. 부르디외는 문화자본을 체화된 문화자본, 객관화(객체화)된 문화자본, 제도화된 문화자본으로 구분한다. 그중에서도 〈보기〉는 스포츠를 포함한 체화된 문화자본에 대한 설명이다.

13. 보편성에 해당하는 것은 ㉠, ㉢이다. ㉡은 고래성(역사성), ㉣은 영향성에 해당한다.

14. ㉠은 한 개인을 시작으로 타인에게 영향을 미쳐 전체 집단에 전파되어 관중폭력이 발생한다고 보는 전염이론이다. ㉡은 선행적 사회구조적·문화적 요인으로 인해 집합행동이 발생한다고 보는 부가가치이론이다. 보기에서는 관중의 인종차별사건이 선행요건이다.

15. 개척자형은 금전적 보상이 최고의 가치가 아니며, 이주 국가와 친밀한 관계를 형성하는 유형이다. ①은 용병형에 대한 설명이다.

16. ㉠은 상대론적 접근, ㉡은 과잉동조이다. 절대론적 접근은 절대적인 사회적 기준에 따르는 것이며, 과소동조는 규범을 위반하고 무시하고 거부하는 것을 의미한다.

17. ①은 강화, ②는 관찰학습, ③은 코칭에 대한 설명으로 ①, ②, ③은 사회학습이론에 대한 설명이다. 사회학습이론은 강화, 코칭, 관찰학습을 통해 사회적 행동을 습득하고 수행한다.

18. 스포츠의 정치적 속성으로는 5가지가 있으며, 〈보기〉는 권력투쟁에 관한 설명이다. ① 보수성은 보수적인 성향을 지니고 있어서 현존하는 질서를 지지하고 유지하려 하는 것을 의미한다. ② 긴장관계는 스포츠와 정치 간의 밀접한 상호관계 성립을 의미한다. ④ 상호의존성은 스포츠가 국가 홍보 역할을 하고, 국가가 스포츠에 혜택을 부여하는 부분을 의미한다.

19. 〈보기〉는 사회관계 이론에 대한 설명이다. ① 개인차 이론은 대중들이 심리적 욕구를 만족시키기

위해 매스미디어를 이용하는 것이다. ② 사회범주 이론은 미디어의 영향력과 스포츠의 소비 형태는 연령, 성, 사회계층 등에 따라 달라질 수 있다는 이론이다. ③ 문화규범 이론은 대중매체가 현존하는 사상이나 가치를 선택적으로 제시하며 강조하는 이론이다.

20. 원래 정답은 ④로 출제되었으나, 〈보기〉 내용이 하나의 이론으로 정확하게 보기가 애매하기 때문에 복수정답이 인정되어 ①, ②, ③, ④ 모두 정답이다. ① 갈등이론은 재화의 불평등한 분배는 사회의 본질적 속성으로 본다. ② 구조기능이론은 사회는 하나의 실체이며 구성원들이 자신의 역할을 충실히 수행할 때 건강한 사회가 유지될 수 있으며, 사회의 주요 구성체는 사회 유지에 기여한다고 보는 이론이다. ③ 비판이론은 현대사회의 과학기술 및 정치체제 등이 합리성을 증가시켰지만 인간의 자유성은 더욱 억압하고 있다고 보는 이론이다. ④ 상징적 상호작용론은 과정을 중시하고 인간의 상호작용에 초점을 맞추고 있는 미시적 이론이다.

2022년 생활·전문 스포츠지도사2급 스포츠사회학

1. ① 2. ④ 3. ① 4. ③ 5. ② 6. ③ 7. ③ 8. ④ 9. ① 10. ① 11. ② 12. ① 13. ② 14. ④ 15. ③ 16. ④ 17. ② 18. ④ 19. ③ 20. ②

1. 〈보기〉는 파슨즈 AGIL 모형의 구성요소 중 적응에 관한 설명이다. 적응 기능은 사회구성원들이 사회 환경과 조화를 이루고 환경의 요구들에 잘 대처하는 것을 의미한다.

2. 에티즌과 세이지가 제시한 스포츠의 정치적 속성으로는 대표성, 권력투쟁, 상호의존성, 긴장관계, 보수성이 있다.

3. 〈보기〉는 사회학습이론의 구성요소 중 강화에 해당한다. 강화는 사회적 역할의 습득과 수행에 있어서 상과 벌의 역할을 강조하는 것, 상과 벌을 통해 행동의 변화가 일어나는 것을 의미한다.

4. ㉠ 스포츠 참가를 중도에 포기하거나 아예 그만둠으로써 스포츠에서 이탈하는 것은 스포츠 탈사

회화에 해당한다. ㉡ 스포츠에서 학습된 기능, 특성, 가치, 태도, 지식 및 성향 등이 다른 사회현상으로 전이 또는 일반화되는 과정은 스포츠를 통한 사회화에 해당한다. ㉢ 스포츠 참가 자체를 의미하는 것은 스포츠로의 사회화에 해당한다. ㉣ 스포츠로부터 탈사회화 후 스포츠 영역에서 새로운 직업이나 환경으로 변화하는 과정은 스포츠로의 재사회화에 해당한다.

5. 학원엘리트스포츠를 지지하는 입장은 순기능을 의미하며 ①, ③, ④는 이에 해당한다. ② 학원엘리트스포츠의 역기능에 해당한다.

6. 〈보기〉는 상징적 상호작용론에 관한 설명이다. 상징적 상호작용론은 과정을 중시하고 인간의 상호작용에 초점을 맞추고 있는 미시적 이론이다.

7. ③은 상징에 대한 설명으로 옳은 설명이다. ①은 상징, ②는 조작, ④는 동일화에 대한 설명이다.

8. 〈보기〉는 스포츠계층 형성 과정 중 지위의 서열화에 관한 설명이다. 개인적 특성, 숙련된 기능이나 능력, 역할의 사회적 기능에 따라 서열화가 이루어진다.

9. 〈보기〉는 세방화에 관한 설명이다. 세방화는 세계화와 현지화를 합성한 신조어로, 세계화를 추구하면서 동시에 현지국가의 문화를 존중하는 것을 의미한다.

10. ① 아파르트헤이트는 20세기 남아프리카공화국의 인종차별 정책이다. 남아프리카공화국의 인종차별정책(아파르트헤이트)에 반대하는 많은 국가들이 남아프리카공화국에서 개최된 국제대회에 불참하고 남아프리카공화국 선수들은 올림픽을 비롯한 국제대회의 참여가 거부되었다. ② 구소련의 아프가니스탄 침공을 이유로 1980년 모스크바올림픽경기대회에 많은 자유 진영 국가가 불참하였다. ③ 2018년 평창동계올림픽경기대회에서 외교적 친선 및 승인을 위해 여자 아이스하키 남북 단일팀이 결성되었다. ④ 1972년 뮌헨올림픽경기대회에서 검은구월단 무장단체가 선수촌에 침입하여 이스라엘 선수를 살해하였다.

11. 머튼의 아노미 이론은 스포츠에서 일탈 현상이 발생하는 원인과 과정을 잘 설명해주는 이론이다. ㉠은 승패보다 규칙을 지키며 참가하는 데 의의를 두는 의례주의, ㉡은 스포츠에서 이기기 위해

서 수단과 방법을 가리지 않는 혁신주의, ⓒ은 스포츠에서 규칙을 준수하면서 이기는 것이 중요한 동조주의를 의미한다.

12. 이동 주체는 K라는 개인이고, 이동 방향은 가난한 가정에서 태어나 축구 월드스타가 되었기 때문에 계층적 지위가 높아진 수직이동이다. 또한 개인의 생애 내에서의 이동이므로 시간적거리는 세대내이동이다.

13. 〈보기〉는 매스미디어가 시청자의 인성특성에 흥미를 끄는 이미지를 제공하고, 대중들은 능동적 수용자로서 특수한 심리적 욕구를 만족시키기 위해 매스미디어를 적극 이용하는 개인차이론을 의미한다.

14. ㉠ 관중이 지루하지 않도록 스피디한 경기를 진행하였다. ㉡ 예측 불가능한 경기 결과와 재미있고 극적인 장면들을 통해 관중의 흥미를 극대화하였다. ㉢ 경기가 좀 더 박진감이 있도록 득점체계를 다양화하였다. ㉣ 경기 도중 상업적인 광고시간 할애를 위해 경기시간을 조정하였다. 〈보기〉에서 옳은 것은 ㉠, ㉡, ㉣이다.

15. 〈보기〉는 프로스포츠 제도 중 드래프트에 관한 설명이다. 드래프트 제도는 신인 선수를 선발할 때 지난 시즌에서 성적이 좋지 않았던 팀에게 성적이 좋은 팀보다 먼저 선수를 고를 수 있는 선택권을 주는 것으로, 전력이 약한 팀이 기량이 뛰어난 선수를 영입해 팀 성적을 향상시킬 수 있는 기회를 갖게 되어 팀들의 전력 평준화를 유도한다.

16. ㉠과 ㉣은 스포츠가 대중매체에 미친 영향에 해당한다.

17. 학교 내 통합은 스포츠의 교육적 순기능 중 사회통합 기능에 해당한다. 운동경기를 통해 참여 학생이나 관람 학생 모두 '우리'라는 일체감을 형성하여 승리를 위해 함께 노력하고 응원하게 되고 이것은 결국 애교심과 단결심으로 연결되는 것을 의미한다.

18. 과잉동조는 규범을 무비판적으로 수용하는 태도로 집단에서 설정된 규칙이나 목표를 무조건적으로 따르는 행동을 의미한다. 선수 개인의 건강을 손상시키는 상해가 발생하더라도 스포츠에서 기대되는 윤리 규범과 이상을 맹목적으로 충족하려 한다. 일탈적 과잉동조를 유발하는 스포츠 윤리규범의 유형에는 몰입규범, 구분짓기규범, 인내규범, 도전규범이 있으며 ㉠, ㉡, ㉢, ㉣ 모두 옳은 설명이다.

19. 핫(hot) 미디어 스포츠는 경기 진행 속도가 느린 스포츠이다.

20. 스포츠 세계화에 편승하지 못한 전통적 신체문화나 전통스포츠는 몰락하는 경우가 많다.

CHAPTER 02

운동역학

성피티의 생활스포츠지도사
2급 필기 합격공식

운동역학의 개요

운동역학

1 운동역학의 정의

스포츠와 관련된 인간의 움직임을 전문적으로 다루는 분야를 한정하기 위하여 운동역학이라는 용어가 사용되며 운동역학에 사용되는 분석 방법에는 동작 분석법(영상 분석법), 힘 분석법, 근전도 분석법(electromyography: EMG) 등이 있음

(1) 정의
① 정지, 혹은 운동 상태에 있는 물체에 작용하는 힘에 대하여 연구하는 학문
② 인체의 내부 또는 외부와 상호작용하는 힘에 대한 연구를 주로 함
③ 인체 움직임의 과학적인 원리를 알아내고 그 원리를 운동기술에 적용하여 효율적인 방법을 찾아내는 학문
④ 인체의 운동, 그중에서도 스포츠와 관련된 움직임을 전문적으로 다루는 분야를 한정하기 위해 운동역학이라고 구분하고 있음

(2) 학문 영역
① 동역학(Dynamics)
  • 가속에 영향을 받는 시스템을 연구하는 학문
  • 작용하는 힘들 사이에 평형이 이루어지지 않아 결과적으로 운동 상태가 변화하는 상황을 연구하는 학문
② 운동학(Kinematics)
  • 공간이나 시간을 고려하여 움직임을 기술하는 학문
  • 운동의 원인이 되는 힘을 고려하지 않고 대상 물체의 위치, 속도, 가속도, 각도, 각속도 등을 기술하는 학문
  • 운동의 변위, 속도, 가속도, 무게 중심, 관절각 등을 기술
  • 거리, 길이, 각도, 속도를 기준으로 분석
  • 운동학적(kinematics) 분석방법: 영상분석(동작분석법), 고니오미터(goniometer) 각도 분석
    예) 골프 드라이버 스윙 시 클럽헤드의 최대속도 계산, 자유투 시 농구공이 날아가는 궤적을 측정, 야구 스윙 시 배트의 각속도를 측정, 테니스 스트로크 동작 시 팔꿈치 각도를 측정
③ 운동역학(Kinetics)
  • 스포츠 상황에서 인체에 발생하는 힘과 그 효과를 설명하는 학문
  • 스포츠 상황에서 인체 힘의 원인과 결과를 다루는 학문
  • 힘의 작용을 연구하는 학문
  • 운동의 원인이 되는 힘을 측정
  • 운동을 유발하는 힘에 대하여 연구하는 분야로 내력 및 외력이 중요한 변인
  • 운동역학적 분석방법: 압력분포측정기, 스트레인 게이지, 지면반력 분석법
    예) 토크(torque), 족압력(foot pressure), 양력(lift force), 스쿼트 동작에서 대퇴사두근의 근활성도 측

정, 보행 시 지면반력 측정 및 멀리뛰기에서 도약력 측정을 위한 지면반력 분석, 다이빙에서 각운동량 산출을 위한 3차원 영상분석, 축구에서 운동량 측정을 위한 웨어러블 센서(wearable sensor)의 활용

④ 정역학(Statics)
- 작용하는 힘들의 합이 0이 되는 상태, 평형 상태를 주요 분석 대상으로 하는 역학의 한 분야
- 정지 상태 역시 힘이 작용하고 있는 상태, 일종의 운동 상태이므로 힘들 사이에 존재하는 상호 관계를 중요하게 다룸
  예) 물체에 작용하는 모든 힘이 평형을 이루고 있고 회전이 발생하지 않을 때, 물체가 일정한 속도로 움직일 때, 물체가 정지하고 있을 때

(3) 운동역학 연구 학자
① 아리스토텔레스(Aristoteles): 운동역학의 아버지라고 불림
② 레오나르도 다빈치(Leonardo da Vinci): 근육의 움직임, 인체의 구조와 균형 연구
③ 갈릴레오 갈릴레이(Galileo Galilei): 관성의 개념, 운동의 상대성, 운동의 복합법칙 발견
④ 아르키메데스(Archimedes): 부력측정의 근간이 되는 아르키메데스의 원리 발견, 지렛대의 원리 발견
⑤ 뉴턴(Newton): 근대 운동역학의 기초가 되는 세 가지 운동법칙(관성의 법칙, 가속도의 법칙, 작용-반작용의 법칙)을 발표한 학자

② 운동역학의 목적과 내용

(1) 운동역학(Sports Biomechanics) 연구의 목적
① 건강의 증진과 체력 증진
② 운동 수행 능력의 발달을 위한 효율성의 증대
③ 운동수행 안전성의 향상 및 손상의 예방
④ 스포츠 동작 신기술 개발을 통한 경기력 향상
⑤ 역학적 이해를 통한 스포츠 동작의 효율성 극대화
⑥ 스포츠 상황에서 역학적으로 발생하는 상해 원인 분석
⑦ 경기력 및 운동기술의 향상
⑧ 스포츠 현장에서의 상해 예방
⑨ 경기력 향상을 위한 운동장비 개발
⑩ 운동용 기구의 평가 및 개발
⑪ 운동 기술의 분석 및 개발
⑫ 인체 움직임의 측정 방법과 분석 방법 및 자료처리 기술 개발
⑬ 동작분석
⑭ 운동장비 개발
⑮ 부상 기전 규명
  예) 무릎 관절의 상해 기전에 대해 알아보기 위하여 도약 후 착지 시 무릎에 가해지는 힘을 측정하는 방법을 개발, 드라이버 비거리를 향상시키기 위하여 영상분석을 통해 다운스윙 시 손목의 동작을 분석함으로써 피드백을 제공, 태권도 시합 중 발생할 수 있는 뇌진탕을 방지하기 위하여 최적의 헤드기어를 연구 개발, 운동 기구의 평가 및 개발(스케이팅의 클랩 스케이트, 장대높이뛰기의 유리섬유질 장대, 탁구 라켓의 이질 라버와 관계)

(2) 운동역학의 필요성

① 스포츠지도자는 운동역학적 지식을 토대로 운동학습의 효과를 극대화시킬 수 있음
② 스포츠과학자는 운동역학적 지식을 현장에 적용시키기 위해 스포츠지도자와 협력적인 관계를 지속적으로 유지해야 함
③ 스포츠과학자는 운동역학적 이론을 현장에 적용하여 경기력 향상에 크게 기여함

성피티 TIP

선수들을 지도할 때 운동역학적 지식뿐만이 아니라 풍부한 운동경험 및 관찰능력 또한 선수에게 많은 영향을 미칩니다. 하지만 운동과학만으로 설명되지 않는 뛰어난 선수들도 존재합니다.

운동역학의 이해

운동역학

1 해부학적 기초

(1) 인체의 근골격계
① 사람의 몸은 약 206개의 뼈와 265개의 근육으로 구성됨
② 골격근: 인체의 움직임을 가능하게 하는 근육으로 내 의지대로 움직일 수 있음(수의근), 골격근의 수축은 관절에서 회전운동을 함
③ 심장근: 자율신경계의 지배를 받아 움직임이 일어나기 때문에 내 의지대로 움직일 수 없음(불수의근)
④ 평활근: 내장기관 및 혈관벽을 구성하는 근육(불수의근)
⑤ 뼈의 기능: 지지, 움직임, 보호, 저장, 혈세포 형성
⑥ 힘줄은 골격근을 뼈에 부착시키고, 인대는 뼈와 뼈를 연결시킴
⑦ 작용근(주동근, agonist)은 의도한 운동을 발생시키는 근육

(2) 해부학적 자세
① 신체 분절의 위치를 나타내고 인체 운동을 기술하거나 설명하는 데 사용되는 기본자세
② 각 분절의 운동축과 운동면은 해부학적 자세를 기준으로 함
③ 인체를 곧게 세운 직립자세에서 시선은 전방을 향한 채 손바닥이 정면을 향하게 함
④ 몸을 곧게 세운 상태로 선 후 손바닥이 전방을 향하도록 펴고 양팔을 몸통의 측면으로 늘어뜨린 자세
⑤ 해부학적 자세(anatomical position)에서 방향용어의 표현
  • Superior: 신체의 다른 조직보다 상위에 있거나 머리 쪽에 가깝게 있는 조직을 표현
    예) 머리는 가슴의 상측(위쪽: superior)에 위치함, 머리는 발보다 상측(위쪽: superior)에 위치함
  • Inferior: 신체의 다른 조직보다 하위에 있거나 발쪽에 가깝게 있는 조직을 표현
    예) 엉덩이는 가슴의 하측(아래쪽: inferior)에 위치함
  • Anterior: Frontal 평면에 있는 다른 신체 조직 앞쪽에 있는 조직을 표현
    예) 전면 삼각근은 중간 삼각근보다 전면(Anterior)에 위치함
  • Posterior(dorsal): Frontal 평면에 있는 다른 신체 조직 뒤쪽에 있는 조직을 표현
    예) 후면 삼각근은 중간 삼각근보다 후면(Posterior)에 위치함
  • Medial: 인체를 좌우로 나누는 수직선(정중 시상면)인 Median 평면에 가깝게 있는 조직을 표현
    예) 목은 어깨의 내측(안쪽: medial)에 위치함, 비복근에서 볼 때 경골(Tibia)은 비골(Fibula)보다 Medial에 위치함, 복장뼈(흉골: sternum)는 어깨의 안쪽(내측: medial)에 위치함
  • Lateral: 다른 신체 조직보다 Median 평면에서 바깥 가장자리로 멀리 떨어진 조직을 표현
    예) 귀는 코의 외측(바깥쪽: lateral)에 위치함
  • Superficial(얕은, 표층): 인체의 상피조직(피부) 표면에 가까이 위치함을 표현
  • Deep(깊은, 심층): 인체표면 아래 깊게 위치함을 의미함
  • Proximal: 근위, 인체의 중심에서 가까운 쪽, 정지점이 기시부에 가까운 쪽
    예) 엉덩이는 무릎보다 몸쪽(근위: proximal)에 위치함
  • Distal: 원위, 인체의 중심에서 먼 쪽, 정지점에서 먼쪽
    예) 손목관절은 팔꿈치관절보다 먼쪽(원위: distal)에 위치함

(3) 인체의 운동면(plane)

① 전후면, 시상면, 정중면(sagittal plane)
- 똑바로 서 있는 인체를 좌우축으로 나누는 수직면
- 해부학적 자세로 서있는 사람이 행하는 모든 굴곡, 신전 그리고 과신전(hyperextension) 운동
- 해부학적 자세를 기준으로 발목 관절(족관절: ankle joint)의 바닥쪽 굽힘(족저굴곡: plantar flexion)과 등쪽 굽힘(배측굴곡: dorsiflexion)이 발생하는 면(plane)
- 대표적인 운동: 바벨 컬, 윗몸일으키기, 앞구르기, 뒤구르기, 머리 끄덕이기, 앞차기, 등 뒤로 젖히기, 허리 굽히기 등
  - **예)** 페달링하는 사이클 선수의 무릎관절 굴곡/신전 움직임, 100m 달리기를 하는 육상 선수의 발목관절 저측/배측굴곡 움직임, 앞구르기를 하는 체조 선수의 몸통분절 움직임

② 좌우면, 관상면, 전두면, 이마면(frontal plane)
- 똑바로 서 있는 인체를 전후축으로 나누는 수직면
- 인체의 측면을 통과하여 인체를 전후로 나누는 해부학적 운동면
- 사지(extremities)의 외전(abduction) 및 내전(adduction)동작과 견갑골을 위로 올리는 거상(elevation)과 견갑골을 아래로 내리는 강하(depression), 척추의 측면 굴곡(lateral flexion)
- 대표적인 운동: 손 짚고 옆 돌기, 옆으로 뛰기 등

③ 수평면, 횡단면, 가로면(horizontal plane)
- 똑바로 서 있는 인체를 수직축으로 나누는 가로면
- 해부학적인 자세로 서 있는 사람이 행하는 몸통비틀기, 뛰어돌기(jump turn), 좌우로 머리 돌리기, 전완의 회내(pronation), 회외(supination) 등 대부분의 회전 운동
  - **예)** 인체의 수직축(종축)을 중심으로 회전하는 피겨스케이팅 선수의 몸통분절 움직임

(4) 인체의 축(axis)과 운동면(plane)

인체에는 세 개의 가상적인 운동축이 있는데 세 개의 운동면과 각각 직각을 이루며 형성됨

① 좌우축(transverse axis)
- 전후면상에서의 움직임은 좌우축을 기준으로 함
- 전후면과 직교하며 인체를 좌에서 우로 또는 우에서 좌로 통과하는 축
- 전후면을 제외한 두 평면, 즉 좌우면과 수평면이 공유하는 축

② 전후축(anteroposterior axis)
- 좌우면상에서의 움직임은 전후축을 기준으로 함
- 인체를 전후로 통과하는 축으로 좌우면과 직교하며 전후면, 수평면이 공유하는 축

③ 수직축, 장축, 종축(longitudinal axis)
- 수평면상에서의 움직임은 수직축을 기준으로 함
- 인체를 위에서 아래로 통과하는 운동축으로 수평면과 직교하며, 전후면과 좌우면이 공유하는 축

(5) 인체 관절의 종류

① 관절
- 두 개 또는 그 이상의 뼈 간의 접합지점
- 움직임 유무에 따라 움직일 수 있는 가동(윤활)관절과 움직일 수 없는 부동관절로 나뉨

② 가동(윤활)관절의 6가지 형태

- 움직임의 축이 몇 개인지 여부에 따라 무축성, 1축성, 2축성, 3축성 관절로 분류됨
- 평면(활주)관절 plane(gliding) joint
  - 회전축이 없는 무축성 관절(자유도 0)로 운동성이 낮음
    예) 손목뼈와 발목뼈 사이의 관절
- 경첩관절(hinge joint)=섭번관절(ginglymus joint)
  - 여닫이 문짝의 경첩처럼 볼록한 표면이 오목한 표면에 마주하고 있는 구조로 굽힘과 펴는식의 단일평면상의 운동만 가능한 1축성 관절
    예) 손가락, 팔꿈치, 무릎관절
- 중쇠(차축)관절 pivot(trochoid) joint
  - 세로축 방향으로 형성된 오목한 뼈에 축 모양의 돌기를 가진 뼈가 회전하는 구조로 되어 있는 1축성 관절로 회전운동만 가능함
    예) 팔꿈치에서 아래팔이 회외와 회내될 때 요골과 척골이 만나는 접합 부위
- 타원관절(ellipsoid joint)=과상관절(condyloid joint)
  - 타원 모양의 관절 융기가 타원형의 모양과 마주하는 형태의 2축성 관절
    예) 요골과 수근골 사이
- 안장(안상)관절 saddle(sellaris) joint
  - 2축성 관절로 오목하고 볼록한 말안장 형태의 결합으로 두 평면상의 운동이 가능하기 때문에 굴곡과 폄, 외전과 내전이 가능
    예) 손목 손바닥뼈(수근중수골) 관절 carpometacarpal joint
- 절구공이(구상)관절 ball and socket(spheroidal) joint
  - 공이 모양의 골두가 절구처럼 오목하게 들어간 뼈에 끼워진 형태를 갖는 3축성 관절로 운동 범위가 매우 크고 모든 운동면에서 회전이 가능
    예) 어깨관절(견관절), 엉덩관절(고관절)

③ 부동관절
- 봉합: 섬유조직의 얇은 층에 의해 연결된 뼈들에 의한 관절
  예) 머리뼈(skull)
- 인대결합(syndesmosis): 뼈와 뼈 사이가 섬유조직에 의해 연결된 상태
  예) 자뼈(ulna)의 노뼈관절(radius articulates), 정강뼈의 종아리 관절
- 못박이관절(정식관절, gomphosis): 원추형 돌기가 오목한 부분에 끼워진 형태로 섬유조직에 의해 지지된 관절
  예) 치아(teeth)

<신체관절의 움직임 자유도>

무축관절	평면(활주)관절
1축관절	경첩(접번)관절, 중쇠(차축)관절
2축관절	안장(안상)관절, 타원(과상)관절
3축관절	절구공이(구상)관절

(6) 관절 운동(인체의 움직임을 표현하는 방향용어)
① 좌우축(전후면)에서의 관절 운동
- 굽힘(굴곡, flexion): 관절을 형성하는 뼈들이 이루는 각이 작아지는 움직임

- 단축성 수축(concentric contraction): 근육군에 의해 발휘되는 힘 모멘트가 외력에 의한 저항 모멘트보다 커서 근육이 짧아지며 발생하는 수축형태, 양(positive)의 일(**힘이 작용하는 방향과 움직임 방향이 같은 경우**)을 함
- 폄(신전, extension): 관절을 형성하는 뼈들이 이루는 각이 커지는 움직임
  - 신장성 수축(eccentric contraction): 근육군에 의해 발휘되는 힘 모멘트가 외력에 의한 저항 모멘트보다 작아서 근육이 길어지며 발생하는 수축형태, 음(negative)의 일(**힘이 작용하는 방향과 움직임 방향이 다른 경우**)을 함
    예) 스쿼트의 다리를 굽히는 동작에서 큰볼기근(대둔근)의 수축, 팔굽혀펴기의 팔을 굽히는 동작에서 위팔세갈래근(상완삼두근)의 수축, 턱걸이의 팔을 펴는 동작에서 넓은등근(광배근)의 수축, 윗몸 일으키기의 뒤로 몸통을 펴는 동작에서 배곧은근(복직근)의 수축
- 굴곡과 신전은 좌우축을 중심으로 하는 전후면상에서의 운동
  예) 팔꿉 관절(주관절)을 축으로 시행하는 암컬(arm-curl) 동작
- 발등굽힘(배측굴곡, dorsi flexion): 발등이 정강이뼈(경골, tibia) 앞쪽으로 향하는 움직임, **발등이 경골을 향해 가까워지는 동작**
- 저측굴곡, 족저굴곡(plantar flexion): 발바닥이 경골로부터 멀어지는 동작, 발바닥 굽힘

② 전후축(좌우면)에서의 관절 운동
- 벌림(외전, abduction): 팔 다리가 몸의 정중선에서 멀어지는 동작, 뼈의 세로축이 신체의 중심선으로부터 멀어지는 움직임
- 모음(내전, adduction): 팔 다리가 몸의 정중선으로 가까워지는 동작, 뼈의 세로축이 신체의 중심선으로 가까워지는 움직임
- 외전과 내전은 전후축을 중심으로 하는 좌우면상에서의 운동
- 외번(eversion): 발바닥을 기준으로 발바닥이 몸의 바깥을 향한 상태
- 내번(inversion): 발바닥을 기준으로 발바닥이 몸의 안쪽을 향한 상태
- 대부분의 발목 염좌는 내번으로 발생함
- 거상(elevation): 견갑골을 위로 올림
- 강하(하강)(depression): 견갑골을 아래로 내림

③ 장축-수평면에서의 관절 운동
- 회외(supination): 전완과 손바닥 바깥쪽 돌림, 손바닥이 위쪽 또는 앞쪽을 향하도록 손을 돌리는 것
- 회내(pronation): 전완과 손바닥 안쪽 돌림, 손바닥이 아래쪽 또는 뒤쪽을 향하도록 손을 돌리는 것
- 돌림(회전, rotation): 횡단면의 수직축을 중심으로 돌아가는 동작

④ 그 외
- 휘돌림(회선, circumduction): 원을 그리며 관절이 돌아가는 동작
- 전인(protraction): 견갑골을 앞으로 내밂
- 후인(retraction): 견갑골을 뒤로 모음

2 운동의 종류

(1) 운동의 정의
① 운동: 시간에 따라 물체의 위치가 변화하는 것
② 인체의 분절 또는 전신이 선운동이나 각운동으로 나타나며, 이 두 가지 형태가 함께 일어나는 복합

운동이 있음

(2) 운동의 형태

① 선운동(병진운동)
- 물체 또는 인체의 질량중심점(COM: center of mass)으로 힘이 작용했을 때 직선운동이 일어나며, 질량중심점을 벗어난 방향으로 힘이 작용하면 곡선운동이 일어남
- 직선을 따라 위치를 변화시키는 운동으로 직선운동과 곡선운동이 있음
- 신체의 각 부위가 동일한 거리를 이동하는 운동
- 물체나 신체를 구성하는 모든 질점이 일정한 시간 동안 같은 거리, 같은 방향으로 평행하게 움직이는 운동 형태
  예) 스키점프 비행 구간에서 신체 중심의 이동궤적, 선수의 손을 떠난 투포환 질량 중심의 투사궤적, 100m 달리기 시 신체 중심의 이동궤적

② 곡선운동(포물선 운동, 투사체 운동)
- 곡선을 따라 이루어지는 운동
- 회전운동이 아닌 병진운동에서 일어나는 운동
- 투사체가 이동한 경로가 포물선을 그리게 되기 때문에 투사체 운동을 포물선 운동이라 함
- 포물선 운동은 속도를 수평 속도와 수직 속도로 구분해서 관찰함
- 공기의 저항을 무시한다면 수평 방향의 운동을 방해하거나 도와주는 힘이 작용하지 않으므로 수평 방향의 운동은 등속도 직선운동이고 수직 방향은 등가속도 운동임
- 투사높이와 착지높이에 따라서 투사체의 최대거리가 달라짐
- 포물선 운동에서 공의 속력은 항상 일정하지 않음
- 공의 수평가속도는 $0m/s^2$
- 공의 수직가속도는 중력가속도와 같음
- 공기저항을 무시할 때 투사체의 투사거리에 영향을 미치는 요인: 투사높이, 투사속도, 투사각도
- 투사체의 수평속도는 초기속도의 수평성분과 크기가 같음
- 투사체에는 중력이 작용되고 있음
- 투사체의 수직속도는 일정하지 않고 수직으로 작용하는 중력가속도가 $9.8m/s^2$으로 일정함
- 투사높이와 착지높이가 같을 경우, 45°의 투사각도로 던질 때 최대의 수평거리를 얻을 수 있음
  예) 30m/s의 수평투사속도로 야구공을 던질 때, 야구공의 체공시간이 2초라면 투사거리: 30×2=60m

③ 각운동(회전운동)
- 물체 또는 인체가 고정된 축(회전축)을 중심으로 같은 시간에 동일한 방향으로 동일한 각을 움직일 때 일어나는 형태의 운동
- 인체 또는 물체가 회전하는 형태의 운동
- 팔과 다리의 관절을 굽혔다가 펴는 운동
- 축을 중심으로 회전하거나 각에 따라 위치를 변화시키는 운동
- 회전축 주위를 일정한 각도로 이동하는 운동
- 중심선(점) 주위를 회전하는 운동
- 물체나 신체가 고정된 축을 중심으로 일정 시간 동안 회전하는 운동 형태
  예) 체조의 대차돌기 시 신체 중심의 이동궤적

④ 복합운동
- 선(병진)운동과 각(회전)운동이 결합되어 나타나는 운동

- 직선 경로로 움직이는 운동과 축을 중심으로 회전하는 운동이 복합된 운동 형태
- 대부분의 인간 움직임은 각운동과 선운동 요소가 결합되어 복합운동의 형태로 나타남

    예) 자동차의 바퀴는 회전운동을 하지만 차체는 선운동을 함, 커브볼로 던져진 야구공의 움직임, 페달링하면서 직선구간을 질주하는 사이클 선수의 대퇴(넙다리) 분절 움직임, 공중회전하면서 낙하하는 다이빙 선수의 몸통 움직임

1 인체의 물리량과 물리적 특성

(1) 질량과 무게[운동학적(kinematic) 및 운동역학적(kinetic) 변인]
① 질량(mass): **물체를 구성하는 물질의 양**, 크기만을 갖는 물리량, 크기만 존재하는 스칼라(scalar), 단위는 kg
② 무게: **중력이 물체에 포함된 힘의 양**, 인체가 가지고 있는 관성의 척도로 장소에 따라 크기가 변함, 크기와 방향이 존재하는 벡터(vector)
  • 단위는 kgf(=kg중), 다인(dyne), 파운드(lbf, lbs, lb)

(2) 인체의 무게 중심(Center of gravity)
① 물체 또는 신체에 중력이 한 점에 집중된 균형점
② 무게 중심은 토크(torque)의 합이 0인 지점으로 회전균형을 이룸
③ 인체의 무게 중심의 위치는 자세에 따라 변하게 되며 움직이고 있을 때는 그 위치가 계속적으로 변하게 됨, 무게 중심은 항상 변할 수 있음
④ 무게 중심의 위치는 신체 내부에만 위치하는 것이 아니라 외부에 위치하는 경우도 있음
  예) 100m 크라우칭 스타트 자세

무게중심이 신체 내부에 위치하는 자세의 예	무게중심이 신체 외부에 위치하는 자세의 예

⑤ 스포츠에서 신체의 여러 분절들이 위치를 잘 조정함으로써 무게 중심의 위치를 원하는 형태로 변경시켜 기록 및 수행능력을 향상시킬 수 있음
⑥ 두 사람의 몸무게가 같더라도, 두 사람의 무게 중심 위치는 다를 수 있음
⑦ 자유롭게 움직이는 분절은 인체 전체의 무게 중심점의 위치를 수시로 변하게 함
⑧ 무게 중심의 위치는 안정성에 영향을 줄 수 있음
⑨ 체조 선수는 공중회전하는 동안 무게중심을 지나는 축을 중심으로 회전하게 됨
⑩ 지면에 선 상태로 팔을 위로 올리면 무게중심은 위로 이동함
⑪ 서전트 점프 후, 공중에서 팔을 위로 올린다고 무게중심이 바뀌지는 않음

(3) 경기력 향상을 위해 무게 중심을 효과적으로 활용하는 상황
   (불안정할수록 유리한 종목 자세에 따른 역학적 요인)
   ① 높이뛰기 선수가 바를 효과적으로 넘기 위해 배면뛰기 기술을 구사함
   ② 배면도 높이뛰기(Fosbury flop)의 바를 넘어가는 자세에서 무게 중심이 등 하부 아래에 위치하게
      함으로써 기록을 향상시키기도 함
   ③ 레슬링 선수가 안정성 증가를 위해 무게 중심을 낮춤
   ④ 배구 스파이크 시 타점을 높이기 위해 무게 중심을 높임
   ⑤ 단거리 크라우칭 스타트(crouching start) 시 빠른 출발을 위해 무게 중심을 높임
   ⑥ 육상의 100m 크라우칭 스타트 자세는 무게 중심이 진행 방향의 기저면 가장자리에 위치하게 함
   ⑦ 유도 및 씨름의 방어 자세는 기저면을 넓히고, 몸의 중심을 낮춤
   ⑧ 레슬링의 방어 자세는 무게 중심이 기저면의 안쪽에 위치하게 함

2 인체 평형과 안정성

(1) 기저면(Base of support)
   ① 물체가 지면에 지지되어 있는 면적

(2) 인체 평형
   ① 내·외적인 힘의 합과 토크의 합이 모두 0인 상태, 즉 정지되어 있는 상태
   ② 평형 상태에서는 가속도 및 각가속도가 0이고 병진운동과 회전 운동이 일어나지 않음

(3) 기저면과 안정성
   ① 물체가 정적 또는 동적 평형을 잃지 않으려는 저항, 또는 운동 상태가 변하는 데 대한 저항
   ② 정적인 안정과 동적인 안정이 있음
   ③ 물체의 안정성은 질량, 기저면의 크기와 모양 및 방향, 무게 중심의 높이, 무게 중심선의 기저면상의
      위치, 마찰력 등에 의해 결정됨
   ④ 안정을 유지하기 어렵다고 느끼면 앉거나 몸을 구부려서 신체 중심을 낮춤으로써 안정성을 증가시킬 수 있음
   ⑤ 물체의 기저면이 넓으면 안정성은 증가함
   ⑥ 기저면 위에 물체의 중심이 위치해 있으면 물체는 안정을 유지하게 됨
   ⑦ 기저면을 넓히려고 양 다리를 너무 많이 벌리게 되면 힘이 수평 방향으로 많이 작용하게 되어 마찰
      력이 감소하기 때문에 안정성도 감소함
   ⑧ 물체의 중심이 중력 방향으로 작용하는 선을 중심선이라고 하는데, 물체의 중심선이 기저면 내의
      중앙에 위치할수록 물체는 더 안정적임
   ⑨ 기저면의 변화를 통해 안정성을 증가시킨 동작의 예: 산에서 내려오며 산악용 스틱을 사용하여 지
      면을 지지하기, 씨름에서 상대방이 옆으로 당기자 다리를 좌우로 벌리기, 스키점프 착지 동작에서
      다리를 앞뒤로 교차하여 벌리기

(4) 인체의 안정성과 관련이 있는 것
   ① 기저면의 크기 및 형태, 무게 중심의 높이, 마찰력, 무게

(5) 인체의 안정성

① 기저면이 넓을수록, 무게 중심이 낮을수록, 몸무게가 무거울수록 안정성은 향상됨
② 수직무게중심선을 기저면의 안에 위치시키는 동작이 효과적임
③ 신체의 안정성은 정적인 자세와 동적인 자세에 따라 달라질 수 있음
④ 안정성은 물체를 지지하는 면의 마찰력과 밀접한 관계가 있음
⑤ 서양인은 동양인에 비해 하지장의 길이가 길기 때문에 무게 중심이 동양인보다 높음
⑥ 여자는 남자보다 골반이 넓고 어깨의 폭이 좁고 무게 중심이 남자보다 낮기 때문에 더 안정적임
⑦ 신체의 정적 안정성을 높이기 위해서는 기저면을 넓히고, 무게중심을 낮추고, 수직 무게중심선을 기저면의 중앙과 가깝게 위치시키는 것이 효과적임

3 인체의 구조적 특성

(1) 인체의 분절 모형

① 머리와 목, 몸통, 상완, 전완, 손, 대퇴, 하퇴, 발

(2) 인체지레의 종류

- 분류 기준: 축의 위치와 힘의 작용점
- 회전축: 관절
- 지렛대: 뼈
- 지레를 움직이는 힘: 근력
- 지레에는 힘팔과 저항팔이 존재
- 힘팔(force arm): 축에서부터 힘이 작용하는 지점까지의 거리
- 저항팔(resistance arm): 축에서부터 저항이 가해지는 지점까지의 거리

① 1종 지레
- 힘과 저항이 지레 중심을 기준으로 양쪽에 분포, 받침점이 힘점과 작용점 사이에 있음
- 축이 힘과 저항 사이에 있을 때 균형 잡힌 움직임을 제공하기 위해 고안됨
- 힘팔 × 근력(힘) = 저항팔 × 무게(저항) → 균형 상태일 때 움직임이 일어나지 않음
- 축(받침점)은 힘점과 저항점(작용점) 사이에 위치하고 역학적 이점이 1보다 크거나 작을 수 있음
  예) 머리를 앞뒤로 움직일 때, 시소, 가위, 망치로 못을 뽑을 때, 목뼈(경추, cervical vertebrae) 1번 관절에서 위쪽등세모근(상부승모근, upper trapezius muscle)의 근력과 머리 하중이 형성하는 지레

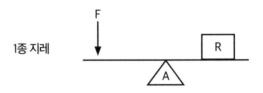

② 2종 지레
- 힘과 저항이 같은 쪽에 분포(힘팔의 길이가 더 긴 경우), 작용점이 힘점과 받침점 사이에 있음
- 물체의 저항점이 힘의 작용점과 회전축 사이에 위치함

- 힘팔이 저항팔보다 항상 긴 구조를 가짐(역학적 이점이 1보다 큼)
- 힘의 측면에서는 유리한 구조이지만 움직임의 범위와 속력에서는 불리함
  예) 엎드려 팔굽혀 펴기(push-up), 발뒤꿈치 들기(calf raise), **외발 손수레, 병따개**

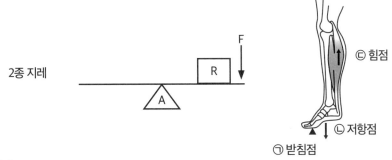

③ 3종 지레
- 힘과 저항이 같은 쪽에 분포(저항팔의 길이가 더 긴 경우), 힘점이 받침점과 작용점 사이에 있음
- 저항팔이 힘팔보다 항상 긴 구조를 가짐
- 받침점(회전중심)을 기준으로 저항점 위치가 힘점의 위치보다 더 먼 경우
- 기계적 확대율(mechanical advantage)은 지렛대 힘의 확대율, 저항팔에 대한 힘팔의 길이 비율을 의미함, 기계적 확대율(역학적 이점)은 힘팔 나누기 저항팔로 구할 수 있음, 3종 지레의 경우는 받침점(회전중심)을 기준으로 저항점 위치가 힘점의 위치보다 항상 더 멀기 때문에 기계적 확대율(mechanical advantage)은 1보다 항상 작게 나타나면서 역학적 이점이 거의 없다고 할 수 있음
- 인체 지레의 대부분은 3종 지레에 해당되어 힘의 측면에서는 불리한 구조이지만 움직임의 범위와 속력에서는 이점이 있음
- 팔꿈치 굽힘(굴곡, flexion) 동작은 관절의 평형상태를 유지하기 위해 저항력보다 더 큰 근력이 요구됨
  예) 덤벨 컬(암컬), 윗몸일으키기, 핀셋, 젓가락

성피티 TIP

동일한 관절이라고 해도 동작에 따라 형성되는 지레의 종류가 달라질 수 있습니다. 예를 들어 삽질과 노 젓기는 위에 있는 손이 힘점으로 작용되지 않고 고정축의 역할을 할 때 제3종 지레로 작용합니다. 만약 위의 손이 힘점이 되고 아래에 있는 손이 고정축이 된다면 제1종 지레가 됩니다. 예시는 참고하되 지레의 원리와 특징을 기억해두는 것이 중요합니다.

1 선운동의 운동학적 분석

(1) 거리와 변위
① 거리(distance)
- 물체의 처음 위치부터 마지막 위치까지의 운동경로에 따른 길이의 측정치를 의미
- 물체가 실제로 이동한 경로
- 시작점에서 끝점까지 이동한 궤적의 총합으로 크기만을 갖는 물리량
- 스칼라량(속력, 거리, **넓이**, 온도, 시간, **질량**) 등과 같은 물리량으로서 크기만 존재
② 변위(displacement)
- 처음 위치부터 마지막 위치까지의 방향과 직선거리를 나타내는 벡터
- 두 지점을 잇는 최단 직선거리
- 벡터량(힘, 속도, 변위, **가속도**, **무게**)으로서 크기와 방향이 존재

(2) 속력과 속도
① 속력(Speed)
- 실제로 이동한 거리를 시간으로 나눈 값
- 속력(S) = 거리(d) / 시간(t)
- 단위 시간에 움직인 거리를 나타내는 크기만 가진 **스칼라**량
- 단위: m/s, cm/s, m/min, km/h
② 속도(Velocity)
- **출발점과 도착점을 잇는 직선거리를 시간으로 나눈 값**
- 속도(V) = 변위(D) / 시간(t)
- 단위 시간에 움직인 변위를 나타내는 크기와 방향을 가진 **벡터**량
- 단위: m/s, cm/s, m/min, km/h
  예) 단거리 선수가 100m를 10초에 달렸다면 평균 속도는 10m/s
    (속도 = 변위/시간 → 100m/10s = 10m/s)

(3) 가속도(Acceleration)
① 가속도
- 단위 시간에 변화한 속도
- 1초 동안에 속도가 변한 정도를 나타내는 것
- (나중속도 - 처음속도) / 시간 = 속도의 변화량 / 시간의 변화량 = 속도의 변화율
- 가속도의 방향은 합력의 방향과 항상 같음
- 가속도의 방향은 속도의 방향과 항상 같지는 않음
- 단위: m/s²
- 일반적으로 속도가 빨라지는 것을 가속도라고 하고 속도가 느려지는 것을 감속도라고 표현하지

만 역학에서는 이 두 가지를 모두 가속도라고 표현을 함
- 속도가 빨라질 때를 양(+)으로, 속도가 느려질 때를 음(-)으로 표기
- 가속도 운동: 속도에 대한 변화가 있는 운동
- 등속도 운동: 속도에 대한 변화가 일정하거나 가속도가 0m/s²으로 가속도의 변화가 없는 경우, 즉 가속도가 유지된 것
- 등가속도 운동: 단위시간에 따라 가속도가 일정하게 증가하는 운동

② 중력가속도
- 중력에 의해 나타나는 가속도
- 높은 곳에서 낮은 곳으로 떨어지는 물체의 속도가 1초에 얼마씩 빨라지는지 실험을 통해 측정한 결과 9.8m/s²
- 지구 표면 근처에 있는 물체는 지구로부터 '질량 × 중력가속도'와 같은 크기의 만유인력을 받게 됨
- 자유낙하를 하는 물체의 떨어지는 속도는 점점 빨라짐
- 공을 던진 직후부터 정점에 도달할 때까지는 자유 낙하운동을 함

  예) **자유투에서** 농구공 무게 중심의 가속도는 수직하방으로 작용하는 중력가속도임

  '체중: 65kg' 지구상에서 이 무게를 표현하는 방식(지구의 중력가속도 = 9.8m/s²)

  65kg중 = 65kgf(Kg중 = Kgf)

  체중 × 중력가속도 = 65kg × 9.8m/s² = 637kg·m/s² = 637N(kg·m/s² = N)

성피티 TIP

공을 옥상에서 바닥으로 떨어뜨리면 공의 속도는 어떻게 될까요? (단, 중력가속도는 9.8m/s²)
등속도 운동이라면 옥상 위치에서의 속도나 바닥 위치에서의 속도는 같을 겁니다. 그러나 등가속도 운동이기 때문에 옥상에서의 가속도는 0m/s²이겠지만 일정하게 가속도가 증가해서 바닥 쪽에서는 상당히 빠르겠지요. 이런 경우 등가속도 운동은 단위시간에 따라 가속도가 일정하게 증가하는 운동이라고 보시면 됩니다.

(4) 운동방정식
① 운동하고 있는 물체의 속도, 가속도, 이동거리 등을 쉽게 계산할 수 있도록 만든 공식

<운동방정식에서 자주 사용되는 용어와 단위>

약자	한글	영문	MKS단위
V, v	속도	Velocity	m/s
T, t	시간	Time	s
a	가속도	acceleration	m/s²
d	거리	Distance	m
s	변위	Displacement	m
m	질량	mass	kg
F, f	힘	Force	N, kg·m/s²
P	운동량	Momentum	kg·m/s
P	일률, 순발력	Power	watt, J/s, N·m/s
I	충격량	Impulse	Ns, kg·m/s
W	일	Work	Nm, J
P. E.	위치 에너지	Potential energy	J
K. E.	운동 에너지	Kinetic energy	J

2 각운동의 운동학적 분석

- 각운동은 물체가 동일한 회전 경로로 움직일 때 일어나기 때문에 물체의 모든 부분이 같은 시간에 같은 각을 움직이게 됨
- 각운동을 표현하는 물리량: 각변위, 각속도, 각가속도 등

(1) 각운동(회전운동)

① 고정된 축을 중심으로 회전하는 운동으로 스칼라량과 벡터량으로 분석함

② 각운동학은 일반적으로 극좌표계(Polar coordinate)에서 반지름의 길이(r)와 방향(θ, theta)의 성분으로 나타내며, 평면 위의 위치를 각도와 거리를 써서 나타내는 2차원 좌표로 설명됨, 이때 반지름의 길이(r)는 극(0)에서의 거리를 의미하고, θ는 0도에서의 각도를 의미함

- 1라디안(radian)은 원둘레 위에서 반지름의 길이와 같은 길이를 갖는 호에 대응하는 중심각의 크기로 반지름(회전반경)의 길이와 상관없이 항상 일정함, 호의 길이가 반지름과 같을 때 중심각의 크기이며 'rad'로 표시하고, 1라디안의 크기는 각도로는 약 57.3°이고 1도는 약 0.0175라디안임

  1라디안(radian)은 원(circle)에서 반지름과 호의 길이가 같을 때의 각으로 57.3°

- XY좌표계에서 각도는 θ 세타(theta)로 표시함

  세타는 스칼라량으로 각운동의 단위는 각도(degree), 라디안(radian), 레볼루션(revolution) 등을 사용함

  1레볼루션은 1회전으로써 360°이고, rev로 표시하고, 1도는 ° 혹은 deg로 표시하며 1레볼루션은 360으로 나눈 값임

  1°=1회전을 360으로 나눈 값

<XY좌표계에서의 각도 표시>,   <라디안의 정의>

(2) 선속도

① 회전하는 물체의 각속도가 일정할 때 그 물체의 선속도는 회전반경의 길이에 정비례함

예1) 소프트볼 투수가 공을 던지는 동작의 설명: 던지는 팔의 회전 속도는 공의 선속도에 영향을 미침, 투수의 팔 길이가 길면 공의 선속도를 증가시키는 데 유리함, 공의 선속도는 던지는 팔의 길이와 팔의 각속도의 곱으로 나타남

예2) 골프 스윙 동작에서 임팩트 시 클럽헤드의 선속도를 증가시키는 방법: 스윙 탑에서부터 어깨관절을 축으로 회전반지름을 최대한 작게 해서 빠른 몸통회전을 유도함, 임팩트 전까지 손목 코킹(cocking)을 최대한 유지하여 빠른 몸통회전을 유도함, 임팩트 시점에는 팔꿈치를 펴서 회전반지름을 증가시킴, 임팩트 시점에는 언코킹(uncocking)을 통해 회전반지름을 증가시킴

② 선속도(V) = 회전반경(r) × 각속도(w)

예) 야구공이 야구배트의 회전축에서부터 0.5m 지점에서 타격된 경우, 야구공이 타격 되는 순간 배트의 각속도가 50rad/s이면 타격지점에서 배트의 선속도 ⇒ 0.5m × 50rad/s = 25m/s

(3) 각속도(angular velocity)

① 회전하는 물체의 단위시간당 각위치의 변화, 단위시간당 방향의 변화량

② 회전의 기준으로 삼는 축에 대해 정의되는 벡터이며 문자로 오메가(ω)를 사용

③ 단위는 초당 라디안, 즉 rad/s 또는 분당회전수, 즉 RPM을 사용
④ 각속도 = 선속도 / 회전반경 = 각운동량 / 관성 모멘트 = 각변위 / 이동시간(소요시간)
⑤ 회전하는 물체의 선속도가 일정할 때 각속도는 회전 반경의 길이에 반비례함
⑥ 피겨 스케이트 선수의 스핀처럼 회전반경을 작게 해서 각속도를 빠르게 할 수 있음
⑦ 회전축으로부터 거리가 가까워져야 증가
⑧ 각속도는 벡터량에 해당함

(4) 운동 상황에서 선속도와 각속도에 대한 예시
① 팔꿈치를 펴면 배드민턴 라켓 헤드의 선속도가 증가함(동일한 팔회전 각속도 조건)
② 팔 길이가 길수록 야구공 릴리스 선속도가 큼(동일한 팔회전 각속도 조건)
③ 골프에서 드라이버 스윙 시 헤드와 샤프트의 이동시간에 따른 이동하는 각도가 일정하기 때문에 각속도는 같음
④ 골프에서 7번 아이언 헤드의 선속도는 헤드의 각속도와 샤프트의 길이에 비례함

(5) 각가속도(angular acceleration)
① 각속도의 변화를 소요시간으로 나눈 값
② 시간당 각속도의 변화량

(6) 각변위
① 회전하는 물체의 처음지점의 각위치와 나중지점의 각위치 간의 차이 값
② 각운동에서 각변위(angular displacement)의 반시계 방향은 양(+)의 방향, 시계 방향은 음(-)의 방향을 나타냄

(7) 각속력(angular speed)
① 시간당 각거리(angular distance)
② 각속력은 스칼라량에 해당함

1 선운동의 운동역학적 분석

(1) 힘의 정의와 단위
① 힘(force)
- 힘은 합성과 분해가 가능함
- 힘이 작용한 방향으로 가속도가 발생함
- 힘의 크기가 증가하면 그 힘을 받는 물체의 가속도가 증가함
- 움직임을 일으키는 원인이며, 내력(internal force)과 외력(external force)으로 구분할 수 있음
- 힘의 벡터적 특성 3요소: 크기, 방향, 작용점
- 힘의 단위: N(newton, 뉴턴), kgf(=kg중), 다인(dyne), 파운드(lbf, lbs, lb)
- 1N = 1kg의 물체를 $1m/s^2$으로 가속시키는 힘
- 힘(N) = 질량(kg) × 가속도($1m/s^2$)

(2) 힘의 종류
① 근력(muscle force): 근육의 힘
② 중력(gravitational force): 인체나 물체를 지구 중심을 향해 끌어당기는 힘, 물체의 질량과 중력가속도의 곱, 물체의 질량에 비례함, 지구의 모든 지역에서 동일하게 작용되지는 않음
③ 마찰력(frictional force)
- 두 물체의 마찰로 발생하는 힘이며 벡터량에 해당함
- 두 물체 사이에 있는 접촉면에 작용하는 힘
- 물체가 움직이고 있거나 움직이려 할 때 나타나는 힘
- 마찰력 = 마찰계수 × 수직항력
- 마찰력을 계수로 구분하여 계수가 0인 경우는 마찰이 없는 상태
- 계수가 1인 경우는 마찰이 너무 커서 움직임이 없는 상태
- 미끄럼 마찰력의 계수는 0.1~1.0이하
- 구름 마찰력의 계수는 0.1이하
- 아스팔트 도로에서 마찰계수는 구름 운동보다 미끄럼 운동일 때 더 큼
- 마찰력은 물체의 이동 방향과 반대 방향으로 작용됨
- 접촉면의 형태나 성분(재질) 등에 의해 결정되는 힘으로 저항력 또는 추진력으로 작용할 수 있음
- 마찰계수는 맞닿은 두 표면 사이의 마찰 정도를 뜻하며 접촉면의 형태와 성분에 따라 달라짐
- 마찰력의 크기는 마찰계수와 접촉면에 수직으로 가해진 힘의 곱으로, 접촉면에 가한 수직 힘의 크기에 비례함
- 최대정지마찰력은 운동마찰력보다 큼
④ 부력(buoyant force): 액체 속에 있는 물체가 전체나 부분적으로 받는 윗 방향으로의 힘
- 물에 잠긴 신체의 부피에 비례하여 수직으로 밀어 올리는 힘
- 부력중심의 위치는 수중에서의 자세 변화에 따라 달라짐

- 유체의 밀도가 커질수록 부력도 커짐
- 물의 온도가 올라갈수록 부력은 작아짐

⑤ 항력: 유체에서 이동하는 물체가 정면으로부터 받게 되는 힘
- 파도와 같이 물과 공기의 접촉면에서 형성된 난류에 의하여 발생하기도 함
- 날아가는 골프공의 단면적(유체의 흐름방향에 수직인 물체의 면적)에 비례함

⑥ 양력: '떠오르게 하는 힘'으로 중력에 반대되는 힘
- 물체가 이동하는 방향의 반대 방향으로 항력이 발생할 때 항력에 대해 수직 방향으로 작용함
- 이동하는 물체 주위를 흐르는 유체의 상대속도 차이에 의해서 물체의 이동 방향에 수직으로 작용하는 힘
- 베르누이 원리(Bernoulli principle)로 설명됨
- 형태의 비대칭성, 회전(spin) 등에 의해 발생됨
- 물체의 중심선과 진행하는 방향이 이루는 공격각(angle of attack)에 의해 발생됨
- 양력의 크기는 공기의 밀도, 물체의 상대적 속도, 양력계수, 물체의 면적에 비례함
- 마그누스 효과(Magunus effect)
  - 마그누스 힘은 물체가 나가는 방향과 수직 방향의 축 주위로 회전할 때 생기는 끌어올리는 힘을 말하며, 공을 이용하는 스포츠에서 주로 나타남
  - 유체의 속도와 압력이 반비례하여 나타나는 압력 차이로 인해 공이 회전 방향으로 휘게 되는 현상
  - 공의 위쪽은 공이 날아가는 방향과 공의 회전방향이 같기 때문에 속도가 빨라지고 압력이 낮아지게 되며, 공의 아래쪽은 바람방향과 공의 회전방향이 반대가 되어 속도가 느려지고 압력이 높아지게 됨
  - 속도가 느린쪽에서 속도가 빠른쪽으로 미는 힘이 발생하게 되고 결국 공이 회전하는 방향으로 휘어지면서 날아가게 됨
    예) 커브볼로 투구된 야구공의 경로가 휘어지는 현상, 사이드스핀이 가해진 탁구공의 경로가 휘어지는 현상, 회전(탑스핀)이 걸린 테니스공이 아래로 빠르게 떨어지는 현상

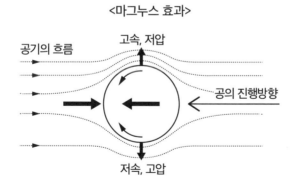

<마그누스 효과>

⑦ 추진력: 운동을 유발하는 힘
⑧ 저항력: 운동을 방해하는 힘
⑨ 지면반력(ground reaction force): 보행 동작에서 지면으로부터 보행자의 발에 가해지는 힘
⑩ 압력: 단위면적당 가해지는 힘이며 벡터이고, 힘이 가해지는 범위와 관련되는 힘의 또 다른 측면으로 운동 시 고통이나 상해와 직접적으로 관련되는 물리량임

- 압력(P) = 가해진 힘(F) / 힘이 가해진 면적(A)
  예) 복싱 경기에서 면적이 넓은 글러브를 사용하면 면적이 작은 글러브나 맨주먹보다 신체에 가해지는 압력을 분산시켜 상해를 예방할 수 있음, 권투에서 상대방의 주먹을 비켜 맞도록 동작을 취하여 신체가 받는 압력을 감소시킴, 유도에서 낙법은 신체가 지면에 닿는 면적을 넓혀 압력을 분산시키는 기술임

(3) 뉴턴의 선운동법칙
① 〈제1법칙〉 관성의 법칙
  - 물체는 외부로부터 외력이 가해지지 않는 한 정지 또는 운동 상태를 계속 유지함, 외력이 작용하지 않는 한 운동하고 있는 물체는 계속 운동하고 정지해 있는 물체는 계속 정지해 있으려고 하는 성질
    예) 버스가 급출발하거나 급정거할 경우 버스 안의 승객들이 뒤로 혹은 앞으로 쏠리는 것은 버스의 운동 변화와는 달리 승객들은 원래 운동 상태를 유지하려고 하기 때문임
② 〈제2법칙〉 가속도의 법칙
  - 움직이는 물체에 같은 방향으로 외력이 작용하면 가속도가 발생하는데 가속도의 크기는 물체의 질량에 반비례하고 가해진 힘에 비례, 물체에 작용하는 힘의 크기가 일정할 때 물체의 질량이 증가하면 가속도는 감소하게 됨
    예) 자전거를 타고 페달을 강하게 밟을수록 자전거는 외력이 커져 가속되면서 앞으로 감
③ 〈제3법칙〉 작용–반작용의 법칙
  - 어떤 물체에 힘을 가하면 그 물체도 같은 크기만큼의 힘을 반대로 작용함
    예) 보트를 타고 노로 물을 뒤로 밀면 배는 앞으로 감

(4) 운동량, 충격량, 충격력
① 운동량
  - 움직이고 있는 물체가 가지고 있는 운동량으로 충돌 전과 충돌 후의 운동량은 같음
  - **물체의** 질량과 속도를 곱한 벡터량으로 운동 상태를 알려줌
  - 운동량(Momentum) = 질량(M) × 속도(V)
  - **운동량을 시간에 대해 미분하면 힘(Force)이 나옴**
  - 힘(F) = 질량(M) × 가속도(A)
  - 단위: kg·m/s
    예) 6m/s의 속도로 오른쪽으로 움직이는 체중 90kg인 럭비선수(A)와 7m/s의 속도로 왼쪽으로 움직이는 80kg인 선수(B)가 정면으로 충돌 시 각 선수들의 운동량
    ⇒ A 선수: 6m/s × 90kg = 540kg·m/s, B 선수: 7m/s × 80kg = 560kg·m/s
② 충격량(impulse)
  - **물체의 운동에 변화를 주는 물리량으로 힘과 힘이 작용한 시간의 적분한 형태의 크기를 가짐**
  - **힘을 시간에 대해 적분하면 운동량의 변화량(충격량)이 나옴**
  - 운동량(momentum) 변화의 원인이 되며, 시간에 대한 힘의 곡선을 적분한 값임
  - 충격량(Impulse) = 충격력(F) × 접촉시간(T)
  - 단위: 힘의 단위 N(뉴턴)과 시간의 단위 S(Sec)의 곱, Ns, kg·m/s
③ 충격력(impact force)
  - 두 물체가 충돌하는 순간 서로 주고받는 힘
    예) 농구선수는 양손 체스트패스 캐치 동작에서 공을 몸쪽으로 당겨 받고, 그 과정에서 공을 받는 시간은 늘리고 충격력은 줄일 수 있음

(5) 운동량, 충격량, 충격력의 관계
① 충격량은 질량과 속도의 곱인 운동량의 변화량임
② 충격량은 질량이 변하지 않을 때 속도의 변화량에 비례함
③ 동일한 충격량 생성 조건에서 접촉시간을 늘리면 충격력은 감소함

(6) 탄성(elasticity)
① 어떠한 물체에 힘이 가해졌을 때, 그 물체가 변형되었다가 원래 상태로 되돌아가려는 성질을 말함
② 충돌하는 물체의 재질, 온도, 충돌 강도 등에 따라 그 정도가 달라짐

(7) 반발계수(복원계수, 충돌계수, coefficient of restitution)
① 어떠한 물체가 최초로 한 번 충돌 후 변형되었다가 복원되는 정도의 크기
② 충돌 후 상대속도 / 충돌 전 상대속도
③ 단위가 없고 0에서 1 사이의 값을 갖음
④ 두 물체 간의 충돌 전후의 상대속도의 비율로 측정
⑤ 완전탄성충돌(perfectly elastic collision)의 반발계수는 1
⑥ 공을 떨어뜨린 높이와 공이 지면에서 튀어 오른 높이의 비율 값
⑦ 골프공의 반발계수를 크게 하면 더 멀리 보낼 수 있음

(8) 운동량의 단위
① 미터법의 MKS 단위로는 kg·m/sec
② CGS 단위로는 g·cm/sec
③ 운동역학에서 기본 물리량의 국제단위계(SI 단위계, MKS 단위계)
- 물리학에서는 어떤 물체의 물리적 특성을 나타내는데 기본적으로 길이, 질량, 시간이 필요함
- 길이: 미터(Meter), 질량: 킬로그램(Kilogram), 시간: 초(Second)
- 길이(m), 질량(kg), 시간(s)

(9) 선운동량의 보존
① 외력이 작용하지 않는 한 총운동량은 변하지 않고 보존됨
  예) 도미노

2 각운동의 운동역학적 분석

(1) 토크(torque), 힘의 모멘트(moment of force)
① 토크: 회전력, 회전을 일으키는 효과이며 벡터량에 해당함
② 토크(T) = 작용하는 힘(F: 가해진 힘) × 모멘트 암(D: 축에서 힘의 작용선까지 수직거리)
③ 물체의 중심점에서 벗어나 작용된 힘은 그 물체를 회전시키려 하는 힘이 발생하게 됨
④ 힘이 작용하는 방향이 다르면 토크가 달라짐
⑤ 회전축으로부터의 모멘트 암이 클수록 커짐
⑥ 힘의 연장선이 물체의 중심에서 벗어난 지점에 작용할 때 발생함
⑦ 토크의 원리를 이용한 놀이기구: 시소

⑧ 일상생활 또는 스포츠 상황 속에서 토크(torque)를 올바르게 활용하는 방법
- 유도의 업어치기 시 상대와 자신의 신체 중심 거리를 최대한 좁히는 것
- 볼트(bolt)를 쉽게 돌리기 위하여 렌치(wrench)를 이용하는 것
- 테니스 서브를 강하게 하기 위해 공을 임팩트할 때 신체를 최대한 신전하는 것
- 역도에서 바벨을 몸의 중심에 가까이 유지하면서 들어 올리는 것
- 덤벨 컬 운동에서 팔꿈치관절 각도가 90도일 때 가장 큰 토크가 발생됨

(2) 관성모멘트(moment of inertia)
① 회전운동의 '지속성' 또는 '변화에 대한 저항'을 나타내는 물체의 속성
- 회전관성: 회전운동에서의 관성, 회전운동에 대한 관성의 크기를 나타내는 양, 물체가 스스로 회전을 유지하려고 하는 성질
- 회전저항(저항특성, 저항관성): 회전운동에서의 저항 특성, 어떤 물체를 회전시키려 할 때 잘 돌아가지 않으려는 속성, 회전운동 상태를 변화시키고자 할 때 이에 반응하는 물체의 저항, 외부로부터 가해진 초기 힘에 대해 물체 또는 인체의 운동 상태를 변화시키지 않으려는 특성
② 회전운동에서의 관성모멘트는 물체의 질량이 같더라도 회전축에 대한 질량분포도에 따라 다른 값을 갖게 됨
③ 각운동량에 비례하고 각속도에 반비례하며, 회전반경의 길이는 관성모멘트의 크기에 영향을 줌
④ 공중자세에서 관성모멘트가 달라져도 각속도는 변함
⑤ 질량이 회전축으로부터 멀리 분포될수록 커짐
⑥ 관성모멘트와 회전속도는 서로 반비례함
⑦ 질량×회전반경²
⑧ 단위는 $kg \cdot m^2$
⑨ 인체의 관성모멘트
- 인체가 지지대 없이 회전할 때는 인체의 3가지 주축인 전후축(antero-posterior axis), 좌우축(transverse axis), 수직축(vertical axis) 중 하나의 축을 중심으로 회전함
- 스포츠 동작에서 회전할 때 체중은 동일하지만 회전축으로부터 분절의 질량분포가 다르기 때문에 관성모멘트의 크기도 달라짐
- 전후축을 중심으로 회전하는 스포츠의 예: 옆돌기
- 좌우축을 중심으로 회전하는 스포츠의 예: 다이빙 동작(Tuck, Pike, layout), 핸드스프링
- 수직축을 중심으로 회전하는 스포츠의 예: 피겨스케이트의 스핀
  예) 피겨 스케이트 선수가 회전할 때 팔다리를 좌우로 벌리면 팔다리를 회전축 주위로 모은 것보다 무게중심이 회전축으로부터 멀리 떨어져 있기 때문에 관성모멘트가 커져서 회전하기 어렵고 팔 다리를 몸 안쪽으로 모아서 관성모멘트가 감소해야 빠르게 회전할 수 있음
  철봉 휘두르기 중 아래에서 위로 올라가는 자세를 할 때 발목과 무릎을 굴곡시켜 신체 무게중심을 철봉 축에 더 가깝게 유지하여 회전반경을 작게 함으로써 관성모멘트를 감소시키고 빠르게 회전할 수 있음
  피겨스케이트 트리플 악셀 점프에서 팔을 몸통으로 이동시키면 관성모멘트는 감소
  야구 배팅 스윙에서 배트가 몸통 가까이에 붙어 회전하면 관성모멘트는 감소
  달리기 동작에서 발 이륙 후 무릎을 접으면 하지의 관성모멘트는 감소
  달리기 중 더 빨리 달리기 위해서는 무릎이 회전축인 고관절에 더 가까워져 회전반경이 짧아져야 함
  다이빙 선수가 팔을 신체 중심으로 모으는 자세는 회전저항을 축소시키는 것

다이빙 동작에서 몸을 굽히면 관성모멘트는 감소

다이빙 공중 동작을 할 때 신체의 좌우축에 대한 회전속도(각속도)의 크기가 가장 큰 동작은 두 팔과 두 다리를 동시에 몸통 쪽으로 모으는 자세를 취하며 관성모멘트를 감소시켰을 때임

종종 야구 배트를 효과적으로 가속시키기 위해 배트의 위쪽을 원통 모양으로 잘라내고 그 안에 코르크와 같은 가벼운 소재로 채워 넣는 것은 배트의 관성 모멘트를 줄이기 위함

긴 장대를 들고 외줄을 탈 때, 장대를 안 들고 탈 때 보다 회전관성이 커짐

관성모멘트는 물체의 질량과 회전반경이 커질수록 증가하기 때문에 골프에서 샤프트의 길이가 길어지면 관성모멘트도 함께 증가하게 됨

(3) 뉴턴의 각운동법칙

① 뉴턴의 〈제1법칙〉 관성의 법칙을 각운동에 적용하여 각운동량 보존의 법칙이라 함

② 외부에서 회전력이 작용하지 않는 한, 중심축을 기준으로 일정한 각 운동량을 가지며 회전상태를 지속하는 것

③ 외력이 가해지지 않으면, 물체가 가진 각운동량은 변하지 않음

(4) 각운동량 보존 및 전이

① 각운동(회전운동)량: 회전하는 물체가 가진 물리적 특성으로 큰 관성모멘트를 지닌 물체일수록, 더 빠른 각속도로 움직이는 물체일수록 보다 큰 각운동량을 갖게 됨

② 각운동량 = 관성모멘트(회전관성) × 각속도 = 질량 × 회전반경^2 × 각속도

③ 다이빙 동작의 각 단계에서 각운동량 보존의 법칙의 적용 결과
- 도약 시 몸을 최대로 신전시켜서 관성모멘트를 최대화함
- 공중동작에서 몸을 최대로 굴곡시켜서 관성모멘트를 최소화하고 각속도를 크게 함
- 입수 시 수면과 수직방향으로 몸을 최대로 신전시켜서 관성모멘트를 최대화하고 각속도를 최소화함

④ 운동 상황에서 운동량 보존과 전이에 대한 예시(공기저항을 무시함)
- 다이빙의 공중 동작에서 각운동량은 보존됨
- 축구의 인프론트킥에서 발끝 속도는 몸통의 각운동량이 하지로 전이되어 발생함
- 높이뛰기에서 이륙 후 인체의 총 각운동량은 일정함
- 다이빙에서 공중회전을 할 때 팔을 몸통 쪽으로 모으는 동작
- 배구에서 공중 스파이크를 하기 전에 팔과 다리를 함께 뒤로 굽히는 동작
- 멀리뛰기에서 착지하기 전에 팔과 다리를 함께 앞으로 당기는 동작

(5) 구심력과 원심력

① 구심력: 원운동을 발생시키는 원인으로 원의 중심을 향함
- 구심력=질량(m)×각속도의 제곱(w^2)×반지름(r)
- 신체를 원운동 중심의 방향으로 기울이는 것은 원심력에 대항할 수 있는 구심력을 만들기 위함임

② 원심력: 원운동을 하는 물체가 바깥쪽으로 벗어나려고 하는 경향을 나타내는 힘
- 원심력=질량(m)×선속도의 제곱(v^2)/회전반경(r)=질량(m)×회전반경(r)×각속도의 제곱(w^2)
- 원심력은 회전 각속도의 제곱(w^2) 또는 선속도의 제곱(v^2)에 비례함
- 원심력은 원운동을 하는 선수의 질량과 관계가 있음
- 원심력을 극복하는 방법은 반지름(회전반경)을 크게 하여 원운동을 하는 것임

③ 원심력과 구심력은 크기가 서로 같고 방향이 정반대인 힘임(작용 반작용의 법칙)

④ 운동 상황에서 구심력과 원심력에 대한 설명
- 쇼트트랙 선수: 곡선주로에서 원심력을 줄이려고 왼손으로 빙판을 짚는 동작을 취함
- 벨로드롬 사이클 곡선주로에서 지면마찰력이 구심력으로 작용함
- 해머던지기
  - 직선으로 운동하려는 해머의 관성을 이겨내고 원형경로를 유지하려면 안쪽으로 당기는 힘이 요구됨(원심력에 저항하기 위해 투척할 때 후경 자세를 취함)
  - 7kg의 해머와 비교하여 14kg의 해머를 동일한 각속도로 회전시키려면 선수는 구심력을 두 배로 증가시켜야 함
  - 선수가 해머를 안쪽으로 당기는 힘을 증가시키면 해머도 선수를 당기는 힘을 증가시킴
  - 해머의 각속도를 두 배로 증가시키려면, 선수는 네 배의 힘으로 해머를 안쪽으로 당겨야 함

1 일과 일률

(1) 역학적 일(work:W)
① 일은 물체에 작용된 힘(F)과 힘의 방향으로 이동된 거리(D)의 곱
② 일 = 힘 × 거리 (W = F × D)
③ 일 = 작용한 힘 × 변위(힘 방향의 변위)
④ 일은 가해진 힘의 크기에 비례함
⑤ 일의 단위: 힘의 단위(N)와 거리의 단위(m)를 곱한 Nm로서 줄(Joule: J)을 사용
⑥ 1N × 1m = 1Nm = 1J(Joule)
⑦ 힘이 물체에 작용하여 힘의 방향으로 위치가 변하거나 가속, 감속되는 경우
  예1) 바닥에 있는 바벨을 머리 위까지 올림, 머리 위에서 바닥으로 바벨을 내려놓음, 바벨을 다시 바닥에서 가슴 높이까지 올림, 역도 인상에서 선수가 바벨을 들어 올림, 레슬링 선수가 상대방을 굴려서 1m 옆으로 이동시킴, 육상 선수가 달려서 100m를 이동
  예2) 농구선수가 20N의 힘으로 농구공을 수직으로 2m 들어 올렸을 때 역학적 일(work)의 크기는 40N·m(J)

(2) 역학적 일이 아닌 경우의 예시
① 0 N·m(J)
② 바벨을 든 상태로 좌우로 움직이는 경우는 힘의 방향으로의 변위가 0 N·m(J)
③ 다이빙선수가 다이빙보드에 서 있는 동안 다이빙선수의 운동에너지는 없음
④ 상자를 들고 수평으로 걷는 경우
⑤ 바벨을 들고 가만히 서 있는 경우
⑥ 체중 900N의 역도선수가 1000N의 바벨을 들고 가만히 서 있는 경우
⑦ 체조 선수가 철봉에 매달려 10초 동안 정지해 있는 경우
⑧ 큰 건물의 벽에 대고 힘을 썼지만 벽의 위치의 변화가 없음
⑨ 등척성 운동 시에는 수행된 역학적 일은 0 N·m(J)
⑩ 암컬동작에서 위팔두갈래근의 등척성 수축(isometric contraction)이 팔꿈관절에 대해 한 일은 0N·m(J)

(3) 일률(power)
① 일의 빠르기를 나타내는 물리량으로 같은 양의 일을 하는 데 시간이 얼마나 걸리는가 하는 능률
② 파워(power)라고도 하며 순발력과 같은 개념
③ 역학적 일의 강도에 대한 가장 좋은 지표
④ 일률 = 작용한 힘 × 힘 방향의 속도
⑤ 일률(P) = 힘(F) × 거리(D) / 소요시간(T) = 일(W) / 소요시간(T)
⑥ 일률 = 일 / 시간(시간당 한 일, 단위 시간 동안 수행한 일의 양)

⑦ 일률의 단위는 와트(Watt: W) 또는 J/s(Joule/s), N·m/s
⑧ 1W는 1초 동안 1J의 일을 수행한 것
   예) 어떤 물체에 200N의 힘을 가해 물체를 10초 동안 5m 이동시켰을 때 일률(power)은? (단, 힘의 작용방향과 이동방향은 일치함)
   200N × 5m / 10s = 100Watt

2 에너지

(1) 에너지의 정의 및 단위
① 일을 수행할 수 있는 능력이며, 단위는 Joule

(2) 역학적 에너지 보존법칙
① 역학적 에너지: 운동하는 인체의 총 에너지
② 역학적 에너지 = 운동에너지 + 위치에너지 = $1/2mv^2$ + 9.8mh = 일정

성피티 TIP

외력이 없다면 다이빙선수가 다이빙대에서 수면으로 입수를 시도할 때 위치에너지는 감소하지만 운동에너지는 증가하는 것처럼 에너지 형태의 전환은 일어나지만 두 에너지의 합인 역학적 에너지는 사라지지 않고 동일하게 보존됩니다.

(3) 역학적 에너지의 종류
① 운동에너지: 운동하고 있는 물체가 갖게 되는 에너지로서 물체의 속도뿐만 아니라 질량과도 관계가 있음
   • 운동에너지 = $1/2$ × m(질량)v^2(속도^2)
   예1) 야구에서 투수가 던진 공
   예2) 7m/s로 평지를 달리고 있는 질량 90kg인 럭비선수의 운동에너지 ⇒ $1/2×90kg×7m/s^2=2205J$
   예3) 8m/s로 평지를 달리고 있는 질량 100kg인 럭비선수의 운동에너지 ⇒ $1/2×100kg×8m/s^2=3200J$
② 위치에너지(중력에 의한 위치에너지): 높이에 따라 갖게 되는 에너지로 신체가 수직으로 가장 높이 올라갔을 때 최대가 됨
   • 위치에너지 = 9.8(중력가속도) × m(질량)h(높이) = 중력가속도 × 물체의 질량 × 높이 = 무게 × 높이
   예1) 5m 높이에 서 있는 질량 50kg인 다이빙선수의 위치에너지 ⇒ $9.8m/s^2×50kg×5m=2,450J$
   예2) 4m 높이에 서 있는 질량 60kg인 다이빙선수의 위치에너지 ⇒ $9.8m/s^2×60kg×4m=2,352J$
③ 탄성에너지(탄성에 의한 위치에너지): 스프링과 고무줄처럼 원상태로 되돌아가려고 하는 성질의 에너지
   • 장대높이뛰기는 운동, 탄성, 위치에너지가 모두 작용하는 종목임
   • 플랫폼에서 정지하고 있는 다이빙 선수의 운동에너지는 0이고, 낙하할수록 위치에너지는 감소하고, 운동에너지는 증가하게 됨
   예) 장대높이뛰기에서 장대에 저장되는 에너지

<장대높이뛰기에서 역학적 에너지의 변화 과정>

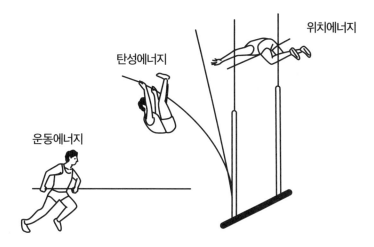

스키점프 동작의 역학적 에너지

- 운동에너지: 지면 착지 직전에 가장 큼
- 위치에너지: 수직 최고점에서 가장 큼
- 역학적 에너지: 스키점프대 이륙 직후부터 지면 착지 직전까지 보존됨

7 다양한 운동기술의 분석

운동역학

- 운동역학의 연구에 사용되는 방법: 동작 분석법, 힘 분석법, 근전도 분석법, 시간 분석법, 지면반력 분석법

1 동작 분석
- 인체의 운동을 분석하는 것
- 계획 – 실험 – 자료처리 – 분석

(1) 영상 분석의 개요
① 영상 분석: 인체의 움직임을 카메라 등의 장비를 통해 기록하고, 시간·위치 정보를 이용하여 기록된 영상으로부터 인체 운동의 정보를 추출해 내는 분석 방법
② 영상 분석 장비로 산출할 수 있는 변인: 가속도, 각도(자세), 속도, **이동거리**

(2) 정성적 분석 방법과 특징
① 운동을 하면서 동작을 비디오 촬영하고 자신이나 다른 사람과의 영상에 대한 비교 분석을 통해 기술에 대한 장단점을 파악하고 목표 설정을 하는 방법
② 장점: 시간과 비용이 적게 들며 손쉽게 활용할 수 있음
③ 단점: 분석자의 역량이나 시각에 따라 주관적으로 판단을 해야 하기 때문에 객관성 확보가 어려움

(3) 정량적 분석 방법과 특징
① 운동 동작을 분석할 때 시각적 관찰이나 주관적 판단을 배제하고 복잡한 계측을 거쳐 수치화시킴으로써 산출된 자료를 통해 피드백을 제공
② 다양한 장비를 활용하여 동작 및 힘 정보를 수치화하고 분석하는 방법
③ 장점: 객관적이고 정확한 정보를 획득할 수 있으며, 주관적인 판단을 배제할 수 있음
④ 단점: 시간과 비용, 노력이 많이 필요하기 때문에 현장에서 즉각적인 피드백이 어려움

(4) 영상 분석에서 사용하는 2차원과 3차원 분석법
① 2차원 영상분석법: 2차원상의 평면 운동을 분석하는 것, 동작이 수행되는 평면에 직교하게 카메라를 설치해야함, 분석대상이 운동평면에서 벗어나면 투시오차가 발생할 수 있음, 기준자는 영상평면에서의 분석대상 크기를 실제 운동 평면에서의 크기로 조정하기 위해 사용됨
② 3차원 영상분석법: 2차원 분석법에서 발생하는 투시 오차를 해결할 수 있음
③ 체조의 비틀기 동작분석에서 3차원 분석법이 2차원 분석법보다 더 적절함
④ 3차원 영상분석은 2대 이상의 카메라를 사용하고 3차원 공간에서 이루어지는 운동을 대상으로 함
⑤ 동작의 정성적 분석 및 정량적 분석이 가능함
⑥ 운동역학(kinetics)적 변인을 직접 측정할 수 없음

성피티 TIP

영상분석을 통해서 얻어진 운동학적 정보를 바탕으로 힘에 대해서 간접적으로 추정을 할 수는 있지만 오차가 생길 수 있기 때문에 가능하면 인체에 작용하는 힘은 압력분포측정기, 힘측정판 등을 이용하여 직접 측정하는 것이 바람직합니다. 스포츠 현장에서는 주로 운동학적 변인을 찾기 위해 영상분석을 실시합니다.

2 힘 분석

(1) 힘 측정 원리
① 힘의 양은 작용 반작용 법칙을 이용한 압력판을 사용하여 측정함

(2) 운동 상황에서 힘을 직접 측정하는 방법
① 마찰력 측정 방법
② 스트레인 게이지(strain gauge) 측정 방법
- 물체에 부착하여 물체가 외력으로부터 변형되는 것을 측정
③ 지면반력 측정 방법
- 지면이 신체에 가하는 반력을 측정한 값
- 뉴턴의 3법칙인 작용 반작용의 법칙을 적용한 지면반력을 이용하여 지면에 가하는 힘을 직접 측정함
- 수직 점프를 할 때, 지면을 강하게 눌러야 높게 올라갈 수 있음
- 지면반력기(force plate)를 통해 얻을 수 있는 변인
  - 전후, 좌우, 상하면에서 지면반력과 압력 중심의 궤적, 회전력 등을 분석할 수 있음
    예) 걷기 동작에서 디딤발에 가해지는 힘의 방향, 외발서기 동작에서 디딤발 압력중심의 이동거리, 서전트 점프 동작에서 발로 지면에 힘을 가한 시간
- 운동 상황에서 측정된 지면반력에 대한 설명
  - 인체가 수평 정지 상태에 있으면 수직 지면반력의 크기는 몸무게와 항상 같음
  - 달릴 때와 걸을 때 최대 수직 지면반력의 크기는 항상 다름
  - 수직점프할 때 반동동작은 수직 지면반력의 크기에 영향을 줌
④ 압력분포측정기
- 수많은 센서를 이용하여 압력이 가해지는 부위의 형태와 크기를 분석하는 장비
- 안정성의 분석, 질병의 진단, 선수용 신발의 개발 등에 이용됨

(3) 지면반력측정의 활용
① 수직 지면반력과 수평 마찰력을 이용하여 운동 동작을 분석하고 용기구를 개발하는 등 피드백을 제공
② 주로 보행, 달리기, 점프 등의 동작에서 신체에 작용하는 힘, 충격력, 추진력 등의 분석에 활용됨
③ 높이뛰기 도약 동작분석 시 지면반력기에 작용한 힘의 크기와 소요시간을 측정할 수 있음

④ 보행 시 지면반력의 예

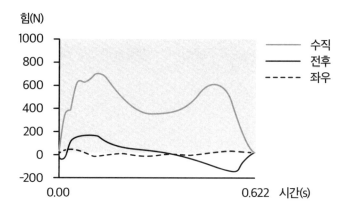

- 지면반력의 수직성분은 두 개의 피크가 나타나고 있음
- 지면에 접지 후 급격히 발생하는 초기의 피크는 하방향으로의 운동으로 인해 신체에 가해지는 최대 충격력이며 지지기 후반에 나타나는 두 번째 피크는 상방향으로의 추진을 위한 최대 추진력으로 해석됨
- 지면반력의 전후성분은 전후방으로의 가속과 감속요인으로 해석되는데 음의 값은 저항력으로, 양의 값은 추진력을 의미함

③ 근전도(ElectroMyoGraphy: EMG) 분석

(1) 근전도의 원리
① 근수축과 관련된 전기적 신호를 측정
② 근전도 검사에 사용되는 전극은 표면전극과 삽입전극으로 구분
③ 근전도 신호의 분석을 통해 근 피로에 대한 정보를 일부 추정할 수 있음
④ 양과 음의 값을 모두 가지고 있음
⑤ 선형 포락선(linear envelope)은 근전도 신호에서 필터링 된 값으로 근육의 활동정도를 알 수 있게 함
⑥ 근전도는 미세한 전류를 증폭시켜서 기록하는 것으로 진폭(amplitude)과 근력과의 관계는 근육의 수축 형태와 상관이 있음
⑦ 신호의 분석을 통해 관절 각도를 측정할 수 없음

(2) 근전도의 측정 방법
① 표면 전극법
- 피부 표면에 전극판을 부착하여 다양한 운동 동작에 대해 비교적 쉽게 측정이 가능하지만 심부 근육의 활성도를 알기 어렵다는 단점이 있음
② 삽입(침) 전극법
- 침의 형태로 된 전선을 직접 근육에 삽입하여 심부 근육에 대한 활성도를 알 수 있지만 다양한 운동 동작에 대한 분석이 어렵다는 단점이 있음

(3) 근전도의 분석과 활용

① 근전도 분석: 근육의 동원순서, 근력의 활성시점, 근육의 활동 정도, 근피로, 즉 운동 시 각각의 근육에 대한 수축 및 활성도 정보를 얻을 수 있는 분석 방법

<분석 변인과 관련된 측정 장비>

측정 장비	분석 변인
근전도분석기	근육의 활성치, 근육의 최대수축지점, 근피로도
지면반력기	전후, 좌우, 상하면에서 지면반력과 압력중심의 위치, 회전력
동작(영상)분석기	관절의 각도, 각속도, 속도, 가속도

1. 뉴턴(I. Newton)의 3가지 법칙과 관련이 <u>없는</u> 것은?

① 외력이 가해지지 않으면, 정지하고 있는 물체는 계속 정지하려 한다.

② 가속도는 물체에 가해진 힘에 비례한다.

③ 수직 점프를 할 때, 지면을 강하게 눌러야 높게 올라갈 수 있다.

④ 외력이 가해지지 않으면, 물체가 가진 각운동량은 변하지 않는다.

2. <보기>에서 힘(force)에 관한 설명으로 옳은 것을 모두 고른 것은?

〈보기〉

> ㄱ. 움직임을 일으키는 원인으로 에너지이다.
> ㄴ. 질량과 가속도의 곱으로 결정된다.
> ㄷ. 단위는 N(Newton)이다.
> ㄹ. 크기를 갖는 스칼라(scalar)이다.

① ㄱ, ㄴ   ② ㄱ, ㄹ

③ ㄴ, ㄷ   ④ ㄷ, ㄹ

3. 쇼트트랙 경기에서 원운동을 할 때 원심력과 구심력에 관한 설명으로 옳은 것은?

① 원심력과 구심력은 크기가 같고, 방향이 반대이다.

② 원심력은 원운동을 하는 선수의 질량과 관계가 없다.

③ 원심력을 극복하는 방법으로 반지름을 작게 하여 원운동을 한다.

④ 신체를 원운동 중심의 방향으로 기울이는 것은 접선속도를 크게 만들기 위함이다.

4. 선운동량 또는 충격량에 관한 설명으로 옳은 것은?

① 선운동량은 질량과 속도를 더하여 결정되는 물리량이다.

② 충격량은 충격력과 충돌이 가해진 시간의 곱으로 결정되는 물리량이다.

③ 시간에 따른 힘 그래프에서 접선의 기울기는 충격량을 의미한다.

④ 충격량이 선운동량으로 전환되기 위해서는 먼저 충격량이 토크로 전환되어야 한다.

5. 운동학적(kinematic) 분석과 운동역학적(kinetic) 분석에 관한 설명으로 옳지 <u>않은</u> 것은?

① 일률, 속도, 힘은 운동역학적 분석요인이다.

② 운동학적 분석은 움직임을 공간적·시간적으로 분석한다.

③ 근전도 분석, 지면반력 분석은 운동역학적 분석방법이다.

④ 신체중심점의 위치변화, 관절각의 변화는 운동학적 분석요인이다.

6. <보기>에서 물리량에 대한 설명으로 옳은 것만 고른 것은?

〈보기〉

> ㄱ. 압력은 단위면적당 가해지는 힘이며 벡터이다.
> ㄴ. 일은 단위시간당 에너지의 변화율이며 벡터이다.
> ㄷ. 마찰력은 두 물체의 마찰로 발생하는 힘이며 스칼라이다.
> ㄹ. 토크는 회전을 일으키는 효과이며 벡터이다.

① ㄱ, ㄴ   ② ㄱ, ㄹ

③ ㄴ, ㄷ   ④ ㄷ, ㄹ

7. <보기>에서 항력과 관련된 설명으로 옳은 것만 고른 것은?

〈보기〉

ㄱ. 육상의 원반 투사 시, 최적의 공격각(attack angle)은 $\frac{\text{항력}}{\text{양력}}$이 최대일 때의 각도이다.

ㄴ. 야구에서 투구 시 공에 회전을 넣어 커브 구질을 만든다.

ㄷ. 파도와 같이 물과 공기의 접촉면에서 형성된 난류에 의하여 발생하기도 한다.

ㄹ. 날아가는 골프공의 단면적(유체의 흐름방향에 수직인 물체의 면적)에 비례한다.

① ㄱ, ㄴ   ② ㄱ, ㄹ
③ ㄴ, ㄷ   ④ ㄷ, ㄹ

8. 2차원 영상분석에서 배율법(multiplier method)에 관한 설명으로 옳지 <u>않은</u> 것은?

① 동작이 수행되는 평면에 직교하게 카메라를 설치한다.

② 분석대상이 운동평면에서 벗어나면 투시오차(perspective error)가 발생할 수 있다.

③ 체조의 공중회전(somersault)과 트위스트(twist)와 같은 운동 동작을 분석하는 데 주로 활용된다.

④ 기준자(reference ruler)는 영상평면에서의 분석대상 크기를 실제 운동 평면에서의 크기로 조정하기 위해 사용된다.

9. <보기>에서 각운동에 관한 설명으로 옳은 것만 고른 것은?

〈보기〉

ㄱ. 각속력은 벡터이고, 각속도(angular velocity)는 스칼라이다.

ㄴ. 각속력(angular speed)은 시간당 각거리(angular distance)이다.

ㄷ. 각가속도(angular acceleration)는 시간당 각속도의 변화량이다.

ㄹ. 각거리는 물체의 처음과 마지막 각위치의 변화량이다.

① ㄱ, ㄴ   ② ㄱ, ㄹ
③ ㄴ, ㄷ   ④ ㄷ, ㄹ

10. <보기>의 ㉠~㉣에 들어갈 내용이 바르게 제시된 것은?

〈보기〉

• (㉠)가 커질수록 부력도 커진다.
• (㉡)가 올라갈수록 부력은 작아진다.
• (㉢)는 수중에서의 자세 변화에 따라 달라진다.
• (㉣)은 물에 잠긴 신체의 부피에 비례하여 수직으로 밀어 올리는 힘이다.

	㉠	㉡	㉢	㉣
①	신체의 밀도	신체의 온도	무게중심의 위치	부력
②	유체의 밀도	신체의 온도	무게중심의 위치	항력
③	신체의 밀도	물의 온도	부력중심의 위치	항력
④	유체의 밀도	물의 온도	부력중심의 위치	부력

9. <보기>와 같이 조건을 (A)에서 (B)로 변경하였을 때, ㉠~㉢에 들어갈 내용으로 바르게 나열한 것은? (단, 각운동량 그리고 줄과 공의 질량은 변화가 없는 것으로 가정)

〈보기〉

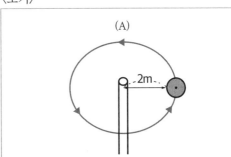

(A)

-.2m.-

• 회전축에서 공의 중심까지 거리: 2m
• 회전속도: 1회전/sec

↓

(B)

회전축에서 공까지의 거리를 1m로 줄이면, 회전반경이 (㉠)로 줄어들고 관성모멘트가 (㉡)로 감소하기 때문에 공의 회전속도는 (㉢)로 증가한다.

	㉠	㉡	㉢
①	$\frac{1}{2}$	$\frac{1}{2}$	2회전/sec
②	$\frac{1}{2}$	$\frac{1}{4}$	2회전/sec
③	$\frac{1}{4}$	$\frac{1}{2}$	4회전/sec
④	$\frac{1}{2}$	$\frac{1}{4}$	4회전/sec

12. 인체에 적용되는 지레(levers)의 원리에 관한 설명으로 옳지 않은 것은?

① 1종 지레에서 축(받침점)은 힘점과 저항점(작용점) 사이에 위치하고 역학적 이점이 1보다 크거나 작을 수 있다.

② 2종 지레는 저항점이 힘점과 축 사이에 위치하고 역학적 이점이 1보다 크다.

③ 3종 지레에서 힘점은 축과 저항점 사이에 위치하고 역학적 이점이 1보다 크다.

④ 지면에서 수직 방향으로 발뒤꿈치를 들고 서는 동작(calf raise)은 2종 지레이다.

13. <그림>의 수직점프(vertical jump) 동작에 관한 운동역학적 특성을 바르게 설명한 것은? (단, 외력과 공기 저항은 작용하지 않는 것으로 가정)

〈그림〉

• 무게중심

(A)	(B)	(C)
무게중심이 가장 낮은 지점	발 앞쪽 끝이 지면에서 떨어지기 직전	무게중심이 가장 높은 지점

① (A)부터 (B)까지 한 일(work)은 위치에너지의 변화량과 같다.

② (A)부터 (B)까지 넙다리네갈레근(대퇴사두근, quadriceps)은 신장성 수축(eccentric contraction)을 한다.

③ (B)부터 (C)까지 무게중심의 수직가속도는 증가한다.

④ (C) 지점에서 인체 무게중심의 수직속도는 0m/sec이다.

14. 회전운동에 관한 설명으로 옳지 않은 것은?

① 회전하는 물체의 접선속도는 각속도와 반지름의 곱으로 구한다.

② 회전하는 물체의 각속도는 호의 길이를 소요시간으로 나누어 구한다.

③ 인체의 관성모멘트(moment of inertia)는 회전축의 방향에 따라 변한다.

④ 토크는 힘의 연장선이 물체의 중심에서 벗어난 지점에 작용할 때 발생한다.

15. 인체의 무게중심에 관한 설명으로 옳지 않은 것은?

① 무게중심은 인체 외부에 위치할 수 있다.

② 무게중심의 위치는 안정성에 영향을 준다.

③ 무게중심은 토크의 합이 '0'인 지점이다.

④ 무게중심의 위치는 동작의 변화와 관계없이 일정하다.

16. 중력가속도의 개념에 관한 설명으로 옳지 않은 것은?

① 중력가속도의 크기는 $9.8m/sec^2$이다.

② 중력가속도는 지구 중심방향으로 작용한다.

③ 인체의 무게는 질량과 중력가속도의 곱으로 산출한다.

④ 토스한 배구공이 상승하는 과정에서는 중력가속도의 영향을 받지 않는다.

17. 인체의 근골격계에 관한 설명으로 옳은 것은?

① 골격근의 수축은 관절에서 회전운동을 일으키지 못한다.

② 인대(ligament)는 골격근을 뼈에 부착시키는 역할을 한다.

③ 작용근(주동근, agonist)은 의도한 운동을 발생시키는 근육이다.

④ 팔꿈치관절에서 굽힘근(굴근, flexor)의 수축은 관절의 각도를 커지게 한다.

18. 기저면의 변화를 통해 안정성을 증가시킨 동작으로 옳지 <u>않은</u> 것은?

① 산에서 내려오며 산악용 스틱을 사용하여 지면을 지지하기

② 씨름에서 상대방이 옆으로 당기자 다리를 좌우로 벌리기

③ 평균대 외발서기 동작에서 양팔을 좌우로 벌리기

④ 스키점프 착지 동작에서 다리를 앞뒤로 교차하여 벌리기

19. 역학적 일(work)과 일률(power)의 개념을 바르게 설명한 것은?

① 일의 단위는 watt 또는 joule/sec이다.

② 일률은 힘과 속도의 곱으로 산출한다.

③ 일률은 이동한 거리를 고려하지 않는다.

④ 일은 가해진 힘의 크기에 반비례한다.

20. 운동역학을 스포츠 현장에 적용한 사례로 적절하지 <u>않은</u> 것은?

① 멀리뛰기에서 도약력 측정을 위한 지면반력 분석

② 다이빙에서 각운동량 산출을 위한 3차원 영상 분석

③ 축구에서 운동량 측정을 위한 웨어러블 센서(wearable sensor)의 활용

④ 경기장 적응을 위해 가상현실을 활용한 양궁 심상훈련 지원

1. 운동역학(sports biomechanics)의 내용으로 적절한 것은?

① 스포츠 현상을 사회학적 연구 이론과 방법으로 설명하는 학문이다.

② 운동에 의한 생리적·기능적 변화를 기술하고 설명하는 학문이다.

③ 스포츠 수행에 영향을 주는 심리적 요인을 설명하는 학문이다.

④ 스포츠 상황에서 인체에 발생하는 힘과 그 효과를 설명하는 학문이다.

2. 근육의 신장(원심)성 수축(eccentric contraction)이 아닌 것은?

① 스쿼트의 다리를 굽히는 동작에서 큰볼기근(대둔근, gluteus maximus)의 수축

② 팔굽혀펴기의 팔을 펴는 동작에서 위팔세갈래근(상완삼두근, triceps brachii)의 수축

③ 턱걸이의 팔을 펴는 동작에서 넓은등근(광배근, latissimus dorsi)의 수축

④ 윗몸일으키기의 뒤로 몸통을 펴는 동작에서 배곧은근(복직근, rectus abdominis)의 수축

3. 단위 시간당 이동한 변위(displacement)를 나타내는 벡터량은?

① 속도(velocity)

② 거리(distance)

③ 가속도(acceleration)

④ 각속도(angular velocity)

4. 지면반력기(force plate)를 통해 얻을 수 있는 변인이 아닌 것은?

① 걷기 동작에서 디딤발에 가해지는 힘의 방향

② 외발서기 동작에서 디딤발 압력중심(center of pressure)의 이동거리

③ 서전트 점프 동작에서 발로 지면에 힘을 가한 시간

④ 달리기 동작의 체공기(non-supporting phase)에서 발에 작용하는 힘의 크기

5. 인체의 시상(전후)면(sagittal plane)에서 수행되는 움직임이 아닌 것은?

① 인체의 수직축(종축)을 중심으로 회전하는 피겨스케이팅 선수의 몸통분절 움직임

② 페달링하는 사이클 선수의 무릎관절 굴곡/신전 움직임

③ 100m 달리기를 하는 육상 선수의 발목관절 저측/배측굴곡 움직임

④ 앞구르기를 하는 체조 선수의 몸통분절 움직임

6. <보기>에서 복합운동(general motion)에 해당하는 것을 모두 고른 것은?

〈보기〉

> ㉠ 커브볼로 던져진 야구공의 움직임
> ㉡ 페달링하면서 직선구간을 질주하는 사이클 선수의 대퇴(넙다리) 분절 움직임
> ㉢ 공중회전하면서 낙하하는 다이빙 선수의 몸통 움직임

① ㉠

② ㉠, ㉢

③ ㉡, ㉢

④ ㉠, ㉡, ㉢

7. 인체 무게중심에 대한 설명으로 옳은 것은? (단, 공기저항은 무시함)

① 무게중심은 항상 신체 내부에 위치한다.

② 체조 선수는 공중회전하는 동안 무게중심을 지나는 축을 중심으로 회전하게 된다.

③ 지면에 선 상태로 팔을 위로 올리면 무게중심은 아래로 이동한다.

④ 서전트 점프 이지(take-off) 후, 공중에서 팔을 위로 올리면 무게중심은 위로 이동한다.

8. 농구 자유투에서 투사된 농구공의 운동에 대한 설명으로 옳은 것은? (단, 공기저항은 무시함)
   ① 농구공 질량중심의 수직속도는 일정하다.
   ② 최고점에서 농구공 질량중심의 수평속도는 0m/s가 된다.
   ③ 최고점에서 농구공 질량중심은 수평방향으로 등속도 운동을 한다.
   ④ 최고점에서 농구공 질량중심은 수직방향으로 등속도 운동을 한다.

9. <그림>과 같이 공이 지면(수평 고정면)에 충돌하는 상황에 관한 설명으로 옳은 것은? (단, 공의 충돌 전 수평속도 및 수직속도는 같음)
   〈그림〉

   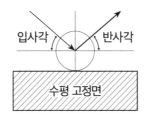

   ① 충돌 후, 무회전에 비해 백스핀된 공의 수평속도가 크다.
   ② 충돌 후, 무회전에 비해 톱스핀된 공의 수직속도가 크다.
   ③ 충돌 후, 무회전에 비해 톱스핀된 공의 반사각이 크다.
   ④ 충돌 후, 무회전된 공과 백스핀된 공의 리바운드 높이는 같다.

10. <그림>에서 달리기 선수의 질량은 60kg이며 오른발 착지 시 무게중심의 수평속도는 2m/s이다. A와 B의 면적이 각각 80N·s와 20N·s일 때, 오른발 이지(take-off) 순간 무게중심의 수평속도는?
    〈그림〉

    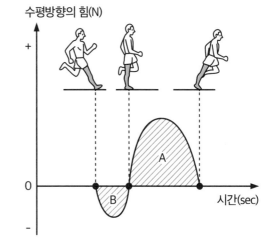

    ① 3m/s ② 4m/s ③ 5m/s ④ 6m/s

11. <보기>의 ㉠, ㉡에 들어갈 용어가 바르게 연결한 것은?
    〈보기〉

    > 농구선수는 양손 체스트패스 캐치 동작에서 공을 몸쪽으로 당겨 받는다. 그 과정에서 공을 받는 (㉠)은 늘리고 (㉡)은 줄일 수 있다.

	㉠	㉡
①	시간	충격력(impact force)
②	충격력(impact force)	시간
③	충격량(impulse)	시간
④	충격력(impact force)	충격량(impulse)

12. 역학적 일(work)을 하지 않은 것은?
    ① 역도 선수가 바닥에 있던 100kg의 바벨을 1m 높이로 들어 올렸다.
    ② 레슬링 선수가 상대방을 굴려서 1m 옆으로 이동시켰다.
    ③ 체조 선수가 철봉에 매달려 10초 동안 정지해 있었다.
    ④ 육상 선수가 달려서 100m를 이동했다.

13. 마그누스 효과(Magnus effect)에 관한 내용이 <u>아닌</u> 것은?

① 레인에서 회전하는 볼링공의 경로가 휘어지는 현상

② 커브볼로 투구된 야구공의 경로가 휘어지는 현상

③ 사이드스핀이 가해진 탁구공의 경로가 휘어지는 현상

④ 회전(탑스핀)이 걸린 테니스공이 아래로 빠르게 떨어지는 현상

14. 스키점프 동작의 역학적 에너지에 대한 설명으로 옳지 <u>않은</u> 것은? (단, 공기저항은 무시함)

① 운동에너지는 지면 착지 직전에 가장 크다.

② 위치에너지는 수직 최고점에서 가장 크다.

③ 운동에너지는 스키점프대 이륙 직후부터 지면 착지 직전까지 동일하다.

④ 역학적 에너지는 스키점프대 이륙 직후부터 지면 착지 직전까지 보존된다.

15. <보기>의 그림에 제시된 덤벨 컬(dumbbell curl) 운동에서 팔꿈치관절 각도(θ)와 팔꿈치관절에 발생되는 회전력(torque)의 관계를 옳게 나타낸 그래프는? (단, 덤벨 컬 운동은 등각속도 운동임)

〈그림〉

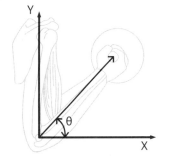

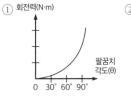

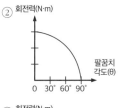

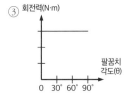

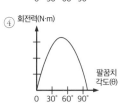

16. 인체 지레에 대한 설명 중 옳은 것은?

① 지레에서 저항팔이 힘팔보다 긴 경우에는 힘에 있어서 이득이 있다.

② 1종지레는 저항점이 받침점과 힘점 사이에 있는 형태로, 팔 굽혀펴기 동작이 이에 속한다.

③ 2종지레는 받침점이 힘점과 저항점 사이에 있는 형태로, 힘에 있어서 이득이 있다.

④ 3종지레는 힘점이 받침점과 저항점 사이에 있는 형태로, 운동의 범위와 속도에 있어서 이득이 있다.

17. <보기>의 ㉠~㉣에 들어갈 내용을 바르게 연결한 것은?

〈보기〉

> 다이빙 선수의 공중회전 동작에서는 다이빙 플랫폼 이지(take-off) 직후에 다리와 팔을 회전축 가까이 위치시켜 관성모멘트를 (㉠)시킴으로써 각속도를 (㉡)시켜야 한다. 입수 동작에서는 팔과 다리를 최대한 펴서 관성모멘트를 (㉢)시킴으로써 각속도를 (㉣)시켜야 한다.

	㉠	㉡	㉢	㉣
①	증가	감소	증가	감소
②	감소	증가	증가	감소
③	감소	감소	증가	증가
④	증가	증가	감소	감소

18. 30m/s의 수평투사속도로 야구공을 던질 때, 야구공의 체공시간이 2초라면 투사거리는? (단, 공기저항은 무시함)

① 15m ② 30m ③ 60m ④ 90m

19. 일률(power)의 단위가 <u>아닌</u> 것은?

① N·m/s ② kg·m/s² ③ Joule/s ④ Watt

20. <보기>의 ㉠~㉢에 들어갈 내용을 바르게 연결한 것은?

〈보기〉

> 신체의 정적 안정성을 높이기 위해서는 기저면(base of support)을 (㉠), 무게중심을 (㉡), 수직 무게중심선을 기저면의 중앙과 (㉢) 위치시키는 것이 효과적이다.

	㉠	㉡	㉢
①	좁히고	높이고	가깝게
②	좁히고	높이고	멀게
③	넓히고	낮추고	가깝게
④	넓히고	낮추고	멀게

1. 운동역학(Sports Biomechanics) 연구의 목적과 내용이 아닌 것은?

① 동작분석
② 운동장비 개발
③ 부상 기전 규명
④ 운동 유전자 검사

2. 인체의 움직임을 표현하는 용어로 옳지 않은 것은?

① 굽힘(굴곡, flexion)은 관절을 형성하는 뼈들이 이루는 각이 작아지는 움직임이다.
② 폄(신전, extension)은 관절을 형성하는 뼈들이 이루는 각이 커지는 움직임이다.
③ 벌림(외전, abduction)은 뼈의 세로축이 신체의 중심선으로 가까워지는 움직임이다.
④ 발등굽힘(배측굴곡, dorsi flexion)은 발등이 정강이뼈(경골, tibia) 앞쪽으로 향하는 움직임이다.

3. 인체의 무게중심에 관한 설명으로 옳지 않은 것은?

① 무게중심의 높이는 안정성에 영향을 준다.
② 무게중심은 인체를 벗어나 위치할 수 없다.
③ 무게중심은 토크(torque)의 합이 '0'인 지점이다.
④ 무게중심의 위치는 자세의 변화에 따라 달라진다.

4. <그림>에서 인체 지레의 구성으로 바르게 묶인 것은?

〈그림〉

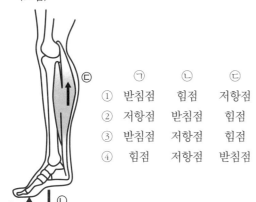

	㉠	㉡	㉢
①	받침점	힘점	저항점
②	저항점	받침점	힘점
③	받침점	저항점	힘점
④	힘점	저항점	받침점

5. 운동학적(kinematic) 및 운동역학적(kinetic) 변인에 대한 설명으로 옳지 않은 것은?

① 질량(mass)은 크기만을 갖는 물리량이다.
② 시간(time)은 크기만을 갖는 물리량이다.
③ 힘(force)은 크기만을 갖는 물리량이다.
④ 거리(distance)는 시작점에서 끝점까지 이동한 궤적의 총합으로 크기만을 갖는 물리량이다.

6. 각운동에 대한 설명으로 옳지 않은 것은?

① 각속도(angular velocity)는 각변위를 소요시간으로 나눈 값이다.
② 각가속도(angular acceleration)는 각속도의 변화를 소요시간으로 나눈 값이다.
③ 1라디안(radian)은 원(circle)에서 반지름과 호의 길이가 같을 때의 각으로 57.3°이다.
④ 시계 방향으로 회전된 각변위(angular displacement)는 양(+)의 값으로 나타내고, 반시계 방향으로 회전된 각변위는 음(-)의 값으로 나타낸다.

7. 투사체 운동에 대한 설명으로 옳은 것은? (단, 공기저항은 고려하지 않음)

① 투사체에 작용하는 외력은 존재하지 않는다.
② 투사체의 수평속도는 초기속도의 수평성분과 크기가 같다.
③ 투사체의 수직속도는 9.8 m/s로 일정하다.
④ 투사높이와 착지높이가 같을 경우, 38.5°의 투사각도로 던질 때 최대의 수평거리를 얻을 수 있다.

8. 골프 스윙 동작에서 임팩트 시 클럽헤드의 선속도를 증가시키는 방법으로 옳지 않은 것은?

① 스윙 탑에서부터 어깨관절을 축으로 회전반지름을 최대한 크게 해서 빠른 몸통회전을 유도한다.

② 임팩트 전까지 손목 코킹(cocking)을 최대한 유지하여 빠른 몸통회전을 유도한다.

③ 임팩트 시점에는 팔꿈치를 펴서 회전반지름을 증가시킨다.

④ 임팩트 시점에는 언코킹(uncocking)을 통해 회전반지름을 증가시킨다.

9. 힘(force)의 개념에 대한 설명으로 옳지 않은 것은?

① 힘의 단위는 N(Newton)이다.

② 힘은 합성과 분해가 가능하다.

③ 힘이 작용한 반대 방향으로 가속도가 발생한다.

④ 힘의 크기가 증가하면 그 힘을 받는 물체의 가속도가 증가한다.

10. 압력과 충격량에 관한 설명 중 옳지 않은 것은?

① 유도에서 낙법은 신체가 지면에 닿는 면적을 넓혀 압력을 증가시키는 기술이다.

② 권투에서 상대방의 주먹을 비켜 맞도록 동작을 취하여 신체가 받는 압력을 감소시킨다.

③ 높은 곳에서 뛰어내릴 때 무릎관절 굽힘을 통해 충격 받는 시간을 늘리면 신체에 가해지는 충격력의 크기는 감소된다.

④ 골프 클럽헤드와 볼의 접촉구간에서 충격력을 유지하면서 접촉시간을 증가시키면 충격량은 증가하게 된다.

11. 마찰력(F_r)에 대한 설명으로 옳은 것은?

① 아스팔트 도로에서 마찰계수는 구름 운동보다 미끄럼 운동일 때 더 작다.

② 마찰력은 물체 표면에 수직으로 작용하는 힘과 관계가 있다.

③ 최대정지마찰력은 운동마찰력보다 작다.

④ 마찰력은 물체의 이동 방향과 같은 방향으로 작용한다.

12. 양력에 대한 설명으로 옳지 않은 것은?

① 양력은 물체가 이동하는 방향의 반대 방향으로 작용한다.

② 양력은 베르누이 원리(Bernoulli principle)로 설명된다.

③ 양력은 형태의 비대칭성, 회전(spin) 등에 의해 발생한다.

④ 양력은 물체의 중심선과 진행하는 방향이 이루는 공격각(angle of attack)에 의해 발생한다.

13. 충돌에 관한 설명으로 옳지 않은 것은?

① 탄성(elasticity)은 충돌하는 물체의 재질, 온도, 충돌 강도 등에 따라 그 정도가 달라진다.

② 탄성은 어떠한 물체에 힘이 가해졌을 때, 그 물체가 변형되었다가 원래 상태로 되돌아가려는 성질을 말한다.

③ 복원계수(반발계수, coefficient of restitution)는 단위가 없고 0에서 1 사이의 값을 갖는다.

④ 농구공을 1m 높이에서 떨어뜨려 지면으로부터 64cm 높이까지 튀어 올랐을 때의 복원계수는 0.64이다.

14. 다이빙 공중회전 동작을 수행할 때 신체 좌우축(mediolateral axis)을 기준으로 회전속도를 가장 크게 만드는 동작으로 적절한 것은?(단, 해부학적 자세를 기준으로)

① 두 팔을 머리 위로 올리고, 머리를 뒤로 최대한 젖힌다.

② 신체를 최대한 좌우축에 가깝게 모으는 자세를 취한다.

③ 상체와 두 다리를 최대한 폄 시킨다.

④ 두 팔을 머리 위로 올리고, 두 다리는 최대한 곧게 뻗는 자세를 취한다.

15. 일률(파워, power)에 대한 설명으로 옳은 것은?

① 단위는 J(Joule)이다.

② 힘과 속도의 곱으로 구한다.

③ 이동거리는 고려하지 않는다.

④ 소요시간을 길게 하면 증가한다.

16. <그림>의 장대높이뛰기에서 역학적 에너지의 변화 과정을 순서대로 나열한 것은?

〈그림〉

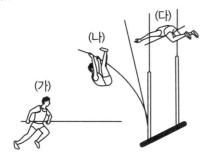

	(가)		(나)		(다)
①	탄성에너지	→	운동에너지	→	위치에너지
②	탄성에너지	→	위치에너지	→	운동에너지
③	위치에너지	→	운동에너지	→	탄성에너지
④	운동에너지	→	탄성에너지	→	위치에너지

17. <보기>의 ㉠, ㉡ 안에 들어갈 내용이 바르게 묶인 것은?

〈보기〉

(㉠)은 다양한 장비를 활용하여 동작 및 힘 정보를 수치화하고 분석하는 방법이다. (㉡)을 통해 객관적이고 정확한 정보를 획득할 수 있으며, 주관적인 판단을 배제할 수 있다.

	㉠	㉡
①	정성적 분석	정량적 분석
②	정량적 분석	정성적 분석
③	정성적 분석	정성적 분석
④	정량적 분석	정량적 분석

18. 달리기 출발구간 분석에서 <표>의 ㉠, ㉡, ㉢에 들어갈 측정장비가 바르게 나열된 것은?

측정장비	분석 변인
㉠	넙다리곧은근(대퇴직근, rectus femoris)의 활성도
㉡	압력중심의 위치
㉢	무릎 관절 각속도

	㉠	㉡	㉢
①	동작분석기	GPS 시스템	지면반력기
②	동작분석기	지면반력기	지면반력기
③	근전도분석기	GPS 시스템	동작분석기
④	근전도분석기	지면반력기	동작분석기

19. 지면반력의 측정과 활용에 관한 설명으로 옳은 것은?

① 지면반력기는 수직 방향으로 작용하는 힘만 측정할 수 있다.

② 지면반력기에서 산출된 힘은 인체의 근력으로 지면에 가하는 작용력이다.

③ 높이뛰기 도약 동작분석 시 지면반력기에 작용한 힘의 소요시간을 측정할 수 있다.

④ 보행 분석에서 발이 지면에 착지하면서 앞으로 미는 힘은 추진력, 발 앞꿈치가 지면으로부터 떨어지기 전에 뒤로 미는 힘은 제동력을 의미한다.

20. <그림>과 같이 팔꿈치 관절을 축으로 쇠공을 들고 정적(static) 동작을 유지하기 위해서 위팔두갈래근(상완이두근, biceps brachii)이 발생시켜야 할 힘(F_B)의 크기는?

〈조건〉

• 손, 아래팔(전완), 쇠공을 합한 무게는 50N이다.

• 팔꿈치 관절점(E_J)에서 위팔두갈래근의 부착점까지의 거리는 2cm이다.

• 팔꿈치 관절점에서 손, 아래팔, 쇠공을 합한 무게중심(C_G)까지의 거리는 20cm이다.

• 위팔두갈래근은 아래팔에 90°로 부착되었다고 가정한다.

〈그림〉

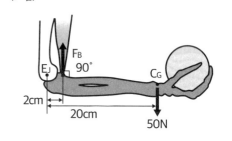

① 100 N   ② 400 N

③ 500 N   ④ 1,000 N

2024년 생활·전문 스포츠지도사2급 운동역학

1. 모두정답 2. ③ 3. ① 4. ② 5. ① 6. ② 7. ④
8. ③ 9. ③ 10. ④ 11. ④ 12. ③ 13. ④ 14. ②, ③
15. ④ 16. ④ 17. ③ 18. ③ 19. ② 20. ④

1. ①, ②, ③은 뉴턴의 선운동 법칙에 해당하고, ④는 뉴턴의 각운동량 보존법칙에 해당한다. 모두 뉴턴의 운동법칙에 포함되기 때문에 문제 출제오류로 모두 정답 처리되었다.

2. 힘에 관한 설명으로 옳은 것은 ㄴ, ㄷ이다. ㄱ. 힘은 움직임을 일으키는 원인이며, 내력과 외력으로 구분 가능하다. ㄹ. 힘은 크기, 방향, 작용점을 갖는 벡터이다.

3. 구심력은 물체가 원운동을 할 때 중심으로 쏠리는 힘을 말하며, 원심력은 물체가 원운동을 할 때 회전중심에서 멀어지려는 힘을 말한다. ② 원심력은 질량(m)×속도의 제곱(v^2)/회전반경(r)이다. 따라서 원운동을 하는 선수의 질량이 무거울수록 원심력은 커지기 때문에 원심력은 선수의 질량과 관계가 있다. ③ 원심력을 극복하는 방법으로 반지름을 크게 하여 원운동을 한다. ④ 신체를 원운동 중심의 방향으로 기울이는 것은 원심력에 대항할 수 있는 구심력을 만들기 위함이다.

4. ① 선운동량은 질량과 속도를 곱하여 결정되는 벡터량이다. ③ 시간에 따른 힘 그래프에서 접선의 기울기는 순간속도, 힘의 증가율 또는 감소율(힘의 변화율)을 의미한다. 시간에 따른 힘 그래프에서 그래프의 넓이는 충격량이다. ④ 충격량이 선운동량이 아닌 각운동량으로 전환되기 위해서는 먼저 충격량이 토크로 전환되어야 한다. 하지만 충격량을 선운동량으로 전환하기 위해서는 토크로 전환될 필요는 없다.

5. 운동학적 분석은 공간이나 시간을 고려하여 운동의 변위, 속도, 가속도, 무게중심, 관절각 등의 움직임을 기술한다. 운동역학적 분석은 운동의 원인이 되는 외력, 내력, 중력, 지면반력, 마찰력, 양력 등 주로 힘의 작용을 연구한다.

6. ㄴ. 일은 물체에 작용된 힘과 힘의 방향으로 이동된 거리의 곱이고 벡터이다. ㄷ. 마찰력은 두 물체의 마찰로 발생하는 힘이며 벡터이다.

7. ㄱ. 원반의 진행방향에 정면으로부터 받게 되는 힘이 항력이며, 수직 상방으로 떠오르게 하는 힘이 양력이다. 공격각은 유체에 대한 물체의 각도를 의미한다. 유체에서 물체의 각도에 따라 항력과 양력은 변화한다. 즉 항력과 양력의 정도에 따라 물체의 움직임에 영향을 끼친다. 항력/양력과 양력/항력은 양력에 대한 효율지수를 의미한다. 양력효율지수가 낮은 것이 최적의 공격각이라고 볼 수 있다. ㄴ. 야구에서 투구 시 공에 회전을 넣어 커브 구질을 만드는 원리는 항력이 아닌 양력을 이용한 마그누스 효과이다.

8. ③ 체조의 공중회전과 트위스트와 같은 운동 동작의 분석은 투시오차를 줄이기 위해 3차원 분석법에서 주로 활용된다.

9. ㄱ. 각속력은 스칼라이고, 각속도는 벡터이다. ㄹ. 각거리는 물체가 한 지점에서 다른 지점으로 이동하였을 때 물체가 이동한 경로가 만드는 총 각도의 크기이다.

10. 유체의 밀도가 커질수록 부력도 커진다. 물의 온도가 올라갈수록 부력은 작아진다. 부력중심의 위치는 수중에서의 자세 변화에 따라 달라진다. 부력은 물에 잠긴 신체의 부피에 비례하여 수직으로 밀어 올리는 힘이다.

11. 회전축에서 공까지의 거리를 1m로 줄이면, 회전반경이 1/2로 줄어든다. 관성모멘트는 질량×회전반경²이므로 질량을 1Kg으로 가정 후 계산하면 $1Kg \times 1m^2$은 1이 되어 1/4이다. 즉 회전반경이 반으로 감소하면 관성모멘트가 1/4로 감소하기 때문에 공의 회전속도는 4회전/sec로 증가한다.

12. ③ 3종 지레에서 힘점은 축과 저항점 사이에 위치한다. 축을 기준으로 저항점 위치가 힘점의 위치보다 항상 더 멀기 때문에 역학적 이점은 없으며 항상 1보다 작게 나타난다.

13. ① (A)부터 (B)까지 한 일(work)은 높이의 위치 변화가 생겼기 때문에 위치에너지의 변화량은 같

지 않다. ② (A)부터 (B)까지 넙다리네갈래근은 단축성 수축을 한다. ③ (B)부터 (C)까지 무게중심의 수직가속도는 중력가속도에 의해 점점 감소한다.

14. ② 회전하는 물체의 각속도는 각변위/소요시간으로 구할 수 있다. ③ 인체의 관성모멘트는 회전축의 질량분포도에 따라 변한다.

15. ④ 무게중심의 위치는 정적인 자세에서는 일정하지만 움직이고 있을 때는 그 위치가 계속적으로 변하게 된다.

16. ④ 토스한 배구공이 상승하는 과정에서도 중력가속도의 영향을 받기 때문에 결국 아래로 떨어지게 된다.

17. ① 골격근의 수축은 관절에서 회전운동을 한다. ② 인대는 뼈와 뼈를 연결시키는 역할을 하고, 힘줄은 골격근을 뼈에 부착시키는 역할을 한다. ④ 팔꿈치관절에서 굽힘근의 수축은 관절의 각도를 작게 한다.

18. ③ 기저면의 변화를 통해 안정성을 증가시키기 위해서는 무게중심점을 낮게 위치할 수 있도록 자세를 낮추거나 무게 중심이 기저면의 안쪽에 위치하게 해야 한다. "양팔을 좌우로 벌리기"는 기저면의 변화와는 관계가 없다.

19. ① 일의 단위는 힘의 단위 N과 거리의 단위 m를 곱한 뉴턴미터(Nm) 또는 줄(joule: J)이다. ③ 일률은 단위시간(1초)동안 한 일의 양을 의미하며, 힘×거리/소요시간으로 힘 방향으로 이동한 거리를 고려한 후 소요시간으로 나누어 계산한다. ④ 일은 물체에 힘이 작용하는 동안 물체에 작용된 힘으로 일은 힘과 거리의 곱으로 계산할 수 있다. 고로 가해진 힘의 크기에 비례한다.

20. 운동역학은 스포츠와 관련된 인간의 움직임을 전문적으로 다루는 분야로 주로 힘에 대한 분석을 한다. 분석방법으로는 영상 분석법, 힘 분석법, 근전도 분석법 등이 있다. ④ 경기장 적응을 위해 가상현실을 활용한 양궁 심상훈련 지원은 스포츠심리학에 더 가깝다.

2023년 생활·전문 스포츠지도사2급 운동역학

1. ④ 2. ② 3. ① 4. ④ 5. ① 6. ④ 7. ② 8. ③
9. ④ 10. ① 11. ① 12. ③ 13. ① 14. ③ 15. ②
16. ④ 17. ② 18. ③ 19. ② 20. ③

1. ① 스포츠 현상을 사회학적 연구 이론과 방법으로 설명하는 학문은 스포츠사회학이다. ② 운동에 의한 생리적·기능적 변화를 기술하고 설명하는 학문은 운동생리학이다. ③ 스포츠 수행에 영향을 주는 심리적 요인을 설명하는 학문은 스포츠심리학이다.

2. ② 팔굽혀펴기의 팔을 펴는 동작이 아닌 굽히는 동작이 위팔세갈래근(상완삼두근)의 신장성수축이다.

3. ① 단위 시간당 이동한 변위를 나타내는 벡터량은 속도이다. ② 거리는 물체가 실제로 이동한 경로이고 스칼라량이다. ③ 가속도는 단위 시간당 변화한 속도이고 벡터량이다. ④ 각속도는 회전하는 물체의 단위시간당 각위치의 변화이고 벡터량이다.

4. ④ 지면반력은 지면이 신체에 가하는 반발력을 측정한 값이기 때문에 발이 지면에 닿지 않은 상태에서는 측정할 수 없다.

5. ① 인체의 수직축(종축)을 중심으로 회전하는 피겨스케이팅 선수의 몸통분절 움직임은 횡단(수평)면에서 수행되는 움직임이다.

6. 복합운동은 선(병진)운동과 각(회전)운동이 결합되어 나타나는 운동으로 〈보기〉는 모두 복합운동에 해당한다.

7. ① 인체 무게중심의 위치는 자세에 따라 변하게 되며 신체 내부에만 위치하는 것이 아니라 외부에 위치하는 경우도 있다. ③ 지면에 선 상태로 팔을 위로 올리면 무게중심은 위로 이동한다. ④ 서전트 점프 후, 공중에서 팔을 위로 올린다고 무게중심이 바뀌지는 않는다.

8. ③ 투사체는 수평성분과 수직성분에 의해 움직임이 결정된다. 수평성분은 투사시에 생성된 초기속도로 등속도 운동을 하고 수직성분은 투사체에 작용하는 중력의 영향으로 등가속도 운동을 한다. ① 농구공 질량중심의 수직속도는 일정하지

않으며, 중력가속도의 영향으로 등가속도 운동을 한다. ② 최고점에서 농구공 질량중심의 수평속도는 투사된 직후부터 착지 직전까지 등속도운동을 한다. ④ 최고점에서 농구공 질량중심은 수직방향으로 등가속도 운동을 한다.

9. ④ 공의 회전형태는 탄성계수에 영향을 끼치지 않기 때문에 공의 리바운드 높이는 같다. ① 충돌 후, 무회전에 비해 백스핀된 공의 수평속도는 감소한다. ②, ③ 충돌 후, 무회전에 비해 톱스핀된 공의 수평속도가 크기 때문에 반사각이 작고 공이 멀리 나간다.

10. 충격량=힘×시간, 운동량=질량×속도, 60kg×2m/s=120kg·m/s
충격량은 운동량의 변화량이다. 그림에서 이지 순간의 충격량은 충돌 후 운동량-충돌 전 운동량으로 80N·s(A면적)-20N·s(B면적)=60N·s
운동량=120kg·m/s+60N·s=180kg·m/s, 수평속도=180kg·m/s÷60kg(질량)=3m/s

11. ① 농구선수는 양손 체스트패스 캐치 동작에서 공을 몸쪽으로 당겨 받는다. 그 과정에서 공을 받는 시간은 늘리고 충격력은 줄일 수 있다.

12. ③ 힘의 방향으로 변위가 발생하지 않았기 때문에 0N·m(J)이며, 역학적 일을 수행했다고 할 수 있으려면 힘의 방향으로 위치가 변해야 한다.

13. ① 레인에서 회전하는 볼링공의 경로가 휘어지는 현상은 유체의 속도와 압력의 차이가 아닌 지면 위의 공에 스핀이 작용한 것이다.

14. ③ 운동에너지는 스키점프대 이륙 직후부터 지면 착지 직전까지 점점 증가하다가 지면 착지 직전에 가장 크다.

15. ② 덤벨 컬 운동에서 팔꿈치관절 각도가 90도일 때 가장 큰 회전력이 발생된다.

16. ① 지레에서 저항팔이 힘팔보다 긴 경우에는 힘에 있어서 이득이 없다. ② 1종지레는 받침점이 저항점과 힘점 사이에 있는 형태로, 머리를 앞뒤로 움직이는 동작이 이에 속한다. ③ 2종지레는 저항점이 힘점과 받침점 사이에 있는 형태로, 힘에 있어서 이득이 있다.

17. ② 다이빙 선수의 공중회전 동작에서는 다이빙 플랫폼 이지 직후에 다리와 팔을 회전축 가까이 위치시켜 관성모멘트를 감소시킴으로써 각속도를

증가시켜야 한다. 입수 동작에서는 팔과 다리를 최대한 펴서 관성모멘트를 증가시킴으로써 각속도를 감소시켜야 한다.

18. 투사거리=수평투사속도×체공 시간, 30m/s×2초=60m

19. ② kg·m/s² 은 힘의 단위이다.

20. 신체의 정적 안정성을 높이기 위해서는 기저면을 넓히고, 무게중심을 낮추고, 수직 무게중심선을 기저면의 중앙과 가깝게 위치시키는 것이 효과적이다.

2022년 생활·전문 스포츠지도사2급 운동역학

1. ④ 2. ③ 3. ② 4. ③ 5. ③ 6. ④ 7. ② 8. ①
9. ③ 10. ① 11. ② 12. ① 13. ④ 14. ② 15. ②
16. ④ 17. ④ 18. ④ 19. ③ 20. ③

1. 운동 유전자 검사는 운동생리학의 연구 목적에 더 가깝다.

2. 벌림(외전, abduction)은 뼈의 세로축이 신체의 중심선으로부터 멀어지는 움직임이다.

3. 무게중심은 인체를 벗어나 위치할 수 있다.

4. 〈그림〉은 2종 지레에서 인체 지레의 구성이다. ㉠은 받침점, ㉡은 저항점, ㉢은 힘점에 해당한다.

5. 힘(force)은 크기, 방향, 작용점을 갖는 벡터량이다.

6. 각운동에서 각변위의 반시계 방향은 양(+)의 방향, 시계 방향은 음(-)의 방향을 나타낸다.

7. ① 투사체에는 중력이 작용되고 있다. ③ 투사체의 수직속도는 일정하지 않고 수직으로 작용하는 중력가속도가 9.8m/s² 으로 일정하다. ④ 투사높이와 착지높이가 같을 경우, 45°의 투사각도로 던질 때 최대의 수평거리를 얻을 수 있다.

8. 스윙 탑에서부터 어깨관절을 축으로 회전반지름을 최대한 크게 하면 빠른 몸통회전을 유도할 수 없기 때문에 선속도를 증가시킬 수 없다.

9. 힘이 작용한 방향으로 가속도가 발생한다.(뉴턴의 제2법칙 가속도의 법칙)

10. 유도에서 낙법은 신체가 지면에 닿는 면적을 넓혀 압력을 분산시키는 기술이다.

11. ① 아스팔트 도로에서 마찰계수는 구름 운동보

다 미끄럼 운동일 때 더 크다. ③ 최대정지마찰력
은 운동마찰력보다 크다. ④ 마찰력은 물체의 이
동 방향과 반대 방향으로 작용된다.

12. 양력은 물체가 이동하는 방향의 반대 방향으로
항력이 발생할 때 항력에 대해 수직 방향으로 작
용한다.

13. 복원계수는 충돌하는 물체 또는 운동도구의 충
돌 전, 후 상대속도의 비율이다.
복원계수=충돌 후 상대속도/충돌 전 상대속도

14. 다이빙 공중회전 동작을 수행할 때 회전속도를
가장 크게 만드는 동작은 모멘트암을 줄여서 신체
를 최대한 가깝게 모으는 자세를 취하는 것이다.

15. 일률(파워, power)은 일의 빠르기를 나타내는
물리량으로 같은 양의 일을 하는 데 시간이 얼마
나 걸리는가 하는 능률이다. ① 일률의 단위는 와
트(Watt: W) 또는 J/s(Joule/s), N·m/s이다. ③ '일
률=힘×이동거리/시간'으로 이동거리를 고려한다.
④ 소요시간을 길게 하면 일률은 감소한다.

16. (가)는 운동에너지, (나)는 탄성에너지, (다)는 위
치에너지이다.

17. 정량적 분석은 다양한 장비를 활용하여 동작 및
힘 정보를 수치화하고 분석하는 방법이다. 정량적
분석을 통해 객관적이고 정확한 정보를 획득할 수
있으며, 주관적인 판단을 배제할 수 있다.

18. ㉠은 근전도분석기, ㉡은 지면반력기, ㉢은 동작
(영상)분석기이다.

19. ① 지면반력기는 전후, 좌우, 상하면에서 지면반
력과 압력 중심의 궤적, 회전력 등을 분석할 수 있
다. ② 지면반력기에서 산출된 힘은 뉴턴의 제3법
칙인 작용 반작용의 법칙을 적용한 지면반력을 이
용하여 신체가 지면에 가하는 힘을 직접 측정한
값 또는 지면이 신체에 가하는 반력을 측정한 값
이다. ④ 보행 분석에서 발이 지면에 착지하면서
앞으로 미는 힘은 충격력(제동력), 발 앞꿈치가 지
면으로부터 떨어지기 전에 뒤로 미는 힘은 추진력
을 의미한다.

20. 정적인 동작을 유지하기 위해서는 모든 토크의
합이 0이 되어야 한다.
0=(50N×0.2m)−(FB×0.02m)
힘(FB)=10N/0.02m=500N

CHAPTER 03

한국체육사

1 체육사 연구 분야

(1) 체육사의 정의
① 체육과 스포츠를 역사적 방법으로 연구하는 학문
② 과거에 체육사적 사실이 어떻게 행해졌는지 확인하고, 그 당시 사상과의 관계를 확인하고, 정치·경제·문화·교육·예술·군사·지리적 환경들과 어떠한 관계가 있는지를 밝혀 현재와 미래를 현명하게 통찰하는 데 그 의의를 가지는 분야
③ 체육 인문학의 한 분야, 체육학의 하위 영역

(2) 역사의 의미
① 사실로서의 역사
   - 과거 사실을 객관적으로 복원하는 랑케의 실증주의
   - 객관적 사실, 과거에 있었던 사실을 있는 그대로의 상태로 밝히는 것
   - 시간적으로 현재에 이르기까지 일어났던 모든 과거 사건, 수많은 과거 사건들의 집합체
② 기록으로서의 역사
   - 역사가의 주관에 따라 역사를 재구성하는 카의 상대주의
   - 역사는 과거와 현재의 끊임없는 대화
   - 과거의 사실을 토대로 역사가가 역사가의 가치관에 따라 이를 조사하고 연구하여 주관적으로 재구성한 것
   - 조사되어 기록된 과거, 사관(史觀), 이 과정에서 필연적으로 역사가의 가치관과 같은 주관적 요소 개입
   - 기록된 자료 또는 역사서와 같은 의미

> 사관(史觀)
> - 체육 역사에 대한 견해, 해석, 관념, 사상 등을 의미
> - 체육 역사가의 관점으로 다양한 과거의 역사적 사실을 해석함
> - 유물사관, 관념사관, 진보사관, 순환사관 등이 있음

(3) 체육사 연구 영역
① 통사적·세계사적 연구 영역: 시대를 한정하지 아니하고 전 시대와 전 지역에 걸쳐 역사적 줄거리를 서술
② 시대적·지역적 연구 영역: 시대 및 지역적 특성을 중심으로 서술
③ 개별적·특수적 연구 영역: 개별적인 특수성을 중심으로 서술

(4) 체육사 연구에서의 사료(史料)
① 물적 사료

- 유물, 유적 등 현존하는 모든 상태의 물질적 유산
- 기구, 도구, 예술품, 생활용품 등의 유물과 건물, 성곽, 거주지 등의 유적, 경기 장소, 시설, 장비, 트로피, 우승기, 메달, 경기 복장 등
   예) 고구려 무용총 수렵도(狩獵圖)

② 기록 사료
- 문헌 사료: 문자로 작성된 공문서, 사문서, 출판물, 편지, 연대기, 회고록 등
   예) 무예도보통지(武藝圖譜通志), 조선체육계(朝鮮體育界), 손기정 회고록(回顧錄)
- 구전 사료: 민요, 전설, 시가, 회고담 등 과거의 기억에 대한 증언 등의 구술 사료

(5) 체육사 연구 내용
① 스포츠를 통해 시대별로 파생된 여러 문화 현상
② 스포츠의 기원 또는 발달 과정
③ 스포츠 종목의 발생 원인 및 조건
④ 체육 사상사, 스포츠 문화사, 스포츠 종목사, 전통스포츠사 등의 연구 내용

(6) 체육사 연구 방법
① 신체활동의 여러 현상을 문화사 또는 교육사의 측면으로 살펴봄
② 체육의 역사적 변화를 이해함으로써 교훈을 얻음
③ 각 나라의 역사와 문화를 살펴보는 것이 중요
④ 연구 대상으로는 시간, 인간, 공간 등이 고려됨
⑤ 광복 이후에 한국체육사 연구가 본격적으로 이루어짐

(7) 체육사의 시대 구분
① 체육사는 각 시대의 특징에 따라서 구분되며, 체육사의 시대 구분은 역사 자체 속에 있는 것이 아니라 체육사의 종합적인 이해와 서술을 돕기 위한 역사가들의 임의적 수단이자 도구임
② 고대(古代), 중세(中世), 근대(近代)의 삼분법으로 구분하거나 현대(現代)를 추가하여 사분법(四分法)으로 분류하기도 함
③ 고대체육, 중세체육, 전통체육, 근대체육으로 구분할 수도 있음
④ 고대체육은 부족국가 및 삼국시대로 구분할 수 있음
⑤ 한국사의 시대 구분은 보통 1894년 갑오개혁(갑오경장)을 기준으로 전통체육과 근대체육으로 나눔. 갑오경장 이전은 무예를 중심으로 하는 전통 체육을 강조하였으며, 갑오경장 이후는 「교육입국조서」를 중심으로 하는 근대체육을 강조하였음
⑥ 광복을 전후로 근대체육과 현대체육으로 구분할 수 있음

1 선사 및 부족국가시대의 체육

(1) 선사시대의 생활과 신체문화

① 수렵과 채취 중심

② 수렵: 활, 창, 돌도끼 등의 도구를 사용하는 방법으로써 먹을 것을 얻는 생산기술인 동시에 적으로부터 자신과 부족의 몸을 지키는 전투술

③ 생존을 위한 본능적인 신체활동

④ 의식주를 해결하고 다른 인간이나 자연으로부터 자기를 지키는 기술을 습득

⑤ 애니미즘(animism, 만유정령설)
  • 하늘을 믿고 태양을 숭배, 놀이와 신체활동이 포함된 제천의식을 시행

(2) 부족국가시대의 생활과 신체문화

① 수렵: 생존과 연관된 사냥 활동

② 군사: 전쟁을 대비한 군사적 목적의 육체적·정신적 훈련인 군사체육, 전투와 직결된 능력을 배양하는 궁술(활쏘기)과 기마술(말타기)

③ 축제: 제천행사(제천의식)
  • 파종과 수확을 할 때 모든 사람들이 하늘에 제사를 지내는 행위
  • 하늘에 감사를 드리는 행사
  • 하늘을 숭배하고, 국가 조직원 내의 단합을 도모
  • 고구려-동맹, 부여-영고, 동예-무천, 신라-가배, 삼한-계절제, 마한-10월제
  • 5월 파종과 10월 추수 후에 하늘에 제사를 지내고 밤낮으로 술과 음식을 베풀고 가무를 즐김
  • 춤과 노래뿐 아니라 활쏘기, 씨름, 수박, 말타기 등의 유희적인 경기를 벌이기도 함

④ 주술: 애니미즘 및 샤머니즘

⑤ 성년의식: 성인식
  • 일정한 나이가 되어 성년이 될 때 치르는 통과의례
  • 정신적인 것: 일정한 장소에 일정한 기간 동안 격리되어 견디고, 어른으로서 알아야 할 내용을 교육받는 것
  • 육체적인 것: 식량 확보를 위한 수렵과 채집 활동, 부족의 신화를 계승하는 춤을 익힘
  • 『삼국지』의 「위지동이전」에 '큰사람'으로 부른 기록이 있음

중국 역사 자료인『위지·동이전(魏志·東夷傳)』에 따르면, "나이 어리고 씩씩한 청년들의 등가죽을 뚫고 굵은 줄로 그곳을 꿰었다. 그리고 한 장(一丈) 남짓의 나무를 그곳에 매달고 온종일 소리를 지르며 일을 하는데도 아프다고 하지 않고, 착실하게 일을 한다. 이를 큰사람이라 부른다."

⑥ 민속놀이
  • 저포(사희, 윷놀이), 사예(궁술), 기마, 수박(태권도), 격검, 각저(씨름) 등
    - 저포(사희, 윷놀이): 다섯 개(현재 4개)의 나무로 만든 막대기(주사위)를 던져서 승부를 겨루

는 놀이, 남녀노소 누구나 즐길 수 있으며 장소에 크게 구애받지 않는 놀이, 가장 오래된 놀이이며 여러 사람이 모여 즐기던 놀이 중 하나로 지금까지 행해지고 있음, 제천의식과 관련된 대표적인 민속놀이

2 삼국 및 통일신라시대의 체육

(1) 삼국시대의 사회와 교육

- 고대국가의 틀을 완성한 시기로서, 무술을 중심으로 한 국방체육이 발달함
- 평소에는 심신을 단련하고 교양을 쌓으며 사회생활의 규범을 배우고 국가 비상시에는 전투원으로서 사회의 중심인물을 양성하는 집단이었던 화랑은 삼국통일의 주역임

① 신라의 화랑도
- 풍월도, 풍류도(風流徒), 국선도(國仙徒), 원화도(源花徒)라고도 함
- 유교, 불교, 도교의 정신을 받듦
- 진흥왕 때에 종래 화랑도 제도를 개편하여 체계화됨
- 한국의 전통사상과 세속오계(世俗五戒)를 근간으로 둠
- 세속오계는 도의교육(道義敎育)의 핵심
- 세속오계(世俗五戒) 정신 (원광법사)
    - 사군이충(事君以忠): 충성심으로 임금을 섬김
    - 사친이효(事親以孝): 효심으로 부모를 섬김
    - 교우이신(交友以信): 신의를 바탕으로 벗을 사귐
    - 임전무퇴(臨戰無退): 전쟁에 임할 때는 후퇴를 삼가함
    - 살생유택(殺生有擇): 생명체를 함부로 죽이지 않음
- 사군이충과 임전무퇴의 조목을 통해 숭무(崇武)정신을 엿볼 수 있음
- 화랑은 귀족 자제 중에서 선발된 지도자, 낭도는 귀족은 물론 평민까지 망라한 화랑을 따르는 무리
- 단체생활을 통해 심신을 연마하여 조화로운 인간상을 지향
- 신체의 미와 탁월성을 중시(신체미 숭배 사상)
- 신체활동을 통한 수련으로 덕을 함양한 심신일원론(심신일체론)적 사상에 기반한 전인교육 지향
- 편력(遍歷): 명산대천을 두루 돌아다니며 야외활동의 과정에서 하는 시와 음악을 비롯한 각종 신체 수련 활동
- 입산수행: 산속에 들어가 신체적 고행을 통해 신체와 정신을 강화하는 목적으로 행한 활동으로 화랑도 교육활동의 하나
- 주행천하(周行天下): 하늘 아래 산천을 두루 다니는 군사적 수련과 심신 훈련 등의 활동
- 무예수련을 통해 인재를 양성
- 국가주의적 체육 사상 반영
- 불국토 사상: 국토를 신성하고 존엄하게 생각하고, 목숨을 걸어서라도 국토를 지켜낸다는 의미로 야외활동(편력)을 통해서 호연지기를 함양하고, 국토에 대한 신성함과 존엄성을 교육
② 신라의 국학
- 목표: 유학의 교수 및 연구와 관리 양성

- 대상: 귀족 자제들
- 수업 연한: 9년
③ 고구려의 태학과 경당
  - 태학
    - 중앙 귀족 자제에게 경학, 문학 따위를 가르치던 국립 교육기관
    - 유교 교육을 통한 관리의 양성을 목적으로 상류층의 자제를 대상으로 함
  - 경당
    - 각 지방에 세운 평민층 교육기관
    - 주된 교육내용: 경서 암송, 궁술(활쏘기)
    - 미혼의 자제들이 모여서 밤낮으로 독서하고 활쏘기를 연습하는 장소
④ 백제의 박사제도: 모시박사, 의박사, 역박사, 오경박사 등

(2) 삼국시대의 무예
① 기마술(말타기): 말을 타고 달리며 활을 쏨
② 궁술(활쏘기): 활은 중요한 무기, 교육의 한 분야, 궁술 실력으로 인재를 등용(고구려: 경당에서 활쏘기 교육, 신라: 궁전법을 통해 인재를 등용)
③ 방응(放鷹): 매사냥
④ 수박(手搏): 수벽타·수벽치기 등 다양한 이름으로 불리는 무기를 사용하지 않는 맨손무예, 손과 발 또는 머리를 이용해 상대를 제압하는 무예, 상대와 일정한 거리를 떨어져서 겨룸
⑤ 마상재(馬上才): 말을 타면서 재주를 부리는 전문 기예
⑥ 고구려의 대표적인 무예: 궁술(활쏘기), 기마술(말타기)

(3) 삼국시대의 민속스포츠와 오락
① 석전(변전, 편전, 편쌈): 돌팔매질을 하여 승부를 겨룸, 전쟁에 대비하는 전투적 유희, 돌싸움, 석편전(石便戰)
② 방응(매사냥): 사나운 매를 길들여 꿩이나 새를 사냥하는 일종의 수렵활동
③ 각저(씨름, 각력, 각희, 상박, 각지, 쟁교, 솔교)
  - 두 사람이 맨손으로 허리의 띠를 맞잡고 힘과 기를 겨루어 넘어뜨리는 경기
  - 한국은 씨름, 몽고는 썰렘, 중국은 쎄기유, 러시아는 삼보, 일본은 스모라고 부름
  - 현재 국가무형문화재 제131호로 지정
④ 격구
  - 말을 타고 숟가락처럼 생긴 막대기로 공을 쳐서 상대방의 문에 넣는 놀이
  - 장시라는 채를 이용하여, 나무공을 쳐서 일정한 거리에 있는 구문에 넣는 경기
  - 고려 말에는 단오에 남성 중심의 놀이로 크게 성행함
  - 한자로 타구, 방희, 격구희, 농장희, 격봉이라고 하며, 이것을 민간에서는 공치기 또는 장치기라고도 함
  - 오늘날 폴로(Polo)와 유사한 형태임
  - 인원은 보통 10명 이상이며, 두 팀으로 나누는데 각 팀당 5~6명씩으로 구성
⑤ 널뛰기(축판희, 도판희): 여자놀이의 하나
⑥ 축국(축구, 제기차기): 가죽주머니로 공을 만들어 공을 땅에 떨어뜨리지 않고 발로 차던 공차기 놀이, 다양한 형식으로 실시(한 명, 두 명, 열 명 등), 〈삼국사기〉와 〈삼국유사〉에 따르면 김유신과 김춘

추가 한 신체활동

⑦ 투호: 화살 같은 막대기를 일정한 거리에서 항아리나 병 안에 넣는 놀이

⑧ 저포(사희, 윷놀이)

⑨ 위기(바둑)

⑩ 마상재(곡마, 말놀음, 말광대): 달리는 말 위에서 여러 농작을 보이는 것

⑪ 수박: 서로 떨어져서 주먹질로 상대편을 넘어뜨림

⑫ 풍연(연날리기)

⑬ 추천(그네뛰기): 젊은 여인네들이 그네를 뛰면서 즐기는 놀이

⑭ 쌍륙: 겨울철에 서른 개의 말과 두 개의 주사위를 가지고 승부를 겨루는 놀이

(4) 삼국시대의 체육사상

① 심신일원론(심신일여사상): 정신과 신체는 원래 하나로, 분리될 수 없음

② 신체미 숭상: 신체의 미와 신체적 탁월성을 중시

③ 국가주의: 개인의 안위보다 국가를 우선으로 여김

④ 불국토 사상: 국토를 신성하고 존엄하게 생각하고, 목숨을 걸어서라도 국토를 지켜낸다는 의미

1 고려시대의 체육

사상적으로는 유교와 불교를 동시에 수용하였으며, 문치주의(文治主義)에 입각한 귀족정치를 하였다. 관직체계는 문반 위주로 조직되어 있었으며, 문신들도 무예수련을 게을리하지 않았으므로 무예가 발달하였다. 12세기 중엽 고려시대 무인들은 천시되었고, 뿌리깊은 숭문천무 사상 및 문무차별로 인한 갈등으로 무신정변(정중부의 난)이 일어나고 무신정권을 세웠다. 무신들이 반란을 일으킨 직접적인 계기는 무예행사(오병수박희)였다.
- 무인정신은 충, 효, 의에 기반을 둠
- 관학: 국자감, 학당
- 사학: 사학12도

(1) 고려시대의 사회와 교육
① 국자감
- 중앙에는 국립대학으로 국자감(국학) 설치
- 국자학, 태학, 사문학과 같은 유학부와 율학, 서학, 산학 등의 기술학부로 구성
- 유학부에는 문무관 7품 이상 관리의 자제가 입학하고, 기술학부에는 8품 이하 관리나 서민의 자제가 입학
- 국가에서 필요한 인재를 양성하기 위한 최고의 교육기관
- 문무를 겸비한 인재 양성
- 7재: 6재(유학재) + 1재(무학재)
  - 6재(유학재): 여택재(주역), 대빙재(상서), 경덕재(모시), 구인재(주례), 복응재(대례), 양정재(춘추)
  - 1재(무학재, 무예재): 강예재
- 경사6학: 국자학, 태학, 사문학, 율학, 서학, 산학
- 국자감은 국학으로 불리다가 성균관으로 개칭되어 조선시대로 이어짐
② 향학(향교)
- 지방 교육기관
- 지방 관리와 서민 자제의 교육을 담당
- 궁사와 음악 교육 등이 이루어짐
- 목적: 유학의 전파와 지방민의 교화
③ 동서학당: 수도 개경의 동쪽과 서쪽에 설치한 교육기관
④ 사학12도
- 고려시대의 사설 교육기관
- 그중 문종 때 최충이 세운 9재 학당인 문헌공도가 유명
- 12도가 발전한 이유: 국자감(국학)의 부진, 과거에 치중한 사회풍조

(2) 고려시대의 무예
① 기마술(말타기)

② 마술(마상재): 말 위에서 기예를 뽐내는 것, 무인의 덕목 중 하나로 장려됨

③ 궁술(활쏘기): 문인과 무인의 심신 수양과 인격도야의 방법으로 중시됨, 국난을 대비하여 장려됨

④ 수박(手搏)

- 손과 발 또는 머리를 이용해 상대를 제압하는 맨손무예
- 맨손으로 치기, 주먹지르기 등의 기술을 사용하는 일종의 격투기
- 무인들에게 적극 권장되었으며, 명종(明宗, 1170~1197) 때에는 이 무예를 겨루게 하여 승자에게 벼슬을 주었음
- 무예 수련과 군사훈련 등의 목적으로 활용되었으며, 관람형 무예 경기로 성행함
- 무인집권시대에 인재 선발의 중요한 수단이었으며, 무인 선발을 위한 기준이 됨
- 수박희는 무인 인재 선발의 중요한 방법이었으며, 무신 반란의 주요 원인 중 하나였음

무신정변(1170년)

1170년 의종이 문신들과 보현원에 행차하였다. …(중략)… 대장군 이소응이 젊은 병사와 오병수박희(五兵手搏戲)를 겨루었고 패하였다. 그러자 젊은 문신 한뢰가 대장군 이소응의 뺨을 때리며 비웃었다. 이 광경을 보던 정중부와 이의방 등이 선동하여 반란을 일으켰다.

---

(3) 고려시대의 민속스포츠와 오락

① 귀족 체육

- 격구(擊毬)
  - 주로 왕, 귀족, 무인 등과 같은 귀족계층의 오락 및 여가 활동
  - 말 타기, 기창, 기검, 기사의 능력 향상을 위한 군사훈련의 수단
  - 말을 타고 숟가락처럼 생긴 막대기로 공을 쳐서 상대방의 문에 넣는 놀이
  - 무인집권기에 격구의 사치성이 최고조에 이르는 등 폐단이 많았음
  - 귀족들의 사치로 인하여 대중 스포츠가 되지 못함
- 투호: 화살 같은 막대기를 일정한 거리에서 항아리나 병 안에 넣는 놀이
- 방응: **매를 이용한 사냥 방법**, 매를 길들여 꿩이나 기타 조류를 사냥함, 귀족들이 즐겼던 놀이, **수렵 활동이자 무예 훈련의 성격을 지닌 스포츠**

② 서민 체육

- 석전: 세시풍속의 민속 스포츠, 군사훈련으로 활용, 귀족에게는 관람 스포츠의 형태, 실전 부대인 석투군(石投軍)과 관련이 있음
- 추천(그네뛰기): 두 줄을 붙잡고 온몸을 흔들고 발의 탄력을 이용해 온몸을 마음껏 날려 보내는 놀이, 젊은 여인네들이 그네를 뛰면서 즐기는 놀이로 단오절 행사에 여성들의 놀이로 인기가 있었음
- 씨름(각저, 각력, 각희, 상박, 각지, 쟁교)
- 축국(제기차기)

응방도감(鷹坊都監)

- 응방: 고려·조선시대에 매의 사육과 사냥을 맡은 관서
- 응방의 제도는 몽골에서 들어온 것으로, 우리나라에 처음 설치된 때는 1275년 충렬왕 때이고, 1281년 응방도감으로 제도화됨

---

2 조선시대의 체육

조선은 유교적 관료국가였으며 불교를 배척하고 유교를 숭상하는 배불숭유(排佛崇儒)를 국가이념으로 받들었다. 주자가례(朱子家禮)는 국민의 기본적인 규범의식이었고, 삼강오륜(三綱五倫)은 도덕률이었다.

교육은 유학(성리학) 중심이었으며, 숭문주의(崇文主意)를 바탕으로 하였다. 문치주의, 즉 숭문천무 사상이 만연하였으나 정조는 무예도보통지 등 각종 무서 편찬을 장려하는 등 문무겸전 사상이 국가를 부강하게 한다고 생각하였다.

심신 수련으로 활쏘기가 중시되었고 학사사상(學射思想)이 강조되었으며, 활쏘기를 통해서 문무겸전(文武兼全) 혹은 문무겸일(文武兼一)에 도달하고자 하였다.

(1) 조선시대의 사회와 교육

① 성균관(成均館)
- 조선시대의 고등교육기관으로 고려의 국자감을 계승한 국가교육기관
- 성리학을 바탕으로 유교적 덕목을 갖춘 인재를 양성함으로써 왕조체제를 유지하는 데 기여함
- 성균관 입학자격은 소과 급제인 생원·진사에 한했으나, 결원이 있을 경우 사학(四學) 생도나 문음 자제들도 입학할 수 있었음
- 교과과정: 경사의 강의와 과문의 제술

② 사학(四學, 4부학당)
- 중등교육기관으로 국립교육기관
- 4부학당은 중학, 동학, 남학, 서학

③ 향교: 지방민의 교화를 위한 중등교육기관으로 국립교육기관, 부·목·군·현에 각각 하나씩 설립, 규모나 지역에 따라 중앙에서 교관인 교수 또는 훈도를 파견

④ 서원: 성리학의 연구와 교육을 위해 지방에 세워졌으며 교육의 목적은 선현존숭이었으나 현실적으로는 과거를 준비하는 교육기관 역할을 함

⑤ 서당: 고려시대부터 이어져왔으며 조선시대 들어 더욱 활성화됨

⑥ 훈련원: 무관을 양성하는 공식 교육기관으로 군사의 시재와 무예의 훈련(활쏘기, 마상무예 등) 및 병서의 습독을 관장하였으며, 무과를 주관하는 시취와 군사력을 유지·발전시키는 연무가 주된 임무였음

⑦ 사정(射亭): 관설사정과 민간사정이 있었으며 전국에 사정을 설치하고 습사를 장려하였음. 민간사정으로 오운정과 등룡정 등이 있었음

⑧ 기술교육은 각 해당관청에서 별도로 실시하였으며, 유학교육에 비해 천시 받음

⑨ 조선시대의 육예(六藝)
- 예(禮): 예의범절
- 악(樂): 음악
- 사(射): 궁술, 활쏘기, 신체 활동과 관련된 것
- 어(御): 기마술, 마술(馬術), 말 타기 또는 마차 몰기, 신체 활동과 관련된 것
- 서(書): 서도, 서예, 붓글씨
- 수(數): 수학

성피티 TIP

성균관, 사학, 향교, 서원, 서당은 유학교육기관이고 훈련원과 사정은 무학교육기관입니다. 꼭 구분하시기 바랍니다.

(2) 조선시대의 과거제도

① 문과제도

- 문관 채용시험은 소과와 대과로 나뉨
- 소과에는 생원과와 진사과가 있으며, 사학과 향교에서 소과에 응시함
- 초시에 합격하면 복시를 치러 최종 합격자를 정하고, 합격자들은 과에 따라 생원 혹은 진사라고 부름
- 생원과나 진사가 되면 성균관에 진학
- 성균관 유생들은 공부를 마친 뒤 대과에 응시

② 무과제도

- 시취(취재): 기예를 위주로 보는 시험
  - 무과 예비 시험, 관직 임명 시험, 재차 임명 시험, 봉록을 주기 위한 시험 등
- 정규 시험: 3년에 한 번씩 정기적으로 실시되는 식년무과(초시-복시-전시)
- 비정규 시험: 증광시, 별시, 정시 등
- 무과시험
  - 초시-복시-전시 세 단계를 거쳐 최종 28명 선발, 소과와 대과의 구분 없음
  - 초시에는 향시와 원시가 있었으며, 원시는 훈련원에서 실시하는 별과를 의미함
  - 무관의 자손이나 향리 등이 응시, 서얼 등 중간 계층의 응시도 증가
  - 강서와 무예시험으로 구성되어 무예뿐 아니라 무예 경서에 대해서도 시험을 봄
  - 무예시험: 목전, 철전, 편전 같은 활쏘기와 말을 타고 하는 기사 및 기창, 최종 시험인 전시에서는 격구를 치름

초시	3년에 한 번씩 원시 70명, 향시 120명으로 총 190명 선발
복시	초시 합격자를 모아 병조와 훈련원의 주관 아래 28명 선발
전시	임금 참석하에 기격구와 보격구를 시행하여 복시 합격자 28명의 등급을 정함

③ 잡과제도

- 기술관 채용을 위한 잡과에서는 예조, 형조, 전의감, 관상감 등의 각각 관서에서 교육 및 채용을 맡아 실시

(3) 조선시대의 체육

① 궁술(활쏘기)

- 국방적 중요성과 함께 교육목표 중 덕의 함양을 위해 활쏘기를 실시
- 심신수련의 중요한 교육활동, 군사훈련의 수단으로 활용, 무과시취의 주요 과목, 임금이 갖추어야 할 덕목, 무인이 되기 위해서 반드시 익혀야 할 무예 중 하나
- 무예시험에서의 활쏘기: 목전, 철전, 편전, 기사의 4과목
- 대사례, 향사례 등으로 행함
- 성균관의 육일각(六一閣)에서 활쏘기 교육을 실시
- 육일각(六一閣): 군자가 갖추어야 할 육례 중의 하나인 궁술을 익히기 위한 활과 화살을 보관하던 곳, 활쏘기 시합의 한 형태인 대사례(大射禮)를 실시한 곳
- 무관 선발을 위한 무과 시험의 한 과목으로서 성균관에서는 대사례(임금이 신하들과 함께 활쏘기를 하는 의식)를 행함
- 대사례에서 사용된 궁은 예궁(禮弓) 또는 각궁(角弓)

- 무인뿐만 아니라 문인, 그리고 일반 백성도 익히고 즐긴 체육활동(왕, 무관, 유학자 등 다양한 계층에서 실시)
- 편사(便射): 사정(射亭)에서 실시된 경기적인 궁술대회로 5인 이상의 궁수가 참가하는 단체전, 활쏘기 대회, 무과 시험에서 인재를 선발하는 실기과목, 편전(片箭)
  예) 사정편사, 동편사, 장안편사, 사랑편사, 사계편사, 한량편사, 삼동편사 등

② 격방(擊棒)
- 『조선왕조실록』에서 격방이라고 하기 전까지 타구(打毬), 격구(擊毬), 방희 등으로 혼용하여 사용됨
- 기마격구와 구별하기 위해 이를 방희 또는 격방이라고 부름
- 오늘날 골프와 비슷한 놀이로, 채 막대기로 공을 쳐 여러 개의 구멍 속에 넣으면 점수를 얻어 승부를 내는 놀이

③ 방응: 매사냥
④ 투호
⑤ 이황의 양생과 『활인심방』
- 조선시대 성리학자 퇴계 이황이 지은 도교의 양생사상을 바탕으로 한 의학 서적
- 중국 명나라 태조 주원장의 아들이었던 주권이 지은 《활인심(活人心)》 상하 두 권 중 상권의 내용을 퇴계 선생이 친필로 복사하여 펴낸 것
- 병의 근원은 하나로 모두가 마음에서 비롯된 것이라 말함
- 활인심서: 기를 조절하고, 식욕을 줄이며, 욕망을 절제하는 수양방법
- 중화탕: 한의가 치료하지 못하는 병을 치료하기 위한 처방
- 화기환: 화를 다스리는 방법
- 양생지법: 소식, 절주, 피풍, 운동의 필요성, 사계절의 건강관리, 안마 등
- 치심: 병들기 전에 하는 예방적 치료활동, 수양
- 도인법: 목 돌리기, 마찰, 다리의 굴신 등의 예방 보건체조
- 거병연수육자결: 입으로는 공기를 뱉고 코로 들이마시는 호흡
- 사계양생가: 춘하추동으로 나누어 호흡하는 방법
- 보양정신: 형기를 보존하는 방법

⑥ 이이의 양생관
- 지기와 혈기의 조화적인 보양을 강조
- 신(身)이 편안하지 못하면 바로 기(氣)를 약하게 하여 질병에 걸림
- 마음을 다스리고 욕심을 적게 가지며 음식을 절제하여 이(理)로써 기(氣)를 기르면 건강하게 양생할 수 있어 호연지기를 기르게 됨

⑦ 무예 이론서
- 임진왜란 이후 조선에서 무예를 체계화하고 발전시키기 위해 편찬된 무예서적
- 무예제보(1598): 한교가 편찬한 우리나라에서 가장 오래된 무예서, 선조의 명에 따라 전란 중에 긴급하게 필요했던 단병기 6가지가 수록·간행됨
- 무예신보(1759): 사도세자의 주도 하에 18가지의 무예가 수록·간행됨
- 무예도보통지(1790): 한국·중국·일본의 서적 145종을 참고한 종합무예서, 총 24가지의 무예가 실려 있음, 무예(武藝)란 무(武)에 관한 기예를 뜻함, 정조의 지시로 이덕무·박제가·백동수 등에 의해 편찬됨

(4) 조선시대의 민속스포츠와 오락

① 조선시대 민속스포츠의 특징
- 고려시대 귀족들의 놀이가 대중화되었으며, 새로운 놀이들이 출현
- 일부는 연중행사로 정착됨
- 세시풍속[예로부터 전해지는 농경사회의 풍속이며 해마다 농사력에 맞추어 관례(慣例)로 행하여지는 전승적 행사]은 농경문화를 반영하고 있어 농경의례라고도 함
- 농경의례는 기풍의례, 성장의례, 수확의례의 3가지로 구분할 수 있으며, 그해 농사가 잘되기를 바라며 행하는 기풍의례가 중심이 됨
- 도판희(跳板戱)와 추천(鞦韆)은 여성 중심의 민속놀이

② 줄다리기
- 삭전(索戰), 갈전(葛戰), 조리지희로도 불리며, 촌락공동체의 의례적 연중행사로 성행함
- 정초 새해 길흉을 점치기 위한 놀이로 줄다리기를 행함
- 동네 사람들이 편을 나누어서 장단에 맞추어 모두가 한 마음이 되어 호흡을 맞추어서 줄을 잡아당기는데, 승부보다는 부락민들의 친목과 그해 농사의 풍흉을 점치는 놀이
- 승부를 점치는 외에 다산을 기원하였으며, 움츠렸던 신체를 단련하고 집단적 결속을 다지는 등 농경사회에서 요구되는 사회적 기능을 담당

③ 그네뛰기
- 추천(鞦韆)으로도 불리며, 단오절이나 한가위에 많이 행해진 서민들의 민속놀이
- 두 개의 기둥이나 큰 나무의 가로 뻗은 가지에 두 가닥의 동아줄을 매어 늘이고, 줄의 맨 아래에 발판을 놓고 하는 놀이

④ 널뛰기
- 긴 널빤지 한가운데 짚단이나 가마니로 밑을 괴고, 양 끝에 한 사람씩 올라서서 마주 보고 번갈아 뛰면서 즐기는 여자들의 놀이로 초판희, 판무, 도판희라고도 함

⑤ 씨름
- 각저·각력·상박 등 다양한 명칭으로 불림, 마을 간의 겨룸 시 풍년 기원의 의미도 있음

⑥ 석전
- 군사훈련의 성격을 지니고 실시된 무예 활동
- 조선시대 왕이나 양반 또는 대중에게 볼거리 제공
- 나라의 풍속으로 단오절이나 명절에 행해졌던 활동
- 승부를 결정 짓는 놀이로서 신체적 탁월성을 추구하는 경쟁적 활동

⑦ 차전놀이
- 동채싸움으로도 불리며, 동네별로 승부를 겨루는 경기

1 개화기의 체육

개화기는 일본과 병자수호조약(강화도 조약)을 체결한 1876년부터 구한말로 표현되는 1910년까지를 말합니다. 우리나라가 서양 문물의 영향을 받아 종래의 봉건적인 사회 질서를 타파하고 근대적 사회로 개혁되어 가던 시기입니다.

(1) 개화기의 사회와 교육

① 원산학사(1883년): 덕원 주민들의 요청으로 덕원 부사 정현석이 원산에 설립한 최초의 근대식 사립학교, 문예반 50명과 무예반 200명으로 구성, 교과과정에 전통무예를 포함, 동래 무예학교의 영향을 받았으며 무사양성 교육에 힘썼음, 무비자강(武備自强)을 강조함

② 배재학당(1885년): 우리나라 최초로 외국인(미국인 선교사 아펜젤러)이 서울에 설립한 근대식 사립학교, 서구 스포츠(야구, 축구, 농구 등)가 과외활동을 통해 보급됨, 헐벗이 도수체조를 지도함

③ 광혜원(제중원, 1885년): 일반 백성의 병을 치료하기 위하여 두었던 한국 최초의 근대식 병원, 미국인 선교사 알렌의 주관 아래 세웠으며 같은 해에 제중원으로 이름을 고침

④ 언더우드학당(경신학교, 1886년): 언더우드가 정동 자택에 설립한 것으로 오늘날 경신중·고등학교의 전신으로 1891년부터 체조가 정식 교과목에 편성되어 매일 실시

⑤ 이화학당(1886년): 미국인 선교사 스크랜턴 부인이 설립한 한국 최초의 여성 교육 기관이며 이화여자대학교의 전신임, 정규 수업에 체조 수업을 실시

⑥ 1894년 갑오개혁으로 교육 분야에 일어난 변화
- 과거제의 폐지와 임용시험제도의 채택
- 신분계급을 타파한 인재등용제도 도입
- 문존무비의 차별 철폐
- 우수한 청년의 해외 유학 장려

⑦ 교육입국조서(교육조서, 1895년)
- 고종이 전 국민에게 덕양, 체양, 지양의 3대 교육 분야를 조화롭게 가르쳐야 한다고 발표
- 소학교 및 고등과정에 체조가 정식과목으로 채택되는 데 영향을 미침
- 교육의 기회가 전 국민적으로 확대되는 데 기여함

⑧ 오산학교(1907년): 이승훈이 평안북도 정주에 세운 학교, 대운동회를 매년 1회 실시, 체육은 주로 군사훈련의 성격을 지님

⑨ 대성학교(1907년): 안창호가 국권회복운동의 일환으로 평양에 설립한 중등 교육 기관, 일반 체조를 포함하여 군대식 조련을 실시

개화기 체육사상가 문일평의 체육론

- 체육을 국가의 운명을 결정하는 중요한 교육 영역으로 인식하고 심신의 조화적인 발달을 위해 체육이 필요하다고 주장
- 민족의 체육 발전을 위해 체육 학교를 설치할 것과 체육 교사 양성, 과목에 체조 및 승마 등을 개설, 체육에 관한 학술 연구를 위해 해외에 유학생을 파견할 것을 주장

---

(2) 개화기의 체육

① 개화기 체육의 역사적 의미
- 정신적 국민 양성, 국민 단합 유도, 국민자강
- 체육의 개념 및 가치에 대한 근대적 각성이 이루어짐
- 체육이 교육체계 속에 포함되기 시작
- 근대적인 체육문화 창출

② 운동회
- 우리나라 최초의 운동회는 1896년 영국인 교사 허치슨의 지도하에 개최된 화류회(花柳會)
- 영어학교나 기독교계 학교를 중심으로 운동회가 확산됨
- 초창기 운동회에서는 주로 육상 종목이 실시됨
- 운동회는 놀이 중심이었지만, 개인적인 즐거움보다는 단체경기를 통한 협동과 단결 정신을 배양하기 위한 것
- 학생대항, 마을대항과 같은 단체전 중심
- 국가의 의례를 실시하여 충군애국 사상을 고취시킴
- 민족운동의 요람이자 사회체육 발달의 촉진제 역할, 애국심 및 민족의식 고취, 근대스포츠의 도입과 확산에 기여
- 일제의 침탈에 대한 민족의 울분과 교육구국 의지를 다지는 역할 등을 하였고, 이 때문에 일제는 1912년 학교 연합운동회를 폐지시킴

③ 근대체육
- 화류회(1896년): 외국어 학교에서 열린 최초의 근대식 스포츠 경기 대회, 개화기 최초의 운동회로 영국인 교사 허치슨이 시작한 행사
- 황성기독교청년회(1903년): 서울에서 창설된 기독교 청년단체, 미국인 질레트(P. L. Gillett)의 지도로 1903년 10월 18일에 발족, 개화기 선교사에 의해 조직되어 국내에 근대스포츠인 야구·농구·배구 등을 보급한 체육단체, 1906년 운동부를 개설하여 개화기에 가장 활발하게 체육활동을 전개한 체육단체 중 하나
- 대한체육구락부(1906년): 우리나라에서 최초로 조직된 근대적인 체육 친목 단체
- 황성기독교청년회운동부(1906년): 개화기의 체육단체 중 가장 활발한 활동을 전개
- 대한국민체육회(1907년): 10월에 노백린의 발기로 조직된 체육단체
- 대동체육구락부(1908년): 한 나라의 강약은 국민 개개인의 강약에 기인한다는 생각에서, 국민 체육진흥을 목적으로 조직된 체육단체
- 회동구락부(1908년): 지금의 재무부에 해당하는 '탁지부' 관리들이 친목 도모를 위해 조직하였고 우리나라 최초로 연식정구를 도입함, 바둑·장기·궁사·정구 등 직장체육의 효시
- 무도기계체육부(1908년): 학교장이었던 이희두와 학무국장 윤치오에 의해 조직된 단체, 우리나라 최초의 기계체조단체, 군인체육기관의 효시
- 대한흥학회운동부(1909년): 1909년 1월 10일 일본 도쿄에 설립, 일본 유학생들이 국민의 교육계몽을 위해 설립
- 소년광창체육부(1909년): 각종 체조와 타구회(야구경기) 개최, 민간 중심 단체
- 체조연구회(1909년): 체조교사인 조원희, 김성집, 이기동 등이 보성중학교에 조직한 단체
  - 체육을 지도, 개선, 진흥시킴으로써 국민의 심신을 강건하게 할 것을 지도
  - 우리나라 체육을 병식체조에서 학교체육으로 개혁시키는 데 크게 이바지함
- 청강체육부(1910년): 중동학교 학생 최성희·신완식 등이 조직하였고 정례적으로 축구 시합을

실시, 우리나라 최초의 교내 체육활동의 성격을 띤 학교체육부

(3) 개화기의 스포츠
① 축구: 1882년(고종 19) 영국군함 플라잉호스(Flying Horse)가 입항 시 군인들에 의하여 소개되었으며 1904년 관립 외국어 학교에서 프랑스인 교사가 학생들에게 축구를 지도하기 시작하면서 체계적인 보급이 시작됨, 최초의 축구팀은 대한척구구락부, 우리나라 축구팀의 효시
② 체조(1895년): 한성사범학교 설치령에 체조가 정식으로 채택됨, 1907년 노백린을 강사로 초빙하여 교관 및 교사들을 모아 체조 강습회를 개최, 조원희는 병식체조를 개선한 교육체조를 보급
③ 육상(1896년): 영어학교의 화류회(운동회)에서 처음 시작
④ 승마(1896년): 친어기병대가 창설되면서 처음 시작
⑤ 수영(1898년): 무관학교 학생들의 여름방학 과제
⑥ 야구(1904년): 미국인 질레트가 황성기독교청년회(YMCA) 회원들에게 지도
⑦ 농구(1907년): 미국인 질레트에 의해 도입
⑧ 테니스(연식정구, 척구): 미국인 푸트에 의해 도입, 1908년 탁지부(재무부) 일반 관리의 체육대회 종목으로 채택
⑨ 사이클: 다양한 도입시기를 추측하고 있으며, 대부분의 학자들은 1906년 권원식과 요시카와가 경기를 하였다는 기록을 도입 시기로 인정
⑩ 검도(격검): 군과 경찰을 중심으로 치안목적으로 도입
⑪ 유도: 1882년 가노 지고로가 강도관 유도를 창시, 1906년 일본인 우치다 료헤이에 의해 우리나라에 보급됨
⑫ 사격: 총포가 도입된 16세기 이후

2 일제강점기의 체육

(1) 일제강점기의 학교체육
① 무단통치기(1910~1919)
- 1910년 8월 한일병합, 일본은 조선에 조선총독부를 설치하고 식민지통치 착수
- 제1차 조선교육령 공포(1911년 8월 23일)
  - 교육연한 단축을 통한 조선인 우민화 교육 실시
  - 일본군 체조교원을 채용하여 민족주의 체육을 규제
- 1911년 10월 사립학교규칙 공포: 학교설립 및 교과과정 등 전반에 걸친 통제 및 감독 실시
- 학교체조교수요목 제정(1914)
  - 식민지통치하 학교체육을 본격적 궤도에 올려놓음
  - 보통체조, 병식체조 중심에서 스웨덴체조로 전환됨
  - 경쟁유희, 발표동작유희, 행진유희 등 일본식 유희가 도입됨
  - 체조과 교수시간 이외에 여러 가지 운동을 실시
  - 민족주의적 성격을 말살하고 일본화의 정착을 시도
② 문화통치기(1919~1930)
- 1919년 3·1 독립운동으로 문화통치정책으로 전환
- 제2차 조선교육령 공포(1922년): 수업연한 연장, 조선어를 필수과목으로 지정

- 학교체조교수요목 개정(1927년): 체조 중심에서 유희와 스포츠 중심으로 변화
③ 민족말살기(1931~1945)
- 전시체제 강화, 군사훈련 강화, 황국신민체조 도입, 체력장검정 실시
- 조선총독 미나미 지로의 3대 교육방침: 국체명징, 내선일체, 인고단련
- 제2차 학교체조교수요목(1937년): 군사훈련 상화를 위한 개징
- 제3차 조선교육령 공포(1938년): 보통학교는 소학교, 고등보통학교는 중학교로 명칭 변경
- 제3차 학교체조교수요목(1938년): 일본의 무사도 정신을 고취시킨다는 취지하에 여학생에게도 검도, 유도, 궁도, 나기나타 같은 교재 채택
- 국민학교령 공포(1941년 3월31일): 체조과는 체련과로 명칭을 변경하고 체육을 점차 교련화함, 체련과 내용은 체련과 체조·체련과 무도로 구분

> **황국신민체조**
>
> - 민족말살기에 도입하여 식민지 통치체제의 일환으로 실시
> - 국가의식 및 군국주의 함양, 무사도 정신 고취
> - 우리 민족의 정체성 부정
> - 목표: 일본에 동화시켜 민족말살

(2) 일제강점기의 근대 스포츠

① 권투(1912년): 박승필이 유각권구락부를 설립하여 회원 지도, 1925년 YMCA 주최로 개설된 실내운동회 때 정식종목으로 채택됨
② 탁구: 도입 시기가 정확히 밝혀지지는 않음, 1924년 1월 경성일일신문사가 주최한 탁구대회가 한국 최초의 공식 대회, 1928년 YMCA가 주최한 제1회 조선탁구선수권대회가 한국인이 주도한 최초의 대회
③ 배구(1914년): 1914년 6월 이전에 도입된 것으로 보이며 YMCA 체육부에 의해 소개됨
④ 경식정구(1919년): 조선철도국에 의해 소개
⑤ 스키(1921년): 일본인 나카무라에 의해 도입
⑥ 골프(1921년): 효창원골프코스가 건설되면서 본격적으로 실시
⑦ 럭비(1923년): 럭비구락부에 의해 소개
⑧ 역도(1926년): 서상천에 의해 도입

(3) 스포츠지도자의 활동

① 서상천
- 조선체력증진법연구회를 설립하고, 전국의 역도 보급에 앞장섰음
- 1926년 휘문고등학교 체육교사로 부임해 역도부를 조직하고 지도함
- 대한체조협회 회장, 대한씨름협회 회장을 역임하며 한국 스포츠 발전에 공헌함
② 유억겸
- 1925년 처음으로 조선체육회 임원이 되어 각종 경기대회의 개최와 기구개편 등에 관여
- 조선체육계의 질적 향상 및 발전에 많은 기여
③ 여운형
- 조선체육회 회장을 역임하고, 체육을 통해 국민의 건강과 단결을 도모하고자 함
- '체육 조선의 건설'이라는 글에서 사회를 강하게 하는 것은 구성원의 힘을 강하게 하는 것이며,

그 방법은 교육이며, 여러 교육의 기초는 체육이라고 강조함

(4) 스포츠단체

① 조선체육회
- 고려구락부를 모체로 설립된 단체
- 일본체육단체(**일본인이 한국에 조직한 조선체육협회**)에 대한 대응으로 민족주의 사상을 토대로 1920년 7월 13일 동아일보사의 후원으로 일본유학생과 국내체육인들이 조선인의 체육을 장려할 목적으로 설립
- 조선인의 체육을 지도·장려, **조선 스포츠계 발전 도모**
- 체육에 관한 조사 연구 및 선전, 체육 도서의 발행, 각종 경기대회의 주최 및 후원, 기타 체육회 사업 등의 활동을 실행
- 전국체육대회(**전국체전**)는 조선체육회가 창설된 후 1920년 11월 4일부터 사흘 동안 배재고등보통학교 운동장에서 열린 제1회 전조선야구대회가 시초
- 전조선야구대회를 비롯해 전조선축구대회, **전조선정구대회**, 전조선육상대회 등 각 종목의 대회를 **창설함**
- 종합체육대회 성격의 전조선종합경기 대회를 개최함
- 스포츠 보급의 일환으로 운동구점을 설치하고 운영
- 육상경기의 연구를 위한 육상경기위원회 조직과 육상경기규칙을 편찬
- **1938년** 조선체육협회에 강제 통합·흡수됨
- **1948년 9월 3일** 대한체육회로 명칭을 변경

② 조선체육협회
- 1919년 2월 경성정구단과 경성야구협회가 중심이 되고, 조선신문사의 후원으로 설립
- 1925년 경성운동장의 개장을 기념하며 조선에서 최초의 종합경기대회인 조선신궁경기대회를 개최
- **조선신궁경기대회는 조선인 선수의 국제경기대회 참가의 창구 역할을 함**

③ 관서체육회
- 1925년 2월 27일 평양의 체육인사들이 평양기독청년회관에서 모임을 갖고 발족함

④ 경성운동장
- 1925년에 건설한 동양 제일의 경기장으로 축구장, 야구장, 정구장, 수영장, 육상경기장 등이 있었음
- 전국규모의 대회와 올림픽경기대회 예선전 등이 열림
- 1945년 서울운동장으로 개칭되었다가, 1984년에 동대문운동장으로 개칭됨

(5) 일제강점기의 민족주의적 스포츠 활동

① YMCA
- **개화기부터** 외국인 선교사를 주축으로 근대 스포츠를 도입·보급하며 한국 근대 스포츠 발전에 많은 영향을 미친 단체
- 1903년 '황성기독교청년회'라는 이름으로 창설되어 야구, 농구, 배구 등과 같은 서구 스포츠를 우리나라에 소개
- 1910년 한일병합 이후에도 스포츠 보급 활동에 기여
- 1916년 최초의 실내체육관을 건립하여 다양한 실내스포츠를 활성화하며 스포츠 활동의 활기를 도모함
- YMCA의 조직망을 통해 스포츠를 전국으로 확산시키는 데 기여
- 많은 스포츠 종목의 지도자를 배출

② 씨름
- 우리 민족 고유의 스포츠로 민족정신 고양을 위한 스포츠로서 민중의 지지를 얻어 행해짐
③ 보건체조
- 1931년 9월 덴마크의 닐스 북이 경성운동장에서 체조강습회를 개최
- 조선의 상황에 적합한 체조로 변용하여 민중에게 보급 도모
④ 베를린올림픽대회
- 1936년에 개최된 제11회 베를린올림픽대회 마라톤 종목에서 손기정은 한국인 최초 금메달 획득, 남승룡은 동메달 획득
- 우리 민족이 일장기를 달고 출전한 대회
- 당시 일본의 식민지 통치하에 있던 우리 국민에게 민족의식을 일깨워 주고 자긍심을 심어 줌
⑤ 일장기 말소사건
- 1936년 베를린올림픽대회에서 우승한 손기정의 사진에 일장기가 지워진 것
- 동아일보 이길용 기자에 의해 발생
- 체육을 통해 일제에 항거하는 민족주의적 투쟁 정신이 표출된 대표적 사례
- 이 사건으로 동아일보는 무기 정간을 당하고 일장기를 말소한 이길용 기자 등이 징역을 받음
⑥ 체육사상
- 체육·스포츠 활동을 통해 민족의식 고취
- 투호·방응·석전 등 민속 스포츠가 억압되었지만 전통스포츠를 부활시키려는 노력 지속

3 광복 이후의 체육

(1) 광복 이후의 사회와 교육
① 1945년에 해방이 되었으나 남북이 분단되고 6·25전쟁이 발발하는 등 정치적 혼란이 계속됨
② 미군정기 교육(1945.9.7.~1948.8.15.): 교육기회 균등을 위한 제도적 개편이 단행됨, 홍익인간이념, 6-3-3-4 학제의 단선형 학제, 의무교육제도 채택
③ 교육과정
- 미군정 과도기(교수요목기, 1946~1954): 국방력 증강에 기여, 교육과정 및 교과서와 관련한 법률 제정
- 제1차 교육과정(1954~1963): 교과중심 교육과정, 전인교육 강조, 초등학교에서는 놀이 중심의 교육, 남녀 교육 내용 구분, 보건과 체육을 독립된 항목으로 설정
- 제2차 교육과정(1963~1973): 경험·생활 중심 교육과정, '보건·체육'에서 '체육'으로 교과목 명칭을 통일, 체육 교과과정에서 '레크리에이션'추가, 남녀 교육 내용 구분
- 제3차 교육과정(1973~1981): 학문 중심 교육과정, 남녀 교육 내용 구분, 순환운동, 질서운동을 체육의 내용으로 새롭게 채택, 초등학교에서 놀이를 벗어난 '운동'이라는 용어를 사용
- 제4차 교육과정(1981~1987): 인간중심 교육과정, 개인, 사회, 학문을 고루 강조한 교육과정, 국민정신교육을 강조하고 학습량을 축소 조정, 남녀 교육 내용 구분, 생활 경험을 중요시하여 여가활동을 강조, 교과 목표에 여가/평생 스포츠/야외활동 개념 도입, 움직임 교육과정 도입, 유치원부터 고등학교까지의 교육과정을 하나의 전체적인 구조 속에서 체계화
- 제5차 교육과정(1987~1991): 통합 교육과정 개발, 국가 수준의 문서화된 개괄적인 기준을 제시, 지역성과 국민학교과정을 통합, 남녀 공통 이수 과목 신설, 체육 교과의 목표를 심동·인지·정의

영역으로 구분
- 제6차 교육과정(1991~1997): 편성운영체제를 개선, 국가와 지역/학교의 역할을 분담, 교육과정의 분권화 및 지역화, 지역과 학교에 재량권 부여, 문제해결능력과 협동심을 지닌 인간 양성 추구
- 제7차 교육과정(1997~2007): 학생 중심 교육과정, 국민 공통 기본 교육과정 구성, 수준별/선택 중심 교육과정 도입

(2) 광복 이후의 체육

① 연도별 발달사
- 1962년: 국민체육진흥법 공포(최초로 제정한 체육관련법)
- 1968년: 대한체육회, 대한올림픽위원회, 대한학교체육회의 통합 및 일원화
- 1976년: 사회체육진흥 5개년 계획 수립
- 1982년: 정부조직법을 개편하여 체육부 신설(당시 올림픽대회를 위하여 한시적으로 발족하였으며, 서울아시아경기대회와 서울올림픽대회를 성공적으로 준비하여 개최한 후 체육청소년부로 존속)
- 1986년: 국민체육진흥 장기계획 수립
- 1989년: 국민체육진흥공단 설립, 국민생활체육진흥종합계획(호돌이 계획) 수립
- 1991년: 국민생활체육협의회 설립
- 1993년: 제1차 국민체육진흥 5개년 계획 수립, 문화부와 체육청소년부를 통합하여 문화체육부로 개편
- 1998년: 제2차 국민체육진흥 5개년 계획 수립, 정부조직법 개정에 따라 문화체육부에서 문화관광부로 개편
- 2003년: 제3차 국민체육진흥 5개년 계획 수립
- 2008년: 문화관광부에서 문화체육관광부로 개편

1989년 국민생활체육진흥종합계획(호돌이 계획)

- 1991년 국민생활체육협의회 설립
- 서울올림픽기념 생활관 건립
- 생활체육 진흥 도모

---

② 체육단체
- 대한체육회
  - 1920년 조선체육회로 건립되어 1948년 9월 대한체육회로 명칭 변경
  - 국민의 체력 향상 및 각종 대회 개최
- 대한올림픽위원회
  - 1947년 국제올림픽위원회(IOC) 가입 후 발족, 올림픽을 비롯한 국제체육 관계 업무 전담
- 대한장애인체육회
  - 2005년 11월에 설립된 법적 단체
  - 장애인의 건강증진 및 건전한 여가생활 진작을 위한 생활체육의 활성화
  - 장애유형별 체육단체 및 시·도 체육회를 지원·육성하고 우수지도자를 양성하여 국위선양 도모
  - 국제 스포츠교류 및 활동을 통한 국제 친선에 기여
- 국민생활체육회
  - 1991년 2월 비영리사단법인으로 국민생활체육협의회(현 국민생활체육회) 창립

- 생활체육 진흥을 통한 국민 건강과 체력 증진, 국민의 건강한 여가 선용과 선진 체육 문화 창달
- 세계 한민족의 동질성과 조국애 함양을 통한 통일 기반 조성
- 국민체육진흥공단(KSPO)
  - 제24회 서울올림픽경기대회를 기념하여 1989년 공익법인으로 설립
  - 체육지도자 국가자격시험 전담
  - 경정, 경륜, 스포츠토토 등의 기금조성사업 수행
  - 국민체육진흥 사업 수행

(3) 광복 이후의 스포츠

① 스포츠정책
- 1960~1970년대
  - 보건체육의 시수 증가
  - 엘리트 스포츠 양성을 위한 태릉선수촌 설립
  - 입시전형에서 체력장 제도 도입
  - 체력장(1971년): 국민체력검사표준위원회에서 기준과 종목을 선정[100m 달리기, 제자리멀리뛰기, 팔굽혀 매달리기(여자), 턱걸이(남자), 윗몸일으키기, 던지기 등], 체력 증진이라는 교육 목적으로 전국적으로 실시, 1973년부터는 대학입시에 체력장 평가가 포함됨, 입시 과열 현상 등 부작용이 발생
- 1980년대: 스포츠를 통한 일체감 조성, 정권의 안정을 위해 스포츠를 활용
- 1990년대: 남북스포츠교류의 활성화
② 대한민국의 국제대회 참가사
- 1947년: 국제올림픽위원회(IOC) 가입
- 1948년: 스위스 생모리츠동계올림픽 최초 참가, 대한민국(KOREA) 국호를 걸고 최초로 참가한 동계올림픽 경기대회, 광복 이후 최초로 태극기를 단 선수단 파견
- 1948년: 영국 런던 하계올림픽 최초 참가
  - 대한민국(KOREA) 국호를 걸고 최초로 참가한 하계올림픽 경기대회
  - 역도의 김성집과 권투의 한수안이 각각 동메달 획득
- 1952년: 한국전쟁 중 핀란드 헬싱키 하계올림픽 참가
  - 복싱의 강준호와 역도의 김성집이 각각 동메달 획득
- 1954년: 필리핀 마닐라 하계아시안게임 최초 참가
- 1976년: 캐나다 몬트리올 하계올림픽 참가
- 1986년: 일본 삿포로 동계아시안게임 최초 참가, 서울 아시아경기대회(하계) 개최
- 1988년: 서울 하계올림픽대회 최초 개최(북한 미참가), 종합 4위의 성적을 거둠, 태권도를 시범 종목으로 채택
- 1994년에 열린 국제올림픽위원회(IOC) 총회에서 2000년 호주 시드니 올림픽 정식 종목으로 태권도를 채택
- 2002년: 한일 월드컵 개최(한국과 일본이 공동으로 개최, 한국은 4강에 진출했으며 한국의 길거리 응원은 온 국민 문화축제의 장이었음), 부산 아시아경기대회(하계) 개최
- 2014년: 인천 아시아경기대회(하계) 개최
- 2018년: 평창 동계올림픽대회 개최(북한 참가)

서울올림픽대회 (1988년)

- 스포츠외교를 통해 공산국가들이 대거 참가한 대회
- 화합, 문화, 복지, 희망, 번영이라는 5대 특징
- 생활체육을 활성화하는 계기를 마련
- 엘리트스포츠 발전에 획기적인 역할을 함
- 일본과 치열한 유치 과정에서 적극적인 외교활동을 펼쳐 서독 바덴바덴에서 유치를 결정지음
- 당시 역대 최대 규모의 선수단이 참가하여 최고의 성적을 거둠
- 마스코트: 호돌이

성피티 TIP

1951년 뉴델리아시아경기대회는 한국전쟁으로 인하여 불참하였습니다. 꼭 구분하시기 바랍니다.

③ 프로 스포츠 발달사
- 1968년 프로골프협회 발족
- 1982년 프로야구 출범
- 1983년 프로씨름, 프로축구 출범
- 1997년 프로농구 출범
- 2005년 프로배구 출범

④ 남북체육교류협력 내용
- 1945년 경평 아이스하키전(해방 후 최초의 교류)
- 1964년 동경 올림픽 예선전(분단 후 최초의 교류)
- 1991년 남북 단일팀 기본 합의서 마련(분단 후 최초의 합의)
- 1991년 4월 일본 지바에서 열린 제41회 지바세계탁구선수권대회에 '코리아'란 이름의 남북한 단일팀 구성 참가(최초의 단일팀 구성)
- 1991년 6월 포르투갈 리스본에서 열린 제6회 포르투갈세계청소년축구선수권대회에 남북 단일팀 참가, 사상 첫 8강 진출

1991년 남북한 단일팀 구성 합의서 내용

- 선수단의 호칭: 한글로 '코리아'와 영문으로는 'KOREA'
- 선수단의 단기: '흰색 바탕에 하늘색 한반도 지도'
- 선수단의 단가: 1920년대 '아리랑'
- 선수단의 단복: 하늘색 상의와 흰색 하의로 남과 북이 동일
- 선수의 선발: 경기를 통해 선발

- 2000년 호주 시드니 하계올림픽 개·폐회식 남북한 최초 공동 입장, 태권도가 올림픽 정식 종목으로 시행됨
- 2002년 부산아시안게임 남북한 개·폐회식 공동 입장
- 2003년 대구 유니버시아드 대회 북한 선수단 파견
- 2004년 아테네 하계올림픽 공동 입장

- 2006년 토리노 동계올림픽 공동 입장
- 2005년, 2013년 동아시아연맹 축구 선수권 대회 북한 여자축구팀 남한 방문
- 2011년 11월 카타르 도하에서 열린 피스앤드스포츠컵(탁구) 남북 단일팀 참가
- 2018년 평창 동계올림픽 여자 아이스하키 남북한 단일팀 구성

2018년 평창 동계올림픽

- 북한의 참가와 남북한 공동 입장, 여자 아이스하키 남북한 단일팀 구성
- 여자 아이스하키 단일팀의 영문 축약어는 'COR'로 결정
- 국가 연주 시 '아리랑'을 사용
- 한반도기와 COR이 새겨진 유니폼을 착용
- 마스코트: 수호랑과 반다비

- 2018년 7월 4일 평양시에서 열린 남북 통일농구대회 남북 단일팀 참가
- 2018년 8월 인도네시아 자카르타, 팔렘방에서 열린 2018년 아시안 게임(여자 농구, 카누 용선, 조정) 남북 단일팀 참가
- 2018년 9월 아제르바이잔, 바쿠에서 열린 2018년 세계 유도 선수권 대회 혼성단체전 남북 단일팀 참가
- 2018년 10월 인도네시아 자카르타에서 열린 2018년 장애인 아시안 게임(수영, 탁구) 남북 단일팀 참가
- 2019년 1월 독일·덴마크에서 열린 2019년 세계 남자 핸드볼 선수권 대회 남북 단일팀 참가

⑤ 대한체육회
- 1920년 조선체육회가 창립되고, 1948년 9월에 조선체육회에서 대한체육회로 명칭 변경
- 1963년 장충체육관 건립
- 1966년 태릉선수촌 건립
- 2016년 국민생활체육회와 통합
- 국민의 체력 향상 및 각종 대회 개최

⑥ 태릉선수촌
- 1964년 동경올림픽에 대비한 '우수선수강화훈련단' 결성
- 스포츠를 통한 국위선양 및 국민통합 실현의 목적이 있으며, 국가대표선수들을 과학적으로 육성하는 기반이 됨
- 동경올림픽 이후 대한체육회는 우수선수의 지속적인 강화 훈련을 위해 서울 공릉동에 건물을 지음
- 1966년 준공식

⑦ 최초의 금메달
- 우리나라에서 최초의 금메달리스트와 종목: 1936년 베를린 하계올림픽-마라톤-손기정
- 우리나라 광복 이후 최초의 금메달리스트와 종목: 1976년 몬트리올 올림픽-레슬링 자유형 페더급-양정모
- 우리나라 최초 여성 금메달리스트와 종목: 1984년 로스앤젤레스올림픽-양궁 개인전-서향순
- 우리나라 광복 이후 최초의 마라톤 금메달리스트와 종목: 1992년 바르셀로나올림픽-마라톤-황영조

⑧ 여성 스포츠사
- 1948년 런던올림픽경기대회에 출전한 첫 여성 원반 던지기 선수: 박봉식

- 1967년 세계여자농구선수권대회에 출전해 최우수 선수로 선정: 박신자
- 1973년 사라예보 세계탁구 선수권대회에서 단체전 최초 우승 달성: 여자 탁구
- 1976년 몬트리올 올림픽대회에서 구기 종목 사상 최초의 동메달 획득: 여자 배구
- 1988년 서울 올림픽대회에서 당시 최강국을 이기고 구기 종목 사상 최초의 금메달 획득: 여자 핸드볼
- 2010년 밴쿠버동계올림픽경기대회에 출전해 금메달 획득: 피겨 스케이팅(김연아), **스피드스케이팅(이상화)**

⑨ 하계아시아경기대회 개최지
- 1986년 아시아경기대회: 서울
- 2002년 아시아경기대회: 부산
- 2014년 아시아경기대회: 인천

⑩ 조오련
- 제6회, 제7회 아시아경기대회에서 수영 종목 400M, 1,500M 2관왕 2연패
- 2008년 독도 33바퀴 회영(回泳)
- 2020년 스포츠영웅으로 선정되어 2021년 국립묘지에 안장

(4) 광복 이후의 체육사상
① 스포츠를 통해 애국심을 고취시키는 국가주의
② 엘리트 스포츠 육성을 통한 스포츠 민족주의
③ 체육진흥운동을 통해 강건한 국민성을 함양하는 건민체육사상
④ 국민 모두의 생활체육을 강조한 대중 스포츠 운동

(5) 정부별 정책 변화
① 제3공화국(박정희 정부) - '체력은 국력'
- 체육을 통한 국위선양 및 우수 선수 육성(엘리트체육), 건민체육
- 한국체육대학교 설립, 국제경기 메달리스트 종신연금제도(국가대표 연금제도) 도입, 우수선수 병역면제 시행
- 1962년 국민체육진흥법 제정
- 1966년 태릉선수촌 건립
② 제5공화국(전두환 정부) - 스포츠공화국, 3S 정책, 스포츠의 프로화
- 1982년 3월 중앙정부행정조직에 체육부 신설
- 프로야구(1982), 프로축구(1983), 프로씨름(1983) 등이 출범
- 1984년 국군체육부대 창설
- 1986년 서울아시아경기대회 개최
- 우수선수육성 및 지도자의 양성 등 스포츠 진흥운동 전개
③ 제6공화국(노태우 정부)
- 1988년 서울올림픽경기대회의 성공적인 개최
- 1989년 국민생활체육진흥종합계획(호돌이 계획) 수립
- 1991년 국민생활체육회(구 국민생활체육협의회) 창설
- 1991년 제41회 지바 세계탁구선수권대회 남북단일팀 출전
④ 1993년 문민정부(김영삼 정부)
- 여가 선용을 통한 국민체력 증진 지원 강화

- 1993년 문화부와 체육청소년부를 통합하여 문화체육부로 개편

⑤ 1998년 국민의 정부(김대중 정부) – '사회건강은 생활체육에서'
- 국민 체육활동 참여 기회 확대, 체육지도자 양성, 여가생활을 위한 복합체육시설 확충
- 경기단체 재정자립기금 지원 및 법인화, 체육용기구 품질 향상 지원
- 국제대회 성공적 개최

⑥ 2003년 참여정부(노무현 정부) – '참여정부 국민체육진흥 5개년 계획'
- 생활체육 정책 강조, 생활체육공간 확충, 국민 건강 증진 및 삶의 질 향상
- 스포츠클럽 육성, 생활체육지도 인력 양성, 국민 체력 관리

⑦ 2008년 이명박 정부
- 지역 스포츠클럽 활성화, 전통무예 지정 및 육성을 보급, 레저스포츠시설 공간 확충

⑧ 2013년 박근혜 정부 – '스포츠 활성화로 건강한 삶 구현', '스포츠비전 2018'
- 생애주기별 맞춤형 프로그램 보급, 전 국민 스포츠 체력 인증제 도입, 종합형 스포츠클럽 설립
- 작은 체육관 조성, 공공체육시설 장애인 편의 보수, 저소득계층 등 대상 행복나눔 스포츠교실 확대 사업

1. <보기>에서 한국체육사에 관한 설명으로 옳은 것만을 모두 고른 것은?

〈보기〉

> ㄱ. 한국 체육과 스포츠의 시대별 양상을 연구한다.
> ㄴ. 한국 체육과 스포츠를 역사학적 방법으로 연구한다.
> ㄷ. 한국 체육과 스포츠에 관한 역사 기술은 사실 확인보다 가치 평가가 우선한다.
> ㄹ. 한국 체육과 스포츠의 과거를 살펴보고, 이를 통해 현재를 직시하고 미래를 조망한다.

① ㄱ, ㄴ, ㄷ   ② ㄱ, ㄴ, ㄹ
③ ㄱ, ㄷ, ㄹ   ④ ㄴ, ㄷ, ㄹ

2. <보기>에서 신체활동이 행해진 제천의식과 부족국가가 바르게 연결된 것만을 모두 고른 것은?

〈보기〉

> ㄱ. 무천-신라
> ㄴ. 가배-동예
> ㄷ. 영고-부여
> ㄹ. 동맹-고구려

① ㄱ, ㄴ   ② ㄷ, ㄹ
③ ㄱ, ㄴ, ㄹ   ④ ㄴ, ㄷ, ㄹ

3. <보기>에 해당하는 부족국가시대 신체활동의 목적은?

〈보기〉

> 중국 역사 자료인『위지·동이전(魏志·東夷傳)』에 따르면, "나이 어리고 씩씩한 청년들의 등가죽을 뚫고 굵은 줄로 그곳을 꿰었다. 그리고 한 장(一丈) 남짓의 나무를 그곳에 매달고 온종일 소리를 지르며 일을 하는데도 아프다고 하지 않고, 착실하게 일을 한다. 이를 큰사람이라 부른다."

① 주술의식   ② 농경의식
③ 성년의식   ④ 제천의식

4. <보기>에서 삼국시대의 무예에 관한 설명으로 옳은 것만을 모두 고른 것은?

〈보기〉

> ㄱ. 신라: 궁전법(弓箭法)을 통해 인재를 등용하였다.
> ㄴ. 고구려: 경당(扃堂)에서 활쏘기 교육이 이루어졌다.
> ㄷ. 백제: 훈련원(訓鍊院)에서 무예 시험과 훈련이 행해졌다.

① ㄱ, ㄴ   ② ㄱ, ㄷ
③ ㄴ, ㄷ   ④ ㄱ, ㄴ, ㄷ

5. 고려시대 최고 교육기관과 무학(武學) 교육이 바르게 연결된 것은?

① 성균관(成均館) - 대빙재(待聘齋)
② 성균관(成均館) - 강예재(講藝齋)
③ 국자감(國子監) - 대빙재(待聘齋)
④ 국자감(國子監) - 강예재(講藝齋)

6. 고려시대의 신체활동에 관한 설명으로 옳지 않은 것은?

① 기격구(騎擊毬): 서민층이 유희로 즐겼다.
② 궁술(弓術): 국난을 대비하여 장려되었다.
③ 마술(馬術): 무인의 덕목 중 하나로 장려되었다.
④ 수박(手搏): 무관이나 무예 인재의 선발에 활용되었다.

7. 석전(石戰)의 성격에 관한 설명으로 옳지 않은 것은?

① 관료 선발에 활용되었다.
② 명절에 종종 행해지던 민속놀이였다.
③ 전쟁에 대비한 군사훈련에 활용되었다.
④ 실전 부대인 석투군(石投軍)과 관련이 있었다.

8. 조선시대 서민층이 주로 행했던 민속놀이와 설명으로 옳지 않은 것은?

① 추천(鞦韆): 단오절이나 한가위에 즐겼다.

② 각저(角觝), 각력(角力): 마을 간의 겨룸이 있었는데, 풍년 기원의 의미도 있었다.

③ 종정도(從政圖), 승경도(陞卿圖): 관직 체계의 이해와 출세 동기 부여의 뜻이 담겨 있었다.

④ 삭전(索戰), 갈전(葛戰): 농경사회의 대표적인 민속놀이로서 농사의 풍흉(豐凶)을 점치는 의미도 있었다.

9. 조선시대의 무예서에 관한 설명으로 옳지 않은 것은?

① 『무예도보통지(武藝圖譜通志)』: 정조의 명에 따라 24기의 무예가 수록, 간행되었다.

② 『무예신보(武藝新譜)』: 사도세자의 주도 하에 18기의 무예가 수록, 간행되었다.

③ 『권보(拳譜)』: 광해군의 명에 따라 『무예제보』에 수록되지 않은 4기의 무예가 수록, 간행되었다.

④ 『무예제보(武藝諸譜)』: 선조의 명에 따라 전란 중에 긴급하게 필요했던 단병기 6기가 수록, 간행되었다.

10. <보기>에서 조선시대의 궁술에 관한 설명으로 옳은 것만을 모두 고른 것은?

〈보기〉

> ㄱ. 군사 훈련의 수단이었다.
> ㄴ. 무과(武科) 시험의 필수 과목이었다.
> ㄷ. 심신 수련을 위한 학사사상(學射思想)이 강조되었다.
> ㄹ. 불국토사상(佛國土思想)을 토대로 훈련이 이루어졌다.

① ㄱ, ㄴ   ② ㄷ, ㄹ

③ ㄱ, ㄴ, ㄷ   ④ ㄴ, ㄷ, ㄹ

11. 고종(高宗)의 교육입국조서(敎育立國詔書)에서 삼양(三養)이 표기된 순서는?

① 덕양(德養), 체양(體養), 지양(智養)

② 덕양(德養), 지양(智養), 체양(體養)

③ 체양(體養), 지양(智養), 덕양(德養)

④ 체양(體養), 덕양(德養), 지양(智養)

12. <보기>에서 설명하는 개화기의 기독교계 학교는?

〈보기〉

> • 헐벗(H.B. Hulbert)이 도수체조를 지도하였다.
> • 1885년 아펜젤러(H.G. Appenzeller)가 설립하였다.
> • 과외활동으로 야구, 축구, 농구 등의 스포츠를 실시하였다.

① 경신학당   ② 이화학당

③ 숭실학교   ④ 배재학당

13. 개화기 학교 운동회에 관한 설명으로 옳지 않은 것은?

① 민족의식을 고취하는 역할을 하였다.

② 초기에는 구기 종목이 주로 이루어졌다.

③ 사회체육 발달의 촉진제 역할을 하였다.

④ 근대스포츠의 도입과 확산에 기여하였다.

14. 다음 중 개화기에 설립된 체육단체가 아닌 것은?

① 대한체육구락부

② 조선체육진흥회

③ 대동체육구락부

④ 황성기독교청년회운동부

15. <보기>의 활동을 주도한 체육사상가는?

〈보기〉

> • 체조 강습회 개최
> • 체육 활동의 저변 확대를 위해 대한국민체육회 창립
> • 체육 활동을 통한 애국심 고취를 위해 광무학당 설립

① 서재필   ② 문일평

③ 김종상   ④ 노백린

16. 일제강점기의 체육사적 사실에 관한 설명으로 옳지 않은 것은?

① 원산학사가 설립되었다.

② 체조교수서가 편찬되었다.

③ 학교에서 체조가 필수 과목이 되었다.

④ 황국신민체조가 학교체육에 포함되었다.

17. <보기>에서 일제강점기의 조선체육회에 관한 설명으로 옳은 것만을 모두 고른 것은?

〈보기〉

> ㄱ. '전조선축구대회'를 창설하였다.
> ㄴ. 조선체육협회에 강제로 흡수되었다.
> ㄷ. 국내 운동가, 일본 유학 출신자 등이 설립하였다.
> ㄹ. 종합체육대회 성격의 전조선종합경기대회를 개최하였다.

① ㄱ, ㄴ   ② ㄷ, ㄹ
③ ㄴ, ㄷ, ㄹ   ④ ㄱ, ㄴ, ㄷ, ㄹ

18. <보기>의 괄호 안에 들어갈 일제강점기의 체육사상가는?

〈보기〉

> (　　　　)은/는 '체육 조선의 건설'이라는 글에서 사회를 강하게 하는 것은 구성원의 힘을 강하게 하는 것이며, 그 방법은 교육이며, 여러 교육의 기초는 체육이라고 강조하였다.

① 박은식   ② 조원희
③ 여운형   ④ 이기

19. 대한민국 정부의 체육정책 담당 부처의 변천 순서가 옳은 것은?
① 체육부→문화체육관광부→문화체육부
② 체육부→문화체육부→문화체육관광부
③ 문화체육부→체육부→문화체육관광부
④ 문화체육부→문화체육관광부→체육부

20. <보기>는 국제대회에서 한국 여자 대표팀이 거둔 성과를 나타낸 것이다. <보기>의 ㉠~㉢에 들어갈 종목이 바르게 제시된 것은?

〈보기〉

> • (　㉠　): 1973년 사라예보 세계선수권대회에서 단체전 우승 달성
> • (　㉡　): 1976년 몬트리올 올림픽대회에서 구기 종목 사상 최초의 동메달 획득
> • (　㉢　): 1988년 서울 올림픽대회에서 당시 최강국을 이기고 금메달 획득

	㉠	㉡	㉢
①	배구	핸드볼	농구
②	배구	농구	핸드볼
③	탁구	핸드볼	배구
④	탁구	배구	핸드볼

1. 체육사 연구에서 사관(史觀)에 관한 설명으로 적절하지 않은 것은?
   ① 유물사관, 관념사관, 진보사관, 순환사관 등이 있다.
   ② 체육 역사에 대한 견해, 해석, 관념, 사상 등을 의미한다.
   ③ 체육 역사가의 관점으로 다양한 과거의 역사적 사실을 해석한다.
   ④ 과거 체육과 관련된 사실을 담고 있는 역사 자료를 의미한다.

2. <보기>의 ㉠~㉢에 들어갈 용어가 바르게 연결된 것은? (단, 시대구분은 나현성의 방식을 따름)
   〈보기〉

   > • (㉠) 이전은 무예를 중심으로 한 무사 체육 등의 (㉡) 체육을 강조하였다.
   > • (㉠) 이후는 「교육입국조서(教育立國詔書)」를 통한 학교 교육에 기반을 둔 (㉢) 체육을 강조하였다.

	㉠	㉡	㉢
①	갑오경장(1894)	전통	근대
②	갑오경장(1894)	근대	전통
③	을사늑약(1905)	전통	근대
④	을사늑약(1905)	근대	전통

3. <보기>에서 설명하는 민속놀이는?
   〈보기〉

   > • 사희(柶戱)라고도 불리었다.
   > • 부여의 사출도(四出道)라는 관직명에서 유래되었다.
   > • 남녀노소 누구나 즐길 수 있으며, 장소에 크게 구애받지 않은 놀이였다.

   ① 바둑   ② 장기
   ③ 윷놀이   ④ 주사위

4. 화랑도에 관한 설명으로 옳지 않은 것은?
   ① 진흥왕 때에 조직이 체계화되었다.
   ② 세속오계는 도의교육(道義教育)의 핵심이었다.
   ③ 신체미 숭배 사상, 국가주의 사상, 불국토 사상이 중시되었다.
   ④ 서민층만을 대상으로 한 청소년단체로서 문무겸전(文武兼全)을 추구하였다.

5. <보기>에서 설명하는 신체활동은?
   〈보기〉

   > • 가죽 주머니로 공을 만들어 발로 차는 놀이였다.
   > • 한 명, 두 명, 열 명 등 다양한 형식으로 실시되었다.
   > • 〈삼국사기(三國史記)〉와 〈삼국유사(三國遺事)〉에 따르면 김유신과 김춘추가 이 신체활동을 하였다.

   ① 석전(石戰)   ② 축국(蹴鞠)
   ③ 각저(角抵)   ④ 도판희(跳板戲)

6. <보기>에서 민속놀이와 주요 활동 계층이 바르게 연결된 것으로만 묶인 것은?
   〈보기〉

   > ㉠ 풍연(風鳶) – 귀족 ㉡ 격구(擊毬) – 서민
   > ㉢ 방응(放鷹) – 귀족 ㉣ 추천(鞦韆) – 서민

   ① ㉠, ㉡   ② ㉢, ㉣
   ③ ㉠, ㉣   ④ ㉡, ㉢

7. 고려시대 수박(手搏)에 관한 설명으로 옳지 않은 것은?
   ① 관람형 무예 경기로 성행되었다.
   ② 응방도감(鷹坊都監)에서 관장하였다.
   ③ 무인 선발의 기준과 수단이 되었다.
   ④ 무예 수련과 군사훈련 등의 목적으로 활용되었다.

8. <보기>에서 조선시대의 훈련원에 관한 설명으로 옳은 것을 모두 고른 것은?

〈보기〉

> ㉠ 성리학 교육을 담당하였다.
> ㉡ 활쏘기, 마상무예 등의 훈련을 실시하였다.
> ㉢ 무인 양성과 관련된 공식적인 교육기관이었다.
> ㉣ 〈무경칠서(武經七書)〉, 〈병장설(兵將說)〉 등의 병서 습득을 장려하였다.

① ㉠, ㉡   ② ㉢, ㉣
③ ㉡, ㉢, ㉣   ④ ㉠, ㉡, ㉢, ㉣

9. 조선시대 궁술(弓術)에 관한 설명으로 옳지 <u>않은</u> 것은?

① 육예(六藝) 중 어(御)에 해당하였다.
② 무관 선발을 위한 무과 시험의 한 과목이었다.
③ 대사례(大射禮), 향사례(鄕射禮) 등으로 행해졌다.
④ 왕, 무관, 유학자 등 다양한 계층에서 실시하였다.

10. <보기>에서 설명하는 조선시대의 무예서는?

〈보기〉

> • 24종류의 무예가 기록되어 있다.
> • 정조의 명령하에 국가사업으로 간행되었다.
> • 한국, 중국, 일본의 관련 문헌 145권이 참조되었다.

① 무예제보(武藝諸譜)
② 무예신보(武藝新譜)
③ 무예도보통지(武藝圖譜通志)
④ 무예제보번역속집(武藝諸譜翻譯續集)

11. <보기>에서 설명하는 개화기 민족사립학교는?

〈보기〉

> • 1907년에 이승훈이 설립하였다.
> • 대운동회를 매년 1회 실시하였다.
> • 체육은 주로 군사훈련의 성격을 띠었다.

① 오산학교   ② 대성학교
③ 원산학사   ④ 숭실학교

12. 개화기의 체육사적 사실에 관한 설명으로 옳은 것은?

① 동래무예학교는 문예반 50명, 무예반 200명을 선발하였다.
② 개화기 최초의 운동회는 일본인 학교에서 주관한 화류회(花柳會)였다.
③ 양반들이 주도하여 배재학당, 이화학당, 경신학당 등 미션스쿨을 설립하였다.
④ 고종은 「교육입국조서(敎育立國詔書)」를 반포하고, 덕양, 체양, 지양을 강조하였다.

13. 개화기의 체육단체에 관한 설명으로 옳은 것은?

① 청강체육부: 탁지부 관리들이 친목 도모를 위해 1902년에 조직하였고, 최초로 연식정구를 도입하였다.
② 회동구락부: 최성희, 신완식 등이 1910년에 조직하였고, 정례적으로 축구 시합을 하였다.
③ 무도기계체육부: 우리나라 최초 기계체조 단체로서 이희두와 윤치오가 1908년에 조직하였다.
④ 대동체육구락부: 체조 교사인 조원희, 김성집, 이기동 등이 주축이 되어 보성중학교에서 1909년에 조직하였고, 병식체조를 강조하였다.

14. 일제강점기 체육에 관한 사실로 옳지 <u>않은</u> 것은?

① 박승필은 1912년에 유각권구락부를 설립해 권투를 지도하였다.
② 조선체육협회는 1920년에 동아일보사 후원으로 설립되었다.
③ 서상천은 1926년에 일본체육회 체조학교를 졸업하고, 역도를 소개하였다.
④ 손기정은 1936년에 베를린올림픽경기대회 마라톤 종목에서 우승하였다.

15. <보기>에서 설명하는 단체는?

〈보기〉

> • 외국인 선교사가 근대스포츠인 야구, 농구, 배구를 도입하였다.
> • 1916년에 실내체육관을 준공하여, 다양한 실내스포츠를 활성화하였다.

① 황성기독교청년회   ② 대한체육구락부
③ 조선체육회   ④ 조선체육협회

16. <보기>에서 박정희 정부 때 실시한 체력장 제도에 관한 설명으로 옳은 것을 모두 고른 것은?

〈보기〉

> ㉠ 1971년부터 실시되었다.
> ㉡ 1973년부터는 대학입시에 체력장 평가가 포함되었다.
> ㉢ 국제체력검사표준화위원회에서 정한 기준과 종목을 대상으로 하였다.
> ㉣ 시행 종목에는 100m 달리기, 제자리멀리뛰기, 팔굽혀 매달리기(여자), 턱걸이(남자), 윗몸일으키기, 던지기가 있었다.

① ㉠, ㉡　　　② ㉢, ㉣
③ ㉠, ㉡, ㉢　④ ㉠, ㉡, ㉢, ㉣

17. <보기>에서 설명하는 스포츠 경기 종목은?

〈보기〉

> • 1988년 제24회 서울올림픽경기대회에서 시범 종목으로 채택되었다.
> • 2000년 제27회 시드니올림픽경기대회에서 정식 종목으로 채택되었다.
> • 2007년에 정부는 이 종목을 진흥하기 위한 법률을 제정하였다.

① 유도　　　② 복싱
③ 태권도　　④ 레슬링

18. 1948년 제5회 동계올림픽경기대회에 관한 설명으로 옳지 않은 것은?
① 개최지는 스위스 생모리츠였다.
② 제2차세계대전을 일으킨 독일과 일본도 출전하였다.
③ 광복 이후 최초로 태극기를 단 선수단이 파견되었다.
④ 이효창, 문동성, 이종국 선수는 스피드스케이팅 종목에 출전하였다.

19. 대한민국에서 개최된 하계아시아경기대회가 아닌 것은?
① 1986년 제10회 서울아시아경기대회
② 2002년 제14회 부산아시아경기대회
③ 2014년 제17회 인천아시아경기대회
④ 2018년 제18회 평창아시아경기대회

20. 1991년에 남한과 북한이 단일팀으로 탁구 종목에 참가한 국제경기대회는?
① 제41회 지바세계선수권대회
② 제27회 시드니올림픽경기대회
③ 제28회 아테네올림픽경기대회
④ 제6회 포르투갈세계청소년선수권대회

1. 체육사에 관한 설명으로 옳지 않은 것은?

① 연구대상은 시간, 인간, 공간 등이 고려된다.

② 체육과 스포츠를 역사적 방법으로 연구하는 학문이다.

③ 연구내용은 스포츠문화사, 전통스포츠사 등을 포함한다.

④ 체육과 스포츠의 도덕적 가치판단에 대한 근거를 탐구한다.

2. <보기>에서 체육사 연구의 사료(史料)에 관한 설명으로 옳은 것만을 모두 고른 것은?

〈보기〉

> ㉠ 기록 사료는 문헌 사료와 구전 사료가 있다.
>
> ㉡ 물적 사료는 물질적 유산인 유물과 유적이 있다.
>
> ㉢ 기록 사료 중 민요, 전설, 시가, 회고담 등은 문헌 사료이다.
>
> ㉣ 전통적인 분류 방식에 따르면, 물적 사료와 기록 사료로 구분된다.

① ㉠, ㉡   ② ㉡, ㉢

③ ㉠, ㉡, ㉣   ④ ㉡, ㉢, ㉣

3. 부족국가와 삼국시대의 신체활동이 포함된 제천의식에 관한 설명으로 옳지 않은 것은?

① 신라 – 가배   ② 부여 – 동맹

③ 동예 – 무천   ④ 마한 – 10월제

4. <보기>에서 화랑도에 관한 설명으로 옳은 것만을 모두 고른 것은?

〈보기〉

> ㉠ 법흥왕 때에 종래 화랑도 제도를 개편하여 체계화되었다.
>
> ㉡ 한국의 전통사상과 세속오계(世俗五戒)를 근간으로 두었다.
>
> ㉢ 국선도(國仙徒), 풍류도(風流徒), 원화도(源花徒)라고도 불리었다.
>
> ㉣ 편력(遍歷), 입산수행(入山修行), 주행천하(周行天下) 등의 활동을 했다.

① ㉠, ㉡   ② ㉡, ㉢

③ ㉠, ㉡, ㉣   ④ ㉡, ㉢, ㉣

5. <보기>의 ㉠에 해당하는 용어는?

〈보기〉

> 『구당서(舊唐書)』에 따르면, "고구려의 풍속은 책 읽기를 좋아하며, 허름한 서민의 집에 이르기까지 거리에 큰 집을 지어 이를 (㉠)이라고 하고, 미혼의 자제들이 여기에서 밤낮으로 독서하고 활쏘기를 익힌다."라고 되어 있다.

① 태학   ② 경당

③ 향교   ④ 학당

6. 고려시대의 무학(武學) 전문 강좌인 강예재(講藝齋)가 개설된 교육기관은?

① 국자감(國子監)

② 성균관(成均館)

③ 응방도감(鷹坊都監)

④ 오부학당(五部學堂)

7. <보기>에서 고려시대 무예의 특징으로 옳은 것만을 모두 고른 것은?

〈보기〉

> ㉠ 격구(擊毬)는 군사훈련의 수단이었다.
> ㉡ 수박희(手搏戲)는 무인 인재 선발의 중요한 방법이었다.
> ㉢ 마술(馬術)은 육예(六藝) 중 어(御)에 속하며, 군자의 중요한 덕목 중 하나였다.
> ㉣ 궁술(弓術)은 문인과 무인의 심신 수양과 인격도야의 방법으로 중시되었다.

① ㉠
② ㉡, ㉢
③ ㉡, ㉢, ㉣
④ ㉠, ㉡, ㉢, ㉣

8. 조선시대 무과제도에 관한 설명으로 옳지 <u>않은</u> 것은?

① 초시, 복시, 전시 3단계로 실시되었다.
② 무과는 강서와 무예 시험으로 구성되었다.
③ 증광시, 별시, 정시는 비정규적으로 실시되었다.
④ 선발 정원은 제한이 없었으며, 누구나 응시할 수 있었다.

9. <보기>에 해당하는 신체활동은?

〈보기〉

> • 군사훈련의 성격을 지니고 실시된 무예 활동
> • 조선시대 왕이나 양반 또는 대중에게 볼거리 제공
> • 나라의 풍속으로 단오절이나 명절에 행해졌던 활동
> • 승부를 결정 짓는 놀이로서 신체적 탁월성을 추구하는 경쟁적 활동

① 투호(投壺)
② 저포(樗蒲)
③ 석전(石戰)
④ 위기(圍碁)

10. <보기>에서 조선시대 체육사상에 관한 설명으로 옳은 것만을 모두 고른 것은?

〈보기〉

> ㉠ 유교의 영향으로 숭문천무(崇文賤武) 사상이 만연했다.
> ㉡ 심신 수련으로 활쏘기가 중시되었고, 학사사상(學射思想)이 강조되었다.
> ㉢ 활쏘기를 통해서 문무겸전(文武兼全) 혹은 문무겸일(文武兼一)에 도달하고자 했다.
> ㉣ 국토 순례를 통해 조선에 대한 애국심을 가지게 하는 불국토사상(佛國土思想)이 중시되었다.

① ㉠, ㉡
② ㉡, ㉢
③ ㉠, ㉡, ㉢
④ ㉡, ㉢, ㉣

11. 일제강점기에 설립된 체육 단체가 <u>아닌</u> 것은?

① 대한국민체육회(大韓國民體育會)
② 관서체육회(關西體育會)
③ 조선체육협회(朝鮮體育協會)
④ 조선체육회(朝鮮體育會)

12. <보기>의 ㉠, ㉡에 해당하는 여성 스포츠인이 바르게 연결된 것은?

〈보기〉

> • 박봉식은 1948년 런던올림픽경기대회에 출전한 첫 여성 원반 던지기 선수
> • (㉠)은/는 1967년 세계여자농구선수권대회에 출전해 최우수 선수로 선정
> • (㉡)은/는 2010년 밴쿠버동계올림픽경기대회에 출전해 피겨 스케이팅 금메달 획득

	㉠	㉡
①	박신자	김연아
②	김옥자	김연아
③	박신자	김옥자
④	김옥자	박신자

13. <보기>의 ㉠, ㉡에 해당하는 개최지가 바르게 연결된 것은?

〈보기〉

우리나라는 1986년 서울아시아경기대회, 2002년 (㉠) 아시아경기대회, 2014년 (㉡)아시아경기대회를 성공적으로 개최했다.

	㉠	㉡		㉠	㉡
①	인천	부산	②	부산	인천
③	평창	충북	④	충북	평창

14. <보기>에 해당하는 인물은?

〈보기〉

• 제6회, 제7회 아시아경기대회에서 수영 종목 400M, 1,500M 2관왕 2연패
• 2008년 독도 33바퀴 회영(回泳)
• 2020년 스포츠영웅으로 선정되어 2021년 국립묘지에 안장

① 조오련 ② 민관식 ③ 김 일 ④ 김성집

15. 개화기에 도입된 근대스포츠 종목으로 옳지 <u>않은</u> 것은?

① 농구 ② 역도 ③ 야구 ④ 육상

16. 광복 이전 조선체육회에 관한 설명으로 옳지 <u>않은</u> 것은?

① 조선체육협회보다 먼저 창립되었다.
② 조선의 체육을 지도, 장려하는 것이 목적이었다.
③ 첫 사업인 제1회 전조선야구대회는 전국체육대회의 효시이다.
④ 고려구락부를 모태로 하였고, 조선체육협회에 강제 통합되었다.

17. <보기>에서 설명하는 올림픽경기대회는?

〈보기〉

• 우리 민족이 일장기를 달고 출전한 대회
• 마라톤의 손기정이 금메달, 남승룡이 동메달을 획득한 대회

① 1924년 제8회 파리올림픽경기대회
② 1928년 제9회 암스테르담올림픽경기대회
③ 1932년 제10회 로스앤젤레스올림픽경기대회
④ 1936년 제11회 베를린올림픽경기대회

18. <보기>의 ㉠, ㉡에 들어갈 알맞은 용어로 바르게 연결된 것은?

〈보기〉

• (㉠)경기대회는 우리나라 여성이 최초로 금메달을 획득한 대회로, 서향순이 양궁 개인전에서 금메달을 획득했다.
• (㉡)경기대회는 우리나라가 광복 후 최초로 마라톤에서 금메달을 획득한 대회로, 황영조가 마라톤에서 금메달을 획득했다.

	㉠	㉡
①	1984년 로스앤젤레스올림픽	1988년 서울올림픽
②	1984년 로스앤젤레스올림픽	1992년 바르셀로나올림픽
③	1988년 서울올림픽	1988년 서울올림픽
④	1988년 서울올림픽	1992년 바르셀로나올림픽

19. <보기>의 설명과 관련 있는 정권은?

〈보기〉

• 호돌이 계획 시행
• 국민생활체육회(구 국민생활체육협의회) 창설
• 1988년 서울올림픽경기대회의 성공적인 개최
• 제41회 지바 세계탁구선수권대회 남북단일팀 출전

① 박정희 정권 ② 전두환 정권
③ 노태우 정권 ④ 김영삼 정권

20. 2002년 제17회 월드컵축구대회에 관한 설명으로 옳지 <u>않은</u> 것은?

① 한국은 4강에 진출했다.
② 한국과 일본이 공동으로 개최했다.
③ 한국과 북한이 단일팀을 구성하여 출전했다.
④ 한국의 길거리 응원은 온 국민 문화축제의 장이었다.

1. ② 2. ② 3. ③ 4. ① 5. ④ 6. ① 7. ① 8. ③
9. ③ 10. ③ 11. ① 12. ④ 13. ② 14. ② 15. ④
16. ① 17. ④ 18. ③ 19. ② 20. ④

1. ㄷ. 한국 체육과 스포츠에 관한 역사 기술은 가치 평가보다 사실 확인을 우선한다.

2. 무천은 동예, 가배는 신라로 〈보기〉의 정답은 ㄷ, ㄹ이다.

3. 성년의식은 일정한 나이가 되어 성년이 될 때 치르는 통과의례로, 『삼국지』의 「위지동이전」에 '큰사람'으로 부른 기록이 있다.

4. ㄷ. 훈련원에서 무예 시험과 훈련이 행해진 시대는 조선시대이다. 백제에서는 박사제도로 모시박사, 의박사, 역박사, 오경박사 등이 있었다.

5. 고려시대 최고 교육기관은 국자감이며, 강예재에서 무학 교육이 이루어졌다.

6. ① 격구는 귀족스포츠로 귀족계층의 오락 및 여가 활동이었다.

7. 석전은 세시풍속의 민속스포츠이다. 군사훈련으로 활용되기도 하였으나, 관료 선발에 활용되지는 않았다.

8. 승경도(종정도)는 조선시대 양반 자제들이 즐겨하던 민속놀이이다. 승경도는 조선시대의 수많은 관직의 등급과 상호관계를 놀이를 통해 익히며 벼슬에 오르는 포부를 키워준다.

9. 광해군의 명에 따라 무예제보에 수록되지 않은 무예가 수록, 간행된 것은 무예제보번역속집이다. 권보는 무예제보에 싣지 못한 단병무예, 즉 권법 1기가 실려 있다.

10. 조선은 유교적 관료국가였으며 불교를 배척하고 유교를 숭상하는 배불숭유를 국가이념으로 받들었다.

11. 고종의 교육입국조서에서 삼양이 표기된 순서는 덕양, 체양, 지양이다. 고종은 전 국민에게 덕양, 체양, 지양의 3대 교육 분야를 조화롭게 가르쳐야 한다고 발표하였다.

12. 1885년 미국인 선교사 아펜젤러가 서울에 설립한 근대식 사립학교는 배재학당이다. 경신학교는 1886년 언더우드가 정동 자택에 설립하였으며, 이화학당은 1886년 미국인 선교사 스크랜턴 부인이 설립하였다. 숭실학교는 1897년 미국 선교사 베어드가 평양에 설립한 기독교 학당이다.

13. 초창기 운동회에서 실시된 종목은 주로 육상이었다.

14. 조선체육진흥회는 1942년(일제강점기)에 일제에 의해 결성되었다.

15. 보기의 활동을 주도한 체육사상가는 노백린이다.

16. 원산학사는 1883년(개화기)에 설립된 최초의 근대식 사립학교이다.

17. 일제강점기의 조선체육회에 관한 설명으로 ㄱ, ㄴ, ㄷ, ㄹ 모두 옳은 설명이다.

18. 〈보기〉는 여운형에 대한 설명이다. 여운형은 조선체육회 회장을 역임하고, 체육을 통해 국민의 건강과 단결을 도모하고자 하였다.

19. 대한민국 정부의 체육정책 담당 부처의 변천 순서는 체육부(1982년), 문화체육부(1993년), 문화체육관광부(2008년)로, 정답은 ②이다.

20. ㉠은 탁구, ㉡은 배구, ㉢은 핸드볼에 대한 설명이다.

1. ④ 2. ① 3. ③ 4. ④ 5. ② 6. ② 7. ② 8. ③
9. ① 10. ③ 11. ① 12. ④ 13. ③ 14. ②, ③ 15. ①
16. ④ 17. ③ 18. ②, ④ 19. ④ 20. ①

1. 사관은 기록으로서의 역사로서 과거의 사실을 토대로 역사가가 역사가의 가치관에 따라 이를 조사하고 연구하여 주관적으로 재구성한 것이다. 과거에 있었던 사실을 있는 그대로의 상태로 밝히는 것은 사실로서의 역사이다.

2. 한국사의 시대 구분은 보통 1894년 갑오경장을 기준으로 전통체육과 근대체육으로 나눈다. 갑오

경장 이전은 무예를 중심으로 하는 전통 체육을 강조하였으며, 갑오경장 이후는 교육입국조서를 중심으로 하는 근대체육을 강조하였다.

3. 윷놀이는 저포라고도 불리며, 사희라고도 불린다. 가장 오래된 놀이이며 여러 사람이 모여 즐기던 놀이이다. 다섯 개(현재 4개)의 나무로 만든 막대기(주사위)를 던져서 승부를 겨루는 놀이이며, 남녀노소 누구나 즐길 수 있고 장소에 크게 구애받지 않는 놀이이다.

4. 화랑도는 진흥왕 때에 조직이 체계화되었다. 화랑은 귀족 자제 중에서 선발된 지도자, 낭도는 귀족은 물론 평민까지 망라한 화랑을 따르는 무리이다. 신체활동을 통한 수련으로 덕을 함양한 심신일원론(심신일체론)적 사상에 기반한 전인교육을 지향한다.

5. 축국은 가죽주머니로 공을 만들어 공을 땅에 떨어뜨리지 않고 발로 차던 공차기 놀이이다.

6. 대표적인 귀족 체육으로는 격구, 투호, 방응이 있다. 풍연(연날리기)과 추천(그네뛰기)은 서민 체육이다.

7. 응방은 고려·조선시대에 매의 사육과 사냥을 맡은 관서이며, 1281년 응방도감으로 제도화되었다.

8. 성균관, 사학, 향교, 서원, 서당은 유학교육기관이고 훈련원과 사정은 무학교육기관이다. 성리학은 유학교육기관에서 교육하였다.

9. 궁술은 조선시대의 육예 중 사(射)에 해당한다.

10. 〈보기〉는 무예도보통지에 대한 설명이다. 무예도보통지는 한국·중국·일본의 서적 145종을 참고한 종합무예서로 총 24가지의 무예가 실려 있다. 정조의 지시로 이덕무·박제가·백동수 등에 의해 편찬되었다.

11. 〈보기〉는 오산학교에 대한 설명이다. 오산학교는 1907년 이승훈이 평안북도 정주에 세운 학교이다.

12. ① 원산학사는 문예반 50명, 무예반 200명을 선발하였다. ② 화류회는 외국어 학교에서 열린 개화기 최초의 운동회로 영국인 교사 허치슨이 시작한 행사이다. ③ 배재학당은 미국인 선교사 아펜젤러가 세웠으며, 이화학당은 미국인 선교사 스크랜턴 부인이 설립하였다. 경신학교는 언더우드학당이라고도 하며, 언더우드가 정동 자택에 설립하였다.

13. ① 청강체육부는 최성희·신완식 등이 조직하였고, 정례적으로 축구 시합을 실시하였다. ② 회동구락부는 탁지부 관리들이 친목 도모를 위해 조직하였고, 우리나라 최초로 연식정구를 도입하였다. ④ 대동체육구락부는 국민체육진흥을 목적으로 조직된 체육단체이다. 체조연구회는 체조교사인 조원희, 김성집, 이기동 등이 보성중학교에 조직한 단체이다.

14. ② 1920년에 동아일보사 후원으로 설립된 단체는 조선체육회이다. 조선체육협회는 1919년 2월 조선신문사의 후원으로 설립되었다. ③ 서상천은 1923년 일본 체조학교를 졸업하고, 1926년 휘문고등학교 체육교사로 부임해 역도부를 조직하고 지도하였다.

15. 〈보기〉는 황성기독교청년회에 대한 설명이다. 황성기독교청년회는 1903년 서울에서 창설된 기독교 청년단체이다. 개화기 선교사에 의해 조직되어 국내에 야구·농구·배구 등을 보급하였다.

16. ㉠, ㉡, ㉢, ㉣ 모두 체력장에 대한 설명으로 옳은 설명이다. 체력장은 체력 증진이라는 교육 목적으로 전국적으로 실시되었으며, 1973년부터는 대학 입시에 체력장 평가가 포함되었다. 입시 과열 현상 등 부작용이 발생하기도 했다.

17. 〈보기〉는 태권도에 대한 설명이다. 1994년에 열린 국제올림픽위원회(IOC) 총회에서 2000년 호주 시드니 올림픽 정식 종목으로 태권도를 채택하였다.

18. ② 독일과 일본은 제2차 세계 대전을 이유로 참가가 거부되었다. ④ 스피드스케이팅 종목에 이효창, 문동성, 이종국 선수가 출전하였으나, 문동성 선수의 부상으로 최용진 감독이 대신 참가하였다.

19. 2018년 제18회 평창아시아경기대회는 동계올림픽이다.

20. 1991년에 남한과 북한이 단일팀으로 탁구 종목에 참가한 국제경기대회는 제41회 지바세계선수권대회이다. 1991년 6월에는 포르투갈 리스본에서 열린 제6회 포르투갈세계청소년축구선수권대회에 남북 단일팀이 참가하였다.

2022년 생활·전문 스포츠지도사2급 한국체육사

1. ④ 2. ③ 3. ② 4. ④ 5. ② 6. ① 7. ④ 8. ④
9. ③ 10. ③ 11. ① 12. ① 13. ② 14. ① 15. ②
16. ① 17. ④ 18. ② 19. ③ 20. ③

1. 체육과 스포츠의 도덕적 가치판단에 대한 근거를 탐구하는 것은 스포츠윤리에 관한 설명이다.

2. 기록 사료 중 민요, 전설, 시가, 회고담 등은 구전 사료이다.

3. 제천의식이 고구려에서는 동맹, 부여에서는 영고 로 불렸다.

4. 진흥왕 때에 종래 화랑도 제도를 개편하여 체계 화되었다.

5. ㉠에 해당하는 것은 경당이다. 경당은 각 지방에 세운 평민층 교육기관으로, 주된 교육내용은 경서 암송과 궁술(활쏘기)이다. 경당은 미혼의 자제들 이 모여서 밤낮으로 독서하고 활쏘기를 연습하는 장소였다.

6. 국자감에는 7재가 있었으며, 7재는 6재(유학재) 와 1재(무학재)로 구성되었다. 6재(유학재)로는 여 택재(주역), 대빙재(상서), 경덕재(모시), 구인재(주 례), 복응재(대례), 양정재(춘추)가 있었으며, 1재 (무학재, 무예재)로는 강예재가 있었다.

7. ㉠, ㉡, ㉢, ㉣ 모두 옳은 설명이다.

8. 선발 정원의 제한이 있었다. 초시는 3년에 한 번 씩 원시 70명, 향시 120명으로 총 190명을 선발하 였다. 복시는 초시 합격자를 모아 병조와 훈련원 의 주관 아래 28명을 선발하였다. 전시는 임금 참 석하에 기격구와 보격구를 시행하여 복시 합격자 28명의 등급을 정하였다.

9. 〈보기〉는 석전에 대한 설명이다. 석전(변전, 편전, 편쌈)은 군사훈련으로 활용되었으며 돌팔매질을 하여 승부를 겨루는 것을 의미한다.

10. 조선은 유교적 관료국가였으며 불교를 배척하고 유교를 숭상하는 배불숭유를 국가이념으로 받들 었다.

11. 대한국민체육회는 1907년 10월에 노백린의 발기 로 조직된 체육단체이다. 개화기에 설립되었다. 관 서체육회는 1925년, 조선체육협회는 1919년, 조선 체육회는 1920년에 설립되었다.

12. 박신자는 1967년 세계여자농구선수권대회에 출 전해 최우수 선수로 선정되었으며, 김연아는 2010 년 밴쿠버동계올림픽경기대회에 출전해 피겨 스 케이팅 금메달을 획득하였다.

13. 우리나라는 1986년 서울아시아경기대회, 2002 년 부산아시아경기대회, 2014년 인천아시아경기 대회를 성공적으로 개최했다.

14. 〈보기〉는 수영 선수 조오련에 대한 설명이다.

15. 야구는 1904년, 농구는 1907년 미국인 질레트에 의해 도입되었다. 육상은 1896년 화류회에서 처음 시작되었다. 역도는 일제강점기에 서상천에 의해 도입되었다.(1926년)

16. 조선체육협회는 1919년 2월에 창립되었으며, 조 선체육회는 1920년 7월 13일에 설립되었다.

17. 〈보기〉는 1936년에 개최된 제11회 베를린올림픽 경기대회에 대한 설명이다. 마라톤 종목에서 손기 정은 한국인 최초로 금메달을 획득하고 남승룡은 동메달을 획득하였다.

18. ㉠은 1984년 로스앤젤레스올림픽, ㉡은 1992년 바르셀로나올림픽이다.

19. 〈보기〉는 노태우 정권에 대한 설명이다. 1988년 서울올림픽경기대회를 성공적으로 개최하였으며, 1989년 국민생활체육진흥종합계획(호돌이 계획) 을 수립하고, 1991년 국민생활체육회(구 국민생활 체육협의회)를 창설하고, 제41회 지바 세계탁구선 수권대회에 남북단일팀이 출전하였다.

20. 2002년 제17회 월드컵축구대회에서는 한국과 북한이 단일팀을 구성하지 않았다.

CHAPTER 04

스포츠교육학

성피티의 생활스포츠지도사
2급 필기 합격공식

1 스포츠 교육의 역사

(1) 1950년대 이후
① 교육학 분야의 연구는 '수업활동에 관한 연구'가 주종을 이루었고 연구의 방향은 학생의 학업성취를 효과적으로 증가시키는 수업 관련 요인이 무엇인가를 파악해내려는 것에 집중

(2) 1960년대 체육 학문화 운동
① 1960년대 중반 미국을 중심으로 전개된 체육 학문화 운동은 스포츠교육학이 체육학의 하위학문 분야로 성장하는데 촉매제 역할을 함
② 신체 활동을 지도할 때 학문을 기반으로 한 이론적 지식을 스포츠 참여자에게 가르쳐야 한다는 주장이 본격적으로 제기되기 시작함
③ 스포츠교육학의 태동을 촉진시킨 외적 동인, 스포츠교육학이 학문적으로 체계화됨
④ 체육 분야에서의 혁명적 사건으로 체육의 학술적 연구를 정당화시키고 더 나아가 학교 체육에 대한 과학적 연구를 촉발시킴

(3) 1970년대 이후
① 급속하게 발달하기 시작

2 스포츠 교육의 개념

(1) 스포츠교육학의 정의
① 체육학의 하위 학문 분야
② 티칭과 코칭의 과정, 결과, 그리고 체력과 체육 및 스포츠 교육 프로그램에 관한 연구
③ 학교, 지역사회 및 클럽에 있어 스포츠, 체력 그리고 체육 프로그램의 내용, 과정 및 결과에 관계하는 광범위한 분야

(2) 스포츠교육학의 연구 영역
① 교수(수업) 방법: 체육에 관한 수업계획, 교사-학생 간의 상호작용 기능, 학습에 공헌하는 학생과 선수들의 활동, 여러 가지 다른 티칭이나 코칭 방법의 비교, 티칭과 코칭에 관련 있는 학급관리와 훈육과 같은 쟁점들을 연구하는 분야
② 교육 과정(프로그램): 체육, 스포츠 프로그램의 내용, 그 프로그램이 이바지하여야 할 목적, 프로그램이 실행되는 방법, 프로그램에 의해 성취된 결과 등에 초점을 두는 분야
③ 교사(지도자) 교육
  • 체육교사훈련과 개발에 초점을 두는 분야
  • 예비교사들에게 왜 교사가 되려고 하는가, 교사가 되기 위해서 무엇을 어떻게 배워야 하는가, 교

사가 된 후에는 그들의 지속적인 성장을 촉진하는 요소는 무엇이며 방해하는 요소는 무엇인가, 어떤 방법이 교사교육의 목적을 달성하는 데 가장 유익한가 등의 질문에 대한 연구를 수행하는 분야

(3) 협의의 스포츠 교육

① 스포츠를 교육의 수단으로 한정하여 학교 교육 내에서 이루어지는 체육교육만을 다룸

(4) 광의의 스포츠 교육

① 학교에서 다루는 신체적 교육과 더불어 다양한 공간에서 펼쳐지는 스포츠의 교육적 발생과 행위의 과학적 연구 등을 포함

(5) 스포츠교육 목적의 변화

① 신체의 교육
- 20세기 초까지 체육학의 주류를 이루었던 패러다임
- 스포츠교육의 범위를 '신체', 엄격히 말하면 '신체적인 것'에 국한시킴
- 상하고 든든한 몸, 아름다운 신체 움직임 등 신체의 외적인 건강과 기능 발달에 초점

② 신체를 통한 교육
- 진보주의 교육이론은 신체와 정신은 서로 분리될 수 없으며, 모든 교육적 활동은 지적·도덕적·신체적 결과를 동시에 가져다준다는 것을 강조함
- 체육교육의 목적이 '체조 중심의 체육'에서 '신체를 통한 교육'으로 전환되는 철학적 근거가 됨
- 교육을 '신체적 교육', '심동적 교육', '정의적 교육', '인지적 교육'의 4개 영역으로 구분

(6) 현대 스포츠 교육의 총체적 특성

① 전인적 성장(건강 증진, 스포츠 기술 습득, 정서 순화 모든 것을 포함)

(7) 스포츠교육학의 가치 영역

① 인지적 영역(인지적 가치)
- 이해하고 분석하고 추리하고 적용할 수 있는 능력
- 지식, 이해력, 사고력, 분석력, 종합력, 평가력 등의 영역
- 학업 성적, 지적 기능, 문해력과 수리력 등
  예) 스포츠생리학이나 운동역학 등과 관련된 스포츠과학 지식, 참여자와의 상담을 위한 기본적인 상담 지식, 클럽 운영과 관련된 지식, 정책 및 법령에 대한 이해, 경기 규칙 이해

② 심동적 영역(신체적 가치)
- 운동감각을 기반으로 표현되는 신체적인 능력, 건강 및 체력
- 인간의 조작적 기능·운동기능·신경근육의 발달 정도나 숙련 정도, 신체의 운동기능을 사용하고 조절하는 능력과 관련된 행동능력, 스포츠 기능
- 신체와 관련된 대부분의 운동기능·신경근육과 관련된 기능 및 지각활동 등이 모두 여기에 포함됨
  예) 심폐지구력

③ 정의적 영역(정의적 가치)
- 감정이나 정서를 기반으로 나타나는 가치관, 인성, 도덕성 등을 의미
- 인간의 흥미·태도·감상·가치관·감정·신념 등에 관련되는 교육목표의 영역

- 심리적 건강, 사회적 기술, 도덕적 인격을 포함
  예) 지용이는 학교스포츠클럽 농구팀에 소속되어 다양한 대회에 참여하면서 경기 규칙을 준수하고, 친구들과 서로 협동하고 배려하는 행동을 보여주었다. 스포츠맨십, 스포츠 인권 등과 같은 규범적 가치를 존중한다.

(8) 교육목표 분류학

① 인지적 영역
- 지식: 사실, 개념, 원리, 방법 등 이미 배운 내용을 기억하고 재생해내는 능력(단순 재생 능력)
- 이해: 지식을 바탕으로 자료의 의미를 파악하는 능력
- 적용: 추상적인 개념을 구체적 사태에 적용하여 문제를 해결할 수 있는 능력
- 분석: 주어진 자료를 분해하고, 부분 간 상호관계와 조직원리를 발견하는 능력
- 종합: 여러 요소나 부분을 새로운 의미체계가 성립되도록 하나의 전체로 묶는 능력
- 평가: 준거를 활용하여 자료의 가치를 판단하는 능력

② 정의적 영역
- 감수: 자극이나 활동에 주의를 기울이고 수용하는 것
- 반응: 자극이나 활동에 적극적으로 참여하여 만족감을 얻는 것
- 가치화: 특정 대상이나 활동에 가치를 직접 추구하고 행동으로 나타내는 것
- 조직화: 서로 다른 가치들을 비교하고 종합하여 일관된 가치체계를 형성하는 것
- 인격화: 가치체계가 일관성 있게 내면화되어 인격의 일부가 되는 것

③ 심동적 영역
- 반사 운동: 개인 의지와 무관하게 무의식적으로 반응하는 것
- 기초 운동: 몇 개의 반사 운동이 통합되어 형성되는 단순 동작
- 지각 능력: 주변 자극을 지각하고 해석하여 환경에 대처하는 능력
- 신체 능력: 숙련된 동작을 위해 필요한 신체 기관의 기능적 능력
- 숙련된 운동: 비교적 복잡하고 숙련된 운동 기능
- 동작적 의사소통: 신체적 동작을 통하여 감정, 흥미, 의사 등을 표현하는 능력

스포츠교육학의 실천영역은 학교체육, 생활체육, 전문체육으로 나뉨

구분	학교체육	생활체육(평생체육)	전문체육(엘리트)
대상	학생	모든 사람	청년(최적 연령기)
활동방법	의무적	자발적, 즐거움	의무적
내용	게임, 스포츠	놀이, 게임, 스포츠	정규 스포츠
시간	수업시간	자유 시간	훈련과 시합
장소	학교체육 시설	모든 시설	정규 체육 시설
의도성	강	약	강
목적	교육	여가, 욕구 충족	승리, 직업 영역

1 학교체육

- 학교에서 행해지는 체육활동
- 신체활동을 통하여 체력 및 운동 능력을 기르고 자신과 세계를 이해하며, 바람직한 품성과 사회성을 갖추어 건강하고 활기찬 삶에 필요한 능력과 함께 체육문화를 창조적으로 계승·발전시킬 수 있는 자질을 함양하는 교과

체육교육과정	체육수업	체육교사교육
1. 교육과정 분석	1. 이론 정립	1. 직전교사 교육
2. 교육과정 실행 및 실태	2. 교사	2. 교사연구자
3. 교육과정 비교	3. 학생	3. 현직교사 교육
4. 교육과정 문서 분석	4. 교수행동 및 수업 분석	4. 교사 지식과 전문성
5. 교육과정 모형 개발	5. 시간변인 및 상호작용	5. 교사사회화
6. 교사와 학생	6. 평가	
	7. 교수모형	
	8. 사회적 이슈	

(1) 국가체육교육과정

① 제1차 교육과정(1954~1963)
- 교과중심 교육과정으로 전인교육을 강조
- 우리나라가 만든 최초의 체계적인 교육과정
- 초등학교에서는 놀이 중심의 교육
- 남녀 교육 내용 구분
- 보건과 체육을 독립된 항목으로 설정

② 제2차 교육과정(1963~1973)

- 경험·생활 중심 교육과정
- '보건·체육'에서 '체육'으로 교과목 명칭을 통일
- 체육 교과과정에서 '레크리에이션' 추가
- 남녀 교육 내용 구분

③ 제3차 교육과정(1973~1981)
- 학문 중심 교육과정
- 남녀 교육 내용 구분
- 순환운동, 질서운동을 체육의 내용으로 새롭게 채택
- 초등학교에서 '놀이'를 벗어난 '운동'이라는 용어를 사용

④ 제4차 교육과정(1981~1987)
- 인간 중심 교육과정
- 개인, 사회, 학문을 고루 강조한 교육과정
- 국민정신교육을 강조하고 학습량을 축소 조정
- 남녀 교육 내용 구분
- 생활 경험을 중요시하여 여가 활동을 강조
- 교과 목표에 여가, 평생 스포츠, 야외활동 개념 도입
- 움직임 교육과정의 영향으로 '기본 운동' 개념 도입
- 유치원부터 고등학교까지의 교육과정을 하나의 전체적인 구조 속에서 체계화

⑤ 제5차 교육과정(1987~1991)
- 통합 교육과정 개발
- 국가 수준의 문서화된 개괄적인 기준을 제시
- 지역성과 국민학교과정을 통합
- 남녀 공통 이수 과목 신설
- 체육 교과의 목표를 심동·인지·정의 영역으로 구분

⑥ 제6차 교육과정(1991~1997)
- 편성운영체제를 개선: 구성 체제에서 '성격' 항목이 새롭게 추가됨
- 국가와 지역, 학교의 역할을 분담
- 교육과정의 분권화 및 지역화
- 지역과 학교에 재량권 부여
- 문제해결능력과 협동심을 지닌 인간 양성 추구

⑦ 제7차 교육과정(1997~2007)
- 학생 중심 교육과정으로 교육내용이 '필수'와 '선택'으로 나누어 제시됨
- 국민 공통 기본 교육과정 구성
- 수준별, 선택 중심 교육과정 도입
- 다양한 운동에서의 적극적 참여와 그를 통한 심신의 건강을 목표
- 운동과 건강에 관한 지식의 이해와 활용
- 운동을 통한 바람직한 태도 및 문화적 가치 규범의 습득
- 체육의 가치를 학생들이 인식하도록 하고, 협동심·인내심·만족감·성실성·책임감 등을 함양하도록 실천 중심으로 지도

⑧ 2007년 개정(2007~2013)
- '신체활동 가치'의 개념이 새롭게 도입됨

⑨ 2009년 개정(2013~)
  • 창의·인성 강조와 학년군 제도 도입

(2) 학교체육 진흥법 [시행 2024. 3. 24.] [일부개정 2021. 3. 23.]

제1조 목적 학생의 체육활동 강화 및 학교운동부 육성 등 학교체육 활성화에 필요한 사항을 정함으로써 학생들이 건강하고 균형 잡힌 신체와 정신을 가질 수 있도록 하는 데 기여

제2조 정의

1. 학교체육: 학교에서 학생을 대상으로 이루어지는 체육활동
2. 학교: 유아교육법에 따른 유치원 및 초·중등교육법에 따른 학교
3. 학교운동부: 학생선수로 구성된 학교 내 운동부
4. 학생 선수: 학교운동부에 소속되어 운동하는 학생이나 체육단체에 등록되어 선수로 활동하는 학생
5. 학교스포츠클럽: 체육활동에 취미를 가진 같은 학교의 학생으로 구성되어 학교가 운영하는 스포츠클럽
6. 학교 운동부 지도자: 학교에 소속되어 학교 운동부를 지도·감독하는 사람
7. 스포츠 강사: 초등학교에서 정규 체육수업 보조 및 학교스포츠클럽을 지도하는 체육 전문 강사
8. 학교체육진흥원: 학교체육 진흥을 위한 연구, 정책개발, 연수 등을 실시하는 조직

제3조 학교체육 진흥 시책과 권장 국가 및 지방자치단체(교육감을 포함)는 학교체육 진흥에 필요한 시책을 마련하고 학생의 자발적인 체육활동을 권장·보호 및 육성

제4조 기본 시책의 수립 등 ① 교육부장관은 문화체육관광부장관과 협의하여 학교체육 진흥에 관한 기본 시책을 5년마다 수립·시행

② 교육감은 해당 지방자치단체의 학교체육 진흥 계획을 수립·시행

제5조 협조 교육부장관과 문화체육관광부장관은 제4조에 따른 시책을 수립·시행하기 위하여 필요한 경우 지방자치단체의 장, 교육감 및 관계 기관 또는 단체의 장에게 협조를 요청할 수 있음. 이 경우 지방자치단체의 장, 교육감 및 관계 기관 또는 단체의 장은 특별한 사유가 없으면 이에 따라야 함.

제6조 학교체육 진흥의 조치 ① 학교의 장은 학생의 체력증진과 체육활동 활성화를 위하여 다음 각 호의 조치를 취하여야 함

1. 체육교육과정 운영 충실 및 체육수업의 질 제고
2. 학생건강체력평가 및 비만 판정을 받은 학생에 대한 대책
3. 학교스포츠클럽 및 학교 운동부 운영
4. 학생 선수의 학습권 보장 및 인권 보호
5. 여학생 체육활동 활성화
6. 유아 및 장애학생의 체육활동 활성화
7. 학교체육행사의 정기적 개최
8. 학교 간 경기대회 등 체육 교류활동 활성화
9. 교원의 체육 관련 직무연수 강화 및 장려
10. 그 밖에 학교체육 활성화를 위하여 필요한 사항

② 학교의 장은 제1항에 따른 조치를 시행하기 위하여 필요한 경비를 학교 예산의 범위에서 확보하여야 함

③ 교육부장관과 교육감은 제1항에 따른 조치가 적절하게 취하여지고 있는지를 대통령령으로 정하는 바에 따라 주기적으로 감독하여야 함

제7조 학교 체육시설 설치 등 ① 국가 및 지방자치단체는 학생의 체육활동에 필요한 운동장, 체육관 등 기반시설을 확충하여야 함

② 학교의 장은 교육부장관이 정하는 바에 따라 학생의 체육활동 진흥에 필요한 체육 교재 및 기자재, 용품 등을 확보하여야 함

③ 학교의 장은 대통령령으로 정하는 바에 따라 학생에 대한 폭력, 성폭력 등 인권침해의 우려가 있는 학교 체육시설 관련 주요 지점에 「개인정보 보호법」 제2조제7호에 따른 영상정보처리기기를 설치·관리할 수 있음

④ 이 법에서 정한 사항 외에 영상정보처리기기의 설치·관리 등에 관한 사항은 「개인정보 보호법」에 따름

⑤ 제1항에 따른 체육활동 기반시설 확충과 제2항에 따른 체육 교재 및 기자재, 용품 등의 확보에 필요한 사항은 교육부령으로 정함

제8조 학생건강체력평가 실시계획의 수립 및 실시 ① 국가는 학생의 건강체력 상태를 측정하기 위하여 매년 3월 31일까지 학생건강체력평가 실시계획을 수립하고 학교의 장은 실시계획에 따라 학생건강체력평가를 실시

② 제1항에 따라 학생건강체력평가를 실시한 학교의 장은 평가결과를 교육정보시스템에 등록하여야 하며, 해당 학생과 학부모에게 알려야 함

③ 제1항에 따른 학생건강체력평가는 「고등교육법」에 따른 대학이나 전문기관·단체 등에 위탁할 수 있음

④ 제1항부터 제3항까지의 규정에 따라 학생건강체력평가를 실시한 경우에는 「학교보건법」 제7조에 따른 건강검사 중 신체능력검사를 실시한 것으로 봄

⑤ 제1항부터 제3항까지의 규정에 따른 학생건강체력평가의 시기, 방법, 평가항목, 평가결과 등록 및 학생건강체력평가를 위탁받을 수 있는 대학이나 전문기관·단체 등의 자격요건 등에 필요한 사항은 교육부령으로 정함

제9조 건강체력교실 등 운영 ① 학교의 장은 제8조에 따른 학생건강체력평가에서 저체력 또는 비만 판정을 받은 학생을 대상으로 건강체력증진을 위하여 정규 또는 비정규 프로그램(이하 "건강체력교실"이라 한다)을 운영하여야 함

② 건강체력교실 등의 설치 및 운영 등에 관하여 필요한 사항은 교육부령으로 정함

제10조 학교스포츠클럽 운영 ① 학교의 장은 학생들이 신체활동 프로그램에 참여할 수 있도록 학교스포츠클럽을 운영하여 학생들의 체육활동 참여 기회를 확대하여야 함

② 학교의 장은 학교스포츠클럽을 운영하는 경우 학교스포츠클럽 전담 교사를 지정하여야 함

③ 학교스포츠클럽 전담교사에게는 학교 예산의 범위에서 소정의 지도수당을 지급

④ 학교의 장은 학교스포츠클럽 활동내용을 학교생활기록부에 기록하여 상급학교 진학자료로 활용할 수 있도록 하여야 함

⑤ 학교의 장은 교육부령으로 정하는 바에 따라 일정 비율 이상의 학교스포츠클럽을 해당 학교의 여학생들이 선호하는 종목의 학교스포츠클럽으로 운영하여야 함

제11조 학교운동부 운영 등 ① 학교의 장은 학생선수가 일정 수준의 학력기준(이하 "최저학력"이라 한다)에 도달하지 못한 경우에는 교육부령으로 정하는 경기대회의 참가를 허용하여서는 안 됨. 다만, 고등학교 또는 이에 준하는 학교에 재학 중인 학생선수가 기초학력보장 프로그램을 이수한 경우에는 그 참가를 허용할 수 있음

② 학교의 장은 최저학력에 도달하지 못한 학생선수에게 별도의 기초학력보장 프로그램을 제공하여야 함

③ 최저학력의 기준 및 실시 시기에 필요한 사항과 기초학력보장 프로그램의 운영 등에 필요한 사항은 교육부령으로 정함

④ 학교의 장은 학생선수의 학습권 보장 및 신체적·정서적 발달을 위하여 학기 중의 상시 합숙훈련이 근절될 수 있도록 노력하여야 함. 다만, 경기대회 참가 등을 위하여 불가피하게 합숙훈련을 실시하는 경우에는 학생선수의 안전 및 인권보호를 위하여 필요한 조치를 하여야 함

⑤ 학교의 장은 원거리에서 통학하는 학생선수를 위하여 기숙사를 운영할 수 있음. 이 경우 필요한 사항은 교육부령으로 정함

⑥ 학교의 장은 학교운동부 관련 후원금을 학교회계에 편입시켜 운영하여야 함

⑦ 국가 및 지방자치단체는 예산의 범위에서 학교운동부 운영과 관련된 경비를 지원할 수 있음

제12조 학교운동부지도자 ① 학교의 장은 학생 선수의 훈련과 지도를 위하여 학교운동부지도자를 둘 수 있음

② 국가는 학교운동부지도자의 자질 향상 및 전문성 강화를 위하여 연수교육 계획을 수립하고, 이를 실시하여야 함. 이 경우 연수교육을 관련 단체에 위탁할 수 있음

③ 국가 및 지방자치단체는 학교운동부지도자의 급여에 필요한 경비를 지원하도록 노력하여야 하며, 학교의 장은 학교운동부지도자 임용에 필요한 경비를 「초·중등교육법」 제30조의2에 따라 설치된 학교회계에 반영하여 집행하여야 함

④ 학교의 장은 학교운동부지도자가 학생선수의 학습권을 박탈하거나 폭력, 금품·향응 수수 등의 부적절한 행위를 하였을 경우 학교운영위원회의 심의를 거쳐 계약을 해지할 수 있음

⑤ 교육감은 학교운동부지도자의 지도 등을 위하여 학교운동부지도자관리위원회를 설치함

⑥ 교육감은 제4항의 사유 이외에 학교의 장이 부당하게 학교운동부지도자를 계약 해지하였을 경우 학교운동부지도자관리위원회의 심의를 거쳐 관련 계약 해지를 철회할 수 있음

⑦ 그 밖에 학교운동부지도자의 자격기준, 임용, 급여, 신분, 직무 등에 필요한 사항은 대통령령으로 정함

제12조의2 도핑 방지 교육 ① 국가와 지방자치단체는 도핑을 방지하기 위하여 학생선수와 학교운동부지도자를 대상으로 도핑 방지 교육을 실시하여야 함

② 제1항에 따른 도핑 방지 교육의 방법 및 절차 등에 필요한 사항은 대통령령으로 정함

제12조의3 스포츠 분야 인권교육 등 ① 국가와 지방자치단체는 학생선수의 인권보호를 위하여 학생선수와 학교운동부지도자를 대상으로 스포츠 분야 인권교육을 실시하여야 함

② 국가와 지방자치단체는 학생선수에 대한 폭력, 성폭력 등 인권침해가 발생한 때에는 학생선수와 학교운동부지도자를 대상으로 심리치료 및 안전조치를 하여야 함

③ 제1항 및 제2항에 따른 스포츠 분야 인권교육, 심리치료 및 안전조치에 관하여 필요한 사항은 대통령령으로 정함

제13조 스포츠강사의 배치 ① 국가 및 지방자치단체는 학생의 체육수업 흥미 제고 및 체육활동 활성화를 위하여 초등학교에 스포츠 강사를 배치할 수 있음

② 제1항에 따른 스포츠강사의 자격기준, 임용 등에 필요한 사항은 대통령령으로 정함

제13조의2 여학생 체육활동 활성화 지원 ① 교육부장관은 여학생의 체육활동 활성화에 필요한 기본지침을 수립하여 교육감 및 학교의 장에게 통보하여야 하고, 학교의 장은 기본지침에 따라 매년 여학생 체육활동 활성화 계획을 수립·시행하여야 함

② 교육부장관은 제1항에 따른 계획의 수립·시행에 대하여 평가하고 그 평가결과를 반영하여 교부금을 대통령령으로 정하는 바에 따라 특별지원할 수 있음

③ 국가 및 지방자치단체는 여학생의 체육활동 활성화 지원에 필요한 시설을 갖추어야 함

④ 교육부장관은 여학생의 체육활동 활성화를 지원하기 위한 체육 교재, 기자재, 용품 등의 확보기준을 따로 정하여야 함

⑤ 제2항에 따른 평가 방법 및 항목, 그 밖에 필요한 사항은 교육부령으로 정함

제14조 유아 및 장애학생 체육활동 지원 ① 국가 및 지방자치단체는 유치원에 재원 중인 유아 및 일반학교 또는 특수학교에 배치된 특수교육대상자에 대하여 적절한 체육활동 프로그램을 운영하여야 함

② 유치원의 장 및 학교의 장은 제1항에 따른 체육활동 프로그램의 운영을 대통령령으로 정하는 관련

단체 및 대학의 체육계열학과 등에 위탁할 수 있음

제15조 경비의 지원 및 보조 국가 및 지방자치단체는 학교체육 진흥에 필요한 경비를 예산의 범위에서 지원할 수 있음

제16조 학교체육진흥위원회 등 ① 학교체육 진흥에 관한 중요 사항을 심의하기 위하여 교육부장관과 문화체육관광부장관 소속으로 학교체육진흥중앙위원회를, 시·도 및 시·도교육청과 시·군·구 및 교육지원청 소속으로 학교체육진흥지역위원회를 설치하여 운영함

제17조 학교체육진흥원 ① 학교체육 진흥을 위한 다음 각 호의 사업과 활동을 위하여 교육부장관 소속으로 학교체육진흥원을 설립할 수 있음

    1. 학교체육 진흥을 위한 정책연구

    2. 체육활동 프로그램의 개발 및 보급

    3. 학생 체력통계의 체계적 수집 및 분석

    4. 제8조에 따른 학생건강체력평가의 종목·평가기준 및 시스템 개발·운영

    5. 여학생의 체육활동 활성화 지원

    6. 그 밖에 학교체육 진흥에 필요한 사항

제18조 지역사회와 협력 학교의 장은 학교체육 활성화를 위하여 필요한 경우 지역의 관계 기관 또는 관계 단체의 장에게 협력을 요청할 수 있음

제19조 권한의 위임 이 법에 따른 교육부장관의 권한은 그 일부를 대통령령으로 정하는 바에 따라 교육감에게 위임할 수 있음

(3) 학교체육 진흥법 시행령 [시행 2023. 9. 15.]

제2조 학교체육 진흥 기본 시책

① 포함 사항

- 학교체육 진흥을 위한 중장기 정책목표 및 기본방향에 관한 사항
- 학교체육의 기반 구축 및 활성화에 관한 사항
- 학교체육 진흥을 위한 투자 확대 및 소요 재원에 관한 사항
- 학교체육 진흥정책에 대한 분석 및 평가에 관한 사항
- 학생선수의 인권보호에 관한 사항
- 그 밖에 학교체육 진흥을 위하여 필요한 사항

② 교육부장관은 제1항에 따른 기본 시책을 수립하였을 때에는 다음 각 호의 자에게 그 내용을 통보하여야 함

    1. 특별시장·광역시장·특별자치시장·도지사 및 특별자치도지사

    2. 특별시·광역시·특별자치시·도 및 특별자치도의 교육감

제2조의2 학교체육 진흥 조치에 대한 감독

① 교육부장관 및 교육감은 법 제6조제3항에 따라 같은 조 제1항에 따른 학교체육 진흥 조치에 대한 감독을 매년 1회 이상 실시해야 함

② 제1항에 따른 감독은 서면점검으로 실시하되, 필요한 경우 현장점검을 실시할 수 있음

제2조의3 고정형 영상정보처리기기의 설치

고정형 영상정보처리기기를 설치할 수 있는 지점은 다음 각 호와 같음

    1. 실내외 훈련장(학교운동부지도자실 및 회의실 등을 포함한다)

    2. 학생선수기숙사 및 훈련시설의 출입문·복도·주차장 및 주요 교차로

    3. 학생선수기숙사 및 훈련시설의 식당 및 강당 등 여러 사람이 이용하는 시설

제3조 학교운동부지도자의 자격기준 등
① 학교의 장은 법 체육지도자 중에서 학교운동부지도자를 임용할 수 있음
② 학교운동부지도자의 급여는 학교의 장이 지도경력과 실적을 고려하여 정함
③ 학교운동부지도자는 다음 각 호의 직무를 수행함
  - 학생선수에 대한 훈련계획 작성, 지도 및 관리
  - 학생선수의 각종 대회 출전 지원 및 인솔
  - 훈련 및 각종 대회 출전 시 학생선수의 안전관리
  - 경기력 분석 및 훈련일지 작성
  - 훈련장의 안전관리
④ 학교운동부지도자 재임용 시 고려사항: 직무수행 실적, 복무 태도, 학교운동부 운영 성과, 학생선수의 학습권 및 인권 침해 여부

제3조의2 도핑 방지 교육
① 교육부장관과 교육감이 실시
② 연 1회 이상 실시
③ 도핑의 개념, 금지 약물 관련 정보 및 도핑 관련 규정 등의 내용을 포함
④ 견학·체험 활동 또는 정보·통신 매체를 이용한 원격교육 등 다양한 방법으로 실시 가능

제3조의3 스포츠 분야 인권교육 등
① 스포츠 분야 인권교육에는 다음 각 호의 사항이 포함되어야 함
  1. 스포츠 분야 인권침해의 유형
  2. 스포츠 분야 인권침해 예방에 관한 사항
  3. 스포츠 분야 인권침해 발생 시 대응 및 신고 방법
  4. 스포츠 분야 인권침해와 관련된 주요 제도 및 사례
  5. 그 밖에 교육부장관 또는 교육감이 학생선수 인권보호를 위하여 필요하다고 인정하는 사항
② 제1항에 따른 인권교육은 학기별 1회, 1회당 1시간 이상 실시함
③ 교육부장관 및 교육감은 법 제12조의3제2항에 따른 심리치료 및 안전조치를 할 때에는 해당 분야의 전문가를 참여시켜야 함

제4조 스포츠강사의 자격기준 등
① 초등학교의 장은 체육지도자 중에서 스포츠강사를 임용할 수 있음
② 초등학교의 장은 스포츠강사를 1년 단위로 계약하여 임용할 수 있음
③ 스포츠강사 재임용 시 고려사항: 강사로서의 자질, 복무 태도, 학생의 만족도

(4) 교육과정 개선의 관점
① 문화적 관점
  - 교사를 교육과정과 학교교육 변화에 중심을 둠
  - 교사 스스로 변화의 정당성을 이해하고자 노력하며, 능동적으로 의식의 전환을 도모
  - 교육과정의 개선은 학교교육에 참여하는 구성원 간의 상호작용을 통해 결정
② 기능적 관점
  - 교육과정, 교과 내용이 중심
  - 어떤 내용과 지식을 제공하고 학습할지에 초점을 둠
③ 생태적 관점
  - 정해진 형태의 교육을 벗어나 그 이상의 교육을 만들어가는 과정

- 교사와 학생이 끊임없이 소통하고 재창조하여 보다 나은 결과물을 이끌어내는 과정
  예) 세미나

2 생활체육

- 여가활동의 일환으로 행해지는 체육활동
- 생애 주기별로는 유아체육, 아동체육, 성인체육, 장년체육, 노인체육 등으로 분류됨
- "요람에서 무덤까지"의 의미를 대표하는 일종의 사회운동이라 할 수 있으며, 세계 각국에서는 정책적으로 다양한 캠페인을 통해 체육활동을 생활화하고 있음

(1) 국민체육진흥법 [시행 2024. 8. 7.] [일부개정 2024. 2. 6.]
제1조 목적 국민체육을 진흥하여 국민의 체력을 증진하고, 체육활동으로 연대감을 높이며, 공정한 스포츠 정신으로 체육인 인권을 보호하고, 국민의 행복과 자긍심을 높여 건강한 공동체의 실현에 이바지함을 목적으로 함
제2조 정의
1. 체육: 운동경기·야외 운동 등 신체 활동을 통하여 건전한 신체와 정신을 기르고 여가를 선용하는 것
2. 전문체육: 선수들이 행하는 운동경기 활동
3. 생활체육: 건강과 체력 증진을 위하여 행하는 자발적이고 일상적인 체육 활동
4. 선수: 경기단체에 선수로 등록된 자
4의2. 국가대표선수: 대한체육회, 대한장애인체육회 또는 경기단체가 국제경기대회(친선경기대회는 제외한다)에 우리나라의 대표로 파견하기 위하여 선발·확정한 사람
5. 학교: 「초·중등교육법」 제2조 및 「고등교육법」 제2조에 따른 학교
6. 체육지도자: 학교·직장·지역사회 또는 체육단체 등에서 체육을 지도할 수 있도록 이 법에 따라 다음 각 목의 어느 하나에 해당하는 자격을 취득한 사람
   가. 스포츠지도사
   나. 건강운동관리사
   다. 장애인스포츠지도사
   라. 유소년스포츠지도사
   마. 노인스포츠지도사
7. 체육동호인조직: 같은 생활체육 활동에 지속적으로 참여하는 자의 모임
8. 운동경기부: 선수로 구성된 학교나 직장 등의 운동부
9. 체육단체: 체육에 관한 활동이나 사업을 목적으로 설립된 법인이나 단체
   가. 대한체육회, 지방체육회, 대한장애인체육회, 지방장애인체육회, 한국도핑방지위원회, 서울올림픽기념국민체육진흥공단
   나. 경기단체
   다. 국기원 및 태권도진흥재단
   라. 전통무예단체
   마. 사업자단체
   바. 체육시설업협회

　　　　사. 국내대회, 국제대회 등 대회 개최를 위하여 설립된 대회조직위원회

　　　　아. 그 밖의 체육활동 법인 또는 단체

　　10. 도핑: 선수의 운동능력을 강화시키기 위하여 문화체육관광부장관이 고시하는 금지 목록에 포함
　　　　된 약물 또는 방법을 복용하거나 사용하는 것

　　11. 경기단체: 특정 경기 종목에 관한 활동과 사업을 목적으로 설립되고 통합체육회나 대한장애인체
　　　　육회에 가맹된 법인이나 단체 또는 문화체육관광부장관이 지정하는 프로스포츠 단체

　　11의2. 스포츠비리: 체육의 공정성을 저해하는 다음 각 목의 어느 하나에 해당하는 행위

　　　　가. 체육단체의 운영 중 발생하는 회계부정, 배임, 횡령 및 뇌물수수 등 체육단체의 투명하고 민
　　　　　　주적인 운영을 저해하는 행위

　　　　나. 운동경기 활동 중 발생하는 승부조작, 편파판정 등 운동경기의 공정한 운영을 저해하는 행위

　　12. 체육진흥투표권: 운동경기 결과를 적중시킨 자에게 환급금을 내주는 표권(票券)으로서 투표 방
　　　　법과 금액, 그 밖에 대통령령으로 정하는 사항이 적혀 있는 것

제3조 체육 진흥 시책과 권장 국가와 지방자치단체는 국민체육 진흥에 관한 시책을 마련하고 국민의 자
발적인 체육 활동을 권장·보호 및 육성하여야 함

제4조 기본 시책의 수립 등 ① 문화체육관광부장관은 국민체육 진흥에 관한 기본 시책을 수립·시행

② 지방자치단체의 장은 그 지방자치단체의 체육 진흥 계획을 수립·시행

제5조 지역체육진흥협의회 ① 지방자치단체의 체육 진흥 계획을 수립하고 그 밖에 체육 진흥에 관한 중
요 사항을 협의하기 위하여 지방자치단체에 지역체육진흥협의회(이하 "협의회"라 한다)를 둠

② 협의회는 지방자치단체의 장, 지방체육회의 회장을 포함한 7명 이상 15명 이하의 위원으로 구성하며,
　　그 밖에 협의회의 조직과 운영에 필요한 사항은 해당 지방자치단체의 조례로 정함

제6조 협조 제4조에 따른 기본 시책과 체육 진흥 계획의 수립·시행에 관하여 문화체육관광부장관이나
지방자치단체의 장이 요청하면 관계기관과 단체는 이에 협조하여야 함

제6조의2 운동경기 입장권·관람권 등의 부정판매 금지 등 ① 문화체육관광부장관은 운동경기 입장권
등의 부정판매(입장권등을 판매하거나 그 판매를 위탁받은 자의 동의를 받지 아니한 자가 다른 사람에
게 입장권등을 상습 또는 영업으로 자신이 구입한 가격을 넘은 금액으로 판매하거나 이를 알선하는 행
위)를 방지하기 위하여 노력하여야 함

② 누구든지 정보통신망에 지정된 명령을 자동으로 반복 입력하는 프로그램을 이용하여 입장권등을 부
　　정판매하여서는 안 됨

제8조 지방 체육의 진흥 ① 지방자치단체는 지역 주민의 건강과 체력 증진을 위하여 건전한 체육 활동
을 생활화할 수 있도록 시설 등 여건을 조성하고 지원하여야 함

② 지방자치단체는 그 행정구역 단위로 연 1회 이상 체육대회를 직접 개최하거나 체육단체로 하여금 이
　　를 개최하도록 지원하여야 함

③ 지방자치단체는 직장인 체육대회를 연 1회 이상 개최하여야 함

제9조 학교 체육의 진흥 ① 학교는 학생의 체력 증진과 체육 활동 육성에 필요한 조치를 마련하여야 함

제10조 직장 체육의 진흥 ① 국가와 지방자치단체는 직장 체육 진흥에 필요한 시책을 마련하여야 함

② 직장의 장은 대통령령으로 정하는 바에 따라 체육동호인조직과 체육진흥관리위원회를 설치하는 등
　　직장인의 체력 증진과 체육 활동 육성에 필요한 조치를 마련하여야 함

③ 대통령령으로 정하는 직장에는 직장인의 체력 증진과 체육 활동 지도·육성을 위하여 체육지도자를 두어야 함

④ 공공기관 중 대통령령으로 정하는 기관(이하 "공공기관"이라 한다)과 대통령령으로 정하는 직장에는
　　한 종목 이상의 운동경기부를 설치·운영하고 체육지도자를 두어야 함

⑤ 제2항부터 제4항까지의 규정에 따른 직장 체육에 관한 업무는 시장·군수·구청장(자치구의 구청장

을 말한다. 이하 같다)이 지도·감독함

제10조의2 노인 체육의 진흥 ① 국가와 지방자치단체는 노인 체육 진흥에 필요한 시책을 마련하여야 함
② 국가와 지방자치단체는 노인 건강의 유지 및 증진을 위한 맞춤 체육활동 프로그램을 운영하거나 그 운영에 필요한 비용 및 시설을 지원할 수 있음

제10조의3 표준계약서의 작성 등 ① 국가는 직장에 설치·운영되는 운동경기부(이하 "직장운동경기부"라 한다)가 소속된 기관 및 단체의 장과 직장운동경기부 선수가 대등한 입장에서 공정하게 계약을 체결할 수 있도록 표준계약서를 개발하고 이를 보급하여야 함

제10조의4 합숙소의 관리 ① 직장운동경기부가 소속된 기관 및 단체의 장은 상시 합숙훈련을 실시하는 때에는 소속 선수의 합숙소에서의 사생활의 자유와 합숙훈련 참가 여부에 대한 개인 선택의 자유가 보장되도록 노력하여야 함
② 직장운동경기부가 소속된 기관 및 단체의 장은 원거리에 거주하는 선수에게 편의를 제공하기 위하여 합숙소를 운영하는 경우에는 문화체육관광부령으로 정하는 바에 따라야 함

제10조의5 운영규정의 마련 및 준수 ① 직장운동경기부가 소속된 기관 및 단체의 장은 다음 각 호의 사항을 포함한 운영규정을 작성하고, 시장·군수·구청장에게 그 내용을 보고하여야 함
    1. 선수단 구성원의 자격에 관한 사항
    2. 합숙소 운영·관리에 관한 사항
    3. 선수 인권보호를 위한 조치에 관한 사항
    4. 그 밖에 직장운동경기부의 운영을 위하여 필요한 사항으로서 문화체육관광부령으로 정하는 사항
② 직장운동경기부가 소속된 기관 및 단체의 장은 제1항에 따른 운영규정의 준수 여부 등 문화체육관광부령으로 정하는 사항을 매년 시장·군수·구청장에게 보고하여야 함

제11조 체육지도자의 양성 ① 국가는 국민체육 진흥을 위한 체육지도자의 양성과 자질 향상을 위하여 필요한 시책을 마련하여야 함
② 문화체육관광부장관은 대통령령으로 정하는 자격 요건을 갖춘 사람으로서 체육지도자 자격검정에 합격하고 체육지도자 연수과정을 이수한 사람에게 문화체육관광부령으로 정하는 바에 따라 체육지도자의 자격증을 발급함. 다만, 학교체육교사 및 선수(문화체육관광부장관이 지정하는 프로스포츠단체에 등록된 프로스포츠선수를 포함한다) 등 대통령령으로 정하는 사람에게는 대통령령으로 정하는 바에 따라 자격검정이나 연수과정의 일부(제3항에 따른 스포츠윤리교육은 제외한다)를 면제할 수 있음.
③ 연수과정에는 다음 각 호의 사항으로 구성된 스포츠윤리교육 과정이 포함되어야 함.
    1. 성폭력 등 폭력 예방교육
    2. 스포츠비리 및 체육계 인권침해 방지를 위한 예방교육
    3. 도핑 방지 교육
    4. 그 밖에 체육의 공정성 확보와 체육인의 인권보호를 위하여 문화체육관광부령으로 정하는 교육
④ 제2항에 따라 자격검정이나 연수를 받거나 자격증을 발급 또는 재발급 받으려는 사람은 문화체육관광부령으로 정하는 바에 따라 수수료를 납부하여야 함
⑤ 체육지도자의 종류·등급·검정 및 자격 부여 등에 필요한 사항은 대통령령으로 정함

제11조의2 자격검정기관 및 연수기관의 지정 등 ① 문화체육관광부장관은 효율적이고 전문적인 자격검정과 연수를 위하여 「고등교육법」 제2조에 따른 학교, 체육단체 또는 경기단체 등을 체육지도자 자격검정기관 및 연수기관으로 각각 지정할 수 있음
② 제1항에 따라 지정된 자격검정기관 및 연수기관(이하 "지정기관"이라 한다)은 문화체육관광부령으로 정하는 바에 따라 체육지도자 자격검정계획 및 연수계획을 각각 수립하여 문화체육관광부장관에게 제출하여야 함. 제출한 계획을 변경하려는 경우에는 미리 변경계획서를 제출하여야 함

③ 지정기관의 지정기준, 자격검정 및 연수 계획과 그 시행 등에 관하여 필요한 사항은 대통령령으로 정함

제11조의3 지정기관에 대한 평가 문화체육관광부장관은 체육지도자의 양성체계 수준의 향상을 위하여 문화체육관광부령으로 정하는 바에 따라 지정기관을 평가할 수 있음

제11조의4 지정의 취소 등 ① 문화체육관광부장관은 지정기관이 다음 각 호의 어느 하나에 해당하는 경우에는 그 지정을 취소하거나 6개월의 범위에서 그 기간을 정하여 업무의 전부 또는 일부를 정지할 수 있음. 다만, 제1호 또는 제2호에 해당하는 경우에는 그 지정을 취소하여야 함

1. 거짓이나 그 밖의 부정한 방법으로 지정을 받은 경우
2. 업무정지 기간 중에 자격검정 또는 연수과정을 시행한 경우
3. 제11조의2제2항에 따라 제출한 자격검정계획 및 연수계획을 임의로 변경하거나 자격검정 및 연수과정을 부실하게 운영하는 경우
4. 제11조의2제3항에 따른 지정기준에 미달하게 되는 경우
5. 제11조의3에 따른 평가 결과 지정기관으로서 적절하지 아니하다고 판단되는 경우

② 제1항에 따른 위반행위별 처분 기준은 그 사유와 위반정도를 고려하여 문화체육관광부령으로 정함

제11조의5 체육지도자의 결격사유 다음 각 호의 어느 하나에 해당하는 사람은 체육지도자가 될 수 없음

1. 피성년후견인
2. 금고 이상의 형을 선고받고 그 집행이 종료되거나 집행이 면제된 날부터 2년이 지나지 아니한 사람
3. 금고 이상의 형의 집행유예를 선고받고 그 유예기간 중에 있는 사람
4. 다음 각 목의 어느 하나에 해당하는 죄를 저지른 사람으로서 금고 이상의 형 또는 치료감호를 선고받고 그 집행이 종료되거나 집행이 유예·면제된 날부터 20년이 지나지 아니하거나 벌금형이 확정된 날부터 10년이 지나지 아니한 사람
   가. 성폭력범죄
   나. 아동·청소년대상 성범죄
5. 선수를 대상으로 상해와 폭행의 죄를 저지른 체육지도자로서 금고 이상의 형을 선고받고 그 집행이 종료되거나 집행이 유예·면제된 날부터 10년이 지나지 아니한 사람
6. 제12조제1항제1호부터 제4호까지에 따라 자격이 취소(이 조 제1호에 해당하여 자격이 취소된 경우는 제외한다)되거나 같은 조 제3항에 따라 자격검정이 중지 또는 무효로 된 후 3년이 경과되지 아니한 사람

제11조의6 체육지도자의 재교육 ① 체육단체 및 학교 등에서 체육 지도 업무에 종사하는 체육지도자는 윤리 및 인권의식 향상을 위하여 매 2년마다 스포츠윤리교육의 내용이 포함된 재교육을 받아야 함

② 체육단체 및 학교 등을 운영하는 자는 해당 단체 및 학교 등에 종사하는 체육지도자에 대하여 제1항에 따른 재교육을 이유로 불리한 처우를 하여서는 안 됨

③ 문화체육관광부장관은 제1항에 따른 재교육을 문화체육관광부령으로 정하는 바에 따라 관계 기관 또는 단체에 위탁할 수 있음

④ 제1항에 따른 재교육의 대상·기간·내용·방법·절차 및 제3항에 따른 위탁 등에 필요한 사항은 문화체육관광부령으로 정함

제12조 체육지도자의 자격취소 등 ① 문화체육관광부장관은 체육지도자가 다음 각 호의 어느 하나에 해당하면 그 자격을 취소하거나 5년의 범위에서 자격을 정지할 수 있음. 다만, 제1호부터 제4호까지의 어느 하나에 해당하면 그 자격을 취소하여야 함

1. 거짓이나 그 밖의 부정한 방법으로 체육지도자의 자격을 취득한 경우
2. 자격정지 기간 중에 업무를 수행한 경우
3. 체육지도자 자격증을 타인에게 대여한 경우
4. 제11조의5 각 호의 어느 하나에 해당하는 경우

    5. 선수의 신체에 폭행을 가하거나 상해를 입히는 행위를 한 경우

    6. 선수에게 성희롱 또는 성폭력에 해당하는 행위를 한 경우

    7. 제11조의6제1항에 따른 재교육을 받지 아니한 경우

    8. 그 밖에 직무수행 중 부정이나 비위 사실이 있는 경우

② 자격검정을 받는 사람이 그 검정과정에서 부정행위를 한 때에는 현장에서 그 검정을 중지시키거나 무효로 함

③ 제1항에 따라 체육지도자 자격이 취소된 사람은 문화체육관광부령으로 정하는 바에 따라 체육지도자 자격증을 문화체육관광부장관에게 반납하여야 함

④ 제1항에 따른 행정처분의 세부적인 기준 및 절차는 그 사유와 위반 정도를 고려하여 문화체육관광부령으로 정함

제12조의2 체육지도자 자격운영위원회 ① 다음 각 호의 사항을 심의·의결하기 위하여 문화체육관광부에 체육지도자 자격운영위원회(이하 "운영위원회"라 한다)를 둠

    1. 제12조에 따른 체육지도자의 자격취소 및 자격정지에 관한 사항

    2. 제12조의3에 따른 명단 공개에 관한 사항

    3. 그 밖에 체육지도자의 자격 등과 관련하여 문화체육관광부장관이 회의에 부치는 사항

제12조의3 체육계 인권침해 및 스포츠비리 관련 명단 공개 ① 문화체육관광부장관은 체육지도자 및 체육단체의 책임이 있는 자가 체육계 인권침해 및 스포츠비리와 관련하여 유죄판결이 확정되는 경우에는 운영위원회의 심의·의결을 거쳐 그 인적사항 및 비위 사실 등을 공개할 수 있음

② 제1항에 따른 공개의 구체적인 내용 및 절차 등에 관하여 필요한 사항은 대통령령으로 정함

제13조 체육시설의 설치 등 ① 국가와 지방자치단체는 국민의 체육 활동에 필요한 시설의 적정한 확보와 이용에 필요한 시책을 마련하여야 함

② 국가와 지방자치단체는 장애인 체육 활동에 필요한 시설의 설치와 운영에 필요한 시책을 마련하여야 하며, 장애인이 체육시설을 우선적으로 이용할 수 있도록 필요한 조치를 할 수 있음

③ 국가와 지방자치단체는 노인 체육 활동에 필요한 시설의 적정한 확보와 그 운영에 필요한 시책을 마련하여야 함

④ 직장의 장은 종업원의 체육 활동에 필요한 시설을 설치·운영하여야 하며, 학교의 체육시설은 학교 교육에 지장이 없는 범위에서 지역 주민에게 개방·이용되어야 함

⑤ 국가와 지방자치단체는 민간의 체육시설 설치를 권장하고 건전하게 운영되도록 하여야 함

⑥ 제1항부터 제5항까지에 규정에 따른 체육시설의 설치·이용 등에 필요한 사항은 따로 법률로 정함

(2) 생활체육진흥법 [시행 2024. 2. 9.] [일부개정 2023. 8. 8.]

제1조 목적 생활체육의 진흥에 필요한 사항을 규정함으로써 생활체육의 기반조성 및 활성화를 도모하고, 생활체육을 통한 국민의 건강과 체력 증진, 여가 선용 및 복지 향상에 이바지함을 목적으로 함

제2조 정의

    1. 생활체육:「국민체육진흥법」제2조제3호에 따른 생활체육

    2. 생활체육지도자:「국민체육진흥법」제2조제6호에 따른 체육지도자 중 생활체육 활동을 지도하기 위하여 배치된 사람

    3. 생활체육종목단체: 특정 종목에 관한 활동과 사업을 목적으로 설립되고 국민생활체육회에 회원으로 가입한 법인 또는 단체

    4. 체육동호인조직:「국민체육진흥법」제2조제7호에 따른 체육동호인조직

제3조 국민의 생활체육 권리 ① 모든 국민은 건강한 신체활동과 건전한 여가 선용을 위하여 생활체육을 즐길 권리를 가짐

② 모든 국민은 생활체육에 관하여 어떠한 차별도 받지 아니하고 평등하게 누릴 수 있어야 함

③ 국가 및 지방자치단체는 국민의 생활체육권 보장을 위하여 노력할 의무를 짐

제5조 국가 등의 책무 ① 국가 및 지방자치단체는 생활체육의 진흥을 위하여 필요한 시책을 수립·시행하여야 함

② 국가 및 지방자치단체는 제1항에 따른 책무를 다하기 위하여 이에 수반되는 예산상의 조치를 취하도록 노력하여야 함

제6조 생활체육 진흥 기본계획의 수립 등 ① 문화체육관광부장관은 생활체육의 진흥을 위한 기본계획 (이하 "기본계획"이라 한다)을 5년마다 수립·시행하여야 함

② 기본계획에는 다음 각 호의 사항이 포함되어야 함

    1. 생활체육 진흥의 기본 방향에 관한 사항

    2. 생활체육시설의 설치 및 유지·보수 등에 관한 사항

    3. 생활체육 활동에서의 안전관리에 관한 사항

    4. 생활체육대회 육성에 관한 사항

    5. 생활체육 국제 교류·협력 및 국제행사 개최 등에 관한 사항

    6. 생활체육 진흥을 위한 재원 확보에 관한 사항

    7. 생활체육 정보체계 구축에 관한 사항

    8. 생활체육지도자의 처우개선 및 복리후생 증진에 관한 사항

    9. 생활체육시설의 감염병 등에 대한 안전·위생·방역 관리에 관한 사항

    10. 그 밖에 생활체육 진흥을 위하여 필요한 사항으로서 대통령령으로 정하는 사항

③ 지방자치단체의 장은 기본계획에 따라 해당 지방자치단체의 시행계획을 수립·시행하여야 함

④ 문화체육관광부장관과 지방자치단체의 장은 기본계획 및 제3항에 따른 시행계획을 수립·시행하기 위하여 필요한 경우 행정기관의 장 및 관계 기관 또는 단체의 장에게 협조를 요청할 수 있음. 이 경우 행정기관의 장 및 관계 기관 또는 단체의 장은 특별한 사유가 없으면 이에 따라야 함

제7조 국민생활체육회 ① 생활체육 진흥에 관한 다음 각 호의 사업과 활동을 수행하게 하기 위하여 문화체육관광부장관의 인가를 받아 국민생활체육회(이하 "생활체육회"라 한다)를 설립함

    1. 범국민 생활체육 운동 전개를 통한 삶의 질 향상

    2. 생활체육 프로그램 개발 및 보급

    3. 스포츠클럽 및 체육동호인조직 활동의 지원

    4. 생활체육종목단체와 지역생활체육회의 사업과 활동에 대한 지도와 지원

    5. 생활체육대회의 개최와 국제 교류

    6. 국민의 생활체육 활동에 관한 조사 및 연구

    7. 그 밖에 생활체육 진흥을 위하여 필요한 사업

제8조 생활체육강좌의 설치 국가 및 지방자치단체는 국민이 적극적으로 생활체육을 누릴 수 있도록 생활체육강좌 설치 기관 또는 단체를 지정하여 생활체육을 보급할 수 있음

제10조 체육동호인조직의 육성 및 지원 지방자치단체는 그 지역주민의 생활체육 활동을 위하여 체육동호인조직의 육성에 필요한 시책을 마련할 수 있음

제14조 감독 생활체육회는 문화체육관광부장관이 감독함

(3) 국민체육진흥법 시행령 [시행 2024. 10. 31.] [일부개정 2024. 7. 30.]

제1조 목적 「국민체육진흥법」에서 위임된 사항과 그 시행에 필요한 사항을 규정함

제2조 정의 • 우수 선수: 국내전국대회에서 대회신기록을 수립하거나 입상한 선수(단체경기에서 입상

한 경우에는 그 단체경기에 참가한 각 선수를 말한다)나 국제경기대회(친선경기대회는 제외한다)에 파견된 선수로서 문화체육관광부장관이 인정한 선수

- 경기경력: 학교, 직장 등에서 선수로 활동한 경력
- 경기지도경력: 학교, 직장 등에서 선수를 직접 지도한 경력
- 지도경력: 학교, 직장이나 체육시설(「체육시설의 설치·이용에 관한 법률」 제5조부터 제7조까지의 규정에 따른 체육시설과 제10조에 따른 체육시설업의 시설을 말한다)에서 선수나 일반인을 직접 지도한 경력
- 스포츠지도사: 각 자격 종목에 대하여 전문체육이나 생활체육을 지도하는 사람
- 건강운동관리사: 개인의 체력적 특성에 적합한 운동 형태, 강도, 빈도 및 시간 등 운동 수행방법에 대하여 지도·관리하는 사람
- 장애인스포츠지도사: 장애유형에 따른 운동방법 등에 대한 지식을 갖추고 별표 1의 자격 종목에 대하여 장애인을 대상으로 전문체육이나 생활체육을 지도하는 사람
- 유소년스포츠지도사: 유소년(만 3세부터 중학교 취학 전까지를 말한다. 이하 같다)의 행동양식, 신체발달 등에 대한 지식을 갖추고 별표 1의 자격 종목에 대하여 유소년을 대상으로 체육을 지도하는 사람
- 노인스포츠지도사: 노인의 신체적·정신적 변화 등에 대한 지식을 갖추고 별표 1의 자격 종목에 대하여 노인을 대상으로 생활체육을 지도하는 사람

제3조 국민체육 진흥 시책 ① 문화체육관광부장관이 수립하여 시행하는 국민체육 진흥에 관한 기본 시책에는 다음 각 호의 사항이 포함되어야 함

1. 생활체육의 진흥
2. 선수와 체육지도자의 보호·육성
3. 체육시설의 설치와 유지·보수 및 관리
4. 체육과학의 진흥
5. 여가 체육 활동의 육성·지원
6. 그 밖에 국민체육 진흥에 관한 사항

제4조 지방체육 진흥 계획 ① 시·도지사는 기본시책에 따라 해당 특별시·광역시·특별자치시·도 또는 특별자치도의 체육 진흥 계획을 수립하여야 하며, 이를 시장·군수·구청장에게 알려야 함

② 시장·군수·구청장은 제1항에 따른 체육 진흥 계획에 따라 해당 시·군·구(자치구를 말한다)의 체육 진흥 계획을 수립하여 시행하여야 함

③ 지방자치단체의 장은 제1항과 제2항에 따른 체육 진흥 계획과 그 추진 실적을 문화체육관광부령으로 정하는 바에 따라 문화체육관광부장관(시장·군수·구청장의 경우에는 시·도지사)에게 제출해야 함

제6조 학교 체육의 진흥을 위한 조치

1. 운동회나 체육대회의 실시
2. 학생에 대한 한 종목 이상의 운동 권장과 지도
3. 체육동호인조직의 결성 등 학생의 자발적 체육 활동의 육성·지원
4. 운동경기부와 선수의 육성·지원
5. 그 밖에 학교 체육의 진흥을 위하여 필요한 사항

제7조 직장 체육의 진흥을 위한 조치 ① 체육동호인조직과 체육진흥관리위원회를 설치하고 체육지도자를 두어야 하는 직장은 상시 근무하는 직장인이 1천명 이상인 국가기관과 공공단체로 함

제8조 체육지도자의 양성과 자질향상 ① 문화체육관광부장관은 국민체육 진흥을 위한 체육지도자의 양성과 자질 향상을 위하여 다음 각 호의 시책을 마련하여야 함

1. 국내외 교육기관이나 단체에의 위탁교육

2. 체육지도자의 해외 파견과 국외 체육지도자의 국내 초빙강습

3. 국외 체육계의 조사와 연구

4. 체육지도자의 양성을 위한 연수

5. 체육지도자에 대한 기술과 정보의 지원

6. 그 밖에 체육지도자의 양성과 자질 향상을 위하여 필요한 시책

② 체육지도자의 자격은 18세 이상인 사람에게 부여함

제9조 스포츠지도사 ① 스포츠지도사는 1급 전문스포츠지도사, 2급 전문스포츠지도사, 1급 생활스포츠지도사, 2급 생활스포츠지도사로 구분함

② 1급 전문스포츠지도사는 2급 전문스포츠지도사 자격을 취득한 후 3년 이상 해당 자격 종목의 경기지도경력이 있는 사람으로서 동일 자격 종목에 대하여 1급 전문스포츠지도사 자격을 취득하기 위한 체육지도자 자격검정에 합격하고, 체육지도자 연수과정을 이수한 사람으로 함

③ 2급 전문스포츠지도사는 해당 자격 종목에 대하여 4년 이상의 경기경력이 있는 사람으로서 2급 전문스포츠지도사 자격을 취득하기 위한 자격검정에 합격하고, 연수과정을 이수한 사람으로 함. 이 경우 다음 각 호의 어느 하나에 해당하는 사람에 대해서는 그 수업연한을 경기경력으로 봄.

  1. 「고등교육법」 제2조에 따른 학교에서 체육 분야에 관한 학문을 전공하고 졸업한 사람(졸업 예정자를 포함)이거나 법령에 따라 이와 같은 수준의 학력이 있다고 인정되는 사람

  2. 문화체육관광부장관이 인정하는 외국의 제1호에 해당하는 학교에서 체육 분야에 관한 학문을 전공하고 졸업한 사람

④ 제3항제1호에 해당하는 사람 중 법령에 그 수업연한에 관한 규정이 없는 사람에 대해서는 다음 각 호의 구분에 따른 수업연한을 경기경력으로 봄

  1. 대학을 졸업한 사람과 같은 수준의 학력이 있다고 인정되는 사람: 4년

  2. 전문대학을 졸업한 사람과 같은 수준의 학력이 있다고 인정되는 사람: 2년

⑤ 1급 생활스포츠지도사는 자격 종목의 2급 생활스포츠지도사 자격을 취득한 후 3년 이상 해당 자격 종목의 지도경력이 있는 사람으로서 동일 자격 종목에 대하여 1급 생활스포츠지도사 자격을 취득하기 위한 자격검정에 합격하고, 연수과정을 이수한 사람으로 함

⑥ 2급 생활스포츠지도사는 2급 생활스포츠지도사 자격을 취득하기 위한 자격검정에 합격하고, 연수과정을 이수한 사람으로 함

제9조의2 건강운동관리사 ① 건강운동관리사는 다음 각 호의 어느 하나에 해당하는 사람으로서 건강운동관리사 자격을 취득하기 위한 자격검정에 합격하고, 연수과정을 이수한 사람으로 함

  1. 「고등교육법」 제2조에 따른 학교에서 체육 분야에 관한 학문을 전공하고 졸업한 사람(졸업 예정자를 포함)이거나 법령에 따라 이와 같은 수준의 학력이 있다고 인정되는 사람

  2. 문화체육관광부장관이 인정하는 외국의 제1호에 해당하는 학교에서 체육 분야에 관한 학문을 전공하고 졸업한 사람

② 건강운동관리사는 의사 또는 한의사가 의학적 검진을 통하여 건강증진 및 합병증 예방 등을 위하여 치료와 병행하여 운동이 필요하다고 인정하는 사람에 대해서는 의사 또는 한의사의 의뢰(물리요법적 재활훈련 및 신체 교정운동 의뢰는 제외한다)를 받아 운동 수행방법을 지도·관리함

제9조의3 장애인스포츠지도사 ① 장애인스포츠지도사는 1급 장애인스포츠지도사, 2급 장애인스포츠지도사로 구분함

② 1급 장애인스포츠지도사는 2급 장애인스포츠지도사 자격을 취득한 후 3년 이상 해당 자격 종목의 지도경력이 있는 사람으로서 동일 자격 종목에 대하여 1급 장애인스포츠지도사 자격을 취득하기 위한 자격검정에 합격하고 연수과정을 이수한 사람으로 함

③ 2급 장애인스포츠지도사는 2급 장애인스포츠지도사 자격을 취득하기 위한 자격검정에 합격하고 연수과정을 이수한 사람으로 함

제9조의4 유소년스포츠지도사 유소년스포츠지도사는 유소년스포츠지도사 자격을 취득하기 위한 자격검정에 합격하고 연수과정을 이수한 사람으로 함

제9조의5 노인스포츠지도사 노인스포츠지도사는 노인스포츠지도사 자격을 취득하기 위한 자격검정에 합격하고 연수과정을 이수한 사람으로 함

제9조의6 스포츠지도사 등의 자격 종목 스포츠지도사, 장애인스포츠지도사, 유소년스포츠지도사와 노인스포츠지도사의 자격 종목은 문화체육관광부장관이 정하여 고시함

제10조 자격검정의 실시 등 ① 자격검정은 필기시험과 실기구술시험으로 구분하여 실시함. 다만, 1급 전문스포츠지도사 자격검정은 필기시험만 실시함

② 체육지도자의 종류별 자격검정의 시험 과목은 별표 2와 같음

③ 자격검정은 연 1회 실시함. 다만, 법 제11조의2에 따른 체육지도자 자격검정기관(이하 "자격검정기관"이라 한다)의 장은 필요한 경우에는 문화체육관광부장관의 승인을 받아 자격검정의 횟수를 조정하여 실시할 수 있음

④ 자격검정기관은 자격검정에 필요한 사항을 심의하기 위하여 문화체육관광부령으로 정하는 바에 따라 자격검정위원회를 두어야 함

⑤ 자격검정기관의 장은 시험의 출제, 검토 또는 채점 등을 위하여 해당 분야에 전문성이 있는 사람으로서 문화체육관광부령으로 정하는 자격이 있는 사람을 필기시험과 실기구술시험의 시험위원으로 각각 위촉해야 함

⑥ 자격검정의 필기시험 또는 실기구술시험에 합격한 사람에 대해서는 다음에 실시되는 자격검정의 해당 시험을 1회 면제함

⑦ 제1항부터 제6항까지에서 규정한 사항 외에 자격검정의 실시 등에 필요한 사항은 문화체육관광부령으로 정함

제10조의2 자격검정이나 연수과정의 일부 면제 ① 법 제11조제2항 단서에 따라 다음 각 호의 어느 하나에 해당하는 사람에게는 자격검정이나 연수과정의 일부를 면제할 수 있음

1. 학교체육교사(학교체육교사였던 사람을 포함)
2. 국가대표선수(국가대표선수였던 사람을 포함)
3. 문화체육관광부장관이 지정하는 프로스포츠단체에 등록된 프로스포츠선수(프로스포츠선수였던 사람을 포함)
4. 체육지도자의 자격을 보유한 사람으로서 보유한 자격 종목이 아닌 다른 자격 종목으로 같은 종류와 등급에 해당하는 체육지도자 자격을 취득하려는 사람
5. 체육지도자의 자격을 보유한 사람으로서 보유한 자격 종목과 같은 자격 종목으로 다른 종류의 체육지도자 자격을 취득하려는 사람
6. 체육지도자의 자격을 보유한 사람으로서 보유한 자격 종목이 아닌 다른 자격 종목으로 다른 종류의 체육지도자 자격을 취득하려는 사람

제10조의3 자격검정기관의 지정 ① 문화체육관광부장관은 법 제11조의2제1항에 따라 「고등교육법」 제2조에 따른 학교, 체육단체 또는 경기단체 중에서 다음 각 호의 요건을 모두 충족하는 기관을 자격검정기관으로 지정할 수 있음

1. 체육단체 또는 경기단체의 경우 비영리법인일 것
2. 자격검정 실시를 위한 조직, 인력 및 시설을 갖추고 있을 것
3. 자격검정에 관한 체육계 및 관련 단체의 의견수렴 체계를 갖추고 있을 것

4. 자격종목에 관한 전문성 및 대표성을 확보하고 있을 것(실기구술시험의 자격검정기관으로 한정한다)

② 제1항에 따른 지정기준의 세부 내용, 지정 절차 등 자격검정기관 지정에 필요한 사항은 문화체육관광부장관이 정하여 고시함

제11조의2 연수기관의 지정 등 ① 문화체육관광부장관은 법 제11조의2제1항에 따라 「고등교육법」 제2조에 따른 학교, 체육단체 또는 경기단체 중에서 다음 각 호의 요건을 모두 충족하는 기관을 법 제11조의2에 따른 체육지도자 연수기관(이하 "연수기관"이라 한다)으로 지정할 수 있음

1. 체육단체 또는 경기단체의 경우 비영리법인일 것
2. 연수과정의 운영을 위한 조직, 인력 및 시설을 갖추고 있을 것
3. 해당 지역에 연수기관의 설치·운영 수요가 있을 것
4. 현장실습을 위한 여건을 갖추고 있을 것

(4) 스포츠기본법 [시행 2022. 6. 16.] [2021. 8. 10. 제정]

제1조 목적 스포츠에 관한 국민의 권리와 국가 및 지방자치단체의 책임을 정하고 스포츠 정책의 방향과 그 추진에 필요한 기본적인 사항을 규정함으로써 스포츠의 가치와 위상을 높여 모든 국민이 건강하고 행복한 삶을 영위하고 나아가 국가사회의 발전과 사회통합을 도모하는 것

제2조 기본이념 국민 모두가 스포츠 및 신체활동에 자유롭고 평등하게 참여하여 건강하고 행복한 삶을 영위할 수 있도록 스포츠의 가치가 교육, 문화, 환경, 인권, 복지, 정치, 경제, 여가 등 우리 사회 영역 전반에 확산될 수 있게 국가와 지방자치단체가 그 역할을 다하며, 개인이 스포츠 활동에서 차별받지 아니하도록 하고, 스포츠의 다양성, 자율성과 민주성의 원리가 조화롭게 실현되도록 하는 것

제3조 정의 1. 스포츠: 건강한 신체를 기르고 건전한 정신을 함양하며 질 높은 삶을 위하여 자발적으로 행하는 신체활동을 기반으로 하는 사회문화적 행태를 말하며, 「국민체육진흥법」 제2조제1호에 따른 체육을 포함함

2. 전문스포츠: 「국민체육진흥법」 제2조제4호에 따른 선수가 행하는 스포츠 활동을 말함
3. 생활스포츠: 건강과 체력 증진을 위하여 행하는 자발적이고 일상적인 스포츠 활동을 말함
4. 장애인스포츠: 장애인이 참여하는 스포츠 활동(생활스포츠와 전문스포츠를 포함함)
5. 학교스포츠: 학교(「유아교육법」 제2조제2호에 따른 유치원, 「초·중등교육법」 제2조 및 「고등교육법」 제2조에 따른 학교)에서 이루어지는 스포츠 활동(학교과정 외의 스포츠 활동과 「국민체육진흥법」 제2조제8호에 따른 운동경기부의 스포츠 활동을 포함)을 말함
6. 스포츠산업: 스포츠와 관련된 재화와 서비스를 통하여 부가가치를 창출하는 산업을 말함
7. 스포츠클럽: 회원의 정기적인 체육활동을 위하여 「스포츠클럽법」 제6조에 따라 등록을 하고 지역사회의 체육활동 진흥을 위하여 운영되는 법인 또는 단체를 말함

제4조 국민의 권리 모든 국민은 스포츠 및 신체활동에서 차별을 받지 아니하고 자유롭게 스포츠 활동에 참여하며 스포츠를 향유할 권리(이하 "스포츠권"이라 함)를 가짐

제5조 국가와 지방자치단체의 책무 ① 국가는 스포츠권을 보장하기 위하여 스포츠에 관한 정책을 수립·시행하고, 이를 위한 재원(財源)의 확충과 효율적인 운영을 위하여 노력하여야 함

② 국가는 지방자치단체의 스포츠 관련 계획·시책과 자원을 존중하고, 지역 간 스포츠 격차의 해소를 통하여 균형 잡힌 스포츠 발전이 이루어지도록 노력하여야 함

③ 국가와 지방자치단체는 경제적·사회적·지리적 제약 등으로 스포츠를 향유하지 못하는 스포츠 소외계층의 스포츠 향유 기회를 확대하고 스포츠 활동을 장려하기 위하여 필요한 시책을 강구하여야 함

④ 국가와 지방자치단체는 아동, 청소년, 노인 및 장애인의 스포츠 참여 기회를 확대하기 위하여 노력하여야 함

제6조 다른 법률과의 관계 ① 스포츠에 관하여 다른 법률에 특별한 규정이 있는 경우를 제외하고는 이

법에서 정하는 바에 따름

② 스포츠에 관하여 다른 법률을 제정하거나 개정할 경우에는 이 법의 목적에 맞도록 하여야 함

제7조 스포츠 정책 수립·시행의 기본원칙
1. 스포츠권을 보장할 것
2. 스포츠 활동을 존중하고 사회전반에 확산되도록 할 것
3. 국민과 국가의 스포츠 역량을 높이기 위한 여건을 조성하고 지원할 것
4. 스포츠 활동 참여와 스포츠 교육의 기회가 확대되도록 할 것
5. 스포츠의 가치를 존중하고 스포츠의 역동성을 높일 수 있을 것
6. 스포츠 활동과 관련한 안전사고를 방지할 것
7. 스포츠의 국제 교류·협력을 증진할 것

제8조 스포츠 진흥 기본계획의 수립 등 ① 문화체육관광부장관은 스포츠 진흥을 위하여 제9조에 따른 국가스포츠정책위원회의 심의를 거쳐 5년마다 스포츠 진흥 기본계획을 수립하고 이를 시행하여야 함
② 기본계획에는 다음 각 호의 사항이 포함되어야 함
1. 스포츠 진흥의 목표와 방향
2. 스포츠 진흥을 위한 스포츠 정책의 기본 방향
3. 스포츠 진흥을 위한 법령·제도의 마련 등 기반 조성에 관한 사항
4. 스포츠권의 신장에 관한 사항
5. 스포츠 활동을 통한 국민의 삶의 질 향상을 위한 시책에 관한 사항
6. 제10조부터 제16조까지에 따른 분야별 스포츠 시책
7. 스포츠 시설의 조성과 활용 및 안전에 관한 사항
8. 스포츠 인력의 양성, 선수 등의 은퇴 후 지원과 스포츠 교육의 활성화에 관한 사항
9. 스포츠 정책 관련 조사·연구와 개발에 관한 사항
10. 스포츠 윤리와 공정성 확보에 관한 사항
11. 스포츠 활동의 안전을 보장하기 위한 사고예방과 처리에 관한 사항
12. 스포츠 진흥을 위한 재원 조달과 그 운용에 관한 사항
13. 스포츠 유산 및 스포츠 문화의 보전과 활용에 관한 사항
14. 그 밖에 스포츠 진흥을 위하여 필요한 사항으로서 대통령령으로 정하는 사항

제10조 전문스포츠에 관한 시책 ① 국가와 지방자치단체는 전문스포츠를 육성하기 위하여 선수의 보호 및 권리보장, 경기력 향상 등 필요한 시책을 수립·시행하여야 함
② 제1항에 따른 전문스포츠의 육성 등에 필요한 사항은 따로 법률로 정함

제11조 생활스포츠에 관한 시책 ① 국가와 지방자치단체는 스포츠를 통한 국민의 체력증진과 건전한 여가 선용을 위하여 생활스포츠 진흥에 필요한 시책을 수립·시행하여야 함
② 국가와 지방자치단체는 생활스포츠 진흥을 위하여 필요한 경우 스포츠지도자를 배치하거나 생활스포츠 프로그램을 개발·보급하여야 함

제12조 장애인스포츠에 관한 시책 ① 국가와 지방자치단체는 장애인스포츠의 진흥과 발전을 위하여 필요한 시책을 수립·시행하여야 함

제13조 학교스포츠에 관한 시책 ① 국가와 지방자치단체는 학생의 체력 증진 및 학교 내 스포츠 활동 활성화 등을 위하여 필요한 시책을 마련하여야 함

제14조 프로스포츠에 관한 시책 ① 국가와 지방자치단체는 문화체육관광부장관이 지정하는 프로스포츠 단체에 등록된 선수가 행하는 스포츠 활동(이하 이 조에서 "프로스포츠"라 함)이 국민경제의 건전한 발전에 기여하고, 국민이 프로스포츠 관람을 통하여 건전한 여가 선용을 할 수 있도록 프로스포츠 육성

에 필요한 시책을 수립·시행하여야 함

제15조 스포츠산업에 관한 시책 ① 국가와 지방자치단체는 스포츠산업의 진흥과 국제경쟁력 강화에 필요한 시책을 수립·시행하여야 함

제16조 스포츠클럽에 관한 시책 ① 국가와 지방자치단체는 국민의 여가 선용을 위하여 스포츠클럽 활동에 필요한 시설을 설치·운영하고, 그에 필요한 시책을 수립·시행하여야 함

제17조 스포츠 시설에 관한 시책 ① 국가와 지방자치단체는 국민의 스포츠 활동에 필요한 시설의 적정한 확보와 이용에 필요한 시책을 마련하여야 함

제18조 스포츠 인력의 양성 및 선수 등의 은퇴 후 지원 등 ① 국가와 지방자치단체는 스포츠 인력의 양성과 선수·지도자 등의 은퇴 후 진로지원을 위한 기반을 조성하고, 필요한 시책을 추진하여야 함

② 국가와 지방자치단체는 스포츠의 가치를 확산하고 스포츠를 진흥시키기 위한 교육을 실시하여야 함

제19조 스포츠 진흥을 위한 조사 연구와 개발 ① 국가와 지방자치단체는 스포츠 활동을 통한 국민의 삶의 질 향상과 지역 간 스포츠 격차의 해소를 통한 국민의 스포츠권의 확대를 위하여 필요한 실태조사와 관련 조사·연구를 시행하여야 함

② 국가와 지방자치단체는 스포츠 진흥을 위하여 스포츠 정책 및 스포츠 과학 관련 조사·연구와 개발을 장려하고 그 지원 시책을 강구하여야 함

제20조 스포츠 윤리 ① 모든 스포츠 활동에는 스포츠 정신에 부응하는 윤리성이 확보되어야 함

② 국가와 지방자치단체는 스포츠 경기 및 스포츠를 매개체로 한 각종 사업에서 공정성을 확보할 수 있도록 그에 필요한 시책을 수립·시행하여야 함

제21조 스포츠 안전관리에 관한 시책 ① 국가와 지방자치단체는 안전한 스포츠 활동과 스포츠 시설 이용을 위하여 필요한 안전관리 시책을 수립·시행하여야 함

제22조 스포츠 환경보호 스포츠 시설의 설치·운영은 자연환경과 생활환경을 고려하여 환경친화적으로 이루어져야 함

제23조 스포츠 가치 확산의 육성 및 지원 국가는 스포츠의 이념과 스포츠 및 신체활동의 사회적 가치를 확산하기 위한 활동을 육성·지원할 수 있음

제24조 스포츠 국제교류 및 협력 ① 국가는 스포츠를 통한 사회통합과 국가 이미지 제고를 위하여 국제경기대회 및 스포츠 행사의 유치 등 스포츠의 국제교류·협력을 추진하여야 함

제25조 스포츠 남북 교류 및 협력 ① 국가는 스포츠를 통한 남북 간 교류·협력을 활성화하기 위하여 스포츠 과학·기술·학술·정보·인력의 교류와 경기대회 개최·참가 등에 필요한 시책을 마련하여야 함

② 국가는 제1항에 따른 시책을 시행하는 데 필요한 행정적·재정적 지원방안을 마련하여야 함

제26조 스포츠 기부문화의 조성 국가는 스포츠 진흥을 위한 민간의 재원 조성과 기부문화의 활성화를 위한 제도와 여건을 마련하기 위하여 노력하여야 함

제27조 스포츠의 날과 스포츠 주간 ① 국민의 스포츠 의식을 북돋우고 스포츠를 보급하기 위하여 매년 10월 15일을 스포츠의 날로 지정하고, 매년 4월의 마지막 주간을 스포츠 주간으로 함

(5) 체육시설의 설치·이용에 관한 법률 시행규칙(약칭: 체육시설법 시행규칙)[시행 2024. 8. 28.]

제22조 체육지도자 배치기준(체육지도자를 배치하여야 할 체육시설의 규모와 배치기준)

체육시설업의 종류	규모	배치인원
골프장업	·골프코스 18홀 이상 36홀 이하	1명 이상
	·골프코스 36홀 초과	2명 이상
스키장업	·슬로프 10면 이하	1명 이상
	·슬로프 10면 초과	2명 이상

체육시설업의 종류	규모	배치인원
요트장업	· 요트 20척 이하	1명 이상
	· 요트 20척 초과	2명 이상
조정장업	· 조정 20척 이하	1명 이상
	· 조정 20척 초과	2명 이상
카누장업	· 카누 20척 이하	1명 이상
	· 카누 20척 초과	2명 이상
빙상장업	· 빙판면적 1,500제곱미터 이상 3,000제곱미터 이하	1명 이상
	· 빙판면적 3,000제곱미터 초과	2명 이상
승마장업	· 말 20마리 이하	1명 이상
	· 말 20마리 초과	2명 이상
수영장업	· 수영조 바닥면적이 400제곱미터 이하인 실내 수영장	1명 이상
	· 수영조 바닥면적이 400제곱미터를 초과하는 실내 수영장	2명 이상
체육도장업	· 운동전용면적 300제곱미터 이하	1명 이상
	· 운동전용면적 300제곱미터 초과	2명 이상
골프연습장업	· 20타석 이상 50타석 이하	1명 이상
	· 50타석 초과	2명 이상
체력단련장업	· 운동전용면적 300제곱미터 이하	1명 이상
	· 운동전용면적 300제곱미터 초과	2명 이상
체육교습업	·동시 최대 교습인원 30명 이하	1명 이상
	·동시 최대 교습인원 30명 초과	2명 이상
인공암벽작업	·실내 인공암벽장	1명 이상
	·실외 인공암벽장 운동전용면적 600제곱미터이하	1명 이상
	·실외 인공암벽장 운동전용면적 600제곱미터초과	2명 이상

비고
1. 체육시설업자가 해당 종목의 체육지도자 자격을 가지고 직접 지도하는 경우에는 그 체육시설업자에 해당하는 인원의 체육지도자를 배치하지 아니할 수 있음
2. 종합 체육시설업의 경우에는 구성하고 있는 각각의 체육시설업의 해당 기준에 따라 체육지도자를 배치하여야 함
3. 체육교습업의 경우 주된 운동 종목의 체육지도자 자격으로 다른 체육교습업의 운동 종목을 부가적으로 교습할 수 있음

(6) 스포츠지도사 및 기타 정책
① 스포츠지도사
- 국민체육진흥법에 제시된 자격 종목에 대하여 전문체육 및 생활체육을 지도할 수 있는 사람
- 지도하는 대상 및 특징에 따라 전문스포츠지도사, 생활스포츠지도사, 장애인스포츠지도사, 유소년스포츠지도사, 노인스포츠지도사 등으로 구분
② 기타정책
- 스마일 100: 스포츠를 마음껏 일상적으로 100세까지
  - 국민생활체육진흥 종합계획, 문화체육관광부에서 제시한 5년간(2013~2017년)의 스포츠복지 정책 방향
  - 100세 시대 도래 등의 환경 변화에 능동적으로 대처하기 위해 생애 주기별 맞춤형 생활 체육

프로그램을 보급하고, '언제나, 어디서나, 누구나, 함께 즐기는' 생활체육 환경을 조성
- 국민체력100
  - 국민의 체력 및 건강 증진에 목적을 두고 체력상태를 과학적 방법에 의해 측정·평가를 하여 운동 상담 및 처방을 해주는 대국민 스포츠 복지 서비스
  - 국민체력100에 참가한 모든 국민들에게는 체력수준 맞춤형 운동 프로그램을 제공하고 운동에 꾸준히 참여할 수 있도록 체계적으로 관리하며, 체력 수준에 따라 국가 공인 인증서를 발급함

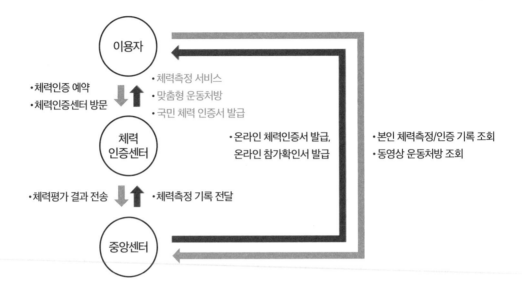

- 스포츠 7330: 7일에 3번 이상, 하루 30분 이상 운동을 하자
- 스포츠비전 2018 ⇒ 100세 시대, 스포츠로 대한민국을 바꿉니다
  - 스포츠로 사회를 바꾸다(손에 닿는 스포츠),
  - 스포츠로 국격을 바꾸다(뿌리가 튼튼한 스포츠),
  - 스포츠로 미래를 바꾸다(경제를 살리는 스포츠)
  - 스포츠를 바꾸다(공정한 스포츠)
- 신체활동 7560+: 일주일(7)에 5일, 하루에 60분 이상 신체활동을 목표로 하자
- 여성체육활동 지원
  - 참가대상: 대한민국 거주 여성 (20~60세 임신, 출산, 육아기 여성 등)
  - 주요프로그램: 찾아가는 미채움프로그램(여성환우 지원 저강도 프로그램), 정규 여성체육활동지원 미채움프로그램(여성맞춤형 생활체육교실)
- 소외계층 체육 진흥정책(취약계층 생활스포츠 지원사업)
  - 행복 나눔 스포츠 교실 운영: 소외계층 청소년을 대상으로 다양한 체육활동 참여기회를 제공함으로써 참여 형평성을 높이고 사회 적응력을 배양하는 것을 목적으로 시행되는 사업
  - 스포츠강좌이용권 지원: 스포츠복지 사회 구현의 일환으로 저소득층 유·청소년(만5세~18세)과 장애인(만12세~23세)에게 스포츠강좌 혜택을 받을 수 있는 일정 금액의 이용권을 제공하는 사업
  - 스포츠 버스(bus): 참가대상은 유·청소년 및 지역 주민, 소외계층 청소년을 대상으로 다양한 체육활동 참여기회를 제공하여 건전한 여가활동 여건조성·스포츠참여 형평성 제고·사회 적응력 배양에 기여, 지역 사회의 통합화에 기여하고 생활체육 소외·부재 지역에 체육 기회 마

련, 스포츠 버스를 활용한 움직이는 체육관 및 작은 운동회

3 전문(엘리트)체육

- 승리를 목적으로 행해지며 생계적인 특성을 지님
- 우리나라의 경우 전문체육 분야에서는 학업보다 운동에 전념하며 그 실적으로 진학을 하는 형태가 대부분이기 때문에 직업적 성격이 강함
- 운동선수들이 운동기술을 익히고 시합을 하는 과정에서 참된 지식과 가능성을 깨닫고 삶 속에서 지속적으로 실천해 가도록 함
- 경기연맹 등의 조직을 통해 국가 간의 정식종목으로서 대회를 개최하는 종목 위주였으나 최근에는 학교체육에서의 운동선수나 생활체육에서의 선수 배출이 확대됨에 따라 그 경계가 모호하기도 함

(1) 국민체육진흥법 [시행 2024. 8. 7.] [일부개정 2024. 2. 6.]

제14조 선수 등의 육성 ① 국가와 지방자치단체는 선수와 체육지도자에 대하여 필요한 육성을 하여야 함
② 국가와 지방자치단체는 우수 선수와 체육지도자 육성을 위하여 필요한 표창제도를 마련하여야 함
③ 국가, 지방자치단체, 공공기관, 그 밖에 대통령령으로 정하는 단체는 대통령령으로 정하는 우수 선수에게 아마추어 경기 생활을 할 수 있게 하기 위하여 문화체육관광부장관이 요청하면 우수 선수와 체육지도자를 고용하여야 함

제14조의3 선수 등의 금지행위 ① 전문체육에 해당하는 운동경기의 선수·감독·코치·심판 및 경기단체의 임직원은 운동경기에 관하여 부정한 청탁을 받고 재물이나 재산상의 이익을 받거나 요구 또는 약속하여서는 안 됨
② 전문체육선수등은 운동경기에 관하여 부정한 청탁을 받고 제3자에게 재물이나 재산상의 이익을 제공하거나 제공할 것을 요구 또는 약속하여서는 안 됨

제14조의4 출전금지 등 대한체육회, 지방체육회, 대한장애인체육회, 지방장애인체육회 및 경기단체는 전문체육선수등이 제47조제1호, 제48조제1호 또는 같은 조 제2호에 따른 죄를 범하여 유죄의 판결이 확정된 경우 해당 전문체육선수등이 각종 국내외 운동경기대회에 출전 등 활동을 할 수 없도록 필요한 조치를 하여야 함

제15조 도핑 방지 활동 ① 국가는 스포츠 활동에서 약물 등으로부터 선수를 보호하고 공정한 경쟁을 통한 스포츠 정신을 높이기 위하여 도핑 방지를 위한 시책을 수립하여야 함
② 국가는 도핑을 예방하기 위하여 선수와 체육지도자를 대상으로 교육과 홍보를 실시하여야 하고, 체육단체 및 경기단체의 도핑 방지 활동을 지도·감독하여야 함

제18조의2 선수 등 체육인 보호 시책의 마련 등 ① 국가와 지방자치단체는 체육계 인권침해 및 스포츠비리로부터 선수 등 체육인을 보호하기 위한 시책을 마련하여야 함
② 문화체육관광부장관은 성폭력 등 체육계의 폭력을 방지하기 위하여 현장 점검 및 지도·감독을 강화하여야 함. 이 경우 점검방법 등 구체적인 사항은 문화체육관광부장관이 정함

제18조의3 스포츠윤리센터의 설립
① 체육의 공정성 확보와 체육인의 인권보호를 위하여 스포츠윤리센터를 설립함
② 스포츠윤리센터는 법인으로 함
③ 스포츠윤리센터는 다음 각 호의 사업을 함
    1. 다음 각 목에 해당하는 체육계 인권침해 및 스포츠비리 등에 대한 신고 접수와 조사

　　　가. 선수에 대한 체육지도자 등의 성폭력 등 폭력에 관한 사항

　　　나. 승부조작 또는 편파판정 등 불공정에 관한 사항

　　　다. 체육 관련 입시비리에 관한 사항

　　　라. 체육단체·경기단체 및 그 임직원의 횡령·배임 및 뇌물수수 및 보조금 및 지방보조금의 용도 외 사용 금지 위반에 관한 사항

　　　마. 그 밖에 체육계 인권침해 및 스포츠비리에 해당된다고 인정되는 사항

　2. 신고자 및 피해자에 대한 치료 및 상담, 법률 지원, 임시보호 및 연계

　3. 긴급보호가 필요한 신고자 및 피해자를 위한 임시보호시설 운영

　4. 체육계 현장의 인권침해 조사·조치 상황 등을 상시 점검할 수 있는 인권감시관 운영

　5. 스포츠비리 및 체육계 인권침해에 대한 실태조사

　6. 스포츠비리 및 체육계 인권침해 방지를 위한 예방교육

　7. 그 밖에 체육의 공정성 확보 및 체육인의 인권보호를 위하여 필요한 사업

④ 스포츠윤리센터의 운영, 이사회의 구성 및 권한, 임원의 선임, 감독 등 스포츠윤리센터의 정관에 기재할 사항은 대통령령으로 정함

⑤ 스포츠윤리센터는 문화체육관광부장관이 감독함

제18조의4 체육계 인권침해 및 스포츠비리의 신고 ① 누구든지 체육계 인권침해 및 스포츠비리에 해당하는 사항이 발생하였음을 알게 된 경우에는 스포츠윤리센터 또는 수사기관에 신고할 수 있음

② 체육단체의 임직원, 체육지도자, 심판, 선수, 선수관리 담당자 및 시장·군수·구청장 등 문화체육관광부령으로 정하는 사람은 체육계 인권침해 및 스포츠비리를 알게 된 경우나 그 의심이 있을 경우 스포츠윤리센터 또는 수사기관에 즉시 신고하여야 함

③ 누구든지 제2항에 따른 신고자의 인적사항 또는 신고자임을 미루어 알 수 있는 사실을 다른 사람에게 알려주거나 공개 또는 보도하여서는 안 됨

제18조의6 불이익조치 등의 금지 ① 누구든지 신고자와 피해자 및 신고와 관련된 조사 등에서 진술·증언하거나 자료를 제공한 사람에 대하여 「공익신고자 보호법」 제2조제6호 각 목의 어느 하나에 해당하는 불이익조치를 하면 안 됨

② 누구든지 신고와 신고에 대한 조사 등에서 진술·증언하거나 자료를 제공하는 것을 방해하거나 신고 등을 취소하도록 강요하면 안 됨

③ 누구든지 신고에 대한 조사 등에서 진술·증언하거나 자료를 제공하는 때에 체육계 인권침해 및 스포츠비리 사실을 고의적으로 누락하거나 사실과 다르게 설명하는 등 축소·은폐하여서는 안 됨(다만, 본인에 관한 것은 제외함)

제18조의7 신고자등의 보호 스포츠윤리센터의 장은 조사가 개시되는 경우 인권침해가 계속되고 있다는 상당한 개연성이 있고, 이를 방치할 경우 회복하기 어려운 피해가 발생할 우려가 있다고 인정하면 신고자 또는 피해자의 신청에 의하여 또는 직권으로 피신고자, 그 소속 기관 등의 장에게 다음 각 호의 어느 하나의 조치를 하도록 권고할 수 있음

　1. 신고자등과 피신고자의 물리적 공간을 분리

　2. 피신고자의 직위를 해제하거나 직무를 정지하는 등의 조치

　3. 피신고자가 신고자등의 의사에 반하여 신고자등에게 접촉하는 것을 금지하는 조치

제18조의11 성폭력 등 폭력 예방교육의 실시 ① 문화체육관광부장관은 체육계의 성폭력 등 폭력 방지를 위하여 예방교육을 실시하여야 함

② 제1항에 따른 성폭력 등 폭력 예방교육의 내용 및 방법, 대상, 기간 등 필요한 사항은 문화체육관광부령으로 정함

제35조 한국도핑방지위원회의 설립 ① 도핑과 관련된 다음 각 호의 사업과 활동을 하게 하기 위하여 문화체육관광부장관의 인가를 받아 한국도핑방지위원회(이하 "도핑방지위원회"라 한다)를 설립함

1. 도핑 방지를 위한 교육, 홍보, 정보 수집 및 연구
2. 도핑 검사 계획의 수립과 집행
3. 도핑 검사 결과의 관리와 그 결과에 따른 제재
4. 도핑 방지를 위한 국내외 교류와 협력
5. 치료 목적으로 제2조제10호의 약물이나 방법을 예외적으로 사용하는 것에 대한 허용 기준의 수립과 그 시행
6. 그 밖에 도핑 방지를 위하여 필요한 사업과 활동

제35조의2 선수의 도핑 검사 경기단체에 등록된 선수는 문화체육관광부령으로 정하는 바에 따라 도핑방지위원회의 도핑 검사를 받아야 함. 이 경우 도핑 검사의 대상자 선정기준 및 선정방법은 도핑방지위원회가 정함

(2) 엘리트 선수 훈련을 위한 스포츠 과학 지원 방안

① 엘리트 선수를 위한 과학적 훈련 방법 연구 및 현장을 방문하여 기술훈련, 체력훈련을 지원
② 스포츠 과학 교실 운영, 스포츠 과학 세미나 개최, 연구 발표회 등 훈련 과학화를 위한 정보를 제공
③ 정보 분석 및 제공을 위해 선수의 실전 적응력을 탐색하며, 종합적이고 입체적인 기술 분석 방법을 활용
④ 철저한 약물복용 검사 및 종목별 체력 강화 훈련과 체력 측정을 실시하는 등 다각적인 방법을 통해 과학적 훈련에 집중

성피티 TIP

기출지문을 중심으로 법령 내용 중 일부만 발췌하였습니다. 법령 전문은 포털사이트에서 확인 가능합니다.

1 스포츠교육 지도자

(1) 체육교육 전문가
① 체육교사
- 정규 체육 및 방과 후 체육을 포함한 학교체육 전반에 걸쳐 학생들이 신체활동을 매개로 신체적·정신적·사회적·영적인 삶의 유기적인 조화를 이루며 성장할 수 있도록 조력, 전인육성을 목표로 수업을 운영
- 체육교육과정 운영주체로서 교육전문인이며 학교의 제도적 테두리 속에서 다양한 체육활동을 계획하고 운영하는 주체
- 학교교과로서의 본질적 가치 및 활동뿐만 아니라 엘리트 체육 및 생활체육과 관련된 다양하고 복합적인 가치 및 활동을 전개하는 학교체육 운영의 주체
- 학생들이 건강한 신체로 인생을 살아가고, 건강한 정신으로 세상을 바라보도록 삶의 가치를 깨닫도록 가르침
- 학생들에게 건강한 체력과 다양한 운동능력을 육성시키고 체육 관련된 다양한 것들을 전문으로 교육하고 지도
- 구체적 역할
  - 학습 안내자: 교과에 나타난 기본적인 개념, 원리 등을 학생들이 이해할 수 있도록 안내
  - 인성 지도자: 올바른 인성을 갖추도록 지도
  - 모델: 모범적인 언행과 올바른 가치관으로 모범 보이기
  - 조력자: 권위적이지 않으면서 학생들의 행동을 관찰하고 관리하는 조력자의 모습 갖기
② 스포츠강사
- 정규 체육수업의 수업진행 보조 및 학교스포츠클럽을 지도하는 체육 전문 강사
- 초·중·고에서 학교스포츠클럽 및 방과 후 체육활동을 지도
- 전문대학 및 대학에서 체육관련 학과를 이수한 자 중에서 초등학교 2급 정교사, 중등학교 체육 2급 정교사, 실기교사 자격증, 생활체육 3급 이상의 지도자 자격 중 하나 이상을 갖춘 사람
- 체육활동에 취미를 가진 동일 학교의 학생으로 구성·운영되는 스포츠동아리를 지도
- 스포츠클럽 운영에 대한 전문적인 지식과 기술을 갖고 있는 강사들을 선정하여 프로그램의 다양성 및 전문성이 있는 자로 교사로서의 소임에 충실할 수 있는 심신이 건강한 사람
- 학생들이 희망하는 종목의 스포츠클럽을 운영해 학생들의 체력을 증진하고 학업 스트레스에서 벗어나 바른 인성 함양과 학교폭력, 성폭력 예방교육이 될 수 있도록 교육과정을 운영
- 구체적 역할
  - 안내자: 체육수업에 대한 흥미를 유발하고 즐거운 경험의 기회를 제공, 생활체육으로 이어지도록 지도 및 안내
  - 보조자: 초등 스포츠강사의 경우 담임교사의 체육수업에 대한 부담을 경감하고 학생들이 안전하게 수업에 임할 수 있도록 보조하는 역할 담당
  - 행사자: 학교스포츠클럽 리그 및 토너먼트 경기를 기획, 지도 운영
  - 전문가: 전문지식 갖추기

- 개발자: 건강 유지 및 증진, 스트레스 해소, 여가 선용 충족 위한 여러 운동 프로그램을 개발

(2) 스포츠 지도 전문인
① 개념
- 문화체육관광부에서 발급하는 자격증을 취득한 자로서 국민체육진흥법 제11조에 의거하여 연수 및 자격검정을 합격하여 스포츠 현장에서 종사하는 사람
② 종류
- 생활스포츠지도사
  - 직장, 학교, 지역사회 및 체육단체 등에서 생활체육을 지도
  - 다양한 스포츠 시설이나 체육 동호회 및 사회단체에서 자발적으로 운동에 참여하는 일반인들을 지도하는 체육 전문가
  - 자격은 생활스포츠지도사 1급과 2급이 있음
- 전문스포츠지도사
  - 학교, 직장, 국가대표 팀의 감독이나 코치 등 엘리트 스포츠를 담당
  - 학교운동부, 실업팀이나 프로 스포츠단 등에 소속된 코치나 감독 등의 지도자
  - 자격은 전문스포츠지도사 1급과 2급이 있음

> **로젠샤인(B. Rosenshine)과 퍼스트(N. Furst)가 제시한 학습성취와 관련된 지도자 변인**
>
> - 명확한 과제제시
> - 지도자의 열의
> - 프로그램의 다양화
> - 과제 지향성
> - 프로그램 내용의 적절성

2 스포츠교육 학습자

(1) 개념
① 배워서 익히는 사람을 포괄적으로 이르는 말

(2) 스포츠지도자가 고려해야 할 학습자 특성
① 기능 수준
- 기능학습에서 우선적으로 고려되어야 할 요인
- 학습자가 과거에 학습과제를 경험하거나 유사한 경험을 가진 정도에 따라 배워야 할 동작 패턴과 지도방법이 달라져야 함
② 발달 수준
- 학습자의 성별, 연령, 환경적 요인 등 학습자의 개인차를 고려해서 학습 단계를 결정하는 것이 중요함
③ 체격 및 체력
④ 동기유발 상태, 학습에 대한 동기
⑤ 인지 능력

- 주어진 상황을 정확하게 파악하고 그 지식을 바탕으로 문제를 해결하기 위한 기술
⑥ 감정조절, 감정코칭 능력

3 스포츠교육 행정가

- 스포츠와 관련된 일을 하며, 프로젝트 기획, 행정, 사무, 개발, 교육 등의 업무를 담당하는 사람
- 스포츠교육 행정의 전반적인 업무를 관장하고 조직의 목적과 목표를 완수할 책임을 맡고 있는 사람
- 조직의 목적을 효율적으로 달성하기 위하여 업무를 조정하고 사람을 배치하며, 물적 자원을 적절히 사용하는 사람

(1) 학교체육과 관련된 행정가
① 학교체육 행정이론가
- 교육정책과 절차 수립 및 학교체육 감독
- 학교체육의 계획, 조직, 인사, 조정, 예산, 시설관리 등의 업무 관장
- 교장, 교감, 행정 실장
② 학교체육 행정실무자
- 학교체육 관련 업무, 운동부 관련 업무, 학교스포츠클럽 관련 업무 등 전체적인 업무를 총괄하거나 기획 및 운영을 담당
- 참가자들과의 직접적인 대면을 통해 체육활동을 지도
- 체육교사, 스포츠강사

(2) 생활체육과 관련된 행정가
① 개념
- 생활체육을 통한 수입 및 지출계획 수립과 효율적 관리를 함으로써 자체 수익사업 등의 사무·행정업무 관장
- 생활체육 대회 및 행사 주관, 홍보, 경기운영 등을 관장
② 종류
- 일반체육 행정가: 생활체육 관련 사무 업무 담당
- 실무 행정가: 생활체육 관련 실무 업무 담당

(3) 전문체육과 관련된 행정가
① 개념
- 엘리트 스포츠와 관련된 기관에서 사무, 행정, 개발, 교육 등의 업무를 담당하는 사람
- 스포츠 관련 프로그램 계획, 조직, 인사, 조정, 예산, 시설관리 등의 사무·행정 업무를 관장하는 업무와 홍보, 경기운영, 영업 등을 관장하는 업무 담당
- 문화관광부, 대한체육회, 시·도 체육회, 가맹단체 등 운동선수를 양성하거나 각종 대회를 개최·운영하는 곳에서 체육조직의 업무를 관장하고, 인력 배치·물적 자원 관리·시설관리·프로그램 관리 등의 업무 담당
② 종류
- 이론가: 행정현상을 규명하고 체육행정이 나아가야 할 바람직한 방향을 연구
- 실무가: 인적, 물적 자원을 동원하여 실무 지원

1 학교체육 프로그램 개발 및 실천

(1) 학교체육 프로그램

① 교과 활동
- 정규 수업의 일환으로 체육교과의 체육수업에 포함되어 있는 농구, 배구, 축구, 야구 등을 의미
- 학교체육 활동의 교과 영역에 포함되는 활동으로는 경쟁, 여가, 건강 활동이 있음

② 비교과 활동
- 정규 수업 외의 활동으로 체육수업과 관계없이 학교 내에서 이루어지는 체육활동을 의미
  예) 학교스포츠클럽 활동, 학교스포츠클럽, 방과 후 체육활동, 학교 운동부 등

> **성피티 TIP**
>
> 학교스포츠클럽 활동은 정규교육과정 중 창의적 체험활동 시간에 운영되는 정규교육과정으로, 국가수준 교육과정 편성·운영 지침에 근거하여 운영됩니다. 학교스포츠클럽은 방과 후나 점심시간에 자율적으로 하는 활동으로서 비정규교육과정으로, 학교체육진흥법 제10조에 근거하여 운영됩니다.

(2) 학교스포츠클럽 지도 프로그램의 활용 목적

① 일반 학생들의 체력 저하가 심화됨에 따라 정기적인 체육 활동의 기회를 제공
② 학생들의 자율 체육 활동을 활성화하고 건강 체력 증진과 활기찬 학교 분위기를 조성
③ 학생들의 체육 활동 참여 기회를 확대하고 경기에 참여할 수 있는 체험의 기회를 제공

(3) 체육수업 프로그램

① 교육 철학: 교사가 학생들에게 전달하고자 하는 가치, 목적 등에 대한 교육 철학이 있어야 함
② 교과 지식: 가르쳐야 할 교과에 대한 지식

> **움직임 기능 분류**
>
> - 비이동 운동 기능: 공간 이동이 없고 물체 또는 도구를 사용하지 않는 운동 기능
>   예) 서기, 앉기, 구부리기, 비틀기, 돌기, 정적 균형, 정지 동작 등
> - 이동 운동 기능: 물체 또는 도구를 사용하지 않고 공간 이동을 포함한 신체운동
>   예) 걷기, 달리기, 두발 뛰기, 한발 뛰기, 피하기
> - 물체 조작 기능: 손이나 몸에 고정시키지 않은 상태에서 도구를 조작하는 운동
>   예) 공, 훌라후프, 바통, 셔틀콕 등 물체 던지기, 토스하기, 차기, 잡기, 튀기기 등
> - 도구 조작 기능: 용기구를 다루는 운동
>   예) 배트, 라켓, 글러브, 클럽 등으로 치기, 배팅하기, 팅기기, 드리블하기, 잡기 등
> - 전략적 움직임과 기능: 역동적인 상황에서 적용되는 움직임 형태
>   예) 핸드볼 수비, 야구 도루, 축구 패스 등
> - 표현 및 해석적 움직임: 느낌, 개념, 생각, 주제를 표현하기 위한 움직임
>   예) 무용, 체조, 마루운동, 피켜스케이팅 등

③ 교육과정 지식: 국가 수준의 교육과정에 대한 이해
④ 학습자 관련 지식: 학습자의 성장 및 발달 단계, 학습 동기, 학습 선호 등을 알아야 함
⑤ 체육교수 지식: 가르치는 방법에 대한 지식으로 수업전략, 교수 스타일, 수업 모형 등이 있음

(4) 학교 체육활동 프로그램 개발 시 고려사항

① 학습자의 적성과 흥미를 고려
② 구체적인 목표와 미래 지향적 방향을 설정
③ 창의적으로 문제를 해결하고 인성을 기를 수 있는 다양한 학습 활동 및 환경 제공
③ 통합적인 교수학습 활동 및 효율적인 교수학습 방법 활용
④ 학교체육시설, 지도 인력, 예산 등의 환경 고려

(5) 학교스포츠클럽

① 스포츠 활동에 취미를 가진 동일 학교의 일반 학생들로 구성되어 자율적으로 운영되는 스포츠클럽 또는 체육동아리
② 일과 전, 점심시간, 방과 후, 토요일 등에 실시
③ 학교스포츠클럽의 활성화를 위해 단위학교는 학교스포츠클럽 리그를 운영함
④ 학교스포츠클럽 대회의 리그 유형에는 통합리그, 조별리그, 스플릿 리그 등이 있음
⑤ 학교체육진흥법 제10조에 근거하여 운영됨

<대회유형>

유형		장점	단점
리그	통합리그	•경기 수 많음 •우승팀의 권위	•경기력의 편차(순위 고착화)
	조별리그	•빠른 진행	•경기 수 적음
	스플릿 리그	•경기력 평준화	•동일한 팀과의 경기수가 많음
토너먼트	녹다운 토너먼트	•간단한 경기 방식	•경기 수 적음 •우승팀 외 순위 산정 어려움
	더블 엘리미네이션 토너먼트 (패자부활전)	•적절한 경기 수 •모든 팀의 순위 산정 가능	•경기력 외 요소 작용 가능
	스플릿 토너먼트	•모든 팀의 동일한 경기 수 보장	•복잡한 경기 방식 •패자전의 관심 저하
리그+토너먼트	조별리그 후 토너먼트	•짧은 시즌	•조별 경기력 편차
	통합리그 후 토너먼트	•적절한 경기 수	•하위 팀 동기 저하

2 생활체육 프로그램 개발 및 실천

(1) 생활체육 프로그램의 개념

① 생활체육 조직의 효율적인 운영을 위한 스포츠 활동의 총체적 운영계획

(2) 생활체육 프로그램 계획 단계

① 기관의 철학 이해

② 참여 대상자의 요구 조사 및 분석

③ 프로그램 목적 및 목표 설정

④ 프로그램 계획

⑤ 프로그램 실행

⑥ 프로그램 평가

⑦ 프로그램 개선 및 피드백

(3) 생활체육 프로그램 목표 설정 시 고려해야 할 사항

① 프로그램을 통해 달성하고자 하는 상태 및 운동 능력을 명시

② 프로그램을 구성하는 스포츠 활동 내용을 구체적이고 세부적으로 기술

③ 프로그램 전개 시 일관된 지침 역할을 하도록 설정

④ 프로그램 시행 후 목표 달성 여부를 검토할 수 있도록 기술

(4) 생활체육 프로그램 설계

① 실질적으로 실행하고자 하는 프로그램에 대한 구체적인 실행 계획

② 목적 및 목표, 내용, 장소, 예산, 시간대, 홍보 등이 포함됨

③ 내용: 목적과 목표를 바탕으로 상세히 결정

④ 예산: 시설대여비, 용품구입비, 인건비, 홍보비 등의 경비를 예측하여 책정

⑤ 장소: 참여자의 근접성을 고려하여 결정

⑥ 시간대: 대상의 여가 시간 또는 스포츠 활동 가능 시간을 파악하여 결정

⑦ 홍보: 시대에 적합하게 다양한 방법으로 실행

(5) 목적에 따른 생활체육 프로그램 유형

① 축제형: 친목 도모, 스포츠 활동 체험 등을 목적으로 추진

② 경기대회형: 참가자들이 자신의 스포츠 능력을 평가하고 타 선수들과 경쟁할 수 있는 기회를 제공하는 것을 목적으로 추진

③ 지도형: 참가자가 개인적인 목적으로 특정 스포츠 활동에 참여하여 기술을 학습하는 목적으로 추진

④ 강습회형: 생활체육과 관련하여 교육을 목적으로 추진

(6) 생활체육 프로그램 실천

① 유소년스포츠 프로그램

- 목적: 유아와 아동의 신체적·인지적 발달 도모, 기본적인 사회관계 형성
- 유소년스포츠 프로그램 구성 시 고려사항: 자결적 움직임 활동 고려, 다양한 신체활동 경험 고려, 지역 시설과 연계 고려, 유소년의 스포츠 활동 시간대 고려

② 청소년스포츠 프로그램

- 목적: 운동기능 습득, 삶의 즐거움과 활력 찾기, 또래친구와의 여가 활동 참여
- 청소년스포츠 프로그램 구성 시 고려사항
  - 청소년기: 신체적·정서적·사회적 발달이 뚜렷하며, 개인의 요구와 흥미가 뚜렷하게 나타나고, 2차 성징이 나타나는 시기
  - 스포츠 프로그램의 지속적 참여 고려, 발달운동(동적 운동) 중심 프로그램 개발, 청소년 개인의 요구와 흥미 고려, 청소년의 생활패턴 고려

③ 성인스포츠 프로그램

- 목적: 신체적 건강 유지, 사교, 흥미 확대, 사회적 안정 추구, 스트레스 해소 및 삶의 즐거움 추구
- 성인스포츠 프로그램 구성 시 고려사항: 성인의 신체적·심리적·사회적 특징 및 요구 고려, 주변 요인 제고, 프로그램의 지속성 고려, 프로그램의 다양성과 전문성 제고

④ 노인스포츠 프로그램
- 목적: 신체 건강 유지, 사회적 관계 형성, 삶의 즐거움 추구, 흥미 확대, 사회적 안정 추구
- 노인스포츠 프로그램 구성 시 고려사항: 노인의 신체적·심리적·사회적 특징 및 요구 고려, 주변 요인 제고, 관련 프로그램의 연계성 고려, 행정담당자와 지도자의 유기적 협력 요구

⑤ 장애인스포츠 프로그램
- 목적: 재활, 사회적 관계 형성, 자아존중감 및 삶의 행복 추구
- 장애인스포츠 프로그램 구성 시 고려사항: 장애유형별 특징과 요구사항 고려, 근접성과 제반여건 고려, 프로그램의 지속성 고려, 경제적 여건 고려

(7) 일반인 대상 스포츠프로그램 운영 시 적절한 지도자의 행동
① 움직임 개념, 전략, 전술 이해 및 신체 활동에 적용할 수 있는 충분한 기회 제공
② 다른 사람에 대한 존중과 협동의 중요성 경험
③ 건강한 삶의 영위 수단으로서 스포츠의 중요성 이해

(8) 스포츠 교육 프로그램의 구성요소
① 성격: 스포츠 지도의 철학, 이념 또는 비전
② 목적 및 목표: 일반적인 목표와 구체적인 목표로 구분
③ 내용: 가르치고자 하는 내용
④ 지도법: 프로그램을 체계적으로 전달하는 방법
⑤ 평가: 프로그램을 개선하는 데 도움을 줌

3 전문체육 프로그램 개발 및 실천

(1) 전문체육 프로그램 지도 개발을 위한 6단계(마튼스)
① 선수에게 필요한 기술 파악: 스포츠기술 지도뿐만 아니라 생활기술 지도를 통해 바람직한 인성 함양시키기
② 선수 이해: 선수의 신체적·심리적·사회적 발달단계 파악, 선수 개개인의 목표·진로·가정환경·학교생활 등 전반적인 이해
③ 상황 분석: 연습 및 훈련 공간, 팀 내 분위기 등 주변 상황에 대한 분석
④ 우선순위 결정 및 목표 설정: 목표는 단기·중기·장기 목표를 설정
⑤ 지도방법 선택: 목표에 따라 지도방법 선택
⑥ 연습계획 수립: 시즌 계획과 일일 지도계획 수립

> **스포츠 교육 프로그램의 지도 원리**
>
> - 개별성의 원리: 개인차를 고려한 다양한 수준별 지도
> - 효율성의 원리: **적절한 학습 환경을 구성하여 효율적인 지도 및 학습 목표 성취**
> - 적합성의 원리: 지도자의 창의적인 지도 활동의 선정과 활용
> - 통합성의 원리: 교수·학습 내용의 다양화와 신체활동의 총체적 체험

스포츠 교육의 지도방법론

1 스포츠 지도를 위한 교육모형

(1) 직접 교수 모형(적극적 교수)-Rosenshine: 교사가 수업 리더 역할을 한다.
  ① 지도자가 수업 내용과 의사 결정의 주관자이며, 수업 계획과 실행에 주도적인 역할을 수행
  ② 학습자는 지도자의 지시에 따르며, 지도자의 질문에 적극적으로 대답
  ③ 학습자로 하여금 연습 과제와 기능연습에 높은 비율로 참여하도록 안내
  ④ 지도자는 학습자가 연습하는 것을 관찰하고, 학습자에게 교정적 피드백을 제공
  ⑤ 높은 비율의 학습 참여 기회(Opportunity To Response: OTR)를 제공
  ⑥ 피드백: 긍정적 피드백(올바른 학습 시도를 강화하고 과제 참여를 지속할 수 있는 동기를 부여), 교정적 피드백(학생이 잘못된 수행 시 다음 시도 때 잘못된 행동을 어떻게 교정해야 하는지 말해줌)
  ⑦ 학습 영역 우선순위: 심동적 학습 → 인지적 학습 → 정의적 학습
  ⑧ 스키너(B. Skinner)의 조작적 조건화 이론에 근거함

<직접 교수 모형을 활용한 수업 6단계>

1	전시 과제 복습	이전 수업 내용을 간단히 복습
2	새로운 과제 제시	배우게 될 새로운 내용(개념, 지식, 기능)을 제시
3	초기 과제 연습	주어진 과제를 능숙하게 수행하기 위해서 연습 시작 연습 과제는 학생이 80%의 성공률에 도달할 때까지 계속됨
4	피드백 및 교정	몇 가지 주요 운동 수행 단서를 다시 가르치거나 몇 가지 이전 학습 과제를 되풀이함
5	독자적인 연습	교사가 학습 활동을 설계하고 과제를 제시 초기 학습 과제의 진도는 교사가, 이후 연습 단계의 학습 진도는 학생이 결정함 학생이 각자의 독립적인 과제에서 90%의 성공률을 성취
6	본시 복습	학생이 이전의 수업 내용을 얼마나 기억하고 있는지를 확인

<직접 교수 모형의 수업 주도성 프로파일>

199

(2) 개별화 지도 모형(Personalized System for Instruction; PSI): 수업진도는 가능한 한 빨리, 필요한 만큼 천천히 학생이 결정한다.

① 각 학생에게 수업 운영 정보, 과제 제시, 과제 구조, 수행 기준과 오류 분석이 포함된 학습 활동 및 평가를 하나의 묶음으로 구성한 수업 자료를 제공

② 학생들이 미리 계획된 학습 과제의 계열성에 따라 자신에게 맞는 속도로 배우도록 설계된 방법

③ 교사가 학생들에게 개별적으로 제공하지는 않으며 모든 학습 과제가 학생들에게 일괄적으로 주어짐

④ 과제는 거의 대부분 수업 매체(교재, 문서, 사진, 삽화, 비디오테이프, CD 등)로 전달됨

⑤ 교사가 학생들에게 정보를 전달하는 데 소요하는 시간을 줄이고, 그 시간을 학생과의 교수 상호작용에 투자함

⑥ 명시된 수행 기준에 따라 학생이 학습 과제를 완수하게 되면 교사의 허락이나 지시 없이 바로 학습 과제 목록에 있는 다음 과제로 이동하고 개인의 능력에 따라 자신의 속도를 맞춰 학습

⑦ 학습 지도안은 없으며, 학생들은 개별적으로 학습 과제의 계열성에 따라 학습을 진행하고 이전 수업이 완료되면 사전 수업이 끝난 시점에서 새로운 수업을 시작

⑧ 학습 평가는 거의 자동적으로 이루어지며 학생이 정해진 수행 기준에 따라 학습 과제를 완수하면 그것이 곧 평가임

⑨ 학생들에게 충분한 강화를 제공하는 이 모형의 네 가지 특징
  • 학습의 즉각적인 평가
  • 교사의 학생 개인에 대한 관심
  • 학습 목표를 향한 규칙적이고 실제성 있는 과정
  • 창의적이며 흥미로운 학습 자료를 바라볼 수 있는 능력

⑩ 이 모형의 특성
  • 학습자는 각 과제의 수행 기준에 도달할 책임이 있음
  • 학습자는 많은 피드백과 높은 수준의 언어적 상호작용의 기회를 갖음
  • 지도자는 내용선정과 과제제시를 주도하고, 학습자는 수업 진도를 결정함

⑪ 학습 영역 우선순위: 심동적 학습 → 인지적 학습 → 정의적 학습

<개별화 지도 모형의 수업 주도성 프로파일>

(3) 협동학습모형: 서로를 위해 함께 배우기

① 귀인 이론에 기초한 교수 전략으로 팀원 간 긍정적 상호의존, 개인의 책임감 수준 증가, 인간관계 기술 및 팀 반성 등을 강조한 수업

② 모든 학생이 학습 과정과 결과에 공헌하기를 기대하면서 제한된 시간 또는 과제에 따라 학생들을 팀으로 나눔

③ 책임감 있는 팀원이 되고, 자신의 잠재능력을 최대로 개발하고, 팀의 성공을 위해서 자신의 능력에 맞게 공헌을 하는 것에 의미를 둠

④ 추구하는 지도 목표: 긍정적인 팀 관계 격려, 상호작용을 기반으로 개인의 책임감 증진, 자아존중감 개발

⑤ 교사에 의한 과제 제시는 없고 대신 학생 스스로 주어진 과제를 조직해서 문제를 해결

⑥ 교사는 과제가 무엇인지만을 알려주고, 과제를 완수하는 구체적인 방법은 알려주지 않음

⑦ 과제 구조
- 학생-팀 성취배분(STAD)
  - 팀원 간의 협동을 요구하는 수업전략, 팀 점수 향상도가 중요
  - 팀 편성 → 학습과제 제시 및 1차 연습 → 1차 평가 및 팀 점수 발표(팀 점수 = 개인 점수의 합) → 2차 연습 → 2차 평가 및 팀 점수 발표[팀 점수 = (2차 점수-1차 점수)의 합]
- 팀 게임토너먼트(TGT)
  - 팀 편성 → 학습과제 제시 및 1차 연습 → 1차 평가 및 같은 등위끼리 점수 비교 후 승자에게 상점 부여 → 2차 연습 → 2차 평가 및 같은 등위끼리 점수 비교 → 팀 성적 발표
  - 학생들의 참여와 흥미가 높으며, 운동 기능이 낮은 학생들도 자기 팀을 위해 공헌할 수 있다는 자신감을 갖게 됨
- 팀 보조(협력) 수업(TAI)
  - 개별화 학습과 협동학습의 혼합 형태
  - 팀 편성 → 수행 기준 및 팀별 학습과제 제시 → 팀별 과제 수행 → 과제 완수 체크 및 다음 과제로 이동 → 평가
- 직소(Jigsaw)
  - 팀별 협동학습: 학습자를 몇 개 팀으로 나누고 각 팀마다 학습 과제를 분배함(테니스의 경우, A팀은 포핸드 스트로크, B팀은 백핸드 스트로크, C팀은 발리, D팀은 서비스), 각 팀의 모든 팀원들은 팀에 할당된 과제를 익힌 후 다른 팀에게 해당 과제를 설명해 줌
  - 팀 내 협동학습(전문가집단 협동 학습): 각 팀원들이 주제 또는 기술에 전문가가 되기 위해 세부 요소들을 익히게 됨, 개인별 과제 학습 후 전문가 집단에서 심화학습을 하고, 서로 학습한 내용을 발표함
- 집단연구(GI)
  - 집단 프로젝트 학습으로 팀이 학습 과정에 협동하고 학습 결과를 공유
  - 전체 과제를 세분화하여 소주제를 선택하고 소주제별 팀을 구성하여 조사 및 학습 후 발표

⑧ 특성: 팀 보상, 개인적 책무성, 평등한 기회 제공

팀 보상	교사에 의해 제시된 기준에 도달하는 팀에게는 누적 점수, 특혜, 공개적인 인정 또는 점수 등의 보상이 제공됨
개인 책무성	모든 팀원의 수행이 팀 점수 또는 평가에 포함되기 때문에 모든 학생은 팀의 과제 수행을 위해 노력해야 함
학습 성공에 대한 평등한 기회 제공	가능한 한 이질적인 소집단으로 팀원을 구성하며 전체 팀의 운동수행 능력이 평등하도록 구성해야 함

⑨ 5가지 기본 요소: 팀원 간의 긍정적인 상호의존, 일대일의 발전적인 상호작용, 개인의 책임감, 대인관계와 소집단 인간관계 기술, 팀 반성

⑩ 학습 영역 우선순위
- 과제가 인지적 학습에 초점: 정의적·인지적 영역 → 심동적 영역
- 과제가 심동적 학습에 초점: 정의적·심동적 영역 → 인지적 영역

⑪ 4가지 주요 기초 이론

동기이론	모든 팀원들이 공헌하고 성취해야 한다는 점을 모든 팀들에게 인식시킴
인지이론	팀에게 적당한 양의 도전을 부여, 단계에 적합한 학습 과제를 제공
사회학습이론	다른 팀원과의 상호작용을 통한 학습
행동이론	협동 과정, 학생의 과제 참여, 팀 목표 달성에 따른 보상 사이의 관계를 제공

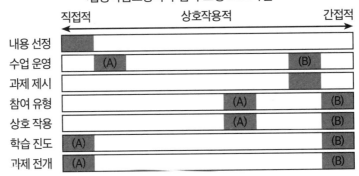

<협동학습모형의 수업 주도성 프로파일>

(4) 스포츠 교육 모형

① '유능하고 박식하며 열정적인 스포츠인'으로 성장하는 데 목적을 두고 있는 체육수업 모형
   - 유능함: 기술적인 전략적 움직임을 분별하고 실행할 수 있는 능력(심동적 영역)
   - 박식함: 스포츠 유형과 문화를 이해하고 감상하는 능력(인지적 영역)
   - 열정적: 스포츠를 일상생활 속의 중요 부분으로 만드는 열정, 스포츠를 참여하는 태도(정의적 영역)
② 학생에게 교육적으로 풍부한 스포츠 경험을 제공하기 위해 설계된 모형
③ 체육 프로그램에 참여한 학생들이 스포츠, 무용, 신체활동에서 실제로 즐거운 학습 경험을 가질 수 있도록 개발된 교수·학습 모형
④ 학생은 리그의 운영과 구조에 대한 의사 결정에 적극적으로 참여하는 능동적인 역할을 함
⑤ 스포츠 리그 운영에 필요한 다양한 역할 경험을 통해 스포츠 속에 내재된 다양한 관점과 가치를 배움으로써 긍정적이고 교육적인 체험을 함
⑥ 학습자 수준에 적합하게 경기 방식을 변형해서 참여를 유도함
⑦ 학습 영역의 우선순위
   - 선수: 심동적 영역, 팀원: 정의적 영역, 심판·기록자·코치: 인지적 영역
⑧ 6가지 핵심적인 요소(특성)

시즌	연습·시즌 전·정규 시즌·최종 경기를 포함한 후기 시즌 기간을 포함하는 장시간의 기간
팀 소속	한 시즌 동안 한 팀의 일원이 되어 활동
공식 경기	시즌을 조직하고 운영하는 의사 결정에 참여
결승전 행사	다양한 형태의 이벤트
기록 보존	개인 또는 팀의 기록을 통한 평가 및 전략 분석
축제화	스포츠를 축제의 성격으로 만드는 것

<스포츠 교육 모형의 수업 주도성 프로파일>

	직접적	상호작용적	간접적
내용 선정			
수업 운영			
과제 제시	(A)	(B)	
참여 유형			
상호 작용	(A)	(B)	
학습 진도			
과제 전개			

(5) 동료교수모형(파트너 교수): 나는 너를 가르치고, 너는 나를 가르친다.

① 높은 비율의 학생 참여 기회와 피드백, 교육 내용에 걸친 활발한 교사 주도의 학습 진도를 지향하는 완전 숙달 중심 모형

② 몇몇 학생이 학습 과정에서 다른 학생을 보조하기 위해 많은 교수 기능을 담당하는 학습 환경을 의미

③ 개인 교사는 교사에게 역할 수행을 위한 훈련을 받으며, 개인 교사는 교사와 학습자 모두와 상호작용을 함

④ 직접 교수의 기본적인 운영방식과 유사하지만 수업에서 누가 교수 전략을 실행하는가에 차이가 있으며, 학생은 개인교사 역할과 학습자 역할을 번갈아가며 경험함

- 개인 교사: 임시로 교사 역할을 담당하는 학생
- 학습자: 개인 교사의 관찰 및 감독하에서 연습하는 학생
- 조(짝): 개인 교사-학습자 짝으로 구성된 단위
- 학생: 개인 교사나 학습자의 역할을 수행하지 않는 학생

⑤ 교사가 과제 제시를 한 후 조(짝)를 이룬 학생이 개인 교사와 학습자의 역할을 교대함으로써 이루어짐

⑥ 한 학생은 개인 교사의 역할을 하고 다른 학생은 학습자의 역할을 한 후 교사의 지시에 따라 역할을 교대하므로 학습 활동의 직접적인 참여 기회는 감소할 수 있음

⑦ 학습자의 학습 영역 우선순위: 심동적 영역 → 인지적 영역 → 정의적·사회적 영역
개인 교사를 위한 우선순위: 인지적 영역 → 정의적·사회적 영역 → 심동적 영역

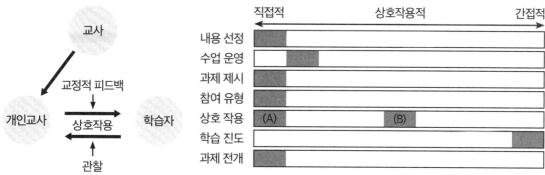

<동료교수모형의 수업방식>

<동료 교수 모형의 수업 주도성 프로파일>

	직접적	상호작용적	간접적
내용 선정			
수업 운영			
과제 제시			
참여 유형			
상호 작용	(A)	(B)	
학습 진도			
과제 전개			

(6) 탐구 수업 모형(탐구 중심 교수): 문제 해결자로서의 학습자

① 교사의 질문이 지도 방법의 핵심, 문제해결 중심의 지도에 활용

② 지도자는 과제 수행 방법을 설명과 시범이 아닌 질문을 통해 학습자들이 스스로 찾도록 유도하며

학습자 스스로 학습 활동에 관련된 문제를 해결

③ 지도자는 학습자가 '생각하고 움직이기'를 할 수 있도록 과제를 제시

④ 결과보다는 과정을 더 중요시하는 수업 모형으로 이를 통해 학습자의 사고력, 판단력, 문제해결능력 향상

⑤ 교사는 학습자가 답을 할 수 있는 충분한 시간을 기다려 줘야 하며, 교사가 원하는 답이 나오지 않아도 학습자의 의견을 존중하고 배려해야 함

⑥ 인지적 지식을 6단계로 다루는 목표분류법
  - 낮은 수준의 지식: 지식(기억), 이해(변환, 해석, 추정), 적용(문제 해결을 위한 사전 지식의 활용)
  - 높은 수준의 지식: 분석(부분 요소와 그것의 기능 설명), 종합(새로운 것을 만드는 데 사용되는 창의력), 평가(가치와 장점의 판단)

⑦ 문제해결 과정 5단계

문제의 규명	교사는 배워야 할 개념, 숙달해야 할 기능, 잘 준비된 질문으로 학생을 고무시킬 준비
문제의 제시	교사는 학습 과제를 익히고 문제를 형성하도록 한두 가지 초점에 맞춰 질문을 함
문제에 대한 유도 설명	교사는 학생에게 단서, 피드백, 보조 질문 등을 제공하면서 관찰
최종 해답의 규명 및 정교화	교사는 학생 사고를 정교화하고 한 가지 이상의 해답을 찾도록 단서, 피드백 보조 질문 등을 활용
분석, 평가, 논의를 위한 발표	학생은 다른 학생에게 자신이 찾은 해답을 발표

⑧ 학습 영역 우선순위: 인지적 영역 → 심동적 영역 → 정의적 영역

<탐구 수업 모형의 수업 주도성 프로파일>

(7) 전술 게임 모형(이해 중심 게임 수업 모형)

① 발달상 적합한 게임과 인지활동 후 숙련된 운동수행을 통해서 전술 문제를 해결하는 데 초점을 두는 '게임유사 학습 활동'

② 개인차, 즉 발달단계에 적합한 변형게임을 이용

③ 기술 발달과 게임 수행에 필요한 전술 지식을 학습하기 위해 게임 구조에 대한 흥미를 활용

④ 핵심은 전술로서, 전술은 게임과 게임의 유사 상황에서 게임을 수행하는 데 필요한 전략 및 기술의 결합체를 의미

⑤ 학습 목표는 학생이 게임 또는 게임유사 학습 활동에서 전술문제를 구성하고 수행하는 것

⑥ 변형게임: 정식 게임의 전술 및 수행의 복잡성을 줄이기 위해 고안됨

⑦ 변형게임의 과제 구조(변형게임 구성 시 반영해야 할 2가지 핵심 개념): 대표성(본질적 특징, 전술)과 과장성(특정 상황을 위한 변형, 용구, 경기장) 수준에 따른 계열화

⑧ 스크리미지: 게임을 진행하는 도중 티칭 모멘트가 발생할 경우 게임을 멈추고 전략과 전술을 지도,

전술 측면의 변형 과제

⑨ 리드-업 게임: 정식 게임을 단순화하고 몇 가지 기능에 초점을 두며 진행, 기능 측면의 변형 과제

⑩ 전술 게임 모형 단계

1단계	게임 소개	수행될 게임의 분류 및 개관이 포함됨
2단계	게임 이해	게임의 역사와 전통을 가르쳐 줌으로써 게임에 대한 학생의 흥미 진작
3단계	전술인지	주요한 전술 문제들을 게임 상황에서 제시함으로써 학생의 전술 인지를 발달시킴
4단계	의사 결정	전술적 지식의 적용 시기와 방법에 대한 인식을 학생에게 가르치기 위해서 게임 유사 학습 활동을 활용
5단계	기술 연습	전술적 지식과 기능 수행을 결합
6단계	실제게임 수행	전술 및 기능 지식의 결합으로 능숙한 수행

⑪ 게임 분류와 예시

영역(침범)형	농구, 하키, 축구, 넷볼, 핸드볼, 럭비, 풋볼, 라크로스, 프리스비
네트형	배구, 탁구, 배드민턴, 테니스, 피클볼
벽형	스쿼시, 라켓볼
필드형	야구, 티볼, 크리켓, 소프트볼, 킥볼
표적형	골프, 볼링, 당구

- 스포츠코칭 프로그램의 내용 지식과 관련된 고려사항
  - 종목 구분 근거: 게임전술의 전이 가능성
  - 영역형 스포츠에서 공간을 만들어 내는 것과 같은 기초 지식들은 하키나 농구 게임에서 볼 수 있는 전술과 전략에 도움이 됨
  - 네트형 스포츠에서 공격 계획을 수립하는 등의 일반적인 게임 전략들이 배구 선수의 운동 수행 능력을 증진시킬 수 있음
  - 필드형 스포츠는 팀 구성원 모두가 공격과 수비에 번갈아 참여하며, 개인의 역할 수행이 경기에 중요한 영향을 미치므로 자신의 역할에 대한 이해와 책임감이 강조됨
  - 코치가 게임 분류 체계를 이용하면 같은 범주의 스포츠 안에서 일반적인 움직임의 요소들을 고려한 수업을 운영할 수 있고, 특정한 스포츠 기술에만 주안점을 두지 않고 같은 범주의 스포츠 안에서 선수들에게 전략 제공이 가능

⑫ 학습 영역 우선순위: 인지적 학습 → 심동적 학습 → 정의적 학습

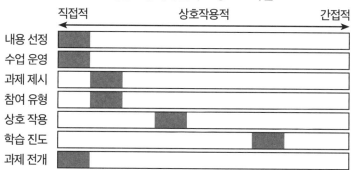

<전술 게임 모형의 수업 주도성 프로파일>

(8) 개인적·사회적 책임감 지도 모형(TPSR 모형)-헬리슨(D.Hellison)

① 학교, 가정, 폭력 집단 및 범죄 집단 구성원과 같이 위험한 장소에 노출되어 각종 교육 혜택을 받을 수 없는 불우한 청소년들에게 체육을 가르치기 위하여 개발함

② 책임감과 신체 활동(기능과 지식)을 동시에 추구하고 성취하려는 모형

③ 체육 프로그램 내용(스포츠, 체력, 무용)은 안전한 수업 환경과 자격을 갖춘 교육 전문가의 지도하에 학생 스스로나 타인에 대한 책임을 지고 긍정적인 개인적·사회적 선택을 하는 방법들을 배울 수 있는 기회를 제공

④ 인성 지도를 위한 책임감 수준(단계)

0단계	무책임	참여 의지와 자기 통제 능력이 없음
1단계	타인의 권리와 감정 존중	타인을 고려하며 안전하게 참여, 다른 사람을 방해하지 않고 참여
2단계	참여와 노력	의무감 없는 자발적 참여, 자기 동기 부여 있음 예) 새로운 과제에 도전하며 노력하면 성공할 수 있다고 여김
3단계	자기방향의 설정	자기 목표 설정 가능, 자기 동기 부여 있음, 교사 감독 없이 과제 완수 예) 지도자가 없는 상황에서도 자신이 수립한 목표 달성
4단계	돌봄과 배려	타인의 요구와 감정을 인정하고 경청하고 대응 예) 타인에 대해 상호 협력적이고 다른 학생들을 돕고자 한다.
5단계	일상생활로의 전이	지역사회 환경에서 타인을 가르침, 학습한 내용을 일상생활에서 실천 예) 체육 수업을 통해 학습한 배려를 일상생활에서 실천

⑤ 모형의 4가지 주제

통합	책임감의 학습 기회를 제공하는 내용에 학생을 참여시킴으로써 학습 결과들 간의 연계성을 도모
전이	학교 방과 후 및 지역 공동체와 같은 환경에서도 긍정적인 의사 결정을 할 수 있게끔 교사가 학생들을 인도
권한 위임	학생이 자성적으로 인지하고 실천하도록 배우는 것
교사-학생 관계	경험, 정직, 믿음 및 의사소통에 의해 형성되는 개인적 대인관계

⑥ 총체적인 수업 접근을 도모하므로 학습 영역의 우선순위는 없음

<개인적·사회적 책임감 지도 모형의 수업 주도성 프로파일>

(9) 하나로 수업 모형

① 전인으로서의 성장 또는 인성을 갖춘 사람으로서의 성숙은 호울 스포츠에의 입문을 통해서 가능하다고

주장

② 호울 스포츠: 공적 전통으로서의 체육 문화, 체육에서의 사회적 실제

③ 다양한 직접체험활동과 간접체험활동을 실행하고 경험하면서, 체육교사의 간접교수활동과 직접교수활동을 통하여 학생들은 체육활동의 기법적 차원과 심법적 차원에 올바로 입문

④ 수업 목표: 학생을 스포츠의 심법적 차원에 입문시켜 '참 좋은 사람'으로 만드는 것

⑤ 교육 내용: 게임(기법적 차원)과 문화(심법적 차원)

⑥ 직접 체험 활동: 스포츠를 잘 하는 것(기능, 전술, 게임), 스포츠의 기법적 차원에 대한 경험을 맛보도록 함으로써 스포츠 기능을 향상시킴

⑦ 간접 체험 활동: 스포츠를 잘 아는 것(안목, 정신, 전통), 스포츠의 심법적 차원에 대한 체험을 해보도록 함으로써 스포츠의 정신세계 및 문화로 입문

⑧ 터: 수업 활동이 이루어지는 공간

⑨ 패: 수업 활동을 이루어내는 학생들의 소집단 모둠

(10) 과제식 수업 모형(스테이션티칭 모형, 스테이션 교수, 과제 교수, 코너식 수업)

① 한 명의 지도자가 수업에서 공간을 나누어 두 가지 이상의 과제를 동시에 진행하는 방식으로, 학생이 밀어내기 식으로 이동하며 수업을 듣는 형태

② 기구가 부족한 수업 상황에서 사용 가능

③ 지도자의 관점에서 볼 때 학생들의 관찰이 다소 어려우므로, 지도자의 영향력을 극대화하기 힘듦

2 수업 스타일의 유형

(1) 모스턴(M. Mosston)의 체육 교수 스타일

① 교수 스펙트럼 형성 과정(패러다임의 전환)
- 대비 접근 → 비대비 접근
- 개인적인 주장 → 보편적인 이론
- 비일관적인 용어 활용 → 일관성 있는 용어

② 스펙트럼의 6가지 기본 가정
- 대전제: 교수는 지도자와 학습자의 연속되는 의사결정의 과정을 전제로 함
- 교수 스타일 구조: 과제활동 전 결정군, 과제활동 중 결정군, 과제활동 후 결정군
  - 과제활동 전 결정군은 의도를 규정: 계획 및 준비에 관한 의사결정
  - 과제활동 중 결정군은 행위를 규정: 과제활동 전 결정군의 실행
  - 과제활동 후 결정군은 평가를 규정: 피드백 및 전체 평가
- 의사결정자: 교사 & 학생

의사결정 주체		A	B	C	D	E	F	G	H	I	J	K
	전	교	교	교	교	교	교	교	교	교	학	학
	중	교	학	수행자	학	학	교>학	학	교	학	-	학
	후	교	교	관찰자	학	학	교>학	교<학	교<학	학	학	학

(교: 교사, 학: 학생)

- 스펙트럼: 11가지 교수 스타일

- 교수 스타일군: 모방(모사)과 창조
- 발달 효과: 학습 결과

③ 교수 스타일군
- 교수 스타일 A~E까지는 모방(기존 지식의 재생산을 강조)이 중심이 됨
- 교수 스타일 F~K까지는 창조(새로운 지식을 생산하는 능력을 강조)가 중심이 됨
- 모방과 창조를 구분하는 선: 발견역치

	유형	특징	교사의 역할	학습자의 역할
1	지시형 (명령형) (A)	정확한 수행	과제 활동 전·중·후의 모든 사항을 결정	교사가 내린 결정 사항들에 대하여 교사가 지시하는 대로 따름
2	연습형 (B)	피드백이 주어진 기억/모방 과제를 학습자가 스스로 개별적으로 연습하는 것, 학습자는 숙련된 운동 수행이 과제의 반복연습과 관련이 있음을 이해	모든 교과내용과 이에 따른 세부 운영 절차를 결정하고 피드백을 학습자에게 개별적으로 제공	9가지(수업 장소, 수업 운영, 시작 시간, 속도와 리듬, 정지 시간, 질문, 인터벌, 자세, 복장과 외모) 의사 결정 및 기억/모방 과제를 개별적으로 수행
3	상호학습형 (C)	특정 기준에 의하여 주어진 사회적 상호작용 및 피드백	모든 교과내용 및 기준을 정하고 세부 운영 절차와 관련된 결정을 내리며, 관찰자의 질문에 답하고 관찰자에게 피드백을 제공함	2인 1조로 각각 수행자와 관찰자의 역할을 정하여 수행자는 과제를 수행하고, 관찰자는 지도자가 제시한 수행 기준에 따라 피드백을 제공함
4	자기점검형 (D)	학습자가 과제를 수행하고 스스로 평가함(개인 연습과 자기 평가라는 두 측면 강조)	교과내용·평가 기준·수업 운영 절차 등을 결정하고, 학습자의 능력과 독립성을 존중함	과제를 독립적으로 수행하고 교사가 마련한 평가기준에 따라 자신의 과제수행을 점검하는 역할 수행, 스스로 자신의 과제를 확인하고 교정
5	포괄형 (포함형) (E)	학습자가 자신들이 수행할 수 있는 난이도를 선택하면서 동일한 과제에 참여함, 과제 수행 능력에 대한 개인의 차이를 인정함	과제의 난이도 선정, 교과내용과 수업 운영 절차에 대한 모든 의사 결정	자신의 성취 가능한 수준을 조사하고 과제를 연습하며 필요에 따라 과제 수준을 수정하며 평가 기준에 맞추어 자신의 수행을 점검
6	유도 발견형 스타일 (F)	미리 예정되어 있는 해답을 학습자가 발견하도록 유도하는 일련의 계열적이며 논리적인 질문을 설계하는 것	학습자가 발견해야 할 목표 개념을 포함한 일련의 질문 설계, 학습자와 상호작용 및 의사결정, 질문에 대한 학습자의 해답을 검토하고 확인	학생들은 교사가 묻는 질문에 대답하면서 한 가지 개념적 아이디어(해답)를 찾아냄
7	수렴 발견형 스타일 (G)	미리 결정되어 있는 정확한 반응을 수렴적 과정을 통해 발견	목표 개념을 포함한 교과내용을 결정하고 학습자에게 던져 줄 질문을 계획하고 구성	추리력, 호기심, 논리적 사고를 동원해 문제에 대해 논리적으로 연결된 해답을 발견

	유형	특징	교사의 역할	학습자의 역할
8	확산발견형 스타일 (H)	구체적인 인지 작용을 통해 어느 한 문제 혹은 상황에서 확산적인 다양한 반응을 발견, 감환과정(기준에 적합한 해결책을 찾는 과정)에 필요한 준거 제시, 감환과정을 통한 과제해결	학습자에게 전달해야 할 교과에 대한 특정 문제와 주제를 결정	특정 문제에 대한 설계, 해답, 반응을 발견하는 것
9	자기설계형 스타일 (I)	어떤 문제나 쟁점의 해결을 위한 학습 구조의 발견에 대한 독립성 확립	학습자가 학습 주제를 결정하기 위한 세부적인 공통 교과내용을 선정	공통 교과내용에 따른 의사 결정 과정을 결정
10	자기 주도형 스타일 (J)	학습의 설계에 대한 책임과 학습 경험 등에 대한 학습자의 주도, 학습자들의 학습 욕구에 자율권을 부여	학습자들이 스스로 결정한 사항들을 최대한 수용하고 지원하며, 요청이 있을 때에만 교수·학습 활동에 참여	과제 활동 전 상황에서 모든 결정을 함, 과제 활동 중의 교수·학습은 물론이고, 과제 활동 후 상황에서도 학습 평가 기준을 결정
11	자기학습형 스타일 (K)	학습에 대한 학습자의 개인적 열망 및 개별적인 학습 집착력에 한정	개인이 교수·학습 활동에 교사나 학습자로 참여하여 모든 의사 결정에 참여 학교 현장에서는 존재할 수 없는 교수 스타일로 학습자 자신이 자기 자신을 가르치게 되는 상황	

④ 모스턴이 제시한 4가지 피드백 유형
- 가치적 피드백: 긍정적이거나 부정적인 판단 언어로 표현
- 교정적 피드백: 가치판단 없이 실수를 교정, 수정사항을 제공
- 중립적 피드백: 사실적으로 행동을 기술함, 판단이나 수정 지시를 하지 않으나 피드백 진술의 의미를 변경할 수 있음, 다른 피드백 형태로 옮겨가는 특징을 가지고 있음, 판단을 유보한 인정을 하는 피드백
- 불분명한 피드백: 잘못된 해석의 여지가 있는 표현, 구체적인 정보가 없는 피드백

⑤ 모스턴(M. Moston)의 교수 스타일의 '인지(사고) 과정(SDMR)' 단계
- 인지 대전제(인지를 구성하는 3가지 기본과정): 기억, 발견, 창조
- 자극(stimulus): 질문 단계
- 인지적 불일치(dissonance): 해답을 찾고자 하는 욕구가 있는 단계
  - 학습자에 대한 자극(질문)이 흥미, 욕구, 지식 수준과 적합할 때 이 단계가 발생함
  - 학습자에게 알고자 하는 욕구를 실행에 옮기도록 동기화 시키는 단계
- 사색(mediation): 다양하고 구체적인 인지 작용의 탐색 단계
- 반응(response): 대답(반응) 단계

3 스포츠 지도를 위한 교수기법

(1) 지도를 위한 준비
① 맥락 분석

- 가르치는 내용, 방법, 학습자가 배우는 것에 영향을 미치는 시간적·인적·물적 자원에 대한 분석
- 지도자는 자신이 가르칠 수 있는 내용의 수준이 어느 정도인지 고려함

② 내용 분석
- 가르쳐야 할 내용들을 나열한 후 학습목표, 학습자의 현재 능력, 지식, 태도 그리고 소요되는 총 시간 능을 고려하여 가르칠 내용을 선정하고 순서를 결정

③ 학습 목표 분석
- 맥락 분석과 내용 선정 결과를 고려하여 일반 목표와 행동 목표를 계획
- 일반 목표: 의도하는 학습의 포괄적인 영역
- 행동 목표: 성취해야 하는 특정한 운동수행 기준을 구체적으로 포함하여 서술, 운동수행에 필요한 상황과 조건·학습자에게 기대되는 성취행위·설정된 운동수행 기준을 고려하여 설정

④ 관리구조
- 지도 중 일어나는 학습자의 행동을 명시적으로 알려줌

⑤ 평가
- 학습자의 성취 결과뿐만 아니라 향상 정도를 평가할 수 있는 방법을 계획

⑥ 지도자와 학습자의 역할과 임무
- 사전에 지노자 역할 및 학습자에게 무엇을 기대할 것인지를 결정
- 지도의 목표가 모방일 경우에는 지시자, 창조일 경우에는 촉진자의 역할이 필요

⑦ 교수-학습 과정의 구성 요소
- 계획 → 실행 → 평가 → 피드백(수정)

⑧ 스포츠지도자의 전문성의 구성 요소-Schempp
- 기술
- 지식
- 철학
- 개인적 특성: 배려심, 선천적인 기질, 열정, 믿음 등의 심리적 측면의 전문성 요소

⑨ 스포츠 교육 지도자의 전문역량을 향상시키기 위한 반성적 교수 행동(Kemmis & McTaggart)
- 계획 → 실행 → 관찰 → 반성(평가) → 수정과 재계획(피드백)

⑩ 지도자가 수업을 계획할 때 고려해야 하는 요인
- 이용 가능한 수업 시간
- 수업 공간 및 기구
- 수업 참여 학생 수

(2) 지도 계획안의 설계
① 지도계획안 작성의 필요성
- 수업 시작 및 종료 시기가 명료해짐
- 수업 진행과정을 점검할 수 있음
- 장·단기 의사결정 시점을 알려줌
- 계획안 수정에 필요한 토대가 됨
- 계획한 수업과 실제로 이루어진 수업을 비교함으로써 수업의 효율성 및 효과성을 평가할 수 있음

② 지도계획안 작성을 위한 고려사항
- 정교하고 유연한 계획 수립
- 자신이 사용할 목적으로 작성

- 추가 계획 수립
- 대안적 계획 수립
- 계획안의 보관
- 계획안 평가

③ 메츨러(M. Metzler)의 교수·학습 과정안(지도계획안) 작성요소와 방법
- 수업 맥락의 간단한 기술: 지도자가 다음 시간에 그 내용을 지도할 때 수업을 상기할 수 있도록 도와줌
  - 학습자, 시간, 장소, 수업의 차시 등 총체적인 지도맥락에 대한 설명 포함
- 학습 목표: 하나의 수업에 1~3개 정도의 목표를 구체적으로 작성
- 시간과 공간의 배정: 사전에 수업 시간, 수업환경 설정, 관리 방법에 대해 생각하기
  - 시간: 총 지도시간을 대략적으로 추정하여 계산, 계획한 항목들의 소요시간 산출, 필요한 시간 예측
  - 공간: 각 활동에 필요한 학습 환경 조직
- 학습 활동 목록: 학습자가 수행해야 하는 과제 순서로 학습 활동 목록을 작성
- 과제 제시와 과제 구조: 과제의 내용을 구조화하고, 제시 방법을 기술
  - 학생의 흥미를 유발시킬 수 있는 수업 도입
  - 과제 제시에 적합한 모형과 단서 사용
  - 학생에게 방향을 제시할 과제 구조 설명
  - 다양한 과제의 계열성과 진도(차시별)
- 학습 평가: 평가 시기, 평가의 관리 및 절차상의 고려사항을 제시
- 수업 정리 및 종료: 학습내용의 핵심적인 단서를 기억하고, 무엇을 배웠고, 왜 그것이 중요한지를 질문함으로써 학습자가 수업 내용을 다시 한 번 생각하도록 함

(3) 지도 내용의 전달
① 학습 과제의 발달적 내용 분석을 위한 순서[링크(J. Rink)의 내용발달 단계]: 시작 → 확대 → 세련 → 적용(응용)
- 시작
  - 기초적인 수준에서 학습하도록 소개하고 안내함
- 확대
  - 간단한 과제에서 복잡한 과제로 또는 쉬운 과제에서 어려운 과제로 발전시키는 것
  - 학습자에게 운동 수행의 복잡성과 난이도의 변화에 대한 관심을 전달하는 교사 행동
  - 경험의 내용을 어떻게 계열적으로 구성할 것인지, 내용의 복잡성과 난이도를 줄일 것인지를 결정
  - 학습 경험의 복잡성과 난이도를 더할 수 있는 요소들을 생각해서 점진적으로 학생들을 학습 경험과 경험의 계열성에 추가
  - 확장형 과제: 난이도와 복잡성이 덧붙여진 형태의 과제, 복잡한 기술을 가르치기 전에 기능을 세분화함
- 세련
  - 학습자에게 운동 수행의 질에 대한 관심을 전달하는 교사 행동
  - "경험을 잘 수행하는 것이 무엇을 의미하는가"에 초점
  - 세련 과제는 확대 과제에 열거된 각각의 경험에 대해 질적 차원을 기술
  - 세련형 과제: 폼이나 느낌과 같이 운동 기능의 질적 측면에 초점이 맞추어진 과제

- 적용(응용)
    - 확대와 세련을 통해서 개발한 기능들을 실제 또는 실제와 유사한 상황에서 사용할 수 있는 기회 제공
    - "어떻게 운동할 것인가"에서 "어떻게 그 운동을 이용할 것인가"로 학습자의 관심을 변화시키는 교사 행동
    - 경쟁적 상황의 적용과 기능 숙달의 효과성을 다룸
② 기술의 속성에 따른 분류[젠틸(A. Gentile)의 스포츠 기술]
    - 개방기술
        - 환경의 변화나 상태에 의해 변화되는 기술
        - 환경의 변화와 움직임에 대한 변화가 있는 상태에 해당
        - 환경의 영향을 받기 때문에 시간적인 제약이 따름
        예) **팀 종목**, 축구의 드리블, 탁구 스매싱, 야구 배팅
    - 폐쇄기술
        - 환경적 조건이 안정적이며 외부 조건이 대부분 변하지 않는 기술
        - 환경의 변화와 움직임에 대한 변화가 없는 상태에 해당
        - 환경의 영향을 개방기술보다 덜 받기 때문에 시간적인 제약 또한 상대적으로 덜 받음
        예) **개인 종목**, 농구 자유투, 사격, 양궁, 골프, 볼링
③ 과제 전달 방법
    - 스포츠 경험이 많지 않은 학습자에게는 구체적인 언어 전달이 필요함
    - 과제 전달의 효율성을 높이려면 학습 단서의 수가 많지 않을수록 좋음(단서의 양적 적절성)
    - 개방기능의 단서는 복잡한 환경을 폐쇄기능의 연습 조건 수준으로 단순화시켜 제공
    - 집중력이 높지 않은 어린 학습자에게는 말이나 행동 정보 외에 매체를 활용하면 효과적임
    - 모든 학습자가 쉽게 보고 들을 수 있는 대형 갖추기
    - 학습자가 이해할 수 있는 어휘를 사용하기
④ 학습 단서
    - 어떤 학습 과제에서 가장 중요한 특징을 학생에서 전달하기 위해 지도자가 사용하는 단어나 문장
    - 효과적인 학습 단서의 특징, 조건
        - 구체적이지만 간결하게, 상대방이 이해하기 쉬운 용어를 써가며 표현
        - 구체성, 간결성(간단성), 명확성, 조직성, 연령에 맞는 용어, 학습 과제와의 관련성
⑤ 요약 단서(summary cue)
    - 학습단서를 복잡한 과제에 관해 설명을 계열성 있게 조직하여 한 단어로 제시하는 것
⑥ 조작 단서(manipulative cue)
    - 지도자가 의사전달을 위해 학습자의 신체를 올바른 자세로 직접 고쳐주는 지도 정보 단서
⑦ 지도 내용을 전달하는 질문 유형
    - 회상형(회고적) 질문: 기억 수준의 대답이 요구되는 질문으로 과거에 있었던 사건을 기억해내는 것이 요구되는 질문, '예, 아니요' 또는 단답형으로 대답할 수 있는 개념확인 질문
        예) 지난 회의에서 설명했던 오프사이드 규칙 기억나니?, 드리블을 할 때 시선을 어디에 두어야 하는가?
    - 수렴형 질문(집중적 질문): 사전에 배운 지식들의 분석 및 통합을 요구하는 질문
        예) 운동 전후에 스트레칭을 실시해야 하는 이유가 뭐죠?
    - 확산형 질문(분산적 질문): 경험하지 않은 새로운 문제에 대한 해결 방법을 찾기 위해 요구되는 질문으로, 정해진 정답 없이 다양한 생각을 자유롭게 표현할 수 있는 질문

예) 상대 팀 선수가 중앙으로 드리블해서 돌파하고자 할 때 수비하는 방법들은 무엇이 있을까?, **수업시간에 시끄럽게 떠드는 친구가 있는 경우에는 어떻게 하면 좋을까요?**
- 가치형(가치적) 질문: 어떤 사건에 대한 개인적 가치, 태도, 의견 등의 표현이 요구되는 질문
  예) 상대 선수가 너에게 반칙을 하지 않았는데 심판이 상대 선수에게 반칙 판정을 했다면 너는 이런 상황에서 어떻게 하겠니?, **행복의 조건으로 가장 중요한 것은 무엇이라고 생각하나요?**
⑧ 학습 과제의 난이도 조절 시 고려해야 하는 사항
- 운동하는 인원 수
- 운동수행의 조건(휴식시간, 무게, 각도 등)
- 사용하는 기구
⑨ 학습자 주의집중
- 주위가 소란할 때는 학습자와 사전에 약속된 신호를 사용하는 것이 필요함
- 학습자의 주의가 기구에 집중되면, 기구를 정리한 후 집합하여 설명하는 것이 좋음
- 햇빛에 눈이 부신 경우 지도자가 해를 보고, 학습자가 해를 등지게 함
- 학습자가 설명을 정확하게 이해하도록 지도자는 학습자 가까이에서 설명하는 것이 좋음
⑩ 링크(J. Rink)의 학습 과제 연습 방법
- 역순 연쇄: 복잡한 운동 기술의 경우 기술의 주요 동작이나 마지막 동작을 초기 동작보다 먼저 연습하게 함
  예) 테니스 서브 과제에서 공을 토스하는 동작을 연습하기 전에 공을 라켓에 맞추는 동작을 먼저 연습함
⑪ 학습 전이(transfer) 유형
- 전이: 과거의 과제 수행 경험이나 학습 경험이 다른 과제의 수행이나 새로운 운동기술의 수행과 학습에 영향을 미치는 것
- 정적 전이: 운동기술의 요소와 처리 과정이 유사하여 과거의 학습이 새로운 학습에 도움이 되는 것
- 부적 전이: 운동기술의 요소와 처리 과정이 유사하지만 결정적인 특성이 달라, 과거의 학습이 새로운 학습에 방해가 되는 것
- 순행 전이: 먼저 배운 과제의 수행 경험이 나중에 배우는 과제의 학습에 영향을 미침
- 역행 전이: 나중에 배운 과제의 수행 경험이 이전에 학습한 기능에 영향을 미침
- 중립적 전이: 선행 학습이 후행 학습에 전혀 영향을 미치지 않는 것
- 과제 내 전이: 연습한 조건과는 다른 수행 환경에서 같은 기술을 구사하는 것
  예) 수영장에서 연습한 수영기술을 바다에서도 잘 발휘할 수 있도록 전이되는 경우
- 과제 간 전이: 이전에 배운 기술의 경험이 새로운 기술의 수행이나 과제에 영향을 미치는 것
  예) 야구에서 배운 오버핸드 공 던지기가 핸드볼에서 오버핸드 공 던지기 기능으로 전이되는 경우
- 대칭적 전이: 한쪽 팔과 다리로 연습한 것이 반대쪽 팔과 다리의 연습에 영향을 미치는 것

(4) 과제연습에 따른 지도자의 행동
① 지도 감독된 과제연습: 지도자에 의하여 지도되고 감독되는 과제연습
② 개별적 과제연습: 학습자 개별적으로 과제 연습
③ 과제연습의 주시: 학습자의 학습 성취가 기준을 달성한 정도를 관찰하고 평가하는 방법

(5) 연습 중 지도자의 행동
① 직접기여행동
- 지도행동: 수업 내용과 관련이 있는 내용을 직접 가르치는 행동

- 운영행동: 내용을 가르치는 데 도움이 되도록 학습 환경을 조성하는 행동
  예) 동작 설명과 시범, 학생 관찰 피드백 제공, 안전하고 생산적인 학습 환경 유지, 교구 정리, 학습자의
  부적절한 행동 제지

피드백의 종류

- 내재적 피드백: 본인 스스로 관찰하여 얻은 피드백
- 외재적(보강적) 피드백: 다른 사람에 의해 정보가 제공된 피드백
- 일반적 피드백: 운동기능 자체와 관련이 없음
- 구체적 피드백: 운동기능 정보와 관련이 있음
- 즉각적인 피드백: 수행 직후 제공되는 피드백
- 지연된 피드백: 수행 후 시간이 지난 후에 제공되는 피드백
- 긍정적 피드백: 운동 수행 결과에 대해 만족
- 부정적 피드백: 운동 수행 결과에 대해 불만족
- 중립적 피드백: 만족과 불만족 표시가 불분명
- 비교정적 피드백: 교정적 정보 없이 잘못된 부분의 정보만 제공
- 교정적 피드백: 다음 수행 개선과 관련된 방법들을 함께 제공

*피드백은 많을수록 좋으며, 일반적 피드백보다 구체적 피드백이 좋다. 지연된 피드백보다 즉각적 피드백,
부정적 피드백보다 교정적 피드백이 효과적이다.

---

② 간접기여행동: 학습과 관련은 있지만 수업내용 자체에 직접 기여하지 않는 행동
  예) 부상 학생의 처리, 과제 외 문제 토론에 참여, 용변과 물 마시는 문제 처리
③ 비기여행동: 수업 내용에 기여할 가능성이 전혀 없는 행동으로 수업에는 도움이 되지 않음, 학습지
  도에 부정적인 효과를 가져오므로 가능한 최소화 해야 함
  예) 학부모와의 면담, 학습 지도 중에 소방 연습·전달 방송 실시

성피티 TIP

학습자의 연습활동을 운동 과제에 적극적으로 참여하는 시간으로 만들기 위해서는 비기여행동을 없애고, 간접
기여행동을 필요로 하는 시간을 최소 시간으로 운영하며, 직접기여행동을 높여야 합니다.

(6) 쿠닌(J. Kounin)의 교수 기능
① 상황 파악(이해): 학생들의 행동을 항상 인지하고 있다는 것을 알리는 것, 지도자가 자신의 머리 뒤
  에도 눈이 있다는 듯이 학습자들의 행동을 파악하는 것, 지도자가 학습자들 간에 발생하는 사건을
  인지하는 것
② 동시처리: 수업의 흐름을 유지하면서 수업 이탈 행동 학생을 제지하는 것
③ 집단 경각: 모든 학생에게 과제에 몰입하도록 경각심을 주는 것
④ 유연한 수업 전개: 교사가 수업 활동의 흐름을 중단하지 않고 부드럽게 이끌어 가는 것
⑤ 여세 유지: 수업이나 학습활동을 활력있게 이어가는 것
⑥ 학생의 책무성: 교사가 학생에게 수업 중 과제 수행에 대한 책임감을 부여하는 것

(7) 스포츠 활동 참여자의 행동 수정 전략
① 지도자가 일관성 있게 지도하기
② 학습자의 행동 수정에도 그 단계를 설정하여 단계적 변화를 추구하기
③ 수정하려는 행동이 무엇인지 이해할 수 있도록 구체적으로 진술하기
④ 현재 시급한 문제나 작지만 중요한 문제부터 시작해서 점차적으로 그 폭을 넓혀가기
⑤ 행동 수정에 따른 결과를 고려하여 신중하게 결정하고, 긍정적 혹은 부정적 결과를 명시해주기

(8) 부적절한 행동 수정 전략
① 부적절한 행동 무시하기
② 언어적 제지
  • 구체적으로 단호하게 지적하고 제지하기
  • 비언어적 제지를 동반하기
    예) 지도자가 옆 사람과 잡담하는 학습자에게 가까이 다가감
③ 구체적인 벌의 전략
  • 삭제훈련: 부적합한 행동을 하지 않았을 때 보상을 줌
  • 적극적 연습: 부적절한 행동을 하였을 때 적절한 행동을 일정 횟수로 반복시킴
    예) 운동 기구 정리를 잘하지 않는 학습자에게 기구 정리를 반복하여 연습시킴
  • 퇴장: 위반행동의 벌로 일정한 시간 동안 게임 활동에 참가할 수 없도록 함
    예) 동료의 연습을 방해하는 학습자를 일정 시간 동안 연습에 참여시키지 않음
  • 보상손실: 부적절한 행동을 했을 때 무언가 하나를 잃게 함
    예) 연습 시간에 계속 지각하는 학습자의 경기 출전권을 제한함
④ 신호간섭: 시선, 손짓 등 지도자의 행동으로 학습자의 운동 참여 방해 행동을 제지하는 것
⑤ 접근통제: 프로그램 진행을 방해하는 학습자에게 가까이 접근하거나 접촉하여 제지하는 것

(9) 행동 수정 기법
① 토큰 강화(토큰 수집, 대용보상 체계)
  • 학습자가 적절한 행동을 할 때마다 지도자가 점수, 스티커, 쿠폰 등을 제공하는 기법
② 행동계약
  • 학습자가 부적절한 행동의 정의, 보상의 결정, 수반성 확립 등의 과정에 직접 참여
  • 목표행동의 결과로 주어지는 강화물에 대해 글이나 말로써 계약을 맺는 방식
③ 타임아웃
  • 부적절한 행동이 나타날 때 일시적으로 다른 상황, 다른 장소로 격리하는 방법
  • 부적절한 행동 시 긍정적 강화를 받을 수 있는 기회를 일시적으로 박탈하여 부적절한 행동을 줄이는 방법
④ 혐오치료법
  • 부적절한 행동 시 혐오적 자극을 동시에 제공함으로써 혐오자극을 받지 않으려 문제행동을 안 하게 하는 방법
⑤ 프리맥의 원리
  • 빈도가 낮은 행동을 학습시키기 위한 강화제로 빈도가 높은 행동을 활용하는 것

(10) 슐만(Shulman)의 7가지 교사 지식

① 내용 지식: 가르칠 교과목 내용에 대한 지식

② 지도방법 지식: 모든 교과에 적용되는 지도법에 대한 지식

③ 내용 교수법 지식: 특정 학생에게 어느 교과나 주제를 특정한 상황에서 지도할 수 있는 방법에 대한 지식

④ 교육과정 지식: 참여자의 발달 단계에 적합한 내용과 프로그램에 대한 지식

⑤ 교육환경 지식: 수업 환경에 영향을 미치는 지식

⑥ 학습자 및 학습자 특성 지식: 수업에 영향을 미치는 학습자에 관한 지식

　　예) 노인의 신체적·정신적 변화 등에 관한 지식, 장애 유형에 따른 운동방법 등에 관한 지식, 유소년의 행동양식 및 신체발달 등에 관한 지식

⑦ 교육목적 지식: 목적, 목표 및 교육시스템의 구조에 관한 지식

(11) 메츨러(M. Metzler)의 교사지식

① 명제적 지식
- 수업에 필요한 여러 가지 내용에 대한 지식
- 교사가 구두나 문서로 표현할 수 있는 지식
- 교사가 개념을 설명할 수 있는 지식

② 절차적 지식
- 교사가 실제로 수업 전, 중, 후에 적용할 수 있는 지식
- 학습자가 과제를 연습하는 동안 이를 관찰하고 정확한 피드백을 제공할 수 있는 지식
- 명제적 지식의 활용 능력

③ 상황적 지식
- 특수한 상황에서 적절한 의사결정의 시기 및 근거에 관한 지식

(12) 교수기능 연습 방법

① 1인 연습
- 거울 앞에서 자신의 교수 행위를 살펴보면서 연습
- 자신의 언어적, 비언어적 행동을 거울, 녹음기, 비디오 촬영으로 관찰할 수 있음

② 동료 교수(peer teaching)
- 소집단의 동료교사들로 모의적인 수업장면을 만들어 교수기능을 연습
- 교사들이 제한된 몇 가지의 교수기능에만 초점을 맞출 수 있도록 수업장면을 짧게 설정하여 연습
- 가능하면 수업장면을 비디오로 촬영한 다음 평가와 피드백의 정보로 활용할 수도 있음

③ 마이크로티칭(축소 수업, micro-teaching)
- 예비지도자가 모의 상황에서 동료 또는 소수 참여자들을 대상으로 일정한 시간 내에 구체적인 내용으로 지도기능을 연습, 비디오를 촬영해서 사용하면 매우 효과적임
- 동료 교수와의 유사점: 제한된 범주 내에서 한 가지 구체적인 내용에 초점
- 동료 교수와의 차이점: 실제 학생을 활용하며 일정한 시간 내에서 이루어짐

④ 반성적 교수(reflective teaching)
- 학생 6~8명의 소집단을 대상으로 학습 목표와 평가 방법을 설명한 후, 수업을 진행함
- 수업에 참여한 학생들의 질문지 자료를 토대로 교사와 학생, 다른 관찰자들이 모여 교사의 교수법에 대해 '토의'를 함

- 객관적인 자료를 근거로 교수 기능 효과를 살핌
- 반성적 토의를 통해서 교수에 관한 이해력과 통찰력이 성장하게 됨
- 경제적이며 효과적인 교수 기능 연습법

⑤ 현장에서의 소집단 교수
- 학생 수를 5-10명으로 줄여, 10-20분의 단위 수업 또는 일련의 단위 수업을 소집단 학생들에게 가르치는 것
- 수업 내용 지도와 관련된 교수기능을 연습하는 데 특히 유용

⑥ 현장에서의 대집단 교수
- 수업 운영이나 수업 조직과 관련된 기능과 전략은 보통 전체 학생들을 대상으로 5-10분 정도의 제한된 시간에 연습하는 것이 가장 효과적. 수업의 시작, 수업 장비의 준비와 처리, 효과적인 학생 이동, 그리고 그 밖의 수업 운영이나 수업 조직에 관련된 과제들을 연습하는 데 목적이 있음

⑦ 실제 교수
- 학급 전체를 대상으로 한 교수는 직전교사들이 실제 체육수업에 들어가기 전에 하는 마지막 연습
- 일정 기간 동안 여러 학급에 대해서 전면적인 책임을 지는 교육실습을 함

> **현장 개선(action) 연구**
> - 지도자가 동료나 연구자의 도움을 받아 자신의 강좌를 반성적으로 탐구하여 개선하는 데 목적이 있음
> - 연구의 특징: 집단적 협동과정, 역동적 과정, 연속되는 순환과정
> - 연구의 절차: 문제 파악-개선계획-실행-관찰-반성-수정과 재계획

(13) IT 매체 활용의 효과
① 피드백 효과: 피드백의 양, 정확성, 즉각성 증가
② 학습자의 동기유발 효과: 자기 통제성, 학습 통제성, 내적 동기 증가
③ 의사소통 효과: 쌍방향 의사소통 증진

(14) 효과적인 관리운영
① 상규적 활동
- 스포츠 지도시간에 반복적으로 일어나는 활동으로 예를 들어 수업 시작, 출석점검, 수업준비 상태 확인, 화장실 출입 등이 있음
- 상규적 활동이 일어나는 사건을 루틴으로 확립하여 효율적으로 관리하면 학습 과제 참여 시간을 증가시키는 데 도움이 됨
  예) 박 코치는 관리시간을 줄이기 위해서 다음과 같이 지도 활동을 반복한다. 출석 점검은 수업 전에 회원들이 스스로 출석부에 표시하게 한다. 이후 건강에 이상이 있는 회원들을 파악한다. 수업 중에는 대기시간을 최소화하기 위해 모둠별로 학습 활동 구역을 미리 지정한다. 수업 후에는 일지를 회수한다.
② 예방적 수업 운영
- 예측되는 문제 상황을 사전에 예측하고 규칙을 개발하여 수업 운영 시간을 최대한 줄이기 위한 노력
- 사전에 공지되기 때문에 교수와 학습자 간의 불필요한 감정 소모를 줄이고, 긍정적인 관리 행동을 일으킴
  예) 이번 주에 배울 내용을 게시판에 공지, 수업 시작과 종료를 정확하게 지킴, 호루라기를 사용하여 학습자의 주의를 집중시킴, **자동 출석 체크 방법을 활용하여 출석 점검 시간 절약**

(15) 안전 및 예방

① 지도자가 항상 최우선으로 여겨야 하는 부분은 학습자의 안전
② 지도자의 수업 성공 여부 판단의 가장 중요한 기준은 학생들의 목표 달성임
③ 안전한 학습 환경 조성과 학습 분위기 유지를 위한 교수 기법
- 수업 시작과 끝맺음을 위한 신호를 활용
- 규칙과 절차를 인지시키고 지속적으로 강조
- 기대 행동과 수행 기준을 반복적으로 명시
- 활동 전에 안전 문제를 예측하고 교구·공간·학생 등을 학습에 도움이 되는 방향으로 배열 또는 배치
- 안전한 수업운영에 필요한 절차를 학습자들에게 분명히 전달하고 상기시켜야 함
- 새로운 연습과제나 게임을 시작할 때 지도자는 지속적으로 학생들의 활동을 주시하고 적극적으로 감독
- 간혹 위험한 행동을 하는 학습자가 발견되면 즉각 중단시키고 왜 위험한지 구체적으로 피드백 전달

- 학습시간에 할당된 시간(AT: allocated time): 학교의 수업 시간표, 체육활동에 할당된 시간
- 참여시간(ET: engaged time): 학습시간에 할당된 시간 중 운동과제와 관련된 학습활동에 참여하는 시간, 학습자가 운동에 참여한 시간
- 실제학습시간(ALT: academic learning time): 학습자가 학습활동에 직접 참여하는 시간, 학습자가 학습 목표와 부합한 과제의 성공을 경험하며 참여한 시간

스포츠 교육의 평가론

스포츠교육학

1 평가의 이론적 측면

(1) 평가의 개념
① 평가와 유사한 개념으로는 측정, 사정, 검사 등이 있음
② 측정(measurement): 일정한 양을 기준으로 하여 같은 유형의 양에 수치를 부여함, 가치판단은 배제됨
③ 사정(assessment): 자료 수집·해석·활용
④ 검사(test): 상태나 성분을 조사하여 판단하는 것
⑤ 평가(evaluation): 측정보다 포괄적인 개념으로 교육과정, 교수활동, 교육환경 등과 같은 평가 대상의 가치를 판단하는 과정
⑥ 측정이나 검사는 가치중립적 활동이며, 평가는 가치지향적 활동임

(2) 평가의 목적과 활용
① 학습자들에게 학습 상태와 학습 지도에 관한 정보를 제공(학습 결과의 진단과 치료)
② 학습 목표와 관련된 학습 진행 상태를 평가하여 교수 활동을 조정(교육목표에 따른 학습 진행 상태 점검과 지도 활동 조정)
③ 교수의 효과를 판단하고 학습자들에게 운동 수행의 향상 동기를 유발(교수-학습의 효과성 판단, 학습자의 체육 프로그램 참여 및 향상 동기 촉진)
④ 학습지도 및 관리운영의 효율성을 위한 집단 편성
⑤ 학습자 역량 판단을 통한 이수 과정 선택 정보 제공
⑥ 교육 프로그램 또는 교육과정의 적합성과 적절성 확인

(3) 평가의 단계
① 평가목적 결정: 평가목적을 확인하여 결정
② 학습성과 확인: 학습자의 학습 성과를 구체적으로 확인·진술·분류
③ 평가도구 제작: 평가목적 달성에 필요한 자료나 정보를 효과적으로 수집할 수 있는 도구 제작 및 선정
④ 평가자료 수집: 평가도구를 평가대상에게 실시하여 필요한 정보 및 자료 수집
⑤ 평가자료 분석: 평가도구로 수집한 정보와 자료의 분석 및 해석
⑥ 평가결과 보고: 평가결과를 평가 대상자에게 설명하고 향후 보완사항 논의
⑦ 평가결과 활용: 평가결과의 특징을 분석하여 교수학습방법의 개선에 활용

(4) 평가의 양호도
① 객관도
- 2명 이상의 관찰자에 의하여 부여된 점수의 일치 정도
- 체조, 피겨스케이팅, 보디빌딩, 다이빙, 싱크로나이즈드 스위밍 등과 같은 종목들은 높은 수준의 객관도를 확보해야 하는 종목

- 이러한 종목들은 객관도를 높이기 위하여 여러 명의 심판을 두고 이들의 점수를 특정한 점수 환산 규칙에 의하여 순서를 내림
- 객관도를 높이는 방법
  - 채점 기준을 명확히 작성
  - 여러 명이 해도 동일한 결과가 나올 수 있도록 일관성 유지
  - 채점 기준 구체화
  - 채점 기준 사례를 수집하여 보관
  - 채점 기준에 대한 평가를 교사들 간에 실시
  - 평가 내용을 학생들에게 자세히 설명
  - 좋은 수행과 나쁜 수행의 예를 보여주기
  - 평가 배점을 미리 알려주기 등

② 신뢰도
- 측정하려는 것을 얼마나 안정적으로 일관성 있게 측정하였는지의 정도
- 사물이나 인간의 특성을 오차 없이 정확하게 측정하는 정도
- 방법
  - 검사-재검사 신뢰도: 동일한 사람을 대상으로 동일한 검사에 대해 시간 차이를 두고 2회 측정해서 측정값을 비교해 차이가 작으면 신뢰도가 높고 크면 신뢰도가 낮은 것으로 판단하는 방법, 첫 번째와 두 번째 측정 사이의 시간 차이가 너무 길거나 짧으면 신뢰도가 낮게 나올 수 있음
  - 동형검사 신뢰도: 동질적인 내용으로 구성된 두 개의 동형검사를 같은 대상에게 실시하여 두 검사의 상관계수를 산출하는 방법
  - 반분 신뢰도: 한 검사를 어떤 대상에게 실시한 후 이를 두 부분으로 나누어 이를 독립된 검사로 취급하여 이들의 상관계수를 산출하는 방법
  - 문항내적 합치도(내적 일관성): 검사 속의 각각의 문항을 독립된 한 개의 검사로 생각하고 그 합치성, 동질성, 일치성을 종합하는 방법

③ 타당도
- 측정하고자 하는 것을 원래 의도한 대로 측정 도구가 정확하게 측정하는지에 관한 정도
- 평가의 타당도를 측정하는 방법
  - 내용 타당도: 측정하고자 하는 내용을 잘 아는 전문가에 의해 평가도구가 의도한 바를 얼마나 잘 측정하는가를 주관적으로 판단하며, 그로 인해 주관성이 개입되어 누가 판단하는가에 따라 다른 결과가 나올 수 있음(단점: 객관적으로 표시할 수 없음)
  - 준거 타당도: 검사나 평가도구가 다른 준거와 얼마나 관계가 있는가의 정도, 준거타당도는 동시타당도(현재 존재하는 준거가 기준)와 예측타당도(미래에 존재하는 준거가 기준)로 다시 구분됨
    예) 스포츠맨십을 측정하는 도구의 준거타당도를 알아보기 위해 학생들의 반칙 기록을 조사해서 준거로 삼음
  - 구인 타당도: 주로 심리척도를 개발할 때 적용되는 타당도, 구인(심리적 특성이나 행동 양상을 설명하기 위해 만든 심리적 요인)을 분석하여 조작적인 정의를 내린 후에 검사점수가 조작적 정의에서 규명하는 심리적 구인들을 제대로 측정하였는가를 검증하는 방법
    예) 스포츠맨십에 규칙 준수, 상대 존중, 판정 수용, 최선 다하기 등의 구인이 있다고 가정하면, 이들 요인을 측정하기 위해 각 요인을 대표하는 문항을 여러 개 만듦. 이 문항을 이용하여 자료를 수집

하고, 수집된 자료에서 얻어진 결과가 측정하려고 의도했던 요인들을 제대로 측정했는지를 통계적인 절차를 통해서 밝힘

(5) 평가의 유형

① 진단평가
- 체육 활동 지도 초기(수업 시작 전)에 참여자의 수준과 상태를 파악하고, 효과적인 교수·학습 전략을 수립하기 위해 실시하는 평가
- 수업 전 학습목표에 따른 참여자 수준을 결정하고, 학습과정에서 참여자가 계속적인 오류 상황을 발생시킬 때 적절한 의사결정을 하도록 함
- 학습자의 수준을 파악하기 위해 미리 실행하는 평가 방법
- 학습자의 기초 능력 전반을 파악할 수 있음

② 형성평가
- 수업 과정에서 학생들의 수업 진행 상황을 파악하기 위한 평가 활동
- 학생들에게 보다 나은 교육과정을 제공하기 위해 실시하며 교육과정을 개선하기 위한 자료로 활용

③ 총괄평가
- 학습 과정을 끝마치고 학습 목표의 달성도를 개인별 또는 집단별로 평가
- 학생들의 성적을 작성, 기능과 능력의 점검, 다음 학습 과정에서의 성공 예측, 다음 학습 교수활동의 출발점 결정, 완전 학습을 위한 학습의 피드백 유도, 개인의 집단 내 위치를 확인하는 평가
  예) 학기말 고사, 중간고사, 학생들에게 자신의 높이뛰기 목표와 운동계획을 수립하게 한 다음 육상 단원이 끝나는 시점에서 종합적 목표 달성여부 확인을 위해 평가를 실시함

④ 임의평가
- 객관적인 기준에 의해서 측정치 또는 질적 기술을 해석하지 않고 교사의 주관적인 판단에 의해서 해석
  예) 100점 만점 척도에서 90점 이상이면 우등, 60점 이상이면 급제, 60점 미만이면 낙제라고 평가하는 경우 90점과 60점은 평가를 위한 해석 기준의 근거가 불분명하고 객관성을 유지하지 못함

⑤ 상대평가(규준지향평가)
- 다른 학습자와 비교하여 상대적인 서열(석차)을 중심으로 학습자의 성취도를 평가하는 방법, 학생의 성취를 규준을 이용하여 그가 속해 있는 집단에서의 상대적인 위치에 비추어 해석, 선발/분류/배치 상황에서 유용하게 사용
  예) 수영을 지도하며 모든 회원의 50m 평영 기록을 측정하여 상위 15%에 해당하는 회원들께 수영모 증정

⑥ 절대평가 (준거지향평가, 목표지향평가)
- 미리 정해놓은 기준(학습 목표)과 비교하여 학습자의 성취도를 평가하는 방법
- 개인의 목표 성취 여부에 관심
- 신뢰할 수 있는 기준의 설정 어려움
  예) 수영을 지도하며 25m 완주를 목표로 완주한 회원들에게 수영모 증정

구분	상대평가	절대평가
평가근거	타인과 비교, 소속 집단의 점수 분포	학습 목표, 목표 도달 수준
평가도구의 양호도	신뢰도 중시	타당도 중시
성취수준의 판정방법	평균치	목표 도달률
결과처리 및 해석	백분위, 표준점수	백분율(%)

구분	상대평가	절대평가
특징	기준이 상대적으로 높을 경우 피검자를 실망시킬 수 있음	개인점수의 변화에 대한 설명이 용이

⑦ 개인내차평가
- 개개인의 능력을 종단적으로 추적해가면서 조사하여 개인의 발전 상태를 알아보는 방법
⑧ 수행평가
- 실제 스포츠 활동 상황에서 참여자가 알고 있는 것과 할 수 있는 것을 평가하는 방법
- 아는 것과 실제 적용 능력을 모두 강조함
- 학습 과제를 수행하도록 요구하고 그 과정과 결과를 통하여 보여주는 지식, 기능, 태도를 관찰하고 판단하는 평가방식
⑨ 실제평가
- 학습자가 배운 내용을 경기상황에서 구현하는 정도를 평가하는 방법

2 평가의 실천적 측면

(1) 평가 기준
① 준거지향평가
- 사전에 객관적인 목표를 설정하여, 학습자가 목표에 도달하였는지를 평가하는 방법으로 절대평가에 해당
② 규준지향평가
- 사전에 설정된 객관적인 목표가 없으며, 집단 안의 다른 학습자와의 비교를 통해 평가하는 방법으로 상대평가에 해당
③ 자가평가
- 스스로 자신의 능력이나 특성을 파악하는 방법
④ 동료 평가
- 집단 구성원 간에 서로 평가를 하는 방법으로, 학생은 교사에게 받은 점검표를 통해 서로를 평가함
- 교사는 평가하는 학생에게 정확한 평가 방법을 숙지시키고, 책임 범위를 어느 정도 한정해주는 것이 필요함
- 학생은 평가 기준에 대해 충분히 이해하고 있어야 하며, 학생들의 비평 능력이 향상될 수 있음
- 짧은 시간에 신뢰성 높은 자료의 수집이 가능하고, 자기평가보다 신뢰성이 높음

(2) 평가 기법
① 체크리스트법(대조표법)
- 평가에 적합하다고 판단되는 특성이나 행동을 구체적으로 기술한 문장을 리스트에 기재한 뒤 평가자가 이를 읽고 체크하여 판단하는 방법
- 쉽게 제작이 가능하며 사용이 편리함
- 어떤 사건이나 행동의 발생 여부를 신속히 확인할 때 주로 사용함
- 어떤 행동의 발생 여부를 '예/아니요'로 답하지만, 운동수행과정의 질적인 측면을 평가하는 경우

에는 우수, 보통, 미흡 등의 평가도 가능함
- 관찰도구로 활용: 관찰행동을 구체적으로 정의하고 그 행동의 발생 시점을 확인할 수 있음
- 질문지로 활용: 응답자가 자신의 행동이나 성격특성과 일치하는 항목에 표시
  예) 예/아니요, 우수/보통/미흡

② 평정척도법
- 질적인 정보를 양적 점수로 기록하는 방법으로, 쉽고 편리하여 많이 활용되는 평가 방법
- 평가 대상의 특성이나 행동을 '평가항목'과 '달성정도'로 평가하는 방법
- 운동 수행을 평가하는 데 자주 사용하며, 운동 수행의 질적인 면을 파악하여 수준이나 숫자를 부여하는 평가 방법
  예) 매우만족/만족/보통/불만족/매우불만족

③ 루브릭
- 항목별·수준별 표로 구성되어 있으며, 표의 각 칸에는 어떤 경우에 그 수준에 해당되는지(수행 수준의 특징에 대한 정보)가 상세히 기술되어 있음
- 학습자에게는 자신들이 어느 정도의 수준인지에 대해 분명한 피드백을 제공하여 향후 수행 능력을 위하여 무엇이 필요한지에 대하여 분명하게 알 수 있게 해줌

④ 관찰
- 평가자가 학습자를 관찰하여 평가하는 방법
- 관찰기법
  - 사건 기록법: 운동수행이나 행동의 반복성(빈도)을 중심으로 기록하는 방법
  - 지속시간 기록법: 행동을 시간 단위로 측정하여 행동의 지속시간을 기록하는 방법
  - 동간 기록법: 전체 시간을 동간으로 나누고 해당 동간에 발생한 행동을 기록하는 방법
  - 일화 기록법: 관찰자가 수업활동을 기록하고 이를 기초로 하여 교사와 토의하는 방법
  - 순간적 시간표집법: 동간의 마지막 순간에 나타난 행동을 기록하는 방법
  - 집단적 시간표집법: 시간 간격마다 특정 행동을 하고 있는 학생의 수를 세어 기록하는 방법

⑤ 학습자 일지
- 학습자가 활동 후 학습 진행 및 학습 내용을 상세히 기록하는 방법

⑥ 면접법
- 지도자가 학습자에게 직접 물어보는 것

7 스포츠 교육자의 전문적 성장

스포츠교육학

1 스포츠 교육 전문인의 전문적 자질

(1) 학교체육 전문인 자질
① 지식(인지): 학습자 이해, 교과 지식
② 수행: 교육과정 운영 및 개발, 수업 계획 및 운영, 학습 모니터 및 평가, 협력관계 구축
③ 인성 및 태도: 교직 인성, 사명감, 전문성 개발

(2) 생활체육 전문인 자질
① 지식(인지): 법제적 지식, 지도 대상·지도 내용·지도 방법 지식, 관리 지식
② 기능: 프로그램 개발, 지도 및 관리 능력
③ 인성: 체육인·교육자·전문가·서비스생산사와 같은 다양한 정체성 및 역할

(3) 전문체육 전문인 자질
① 8개의 전문 영역: 철학 및 윤리, 안전 및 상해 예방, 신체적 컨디셔닝, 성장 및 발달, 지도법 및 커뮤니케이션, 운동기능 및 전술, 조직과 운영, 평가

2 장기적 전문인 성장 및 발달

(1) 형식적 성장
• 제도화된 교육과 전형적인 자격증의 취득 및 학교 교육을 의미

(2) 비형식적 성장
• 경험으로부터 얻는 배움의 방식을 의미
• 직·간접적인 경험을 기반으로 함
  예) 선수 생활 및 개인적인 노하우를 통해 성장하는 과정, 멘토링 등

(3) 무형식적 성장
• 형식적 성장의 한계를 극복하기 위하여 행해지는 교육을 의미
• 일반적으로 자발적인 참여로 인하여 단기간에 이루어짐
  예) 사단법인협회, 워크숍, 세미나, 컨퍼런스, 클리닉 참여 등

1. 슐만(L. Shulman)의 '교사 지식 유형' 중 가르칠 교과목 내용에 관한 지식에 해당하는 것은?

① 내용 지식(content knowledge)
② 내용교수법 지식(pedagogical content knowledge)
③ 교육환경 지식(knowledge of educational contexts)
④ 학습자와 학습자 특성 지식(knowledge of learners and their characteristics)

2. 동료 평가(peer assessment)에 관한 설명으로 적절하지 않은 것은?

① 학생들의 비평 능력이 향상될 수 있다.
② 교사는 학생에게 평가의 정확한 방법을 숙지시킨다.
③ 학생은 교사에게 받은 점검표를 통해 서로 평가한다.
④ 교사와 학생 간 대화를 통해 심층적인 정보를 수집한다.

3. <보기>에서 설명하는 박 코치의 '스포츠 지도 활동'에 해당하는 용어는?

〈보기〉

박 코치는 관리시간을 줄이기 위해서 다음과 같이 지도 활동을 반복한다. 출석 점검은 수업 전에 회원들이 스스로 출석부에 표시하게 한다. 이후 건강에 이상이 있는 회원들을 파악한다. 수업 중에는 대기시간을 최소화하기 위해 모둠별로 학습 활동 구역을 미리 지정한다. 수업 후에는 일지를 회수한다.

① 성찰적 활동 　　② 적극적 활동
③ 상규적 활동 　　④ 잠재적 활동

4. 글로버(D. Glover)와 앤더슨(L. Anderson)이 인성을 강조한 수업 모형 중 <보기>의 ㉠, ㉡에 해당하는 것을 바르게 제시한 것은?

〈보기〉

㉠ '서로를 위해 서로 함께 배우기'를 통해 팀원 간 긍정적 상호의존, 개인의 책임감 수준 증가, 인간관계 기술 및 팀 반성 등을 강조한 수업
㉡ '통합, 전이, 권한 위임, 교사와 학생의 관계'를 통해 타인의 권리와 감정 존중, 자기 목표 설정 가능, 훌륭한 역할 본보기 되기 등을 강조한 수업

	㉠	㉡
①	스포츠교육 모형	협동학습 모형
②	협동학습 모형	개인적·사회적 책임감 지도 모형
③	협동학습 모형	스포츠교육 모형
④	개인적·사회적 책임감 지도 모형	협동학습 모형

5. <보기>의 ㉠~㉢에 들어갈 교사 행동에 관한 용어가 바르게 제시된 것은?

〈보기〉

• (㉠)은 안전한 학습 환경, 피드백 제공
• (㉡)은 학습 지도 중에 소방 연습과 전달 방송 실시
• (㉢)은 학생의 부상, 용변과 물 마시는 활동의 관리

	㉠	㉡	㉢
①	직접기여 행동	간접기여 행동	비기여 행동
②	직접기여 행동	비기여 행동	간접기여 행동
③	비기여 행동	직접기여 행동	간접기여 행동
④	간접기여 행동	비기여 행동	직접기여 행동

6. <보기>의 ㉠~㉢에 들어갈 기본 움직임 기술을 바르게 제시한 것은?

〈보기〉

기본 움직임	예시
(㉠)	걷기, 달리기, 뛰기, 피하기 등
(㉡)	서기, 앉기, 구부리기, 비틀기 등
(㉢)	치기, 잡기, 배팅하기 등

	㉠	㉡	㉢
①	이동 움직임	비이동 움직임	표현 움직임
②	전략적 움직임	이동 움직임	표현 움직임
③	전략적 움직임	이동 움직임	조작 움직임
④	이동 움직임	비이동 움직임	조작 움직임

7. 학교체육진흥법(시행 2024.3.24.) 제10조 '학교스포츠클럽 운영'의 내용에 해당하지 <u>않는</u> 것은?

① 학교스포츠클럽을 운영하는 경우 전담교사를 지정해야 한다.

② 전담교사에게 학교 예산의 범위에서 소정의 지도수당을 지급한다.

③ 활동 내용은 학교생활기록부에 기록하지만, 상급학교 진학자료로 활용할 수 없다.

④ 학교의 장은 학교스포츠클럽을 운영하여 학생들의 체육활동 참여 기회를 확대해야 한다.

8. 다음 중 모스턴(M. Moston) '상호학습형 교수 스타일'에 관한 설명으로 적절하지 <u>않은</u> 것은?

① 학습자는 교과내용을 선정한다.

② 학습자는 수행자나 관찰자의 역할을 수행한다.

③ 관찰자는 지도자가 제시한 수행 기준에 따라 피드백을 제공한다.

④ 지도자는 관찰자의 질문에 답하고, 관찰자에게 피드백을 제공한다.

9. <보기>에서 '학교체육 전문인 자질'로 ㉠~㉢에 들어갈 용어를 바르게 제시한 것은?

〈보기〉

(㉠)	(㉡)	(㉢)
학습자 이해 교과지식	교육과정 운영 및 개발 수업 계획 및 운영 학습 모니터 및 평가 협력관계 구축	교직 인성 사명감 전문성 개발

	㉠	㉡	㉢
①	교수	기능	태도
②	지식	수행	태도
③	지식	기능	학습
④	교수	수행	학습

10. <보기>에서 설명하는 모스턴(M. Moston)의 교수 스타일의 '인지(사고) 과정' 단계는?

〈보기〉

- 학습자가 해답을 찾고자 하는 욕구가 있는 단계이다.
- 학습자에 대한 자극(질문)이 흥미, 욕구, 지식 수준과 적합할 때 이 단계가 발생한다.
- 학습자에게 알고자 하는 욕구를 실행에 옮기도록 동기화 시키는 단계이다.

① 자극(stimulus)

② 반응(response)

③ 사색(mediation)

④ 인지적 불일치(dissonance)

11. <보기>에서 국민체육진흥법(시행 2024.3.15.) 제11조의 '스포츠윤리 교육 과정'에 관한 내용으로 옳은 것만을 모두 고른 것은?

〈보기〉

> ㄱ. 도핑 방지 교육
> ㄴ. 성폭력 등 폭력 예방 교육
> ㄷ. 교육부장관령으로 정하는 교육
> ㄹ. 스포츠 비리 및 체육계 인권침해 방지를 위한 예방 교육

① ㄱ, ㄴ　　　② ㄴ, ㄷ, ㄹ
③ ㄱ, ㄴ, ㄹ　　④ ㄱ, ㄴ, ㄷ, ㄹ

12. <보기>의 '수업 주도성 프로파일'에 해당하는 체육 수업 모형은?

〈보기〉

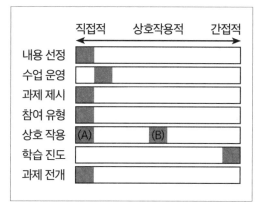

① 동료교수 모형　　② 직접교수 모형
③ 개별화지도 모형　　④ 협동학습 모형

13. <보기>에서 설명하는 시덴탑(D. Siedentop)의 교수(teaching) 기능 연습법에 해당하는 용어는?

〈보기〉

> 김 교사는 교수 기능의 향상을 위해 다음과 같은 절차로 연습을 했다.
> • 학생 6~8명의 소집단을 대상으로 학습 목표와 평가 방법을 설명한 후, 수업을 진행한다.
> • 수업에 참여한 학생들의 질문지 자료를 토대로 김 교사와 학생, 다른 관찰자들이 모여 김 교사의 교수법에 대해 '토의'를 한다.
> • 객관적인 자료를 근거로 교수 기능 효과를 살핀다.

① 동료 교수　　② 축소 수업
③ 실제 교수　　④ 반성적 교수

14. 스포츠강사의 자격조건에 관한 설명으로 옳은 것은?

① 『초·중등교육법』제2조제2호에 따른 초등학교에 스포츠강사를 배치할 수 없다.

② 『국민체육진흥법』제2조제6호에 따른 체육지도자 중에서 스포츠 강사를 임용할 수 있다.

③ 『학교체육진흥법』제2조제6항 학교에 소속되어 학교운동부를 지도·감독하는 사람을 말한다.

④ 『학교체육진흥법』제4조 재임용 여부는 강사로서의 자질, 복무 태도, 학생의 만족도, 경기 결과에 따라 결정하여야 한다.

15. 메츨러(M. Metzler)가 제시한 '체육학습 활동' 중 정식 게임을 단순화하고 몇 가지 기능에 초점을 두며 진행하는 것은?

① 역할 수행(role-playing)
② 스크리미지(scrimmage)
③ 리드-업 게임(lead-up game)
④ 학습 센터(learning centers)

16. <보기>는 시덴탑(D. Siedentop)이 제시한 '스포츠 교육 모형'의 특징을 설명한 것이다. ⊙~ⓒ에 들어갈 용어가 바르게 제시된 것은?

〈보기〉

- 이 모형의 주제 중에 (⊙)은 스포츠를 참여하는 태도와 관련된 정의적 영역이다.
- 시즌 중 심판으로서 역할을 할 때 학습영역 중 우선하는 것은 (ⓒ) 영역이다.
- 학습자 수준에 적합하게 경기 방식을 (ⓒ)해서 참여를 유도한다.

	⊙	ⓒ	ⓒ
①	박식	정의적	고정
②	열정	인지적	변형
③	열정	정의적	변형
④	박식	인지적	고정

17. <보기>에서 설명하는 체육수업 연구 방법으로 적절한 것은?

〈보기〉

- 연구의 특징은 집단적(협동적), 역동적, 연속적으로 이루어짐
- 연구의 절차는 문제 파악-개선계획-실행-관찰-반성 등으로 순환하는 과정임
- 연구의 주체는 지도자가 동료나 연구자의 도움을 받아 자신의 수업을 탐구함

① 문헌(literature) 연구
② 실험(experiment) 연구
③ 현장 개선(action) 연구
④ 근거이론(grounded theory) 연구

18. 학습자 비과제 행동을 예방하고 과제 지향적인 수업을 유지하기 위한 교수 기능 중 쿠닌(J. Kounin)이 제시한 '동시처리(overlapping)'에 해당하는 것은?

① 수업의 흐름을 유지하면서 수업 이탈 행동 학생을 제지하는 것이다.
② 학생들의 행동을 항상 인지하고 있다는 것을 알리는 것이다.
③ 학생의 학습 활동을 중단시키고 잠시 퇴장 시키는 것이다.
④ 모든 학생에게 과제에 몰입하도록 경각심을 주는 것이다.

19. <그림>은 '국민체력100'의 운영 체계이다. 체력인증센터가 이용자에게 제공하는 서비스가 <u>아닌</u> 것은?

〈그림〉

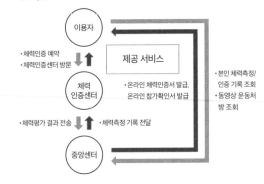

① 체력측정 서비스
② 맞춤형 운동처방
③ 국민 체력 인증서 발급
④ 스포츠클럽 등록 및 운영지원

20. <보기>에서 해당하는 평가기법으로 적절한 것은?

〈보기〉

- 운동 수행을 평가하는 데 자주 사용하는 평가 방법이다.
- 운동 수행의 질적인 면을 파악하여 수준이나 숫자를 부여하는 평가 방법이다.

① 평정척도   ② 사건기록법
③ 학생저널   ④ 체크리스트

1. <보기>에서 설명하는 스포츠 교육 평가의 신뢰도 검사 방법은?

〈보기〉

> • 동일한 검사에 대해 시간 차이를 두고 2회 측정해서 측정값을 비교해 차이가 작으면 신뢰도가 높고, 크면 신뢰도가 낮은 것으로 판단한다.
> • 첫 번째와 두 번째 측정 사이의 시간 차이가 너무 길거나 짧으면 신뢰도가 낮게 나올 수 있다.

① 검사 - 재검사
② 동형 검사
③ 반분 신뢰도 검사
④ 내적 일관성 검사

2. <보기>의 수업 장면에서 활용한 모스턴(M. Mosston)의 교수 스타일에 관한 설명으로 적절하지 않은 것은?

〈보기〉

신체활동	축구
학습목표	인프런트킥으로 상대방 수비수를 넘겨 동료에게 패스할 수 있다.

수업 장면

지도자: 네 앞에 상대방 수비수가 있을 때, 수비수를 넘겨 동료에게 패스하려면 어떻게 공을 차야 할까?

학습자: 상대방 수비수를 넘길 수 있을 정도의 높이로 공을 띄워야 해요.

지도자: 그럼, 발의 어느 부분으로 공의 밑 부분을 차면 수비수를 넘길 수 있을까?

학습자: 발등과 발 안쪽의 중간 지점이요. (손가락으로 엄지발가락을 가리킨다.)

지도자: 좋은 대답이야. 그럼, 우리 한 번 상대방 수비수를 넘기는 킥을 연습해볼까?

① 지도자는 논리적이며 계열적인 질문을 설계해야 한다.
② 지도자는 질문에 대한 학습자의 해답을 검토하고 확인한다.
③ 지도자는 학습자에게 예정된 해답을 즉시 알려준다.
④ 지도자는 학습자와 지속적으로 상호작용하며 의사결정을 한다.

3. 로젠샤인(B. Rosenshine)과 퍼스트(N. Furst)가 제시한 학습성취와 관련된 지도자 변인에 해당하지 않는 것은?

① 지도자의 경력
② 명확한 과제제시
③ 지도자의 열의
④ 프로그램의 다양화

4. 링크(J. Rink)가 제시한 교수 전략(teaching strategy) 중 한 명의 지도자가 수업에서 공간을 나누어 두 가지 이상의 과제를 동시에 진행하는 것은?

① 자기 교수(self teaching)
② 팀 티칭(team teaching)
③ 상호 교수(interactive teaching)
④ 스테이션 교수(station teaching)

5. <보기>는 국민체육진흥법(시행 2022.8.11.) 제18조의3 '스포츠윤리센터의 설립'에 관한 내용이다. ㉠, ㉡에 들어갈 용어가 바르게 연결된 것은?

〈보기〉

> • 체육의 (㉠) 확보와 체육인의 (㉡)를 위하여 스포츠윤리센터를 설립한다.

	㉠	㉡
①	정당성	권리 강화
②	정당성	인권 보호
③	공정성	권리 강화
④	공정성	인권 보호

6. 스포츠 교육 프로그램의 지도 원리에 관한 설명이 적절하지 않은 것은?

① 개별성의 원리: 개인차를 고려한 다양한 수준별 지도
② 효율성의 원리: 학습자 스스로 내용을 파악하고 문제해결
③ 적합성의 원리: 지도자의 창의적인 지도 활동의 선정과 활용
④ 통합성의 원리: 교수·학습 내용의 다양화와 신체활동의 총체적 체험

7. 직접교수모형에 관한 설명으로 적절하지 않은 것은?

① 학습 영역의 우선순위는 심동적 영역이다.

② 스키너(B. Skinner)의 조작적 조건화 이론에 근거한다.

③ 지도자 중심으로 의사결정이 이루어져 학습자의 과제참여 비율이 감소한다.

④ 수업의 단계는 전시과제 복습, 새 과제 제시, 초기과제 연습, 피드백과 교정, 독자적 연습, 본시 복습의 순으로 진행된다.

8. 스포츠기본법(시행 2022.6.16.) 제7조 '스포츠 정책 수립·시행의 기본원칙' 중 국가와 지방자치단체의 스포츠 정책에 관한 고려사항에 해당하지 않는 것은?

① 스포츠 활동을 존중하고 사회 전반에 확산되도록 할 것

② 스포츠 대회 참가 목적을 국위선양에 두어 지원할 것

③ 스포츠 활동 참여와 스포츠 교육의 기회가 확대되도록 할 것

④ 스포츠의 가치를 존중하고 스포츠의 역동성을 높일 수 있을 것

9. 모스턴(M. Mosston)의 포괄형(inclusion) 교수 스타일에 관한 설명으로 적절하지 않은 것은?

① 지도자는 발견 역치(discovery threshold)를 넘어 창조의 단계로 학습자를 유도한다.

② 지도자는 기술 수준이 다양한 학습자들의 개인차를 수용한다.

③ 학습자가 성취 가능한 과제를 선택하고 자신의 수행을 점검한다.

④ 과제 활동 전, 중, 후 의사결정의 주체는 각각 지도자, 학습자, 학습자 순서이다.

10. <보기>에서 설명하는 링크(J. Rink)의 학습 과제 연습 방법은?

〈보기〉

> • 복잡한 운동 기술의 경우, 기술의 주요 동작이나 마지막 동작을 초기 동작보다 먼저 연습하게 한다.
> • 테니스 서브 과제에서 공을 토스하는 동작을 연습하기 전에 공을 라켓에 맞추는 동작을 먼저 연습한다.

① 규칙 변형　　② 역순 연쇄

③ 반응 확대　　④ 운동수행의 목적 전환

11. <보기>에 해당하는 쿠닌(J. Kounin)의 교수 기능은?

〈보기〉

> • 지도자가 자신의 머리 뒤에도 눈이 있다는 듯이 학습자들의 행동을 파악하는 것
> • 지도자가 학습자들 간에 발생하는 사건을 인지하는 것

① 접근통제(proximity control)

② 긴장 완화(tension release)

③ 상황이해(with-it-ness)

④ 타임아웃(time-out)

12. <보기>에서 활용된 스포츠 지도 행동의 관찰기법은?

〈보기〉

> • 지도자: 강 감독　• 수업내용: 농구 수비전략
> • 관찰자: 김 코치　• 시간: 19:00 ~ 19:50

	피드백의 유형	표기(빈도)	비율
대상	전체	VVVVV (5회)	50%
	소집단	VVV (3회)	30%
	개인	VV (2회)	20%
성격	긍정	VVVVVVVV (8회)	80%
	부정	VV (2회)	20%
구체성	일반적	VVV (3회)	30%
	구체적	VVVVVVV (7회)	70%

① 사건 기록법(event recording)

② 평정 척도법(rating scale)

③ 일화 기록법(anecdotal recording)

④ 지속시간 기록법(duration recording)

13. 배구 수업에서 운동기능이 낮은 학습자의 참여 증진을 위한 스포츠 지도 방법으로 적절하지 않은 것은?

① 네트 높이를 낮춘다.
② 소프트한 배구공을 사용한다.
③ 서비스 라인을 네트와 가깝게 위치시킨다.
④ 정식 게임(full-sided game)으로 운영한다.

14. 메이거(R. Mager)가 제시한 학습 목표 설정의 요소가 아닌 것은?

① 설정된 운동수행 기준
② 운동수행에 필요한 상황과 조건
③ 학습자에게 기대되는 성취행위
④ 목표 달성이 불가능할 경우의 대처방안

15. <보기>에서 메츨러(M. Metzler)의 탐구수업모형에 관한 설명으로 옳은 것을 모두 고른 것은?

〈보기〉

> ㉠ 모형의 주제는 '문제해결자로서의 학습자'이다.
> ㉡ 학습 영역의 우선순위는 심동적, 인지적, 정의적 순이다.
> ㉢ 지도자는 학습자가 '생각하고 움직이기'를 할 수 있도록 과제를 제시한다.
> ㉣ 지도자의 질문에 학습자가 바로 대답하지 못하는 경우 즉시 답을 알려준다.

① ㉠, ㉢   ② ㉡, ㉢
③ ㉠, ㉡, ㉢   ④ ㉠, ㉡, ㉣

16. 스포츠 참여자 평가에서 심동적(psychomotor) 영역에 해당하는 것은?

① 몰입   ② 심폐지구력
③ 협동심   ④ 경기 규칙 이해

17. <보기>에 해당하는 운동기능의 학습 전이(transfer) 유형은?

〈보기〉

> • 야구에서 배운 오버핸드 공 던지기가 핸드볼에서 오버핸드 공 던지기 기능으로 전이되는 경우이다.

① 대칭적 전이   ② 과제 내 전이
③ 과제 간 전이   ④ 일상으로의 전이

18. 스포츠 교육 프로그램의 구성요소에 관한 설명으로 적절하지 않은 것은?

① 평가: 프로그램을 개선하는 데 도움을 준다.
② 내용: 스포츠 지도의 철학, 이념 또는 비전이다.
③ 지도법: 프로그램을 체계적으로 전달하는 방법이다.
④ 목적 및 목표: 일반적인 목표와 구체적인 목표로 구분할 수 있다.

19. 메츨러(M. Metzler)의 개별화지도모형의 주제로 적절한 것은?

① 지도자가 수업 리더 역할을 한다.
② 나는 너를, 너는 나를 가르친다.
③ 유능하고, 박식하며, 열정적인 스포츠인으로 성장한다.
④ 학습자가 가능한 한 빨리, 필요한 만큼 천천히 학습 속도를 조절한다.

20. 학교체육진흥법 시행령(시행 2021.4.21.) 제3조 '학교운동부지도자의 자격기준 등'에서 제시한 학교운동부지도자 재임용의 평가 내용이 아닌 것은?

① 복무 태도
② 학교운동부 운영 성과
③ 인권교육 연 1회 이상 이수 여부
④ 학생선수의 학습권 및 인권 침해 여부

1. 스포츠기본법(시행 2022.2.11.)의 용어 정의에 관한 설명으로 옳지 않은 것은?

① '학교스포츠'란 건강과 체력 증진을 위하여 행하는 자발적이고 일상적인 스포츠 활동을 말한다.

② '스포츠산업'이란 스포츠와 관련된 재화와 서비스를 통하여 부가가치를 창출하는 산업을 말한다.

③ '장애인스포츠'란 장애인이 참여하는 스포츠 활동(생활스포츠와 전문스포츠를 포함한다)을 말한다.

④ '전문스포츠'란 「국민체육진흥법」 제2조세4호에 따른 선수가 행하는 스포츠 활동을 말한다.

2. <보기>의 ㉠, ㉡에 해당하는 취약계층 생활스포츠 지원사업이 바르게 연결된 것은?

〈보기〉

> ㉠ 스포츠복지 사회 구현의 일환으로 저소득층 유·청소년(만5세~18세)과 장애인(만12세~23세)에게 스포츠강좌 혜택을 받을 수 있는 일정 금액의 이용권을 제공하는 사업이다.
> ㉡ 소외계층 청소년을 대상으로 다양한 체육활동 참여기회를 제공함으로써 참여 형평성을 높이고 사회 적응력을 배양하는 것을 목적으로 시행되는 사업이다.

	㉠	㉡
①	여성체육활동 지원	국민체력100
②	국민체력100	스포츠강좌이용권 지원
③	스포츠강좌이용권 지원	행복나눔스포츠교실 운영
④	행복나눔스포츠교실 운영	여성체육활동 지원

3. <보기>의 발달특성을 가진 대상을 위한 스포츠 프로그램 구성 시 고려사항으로 적절하지 않은 것은?

〈보기〉

> • 신체적·정서적·사회적 발달이 뚜렷하다.
> • 개인의 요구와 흥미가 뚜렷하게 나타난다.
> • 2차 성징이 나타난다.

① 생활패턴 고려

② 개인의 요구와 흥미 고려

③ 정적운동 위주의 프로그램 구성

④ 스포츠 프로그램의 지속적 참여 고려

4. <보기>에서 생활스포츠 프로그램의 교육목표 진술에 관한 설명으로 옳은 것만을 모두 고른 것은?

〈보기〉

> ㉠ 프로그램의 목표는 추상적으로 진술한다.
> ㉡ 학습 내용과 기대되는 행동을 동시에 진술한다.
> ㉢ 스포츠 참여자에게 기대하는 행동의 변화에 따라 동사를 다르게 진술한다.
> ㉣ 해당 스포츠 활동이 끝났을 때 참여자에게 나타난 최종 행동 변화 용어로 진술한다.

① ㉠, ㉡

② ㉢, ㉣

③ ㉠, ㉡, ㉢

④ ㉡, ㉢, ㉣

5. <보기>의 교수 전략을 포함하는 체육수업모형은?

〈보기〉

> • 모든 팀원은 자신의 팀에 할당된 과제를 익힌 후, 교사가 되어 다른 팀에게 자신이 학습한 내용을 지도한다.
> • 각 팀원들이 서로 다른 내용을 배운 다음, 동일한 내용을 배운 사람끼리 모여 전문가 집단을 구성한다. 이들은 자신이 배운 내용을 공유하며, 원래 자신의 집단으로 돌아가 배운 것을 다른 팀원들에게 지도한다.

① 직접 교수 모형

② 개별화 지도 모형

③ 협동학습 모형

④ 전술게임 모형

6. 메츨러(M. Metzler)의 교수·학습 과정안(수업계획안) 작성 시 고려해야 할 구성요소 중 <보기>의 설명과 관련 있는 것은?

〈보기〉

> • 학생의 흥미를 유발시킬 수 있는 수업 도입
> • 과제 제시에 적합한 모형과 단서 사용
> • 학생에게 방향을 제시할 과제 구조 설명
> • 다양한 과제의 계열성과 진도(차시별)

① 학습 목표
② 수업 맥락의 간단한 기술
③ 시간과 공간의 배정
④ 과제 제시와 과제 구조

7. <보기>에서 안전한 학습환경 유지에 관한 설명으로 옳은 것만을 모두 고른 것은?

〈보기〉

> ㉠ 위험한 상황이 예측되더라도 시작한 과제는 끝까지 수행한다.
> ㉡ 안전한 수업운영에 필요한 절차를 분명히 전달하고 상기시켜야 한다.
> ㉢ 사전에 안전 문제를 예측하고 교구·공간·학생 등을 학습에 도움이 되는 방향으로 배열 또는 배치한다.
> ㉣ 새로운 연습과제나 게임을 시작할 때 지도자는 학생들의 활동을 주시하고 적극적으로 감독한다.

① ㉠, ㉡   ② ㉡, ㉢
③ ㉠, ㉢, ㉣   ④ ㉡, ㉢, ㉣

8. 헬리슨(D. Hellison)이 제시한 개인적·사회적 책임감 수준과 사례가 적절하지 않은 것은?

① 수준: 타인의 권리와 감정 존중
   사례: 타인에 대해 상호 협력적이고 다른 학생들을 돕고자 한다.
② 수준: 참여와 노력
   사례: 새로운 과제에 도전하며 노력하면 성공할 수 있다고 여긴다.
③ 수준: 자기 방향 설정
   사례: 지도자가 없는 상황에서도 자신이 수립한 목표를 달성한다.
④ 수준: 일상생활로의 전이
   사례: 체육 수업을 통해 학습한 배려를 일상생활에 실천한다.

9. <보기>의 ㉠, ㉡에 해당하는 평가 방법을 바르게 연결한 것은?

〈보기〉

> ㉠ 수업 전 학습목표에 따른 참여자 수준을 결정하고, 학습과정에서 참여자가 계속적인 오류 상황을 발생시킬 때 적절한 의사결정을 하도록 한다.
> ㉡ 학생들에게 자신의 높이뛰기 목표와 운동계획을 수립하게 한 다음 육상 단원이 끝나는 시점에서 종합적 목표 달성여부 확인을 위해 평가를 실시한다.

	㉠	㉡
①	진단평가	형성평가
②	진단평가	총괄평가
③	형성평가	총괄평가
④	총괄평가	형성평가

10. 다음에 해당하는 평가기법에 대한 설명으로 옳지 않은 것은?

테니스 포핸드 스트로크 과정	운동수행
• 두 발이 멈춘 상태에서 스트로크를 시도하는가?	Y/N
• 몸통 회전을 충분히 활용하는가?	Y/N
• 임팩트까지 시선을 공에 고정하는가?	Y/N
• 팔로우스로우를 끝까지 유지하는가?	Y/N

① 쉽게 제작이 가능하며 사용이 편리하다.
② 운동수행과정의 질적 평가가 불가하다.
③ 어떤 사건이나 행동의 발생 여부를 신속히 확인할 때 주로 사용한다.
④ 관찰행동을 구체적으로 정의하고 그 행동의 발생 시점을 확인할 수 있다.

11. 학교체육진흥법(시행 2021.6.24.)의 제10조에서 규정하고 있는 학교장의 역할에 관한 내용으로 옳지 않은 것은?

① 학생들이 신체활동 프로그램에 참여할 수 있도록 학교스포츠클럽을 운영하여 학생들의 체육활동 참여기회를 확대하여야 한다.

② 학교스포츠클럽을 운영하는 경우 전문코치를 지정하여야 한다.

③ 학교스포츠클럽 활동 내용을 학교생활기록부에 기록하여 상급학교 진학자료로 활용할 수 있도록 하여야 한다.

④ 교육부령으로 정하는 바에 따라 일정 비율 이상의 학교스포츠클럽을 해당 학교의 여학생들이 선호하는 종목으로 운영하여야 한다.

12. 다음 ㉠~㉤에서 체육시설법 시행규칙(시행 2021.7.1.) 제22조 '체육지도자 배치기준'에 부합되는 것을 모두 고른 것은?

체육시설업의 종류	규모	배치인원
㉠ 스키장업	-슬로프 10면 이하	1명 이상
	-슬로프 10면 초과	2명 이상
㉡ 승마장업	-말 20마리 이하	1명 이상
	-말 20마리 초과	2명 이상
㉢ 수영장업	-수영조 바닥면적이 400m^2 이하인 실내 수영장	1명 이상
	-수영조 바닥면적이 400m^2를 초과하는 실내 수영장	2명 이상
㉣ 골프연습장업	- 20타석 이상 50타석 이하	1명 이상
	- 50타석 초과	2명 이상
㉤ 체력단련장업	-운동전용면적 200m^2 이하	1명 이상
	-운동전용면적 200m^2 초과	2명 이상

① ㉠, ㉡, ㉢, ㉣
② ㉠, ㉡, ㉣, ㉤
③ ㉠, ㉢, ㉣, ㉤
④ ㉡, ㉢, ㉣, ㉤

13. 국민체육진흥법(시행 2021.6.9.)에서 규정하는 생활스포츠지도사의 자격으로 옳지 않은 것은?

① 체육지도자의 자격은 19세 이상인 사람에게 부여한다.

② 생활스포츠지도사는 1급, 2급으로 구분한다.

③ 2급 생활스포츠지도사는 2급 생활스포츠지도사 자격검정에 합격하고, 연수과정을 이수한 사람으로 한다.

④ 1급 생활스포츠지도사는 자격 종목의 2급 생활스포츠지도사 자격을 취득한 후 3년 이상 해당 자격 종목의 지도경력이 있는 사람으로 한다.

14. <보기>의 ㉠, ㉡에 해당하는 단계가 바르게 연결된 것은?

〈보기〉

> 마튼스(R. Martens)가 제시한 전문체육 프로그램 개발 6단계는 (㉠), 선수 이해, 상황 분석, 우선순위 결정 및 목표 설정, (㉡), 연습 계획 수립이다.

	㉠	㉡
①	스포츠에 대한 이해	공간적 맥락 고려
②	선수 발달 단계에 대한 이해	전술 선택
③	선수단(훈련) 규모 설정	체력상태의 이해
④	선수에게 필요한 기술 파악	지도 방법 선택

15. ⊙, ⓒ에 해당하는 용어가 바르게 연결된 것은?

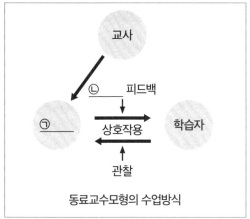

동료교수모형의 수업방식

	⊙	ⓒ
①	관찰자	교정적
②	개인교사	중립적
③	개인교사	교정적
④	교사	가치적

16. 그리핀(L. Griffin), 미첼(S. Mitchell), 오슬린(J. Oslin)의 이해중심게임 모형에서 변형게임 구성 시 반영해야 할 2가지 핵심 개념은?

① 전술과 난이도 ② 연계성과 위계성
③ 공간의 특성과 학습자 ④ 대표성과 과장성

17. <보기>의 ⊙, ⓒ에 해당하는 젠틸(A. Gentile)의 스포츠 기술이 바르게 연결된 것은?

〈보기〉

(⊙)은 환경의 변화나 상태에 의해 변화되는 기술을 말한다. (ⓒ)은 상대적으로 환경적 조건이 안정적이며 외부 조건이 대부분 변하지 않는 속성이 있다.

	⊙	ⓒ
①	개별기술	복합기술
②	개방기술	폐쇄기술
③	시작형 기술	세련형 기술
④	부분기술	전체기술

18. <보기>와 같이 종목을 구분하는 근거로 적합한 것은?

〈보기〉

- 영역형: 농구, 축구, 하키, 풋볼
- 네트형: 배드민턴, 배구, 탁구
- 필드형: 야구, 소프트볼, 킥볼
- 표적형: 당구, 볼링, 골프

① 포지션의 수
② 게임전술의 전이 가능성
③ 기술(skill)의 특성
④ 선수의 수

19. <보기>의 설명에 해당하는 피드백 유형은?

〈보기〉

- 모스턴(M. Mosston)이 제시한 피드백 유형이며, 사실적으로 행동을 기술한다.
- 판단이나 수정 지시를 하지 않으나, 피드백 진술의 의미를 변경할 수 있다.
- 다른 피드백 형태로 옮겨가는 특징을 가지고 있다.

① 교정적 피드백(corrective statements)
② 가치적 피드백(value statements)
③ 중립적 피드백(neutral statements)
④ 불분명한 피드백(ambiguous statements)

20. 링크(J. Rink)의 내용발달 단계가 순서대로 연결된 것은?

① 시작과제 – 확대과제 – 세련과제 – 적용과제
② 적용과제 – 시작과제 – 확대과제 – 세련과제
③ 세련과제 – 적용과제 – 시작과제 – 확대과제
④ 확대과제 – 세련과제 – 적용과제 – 시작과제

2024년 생활·전문 스포츠지도사2급 스포츠교육학

1. ① 2. ④ 3. ③ 4. ② 5. ② 6. ④ 7. ③ 8. ①
9. ② 10. ④ 11. ③ 12. ① 13. ④ 14. ② 15. ③
16. ② 17. ③ 18. ① 19. ④ 20. ①

1. 가르칠 교과목 내용에 대한 지식은 내용 지식이다. 내용 교수법 지식은 특정 학생에게 어느 교과나 주제를 특정한 상황에서 지도할 수 있는 방법에 대한 지식이고, 교육환경 지식은 수업 환경에 영향을 미치는 지식이다. 학습자 및 학습자 특성 지식은 수업에 영향을 미치는 학습자에 관한 지식이다.

2. 동료 평가는 집단 구성원 간에 서로 평가 하는 방법으로, 교사와 학생 간 대화는 동료 평가에 해당하지 않는다.

3. 박 코치의 '스포츠 지도 활동'에 해당하는 용어는 상규적 활동이다. 상규적 활동은 스포츠 지도시간에 반복적으로 일어나는 활동으로, 상규적 활동이 일어나는 사건을 루틴으로 확립하여 효율적으로 관리하면 학습 과제 참여 시간을 증가시키는 데 도움이 된다.

4. ㉠은 협동학습 모형, ㉡은 개인적·사회적 책임감 지도 모형을 의미한다. 스포츠교육 모형은 '유능하고 박식하며 열정적인 스포츠인'으로 성장하는 데 목적을 두고 있는 체육수업 모형이다.

5. ㉠ 수업 내용과 관련이 있는 내용을 직접 가르치는 행동과 내용을 가르치는 데 도움이 되도록 학습 환경을 조성하는 행동은 직접기여 행동이다. ㉡ 수업 내용에 기여할 가능성이 전혀 없는 행동은 비기여 행동이다. ㉢ 학습과 관련은 있지만 수업 내용 자체에 직접 기여하지 않는 행동은 간접기여 행동이다.

6. ㉠은 물체 또는 도구를 사용하지 않고 공간 이동을 포함한 신체운동으로 이동 움직임이다. ㉡은 공간 이동이 없고 물체 또는 도구를 사용하지 않는 운동 기능으로 비이동 움직임이다. ㉢에서 치기, 배팅하기는 용기구를 다루는 운동인 도구 조작 움직임이고, 잡기는 손이나 몸에 고정시키지 않은 상태에서 도구를 조작하는 운동인 물체 조작 움직임이다.

7. 학교의 장은 학교스포츠클럽 활동내용을 학교생활기록부에 기록하여 상급학교 진학자료로 활용할 수 있도록 하여야 한다.

8. 상호학습형 교수 스타일은 지도자가 모든 교과내용 및 기준을 정하고 세부 운영 절차와 관련된 결정을 내린다.

9. 〈보기〉는 학교체육 전문인 자질로 ㉠은 지식, ㉡은 수행, ㉢은 태도이다.

10. 모스턴의 교수 스타일의 인지 과정 단계는 자극, 인지적 불일치, 사색, 반응으로 구성되며, 〈보기〉는 인지적 불일치 단계에 대한 설명이다.

11. 스포츠윤리교육 과정에는 ㄱ, ㄴ, ㄹ 및 그 밖에 체육의 공정성 확보와 체육인의 인권보호를 위하여 문화체육관광부령으로 정하는 교육이 포함되어야 한다.

12. 〈보기〉의 프로파일에서 상호작용의 경우 교사와 개인 교사 사이에서 일어나고(A), 개인 교사와 학습자 사이에서 이루어진다(B). 또한 학습진도의 경우 학습자가 자신의 학습 속도로 연습을 시작할 수 있으며, 개인교사와 학습자는 연습 시작 시기와 지속 시간을 결정하게 된다. 이는 동료 교수 모형에 해당하는 프로파일이다.

13. 〈보기〉는 반성적 교수에 해당하는 설명이다. 반성적 토의를 통해서 교수에 관한 이해력과 통찰력이 성장하게 되며, 경제적이고 효과적인 교수 기능 연습법에 해당한다.

14. 초등학교의 장은 체육지도자 중에서 스포츠강사를 임용할 수 있으며, 1년 단위로 계약하여 임용할 수 있다. 재임용 여부는 강사로서의 자질, 복무 태도, 학생의 만족도에 따라 결정하여야 한다. ③은 학교운동부지도자에 대한 설명이다.

15. 정식 게임을 단순화하고 몇 가지 기능에 초점을 두며 진행하는 기능 측면의 변형 과제는 리드-업 게임이다. ① 역할 수행은 다양한 역할(심판, 코치 등)을 수행해보는 것을 의미한다. ② 스크리미

지는 게임을 진행하는 도중 티칭 모멘트가 발생할 경우 게임을 멈추고 전략과 전술을 지도하는 것을 의미한다. ④ 학습 센터는 스테이션 수업이라고도 하며, 한 명의 지도자가 수업에서 공간을 나누어 두 가지 이상의 과제를 동시에 진행하는 방식으로 학생이 밀어내기 식으로 이동하며 수업을 듣는 형태이다.

16. ㉠ 열정은 스포츠를 일상생활 속의 중요 부분으로 만드는 열정으로, 스포츠를 참여하는 태도와 관련된 정의적 영역이다. ㉡ 심판·기록자·코치의 학습영역 우선순위는 인지적 영역이다. 그리고 선수는 심동적 영역, 팀원은 정의적 영역이다. ㉢ 스포츠 리그 운영에 필요한 다양한 역할 경험을 통해 스포츠 속에 내재된 다양한 관점과 가치를 배움으로써 긍정적이고 교육적인 체험을 하며, 학습자 수준에 적합하게 경기 방식을 변형해서 참여를 유도한다.

17. 〈보기〉는 지도자가 동료나 연구자의 도움을 받아 자신의 강좌를 반성적으로 탐구하여 개선하는 데 목적이 있는 현장 개선 연구에 대한 설명이다.

18. 동시처리에 해당하는 것은 ①이다. 교사가 동시에 두가지 일을 처리하는 것을 의미한다. ②는 상황 파악, ③은 퇴장, ④는 집단 경각에 해당한다.

19. 체력인증센터가 이용자에게 제공하는 서비스로는 체력측정 서비스, 맞춤형 운동처방, 국민 체력 인증서 발급이 있다.

20. 〈보기〉는 평정척도에 대한 설명이다. 평정척도는 질적인 정보를 양적 점수로 기록하는 방법으로, 쉽고 편리하여 많이 활용되는 평가 방법이다.

2023년 생활·전문 스포츠지도사2급 스포츠교육학

1. ① 2. ③ 3. ① 4. ④ 5. ④ 6. ② 7. ③ 8. ②
9. ① 10. ② 11. ③ 12. ① 13. ④ 14. ④ 15. ①
16. ② 17. ③ 18. ② 19. ④ 20. ③

1. 〈보기〉는 동일한 사람을 대상으로 일정 시간 간격을 두고 두 번 측정을 해서 두 번의 점수가 얼마나 일치하는가의 여부로 신뢰도를 평가하는 검사-재검사 방법이다.

2. 〈보기〉는 유도발견형 스타일이며, 지도자는 학습자가 예정된 해답을 발견하도록 유도해야 한다.

3. 로젠샤인과 퍼스트가 제시한 학습성취와 관련된 지도자 변인으로는 명확한 과제제시, 지도자의 열의, 프로그램의 다양화, 과제 지향성, 프로그램 내용의 적절성이 있다. 지도자의 경력은 해당하지 않는다.

4. 정답은 스테이션 교수이다. 스테이션 교수는 학생이 밀어내기 식으로 이동하며 수업을 듣는 형태로, 기구가 부족한 수업 상황에서 사용 가능하다. 스테이션 교수는 지도자의 관점에서 볼 때 학생들의 관찰이 다소 어려우므로, 지도자의 영향력을 극대화하기 힘들다.

5. 체육의 공정성 확보와 체육인의 인권보호를 위하여 스포츠윤리센터를 설립한다.

6. 효율성의 원리는 적절한 학습 환경을 구성하여 효율적인 지도 및 학습 목표를 성취하는 것을 의미한다.

7. 직접교수모형은 지도자가 수업 내용과 의사 결정의 주관자이며, 수업 계획과 실행에 주도적인 역할을 수행한다. 학습자로 하여금 연습 과제와 기능연습에 높은 비율로 참여하도록 안내하며, 높은 비율의 학습 참여 기회를 제공한다.

8. ①, ③, ④는 옳은 설명이다. 또한 스포츠권을 보장하고, 국민과 국가의 스포츠 역량을 높이기 위한 여건을 조성하고 지원하며, 스포츠 활동과 관련한 안전사고를 방지하고, 스포츠의 국제 교류·협력을 증진해야 한다.

9. 포괄형 교수 스타일은 기존 지식의 재생산을 강조하는 모방이 중심이 된다.

10. 〈보기〉는 역순 연쇄에 대한 설명이다. ① 규칙 변형은 규칙의 변화로 학습 난이도를 조절하는 방법이다. ③ 반응 확대는 배운 내용을 새로운 학습에 적용할 수 있도록 발전시키는 방법이다. ④ 운동수행의 목적 전환은 운동 수행의 목적을 전환하여 연습하는 방법이다.

11. 〈보기〉는 상황이해에 대한 설명이다. ① 접근통제는 프로그램 진행을 방해하는 학습자에게 가까이 접근하거나 접촉하여 제지하는 것을 의미한다. ② 긴장완화는 신체적·정신적으로 긴장되어 있는 부분을 유머 등으로 완화시키는 것을 의미한다. ④

타임아웃은 부적절한 행동이 나타날 때 일시적으로 다른 장소로 격리하는 방법이다.

12. 〈보기〉는 수행이나 행동의 반복성(빈도)을 중심으로 기록하는 방법으로 사건 기록법에 해당한다. ② 평정 척도법은 질적인 정보를 양적 점수로 기록하는 방법이다. ③ 일화 기록법은 관찰자가 수업활동을 기록하고 이를 기초로 하여 교사와 토의하는 방법이다. ④ 지속시간 기록법은 행동을 시간 단위로 측정하여 행동의 지속시간을 기록하는 방법이다.

13. 운동기능이 낮은 학습자의 참여 증진을 위해서는 정식 게임에 앞서 변형 게임을 진행하는 것이 좋다.

14. 목표 설정 시 일반 목표와 행동 목표를 계획하며, 행동 목표는 성취해야 하는 특정한 운동수행 기준을 구체적으로 포함하여 서술한다. 행동 목표는 운동수행에 필요한 상황과 조건, 학습자에게 기대되는 성취행위, 설정된 운동수행 기준을 고려하여 설정한다.

15. ㉡ 학습 영역의 우선순위는 인지적, 심동적, 정의적 순이다. ㉣ 질문을 통해 학습자들이 스스로 찾도록 유도하며 학습자 스스로 학습 활동에 관련된 문제를 해결하도록 해야 한다. 결과보다는 과정을 더 중요시하는 수업 모형으로 교사는 학습자가 답을 할 수 있는 충분한 시간을 기다려 줘야 하며, 교사가 원하는 답이 나오지 않아도 학습자의 의견을 존중하고 배려해야 한다.

16. 심동적 영역은 운동감각을 기반으로 표현되는 신체적인 능력, 건강 및 체력을 의미하며 심폐지구력이 이에 해당한다. 인지적 영역은 이해하고 분석하고 추리하고 적용할 수 있는 능력을 의미하며, 경기 규칙 이해는 이에 해당한다. 정의적 영역은 심리적 건강, 사회적 기술, 도덕적 인격을 포함하며 협동심이 이에 해당한다.

17. 전이는 과거의 과제 수행 경험이나 학습 경험이 다른 과제의 수행이나 새로운 운동기술의 수행과 학습에 영향을 미치는 것을 의미한다. 〈보기〉는 학습 전이 유형 중 과제 간 전이에 해당한다. 과제 간 전이는 이전에 배운 기술의 경험이 새로운 기술의 수행이나 과제에 영향을 미치는 것이다. ① 대칭적 전이는 한쪽 팔과 다리로 연습한 것이 반

대쪽 팔과 다리의 연습에 영향을 미치는 것이다. ② 과제 내 전이는 연습한 조건과는 다른 수행 환경에서 같은 기술을 구사하는 것이다.

18. 스포츠 지도의 철학, 이념 또는 비전은 스포츠 교육 프로그램의 구성요소 중 성격에 해당한다. 내용은 가르치고자 하는 내용을 의미한다.

19. ①은 직접교수모형, ②는 동료교수모형, ③은 스포츠교육모형의 주제에 해당한다.

20. 학교운동부지도자 재임용 시 고려사항으로는 직무수행 실적, 복무 태도, 학교운동부 운영 성과, 학생선수의 학습권 및 인권 침해 여부가 있다.

2022년 생활·전문 스포츠지도사2급 스포츠교육학

1. ① 2. ③ 3. ③ 4. ④ 5. ③ 6. ④ 7. ④ 8. ①
9. ② 10. ② 11. ② 12. ① 13. ①,④ 14. ④ 15. ③
16. ④ 17. ② 18. ② 19. ③ 20. ①

1. '생활스포츠'란 건강과 체력 증진을 위하여 행하는 자발적이고 일상적인 스포츠 활동을 말한다. '학교스포츠'란 학교에서 이루어지는 스포츠 활동을 말한다.

2. ㉠은 스포츠강좌이용권 지원, ㉡은 행복나눔스포츠교실 운영에 대한 설명이다. 국민체력100은 국민의 체력 및 건강 증진에 목적을 두고 체력상태를 과학적 방법에 의해 측정·평가를 하여 운동 상담 및 처방을 해주는 대국민 스포츠 복지 서비스를 의미한다. 여성체육활동 지원에는 여성환우 지원 저강도 프로그램, 여성맞춤형 생활체육교실 등이 있다.

3. 〈보기〉는 청소년기의 발달 특성이다. 청소년스포츠 프로그램의 목적으로는 운동기능 습득, 삶의 즐거움과 활력 찾기, 또래친구와의 여가 활동 참여가 있다. 청소년스포츠 프로그램은 발달운동(동적 운동) 중심으로 프로그램을 개발해야 한다.

4. 프로그램의 목표는 프로그램을 구성하는 스포츠 활동내용을 구체적이고 세부적으로 진술한다.

5. 〈보기〉는 협동학습 모형 중 직소에 대한 설명이다. 협동학습 모형은 모든 학생이 학습 과정과 결과에 공헌하기를 기대하면서 제한된 시간 또는 과

제에 따라 학생들을 팀으로 나누는 교육모형이다.

6. 〈보기〉는 메츨러의 교수·학습 과정안 작성 시 고려해야할 구성요소 중 과제 제시와 과제 구조와 관련 있는 내용이다. 과제 제시와 과제 구조는 과제의 내용을 구조화하고 제시 방법을 기술한다.

7. 지도자가 항상 최우선으로 여겨야 하는 부분은 학습자의 안전이다. 간혹 위험한 행동을 하는 학습자가 발견되면 즉각 중단시키고 왜 위험한지 구체적으로 피드백을 전달해야 한다.

8. 타인의 권리와 감정 존중은 타인을 고려하며 안전하게 참여하고, 다른 사람을 방해하지 않고 참여하는 단계를 의미한다. 타인에 대해 상호 협력적이고 다른 학생들을 돕고자 하는 단계는 돌봄과 배려 단계이다.

9. ㉠은 수업 전에 실시하는 진단평가, ㉡은 끝나는 시점에 종합적으로 실시하는 총괄평가를 의미한다. 형성평가는 수업 과정에서 학생들의 수업 진행 상황을 파악하기 위한 평가 활동을 의미한다.

10. 〈보기〉는 체크리스트법으로 운동수행과정의 질적인 측면을 평가하는 경우에는 우수, 보통, 미흡 등의 평가도 가능하다.

11. 학교의 장은 학교스포츠클럽을 운영하는 경우 학교스포츠클럽 전담 교사를 지정하여야 한다.

12. 체력단련장업의 경우 운동전용면적이 300제곱미터 이하인 경우에는 1명 이상의 체육지도자를 배치해야 하며, 운동전용면적이 300제곱미터를 초과한 경우에는 2명 이상의 체육지도자를 배치해야 한다.

13. 국민체육진흥법 시행령 제8조, 제9조에 해당하는 내용이다. ① 체육지도자의 자격은 18세 이상인 사람에게 부여한다. ④ 1급 생활스포츠지도사는 자격 종목의 2급 생활스포츠지도사 자격을 취득한 후 3년 이상 해당 자격 종목의 지도경력이 있는 사람으로서 동일 자격 종목에 대하여 1급 생활스포츠지도사 자격을 취득하기 위한 자격검정에 합격하고, 연수과정을 이수한 사람으로 한다.

14. 마튼스가 제시한 전문체육 프로그램 개발 6단계는 선수에게 필요한 기술 파악, 선수 이해, 상황 분석, 우선순위 결정 및 목표 설정, 지도 방법 선택, 연습계획 수립이다.

15. 동료교수모형의 수업방식은 교사와 개인교사, 학습자가 존재한다. 개인 교사는 교사에게 역할 수행을 위한 훈련을 받는다. 개인 교사는 학습자와 상호작용을 하며 학습자에게 교정적 피드백을 제공한다. 교정적 피드백은 다음 수행 개선과 관련된 방법들을 함께 제공하는 피드백을 의미한다.

16. 변형게임 구성 시 반영해야 할 2가지 핵심 개념으로는 대표성과 과장성이 있다. 변형게임의 과제 구조는 대표성(본질적 특징, 전술)과 과장성(특정 상황을 위한 변형, 용기구, 경기장) 수준에 따른 계열화이다.

17. 개방기술은 환경의 변화나 상태에 의해 변화되는 기술을 의미하며, 환경의 영향을 받기 때문에 시간적인 제약이 따른다. 폐쇄기술은 환경적 조건이 안정적이며 외부 조건이 대부분 변하지 않는 기술을 의미하며, 환경의 영향을 개방기술보다 덜 받기 때문에 시간적인 제약 또한 상대적으로 덜 받는다.

18. 〈보기〉는 게임분류 예시이며, 종목은 게임전술의 전이 가능성을 근거로 구분하였다. 코치가 게임 분류 체계를 이용하면 같은 범주의 스포츠 안에서 일반적인 움직임의 요소들을 고려한 수업을 운영할 수 있고, 특정한 스포츠 기술에만 주안점을 두지 않고 같은 범주의 스포츠 안에서 선수들에게 전략 제공이 가능하다.

19. 〈보기〉는 모스턴이 제시한 4가지 피드백의 유형 중 중립적 피드백에 해당한다. 중립적 피드백은 사실적으로 행동을 기술하고, 판단이나 수정 지시를 하지 않으나 피드백 진술의 의미를 변경할 수 있다. 다른 피드백의 형태로 옮겨가는 특징을 가지고 있으며, 판단을 유보한 인정을 하는 피드백이다. 교정적 피드백은 가치판단 없이 실수를 교정하고 수정사항을 제공한다. 가치적 피드백은 긍정적이거나 부정적인 판단 언어로 표현한다. 불분명한 피드백은 잘못된 해석의 여지가 있는 표현으로, 구체적인 정보가 없는 피드백이다.

20. 링크의 내용발달 단계는 '시작 과제 → 확대 과제 → 세련 과제 → 적용(응용)과제' 순서로 구성되어 있다.

CHAPTER 05

운동생리학

성피티의 생활스포츠지도사
2급 필기 합격공식

운동생리학의 개관

운동생리학

1 주요 용어

(1) 운동
① 건강과 체력을 유지하거나 증진하기 위한 계획적인 신체활동

(2) 신체활동
① 일상생활에서 에너지를 소비하는 모든 움직임

(3) 체력
① 건강체력: 근력, 근지구력, 심폐지구력, 유연성, 신체구성 등

건강체력 요소 측정의 예) 오래달리기 측정, 생체전기저항분석, 앉아윗몸앞으로굽히기 측정, 윗몸일으키기 측정, 배근력 측정, 팔굽혀펴기 측정, 악력 측정

② 운동기능체력(운동기술 관련 체력요소 skill-related fitness): 민첩성, 순발력, 스피드, **평형성**, 협응력, 반응속도 등

운동기능체력 요소 측정의 예) 제자리높이뛰기 측정, **2.5m 왕복달리기**, 한쪽 다리로 서기

2 운동생리학의 개념

(1) 운동생리학의 정의
① 운동생리학은 일정 기간 동안 운동 형태로 가해진 자극에 대해 인체가 적절하게 반응하고 적응하는 과정 속에서 나타나는 생리학적 현상을 연구하는 학문
② 운동생리학은 인체가 정상적인 기능을 수행하는 능력을 가진 상태에서 운동자극에 대해서 반응하고 적응되는 과정을 분석하고 연구하는 학문
③ 스포츠 과학의 핵심을 이루면서 운동선수의 경기력 향상은 물론 인간의 건강 유지 및 체력 향상에 이바지함으로써 인류의 생명유지 및 복지 향상에 공헌하는 학문
④ 운동 중 생명체가 어떻게 생리학적으로 반응하는가를 관찰하는 학문
⑤ 운동이라는 자극을 이용하여 인체가 적응하는 과정을 생리학적으로 관찰함과 동시에 인체가 궁극적으로 어떻게 변화하는지를 연구하는 학문

(2) 운동생리학 관련 연구
① 운동 시 신체의 기능이 어떻게 변화하는지를 연구
② 운동능력을 향상시키기 위한 훈련 과정에 적용하는 학문
③ 장기간 운동에 대한 신체적 효과 및 적응에 대해 연구
④ 21세기에 접어들면서 인체의 조직과 기관이라는 생리학적 수준에서 점차 진화하여 세포와 신호전달체계 및 단백질 합성 및 발현이라는 세포생물학 또는 분자생물학 분야로 진화하고 있음

(3) 미국 운동생리학의 역사

① 1920년대 호흡생리학의 권위자인 핸더슨(L. Henderson)이 설립한 하버드피로연구소(Harvard Fatigue Lab.)에서 시작

② 이곳에서 최대산소 섭취량과 산소부채, 탄수화물과 지방 대사, 환경생리학, 임상생리학, 노화, 혈액 및 체력 등 여러 분야의 연구가 수행됨

(4) 운동생리학의 기본 영역에서 파생된 학문

① 스포츠 생리학: 선수들의 훈련을 촉진시키고 운동 수행력을 향상시킬 목적으로 운동생리학의 개념을 더 진보적으로 적용한 학문

② 운동영양학: 영양학적 이론을 실제 스포츠 현장에 적용한 것

③ 트레이닝 방법론: 체력의 계획적인 강화 훈련을 통하여 운동수행능력을 향상시키기 위함

④ 운동처방: 성인병과 생활방식과의 관계, 성인병 관련 운동 프로그램을 제공

⑤ 스포츠 의학: 의학적 지식과 과학 및 생리학적 지식을 접목시켜 스포츠 현장에서 일어나는 여러 가지 문제들을 보다 넓은 시각에서 다룸

⑥ 운동생화학

⑦ 환경생리학

2 에너지 대사와 운동

운동생리학

1 에너지의 개념과 대사 작용

(1) 에너지
① 일을 수행할 수 있는 능력(힘)

(2) 에너지 발생 과정과 형태
① 인체 운동은 음식물로부터 전환된 화학적 에너지를 기계적 에너지로 전환시키는 생체 에너지 과정으로 연속적인 화학작용에 의하여 조절됨
② 화학 에너지는 인간 활동에 있어서 가장 중요한 에너지 형태임
③ 인체가 근수축과 같은 기계적인 일을 수행할 때 사용되는 직접적인 에너지원은 ATP(아데노신삼인산)임

(3) 에너지 대사 측면에서 탄수화물과 지방의 특성
① 탄수화물은 높은 운동 강도에서 지방보다 선호되는 에너지원임
② 운동 강도가 낮을수록 지방의 이용률이 증가함
③ 지방은 산화를 통한 ATP 생산을 위하여 반드시 산소가 필요함
④ 1g의 지방은 약 9kcal의 열량을 생산함

(4) 체내의 대사과정(metabolism)
① 대사: 체내에서 일어나는 물질과 에너지의 변화과정
② 물질을 합성하여 에너지를 저장하는 동화작용과 물질을 분해하여 에너지를 소비하는 이화작용으로 구분됨

(5) 안정 시와 운동 중 에너지 소비량 측정 및 추정
① 직접 열량 측정법은 열 생산을 측정함으로써 에너지 소비량을 측정함
② 간접 열량 측정법은 산소 소비량과 이산화탄소 배출량을 이용하여 에너지 소비량을 추정함
③ 이중표식수(doubly labeled water) 검사법은 동위원소 기법을 사용해 에너지 소비량을 추정함

(6) 피로방지 및 회복 촉진을 위한 영양보조제
① 카르니틴: 지방산 산화 과정 촉진을 위한 효소기질
② 아스파르트산염: 암모니아 생성 완화
③ 글리세롤: 혈액량 증가
④ 알기닌: 혈관 확장과 혈류량 증가

2 인체의 에너지 대사

- 인체는 세 가지 대사 경로를 통해 ATP를 생성함
- 무산소 대사: 산소 없이도 일어날 수 있는 ATP-PCr 시스템과 해당 과정(젖산 시스템)
- 유산소 대사: 산소를 필요로 하는 산화 시스템

(1) ATP를 생산하기 위한 세 가지 에너지 공급 시스템

① ATP-PCr 시스템=인원질 과정(인산염을 통한 에너지 공급)
- 단시간의 폭발적인 힘을 발휘하는 운동 시 PCr이 분해되며 발생한 에너지를 이용하여 ATP 합성
- 산소를 필요로 하지 않음
- 2~20초 사이의 단시간 고강도 운동 시 산소를 이용하지 않고 신속한 에너지 공급
- 운동 시작 시기에 가장 빠르게 에너지를 생산하는 방법으로, 단시간 고강도 운동의 주 에너지 시스템
  예) 100m 달리기, 장대높이뛰기, 다이빙, 역도
② 무산소성 해당 과정(glycolysis) 젖산시스템
- 혈액 혹은 글리코겐으로부터 얻어진 포도낭을 피루브산으로 분해
- 무산소 과정은 전적으로 근세포의 원형질(근형질)에서만 일어나며, 미토콘드리아에서는 일어나지 않음
- 지방을 이용하지 않고, 탄수화물(글루코스 또는 글리코겐)만을 이용
- 젖산의 축적을 일으켜 근 피로를 유발하는 과정
- 1몰(mole) 정도의 ATP를 재합성하는 데 필요한 에너지를 방출
- 20~30초 지속하는 고강도 운동에서 인원질 시스템 다음으로 산소를 이용하지 않고 빠르게 ATP를 생산 가능
- 400m 전력 달리기 시 필요한 ATP 공급
- 아데노신 이인산(ADP) 및 무기인산(Pi)에 의한 인산과당분해효소(PhosphoFructoKinase: PFK)의 활성
- 해당 과정에서 산소 공급이 충분하지 않을 경우에는 초성포도산 피르브산(pyruvate)이 젖산으로 전환되어 체액을 산성화시켜 근 피로를 유발
- 대사분해에 의한 피루브산염(pyruvate)의 생성
- 근 수축 시 젖산 생성은 지근 섬유(slow twitch fiber)에 비해 속근 섬유(fast twitch fiber)에서 더 높음
- 젖산은 피로물질로만 알고 있는 경우가 많은데, 사실은 다른 근세포에서 산화되지 않고 살아남은 젖산은 간으로 수송되어 글루코스의 합성에 이용되어 심장과 근육에서 에너지로 사용될 수 있는 긍정적인 기능도 있음
- 운동이 약 40~60초 이상 지속될 때에는 혈액으로부터 활동근으로 공급되는 산소를 이용하여 ATP를 유산소적으로 합성하는 과정에 의존하게 됨
  예) 근지구력 웨이트 트레이닝
③ 유산소시스템
- 유산소 대사는 주 에너지 공급원으로 글루코스 외에도 유리지방산을 많이 이용하여 ATP를 합성하며 최소 5분 이상의 장시간의 운동을 수행할 때 주로 사용됨
- 유산소 대사는 미토콘드리아에서 크렙스회로(Krebs cycle)와 전자전달계(Electron Transport

Chain)를 통해 이루어지며 산소는 전자전달계의 마지막 과정에서 수소를 받아들여 물을 만드는데 이 과정을 산화적 인산화 과정이라고 함
- 산화 시스템은 산소를 필요로 하기 때문에 유산소 대사로 구분됨
- 일부 아미노산은 크렙스회로로 직접 진입할 수 있음
- 세포 내 소기관인 미토콘드리아에서 산소를 이용하여 일어남
- 크렙스회로는 주로 시트르산 탈수소효소에 의해 조절됨
- 중성지방은 리파아제(lipase)에 의해 글리세롤과 유리지방산으로 분해됨
- 지방의 베타(β) 산화는 중성지방으로부터 분리된 유리지방산이 미토콘드리아 내에서 여러 단계를 거쳐 아세틸 조효소로 전환되는 과정임
- 지방산은 베타산화(β-oxidation)를 거쳐 ATP 생성에 사용됨
- 운동강도가 증가함에 따라 에너지 생산을 위한 주연료는 지방에서 탄수화물로 전환됨
- 포도당과 지방은 서로 전환되어 에너지원으로 사용되기도 함
- 낮은운동강도(예: VO$_2$max 40%)로 30분 이상 운동 시 점진적으로 호흡교환율이 감소하고 지방 대사 비중은 높아짐
  예) 마라톤

에너지 대사 과정	속도조절효소
ATP-PC 시스템	크레아틴 키나아제(creatine kinase)
해당작용	인산과당분해효소(phosphofructo kinase)
크렙스회로	이소시트르산탈수소효소(isocitrate dehydrogenase)
전자전달체계	사이토크롬산화효소(cytochrome oxidase)

<1개의 포도당 분해에 따른 유산소성 ATP 생성>

대사적 과정	고에너지 생산	ATP 누계
해당작용	2 ATP	2
혈관	2 NADH	7
피루브산에서 아세틸조효소A 까지	2 NADH	12
크랩스회로	2 ATP	14
	6 NADH	29
	2 FADH$_2$	32
합계		32 ATP

(2) 운동과 에너지 공급

① 근육 내에 축적되어 있는 ATP는 한정되어 있기 때문에 운동 초기 2~3초간의 근 수축용 에너지원으로서 사용됨
② 근 수축 활동이 지속되려면 끊임없이 재빨리 ADP와 Pi가 ATP로 재합성되어야 함
③ ATP를 재합성하는 데에도 에너지가 필요한데 이 에너지를 생성하는 데 필요한 연료는 ㉠ PC(phosphocreatine:인산크레아틴), ㉡ 글리코겐(glycogen) 등의 당질, ㉢ 초성포도산(pyruvic acid:피루브산)과 유리지방산(free fatty acid) 등
④ ㉠과 ㉡의 과정은 산소와 관계없이 반응을 하므로 무산소성 시스템이라고 함

⑤ 최대 운동 강도에 필요한 에너지 공급은 ATP-PC시스템에 의존하며, ATP-PC시스템에 의한 에너지 공급 한계는 약 8초가 됨

⑥ 근육량을 증가(근 비대)시켜 인원질 양을 많이 축적시킬 수 있는 트레이닝 방법을 선택하여야 함

(3) 에너지 연속체의 의존도

① 10초 이내는 물론 약 30초 미만에 종료되는 단시간의 최대 운동 시에는 인원질 과정에 주로 의존해서 에너지를 공급받게 됨

② 1~3분 사이의 최대 운동 시에는 젖산시스템이 주된 에너지 공급 과정이 되고, 그 이상의 장시간 운동 시에는 유산소시스템이 주된 에너지 공급 과정이 됨

③ 그 중간 형태의 운동은 두 가지 또는 세 가지의 에너지 공급 과정이 함께 참여하게 됨

(4) 운동 종목과 주에너지 시스템

소요시간	주에너지 시스템	해당 운동 종목
30초 이내	인원질 과정	100m 달리기, 역도, 다이빙, 투포환, 높이뛰기 등
30~90초	인원질 과정 젖산 과정	200m 달리기, 400m 달리기, 100m 수영, 500m 스피드 스케이팅 등
90~180초	젖산 과정 유산소 과정	800m 달리기, 1500m 달리기, 체조의 마루운동, 200m 수영, 400m 수영, 복싱, 유도, 태권도, 레슬링 등
180초 이상	유산소 과정	마라톤, 1500m 수영, 크로스컨추리

3 트레이닝에 의한 대사적 적응

(1) 유산소 트레이닝에 의한 적응

- 유산소성 트레이닝에 의해서 향상된 지구력은 심폐 기능과 근육 대사 기능의 변화에 의해서 나타남
- 근육과 관련된 트레이닝의 적응 범위는 근섬유 주변의 혈류량과 산화성 대사의 현저한 변화까지 포함됨
- 장기간의 유산소성 트레이닝을 실시하면 최대산소섭취량(VO₂max)의 수치가 향상되며 산소섭취량과 심박수의 변화로 심폐기능의 향상 정도를 알 수 있음
- 유산소성 능력의 증가는 심폐기능의 향상과 산소 섭취 및 운반능력 그리고 산소이용능력의 증가를 말함
- 심혈관계를 통한 산소 운반능력의 증가는 1회 박출량의 증가, 최대 심박출량의 증가, 산소섭취량의 증가, 심장 용적과 심근수축력의 증가, 심장기능의 향상에 따른 최대하운동 중 심박수의 감소, 헤모글로빈 농도의 증가에 의한 혈액 기능과 혈액량의 증진이 있음
- 장기간 훈련을 중단하게 된다면 최대 심박수와 1회 박출량은 감소함

① 스프린트 트레이닝 후 나타나는 생리적 적응
  - 속근 섬유 비대-해당과정을 통한 ATP 생산능력 향상
② 고강도 운동 시 심박출량 증가 요인
  - 혈중 에피네프린 증가에 따른 심박수 증가
  - 활동근의 근육펌프 작용에 따른 정맥회귀량 증가
  - 교감신경계의 활성에 따른 심실수축력 증가
③ 고강도 운동 중 젖산역치(LT)가 발생하는 원인

- 근육 내 산소량 감소
- 속근섬유 사용률 증가
- 무산소성 해당과정 의존율 증가

④ 운동 시 비훈련자의 심혈관계의 변화
- 심박수 증가
- 최대 운동 시 심박출량 증가, 산소섭취량 증가, 동정맥산소차 증가
- 안정 시 심박수 감소, 안정 시 1회 박출량 증가

⑤ 유산소 트레이닝이 엘리트 선수의 인체 적응효과에 미치는 영향
- 최대 산소섭취량이 더 이상 증가하지 않더라도 지구성 트레이닝을 계속하면 지구력이 증가
- 고도로 단련된 남녀 지구력 선수의 비교에서 여자선수는 남자선수보다 최대 산소섭취량이 10% 가량 낮음
- 심폐지구력을 최대화시키면 경기력 향상에 도움이 됨
- 개인의 유전적 소질은 유산소 능력 향상에 영향을 줌

⑥ 점증부하운동으로 유산소성 기능을 비교 시, 비훈련자와 비교한 유산소성 트레이닝으로 단련된 훈련자의 생리학적 현상
- 젖산역치가 늦게 발생
- 동일 운동 강도에서 낮은 심박수
- 운동 지속 시간의 증가
- 최대산소섭취량이 높게 발생

⑦ 지구력 트레이닝에 의해 나타나는 순환계의 변화
- 심장의 무게, 부피, 좌심실벽 두께와 용적이 증가(스포츠 심장)
- 회복기의 심박수는 훈련 전과 비교하여 훈련 후에 더 빨리 낮아짐
- 근육 내에 분포된 모세혈관의 밀도가 높아짐
- 총 혈액량의 증가와 함께 적혈구 양도 증가

⑧ 지구성 훈련을 통하여 기대할 수 있는 근섬유 내의 생화학적 변화
- 근섬유 내 모세혈관의 밀도가 증가하여 산소, 이산화탄소 및 포도당과 같은 화학물질의 확산 및 이동 거리가 짧아짐
- 근섬유의 모세혈관 밀도는 Type2(속근) 섬유보다는 Type1(지근) 섬유에서 더욱 현저하게 증가
- 미토콘드리아 내의 유산소성 효소의 증가가 이루어지기에 크렙스 사이클 및 전자전달계의 효율성이 좋아짐
- 근섬유의 미토콘드리아 밀도 증가, 근섬유의 항산화능력 향상
- 최대하운동 중 지방대사능력의 향상
- 미오글로빈의 농도가 증가하여 근육 내 산소 운반능력이 좋아짐

⑨ 지구성 훈련에 의한 지근섬유(Type1)의 생리적 변화
- 모세혈관 밀도 증가
- 마이오글로빈 함유량 증가
- 미토콘드리아의 수와 크기 증가
- 절대 운동강도에서의 젖산 농도 감소

⑩ 유산소성 트레이닝을 통한 근육 내 미토콘드리아 변화
- 근원섬유 사이의 미토콘드리아 밀도 증가
- 손상된 미토콘드리아 분해 및 제거율 증가

- 근육 내 젖산과 수소 이온(H^+) 생성 감소
- 근육 내 크레아틴 인산(phosphocreatine) 소모량 감소

⑪ 장시간 고강도 유산소성 운동 시 피로를 지연시키거나 회복을 위한 방법
- 운동 전에 글리코겐 로딩을 실시
- 운동 중 스포츠 드링크 섭취
- 운동 후 1~2시간 이내에 수분과 충분한 글리코겐을 섭취
- 운동 직후 회복을 위해 가볍게 걸으면서 동적 휴식을 취함

⑫ 안정 시 및 최대 운동 시 혈중가스분압의 변화
- 단련자가 일반인보다 활동근 정맥혈에서의 산소분압이 낮게 나타남
- 단련자가 일반인보다 산소를 추출하여 운동을 수행하는 능력이 높음
- 단련자는 일반인에 비해 동정맥 산소차가 크게 나타남
- 단련자는 일반인과 비교해 동맥혈 산소함량에는 큰 차이가 없음

⑬ 장기간 유산소 트레이닝이 비만인의 혈액 성분에 미치는 영향
- 혈중 중성지방의 감소
- 혈중 저밀도 지단백(Low Density Lipoprotein: LDL) 콜레스테롤 감소
- 혈중 고밀도 지단백(High Density Lipoprotein: HDL) 콜레스테롤 증가
- 혈중 총 콜레스테롤의 감소

⑭ 운동 후 초과산소섭취량(Excess Post-exercise Oxygen Consumption: EPOC)이 발생하는 원인
- 운동 중 증가한 혈압 감소, 젖산 제거, 체온 저하, 호르몬(에피네프린, 노르에피네프린) 증가

(2) 지구성 트레이닝 후 최대 동-정맥 산소차(maximal arterial-venous oxygen difference)증가(심폐지구력 증가)에 기여하는 요인
① 미토콘드리아 수와 크기의 증가
② 모세혈관 밀도 증가
③ 총 혈액량 증가

(3) 운동에 대한 심혈관 반응
① 점증 부하 운동 시 심박수는 상승하게 되며, 심근산소소비량 증가
② 고강도 운동 시 근육으로 혈류분배가 증가하기 때문에 내장 기관으로의 혈류 분배 비율 감소
③ 일정한 부하의 장시간 운동 시 혈액 내 혈장량과 심박출량이 감소하게 되며, 시간이 경과함에 따라 그에 대한 보상으로 심박수 증가
④ 고강도 운동 시 활동근의 세동맥(arterioles) 확장을 통한 혈류량 증가

- 글루코스(glucose): **혈액 내 둥둥 떠다니는 포도팅의 형테**
- 헤모글로빈(hemoglobin): **혈액 내 산소운반 물질**
- 마이오글로빈(myoglobin): 산소친화력이 높은 마이오글로빈이 모세혈관 내 헤모글로빈으로부터 산소를 끌어와서 저장해 두었다가 산화적 인산화가 일어나는 미토콘드리아에 전해 줌으로써 사용할 수 있는 산소의 양을 늘리게 됨
- 유리지방산(free fatty acid): 중성지방은 리파아제(Lipase)효소에 의해 글리세롤과 유리지방산으로 분해되며 유리지방산은 베타산화(B-oxidation)를 통해 아세틸 조효소(Acetyl-CoA)로 전환되어 5분 이상의 장시간의 유산소 운동을 수행할 때 주로 사용됨

- 미토콘드리아(mitochondria)
  - 운동 중 에너지를 생산하고 세포호흡에 관여하는 소기관
  - **생명 유지에 필요한 유산소성 에너지 대사가 일어나는 소기관으로 유산소 트레이닝을 통해 숫자와 크기가 증가될 수 있으며 그로 인해 산화적 인산화 과정이 더욱 활발해짐**
  - 운동 중 근 수축을 위한 에너지 공급은 미토콘드리아 내막에서 진행되는 유산소성 대사과정에서 생산되는 ATP임. 근육 세포의 칼슘이온 등 중요한 조절 물질의 이동이 이루어짐
- 최대산소섭취량(VO₂max)
  - **최대운동 시 미토콘드리아에서의 에너지 생성을 위해 소비된 산소량**
  - 지구력을 결정하는 평가지표 중 가장 신뢰성이 있음
  - 마라톤 선수들은 최대산소섭취량 수치가 높게 나타남
  - 최대산소섭취량 = 최대1회박출량 × 최대심박수 × 최대동정맥산소차

(4) 무산소 트레이닝에 의한 적응

① 트레이닝 초기(약 3개월)에는 근비대 없이 근력의 증가와 빠른 변화를 보이는 시기가 있는데 이는 신경계의 활성능력의 증가로 여겨짐

② 근비대는 근세포의 숫자가 늘어나는 것이 아닌 근세포의 크기가 증가하며 일어나는 현상

③ 트레이닝 초기에 근력이 증가하였을 때, 가장 먼저 영향을 준 요인
- 신경성에 의한 근신경계통의 발달
- 다음 과정인 근비대는 근섬유 크기의 증가

④ 저항성 트레이닝에 의한 근력 향상의 요인
- TypeⅡ 섬유 크기의 증가
- 동원되는 운동단위 수의 증가
- 동원되는 십자형교(cross-bridge) 수의 증가

⑤ 인체 운동에 따른 신체 적응
- 단련자는 비단련자보다 최대 심박수가 높게 나타남
- 단련자는 비단련자보다 최대 심박출량이 높게 나타남
- 단련자는 비단련자보다 동일 조건의 운동에서 심박수가 낮게 나타남
- 단련자는 비단련자보다 안정 시 심박수가 낮게 나타남

(5) 운동유발성 근육경직(exercise-associated muscle cramps)을 방지하기 위한 방법

① 발생하기 쉬운 근육을 규칙적으로 스트레칭 함

② 필요시 운동 강도와 지속 시간을 감소시킴

③ 수분과 전해질의 균형을 유지함

(6) 근력의 결정요인

① 근육 횡단면적

② 근절의 적정 길이

③ 근섬유 구성비

3 신경 조절과 운동

운동생리학

1 신경계의 구조와 기능, 특성

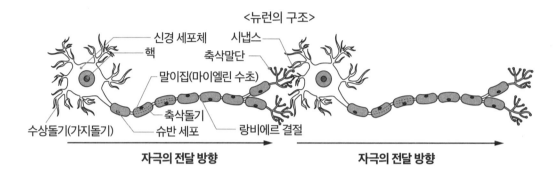

<뉴런의 구조>

(1) 뉴런의 구조

① 신경계는 뉴런이라는 여러 개의 신경세포가 서로 연결되어 있으며 다른 뉴런과 밀접하게 접촉하면서 정보를 전달하고 인체의 항상성을 유지하고 있음

② 신경계는 근육수축을 위한 자극을 내보냄으로써 운동의 시작을 조절하는 기능이 있음

③ 뉴런은 신경계의 구조적 기능적 단위이며 해부학적으로 수상돌기, 세포체, 축삭의 세 가지 기본 영역으로 구성

- 수상돌기(가지돌기): 다른 뉴런으로부터 자극을 받아들임
- 신경 세포체: 뉴런의 생명 활동을 조절함
- 축삭돌기: 다른 뉴런에 자극을 전달함
- 시냅스(synapse, 연접): 자극이나 정보를 전달하기 위해 뉴런이 또 다른 뉴런과 접합되어 있는 기능적 연결부위
- 랑비에르 결절(node of Ranvier): 뉴런에서 슈반세포로 이루어진 마이엘린 수초가 감싸져 있지 않은 축삭의 한부위로 활동전위가 전달하게 됨
- 신경근 접합부(neuromuscular junction)
  - 운동뉴런의 말단과 근섬유가 접합되어 있는 기능적 연결부위
  - 신경전달물질이 분비되는 공간
  - 시냅스 전 축삭말단, 시냅스 간극, 근섬유 위형질막의 운동종판으로 구성

(2) 뉴런의 종류

① 감각뉴런(눈, 코, 귀): 외부로부터 감각을 받아들여 연합뉴런으로 전달함

② 연합뉴런(뇌, 척수): 중추신경계에서 판단하고 명령을 내림

③ 운동뉴런: 말초신경계를 거쳐 운동을 일으키게 함

(3) 감각 - 운동 신경계의 인체 운동 반응 조절 과정

① 감각 수용기가 감각 자극을 받아들임

② 자극이 감각 뉴런을 통해 중추신경계로 전달됨

③ 중추신경계가 정보를 해석하고 운동 반응을 결정함

④ 운동 자극이 중추신경계에서 운동 뉴런으로 전달됨

⑤ 운동 자극이 근섬유에 전달되면 운동 반응이 일어남

(4) 뉴런의 전기적 활동

① 신경세포에서 전기적 신호 전달 순서

- 신경자극 → 수상돌기 → 세포체 → 축삭 → 축삭종말

② 신경세포와 근육의 흥분-수축 결합 단계

- 활동전위가 축삭 종말에 도달하면 아세틸콜린이 방출됨
- 근형질세망에서 분비된 Ca_2^+이 트로포닌에 부착되어 트로포마이오신을 들어 올림
- 마이오신 머리가 액틴세사를 잡아당김

③ 뉴런의 전기적 활동(신경자극, 근육수축 과정)

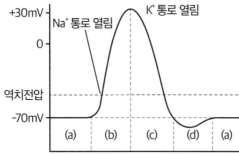

<신격자극의 전달>

(a) 안정막전압: -70mV

(b) 탈분극: 자극이 역치에 도달할 때 Na⁺통로가 열리고 Na⁺이 세포내로 유입됨

(c) 재분극: K⁺통로가 열려서 K⁺이 세포밖으로 나감

(d) 과분극: 막의 전압이 안정막전압보다 낮아짐

- 골격근막의 활동전위는 가로세관(T-tubule)을 타고 이동하여 근형질세망(sarcoplasmic reticulum)으로부터 칼슘 유리를 자극
- 유리된 칼슘은 액틴(actin) 세사의 트로포닌에 결합하고, 트로포닌은 트로포마이오신을 이동시켜 마이오신(myosin) 머리가 액틴과 결합할 수 있도록 함
- 세포막을 통과하는 전기전위를 막전위(membrane potential)라 하고, 뉴런에서 전기적 신호가 발생하지 않았을 때를 안정막전위라 하며 이때 칼륨(K^+)에 대한 투과성은 높고 Na^+에 대한 투과성은 매우 적음
- 세포막의 자극이 역치를 넘어서지 않으면 활동전위(action potential)가 생성되지 않음
- 흥분성 신경전달물질은 세포막을 탈분극시키는 작용을 함
- 억제성 신경전달물질은 세포막을 과분극시키는 작용을 함
- 안정 시 막전압으로 돌아오려면 Na-K펌프가 작동되어야 함
- 안정막전위는 세포 안은 K^+, 세포 밖은 Na^+이 많은 상태로 분리되어 있음
- 신경 흥분 시 활동전위의 탈분극 초기 시점에서 K^+ 통로는 닫힌 상태에서, Na^+ 통로가 열림
- 탈분극은 역치 이상의 자극에 의해 Na^+ 통로가 열리고 Na^+이 세포 밖에서 안으로 유입되면서 양전하가 세포내에 증가하는 현상
- 재분극은 탈분극이 최고점에 도달하고 전압으로 인한 Na^+ 통로는 닫히게 되며 K^+ 통로가 열리기 시작함, 세포막 안쪽의 전하가 (+)가 되면 대부분의 K^+ 통로가 열리고 K^+이 바깥으로 확산됨,

K⁺ 통로를 통해 K⁺이 세포 외로 이동하여 세포 내는 다시 음전하를 띠면서 막전위가 증가하기 전의 수준으로 돌아감

- 과분극은 칼륨(K^+) 채널이 열려있고 칼륨이 세포 외로 이동하면서 세포 내는 음전하를 띠게 됨, 이 단계 이후 칼륨 채널이 닫히고 칼륨의 세포 외 유출이 적어짐에 따라 안정막전위로 복귀
- 절대 불응기(absolute refractory period): 활동전위가 형성되어 역치 이상의 자극이 와도 반응하지 않는 시기를 말함
- 상대 불응기(relative refractory period): Na⁺ 통로는 닫히고 K⁺ 통로가 열리는 재분극 상태에서 평상시의 자극보다 더 큰 역치 수준 이상의 자극으로 반응할 수 있는 시기

뉴런의 신경세포막 내부에는 칼륨이온 농도가 높고 세포막 외부에는 나트륨이온 농도가 높기 때문에 세포막에는 -70mV의 안정 시 전위가 존재한다. 세포막은 나트륨보다 칼륨에 대한 투과성이 높기 때문에 재분극을 위해서 Na-K펌프의 작용에 의해서 나트륨은 세포 밖으로 칼륨은 세포 안으로의 이동이 활성화된다. 역치 이상의 신경자극이 전달되면 탈분극 과정을 통해서 활동전위가 형성된다. 활동전위가 발생하는 초기에는 나트륨의 투과성이 크게 증가하면서 세포 내로 나트륨이온의 유입이 크게 증가한다. 나트륨의 세포 내 유입이 세포로부터 방출되는 칼륨이온보다 훨씬 많아지면서 세포내의 전위차는 세포외에 비해서 양성을 띠게 되어 그 전위차는 약 +30mV를 나타낸다. 그 이후 나트륨에 대한 투과성은 감소하고 칼륨에 대한 투과성이 증가하는 재분극 과정을 통해서 원래의 안정막 전위인 -70mV로 감소된다. 활동전위는 탈분극(depolarization)과 재분극(repolarization)이 일어나는 과정에서 발생하는 전위를 말하며, 매우 짧은 시간 동안만 지속된다. 뉴런의 안정막 전위는 약 -40mV~-75mV 정도이다. 탈분극의 정점에 도달하면 Na⁺ 통로는 비활성화된다.

(5) 신경계의 특성
① 흥분성
② 전달성
③ 통합성

2 신경계의 운동기능 조절

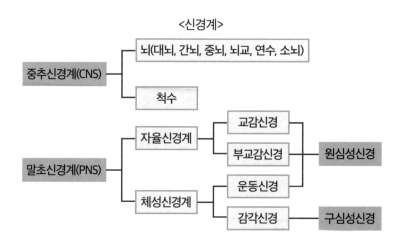

(1) 인체 움직임과 신경조절

① 신경계는 중추신경계(CNS)와 말초신경계(PNS)로 구분됨
② 감각신경은 신호를 궁극적으로 중추신경계로 전달함
③ 운동신경은 중추신경계에서 말초신경계로 신호를 전달하는 역할을 함
④ 추체로는 척수 내에서 신경자극을 척수 아래로 전달하는 신경통로이며, 골격근 수축과 이완을 1차 적으로 조절하는 신경세포를 활성화함
⑤ 골격근은 체성신경계의 조절에 의해 수의적으로 수축함

(2) 중추신경계의 운동기능 조절

- 중추신경계(Central Nervous System)는 뇌(brain)와 척수(spinal cord)로 구성
- 중추신경계에 속해 있는 시상하부(대뇌, 척수)는 뇌의 역할을 조절하는 중요한 역할을 수행
- 갈증, 체온조절, 혈압, 수분 균형, 식욕, 감정 및 내분비계의 활동 등을 조절하면서 항상성을 유지하는 역할을 함
- **뇌는 대뇌, 중뇌, 소뇌, 간뇌, 연수, 뇌교 이렇게 크게 여섯 부위로 나누어짐**

① 대뇌(전뇌): 인지 능력 담당, 골격근 운동 조절의 최종 단계 역할
② 중뇌: 안구 운동 조절
③ 소뇌
- 전체 뇌의 10%를 차지하며 중추신경계의 일부로 대뇌 뒤쪽 하부에 위치함
- 고도로 단련된 동작이나 크고 섬세한 동작에 관여하기 때문에 운동 시 가장 중요한 영향을 미침
- 평형성, 근육의 장력 유지 등 몸의 균형과 평형을 담당
- 빠른 동작의 정확한 수행을 위한 통합 조절
- 고유수용기로부터 유입되는 정보를 활용하여 동작 수정
④ 간뇌
- 감각 조절 중추기관인 시상에 위치하며 후각을 제외한 모든 감각 정보를 통합함
- 시상과 시상하부로 구성됨
  - 시상은 감각을 통합·조절함
  - 시상하부는 심박수와 심장 수축, 호흡, 소화, 체온, 식욕 및 음식 섭취를 조절함
⑤ 연수: 뇌의 최하부에 위치하여 뇌교에 이어지는 부분으로 아래쪽은 척수에 연결되어 있음, 호흡·혈관운동·타액분비 조절 등의 기능을 수행함
⑥ 뇌교: 소뇌 앞에 위치하여 소뇌와 연결해주는 다리 역할
- 뇌줄기(뇌간, brainstem)의 기능
  - 중뇌와 연수, 교를 포함하고 모든 감각 신경과 운동신경이 지나는 뇌의 줄기에 해당하며 뇌와 척수 사이의 정보 전달 기능을 담당함
  - 골격근 기능의 조절과 근 긴장 유지
  - 심혈관계와 호흡계의 기능 조절
  - 의식 상태의 결정(각성과 수면)

성피티 TIP

뇌간의 길이 방향으로 특수한 뉴런들이 모여서 지나게 되는데 이를 뇌간 망상체라고 합니다.

- 전정기관

- 귀의 가장 안쪽에 위치
- 중력, 입체적인 움직임, 선형 가속도 감지
- 몸의 균형과 평형을 담당
- 반고리관: 림프액의 흐름에 따라 몸의 회전 움직임을 감지
- 대뇌피질: 전두엽(인지, 운동중추), 측두엽(청각해석), 후두엽(시각정보), 두정엽(감각정보)

⑦ 근육의 화학수용기: 자율신경종말의 종류이고 근육을 둘러싼 화학적 환경의 변화에 민감함, 근육 대사량 정보 전달

⑧ 도피반사(withdrawal reflex): 뾰족한 못에 찔렸을 때 해당 굴곡근이 수축되며 재빠르게 도피하는 척수반사, 반사궁 경로를 통해 통증 자극에 대한 빠른 반사가 일어남, 통증 수용기로부터 활동전위가 발생하여 척수로 전달됨

⑨ 교차신전반사(crossed-extensor reflex): 도피반사 시 자극 부위가 굴곡했을 때 반대쪽 근육은 신전됨, 신체 균형을 유지하기 위해 반대편 대퇴의 굴곡근 수축이 억제됨

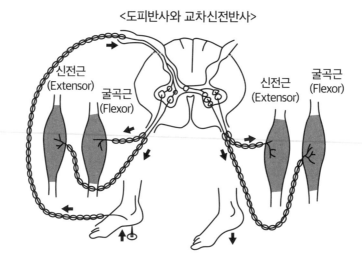

<도피반사와 교차신전반사>

(3) 말초신경계의 운동기능 조절

① 말초신경계(Peripheral Nervous System): 중추 신경 계통에 연결된 모든 운동 및 감각 신경(43쌍)으로 이루어지며, 시상하부(대뇌, 척수)로부터 분지하거나 대뇌 및 척수에 이르는 통로 역할을 하는 구심성 계통(감각신경계) 및 원심성 계통(운동신경계, 자율신경계)으로 구성되며 감각 기능을 조절함

② 근방추(muscle spindle)
- 신체에 2만개 분포
- 신경계의 근수축은 근방추의 기능을 통해 활성화되는데 정확한 길이에 대한 정보, 근육의 수축상태, 수축상태의 변화율 등의 정보를 뇌에 공급함
- 근육 사이에 위치하며 근육의 길이 변화에 반응하며 스트레칭할 때 근육이 과하게 늘어나서 상해를 입을 것 같을 때 억제함
- 고유감각수용기로서 골격근에서 근육의 길이가 신장되는 것을 감지하여 중추신경계로 정보를 전달하여 부상을 방지하게 함, 즉 근육의 급격한 신전 시 반사적 근육활동을 촉발시킴
- 감각 및 운동신경의 말단이 연결되어 있음
- 감마운동뉴런을 통해 조절됨
- 근육의 길이 정보를 중추신경계로 보냄

③ 골지건기관(Golgi tendon organ)
- 근육과 힘줄의 접합부에 위치하여 근육의 긴장에 반응
- 근육이 과도하게 수축하는 것을 감지하여 중추신경계로 정보를 전달하여 부상을 방지하게 함
- 수용기가 활성되면 주동근의 수축을 억제함
- 저항성 운동에 중요한 역할을 함
- 근육 수축을 통해 발생되는 장력 변화 감지함
- 장력을 억제하여 잠재적 위험성을 감소시키는 보호 및 안전장치 역할을 함
- 힘 생성량 정보 전달

④ 자율신경계(autonomic nervous system)
- 뇌의 시상하부에 의해서 조절되는 자율신경계는 의도적이지 않은 심장근, 내분비선, 평활근 자극 및 혈관, 내장 운동조절, 호르몬 분비 등 불수의적인 생리적 조절 기능을 담당
- 자율신경계는 '흥분성'의 교감 신경계(노르에피네프린norepinephrine, 에피네프린 epinephrine)와 '억제성'의 부교감신경계(아세틸콜린acetylcholine)로 나뉘어지며 신체의 내부 환경을 일정하게 유지하는 항상성(homeostasis) 조절을 위해 서로 길항적인 관계를 유지하고 신경자극 전달물질을 분비함
- 교감신경계가 활성화되면 심박수 및 혈압이 증가되고 부교감신경계가 활성화되면 심박수 및 혈압이 감소함
- 운동 시 교감신경계가 활성화되면, 골격근으로의 혈류량은 증가하고 내장기관으로의 혈류량은 감소함

<자율신경계가 인체에 미치는 영향>

기관	교감신경 자극효과(긴장 상태)	부교감신경 자극효과(안정 상태)
심장	심박수, 수축력 증가	심박수, 수축력 감소
혈관	수축	음경, 음핵 혈관 이완
소화기 계통	운동 억제 괄약근 수축(내용물 이동 억제) 선 분비 억제	운동 증가 괄약근 이완(내용물 이동) 선 분비 촉진
눈	동공 이완 원시 조절	동공 수축 근시 조절

성피티 TIP

부교감신경의 말단에서 아세틸콜린을 분비합니다. 하지만 교감신경계의 일부 신경세포는 아세틸콜린을 분비하기도 합니다.

- **항상성**: 신체 내부의 환경을 일정하게 유지하려는 성질
- **부적피드백(negative feedback)**: 신체에 어떤 반응이 일어났을 때 항상성을 유지하기 위해 활성화되거나 높아진 부분을 낮춰서 정상상태로 되돌리기 위해 조절하는 작용을 의미하며, 인체의 조절 체계는 대부분 부적피드백으로 이루어짐
  예) 세포외액의 이산화탄소 조절, 체온 상승에 따른 땀 분비 증가, 혈당 유지를 위한 호르몬 조절 등
- **양성피드백**: 신체에 어떤 반응이 일어났을 때 활성화시키는 작용
  예) 출산 시 자궁 수축 활성화 증가

4 골격근과 운동

운동생리학

1 골격근의 구조와 기능

(1) 근육의 구조

① 필라멘트 〈 근원섬유 〈 근섬유 〈 근다발

② 근육은 구조와 기능에 따라 골격근, 심장근, 내장근으로 나뉨

③ 골격근: 수의근(자신의 의지로 움직일 수 있는 근육)이며 가로무늬이기 때문에 횡문근이라 하고, 중추신경계의 지배를 받음

④ 심장근: 불수의근(자신의 의지대로 움직일 수 없는 근육)이며 가로무늬이기 때문에 횡문근이라 하고, 자율신경계의 지배를 받음

⑤ 내장근: 불수의근(자신의 의지대로 움직일 수 없는 근육)이며 가로무늬가 없기 때문에 민무늬근(평활근: 혈관벽, 내장벽)이라 하고, 자율신경계의 지배를 받음

(2) 근섬유(muscle fiber) 및 근원섬유(myofibril)의 구조와 기능

근육은 근섬유로 불리는 세포로 구성되며, 근섬유는 다시 여러 개의 긴 실과 같은 근원섬유로 구성되어 있다. 근원섬유는 수축성 단백질인 액틴(가는 근세사)과 마이오신(굵은 근세사)이라는 단백질 필라멘트로 구성되어 있다.

하나의 근육에는 여러 개의 근섬유가 다발을 이루면서 근속(fascisuli)을 구성한다. 모든 근속은 근육 전체를 싸고 있는 근외막(epimysium)에 의해서 하나로 결합되며, 개개의 근속은 흰 섬유성 결합조직인 근상막(perimysium)에 의해 싸여져 있다. 근내막(endomysium)은 결합조직으로 개개의 근섬유를 싸고 있다. 개개의 근섬유는 근초(sarcolemma)로 불리는 막에 의해서 보호되며 근초는 세포막에 해당하는 구조물이다.

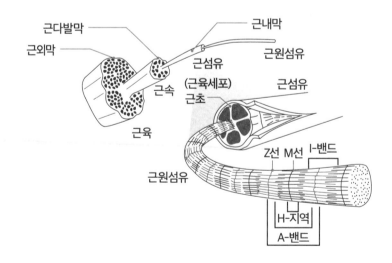

① 한 개의 근섬유는 여러 개의 긴 실과 같은 근원섬유(myofibrils)로 구성됨

② 하나의 근육 세포는 하나의 근섬유를 말하며 다른 세포들처럼 세포막과 미토콘드리아, 리소좀 등과

같은 동일한 세포소기관을 가지고 있으며 많은 핵을 가지고 있음

③ 근섬유 안쪽에는 근섬유(근세포)가 있으며 결합조직인 근내막(endomysium)으로 싸여 있음

④ 각각의 근섬유는 수백 개에서 수천 개의 근원섬유로 이루어지며 이러한 작은 섬유들은 골격근의 기본적인 수축 단위인 근절로 구성되어 있음

⑤ 하나의 근섬유 위에 운동신경이 접합되는 지점을 운동종판이라고 함

⑥ 근섬유에는 미토콘드리아가 많이 분포함

⑦ 근섬유는 우리의 의지에 따라 움직일 수 있음

⑧ 운동선수와 일반인은 근섬유 주위의 모세혈관에 차이가 있음

⑨ 근절(sarcomere): 근원섬유의 기본적인 기능적 단위이며 근수축의 기본 단위

⑩ 근형질세망(sarcoplasmic reticulum): 근수축에 필수적인 칼슘이온(Ca_2^+)을 저장하고 분비하는 근육 세포 내 소기관, 근수축 시 칼슘 방출과 근이완 시 칼슘의 재흡수를 담당

⑪ 근형질(sarcoplasm): 글리코겐과 미오글로빈 저장

⑫ 근초(sarcolemma): 뼈에 부착된 건과 융합

⑬ 가로세관(transverse-tubule): 근섬유의 표면으로부터 내부로 자극이 전달되게끔 함

⑭ 미토콘드리아: 근형질에서 작고 긴 형태로 존재하며 근수축에 필요한 에너지를 공급함

⑮ 위성세포(satellite cell): 근육이 손상되었을 때 재생을 가능하게 함

⑯ 근핵(myonuclear): 근세포 내 존재하는 핵

(3) 근수축 과정

① 안정
- 액틴과 마이오신의 결합이 일어나지 않음
- 근형질 세망에 칼슘이 저장되어 있음

② 자극 결합
- 운동신경의 종말(축삭 종말)로부터 아세틸콜린(ACh) 방출
- 신경자극 발생[근육세포의 활동전위(action potential) 발생]
- 근형질세망(SR)의 근소포체에서 칼슘이온(Ca_2^+) 분비
- 근원섬유에서 근수축을 활성화시킬 수 있도록 칼슘이온(Ca_2^+)이 트로포닌(Troponin)에 부착되어 토로포마이오신을 들어올림
- 액틴과 마이오신이 결합하여 액토마이오신 형성

③ 수축: ATP 분해에 따른 근세사 활주 시작
- ATP가 ATPase에 의해 ADP + Pi로 분해되면서 에너지를 방출
- 방출된 에너지를 이용하여 마이오신이 액틴을 끌어당기면서 근육이 짧아지고 힘 발생

④ 재충전
- ATP가 재합성됨
- 액토마이오신이 액틴과 마이오신으로 분해됨
- 액틴과 마이오신의 재순환

⑤ 이완
- 신경 자극이 중단됨
- 칼슘 펌프에 의해 칼슘이 제거됨
- 안정 시 근육 상태로 돌아감

근수축의 과정은 신경섬유로부터 운동종판을 통해 수축을 위한 자극이 전달되면서 액틴과 미오신이 서로 미끄러져 당기는 활주설이 대표적인 가설이다. 미오신으로부터 빠져나온 연결교가 액틴에 부착되도록 하는 움직임이 일어나고 그 연결교가 급격히 짧아지면서 두 개의 필라멘트가 서로 당겨지게 된다. 많은 근섬유에서 이러한 현상이 동시에 일어나면서 그 힘이 건을 통해서 골격에 전달되어 실제적인 움직임이 가능하게 된다.

근육과 연결된 신경세포로부터의 자극이 근섬유를 싸고 있는 근초를 따라 전달되면서 근섬유의 길이 방향으로 약한 전기방전이 일어난다. 개개의 근섬유에는 근초의 세공을 따라서 함입된 가로세관이 존재하여 근섬유의 표면으로부터 내부로 자극이 전달되게끔 한다. 가로세관은 근섬유에 넓게 퍼져있는 통로가 되는 근형질세망(sarcoplasmic reticulum)과 연결되어 있고 근형질세망의 끝에 위치한 근소포체에는 칼슘이온이 저장되어 있다. 신경자극이 근초, 가로세관 및 근형질세망을 따라서 근소포체에 전달되면 저장되어 있던 칼슘이온이 방출되며 이러한 칼슘이온의 방출은 근 수축 과정이 일어나게 한다.

2 골격근과 운동

(1) 운동 단위(motor unit)
① 한 개의 신경세포와 여러 개의 근섬유로 구성
② 운동신경과 운동신경이 지배하는 모든 근섬유
③ 하나의 운동신경에 의해 지배받는 모든 근섬유
④ 모든 근섬유(250만개)에는 운동신경(40만개)이 분포되어 있으며 하나의 운동신경이 여러 개의 근섬유를 지배함
⑤ 한 개의 운동 단위는 여러 개의 근섬유를 지배할 수 있음
⑥ 속근섬유(25%)는 지근섬유(50%)에 비해 운동단위의 수가 적으며, 하나의 운동단위가 동시에 지근과 속근섬유의 수축에 영향을 미치지 못함
⑦ 운동신경에 연결된 근섬유 수가 많을수록 큰 힘을 내는 데 유리함
⑧ 자극비율(innervation ratio)이 낮은 근육은 정교한 움직임에 적합함

근섬유는 주로 신경세포의 조절에 의해서 지근섬유와 속근섬유의 특성을 나타낸다.
지근섬유는 다소 가는 한 개의 신경세포가 10~180개의 근섬유와 연결되어 있으며, 속근섬유는 보다 굵은 신경세포와 연결되어 있으며 신경세포 한 개당 300~800개의 근섬유가 연결되어 있다. 근섬유의 형태는 수축 속도뿐만이 아니라 근육에서 요구되는 힘의 강도에 따라서 운동신경은 선택적으로 지근섬유 및 속근섬유를 동원시킨다.

(2) 근섬유의 유형
① 지근=적근 Slow Twitch fiber(ST)=Slow Oxidative(SO)
- Type I
- 적색(산소화된 혈액을 더 많이 사용하기 때문에 어두운 불그스름한 색)
- 느린 경련 섬유로 수축 속도가 느리고 늦게 피로해짐(강한 피로 내성)
- 약한 자극에 반응하며, 장거리 달리기와 같은 유산소성 운동에서 가장 활성화됨
- 지근은 속근에 비해 모세혈관의 밀도가 높고, 미토콘드리아 수가 많음
- 낮은 해당 능력
  예) 마라톤

② 속근=백근 Fast Twitch fiber(FT)
- 무색
- 빠른 경련섬유는 강한 자극에 대해 재빠른 반응을 함
- **운동신경세포(뉴런)의 직경이 크며, 높은 무산소 신진 대사 능력을 보임**
- 속근은 지근에 비해 마이오신 ATPase의 활성도가 높고, 피로에 대한 저항성이 낮음
- 근형질세망이 발달되어 칼슘분비가 용이하며 수축속도가 **빠름**
- 폭발적으로 힘을 사용해야 하거나, 뛰고 멈추는 동작과 같이 페이스를 재빨리 바꾸는 스포츠에서 중요
  예) 단거리 달리기, 야구의 도루, 미식축구, 레슬링의 태클
- TypeⅡa
  - Fast Oxidative Glycolytic(FOG) 60~95%의 강도 (중간속근)
  - 빠른 수축 속도, 높은 해당 능력, 약한 피로 내성, 낮은 산화 능력
- TypeⅡb
  - Fast Glycolytic(FG) 95~100%의 강도로 인산체계 사용 (속근)

(3) 근섬유의 동원
① (지근)ST → (중간속근)FTa=FOG → (속근)FTb=FG
② ST → FTa → FTx
③ TypeⅠ섬유 → TypeⅡa섬유 → TypeⅡx섬유
④ 걷기와 같은 저강도 운동 중에는 주로 지근섬유(Type I)가 동원됨
⑤ 달리기와 같은 더 높은 강도의 운동 중에는 추가적으로 속근섬유(Type IIa)가 동원됨
⑥ 전력질주와 같은 최고 강도의 운동 시에는 속근섬유(Type IIx/IIb)가 최종적으로 동원됨

특성	지근 ST(적근) Type I	중간속근 FTa(백근) Type IIa FOG	속근 FTb(백근) Type IIx/IIb FG
수축속도	느림	빠름	아주 빠름
피로에 대한 내성	강함	약함	아주 약함

(4) 근섬유 형태와 경기력
① 마라톤과 같이 지근 섬유의 비율이 높을수록 유리한 종목과 100m 달리기와 같이 속근섬유의 비율이 높을수록 유리한 스포츠 종목이 있으며 이 비율은 선천적인 영향이 큼

(5) 골격근의 수축형태와 기능
- **근력: 근육의 횡단면적에 비례한 최대의 힘**
- **파워=순발력: 최대한 짧은 시간동안 폭발적으로 발휘할 수 있는 근육의 능력(힘×속도)**
- **근지구력: 근육이 일정한 강도에 대해 오랜 시간 반복할 수 있는 능력**
- 특이장력=근력/근횡단면적
- 근파워=힘×수축속도

① 등장성 수축(Isotonic contractions): 관절의 각이 변화하면서 수축하는 형태
- 단축성 수축(concentric contraction)
  - 관절의 각과 근육의 길이가 짧아지며 수축

- 컨센트릭, 포지티브, 동심성, 구심성, 양의 수축이라고도 함
- 속도가 빠를수록 힘의 생성은 작아지고 반대로 수축 속도가 느려질수록 힘의 생성은 커짐
- 동일 골격근에서 단축성 수축은 신장성 수축에 비해 같은 속도에서 더 작은 힘이 생성됨
- 단축성 수축 속도가 동일할 때 속근섬유가 많을수록 큰 힘을 발휘함
    예) 턱걸이 올라갈 때
- 신장성 수축(eccentric contraction)
    - 관절의 각과 근육의 길이가 길어지며 수축
    - 익센트릭, 네가티브, 원심성, 이심성, 음의 수축이라고도 함
    - 신장의 속도를 빠르게 할수록 힘의 생성은 커짐, 수축 속도가 빠를수록 더 큰 힘이 생성됨
    - 빠른 신장성 수축은 느린 신장성 수축에 비해 더 많은 힘을 생성할 수 있음
    - 동일 근육에서의 신장성 수축은 단축성 수축에 비해 같은 속도에서 더 큰 힘이 생성됨
        예) 턱걸이 내려갈 때, 공을 던질 때

성피티 TIP

벤치프레스와 같은 대부분의 웨이트 트레이닝 동작이 등장성 운동에 해당되며, 지연성 근통증은 골격근의 단축성 수축보다 신장성 수축 시 더 쉽게 발생합니다.

② 등척성 수축(Isometric contractions)
- 관절의 각도나 근육의 길이가 변하지 않으며 긴장하는 정적인 형태의 수축
    예) 벽 밀기, 버티기(자세를 유지할 때)
- 부상으로 가동성이 제한되어 있을 때 유용하여 재활 트레이닝에 많이 사용
- 약한 부위의 힘을 키우기에 좋음
- 특정한 자세로 유지해야 하는 스포츠에도 유용함
    예) 웨이크보드, 윈드서핑, 스키
③ 등속성 수축(Isokinetic contractions)
- 일정한 회전 속도를 유지하며 움직임의 모든 범위에서 최대 압력을 발달시키는 수축
- 적용되는 압력에 상관없이 움직임의 모든 범위에서 움직임의 속도가 일정히 유지될 수 있도록 특별한 기구를 필요로 함
- 축구와 같은 스포츠 종목의 선수가 부상에서 회복할 때 유용하며 고가의 재활기구로 일반적인 헬스장에서는 접하기 어려움
④ 플라이오 메트릭(Plyometric contractions)
- Power(순발력)
- 근육을 가능한 짧은 시간에 폭발적으로 최대의 힘에 도달하게 하는 운동
    예) 제자리 점프, 점프 스쿼트, 손뼉 치며 푸시업

(6) 관절 움직임에 따른 운동의 종류와 운동 설명
① 굽힘(굴곡)flexion: 관절각도가 줄어들면서 두 뼈가 가까워짐
② 폄(신전)extension: 관절각도가 늘어나면서 두 뼈가 멀어짐
③ 벌림(외전)abduction: 팔다리가 정중선에서 멀어짐
④ 모음(내전)adduction: 팔다리가 정중선에 가까워짐
⑤ 휘돌림(회선)circumduction: 팔다리가 원추 모양을 그리도록 돌림

⑥ 회전(rotation): 신체 분절을 하나의 축을 중심으로 돌림

⑦ 바깥 돌림(외회전)external rotation: 내 몸의 바깥으로 돌림

⑧ 안쪽 돌림(내회전)internal rotation: 내 몸의 안쪽으로 돌림

⑨ 올림(거상)elevation: 위쪽으로 올리는 운동

⑩ 내림(강하)depression: 아래쪽으로 내리는 운동

⑪ 내밈(전인)protraction: 앞쪽으로 내미는 운동

⑫ 들임(후인)retraction: 뒤쪽으로 끌어당기는 운동

⑬ 발등굽힘(배측 굴곡)dorsi flexion: 발등을 위쪽으로 굽히는 운동

⑭ 발바닥굽힘(저측 굴곡)plantar flexion: 발바닥을 아래쪽으로 굽히는 운동

⑮ 안쪽번짐(내번)inversion: 발바닥이 서로 마주 보도록 안으로 굽히는 운동

⑯ 가쪽번짐(외번)eversion: 발바닥이 서로 가쪽을 향하도록 굽히는 운동

⑰ 뒤침(회외)supination: 아래팔 손등이 위를 보다가 다시 손바닥이 보이게 돌림

⑱ 엎침(회내)pronation: 손바닥이 위를 보다가 손등이 위가 되게 엄지를 안으로 돌림

(7) 운동훈련의 원리

① 과부하의 원리: 운동훈련에 의한 효과는 운동량이 일상생활 수준보다 높을 때 일어나며 운동의 빈도, 강도 또는 지속시간을 증가시킴으로써 늘릴 수 있음

② 점진성의 원리: 운동의 양이나 강도를 점차적으로 늘려가면서 운동하는 것

③ 반복성의 원리: 일시적이 아닌 정기적으로 반복하여 운동의 효과를 높이는 것

④ 개별성의 원리: 개별적인 조건(체력, 건강, 기호, 체형 등)에 따라 운동을 진행하는 것

⑤ 특이성의 원리: 운동의 효과는 운동 중에 사용된 부분에 대해 영향을 미치는 원리, 트레이닝의 효과는 운동에 동원된 근육에서만 발생하며 근력 향상을 위해서는 저항성 트레이닝이 적합함

　　　예) 근육의 발달·근력향상을 위해서는 웨이트 트레이닝(특정운동)은 가슴근육의 발달을 위해서 가슴근육에 대한 운동으로 프로그램을 구성하여 실시, (특정부위) 심폐기능의 향상을 위해서 그 목표에 해당하는 강도를 설정해서 유산소 운동 실시(MHR of 70~80%), 유연성 향상을 위한 스트레칭 실시 등

⑥ 가역성의 원리: 운동을 하다가 중지했을 경우 다시 운동 이전의 상태로 되돌아가는 것

⑦ 의식성의 원리: 운동의 목적이나 목표 훈련 전반에 걸친 과정을 숙지하여 운동효과를 극대화시키는 것

내분비계와 운동

운동생리학

1 내분비계

(1) 호르몬의 특성

① 호르몬은 인체에서 신경계 다음으로 중요한 의사전달 기능을 지니고 있기 때문에 인체의 많은 기능을 조절하고 통합하는 임무를 맡고 있으며 신경계와 함께 외부 자극에 대하여 신속하게 반응하기 때문에 운동 상황에서 중요한 역할을 담당함

② 운동을 실시하게 되면 호흡순환기능과 근육의 변화는 물론 내분비 반응에도 변화를 초래하게 되는데 이는 호르몬이 혈액량 조절뿐만 아니라 에너지 기질의 이동과 분해에도 관여하고 있음을 의미함

(2) 호르몬의 작용

① 췌장에는 랑게르한스 섬(langerhans island)이라는 내분비기관이 있는데 여기에서 분비되는 주 호르몬은 인슐린(insulin)과 글루카곤(glucagon)임

② 인슐린과 글루카곤은 모두 혈당을 조절하며 상호 길항적으로 작용함

③ 인슐린은 혈당 증가 시 세포 안으로 포도당 흡수를 촉진하여 혈당을 낮추는 역할을 하고, 글루카곤은 혈당 저하 시 글리코겐과 중성지방의 분해를 증가시켜 혈당을 높여 주는 역할을 함

④ 인슐린(insulin)

- 췌장의 베타세포에서 분비됨
- 제2형 당뇨(type-2 diabetes)의 주된 원인으로 알려져 있음
- 혈당(혈중 glucose)이 골격근 등 여러 조직 세포의 세포막을 통해 세포 내로 유입되도록 하여 혈당 수준을 낮추는 작용을 하고, 간 및 근육 세포에서 글리코겐의 합성을 촉진함
- 지방조직에서 리파아제(지방분해효소)의 활성을 억제하며, 중성지방으로부터 유리지방산의 동원을 억제함
- 혈당 상승, 혈중 지방산과 아미노산 수준의 상승은 인슐린 분비를 자극하는 요소임
- 인슐린이 부족하면 혈액 내 포도당이 조직으로 유입되지 못하고 혈액에 떠다니며 혈당이 상승하게 되고 신장에서 재흡수되는 수준을 초과하는 혈당은 소변을 통해 배출되는 당뇨병이 발생하게 됨
- 혈액 내에 정상보다 많은 포도당을 조직으로 유입시키며 혈당치를 유지시킴
- 인슐린은 중강도 장시간 운동 시 시간경과에 따라 혈중 농도가 점차 감소하게 됨

⑤ 글루카곤

- 췌장의 알파세포에서 분비됨
- 혈액 속의 포도당의 양을 일정하게 유지시키는 역할을 하며, 혈당량이 낮아지면 췌장에서 혈액으로 분비되고 간에 글리코겐으로 저장된 다당류 분해를 촉진하여 포도당 분자를 혈류로 방출시킴
- 글루카곤은 글리코겐 분해 외에도 지방 분해 및 당신생합성 촉진을 통한 포도당 생성을 유도할 수 있음
- 간에 저장된 글리코겐으로부터 혈중으로 글루코스 방출을 촉진하는 작용을 함

- 지방조직에 저장된 중성지방을 분해하여 지방산을 방출시키도록 하는 효소인 리파제를 활성화 함
- 카테콜라민, 성장 호르몬, 당류부신피질 호르몬 등과 함께 지질분해(lipolysis)호르몬이라고 불림
- 운동 시 혈당 항상성 유지를 위한 내분비계의 기능으로 췌장의 글루카곤 분비를 자극하고 인슐린 분비를 억제함
- 혈중 글루코스 수준을 증가시키는 호르몬은 글루카곤이며, 분비 장소는 췌장 알파세포임
⑥ 뇌하수체 전엽 호르몬: 성장호르몬, 갑상샘 자극호르몬, 부신피질 자극호르몬, 난포자극호르몬, 황체형성호르몬, 프로락틴, 엔돌핀
⑦ 뇌하수체 후엽 호르몬: 항이뇨호르몬(antidiuretic hormone), 옥시토신(oxytoxin)

(3) 내분비선과 호르몬

① 내분비선 중 부신(adrenal gland)은 양쪽 신장의 상부에 붙어 있는 작은 내분비기관으로 부신피질(cortex)과 부신수질(medulla)로 구성되어 있음
② 부신피질
- 뇌하수체 호르몬인 부신피질 자극 호르몬(ACTH)에 의해 자극되어 세 가지 그룹의 호르몬을 분비함
- 당류피질 호르몬(glucocoricoids), 염류피질 호르몬(mineralocorticoids), 성 호르몬(androgen)을 분비함
- 당류피질 호르몬 중에서 95%를 코티졸(cortisol)이 차지하고 있으며, 염류피질 호르몬 중에서 95%를 알도스테론(aldosterone)이 차지하고 있음
③ 부신수질
- 에피네프린(아드레날린) 80%, 노르에피네프린(노르아드레날린) 20% 및 도파민을 합성 분비하는데, 이들 세 호르몬을 카테콜라민(catecholamine)이라고 함
- 카테콜라민: $\alpha 1$ 수용체 결합 시 혈관이 수축됨, $\beta 1$ 수용체 결합 시 심박수·당 분해·지방분해 증가, $\beta 2$ 수용체 결합 시 기관지 및 혈관이 확장됨, $\alpha 2$ 수용체 결합 시 $\beta 1 \cdot \beta 2$ 수용기의 반대작용이 일어남
- 에피네프린과 노르에피네프린은 교감신경 말단에서도 분비되기 때문에 이들 호르몬을 교감신경 부신호르몬(sympatho-adrenal hormone)이라고 함
- 부신수질 호르몬은 교감신경 흥분에 의해 분비가 촉진되며 그중 에피네프린은 심장 기능을 촉진시키는 작용이 강하고, 간 및 근육에서의 당원분해, 혈중으로의 글루코스 방출에 의한 혈당 상승 작용에 기여함
- 노르에피네프린은 혈관 수축 작용에 의해 혈압 상승 작용이 강하며, 동공 확대, 소화액의 분비 억제 및 소화기관의 운동 억제 등의 작용을 함
- 에피네프린과 노르에피네프린은 춥거나 운동할 때, 불안하거나 흥분했을 때 분비되므로 스트레스 호르몬이라고 함
- 이 두 호르몬은 에너지 대사에도 관여하여 지방조직에서 중성지방의 분해를 촉진시켜 유리지방산의 동원을 이끌어내는 기능을 하고 췌장에서 인슐린 분비를 억제하며, 혈액 내의 포도당 농도를 유지하기 위해 간에서는 포도당의 방출을 증가시킴

2 운동과 호르몬 조절

(1) 인체의 호르몬 반응

① 성장호르몬(growth hormone)
- 운동 강도가 높을수록 운동 시간이 길어질수록 분비량이 더 많아짐
- 신체의 발육과 성장 촉진, 세포의 크기와 수를 증가, 단백질 합성, 간의 당 신생, 지방산 동원을 증가시킴

② 코티졸(cortisol)
- 운동 시 혈당 유지를 위하여 유리지방산의 혈액 유입을 촉진함
- 단백질을 분해하여 아미노산 생성을 돕고, 간에서 아미노산을 이용하여 포도당 신생 과정을 촉진하여 혈액으로 포도당 방출을 증가시킴

③ 알도스테론(aldosterone)
- 표적기관은 신장이며, Na+을 재흡수하여 수분 손실을 억제함, 인체 체액량 유지 호르몬으로 운동 시 수분손실에 자극됨, 신장의 세뇨관에서 수분 및 전해질의 재흡수 촉진함
- 혈액 내 Na^+ 농도가 감소하면 신장에서 레닌을 만들고 레닌은 간에서 생성된 안지오텐시노겐과 반응하여 안지오텐신 I 을 생성함
- 안지오텐신 I 은 혈액에서 전환 효소에 의해 안지오텐신 II 로 전환됨
- 안지오텐신 II 는 부신피질에 작용하여 알도스테론의 합성 및 분비를 촉진시킴
- 장시간의 중강도 운동 시 혈장량은 감소하고 알도스테론 분비는 증가함

성피티 TIP

충분한 수분 섭취 없이 장시간 운동 시 체내 수분 재흡수를 위해 레닌-안지오텐신 II 호르몬이 분비되며, 알도스테론의 분비를 조절하는 주요 인자는 레닌-안지오텐신계로서 안지오텐신II가 직접 알도스테론의 분비를 촉진시킵니다.

④ 에피네프린(epinephrine)
- 부신수질에서 분비되어 심혈관계와 호흡계에 영향을 미침
- 노르에피네프린이 역치가 낮기 때문에 최대산소섭취량의 60% 운동 강도에서 운동 시 혈장 노르에피네프린 농도가 에피네프린의 농도보다 더 높게 나타남

⑤ 에스트로겐(estrogen)
- 대표적인 여성 호르몬으로 지방 저장 증가

⑥ 칼시토닌
- 혈장의 칼슘과 인의 농도를 조절하는 작용을 하며 부갑상선호르몬과 길항작용을 함
- 혈중 칼슘 농도가 증가하면 뼈의 칼슘 방출을 감소시킴
- 부갑상선호르몬은 혈중 칼슘 농도가 감소하면 뼈의 칼슘 방출을 증가시킴

⑦ 갑상선자극호르몬(thyroid stimulating hormone)
- 갑상선 호르몬 분비를 자극

> **갑상샘(thyroid gland)**
> - 목 앞의 갑상연골 외측에 좌우로 나비 모양을 하고 있으며 무게는 20~30g
> - 갑상샘 자극 호르몬에 의해 요오드를 함유하고 있는 트리요오드타이로닌과 티록신을 분비함
> - 혈액의 칼슘량을 조절하는 칼시토닌도 분비함
> - 규칙적인 신체활동을 통해 골형성을 자극하거나 활동부족으로 골손실을 자극하는 칼슘(Ca^{2+}) 조절 호르몬의 역할

(2) 일회성 운동 시 호르몬 반응
① 카테콜라민의 혈중 농도는 운동 강도에 비례하여 증가함
② 글루카곤의 혈중 농도는 운동 지속 시간에 비례하여 증가함
③ 코티졸의 혈중 농도는 운동 지속 시간에 비례하여 증가함
④ 인슐린의 혈중 농도는 운동 지속 시간에 비례하여 감소함

내분비선	호르몬	표적기관	주요기능
뇌하수체 전엽	성장 호르몬	모든 세포	인체 조직의 성장 촉진, 탄수화물 대사 억제, 간 조직의 당 신생 과정 자극, 지방조직으로의 당 이동 제한과 지방 동원 자극, 단백질 합성 및 골 성장 자극
	갑상샘자극호르몬	갑상샘	갑상샘으로부터 생산되고 분비되는 티록신과 트리요오드타이로닌의 양 조절
뇌하수체 후엽	항이뇨 호르몬	신장	신장의 수분 배출 조절, 수분 재흡수 증가, 수분손실 감소, 혈관 수축에 의한 혈압 조절
	옥시토신	자궁, 유선	자궁 근육 수축 조절, 유선분비 조절
부신수질	에피네프린	모든 세포	간과 근육의 글리코겐 분해 촉진, 골격근에 분포하는 혈류량 조절, 심박수와 심근의 수축력 증가, 산소소비량 조절, 유리지방산 동원 증가, 조직의 혈중 포도당 사용 억제
	노르에피네프린	모든 세포	혈압 조절을 위한 혈관 수축 조절, 세동맥과 세정맥을 수축시켜 혈압 상승
부신피질	알도스테론	신장	신장에서의 나트륨 및 칼륨 이온 교환 조절, 나트륨($Na+$) 흡수, 수분 손실 억제
	코티졸	모든 조직	탄수화물·지방·단백질 대사 조절, 감염 방지, 혈당량 보존, 당신생, 유리지방산 동원 증가
	안드로겐	모든조직	생식 기능 촉진
췌장	인슐린	모든 조직	혈당 감소(혈중 글루코스 농도 저하), 글루코스 이용률 및 지방 합성 증가
	글루카곤	모든 조직	혈당 증가(혈중 글루코스 농도 증가), 단백질 및 지방분해 증가
신장	레닌	부신피질	혈압조절, 알도스테론 분비 조절
	에리스로포이에틴	뼈의 골수	적혈구 생산을 촉진시킴
갑상선	티록신	모든조직	신진대사율 증가
	칼시토닌	뼈	뼈에서 칼슘 흡수를 촉진, 혈액 내 칼슘 농도를 낮게 조절

호흡·순환계와 운동

운동생리학

1 호흡계의 구조와 기능

(1) 호흡계의 구조
① 호흡기: 비강에서 시작하여 인두, 후두, 기관, 기관지 및 폐로 이어지는 통로에 의해서 구성
② 호흡: 운동 시 가장 기본적으로 요구되는 산소공급과 이산화탄소 배출을 위한 과정
③ 호흡계통의 이동경로 순서: 기관 – 기관지 – 세기관지 – 허파꽈리

(2) 호흡계의 기능
① 기관지는 보통 23번까지 나누어지는데 1~16번까지의 기관지(전도영역)들은 공기의 통로 역할만 하고 그 이후의 나누어진 17~23번까지의 기관지(호흡영역)들은 호흡가스 교환이 일어남
② 운동 중 호흡계 전도영역의 기능: 호흡하는 공기에 습기를 제공하고 공기를 여과하는 역할을 함
③ 호흡한 공기를 정화하고 공기의 온도와 습도를 조절하며, 호흡을 통해 산소와 이산화탄소에 대한 가스 교환을 하는 것으로 4가지 단계로 수행됨

(3) 폐환기, 외호흡, 호흡가스 운반, 내호흡의 4가지 단계
① 폐환기
  • 외부 공기와 폐의 가스교환으로 일반적인 호흡(breathing)을 말함
② 외호흡(폐호흡)
  • 폐포와 모세혈관의 산소 및 이산화탄소의 교환
  • 대기와 폐포 사이의 기체 교환으로 인체 에너지대사를 뒷받침함
  • 혈액에 산소를 공급하고 대기로 이산화탄소를 배출하는 과정
  • 호흡기관과 모세혈관 사이에서의 가스 교환
  • 폐에서의 가스 교환으로 폐조직을 둘러싸고 있는 모세혈관을 통해서 폐의 가스와 혈액 간의 가스가 교환되는 것
③ 호흡가스 운반: 외호흡과 내호흡 사이에 혈액을 통한 산소 및 이산화탄소의 운반
④ 내호흡(조직호흡)
  • 조직세포와 모세혈관 사이에서의 가스 교환
  • 혈액과 조직세포의 산소 및 이산화탄소의 교환(기체교환)
  • 혈액과 조직세포 사이의 기체교환
  • 세포에 산소를 공급하고 혈액으로 이산화탄소를 배출하는 과정
  • 신체조직과 혈액 간의 이산화탄소 및 산소 교환이 이루어지는 것
  • 근육 및 신체조직에서 이루어지며 세포호흡이라고도 함

(4) 호흡역학
① 공기는 압력이 높은 곳에서 낮은 곳으로 이동함
② 흡기 작용

- 숨을 들이마시려면 폐내압을 대기압보다 낮게 해야 함
- 폐 내부 압력이 외부 대기압보다 낮아지게 되어 외부 공기가 폐 내부로 들어올 수 있게 됨
- 폐내 압력이 대기압보다 낮아지면서 흡기(inspiration)가 일어남
- 외늑간근의 수축으로 인해 늑골과 흉골이 상방으로 들어 올려지고 횡격막이 수축하면서 복부 쪽으로 평평해지기 때문에 폐가 좌우 외측과 상방으로 확장됨
- 안정 시 흡기는 흡기에 동원되는 호흡근(respiratory muscles)의 능동적인 수축으로 일어남
- 안정 시에 흡기를 할 때 주로 사용되는 근육은 외늑간근(external intercostal muscle)과 횡격막(diaphragm)임
- 운동 시에 흡기를 할 때는 외늑간근과 횡격막은 물론이고 사각근(scalane), 흉쇄유돌근(sternocleidomastoid)이 추가로 동원됨

③ 호기 작용
- 숨을 내쉬려면 폐내압을 대기압보다 높게 해야 함
- 안정 시 호기(expiration)는 흡기 시 수축했던 호흡근이 이완되면서 수동적으로 일어남
- 횡격막과 외늑간근은 이완되고 흉강은 원래의 크기로 돌아감
- 흉강의 내압이 증가하고 공기가 폐에서 대기로 나가게 됨
- 운동 시에는 호기 작용이 능동적으로 이루어짐
- 운동 시 호기 작용은 복근의 수축에 의해 아래 늑골들을 압박함으로써 복압이 상승하여 횡격막을 흉강 방향으로 들어 올리게 됨
- 운동 시에 호기할 때는 복직근(rectus abdominis), 내복사근(internal oblique), 횡격막(diaphragm)이 함께 작용함

④ 호흡활동
- 횡격막이 수축하여 가슴 안(흉강)이 확장됨
- 허파 쪽 가슴막(장측늑막)과 벽쪽가슴막(벽측늑막)이 서로 밀착하여 흉강이 확장됨
- 흉강의 확장에 의해 허파꽈리(폐포)의 내압이 감소함
- 늑간근은 늑골의 회선 및 거상을 일으켜 가슴 안(흉강)의 증가를 유도하게 됨

(5) 호흡계의 작용
① 분당 환기량: 1분 동안 흡기와 호기되는 공기의 양 = 1회 호흡량 × 분당 호흡수
② 폐포 환기량: 폐포에 들어가서 가스교환에 참여한 실제 공기의 양 = (1회 호흡량-사강량) × 호흡수
③ 안정 시 폐용적과 폐용량의 개념
- 폐용적은 용적과 용량으로 구분되며, 두 가지 이상의 용적을 합해서 용량이라고 함

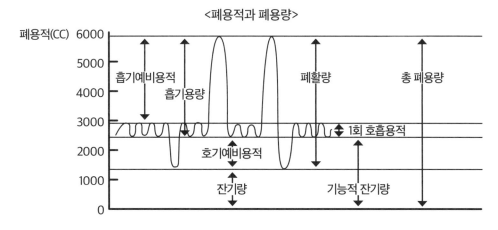

<폐용적과 폐용량>

- 폐용적의 구성
  - 1회 호흡량(Tidal Volume): 안정 시 1회 호흡하는 동안 들이마시거나 내쉬는 공기의 양
  - 흡기예비용적(Inspiratory Reserve Volume): 호흡용적만큼 호흡을 1회 들이마신 후에 추가로 더 들이쉴 수 있는 최대 공기의 양
  - 호기예비용적(Expiratory Reserve Volume): 호흡용적만큼 호흡을 1회 내쉰 후에 추가로 더 내쉴 수 있는 최대 공기의 양
  - 잔기량(Residual Volume): 호흡을 통해 폐 내의 공기를 내보낸 후에도 폐에 잔류하는 공기의 양
- 폐용량의 구성
  - 흡기용량(Inspiratory Capacity): 정상적인 호흡에서 최대한 흡입할 수 있는 양
  - 기능적 잔기량(Functional Residual Capacity): 안정 시 호기 후 폐의 잔기량
  - 폐활량(Vital Capacity): 최대 흡기 후 최대 호기량
  - 총 폐용적, 총 폐용량(Total Lung Capacity): 최대 흡기 시 폐내 총 가스량 또는 폐활량과 잔기량의 합으로 결정됨
- 운동 시에는 1회 호흡량의 증가가 일어나 분당 환기량의 증가에 영향을 주고, 상대적으로 잔기량 및 기능적 잔기량이 감소하게 됨, 또한 허파 혈류량의 증가로 허파 모세혈관을 흐르는 혈액량이 증가하여 공기가 들어갈 수 있는 기체 부피가 감소하기 때문에 총 폐용량과 폐활량이 약간 감소함

③ 호흡 교환율(Respiratory Exchange Ratio: RER)
- RER은 호흡 중 이산화탄소 생성량과 산소 소비량의 비율에 의해 결정됨
- 이산화탄소 생성량 / 산소소비량
- 허파에서 이루어지는 산소와 이산화탄소의 교환비율
- 운동 시 탄수화물과 지방의 연료 이용을 확인할 수 있음
- 호흡지수(respiratory quotient, RQ) 혹은 비단백질 호흡률(nonprotein)이라고도 함
- 지방산인 팔미틱산(palmitic acid)을 100% 사용할 때 RER은 0.7 정도임
- 운동의 강도가 올라가면 RER은 증가함
- 호흡교환율이 1이상이면
  - 이산화탄소 생성량이 산소 소비량보다 많은 단시간 고강도 운동임
  - 주 에너지 대사연료로 탄수화물을 사용하고 있음
  - 지방은 에너지 생성 대사에 거의 사용되지 않고 있음
  - 혈중 젖산 농도가 안정 시보다 높음

2 운동에 대한 호흡계의 반응과 적응

(1) 유산소 운동 중 호흡계의 환기량 증가 요인
① 운동 시 환기량은 운동 강도가 증가함에 따라 비례하여 증가하다가 특정 수준에서 운동 강도에 비례하지 않고 급격히 증가하게 되는데 이것은 그 시점의 운동 강도에서 이산화탄소 생성량이 급격히 증가했기 때문이며 이때 산소 소비량은 운동강도에 비례해서 증가하게 됨
② 분당 환기량과 이산화탄소 생성량이 급격히 증가하는 시점의 운동 강도를 무산소성 역치라고 하며 유산소 운동 능력을 나타내는 지표로 사용됨

③ 근육 내 화학적 수용체는 칼륨(K+)과 수소(H+)의 농도 증가에 따라 환기량 증가를 자극함

④ 근방추나 골지힘줄기관의 구심성 신경자극 증가는 환기량 증가를 자극함

⑤ 사용된 근육의 운동단위 증가는 환기량 증가를 자극함

⑥ 운동 시작 직전에는 운동 수행에 대한 기대감이 환기량 증가를 자극함

(2) 운동 시 혈액에서의 중요한 변화

① 동정맥산소차가 증가하여 활동근에 더 많은 산소가 공급될 수 있음

② 체액의 손실에 따른 혈장의 손실

③ 산소섭취능력을 증가시키기 위해서는 혈류의 순환, 즉 심박출량을 증가시키고 혈액에 의해 운반된 산소를 더 많이 추출하여 이용(동정맥산소차의 증가)

(3) 운동 시 동정맥산소차

① 동정맥산소차는 근육 세포의 산소 소비량에 비례함

② 고강도 운동은 동정맥산소차를 증가시킴

③ 골격근의 모세혈관 분포의 증가는 동정맥산소차를 증가시킴

④ 동정맥산소차의 증가는 지구력을 증가시킴

(4) 발살바 메뉴버(Valsalva maneuver)

① 운동 중 순간적인 호흡 멈춤에 의해 복부 근육의 의도적인 수축이 일어나면서 복강 내의 압력이 증가하고, 횡격막 및 이차호흡근의 의도적인 수축에 의해서 흉강내의 압력이 증가하여 기도가 닫히면서 공기가 폐 속에 갇히게 되는 것

② 이러한 호흡법은 흉강 및 복강 내의 압력이 증가하여 대정맥의 혈류 이동이 제한되어 정맥혈 환류가 어렵게 되기 때문에 고혈압 및 심장병 환자는 주의해야 함

③ 분당 산소섭취량을 결정하는 요인: 1회 박출량, 동정맥산소차, 심박수

3 순환계의 구조와 기능

(1) 심장

① 심장은 300g정도이며 흉강의 중앙에 위치하며 늑골에 의해 보호받고 있음

② 양쪽 옆으로는 폐가 위치해 있고 아래쪽으로는 횡격막이 있음

③ 순환계의 중심기관으로서 펌프작용을 통해 혈액 순환의 원동력을 제공하며 아래쪽에 매우 두꺼운 벽으로 구성된 두 개의 심실(좌심실, 우심실)과 위쪽에 매끄럽고 얇은 벽으로 구성된 두 개의 심방(좌심방, 우심방)으로 구성

④ 심장은 중앙 벽에 해당하는 심실사이막(심실중격)에 의해 좌우로 절반씩 나뉨

⑤ 심방과 심실은 방실판막(atrioventricular valve: AV valve)이라는 한방향 판막으로 연결되어 혈액이 심방에서 심실로 한쪽 방향으로만 흐르게 함

⑥ 심장벽은 심장속막, 심장근육층, 심장바깥막의 3개 층으로 구성

⑦ 심장의 외부는 섬유심장막이라는 두꺼운 두 겹의 섬유주머니가 둘러싸고 있음

⑧ 섬유심장막과 심장바깥막 사이의 공간을 심장막 공간이라고 하는데 여기에는 심장막액이 들어 있기 때문에 심장이 마찰 없이 섬유심장막 속에서 수축 운동을 할 수 있음

⑨ 혈액을 한 방향으로만 흐르게 하고, 혈액의 역류를 방지하기 위해 네 개의 판막이 있음
- 삼첨판: 우심방과 우심실 사이에 끝이 뾰족한 세 개의 판으로 되어 있음
- 승모판(이첨판): 좌심방과 좌심실 사이에 반월모양의 두 개의 판으로 되어 있음
- 폐동맥판: 폐동맥과 우심실 사이에 있음
- 대동맥판: 대동맥과 좌심실 사이에 있음
⑩ 심실중격: 좌·우심실 간 혈액의 혼합을 방지함
⑪ 심장 자극 전도체계 순서
- 동방결절(SA node) - 방실결절(AV node) - 방실다발=방실속=히스속(AV bundle) - 방실다발 갈래(bundle branch) - 퍼킨제섬유(Purkinje fibers)
- 자율신경계의 지배를 받는 우심방 후벽에 위치한 심장 박동 조율기인 동방결절(Pace-maker)에서 자극이 발생하면 우심방의 벽을 따라 전도되어 좌우 심방 전체를 흥분시키며, 심방이 먼저 수축하여 혈액을 심실로 보내게 되고 전기적 신호는 우심방과 우심실이 접한 부위의 방실결절에 전달됨
- 방실결절은 자극을 심방으로부터 심실로 전달함
- 자극이 방실결절을 통과할 때 약 0.13초 정도의 시간이 걸림
- 이러한 늦은 전도는 심실이 수축되기 전에 심실에 혈액이 충분히 준비될 수 있게 해줌
- 방실결절의 전도 속도 증가는 심실의 혈액이 충분하지 못하도록 감소시키고 1회 박출량 및 심박출량을 감소시키는 원인임
- 방실결절로부터 방실다발, 그리고 심실벽에 분포한 퍼킨제 섬유로 확산됨
- 동방결절: 맥박조정자(pacemaker)의 역할을 담당
- 방실결절: 우심방과 우심실이 접한 부위에 위치하며 심방에서 심실로 오는 전기충격 전도의 속도를 느리게 하여, 심실의 활성화와 수축 사이에 지연을 둠
⑫ 폐순환
- 심장과 폐 사이의 혈액순환(폐포 내에서 산소와 이산화탄소의 교환)
- 정맥혈이 우심실로부터 폐로 운반되고 폐를 거친 동맥혈이 좌심방으로 돌아오는 순환 과정
- 우심실 → 폐동맥 → 폐 → 폐정맥 → 좌심방
⑬ 체순환
- 온몸에 혈액을 순환하는 과정
- 인체의 모든 조직에 산소 전달, 이산화탄소와 노폐물을 받아서 정맥 환류
- 동맥혈이 좌심실로부터 동맥을 거쳐 근육 등 다른 조직의 모세혈관을 지나오면서 정맥혈로 전환되고 이 정맥혈이 정맥을 통해 우심방으로 돌아오는 순환 과정
- 좌심실 → 동맥 → 모세혈관 → 정맥 → 우심방
⑭ 심근산소소비량
- 운동으로 인한 심장발작을 모니터하기 위한 수단으로 측정함
- 운동 강도에 비례하여 증가함
- 심박수와 수축기 혈압을 곱하여 산출함
- 산소섭취량이 동일한 운동 시 다리 운동이 팔 운동에 비해 심근 산소소비량이 더 낮게 나타남

(2) 심전도(ECG)
① 심전도
- 심장의 전기적 활성도

- 심근의 탈분극은 순서를 가지고 이루어짐
- 심방은 심실보다 먼저 탈분극되고 심실이 순차적으로 탈분극 됨
- 심방은 심실이 탈분극되는 동안 재분극 되며 심실은 순차적으로 재분극 됨

② 심전도에서 중요하게 나타나는 파형과 특징
- P파: 심장흥분 전파기 (0.06~0.10초)
  - 심방의 탈분극 시에 나타나며 P파의 지속시간은 심방을 통하는 전도시간과 연관되어 있음
  - 심방을 통한 전도속도가 감소하면 P파는 넓어짐
- PR간격(interval): 방실흥분 전달 시간 (0.12~0.20초)
  - 심방의 탈분극부터 심실의 탈분극 전까지 걸리는 시간임
  - 고로 PR간격은 P파와 PR간격을 포함하고 있음
  - 정상 PR간격은 약 160msec으로 방실결절을 통한 전도 속도의 증가는 PR간격을 감소시키며, 방실결절을 통한 전도 속도의 감소는 PR간격을 증가시킴
- QRS복합파(complex): 심실흥분 전파기 (0.06~0.08초)
  - 3개의 파형(Q파, R파, S파)으로 구성
  - 심실에서의 탈분극을 의미함
  - 심박수는 QRS복합파(혹은 R파)의 숫자를 더함으로써 측정할 수 있음
- T파: 심실흥분 회복기
  - 심실에서의 재분극을 의미함
- QT간격(interval): 전기적 심실수축 시간 (0.30~0.45초)
  - QRS군, ST분절, T파형을 포함하며 최초 심실 탈분극에서 마지막 심실 탈분극까지를 의미함
- ST분절: 전기적 등위성
  - 심실의 활동전위에서 QT간격의 기준선

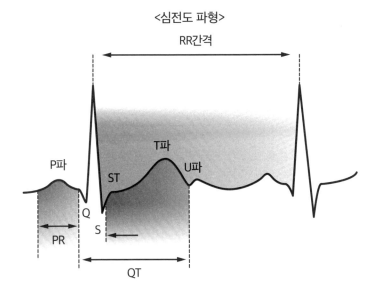

<심전도 파형>

(3) 혈관
- **혈액이 이동하는 통로를 말하며 혈관벽은 민무늬로 구성**
- 혈관의 직경 크기 순서: 대동맥 > 소동맥 > 세동맥 > 모세혈관
- **혈압감소 순서: 대동맥-세동맥-모세혈관-정맥-대정맥**

① 동맥(arteries)
- 심장에서 혈액을 세동맥으로 운반하는 통로
- 심장에서 조직으로 혈액을 수송하는 역할을 하는 관으로 세 개의 층(외막, 중막, 내막)으로 구성됨
- 수축기의 압력을 견딜 수 있도록 중막층이 발달되어 정맥보다 두꺼우며 탄력성과 신축성이 좋음

② 세동맥(arterioles)
- 세동맥으로부터 혈액은 모세혈관으로 이동
- 혈액순환 시 혈압의 감소가 가장 크게 발생하는 혈관
- 평균동맥혈압은 세동맥에서 약 70~80% 감소함

③ 모세혈관(capillaries)
- 내피세포로 이루어진 내막만 갖고 있기 때문에 벽의 두께는 세포벽 하나와 같으며 가장 가는 혈관임
- 혈관과 조직 사이에서 산소, 영양분, 호르몬, 이산화탄소와 노폐물을 운반함
- 단백질과 적혈구를 제외한 모든 액체 성분들을 확산과 여과에 의해 통과시킴
- 조직에서 필요로 하는 산소와 영양분을 공급하게 하거나 조직에서 만들어진 불필요한 노폐물들을 모세혈관으로 이동시킴

④ 세정맥(venules)
- 모세혈관을 떠난 혈액은 세정맥으로 들어와 더 큰 혈관인 정맥을 따라 심장으로 돌아옴

⑤ 정맥(veins)
- 조직에서 심장으로 되돌아오는 혈액을 수송하는 역할을 하는 관으로 동맥보다 두께가 얇고 세 개의 층(외막, 중막, 내막)으로 구성됨
- 압력이 낮기 때문에 중막이 덜 발달되어 있으며 혈액량이 줄어들면 쉽게 위축됨
- 순환 혈액의 역류를 방지하는 정맥판막이 있음

⑥ 관상동맥(coronary artery)
- 혈액을 통해 심근에 산소와 영양분을 공급하는 좌우 두 줄기의 동맥

⑦ 폐동맥(pulmonary artery)
- 심장에서 폐로 정맥혈을 보내는 혈관

⑧ 하대동맥
- 폐에서 상대동맥을 거쳐 아래쪽으로 흐르는 대동맥

(4) 혈액순환

① 인간은 직립자세로 많은 시간을 보내기 때문에 다리 부위의 혈액이 중력을 이기고 심장으로 되돌아오기 위해서는 심장혈관계통의 보조 작용이 필요함
② 운동 중 정맥혈 회귀(venous return)를 조절하는 요인
- 호흡 펌프(breathing pump), 근육 펌프(muscle pump), 판막(valves) 및 정맥 수축

(5) 혈액

① 훈련에 의해 총 혈액량과 헤모글로빈량은 증가함
② 체중의 약 8%를 차지하고 있으며 세포 성분이 전체 혈액의 45%, 액체 성분은 혈장(단백질, 무기염류)으로 55%를 차지
③ 기능: 영양소 운반 및 저장, 면역, 체온 조절, 호르몬 운반, 노폐물 운반 등을 담당
④ 혈액세포의 대부분은 적혈구(99%)가 차지하고 있으며, 백혈구와 혈소판으로 구성

⑤ 혈액 내 이산화탄소의 운반형태 세 가지
- 70%: 중탄산염(HCO_3-) 형태
- 20%: 헤모글로빈과 결합하여 카르바미노헤모글로빈 형태
- 10%: 혈장 내 용해 상태

4 운동에 대한 순환계의 반응과 적응

(1) 1회 박출량, 심박수, 심박출량의 반응
① 1회 박출량(stroke volume)
- 심실에 채워진 혈액량과 심실이 수축하여 혈액을 내보내고 심실 내에 남아 있는 혈액량의 차이
- 심실이 수축할 때 배출되는 혈액의 양
- 확장기말 혈액량(EDV)과 수축기말 혈액량(ESV)의 차이
- 심실이완기말 혈액량, 평균 폐동맥 및 대동맥혈압, 심실수축력 등에 의해 조절
- 확장기말 용적(end-diastolic volume)에서 수축기말 용적(end-systolic volume)을 뺀 값
  - 수축기말 용적은 심실수축력과 심장이 혈액을 뿜어내는 압력에 의해 좌우됨
- 1회 박출량을 결정하는 3가지 변인: 심실에서 채워지는 혈액량, 심실수축력, 대동맥 및 폐동맥의 평균압력
- 1회 박출량 증가 요인: 심실 이완기말 혈액량(EDV) 증가, 심실 수축력 증가, 평균 동맥혈압(MAP) 감소
- 심장으로 돌아오는 정맥혈 회귀(venous return)가 감소하면 1회 박출량은 감소함
- 지구성 트레이닝 후 1회 박출량(stroke volume) 증가에 기여하는 요인
  - 동일한 절대 강도 운동 시 확장기(diastolic) 혈액 충만 시간 증가
  - 동일한 절대 강도 운동 시 심박수 감소
  - 호흡펌프작용에 의한 정맥회귀(venous return) 증가
  - 골격근 수축에 의한 근육펌프작용 증가
  - 교감신경 자극에 의한 심근 수축력 증가
② 심박수
- 1분당 심장이 수축한 횟수
- 심박수 증가에 영향을 주는 요인으로는 운동 강도의 증가, 체온상승, 혈액 내 산소압의 감소 및 탄산가스압의 증가, 혈액 내 PH농도 감소, 젖산증가, 환경변화 등이 있음
③ 심박출량(cardiac output)
- 1분당 심장에서 박출되는 총 혈액량
- 정맥회귀(venous return)량은 심박출량에 영향을 줌
- 심박수(HR) × 1회 박출량(SV)

성피티 TIP

일반인에 비해 지구성 운동선수의 경우는 심실강과 심근층의 크기와 두께 증가로 심장 수축력이 강해지며, 교감 신경자극이 감소하고 부교감 신경자극이 증가하여 안정 시 심박수가 낮지만 1회 박출량이 커져 심박출량도 커지게 되는 심장기능이 우수한 스포츠 심장이 됩니다. 보디빌더 같은 비지구성 운동선수의 경우는 심장의 크기가 크더라도 1회 박출량은 일반인과 비슷합니다.

(2) 혈압의 반응

① 혈압을 상승시키는 요인

- 혈액량 증가
- 혈관저항 증가
- 1회 박출량 증가
- 심박출량 증가
- 말초혈관저항 증가
- 혈관의 탄력성 감소
- 혈액의 점성 증가

(3) 운동과 순환계의 적응

① 심혈관계의 주 기능

- 혈액 운송(delivery), 탄산가스 제거(removal), 호르몬 운반(transport), 체온 및 체내 PH 유지 (maintenance), 세균감염 방어(prevention)
- 순환계는 혈액 운반작용에 의하여 산소와 영양소의 공급, CO_2와 대사노폐물의 제거, 체온조절 및 산-염기(PH)평형의 조절, 호르몬을 분비샘에서 목표수용체로 운반, 체액유지, 질병에 대한 저항력 촉진 등 생존에 필수적인 기능을 수행함
- 산소 운반, 체액균형 조절, 대사노폐물 제거

② 젊은 성인의 스포츠심장

- 심장의 이완기 연장, 안정 시 심박수의 감소, 최대심박출량의 증가

성피티 TIP

폐용적과 폐용량, 폐환기량, 폐확산, 동정맥 산소차와 환기효율, 동적 폐기능은 운동에 의해 호흡계에서 이루어지는 적응은 운동 강도가 낮으면 그 효과가 미비하거나 변화가 없지만 운동 강도가 높을 때 비로소 증가 현상이 뚜렷하게 나타납니다.

대사당량(METs)

- 휴식하고 있을 때 필요한 에너지나 몸에서 필요로 하는 산소의 양
- 1MET는 휴식상태에서 체중 1kg당 1분 동안 사용하는 산소량으로 1MET=3.5ml/min/kg
- 유산소 운동 시 안전한 운동강도 설정 지표로 활용됨
- 안정 시 MET값은 연령에 따라 평균적으로 일정함
- MET의 강도
  - 저강도: 1.1~2.9METs
  - 중강도: 3.0~6.0METs
  - 고강도: 6.0METs 이상

  예) 체중이 80kg인 사람이 10METs로 10분간 달리기 했을 때 소비 칼로리는? (단, $1MET=3.5m\ell\cdot kg^{-1}\cdot min^{-1}$, O_2 1L 당 5Kcal 생성)

  운동시 에너지 소비칼로리는 안정 시 산소섭취량의 곱으로 구할 수 있다.

  80Kg×10METs×3.5ml×10min=28,000ml

  총산소섭취량을 소비칼로리로 바꾸면 => 28l×5Kcal=140Kcal

7 환경과 운동

운동생리학

◼ 체온 조절과 운동

(1) 체온 조절 기전
① 정상체온은 ±37°
② 격렬한 운동으로 증가된 체온은 주로 땀의 증발을 통해 조절됨
③ 체온 조절은 뇌의 시상하부가 담당
④ 체온 증가에는 시상하부 전엽이 반응하여 피부 혈관 확장 및 발한과 증발을 자극함
⑤ 체온 감소에는 시상하부 후엽이 반응하여 피부 혈관 수축 및 떨림을 자극함

(2) 고온 환경과 운동
① 피부혈관 내에서 혈관 확장이 일어나며, 피부에서 더 많은 열이 손실될 수 있게 함
② 땀샘은 증발 작용으로 체열 상실을 위해 더 활발해짐
③ 고온 환경에서 운동을 할 경우 땀의 배출로 인한 수분과 전해질의 손실로 인해 혈액의 농도가 점점 진해지게 되며, 체온 유지를 위해 피부의 순환과 발한율이 증가함
④ 혈장량의 감소에 따른 체액 손실과 체온조절 기능의 저하로 열 질환을 초래하여 유산소성 운동능력의 저하를 가져옴
⑤ 이렇게 체내의 수분이 빠져나가면서 체온 조절에 대한 부담과 이상이 생길 수 있기 때문에 충분한 수분을 섭취하는 것이 중요함
⑥ 고온 환경에서 운동 시 생리적 반응
   - 교감신경계 자극 증가
   - 심박수 증가
   - 심부온도 증가
   - 땀분비 증가
   - 피부 혈관의 혈류량 증가
   - 1회 박출량 감소
⑦ 고온 환경의 장시간 최대하 운동 시 운동수행능력을 저하시키는 요인
   - 글리코겐 고갈 가속
   - 근혈류량 감소
   - 운동단위 활성 감소
⑧ 장기간 신체활동을 고온 환경에서 행할 경우 얻게 되는 열순응
   - 발한시점 조기화
   - 발한율 증가
   - 혈장량 감소
⑨ 운동 시 탈수현상을 예방하기 위한 지침서
   - 운동 전(약 3시간 전)에 400-800ml 수분 섭취
   - 운동 중 15-20분 간격으로 150-300ml 수분 섭취

- 운동 후 충분한 수분 보충

(3) 고온환경에서의 운동 시 건강위험 및 고려사항

① 열경련(heat cramp)
- 고온환경에서 운동 후 과다한 발한작용으로 인한 무기질 손실과 탈수가 원인으로 열 관련 가장 가벼운 손상이며 골격근의 심한 경련이 주로 팔, 다리, 복부에서 일어남

② 열탈진(heat exhaustion)
- 운동 중 발한 작용에 의한 과다한 수분 상실과 무기질 상실로 혈액량이 감소될 때 주로 발생
- 고온환경의 운동 중 심박수의 증가, 직립 자세에서의 혈압 저하, 극도의 피로, 혼란, 혼미, 무력증, 현기증, 두통, 구토 등의 증상을 보임
- 심한 탈수 현상으로 심혈관계가 인체의 요구에 적절히 대처하지 못함
- 심부체온 40℃ 미만
- 쇼크 방지를 위해 서늘한 장소에서 발을 높게 하여 휴식권장
- 의식이 있다면 소량의 소금이 함유된 음료섭취 권장

③ 열사병(heat stroke)
- 체온이 지나치게 증가하여 체온조절 기전이 일어나지 못하는 상태
- 생명을 위협하는 열 손상으로 응급처치를 요함
- 체온조절 기능을 상실하면서 땀이 멎고 피부가 건조해지며, 체온이 위험수준(40℃ 이상)을 초과하게 되어 순환계에 큰 부담을 줌
- 증상: 현기증, 구토

④ 저나트륨혈증(hyponatremia)
- 혈액 내 나트륨 이온이 부족한 상태로 피로, 경련, 발작, 구역질, 구토, 두통, 단기 기억 상실증의 증상을 보임

⑤ 열순응(heat acclimatization)
- 열 내성을 증가시키는 생리적인 적응현상으로 고온환경에서 5~8일간의 점증적 운동 훈련 시 순환계, 체온 조절계의 기능이 개선되어 나타나는 현상

(4) 저온 환경과 운동

① 열손실을 막기 위해서 피부혈관 수축이 일어나며, 주위 환경으로는 더 적은 열이 손실되게 함
② 골격근의 활동이 활발해지고, 대사 증진 체열을 생성하게 함
③ 저온 환경에서 운동을 하게 되면 체온 조절을 위해 심박수 감소로 인한 심박출량의 감소, 그에 대한 보상작용으로 1회 박출량의 증가, 말초혈관의 수축, 땀샘의 땀 분비 감소, 골격근 떨림(shivering) 증가, 혈장량 증가, 호르몬의 증가와 같은 반응을 일으킴
④ 추위에 노출되면 말초혈관이 수축하여 말초로의 혈행을 감소시키고 몸의 중심부와 피부 간의 대류에 의한 열손실을 효과적으로 감소시킴
⑤ 저온 환경에서 순발력 저하의 원인
- 근육 온도의 저하로 인해 근육 세포 내 수분의 점도 증가
- 근육 세포 내 ATP합성을 위한 화학반응의 속도 감소
- 근육 내 화학반응속도 감소로 인해 최대근육수축의 도달 시간 증가
- 교차 결합과 액틴의 움직임에 대한 물리적 저항 증대
⑥ 저온 환경에서 장기간 훈련 시 나타나는 순응

- 안정 시 대사율의 증가, 떨림 반응의 감소, 피부혈류의 증가
- 열 발생을 위한 근 떨림이 시작되는 평균 피부 온도가 낮아짐
- 저온 환경에서의 수면의 질이 개선됨
- 저온 환경에 노출될 때 손과 발의 평균 온도가 높아짐

⑦ 수중 운동 시 체온유지를 위한 요인: 체지방량, 운동 강도, 물의 온도

(5) 열 생성과 열 손실

① 증발(evaporation)
- 운동 중 열 발산을 위한 일차적 방법이며 땀이 증발하면서 열이 제거되는 것
- 운동 중 체온이 정상 수준 이상으로 올라가게 되면 신경계가 땀샘을 자극하여 피부에 땀을 분비시키고 땀이 증발할 때 피부온도를 빼앗아 낮아지는 것임
- 증발은 피부로부터 공기 중으로 물 분자가 확산되는 현상이므로 습도가 높은 더운 날에는 증발이 잘 이루어지지 않음
- 피부의 땀이나 호흡을 통하여 체열을 손실시킴
- 실내 트레드밀 달리기 중 열손실의 가장 주된 기전임
- 대기조건(습도, 온도)과 노출된 피부 표면적의 영향을 받음

② 복사(radiation)
- 피부와 외부 물체의 온도차가 클수록 복사에 의한 열 교환이 활발하게 이루어지며 복사열은 구름이 없는 오후 12~4시 사이가 태양에 의한 복사열 때문에 가장 높음
- 한 물체의 표면으로부터 다른 물체의 표면으로까지의 물리적 접촉이 없이 열이 전달되는 것으로 복사에 의한 열 손실이나 열 축적은 사람의 피부와 환경 사이의 온도 차에 의해 이루어짐

③ 대류(convection)
- 공기가 신체 부위를 맴돌며 피부와의 접촉으로 뜨거워진 공기 분자는 다른 곳으로 이동함, 열이 한 장소에서 다른 장소로 이동되는 것
  예) 수영할 때 차가운 물 속에서의 피부온도보다 물 밖으로 나왔을 때 대류에 의한 열 손실이 발생

④ 전도(conduction)
- 서로 온도 차가 있는 두 물체의 표면이 접촉할 때 발생하며, 두 물체 사이의 온도 차가 클수록 뜨거운 쪽에서 차가운 쪽으로 열이 손실됨
- 직접적인 분자 접촉을 통한 한 물질에서 다른 물질로 열이 이동하는 것으로 지방은 근육에 비해 열을 잘 전도하지 않음
- 비만인은 추운 환경에서 열 손실이 적지만 더운 환경에서는 열 방출이 되지 않아 체온이 올라감

⑤ 발한작용
- 땀샘에서 분비된 땀이나 피부의 수분이 몸의 표면에서 증발하는 현상

2 인체 운동에 대한 환경 영향

(1) 고지 환경의 특성과 영향
① 고지 환경에서는 산소분압이 감소하기 때문에 산소 공급이 제한적임
② 고지 환경에 단기간 노출되었을 때 나타나는 생리적 반응
- 운동 중 젖산 생성 증가

- 산소분압에 의한 최대산소섭취량 감소
- 혈압 증가, 호흡수 증가, 심박수 증가, 심박출량 증가
- 유산소 능력 저하

③ 해수면과 비교하여 고지 환경에서 운동 시 생리적 반응
- 최대하 운동 시 폐환기량이 증가함
- 최대하 운동 시 심박수와 심박출량은 증가함
- 최대하 운동 시 동맥혈 산화헤모글로빈 포화도는 감소함
- 무산소 운동능력보다 유산소 운동능력이 더 감소함

④ 고지대에서 장기간 노출 시 나타나는 생리적 적응 현상
- 적혈구 수 증가
- 혈액의 산소운반능력 향상
- 주어진 절대강도 운동 시 폐환기량 증가
- **동맥혈액의 산화헤모글로빈포화도(arterial oxyhemoglobin saturation) 감소**
- **폐포의 산소분압이 내려가므로 폐를 지나가는 혈액의 헤모글로빈과 결합하는 산소의 양은 감소**

⑤ 마라톤은 고지대 환경에서 시합 시, 경기력의 저하가 가장 크게 나타나는 종목임

1. 지구성 훈련에 의한 지근섬유(Type I)의 생리적 변화로 옳지 않은 것은?

① 모세혈관 밀도 증가
② 마이오글로빈 함유량 감소
③ 미토콘드리아의 수와 크기 증가
④ 절대 운동강도에서의 젖산 농도 감소

2. 유산소성 트레이닝을 통한 근육 내 미토콘드리아 변화와 관련된 설명으로 옳지 않은 것은?

① 근원섬유 사이의 미토콘드리아 밀도 증가
② 근육 내 젖산과 수소 이온(H^+) 생성 감소
③ 손상된 미토콘드리아 분해 및 제거율 감소
④ 근육 내 크레아틴인산(phosphocreatine) 소모량 감소

3. 운동 중 지방분해를 촉진하는 요인으로 옳지 않은 것은?

① 인슐린 증가
② 글루카곤 증가
③ 에피네프린 증가
④ 순환성(cyclic) AMP 증가

4. 운동에 대한 심혈관 반응에 관한 설명으로 옳은 것은?

① 점증 부하 운동 시 심근산소소비량 감소
② 고강도 운동 시 내장 기관으로의 혈류 분배 비율 증가
③ 일정한 부하의 장시간 운동 시 시간 경과에 따른 심박수 감소
④ 고강도 운동 시 활동근의 세동맥(arterioles) 확장을 통한 혈류량 증가

5. <보기>의 ㉠, ㉡에 들어갈 용어가 바르게 나열된 것은?

〈보기〉

- 심장의 부담을 나타내는 심근산소소비량은 심박수와 (㉠)을 곱하여 산출한다.
- 산소섭취량이 동일한 운동 시 다리 운동이 팔 운동에 비해 심근산소소비량이 더 (㉡) 나타난다.

	㉠	㉡
①	1회 박출량	높게
②	1회 박출량	낮게
③	수축기 혈압	높게
④	수축기 혈압	낮게

6. 골격근의 수축 특성을 결정하는 요인에 대한 설명 중 <보기>의 ㉠, ㉡에 들어갈 용어가 바르게 연결된 것은?

〈보기〉

- 특이장력=근력/(㉠)
- 근파워=힘×(㉡)

	㉠	㉡
①	근횡단면적	수축속도
②	근횡단면적	수축시간
③	근파워	수축속도
④	근파워	수축시간

7. <보기>에 ㉠~㉢에 들어갈 용어가 바르게 나열된 것은?

〈보기〉

수용기	역할
근방추	(㉠) 정보 전달
골지건기관	(㉡) 정보 전달
근육의 화학수용기	(㉢) 정보 전달

	㉠	㉡	㉢
①	근육의 길이	근육 대사량	힘 생성량
②	근육 대사량	힘 생성량	근육의 길이
③	근육 대사량	근육의 길이	힘 생성량
④	근육의 길이	힘 생성량	근육 대사량

8. <그림>은 도피반사(withdrawal reflex)와 교차신전반사(crossed-extensor reflex)를 나타낸 것이다. 이에 관한 설명으로 옳지 <u>않은</u> 것은?

〈그림〉

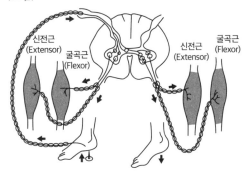

① 반사궁 경로를 통해 통증 자극에 대한 빠른 반사가 일어난다.
② 통증 수용기로부터 활동전위가 발생하여 척수로 전달된다.
③ 신체 균형을 유지하기 위해 반대편 대퇴의 굴곡근 수축이 억제된다.
④ 통증을 회피하기 위해 통증 부위 대퇴의 굴곡근과 신전근이 동시에 수축된다.

9. <보기>에서 고온 환경의 장시간 최대하 운동 시 운동수행능력을 저하시키는 요인으로 옳은 것만을 모두 고른 것은? (단, 심각한 탈수 현상은 발생하지 않는 환경)

〈보기〉

> ㄱ. 글리코겐 고갈 가속
> ㄴ. 근혈류량 감소
> ㄷ. 1회 박출량 감소
> ㄹ. 운동단위 활성 감소

① ㄱ, ㄷ
② ㄱ, ㄴ, ㄹ
③ ㄴ, ㄷ, ㄹ
④ ㄱ, ㄴ, ㄷ, ㄹ

10. <보기>의 조건으로 트레드밀 운동 시 운동량은?

〈보기〉

> • 체중=50kg
> • 트레드밀 속도=12km/h
> • 운동시간=10분
> • 트레드밀 경사도=5%
> (단, 운동량(일) = 힘 × 거리)

① 300 kpm
② 500 kpm
③ 5,000 kpm
④ 30,000 kpm

11. 에너지 대사 과정과 속도조절효소의 연결이 옳지 <u>않</u>은 것은?

	에너지 대사 과정	속도조절효소
①	ATP-PC 시스템	크레아틴 키나아제(creatine kinase)
②	해당작용	젖산 탈수소효소(lactate dehydrogenase)
③	크렙스회로	이소시트르산탈수소효소(isocitrate dehydrogenase)
④	전자전달체계	사이토크롬산화효소(cytochrome oxidase)

12. <보기>에서 근육의 힘, 파워, 속도의 관계에 대한 설명 중 옳은 것만을 모두 고른 것은?

〈보기〉

> ㄱ. 단축성(concentric) 수축 시 수축 속도가 빨라짐에 따라 힘(장력) 생성은 감소한다.
> ㄴ. 신장성(eccentric) 수축 시 신장 속도가 빨라짐에 따라 힘(장력) 생성은 증가한다.
> ㄷ. 근육이 발현할 수 있는 최대 근파워는 등척성(isometric) 수축 시에 나타난다.
> ㄹ. 단축성 수축 속도가 동일할 때 속근섬유가 많을수록 큰 힘을 발휘한다.

① ㄱ, ㄴ, ㄷ
② ㄱ, ㄴ, ㄹ
③ ㄱ, ㄷ, ㄹ
④ ㄴ, ㄷ, ㄹ

13. 카테콜라민에 대한 설명으로 옳지 <u>않은</u> 것은?

① 부신피질에서 분비
② 교감신경의 말단에서 분비
③ $\alpha1$ 수용체 결합 시 기관지 수축
④ $\beta1$ 수용체 결합 시 심박수 증가

14. <보기>의 에너지 대사 과정에 관한 설명 중 옳은 것만을 모두 고른 것은?

〈보기〉

> ㄱ. 해당과정 중 NADH는 생성되지 않는다.
> ㄴ. 크렙스 회로와 베타산화는 미토콘드리아에서 관찰되는 에너지 대사 과정이다.
> ㄷ. 포도당 한 분자의 해당과정의 최종산물은 ATP 2분자와 피루브산염 2분자(또는 젖산염 2분자)이다.
> ㄹ. 낮은운동강도(예: VO_{2max} 40%)로 30분 이상 운동 시 점진적으로 호흡교환율이 감소하고 지방 대사 비중은 높아진다.

① ㄱ, ㄴ ② ㄱ, ㄹ
③ ㄴ, ㄷ ④ ㄴ, ㄷ, ㄹ

15. 운동 중 혈중 포도당 농도를 유지하기 위한 호르몬에 대한 설명으로 옳지 <u>않은</u> 것은?

① 성장호르몬 - 간에서 포도당신생합성 증가
② 코티솔 - 중성지방으로부터 유리지방산으로 분해 촉진
③ 노르에피네프린 - 골격근 조직 내 유리지방산 산화 억제
④ 에피네프린 - 간에서 글리코겐 분해 촉진 및 조직의 혈중 포도당 사용 억제

16. 운동 중 수분과 전해질 균형에 관한 설명으로 옳은 것만을 모두 고른 것은?

〈보기〉

> ㄱ. 장시간의 중강도 운동 시 혈장량과 알도스테론 분비는 감소한다.
> ㄴ. 땀 분비로 인한 혈장량 감소는 뇌하수체 후엽의 항이뇨호르몬 분비를 유도한다.
> ㄷ. 충분한 수분 섭취 없이 장시간 운동 시 체내 수분 재흡수를 위해 레닌-안지오텐신 II 호르몬이 분비된다.
> ㄹ. 운동에 의한 땀 분비는 수분 상실을 초래하며 혈중 삼투질 농도를 감소시킨다.

① ㄱ, ㄷ ② ㄱ, ㄹ
③ ㄴ, ㄷ ④ ㄴ, ㄹ

17. <표>는 참가자의 폐환기 검사 결과이다. <보기>에서 옳은 것만을 모두 고른 것은?

〈표〉

참가자	1회호흡량 (mL)	호흡률 (회/min)	분당환기량 (mL/min)	사강량 (mL)	폐포환기량 (mL/min)
주은	375	20	( )	150	( )
민재	500	15	( )	150	( )
다영	750	10	( )	150	( )

〈보기〉

> ㄱ. 세 참가자의 분당환기량은 동일하다.
> ㄴ. 다영의 폐포 환기량은 분당 6L/min이다.
> ㄷ. 주은의 폐포 환기량이 가장 크다.

① ㄱ, ㄴ ② ㄱ, ㄷ
③ ㄴ, ㄷ ④ ㄱ, ㄴ, ㄷ

18. 1회 박출량(stroke volume) 증가 요인으로 옳지 <u>않</u>은 것은?

① 심박수 증가
② 심실 수축력 증가
③ 평균 동맥혈압(MAP) 감소
④ 심실 이완기말 혈액량(EDV) 증가

19. 골격근 섬유에 관한 설명으로 옳은 것은?

① 근수축에 필요한 칼슘(Ca^{2+})은 근형질세망에 저장되어 있다.

② 운동단위(motor unit)는 감각뉴런과 그것이 지배하는 근섬유의 결합이다.

③ 신경근 접합부(neuromuscular junction)에서 분비되는 근수축 신경전달물질은 에피네프린이다.

④ 지연성 근통증은 골격근의 신장성(eccentric) 수축보다 단축성(concentric) 수축 시 더 쉽게 발생한다.

20. 지근섬유(Type I)와 비교되는 속근섬유(Type II)의 특성으로 옳은 것은?

① 높은 피로 저항력

② 근형질세망의 발달

③ 마이오신 ATPase의 느린 활성

④ 운동신경세포(뉴런)의 작은 직경

1. ATP를 합성하는데 사용되는 에너지원이 <u>아닌</u> 것은?

① 근중성지방　　② 비타민C

③ 글루코스　　　④ 젖산

2. 근수축에 필수적인 Ca^{2+} 이온을 저장, 분비하는 근육 세포 내 소기관은?

① 근형질세망(sarcoplasmic reticulum)

② 위성세포(satellite cell)

③ 미토콘드리아(mitochondria)

④ 근핵(myonuclear)

3. 운동 후 초과산소섭취량(EPOC)에 영향을 미치는 요인으로 적절하지 <u>않은</u> 것은?

① 운동 중 증가한 체온

② 운동 중 증가한 젖산

③ 운동 중 증가한 호르몬(에피네프린, 노르에피네프린)

④ 운동 중 증가한 크레아틴인산(phosphocreatine, PC)

4. 수중 운동 시 체온유지를 위한 요인으로 옳지 <u>않은</u> 것은?

① 폐활량　　　② 체지방량

③ 운동 강도　　④ 물의 온도

5. 운동강도 증가에 따라 동원되는 근섬유 순서로 옳은 것은?

① TypeⅡa섬유→TypeⅡx섬유→TypeⅠ섬유

② TypeⅡx섬유→TypeⅡa섬유→TypeⅠ섬유

③ TypeⅠ섬유→TypeⅡa섬유→TypeⅡx섬유

④ TypeⅠ섬유→TypeⅡx섬유→TypeⅡa섬유

6. 장기간 규칙적 유산소 훈련의 결과로 최대 운동 시 나타나는 심폐기능의 적응으로 옳은 것을 모두 고른 것은?

〈보기〉

㉠ 최대산소섭취량 증가
㉡ 심장용적과 심근수축력 증가
㉢ 심박출량 증가

① ㉠, ㉡　　　　② ㉠, ㉢

③ ㉡, ㉢　　　　④ ㉠, ㉡, ㉢

7. 항상성 유지를 위한 신체 조절 중 부적피드백(negative feedback)이 <u>아닌</u> 것은?

① 세포외액의 CO_2 조절

② 체온 상승에 따른 땀 분비 증가

③ 혈당 유지를 위한 호르몬 조절

④ 출산 시 자궁 수축 활성화 증가

8. 운동 중 1회 박출량(stroke volume) 증가 원인으로 옳지 <u>않은</u> 것은?

① 대동맥압 증가에 따른 후부하(after load) 증가

② 호흡 펌프작용에 의한 정맥회귀(venous return) 증가

③ 골격근 수축에 의한 근육펌프작용 증가

④ 교감신경 자극에 의한 심근 수축력 증가

9. <보기>의 ㉠, ㉡에 들어갈 내용이 바르게 연결된 것은?

〈보기〉

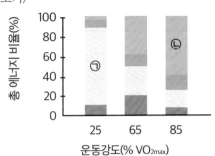

훈련한 운동 선수의 운동강도에 따른 에너지원 사용

	㉠	㉡
①	혈중 포도당	근중성지방
②	혈중 유리지방산	근글리코겐
③	근글리코겐	혈중 포도당
④	근중성지방	혈중 유리지방산

10. 운동 중 소뇌의 기능에 대한 설명으로 옳은 것을 모두 고른 것은?

〈보기〉

㉠ 골격근 운동 조절의 최종 단계 역할
㉡ 빠른 동작의 정확한 수행을 위한 통합 조절
㉢ 고유수용기로부터 유입되는 정보를 활용하여 동작 수정

① ㉠, ㉡   ② ㉠, ㉢
③ ㉡, ㉢   ④ ㉠, ㉡, ㉢

11. 운동에 따른 환기량의 변화로 옳은 것을 모두 고른 것은?

〈보기〉

㉠ 운동 시작 직전에는 운동 수행에 대한 기대감으로 환기량이 증가할 수 있다.
㉡ 운동 초기 환기량 변화의 주된 요인은 경동맥에 위치한 화학수용기 반응이다.
㉢ 운동 강도가 증가하면 1회 호흡량은 감소하고 호흡수는 현저히 증가한다.
㉣ 회복기 환기량은 운동 중 생성된 체내 수소이온 및 이산화탄소 농도와 관련 있다.

① ㉠, ㉡   ② ㉠, ㉢
③ ㉠, ㉣   ④ ㉡, ㉢, ㉣

12. <보기>의 ㉠, ㉡에 들어갈 내용이 바르게 연결된 것은?

〈보기〉

1개의 포도당 분해에 따른 유산소성 ATP 생성

대사적 과정	고에너지 생산	ATP 누계
해당작용	2 ATP	2
	2 NADH	7
피루브산에서 아세틸조효소A 까지	2 NADH	12
㉠	2 ATP	14
	6 NADH	29
	2 FADH$_2$	㉡
합계		㉡ ATP

	㉠	㉡
①	크랩스회로	32
②	β 산화	32
③	크랩스회로	35
④	β 산화	35

13. 체중이 80kg인 사람이 10METs로 10분간 달리기 했을 때 소비 칼로리는? (단, 1MET=3.5㎖·g^{-1}·min^{-1}, O_2 1L 당 5Kcal 생성)

① 130Kcal   ② 140Kcal
③ 150Kcal   ④ 160Kcal

14. <보기>는 신경 세포의 안정 시 막전위에 영향을 주는 Na⁺과 K⁺에 대한 그림이다. ㉠~㉣에 들어갈 내용이 바르게 연결된 것은?

〈보기〉

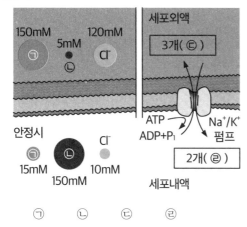

	㉠	㉡	㉢	㉣
①	K^+	Na^+	Na^+	K^+
②	Na^+	K^+	Na^+	K^+
③	K^+	Na^+	K^+	Na^+
④	Na^+	K^+	K^+	Na^+

15. <보기>의 최대산소섭취량 공식에서 장기간 지구성 훈련에 의해 증가되는 요소를 모두 고른 것은?

〈보기〉

최대산소섭취량 = ㉠최대1회박출량×㉡최대심박수×㉢최대동정맥산소차

① ㉠
② ㉠, ㉡
③ ㉠, ㉢
④ ㉡, ㉢

16. <보기>의 내용이 모두 증가되었을 때 향상되는 건강체력 요소는?

〈보기〉

- 모세혈관의 밀도
- 미토콘드리아의 수와 크기
- 동정맥 산소차(arterial-venous oxygen difference)

① 유연성
② 순발력
③ 심폐지구력
④ 근력

17. 1시간 이내의 중강도 운동 시 시간 경과에 따라 혈중 농도가 점차 감소하는 호르몬은?

① 에피네프린(epinephrine)
② 인슐린(insulin)
③ 성장호르몬(growth hormone)
④ 코르티솔(cortisol)

18. <보기>에서 설명하는 고유수용기는?

〈보기〉

- 감각 및 운동신경의 말단이 연결되어 있다.
- 감마운동뉴런을 통해 조절된다.
- 근육의 길이 정보를 중추신경계로 보낸다.

① 근방추(muscle spindle)
② 골지건기관(Golgi tendon organ)
③ 자유신경종말(free nerve ending)
④ 파치니안 소체(Pacinian corpuscle)

19. 근력 결정요인으로 옳지 <u>않은</u> 것은?

① 근육 횡단면적
② 근절의 적정 길이
③ 근섬유 구성비
④ 근섬유막 두께

20. 상완이두근의 움직임에 대한 근육 수축 형태로 옳지 <u>않은</u> 것은?

① 자세를 유지할 때 – 등척성 수축
② 턱걸이 올라갈 때 – 단축성 수축
③ 턱걸이 내려갈 때 – 신장성 수축
④ 공을 던질 때 – 등속성 수축

1. <보기>에서 설명하는 트레이닝의 원리는?

〈보기〉

> • 트레이닝의 효과는 운동에 동원된 근육에서만 발생한다.
> • 근력 향상을 위해서는 저항성 트레이닝이 적합하다.

① 특이성의 원리   ② 가역성의 원리
③ 과부하의 원리   ④ 다양성의 원리

2. 체온 저하 시 생리적 반응으로 적절한 것은?

① 심박수 증가
② 피부혈관 확장
③ 땀샘의 땀 분비 증가
④ 골격근 떨림(shivering) 증가

3. 지구성 트레이닝 후 최대 동-정맥 산소차(maximal arterial-venous oxygen difference) 증가에 기여하는 요인으로 적절하지 않은 것은?

① 미토콘드리아 크기 증가
② 미토콘드리아 수 증가
③ 모세혈관 밀도 감소
④ 총 혈액량 증가

4. <보기>에서 운동유발성 근육경직(exercise-associated muscle cramps)을 방지하기 위한 방법으로 적절한 것을 모두 고른 것은?

〈보기〉

> ㉠ 발생하기 쉬운 근육을 규칙적으로 스트레칭한다.
> ㉡ 필요 시 운동 강도와 지속 시간을 감소시킨다.
> ㉢ 수분과 전해질의 균형을 유지한다.
> ㉣ 탄수화물 저장량을 낮춘다.

① ㉠
② ㉠, ㉡
③ ㉠, ㉡, ㉢
④ ㉠, ㉡, ㉢, ㉣

5. 1회 박출량(stroke volume)에 관한 설명으로 적절하지 않은 것은?

① 심실 수축력이 증가하면 1회 박출량은 증가한다.
② 평균 동맥혈압이 감소하면 1회 박출량은 증가한다.
③ 심장으로 돌아오는 정맥혈 회귀(venous return)가 감소하면 1회 박출량은 감소한다.
④ 수축기말 용적(end-systolic volume)에서 확장기말 용적(end-diastolic volume)을 뺀 값이다.

6. <보기>에서 설명하는 중추신경계 기관은?

〈보기〉

> • 시상과 시상하부로 구성된다.
> • 시상은 감각을 통합·조절한다.
> • 시상하부는 심박수와 심장 수축, 호흡, 소화, 체온, 식욕 및 음식 섭취를 조절한다.

① 간뇌(diencephalon)   ② 대뇌(cerebrum)
③ 소뇌(cerebellum)   ④ 척수(spinal cord)

7. 직립 상태에서 폐-혈액 간 산소확산 능력은 안정 시와 비교하여 운동 시 증가한다. 이에 기여하는 요인으로 적절한 것은?

① 폐포와 모세혈관 사이의 호흡막(respiratory membrane) 두께 증가
② 증가한 혈압으로 인한 폐 윗부분(상층부)으로의 혈류량 증가
③ 폐정맥 혈액 내 높은 산소분압
④ 폐동맥 혈액 내 높은 산소분압

8. 건강체력 요소 측정으로만 나열되지 않은 것은?

① 오래달리기 측정, 생체전기저항분석(bioelectric impedance analysis)
② 앉아윗몸앞으로굽히기 측정, 윗몸일으키기 측정
③ 배근력 측정, 제자리높이뛰기 측정
④ 팔굽혀펴기 측정, 악력 측정

9. 운동하는 근육으로의 혈류량을 증가시키는 국소적 내
인성(intrinsic) 자율조절 요소로 적절하지 않은 것은?

① 수소이온, 이산화탄소, 젖산 등 대사 부산물
② 부신수질로부터 분비된 카테콜아민(catecholamine)
③ 혈관벽에 작용하는 압력에 따른 근원성(myogenic) 반응
④ 혈관내피세포(endothelial cell)에서 생성된 산
화질소, 프로스타글랜딘(prostaglandin), 과
분극인자(hyperpolarizing factor)

10. <보기>의 ㉠~㉢에 들어갈 용어가 바르게 나열된 것은?

〈보기〉

> [근육수축 과정]
> • 골격근막의 활동전위는 가로세관(T-tubule)
>   을 타고 이동하여 근형질세망(sarcoplasmic
>   reticulum)으로부터 (㉠) 유리를 자극한다.
> • 유리된 (㉠)은 액틴(actin) 세사의 (㉡)에 결
>   합하고, (㉡)은 (㉢)을 이동시켜 마이오신
>   (myosin) 머리가 액틴과 결합할 수 있도록 한다.

	㉠	㉡	㉢
①	칼륨	트로포닌	트로포마이오신
②	칼슘	트로포마이오신	트로포닌
③	칼륨	트로포마이오신	트로포닌
④	칼슘	트로포닌	트로포마이오신

11. <그림>은 폐활량계를 활용하여 측정한 폐용적(량)
을 나타낸 것이다. ㉠~㉣에서 안정 시와 비교하여
운동 시 변화에 대한 설명으로 적절한 것은?

〈그림〉

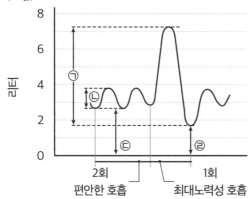

① ㉠: 증가   ② ㉡: 감소
③ ㉢: 감소   ④ ㉣: 증가

12. <보기> 중 저항성 트레이닝 후 생리적 적응으로 적
절한 것을 모두 고른 것은?

〈보기〉

> ㉠ 골 무기질 함량 증가
> ㉡ 액틴(actin) 단백질 양 증가
> ㉢ 시냅스(synapse) 소포 수 감소
> ㉣ 신경근접합부(neuromuscular junction) 크
>   기 감소

① ㉠
② ㉠, ㉡
③ ㉠, ㉡, ㉢
④ ㉠, ㉡, ㉢, ㉣

13. <보기> 중 지구성 트레이닝 후 1회 박출량(stroke
volume) 증가에 기여하는 요인으로 적절한 것만 나
열된 것은?

〈보기〉

> ㉠ 동일한 절대 강도 운동 시 확장기말 용적
>   (end-diastolic volume) 감소
> ㉡ 동일한 절대 강도 운동 시 수축기말 용적
>   (end-systolic volume) 증가
> ㉢ 동일한 절대 강도 운동 시 확장기(diastolic)
>   혈액 충만 시간 증가
> ㉣ 동일한 절대 강도 운동 시 심박수 감소

① ㉠, ㉡   ② ㉠, ㉢
③ ㉡, ㉢   ④ ㉢, ㉣

14. <보기>의 ㉠, ㉡에 들어갈 내용이 바르게 나열된 것은?

〈보기〉

> • 골격근의 신장성 수축은 수축 속도가 (㉠)
>   더 큰 힘이 생성된다.
> • 동일 골격근에서 단축성 수축은 신장성 수
>   축에 비해 같은 속도에서 더 (㉡) 힘이 생성
>   된다.

	㉠	㉡
①	빠를수록	작은
②	느릴수록	작은
③	느릴수록	큰
④	빠를수록	큰

15. 혈액순환 시 혈압의 감소가 가장 크게 발생하는 혈관은?

① 모세혈관(capillary)   ② 세동맥(arteriole)

③ 세정맥(venule)   ④ 대동맥(aorta)

16. 스프린트 트레이닝 후 나타나는 생리적 적응이 바르게 나열된 것은?

① 속근 섬유 비대-해당과정을 통한 ATP 생산능력 향상

② 지근 섬유 비대-해당과정을 통한 ATP 생산능력 향상

③ 속근 섬유 비대-해당과정을 통한 ATP 생산능력 저하

④ 지근 섬유 비대-해당과정을 통한 ATP 생산능력 저하

17. <보기>의 ㉠, ㉡에 들어갈 용어가 바르게 나열된 것은?

〈보기〉

> 지방의 베타(β) 산화는 중성지방으로부터 분리된 (㉠)이 미토콘드리아 내에서 여러 단계를 거쳐 (㉡)(으)로 전환되는 과정을 뜻한다.

	㉠	㉡
①	유리지방산(free fatty acid)	아세틸 조효소-A(Acetyl CoA)
②	유리지방산(free fatty acid)	젖산(lactic acid)
③	글리세롤(glycerol)	아세틸 조효소-A(Acetyl CoA)
④	글리세롤(glycerol)	젖산(lactic acid)

18. <보기>의 ㉠, ㉡에 들어갈 용어가 바르게 나열된 것은?

〈보기〉

> • 운동 시 교감신경계가 활성화되면, 골격근으로의 혈류량은 (㉠)하고 내장기관으로의 혈류량은 (㉡)한다.

	㉠	㉡
①	감소	증가
②	감소	감소
③	증가	감소
④	증가	증가

19. <보기> 중 적절한 것으로만 나열된 것은?

〈보기〉

> ㉠ 인슐린(insulin)은 혈당을 증가시킨다.
> ㉡ 성장호르몬(growth hormone)은 단백질 합성을 감소시킨다.
> ㉢ 에리스로포이에틴(erythropoietin)은 적혈구 생산을 촉진시킨다.
> ㉣ 항이뇨호르몬(antidiuretic hormone)은 수분손실을 감소시킨다.

① ㉠, ㉡   ② ㉠, ㉢

③ ㉡, ㉣   ④ ㉢, ㉣

20. <그림>은 막 전위의 변화를 나타낸 것이다. ㉠~㉣ 중 탈분극(depolarization)에 해당하는 시점은?

〈그림〉

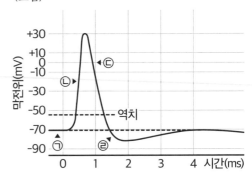

① ㉠   ② ㉡

③ ㉢   ④ ㉣

운동생리학

1. ② 2. ③ 3. ① 4. ④ 5. ④ 6. ① 7. ④ 8. ④
9. ② 10. ③ 11. ② 12. ② 13. ①, ③ 14. ④ 15. ③
16. ③ 17. ① 18. ① 19. ① 20. ②

1. ② 마이오글로빈은 근육 세포 내에서 미토콘드리아로 산소를 운반하는 작은 단백질로 지구성 훈련을 하면 함유량은 증가한다.

2. ③ 손상된 미토콘드리아 분해 및 제거율 증가

3. ① 인슐린은 지방분해효소인 리파아제의 활성을 억제하며, 중성지방으로부터 유리지방산의 동원을 억제한다. 즉 지방합성에 기여하여 체지방을 증가시킨다.

4. ① 점증 부하 운동 시 심박수는 상승하게 되며, 심근산소소비량은 증가한다. ② 고강도 운동 시 근육으로 혈류 분배가 증가하기 때문에 내장 기관으로의 혈류 분배 비율은 감소한다. ③ 일정한 부하의 장시간 운동 시 혈액 내 혈장량과 심박출량이 감소하게 되며, 시간이 경과함에 따라 그에 대한 보상으로 심박수는 증가한다.

5. •심장의 부담을 나타내는 심근산소소비량은 심박수와 수축기 혈압을 곱하여 산출한다. •산소섭취량이 동일한 운동 시 다리 운동이 팔 운동에 비해 심근산소소비량이 더 낮게 나타난다.

6. •특이장력=근력/근횡단면적 •근파워=힘×수축속도

7. 근방추의 역할은 근육의 길이 정보 전달이고, 골지건기관의 역할은 힘 생성량 정보 전달이며, 근육의 화학수용기의 역할은 근육 대사량 정보 전달이다.

8. 교차신전반사는 한쪽이 굴곡했을 때 반대쪽 근육은 신전되는 척수반사이며, 도피반사는 뾰족한 못에 찔렸을 때 해당 굴곡근이 수축되며 재빠르게 도피하는 척수반사이다.

9. ㄷ. 심각한 탈수현상은 발생하지 않는 환경이라는 전제조건이 있기 때문에, 해당 문제에서 1회 박출량 감소는 운동수행 능력을 저하시키지 않는다고

볼 수 있다.

10. •트레드밀 총 운동량(kpm)=체중×이동거리=체중×속도×운동시간×경사도
•트레드밀 속도를 분 단위로 환산하면 12km/h=12,000m/60min=200m/min
•50kg×200m/min×10min×0.05=5,000kpm

11. ② 해당작용의 속도조절 효소는 인산과당분해효소이다. 젖산 탈수소효소는 해당과정 중 피루브산이 산소가 부족할 경우 수소이온을 받아들이면서 젖산으로 변환해 주는 효소이다.

12. ㄷ. 근육이 발현할 수 있는 최대 근파워는 플라이오 메트릭 수축 시에 나타난다.

13. ① 카테콜라민(에피네프린, 노르에피네프린, 도파민)은 부신수질에서 분비된다. ③ $\alpha 1$ 수용체 결합 시 혈관 수축

14. ㄱ. 해당과정 중 1분자의 포도당은 2분자의 NADH와 2분자의 피루브산을 생성한다.

15. ③ 노르에피네프린은 부신수질에서 분비되는 호르몬으로 혈압조절을 위한 혈관 수축조절에 관여하며 세동맥과 세정맥을 수축시켜 혈압을 상승시킨다.

16. ㄱ. 장시간의 중강도 운동 시 혈장량은 감소하고 알도스테론 분비는 증가한다. ㄹ. 운동에 의한 땀 분비는 수분 상실을 초래하며 혈중 삼투질 농도를 증가시킨다.

17. ㄱ. 분당 환기량(1분 동안 흡기와 호기되는 공기의 양)은 1회 호흡량×분당 호흡수이므로, 세 참가자의 분당환기량은 모두 7,500mL/min이다. ㄴ. 폐포 환기량(폐포에 들어가서 가스교환에 참여한 실제 공기의 양)은 (1회 호흡량-사강량)×호흡수이다.
•주은: (375-150)×20=4,500mL/min
•민재: (500-150)×15=5,250mL/min
•다영: (750-150)×10=6,000mL/min=6L/min
ㄷ. 주은의 폐포 환기량이 4,500mL/min으로 가장 작다.

18. ① 심박수가 증가하면 1회 박출량이 아닌 심박출량이 증가한다.(심박출량=1회 박출량×심박수)

1회 박출량이 증가하기 위해서는 심실 수축력이 증가해야 하고 평균 동맥혈압이 감소해야 하며 심실 이완기말 혈액량이 증가해야 한다.

19. ② 운동단위는 하나의 운동신경에 의해 지배받는 모든 근섬유이다. ③ 신경근 접합부에서 분비되는 근수축 신경전달물질은 아세틸콜린이다. ④ 지연성 근통증은 골격근의 단축성 수축보다 신장성 수축 시 더 쉽게 발생한다.

20. ① 낮은 피로 저항력 ③ 마이오신 ATPase의 빠른 활성 ④ 운동신경세포(뉴런)의 큰 직경

2023년 생활·전문 스포츠지도사2급 운동생리학

1. ② 2. ① 3. ④ 4. ① 5. ③ 6. ④ 7. ④ 8. ①
9. ② 10. ③ 11. ③ 12. ① 13. ② 14. ② 15. ③
16. ③ 17. ② 18. ① 19. ④ 20. ④

1. ② 비타민C는 ATP를 합성하는 데 사용되는 에너지원이 아니다. ① 근중성지방은 유산소성 대사에서 사용되는 에너지원이다. ③ 글루코스는 해당과정에서 사용되는 에너지원이다. ④ 해당과정에서 산소공급이 충분하지 않을 경우 젖산이 생성되는데 당신생과정에 의해 에너지원으로 사용된다.

2. ① 근형질세망은 칼슘을 저장하고 분비하는 근육세포 내 소기관이다. ② 위성세포는 근육이 손상되었을 때 재생을 가능하게 한다. ③ 미토콘드리아는 운동 중 에너지를 생산하고 세포호흡에 관여하는 소기관이다. ④ 근핵은 근세포 내 존재하는 핵이다.

3. ④ 크레아틴인산은 인원질 과정으로 단시간의 폭발적인 힘을 발휘할 때 사용된다.

4. ① 폐활량은 최대 흡기 후 최대 호기량으로 수중운동 시 체온유지와 관계가 없다.

5. ③ Type I 섬유→Type II a섬유→Type II x섬유

6. 〈보기〉는 모두 장기간 규칙적 유산소 훈련의 결과로 최대 운동 시 나타나는 심폐기능의 적응 현상에 해당한다.

7. 항상성이란 신체 내부의 환경을 일정하게 유지하려는 성질을 말한다. 부적피드백은 신체에 어떤 반응이 일어났을 때 항상성을 유지하기 위해 활성화되거나 높아진 부분을 낮춰서 정상상태로 되돌리기위해 조절하는 작용을 말한다. 인체의 조절 체계는 대부분 부적피드백으로 이루어진다. 양성피드백은 신체에 어떤 반응이 일어났을 때 활성화시키는 작용을 의미한다. ①, ②, ③은 부적피드백, ④는 양성피드백에 해당한다.

8. ① 1회박출량이란 심실이 한 번 수축할 때 박출되는 혈액의 양이다. 대동맥압 증가에 따른 후부하 증가는 운동 중 1회 박출량 증가와는 상관이 없다. 좌심방과 우심방으로 들어오는 혈액량이 증가해야 한다. 즉 확장기말 혈액량의 증가와 수축기말 혈액량이 감소해야 1회 박출량이 증가한다.

9. ② 저강도에서는 혈중 유리지방산이 주 에너지원으로 사용되며 고강도 운동에서는 근글리코겐이 주로 사용된다.

10. ㉠은 대뇌, ㉡, ㉢은 소뇌에 대한 설명이다.

11. 운동에 따른 환기량의 변화로 옳은 것은 ㉠, ㉣이다. ㉣ 회복기 환기량은 운동 중 생성된 체내 수소이온 및 이산화탄소 농도에 따라 감소된다. ㉡ 운동 초기 환기량 변화의 주된 요인은 근방추나 골지힘줄기관의 구심성 신경자극 증가의 반응이다. ㉢ 운동 강도가 증가하면 1회 호흡량과 호흡수가 증가하여 분당 환기량이 증가한다.

12. ① 포도당 분해에 따른 유산소성 ATP생성 단계는 해당과정, 크랩스회로, 전자전달계이다. 크랩스회로가 작동하기 위해서는 아세틸조효소A가 필요하다. 해당과정에서 2ATP를 생산했기 때문에 크랩스회로는 두바퀴를 돌게 된다. 6NADH와 2FADH2가 생산된다. 6NADH에서 ATP는 6x2.5=15개, 2FADH2에서 ATP는 2x1.5=3개 유산소성 ATP생산은 NADH와 FADH와 같은 수소 이온 전달체가 잠재적 에너지를 제공하기 때문에 ADP를 인산화하여 ATP를 생성한다. 포도당의 유산소성 분해작용으로 32ATP가 생성된다. 29+3=32ATP이다.

13. ② 1METs=3.5ml/kg/min(1L=5Kcal 소비)
운동 시 에너지 소비칼로리는 안정 시 산소섭취량의 곱으로 구할 수 있다.
80Kg×10METs×3.5ml×10min=28,000ml
총산소섭취량을 소비칼로리로 바꾸면 28l×5Kcal=140Kcal

14. ② 세포의 안정 시 막전위 상태에서 세포 안은 칼륨 이온(K^+)이 많고 나트륨 이온(Na^+)이 적다. 세포 밖은 나트륨 이온(Na^+)이 많고 칼륨 이온(K^+)이 적다. 세포는 전위차를 유지하기 위해 나트륨/칼륨 펌프가 작동된다. 3개의 나트륨(Na^+)을 세포 밖으로 내보내고 동시에 2개의 칼륨(K^+)을 세포 내부로 들여온다.

15. ③ 최대심박수는 훈련에 의해 증가되지 않으며, 장기간 지구성 훈련에 의해 1회 박출량이 증가하게 되면 최대심박수는 감소하게 된다.

16. ③ 모세혈관의 밀도, 미토콘드리아의 수와 크기, 동정맥 산소차가 증가하면 심폐지구력이 향상된다.

17. ② 인슐린은 중강도 장시간 운동 시 시간 경과에 따라 혈중 농도가 점차 감소하게 되며, 혈당을 낮추는 역할을 한다. ① 에피네프린은 심장 기능을 촉진하고 간 및 근육에서 당원을 분해한다. ③ 성장호르몬은 신체의 발육과 성장을 촉진한다. ④ 코르티솔은 운동 시 혈당 유지를 위하여 유리지방산의 혈액 유입을 촉진한다.

18. 〈보기〉는 근방추에 대한 설명이다. ② 골지건기관은 근육과 힘줄의 접합부에 위치하여 근육의 과도한 수축에 반응하여 부상을 예방한다. ③ 자유신경종말은 접촉이나 압력 감지 등 감각을 수용하는 신경종말의 하나로 통각을 담당한다. ④ 파치니안 소체는 피부 바로 밑 근막조직의 깊은 곳에 위치하는 감각수용체로 빠르게 변하는 기계적 자극이나 진동감각에 반응한다.

19. ④ 근섬유막의 두께는 근섬유를 감싸고 있는 막으로 근력과 관계없다.

20. ④ 등속성 수축은 모든 관절에서 동일한 속도로 움직이게끔 고안된 특별한 장비를 필요로 한다. 공을 던질 때의 상완이두근의 근수축 속도는 위치에 따라 일정하지 않기 때문에 등속성 수축 형태로 볼 수 없으며, 신장성 수축 형태에 더 가깝다.

2022년 생활·전문 스포츠지도사2급 운동생리학

1. ① 2. ④ 3. ③ 4. ⑤ 5. ④ 6. ① 7. ② 8. ③
9. ② 10. ④ 11. ③ 12. ② 13. ④ 14. ① 15. ②
16. ① 17. ① 18. ③ 19. ④ 20. ②

1. 〈보기〉는 트레이닝의 원리 중 특이성의 원리에 대한 설명이다.

2. 체온 저하 시 생리적 반응으로는 심박수 감소, 피부혈관 수축, 땀샘의 땀 분비 감소, 골격근 떨림 증가가 있다.

3. 지구성 트레이닝 후 최대 동–정맥 산소차 증가에 기여하려면 모세혈관의 밀도가 증가해야 한다.

4. 주 에너지원인 탄수화물의 저장량을 낮추게 되면 근피로를 유발하게 되며, 근육경직 등 부정적인 영향을 끼칠 수 있다.

5. 1회 박출량은 확장기말 용적에서 수축기말 용적을 뺀 값이기 때문에 확장기말 용적이 커질수록 또는 수축기말 용적이 적을수록 1회 박출량은 커진다.

6. 〈보기〉는 중추신경계 기관 중 간뇌에 대한 설명이다.

7. 직립상태에서는 하체에서 상체로의 혈액 흐름이 감소한다. 하지만 운동 시에는 심박출량이 증가하여 폐의 윗부분으로의 혈류량이 증가하여 원활한 가스교환이 가능하다.

8. 제자리높이뛰기 측정은 순발력, 운동기능체력요소에 해당한다.

9. 부신수질로부터 분비된 카테콜아민은 안정 시 골격근의 혈류를 조절한다.

10. 골격근막의 활동전위는 가로세관을 타고 이동하여 근형질세망으로부터 칼슘 유리를 자극한다. 유리된 칼슘은 액틴세사의 트로포닌에 결합하고, 트로포닌은 트로포마이오신을 이동시켜 마이오신 머리가 액틴과 결합할 수 있도록 한다.

11. ㉠은 폐활량, ㉡은 1회 호흡량, ㉢은 기능적 잔기량, ㉣은 잔기량을 의미한다.
운동 시에는 1회 호흡량의 증가가 일어나 분당 환기량의 증가에 영향을 주고, 상대적으로 잔기량 및 기능적 잔기량이 감소하게 된다. 또한 허파 혈류량의 증가로 허파 모세혈관을 흐르는 혈액량이 증가하여 공기가 들어갈 수 있는 기체 부피가 감소하기 때문에 총 폐용량과 폐활량이 약간 감소한다.

12. 〈보기〉 중 저항성 트레이닝 후 생리적 적응으로 적절한 것은 ㉠, ㉡이다.

13. 지구성 트레이닝 후 1회 박출량의 증가는 동일한 절대 강도 운동 시 확장기말 용적 증가와 수축기말 용적 감소가 이루어진다.

14. • 골격근의 신장성 수축은 수축 속도가 빠를수록 더 큰 힘이 생성된다.

• 동일 골격근에서 단축성 수축은 신장성 수축에 비해 같은 속도에서 더 작은 힘이 생성된다.

15. 혈액순환 시 혈압의 감소가 가장 크게 발생하는 혈관은 세동맥이다. 평균동맥혈압은 세동맥에서 약 70~80%감소한다.

16. 스프린트 트레이닝은 단거리 달리기와 같은 전력 질주를 의미한다. 따라서 속근 섬유 비대-인원질 과정, 무산소성 해당과정을 통한 ATP 생산능력 향상이 적응현상으로 나타나게 된다.

17. 지방의 베타(β) 산화는 중성지방으로부터 분리된 유리지방산이 미토콘드리아 내에서 여러 단계를 거쳐 아세틸 조효소로 전환되는 과정을 뜻한다.

18. 운동 시 교감신경계가 활성화되면, 골격근으로의 혈류량은 증가하고 내장기관으로의 혈류량은 감소한다.

19. ㉠ 인슐린은 혈당을 감소시킨다. ㉡ 성장호르몬은 단백질 합성을 증가시킨다. ㉢ 에리스로포이에틴은 신장에서 분비되며, 표적기관은 뼈의 골수로 적혈구 생산을 촉진시킨다. ㉣ 항이뇨호르몬은 신장의 수분배출을 조절하고 혈관수축에 의한 혈압을 조절한다.

20. ㉠ 안정막전압: -70mV이다. ㉡ 탈분극: 자극이 역치에 도달할 때 Na⁺통로가 열리고 Na⁺이 세포 내로 유입된다. ㉢ 재분극: K⁺통로가 열려서 K⁺이 세포밖으로 나간다. ㉣ 과분극: 막의 전압이 안정 막전압보다 낮아진다.

CHAPTER 06

스포츠윤리

1 스포츠의 윤리적 기초

(1) 도덕, 윤리, 선의 개념

① 도덕
- 인간의 내면적이면서 자율적인 도리
- 사람으로서 마땅히 지켜야 할 행동과 도리로서 양심, 자율성 등 개인의 내면성 문제를 주로 다룸
- 일반적, 사회적으로 올바른 행동의 규범
- 선이라는 가치를 실현하려는 것

② 윤리
- 집단 안에서 조화로운 생활을 위해 지켜야 할 이치 또는 도리
- 외면적이면서 약간은 강제성이 부여된 도리로서 실천의 자율성을 중시함
- 특정 사회나 직업에서 지키는 도덕
- 사람들 사이의 관계에 대한 이치
- 사람이 지켜야 할 도리
- 도덕의 기준에 대한 관점으로 도덕적 행위와 관련된 근본적인 의미를 탐구하는 학문
- 도덕적 행위가 왜 옳고 그른지를 이론적으로 분석하고 연구하는 것

③ 선(善)
- 도덕적인 좋음, 좋은 것, 착함
- 도덕과 윤리의 본질적인 가치
- 긍정적 평가의 대상이 되는 가치를 가지는 모든 것
- 도구적 의미에서의 유용성, 악함과 구별되는 선함
  - 예) 경기에 패배했음에도 불구하고 상대팀에게 박수를 보내는 '좋은' 매너

성피티 TIP

도덕은 보편적인 도리인 데 비하여 윤리는 특정 직업을 가진 사람이 지켜야 할 도리입니다. 도덕을 지키지 않으면 눈총을 받을 수 있지만 윤리를 지키지 않으면 비난을 받을 수 있습니다. 그러므로 체육교사가 배우자 명의로 배우자와 함께 술집을 운영하는 것은 도덕적으로는 문제가 되지 않을 수 있지만, 교직 윤리적으로는 문제가 될 수 있습니다.

(2) 사실판단과 가치판단

스포츠에서 일어나는 사건이나 현상에 대한 사유작용을 판단이라고 한다. 판단은 크게 사실판단과 가치판단으로 구분된다. 사실판단은 실제 스포츠에서 일어난 사건과 현상에 대한 진술을 말한다. 따라서 진위를 가릴 수 있다. 이에 비해 가치판단은 옳고 그름 혹은 바람직하거나 그렇지 못한 것 등 가치에 대한 진술로 이루어진다. 가치판단은 주로 당위에 근거한다.

① 사실판단

- 참과 거짓 등의 객관적인 진위 판단이 측정 가능한 것
- 관찰이나 과학적 혹은 역사적 탐구 등과 같이 객관적인 사실에 근거한 판단
- 실제 사건과 현상에 대한 진술, 사실에 대한 객관적 진술
  예) 물은 100℃에서 끓는다. A는 B보다 키가 2㎝ 크다. 박태환 선수는 아시아선수권 수영대회에서 자유형 200m 대회 신기록을 수립했다. 2020년 제32회 도쿄올림픽이 1년 언기되있다. 이상화는 2010년 밴쿠버동계올림픽경기대회에서 금메달을 획득하였다.

② 가치판단
- 어떤 대상의 의의나 중요성, 값어치에 대한 주관적인 판단
- 좋고 나쁨, 옳고 그름, 아름다움과 추함, 고귀함과 저속함 등 주관적 가치에 근거한 판단
- 마땅히 그렇게 되어야 할 것을 지시하거나 어떤 기준, 규범에 따르는 것
- 가치판단의 형태
  - 도덕적인 것(moral values): 타인과 맺는 관계와 상호작용에 직접적으로 관련 있는 가치로서 우리의 행동이 타인에게도 타당하려면 우리가 어떤 삶을 살아야하고 그로 인해 타인의 선(善)에도 기여할 수 있는지의 여부
  - 미적인 것(aesthetic values): 미학적 평가 시 움직임의 아름다움, 우아함, 그 외 다른 만족스러운 요소들이 고려되는 것으로서 대표적인 예로는 피겨스케이팅, 다이빙, 제조가 있음
  - 사리분별에 관한 것(prudential values): 사리분별에 관련된 이유를 제시함에 있어 쟁점이 되는 가치
    예) 사람이 길에 쓰러져 있으면 도움을 주어야 한다. 축구경기 중 넘어진 상대 선수를 일으켜 준 박지성 선수의 행동은 매우 훌륭했다. 선수들에게 폭력을 행사하면 안 된다. 피겨스케이팅 선수들의 연기는 매우 아름답다. 스포츠 선수들의 기부는 사회적으로 긍정적인 영향을 준다. 체조경기에서 선수들의 연기는 아름답다. 건강을 위해서는 고지방 음식을 피해야 한다. 시합이 끝난 후 상대방에게 인사를 하는 것은 옳은 행위이다.

(3) 스포츠와 윤리의 관계
① 스포츠는 경쟁적 속성으로 인해 규칙이 지켜지지 않을 경우 윤리적 문제가 발생하게 됨
② 스포츠는 윤리를 떠나서 존재할 수 없을 만큼 긴밀한 연관성이 있음
③ 스포츠에 참여하는 사람들이 행동하는 데 요구되는 행동원리, 도덕적 표준 또는 도덕적 특성에 관한 탐구
④ 일반윤리학이 제시하는 윤리적 원리와 도덕적 덕목에 기초하여 스포츠인에게 요구되는 도덕적 원리와 도덕적 덕목에 대한 고찰

(4) 도덕 원리의 검토 방법
① 포섭 검토: 보다 포괄적인 원리에 포섭시키는 검토
② 보편화 결과의 검토: 모든 사람이 행하였을 때를 가정한 결과의 검토
  예) '나 혼자 의도적 파울을 하는 것은 괜찮겠지'라는 판단은 '모든 선수가 의도적 파울을 한다면'이라는 원리에 비추어 검토한다.
③ 반증 사례의 검토: 반증 사례를 통해 반박하는 검토
④ 역할 교환의 검토: 상대의 입장에서 판단하는 검토
  예) '부상당한 선수를 무시하고 경기를 진행하라'는 주장의 지시에 '자신이 부상당한 경우를 가정하여 판단해보라'고 이야기한다.

2 스포츠윤리의 이해

(1) 일반윤리와 스포츠윤리: 스포츠윤리의 독자성
① 일반윤리
- 일반적, 사회적으로 올바른 행동의 규범
- 사회의 구성원들이 공유하는 도덕적 이상들의 집합

② 스포츠윤리
- 스포츠 행위에 대한 도덕적 판단, 표준, 규칙을 가리키는 일반적인 용어
- 스포츠맨이 지켜야 할 도리 또는 생활양식
- 실제 스포츠 현장에서 도덕규범이 되는 원리
- 스포츠 행위 중 가장 기본적이고 상식적인 것
- 스포츠를 어떻게 해야 할 것인가에 대한 올바른 목적과 행위
- 스포츠 현장에서 요구하는 규칙과 기본적 원리 준수
- 스포츠윤리의 특성
  - 개인윤리: 행위의 주체를 개인의 양심이나 덕성에 둠, 개인의 도덕적 의지와 책임을 강조, 도덕적 자율성
  - 사회윤리: 윤리적 문제 해결 시 사회 구조나 제도 자체의 변화가 필요하다고 봄, 제도적 강제성
  - 직업윤리: 직업적 측면에서 투철한 사명감과 책임감을 강조
  - 예방윤리: 추후에 생길 수 있는 더 심각한 문제를 예방하기 위해 윤리적 쟁점과 문제를 분석

(2) 스포츠윤리의 목적과 필요성
① 스포츠윤리의 목적 및 특징
- 스포츠에서 제기될 수 있는 윤리적 쟁점을 미리 접하는 것, 스포츠 경쟁의 윤리적 기준
- 스포츠인의 도덕적 자율성 함양: 도덕적 문제에 대한 비판적, 독립적인 사고를 바탕으로 스포츠 상황에 적용하는 능력
- 스포츠 행위의 공정한 조건 제시, 스포츠인의 행위 및 실천의 기준
- 스포츠를 통한 도덕적 자질과 인격 함양 추구
- 스포츠맨십, 페어플레이 등 스포츠윤리 규범을 통한 바람직한 공동체의 모습 제시
- 올바른 스포츠 경기의 방향이 됨
- 강인한 신체 및 정신의 함양
- 도덕적 가치 및 휴머니즘적 태도 확립
- 민주적인 사고 함양 및 절차의 준수
- 미적인 탐구 자세의 고취와 생활화

② 스포츠윤리의 역할
- 스포츠인의 행위에서 요구되는 도덕적 원리와 덕목을 고찰
- 도덕적 의미의 용어를 스포츠 환경에 적용할 때 그 기준과 방법에 대해 탐색
- 스포츠 상황에서 행동과 목적의 옳고 그름을 결정할 수 있는 근본원리를 탐색
- 윤리적 원리와 도덕적 덕목에 기초하여 스포츠인에게 요구되는 행위 탐구

③ 스포츠윤리의 실천 과제
- 스포츠윤리의식의 패러다임 전환
- 스포츠 행위자에 대한 법적 과제

- 스포츠윤리강령 제정 및 조정 시스템 구축
④ 현대스포츠에서 윤리적 문제가 발생하는 원인
- 승리를 최우선 목적으로 설정, **승리지상주의**
- 권위주의 기반의 상하 교육체계
- 스포츠 경기를 위한 전술 훈련
⑤ 해결방안
- 인간성 회복과 감성의 스포츠 교육

(3) 스포츠윤리와 스포츠인의 윤리

① 스포츠인의 윤리
- 스포츠인이 갖추어야 할 도덕적 품성
- 스포츠 활동을 하면서 상호작용하는 사람들 사이에서 갖추어야 할 덕목
- 진정한 스포츠인으로 거듭날 수 있도록 하는 도덕적 품성
- 스포츠인의 윤리는 일반적인 사회윤리의 하위 항목
- 스포츠인의 윤리는 일반윤리의 덕목과 본질적으로는 크게 다르지 않음
② 개인직 관점에서의 신수윤리
- 장기적 관점의 목표 설정
- 지도자와 선수 간의 상호작용적인 인간관계를 형성
- 자율적인 인간으로 전환
③ 경기적 관점에서의 선수윤리
- 내면적인 측면을 강조한 과정 중심적인 목적이 필요
- 팀워크적인 신뢰가 바탕이 되어야 함
④ 사회적 관점에서의 선수윤리
- 스포츠는 지·덕·체의 전인교육의 수단이 되어야 함
- 올림피즘의 철학적 기본요소에 따라 인간을 사회적, 문화적, 국가적 차원에서 독자적이고 자유 스러움을 추구해야 함
- 스포츠를 통해 젊은이들의 신체적·정신적·사회적 자질 발달을 도모하고 우의를 돈독히 함
⑤ 스포츠윤리가 스포츠인에게 필요한 이유
- 스포츠인의 도덕적 삶을 위한 지침을 제시
- 스포츠 상황에서 어떤 목적이 좋은가를 결정하는 데 도움을 줌
- 스포츠인으로서 올바르게 행동하는 데 도움을 줌

스포츠기본법

- 목적: 스포츠에 관한 국민의 권리와 국가 및 지방자치단체의 책임을 정하고 스포츠 정책의 방향과 그 추진에 필요한 기본적인 사항을 규정함으로써 스포츠의 가치와 위상을 높여 모든 국민이 건강하고 행복한 삶을 영위하고 나아가 국가사회의 발전과 사회통합을 도모하는 것
- 기본 이념: 국민 모두가 스포츠 및 신체활동에 자유롭고 평등하게 참여하여 건강하고 행복한 삶을 영위할 수 있도록 스포츠의 가치가 교육, 문화, 환경, 인권, 복지, 정치, 경제, 여가 등 우리 사회 영역 전반에 확산될 수 있게 국가와 지방자치단체가 그 역할을 다하며, 개인이 스포츠 활동에서 차별받지 아니하고, 스포츠의 다양성, 자율성과 민주성의 원리가 조화롭게 실현되도록 하는 것

3 윤리 이론

(1) 결과론적 윤리체계(벤담, 밀)
① 조건적 도덕 추론, 행위 자체보다는 행위의 결과에 초점을 두며 결과의 유용성만을 중시
- 가언명령: 목적 달성을 위한 수단으로서의 가치를 지니는 것, 조건이나 상황에 따라 적용되고 요구되는 도덕 명령
② 행위의 결과가 유익하면 그 행위는 도덕적으로 올바른 것
③ 목적이 수단을 정당화하는 문제가 나타날 수 있음
  예) 축구 경기에서 마라도나 선수가 헤딩을 가장하여 손으로 공을 쳐서 골인시켜 경기에서 승리한 경우, 싸이클 선수 암스트롱이 불법 약물을 사용하여 경기에서 승리한 경우

(2) 공리주의
① 결과론적 윤리체계로서, 가치 판단의 기준을 효용과 행복의 증진에 두어 '최대 다수의 최대 행복' 실현을 윤리적 행위의 목적으로 봄
② 윤리적 행위를 쾌락의 총합으로의 행복을 가져오는 것으로 규정
③ 행위의 옳고 그름은 결과의 좋음과 나쁨에 달려있으며, 도덕적으로 옳은 행위는 불행 또는 고통의 양을 최소화하고 행복 또는 쾌락을 최대화하는 일
④ 모든 스포츠인의 권리는 동등하게 보장되어야 하며, 스포츠 규칙 제정은 공평성과 평등의 원칙에 근거해야 함, 선수의 행동이 좋은 결과를 얻었다면 도덕적으로 옳은 것임
⑤ 난점(제한점)
- 결과로 행위를 평가하기 때문에 정의의 문제가 소홀해질 수 있음
- 일반적인 사실로부터 도덕적인 당위를 추론하지 못할 수 있음
- 개인의 이익과 공공의 이익이 충돌할 때 사익(私益)의 희생을 당연시함
- 정의나 개인의 권리와 같은 근본적인 도덕 개념들과 양립할 수 없으며, 도덕을 수단적으로 바라봄

(3) 의무론적 윤리체계(칸트)
① 정언적 도덕 추론, 행위의 결과에 상관없이 절대적인 도덕규칙에 따라 판단을 내림
- 정언명령: 행위의 결과나 목적과 무관하게 행위 그 자체의 도덕적 가치에 따르는 것, 절대적이고 무조건적인 명령
  예) 정정당당하게 경기에 임하라. 어떠한 경우에도 최선을 다해라. 운동선수는 페어플레이를 해야 한다.
② 스포츠에 있어서 경기 결과의 좋고 나쁨이 아니라 그 행위가 도덕적 의무를 준수했는가를 판단의 기준으로 함
③ 언제 어디서나 항상 옳은 도덕적 원리가 있고, 인간이면 마땅히 의무적으로 그 도덕적 원리를 지켜야 함
④ 행위에 대한 도덕적 책무나 의무를 중시함
⑤ 자율적인 도덕법칙에 따른 것은 옳은 행위이고, 자율적인 도덕법칙에 어긋나는 행위는 그른 행위임
⑥ 행위의 의도와 동기를 기준으로 옳고 그름을 판단함
⑦ 도덕성의 기준은 선의지이며, 페어플레이도 선의지가 없으면 도덕적이라 볼 수 없음
⑧ 행위에 있어 선의지가 중요하며, 목적은 수단을 정당화할 수 없음
⑨ 선의지는 도덕적인 선수가 갖추어야 할 내적인 태도이자 도덕적 행위의 필요충분조건임
⑩ 정정당당하게 경기에 임하려는 선수의 착한 의지는 경기결과에 상관없이 그 자체로 선한 것임

⑪ 합리적 이성에 대한 신뢰를 바탕으로 의로운 삶을 중시하고, 공정한 절차와 정당한 원칙을 강조함

⑫ 행위의 결과가 아무리 좋아도 원칙에서 어긋나면 비윤리적 행위임

⑬ 보편성의 원리: 나 자신뿐만 아니라 행위의 영향을 받는 사람들까지 공평하고 동등하게 대우받아야 도덕적으로 바람직함

⑭ 난점(제한점)
  • 도덕규칙 간의 갈등 및 충돌 문제가 발생했을 때 실질적인 도움을 주지 못할 수 있음
  • 사회 전체의 이익을 제대로 고려하지 못하는 경우가 있음

(4) 덕론적 윤리체계(아리스토텔레스, 맥킨타이어)

① 어떤 종류의 인간 또는 존재가 되어야 마땅하며 그러한 인간이 되기 위해 어떤 덕들을 지녀야 하는지를 탐구함, 비윤리적 행위는 궁극적으로 올바르지 못한 품성에서 비롯됨

② 인간에게 내재되어 있는 감정을 도덕적 동기로 인정하고, 인간 내면에 있는 도덕성의 근원과 개인의 인성을 중요시함

③ '무엇을 해야 하는가?'보다 '어떻게 살아야 하는가?'가 더 중요하며, 행위 자체보다는 행위자에게 초점을 맞추고 있음

④ 행위에 대한 '의무판단'보다는 행위자의 '덕성판단'을 중시함

⑤ 미덕을 드러내는 행동은 옳은 것이며, 악덕을 드러내는 행동은 그릇된 것임

⑥ 책임, 정직, 충성, 신뢰, 공정, 배려, 존중 등이 미덕에 해당

⑦ 거짓, 배신, 무책임, 불성실, 이기심 등은 악덕에 해당

⑧ 난점: 구체성이 부족하고 엄격한 분석을 적용하기 어려움

(5) 절대론적 윤리체계(윤리적 절대주의)

① 절대적인 진리의 존재를 긍정함

② 시간과 공간을 초월한 보편 타당한 법칙이 존재, 보편적 행위 원칙과 규범이 존재

③ 보편타당한 삶의 원리가 인생의 목적, 행동의 법칙으로서 선천적으로 주어진다고 봄

(6) 상대론적 윤리체계(윤리적 상대주의)

① 절대적인 진리의 존재와 보편타당성을 부정, 보편타당한 윤리 규범을 부인

② 변하지 않는 진리는 없음, 모든 것은 변함

③ 윤리 규범은 주어진 상황하에서 문제를 해결하는 것, 상황은 시간과 장소에 따라 달라질 수 있으므로 절대적으로 옳은 것은 없음

④ 윤리 규범은 특정 사회에서 특수한 상황에서 통용되는 규범, 상황의 특수성이 반영됨

⑤ 모든 사회 규범이 항상 옳은 것도 아니고, 항상 고정된 채로 존재하는 것도 아님

⑥ 도덕적이라는 판단의 기준은 개별의 문화나 사회 집단, 구성원 개개인의 사고 방식에 따라서 달라질 수 있는 상대적인 것

⑦ 행위의 도덕적 가치는 사회에 따라, 또는 사람에 따라 다를 수 있음(물론 도덕적 준거가 없는 것은 아님)

(7) 동양사상과 윤리체계

① 유가사상(유교)
  • 사회적인 유대의 중요성 강조, 개인윤리 및 제도의 중요성 강조, 형식적인 면 중시

- 공자
  - 인(仁)·의(義)·효(孝)·우(友)·충(忠)·신(信)·관(寬)·서(恕)·공(恭)·경(敬)을 포함하는 10가지 덕을 터득하여 그 상황에서의 인식, 판단, 도덕적 행위를 선택할 수 있는 능력을 배양해야 함
  - 상황에 대한 인식 및 판단, 도덕적 행위 선택을 중요시함
  - 인(仁): 자신의 욕망을 억제하며 자기를 이기고 예로 돌아가는 것이 인을 실천하는 것
  - 충(忠): 마음이 중심을 잡아 한쪽으로 치우치지 않는 상태
  - 서(恕): 내 마음에 미루어서 다른 사람의 마음을 헤아리기, 나와 타인의 마음이 서로 다르지 않음, '내가 원하지 않는 일을 남에게 하지 말라(己所不欲 勿施於人)'는 원리를 인간관계의 기본적인 행위 준칙으로 봄. 내가 원하지 않는 것은 타인도 원하지 않을 것이라는 동등고려(equal consideration)의 원리는 스포츠맨십의 바탕이기도 함. 스포츠맨십은 하지 말아야 할 행위를 하지 않는 것이 아니라 스스로 원하지 않는 것을 상대 선수에게 행하지 않는 원리를 실천하는 것
  - 정명(正名): 사회구성원의 모든 행위가 그 이름(역할)에 적합하도록 행해야 한다는 도덕적 요구. '임금은 임금답고 신하는 신하다우며, 아버지는 아버지답고 자식은 자식다워야 한다(君君臣臣 父父子子)'는 주문으로 각자에게 주어진 이름과 역할에 걸맞게 행동하라는 도덕적 명령. 스포츠인을 스포츠인답게 만드는 것이 곧 스포츠맨십
- 맹자
  - 인(仁), 의(義), 예(禮), 지(智)가 도덕적 성향의 토대가 되면 윤리적 사고가 필요한 상황에서 자연스럽게 실천적 행위가 가능
  - 측은지심: 남을 불쌍하게 여기는 타고난 착한 마음
    예) 마라톤 경기 중 넘어진 경쟁자를 부축해주는 선수의 마음, 농구 경기에서 자신과 부딪쳐서 부상을 당해 병원으로 이송되는 상대 선수를 걱정해 주는 마음
  - 수오지심: 자기의 옳지 못함을 부끄러워하고, 남의 옳지 못함을 미워하는 마음
    예) 배구 경기에서 자신의 손에 맞고 터치 아웃된 공을 심판이 보지 못해서 자기 팀이 득점을 했을 때 스스로 부끄러워하는 마음
  - 사양지심: 겸손하여 남에게 사양할 줄 아는 마음
  - 시비지심: 옳음과 그름을 가릴 줄 아는 마음

② 불교사상
- 행복과 깨달음을 지향, 개인의 해탈을 통해 열반에 이르는 길
- 스포츠 행위 자체보다 그것을 직접 실천하고 행동으로 표현하는 행위자의 관점을 중요시함
- 팔정도(八正道)
  - 도덕적·윤리적 성격을 가장 잘 담고 있는 교설 중 하나
  - 정견(正見)·정사(正思)·정어(正語)·정업(正業)·정명(正命)·정근(正勤)·정념(正念)·정정(正定)
  - 올바로 보고, 생각하고, 말하며, 행동과 목숨을 유지하고, 부지런히 노력하며, 기억하고, 생각하고, 마음을 안정하는 것
  - 개인이 해탈하여 깨달음의 경지인 세계로 나아가기 위한 실천수행방법

③ 도가사상
- 노자
  - 무위자연, 있는 그대로의 관계를 중요시함
  - 무엇인가에 얽매이거나 규정하는 것이 아니라 오히려 스스로는 존재하지 않음으로써 어떤 형태로의 변화 가능성을 열어두는 것, 무위

- 자신의 본래적 자아를 인식하는 것이 바로 덕, 마음을 비우는 것
- 겸양(謙讓): 스스로를 낮추고 동료나 타인에게 양보와 겸손의 예의를 갖춤
- 내재적 도덕성의 발현, 내면의 자연스러운 도덕성의 발현을 중요시함
- 현덕(玄德): 현묘한 덕은 깊고 멀어서 사물과는 반대되는 곳에 존재한다.
- 상선약수(上善若水): 지극히 착한 것은 마치 물과 같다는 뜻으로, 노자 사상에서 물은 만물을 이롭게 하면서도 다투지 아니하는 이 세상(世上)에서 으뜸가는 선의 표본으로 여기어 이르는 말
- 장자
  - 도(道)는 천지만물의 근본원리, 도(道)는 어떤 목적을 욕구하거나 사유하지 않는 무위(無爲)
  - '지인(至人)은 자기의 입장이나 생각을 타인에게 관철시키려 하지 않고, 신인(神人)은 억지로 공을 세우려 자신의 몸과 마음을 어지럽히지 않으며, 성인(聖人)은 사회적 명성이나 사사로운 욕망을 추구하지 않는다.'
  - 내재적 도덕성, 내면의 자연스러운 도덕성의 발현을 중요시함
  - '무릇 도(道)는 실재한다는 확실한 믿음이 있지만, 인위적인 행함은 없고, 형체도 없다. 마음으로 전할 수는 있으나, 형체가 있는 것처럼 주고받을 수는 없다. 그것은 마음으로 체득할 수 있으나 눈으로 볼 수는 없다.'

(8) 학자와 이론

① 베버의 책임윤리: 선한 동기만으로 행위의 도덕성을 평가하는 것이 아니라 행위가 가져온 결과에 대해서도 책임이 있음, 생길 수 있는 결과를 생각한 후 그것에 이르는 수단을 충분히 고려하여 행위를 해야 함

② 요나스의 책임윤리: 책임을 과거 행위에 대한 소급적 영역으로 한정하지 말아야 함, 과거에 잘못한 행위를 보상하는 것보다 미래에 잘못된 결과가 일어나지 않도록 현재 조심하는 것이 중요함, 일어날 수 있는 일에 대한 배려와 예방을 강조

③ 니부어의 사회윤리: 개인적으로는 도덕적인 사람도 자기가 소속된 단체의 이익을 위해서는 이기적이 되기 쉬움, 개인 윤리와 사회 윤리를 분별할 필요가 있음

④ 나딩스의 배려윤리: 배려는 배려하는 사람과 배려를 받는 사람 간의 상호 관계에서 이루어지므로 배려는 받는 사람이 그것을 알아차리고 응답하는 과정을 통해 완성됨, 의무감에서 나오는 자연적 배려가 아니라 타인을 배려하고 배려받았던 최상의 기억과 경험에서 촉진된 윤리적 배려가 중요하며 이것이 바로 모성애를 통한 배려임, 다른 사람에 대한 유대감이나 의존 및 책임 등을 강조, 윤리적 가치의 근거를 페미니즘에서 찾음, 이성의 윤리가 아닌 감성의 윤리

예) 경기에 처음 출전하는 후배를 격려하는 선배의 친절, 근육 경련을 일으킨 상대 선수를 걱정하고 보살피는 행위, 타자의 요구와 정서에 공감하고 대응하는 것이 도덕의 출발임

(9) 가치충돌의 문제와 대안

① 주어진 윤리적 상황을 다각도로 분석하는 것이 필요함

② 주어진 상황에 적용할 수 있는 다양한 윤리이론을 고려해봐야 함

③ 윤리적 상황에 적용되는 도덕규칙과 결과의 공리성을 비교·분석하여 최선의 방안을 찾으려는 노력이 필요함

④ 민주적인 분위기에서의 토론이 필요

⑤ 상대방의 의견을 경청하는 열린 자세를 가져야 함

⑥ 폭력과 힘의 논리에 이끌리는 토론은 바람직하지 않음

⑦ 최대한 많은 사람이 수용 가능한 중도를 찾기

⑧ 창의적 중도: 절충을 위한 시도로서 모든 사람이 수용할 수 있는 중간 지점을 찾는 창의성이 문제해설의

핵심
⑨ 최선 → 차선 → 창의적 중도

셀러(M. Scheler)의 가치 서열 기준과 이를 스포츠에 적용한 사례

- 지속성: 지속적인 가치가 변화하는 가치보다 높음
  - 예) 도핑으로 메달을 획득하는 것보다 지속적으로 훈련을 하여 경기에 참여하는 것이 가치가 더 높다.
- 만족의 깊이: 만족의 정도가 클수록 높은 가치
  - 예) 자신의 실수를 인정하여 패배하는 것이 속임수를 쓰고 승리하여 메달을 획득하는 것보다 가치가 더 높다.
- 근거성: 다른 가치에 덜 의존할수록 높은 가치
  - 예) 올림픽 경기에서 메달 획득으로 병역 혜택을 받는 것보다 올림픽 정신을 토대로 세계적인 선수들과 정정당당하게 겨루는 것이 가치가 더 높다.
- 분할 향유 가능성: 많은 사람이 분할하지 않고 그대로 향유할 수 있는 가치가 높음
- 독립성: 사람에 따라 상대적이지 않은, 독립적인 가치가 더 높은 가치
- 가치는 높고 낮음의 순서가 존재하는데 낮은 가치부터 높은 가치 순으로 감성적 가치, 생명 가치, 심적 가치, 정신적 가치, 그리고 신성한 가치가 있으며, 우리가 이러한 가치 순서대로 지향하고 추구하기 위해서는 사랑이 필요함

독일의 철학자 악셀 호네트(A. Honneth)의 인정투쟁

- 성공적인 삶을 실현하는 사회적 조건: 인정
- 인간은 누구나 타인에게 인정을 받고 싶은 욕구가 있음
- 스포츠에서 승리에 대한 욕구는 가장 원초적인 인정투쟁이라고 할 수 있음

---

4 스포츠와 도덕교육

(1) 사상가와 스포츠를 통한 도덕교육 방법
① 루소(J. Rousseau)
- 교육에 있어서 신체의 중요성을 강조
- 어린 시절부터 다양한 신체활동을 통해 성평등, 동료애, 공동체에서의 협력과 책임을 지는 습관을 길러줌

② 뒤르켐(E. Durkheim): 사회화로서의 도덕교육
- 도덕의 대상은 사회이며, 도덕적으로 행동한다는 것은 집단의 이익을 위해 행동하는 것
- 학교는 도덕의 사회화에 필요한 통제의 기구로 존재함
- 도덕규칙을 이해하고 공동체의 이익을 실천하기 위해서는 규율정신, 집단애착, 자율성을 갖추어야 함

③ 베닛(W. Benneitt)
- 고전과 인문학에 중점을 둔 전통적인 인격교육을 강조
- 도덕교육은 전통적으로 강조되어 왔던 덕목을 실천하는 것

④ 위인(E. Wynne)

- 도덕교육은 선을 아는 것, 선을 사랑하는 것, 그리고 선을 행동하는 것이 될 수 있도록 실행되어야 하는 것
- 스포츠 경기의 전통을 이해하고, 규칙 준수 등의 바람직한 행동을 습관화할 수 있도록 가르침

⑤ 콜버그(L. Kohlberg): 인지발달론
- 스포츠에서 발생하는 도덕적 딜레마에 대한 토론을 통해 노력적 갈등상황을 이해하고, 자율적으로 대처할 수 있도록 가르침
- 도덕적 추론의 단계들을 발달시킴으로써 각 개인들이 자율적인 도덕적 행위자가 될 수 있도록 도와주어야 함

(2) 스포츠 도덕교육의 영역
① 인지적 영역
- 인지적 영역에서의 교육과 훈련이 있을 때 정의적, 행동적 영역의 변화가 강화됨
- 스포츠가 문화로서 가지는 고유한 가치, 정신적 가치, 도덕적 가치, 사회적 가치 등을 탐색하는 과정
- 피터스(R. Peters): 어떻게 행동할 것인가에 대한 사고방식으로서 실천적 지식과 이해, 추론, 인식, 판단, 결정 등을 포괄함

② 정의적 영역
- 인지적으로 습득된 스포츠의 도덕적 가치를 명료화하는 과정
- 실제적인 스포츠 활동을 통해 학생들이 스스로 가치를 찾을 수 있도록 돕는 단계
- 스포츠 활동을 통해 직접 도덕적 정서, 동기, 신념, 태도 등을 배우는 과정
- 맥페일(P. McPhail): 도덕적 가치들은 중요한 타자들(significant others)이 어떻게 행동하고 있는가를 관찰하는 것에 의하여 학습됨, 스포츠 도덕교육에서 스포츠지도자는 중요한 타자에 해당됨, 스포츠의 도덕적 가치는 스포츠지도자의 도덕적 모범에 의해 학습되어지며 참여자는 스포츠지도자를 통해 관찰학습과 사회적 모델링을 하게 됨

③ 행동적 영역
- 스포츠 활동 중 어떻게 행동해야 올바른가에 대한 생각이 직접적인 행동으로 변환되는 과정
- 피터스(R. Peters): 인격의 특성유지와 형성에 있어서의 행위 유발적 요소들, 의지, 노력, 유혹의 거부 그리고 습관처럼 안정적으로 선택된 행동 유형들을 포괄함

(3) 통합교육의 이론들
① 리코나(T. Lickona)의 통합적 인격교육론
- 인격은 도덕적으로 아는 것, 믿는 것, 그리고 행동하는 것이 서로 영향을 주고받으며 기능하는 것임
- 도덕적 지식: 도덕적 인식, 도덕적 가치들에 대한 지식, 관점 채택, 도덕적 추론, 의사결정, 자기 자신에 대한 지식
- 도덕적 감성: 양심, 자기 존중, 감정이입, 선을 사랑하는 것, 자기통제, 겸양
- 도덕적 행동: 능력, 의지, 습관

② 레스트(J. Rest)의 도덕성 4구성요소
- 도덕적 민감성(=도덕적 감수성, moral sensitivity): 특정 상황 속에 내재된 도덕적 이슈를 자각하고 상황을 해석
  예) 스포츠 현장에서 발생하는 특정 상황 속에 내포된 도덕적 이슈들을 감지하고 그 상황에서 어떠한 행

동을 할 수 있으며 그 행동들이 관련된 사람들에게 어떤 영향을 미칠 수 있는가를 상상하는 것

- 도덕적 판단력(moral judgement): 어떤 행동에 대해서 도덕적으로 옳은지 그른지에 대한 판단
- 도덕적 동기화(moral motivation): 다른 가치보다 도덕적 가치를 더 우위에 두려하는 동기

  예) 연봉, 명예 등의 가치보다 스포츠인으로서 스포츠맨십과 페어플레이가 가장 중요한 가치라고 생각함
- 도덕적 품성화(moral character): 실천의 장애 요인을 극복하여 실천할 수 있는 강한 의지, 용기, 인내 등의 품성을 갖는 것

① 로제 카이와(R. Caillois)가 구분한 놀이의 4대 요소

(1) 아곤(Agon), 경쟁
① 공정한 규칙과 경쟁이 있는 놀이, 승리 추구

(2) 미미크리(Mimicry), 역할
① 누군가를 흉내내거나 모방하는 놀이, 맡은 역할

(3) 알레아(Alea), 행운
① 행운이라는 요소, 운, 우연, 일정한 확률과 우연적인 일이 일어나는 확률
② 놀이에 몰입을 할 수 있게 도와줌

(4) 일링크스(Ilinx), 현기증
① 게임을 재밌게 느끼는 가장 큰 요소로서 승리자가 되기 위해 극복해야 할 도전 과제에 온 정신을 몰입하면서 느끼는 감정 상태
② 아곤, 미미크리, 알레아 모두 일링크스를 이끌어내기 위한 과정

② 스포츠 경기의 목적

(1) 아곤(agon) - 승리 추구
① 경쟁, 승리 추구, 결과 중시
② 경쟁에 참여하는 개인의 자기중심적 태도가 나타남
예) 체스, 바둑, 기타의 경쟁적 행위

(2) 아레테(arete) - 탁월성 성취
① 사람이나 사물이 가지고 있는 도덕성, 덕성, 탁월성, 최적의 기능수준, 유능성, 기량, 뛰어남 등을 의미
② 탁월한 능력의 완성이 목적이며, 승리라는 결과의 추구가 목적이 아님
③ 운동선수가 갖추어야 할 덕목, 신체적 탁월성과 도덕적 탁월성을 겸비
④ 자신에게 주어진 모든 가능성을 최대한 활용하여 최고의 실력을 정당하게 발휘하고자 하는 마음가짐과 태도
⑤ 아곤보다 더 포괄적인 개념임

스포츠에는 아곤(agon)적 요소와 아레테(arete)적 요소가 모두 내재되어 있다. 아곤(agon)적 요소는 경기에 긴장과 흥미를 불러일으킨다. 선수들은 승리하려는 강렬한 욕망으로 인해 경기에 몰입하고, 스포츠팬들 역시 승부로 인해 응원의 동기를 갖게 된다. 그러나 경쟁심이 과열되고 승리가 절대화될 경우 제도화된 규칙이 무시될 우려가 있으며, 스포츠는 폭력의 투쟁으로 변질될 수 있다. 이것이 스포츠에서 아곤(agon)적 요소보다 아레테(arete)적 요소를 더욱 중시하는 이유이다.

(3) 에토스(ethos)
① 사람의 특징적인 성질이나 태도, 습관, 성격
② 사람에게 도덕적 감정을 갖게 하는 보편적이며 도덕적·이성적 요소, 윤리 규범을 가리키는 말
③ 동일한 행동을 반복함으로써 습관이 형성되고, 이것은 도덕적 행동·사고·생활의 근거가 됨
④ 사람이 도덕적으로 옳고 그름을 판단하는 원동력
⑤ 예술적·감성적 요소인 파토스(pathos)와 대립되는 개념
　예) 축구 경기 중 상대 선수가 부상으로 쓰러졌을 경우 공을 밖으로 걷어내고 부상자를 돌보는 행위, 야구에서 투수가 던진 공에 상대팀 타자가 맞은 경우 투수는 모자를 벗어 타자에게 미안함을 표현함, 농구에서 경기 종료 1분을 남기고 우리 팀이 큰 점수 차로 이기고 있는 상황에서 감독은 상대를 배려하는 마음에 작전타임을 부르지 않음

용어의 의미
- 에토스(ethos): 품성이나 품격에서 나오는 인간적 신뢰감 및 인성, 즉 인격과 품격, 도덕성
- 파토스(pathos): 감정적 호소력 및 공감력, 즉 감성
- 로고스(logos): 객관적 사실이나 논리적 근거를 갖는 논리적 구속력, 즉 이성
- 테크네(techne): 능숙함을 통해 바라는 결과를 얻는 능력, 유용성 및 효율성
- 에피스테메(episteme): 과학적 지식 및 일반적 지식
- 프로네시스(phronesis): 실천적 지식 및 지혜
- 아크라시아(akrasia): 자제력 부족, 의지력 부족, 자신의 더 나은 판단에 반하는 행동

성피티 TIP
출제 빈도가 높은 내용입니다. 각 용어의 개념을 명확하게 구분할 수 있어야 합니다.

3 스포츠맨십

- 놀이 → 게임 → 스포츠

(1) 놀이(play)
① 실리적인 결과나 목적을 추구하지 않고 즐거움을 추구하는 자발적인 활동
② 게임과 스포츠의 가장 기본이 되는 인간의 본능적인 활동
③ 제도화되지는 않았지만 규칙을 가지며, 규칙에 대한 자발적인 준수

(2) 게임(game)
① 놀이가 발전된 형태
② 구조적, 조직적, 규칙적인 경쟁적 갈등 상황까지도 내포함
③ 경기의 규칙 안에서 신체의 탁월성을 발휘하여 경쟁에서 승리를 추구하는 것
④ 게임은 허구적이고, 비생산적이며, 비현실적이고, 그 결과를 예측할 수 없고 규칙에 의해 통제됨. 결과는 신체기능, 확률, 또는 전술적 사고능력에 의해서 결정

(3) 스포츠(sports)

① 경쟁적이고 놀이적인 신체 활동, 제도화된 규칙에 의해 지배되는 활동
② 규칙과 경쟁의 요소가 더욱 강조됨
③ 놀이보다 강화된 경쟁성과 규칙성을 가짐
④ 보수와 금전적인 이익과는 관계없는 것. 경쟁적 요소가 좀 더 제도화되어 있음
⑤ 즐거움을 추구하기 위한 신체적, 경쟁적, 제도화된 활동

(4) 놀이로서의 스포츠

① 자유로운 선택을 통한 재미 및 즐거움을 추구

(5) 경쟁으로서 스포츠

① 신체의 탁월성을 발휘하며 경기의 규칙을 존중하는 가운데 경쟁에서 승리를 추구

(6) 놀이와 경쟁의 조화: 규칙 준수와 게임 자체의 존중

① 인간의 삶에 공헌하는 스포츠가 되기 위해 두 요소는 조화롭게 공존해야 함
② 놀이의 요소는 스포츠에서의 지나친 경쟁을 막고, 경쟁의 요소는 스포츠의 즐거움을 더해줌

(7) 스포츠맨십(sportsmanship)

① 스포츠의 가장 포괄적이고 일반적인 도덕규범으로 스포츠인이 마땅히 지켜야 할 준칙과 갖추어야 할 태도
② 일반적인 도덕규범을 통해 경쟁의 부정적인 요소를 억제하는 태도, 경쟁이 갖는 잠재적 부도덕성의 제어
③ 경기에서 일반적인 윤리 덕목을 지키고 강화하려는 정신
④ 이상적인 신사(gentleman)의 인간상이 스포츠에 적용되면서 만들어진 가치
⑤ 합규칙성을 넘는 적극적인 도덕적 마음가짐
⑥ 스포츠의 긍정적 가치를 유지하려는 도덕적 기제
⑦ 상대 존중, 최선, 공정성 등을 포함
　　예) 악의없는 순수한 경쟁, 패배에 대한 겸허한 수용, 승자에 대한 아낌없는 박수

4 페어플레이

스포츠의 규범은 근대스포츠의 탄생과 밀접한 연관을 갖는다. 규칙의 준수가 근대 시민 계급의 도덕성 함양에 기여할 수 있다고 여겨지면서 하나의 윤리 규범으로 정착하였다. 특히 페어플레이(fairplay)는 진실과 성실의 정신(spirit of truth and honesty)을 바탕으로 경기에 임하는 도덕적 태도와 같은 의미로 쓰이면서 오늘날 스포츠의 보편적인 윤리 규범이 되었다.

(1) 페어플레이

① '페어'하게 '플레이'한다, 공정한 시합, 영국의 귀족과 신사가 스포츠를 할 때 강조한 것
② 행위나 동작을 강조할 때 공정행위로 표현할 수 있음
③ 공평하고 공정한 플레이를 말하며 가장 보편적인 스포츠윤리, 룰 준수
④ 스포츠라는 행위를 실천할 때 누구에게나 요구되는 정신

⑤ 규칙 준수, 상대 존중 등 근대적 시민의 도덕규범과 일치
⑥ 규칙의 준수로서 페어플레이는 행위에 대한 요구와 제재를 의미
⑦ 스포츠인이 지켜야 할 정정당당한 행위로서 경쟁자에 대한 배려도 포함
⑧ 패자 앞에서 과도한 승리 세리머니를 하는 것은 규범으로서의 페어플레이를 위반한 것

(2) 의도적 반칙

① 승리를 위한 의도적 반칙 및 파울(foul) 전략
- 의지적 계획(의도)를 가지고 실제로 이루어진 규칙 위반 행위
- 스포츠의 룰에서는 허용될 수 있지만 승리만을 추구하는 행위라는 점에서 스포츠윤리에는 부합하지 않음

② 찬성의 입장
- 의도적 반칙은 경기의 일부이며, 경기의 본질 및 가치를 손상시키지 않음
- 팀의 전략적 능력과 그 전략을 실행하는 선수의 수행 능력을 표현한 것임
- 능력에 따라 승패를 결정하는 경기, 즉 경쟁적 스포츠의 윤리에서 벗어난 것이 아님

③ 반대의 입장
- 규칙을 위반한 것이기 때문에 윤리적으로 정당화될 수 없음

(3) 승부조작의 윤리적 문제와 해결방안

① 의미
- 금전의 획득과 같은 경기 외적인 이득을 얻고자 경기 전에 미리 승부를 정해놓고 경기 결과를 조작하는 행위
  예) 스포츠 도박이 성행하면서 배당금을 획득하기 위해 고의적으로 승부를 조작하는 경우

② 문제점
- 경쟁적 스포츠의 가치를 근본적으로 훼손시키는 행위임
- 윤리적으로나 도덕적으로 비난받을 행위일 뿐 아니라 범죄 행위임

③ 해결방안
- 내적 통제를 통한 승부조작을 최소화할 수 있는 방안
  - 윤리교육 강화
  - 스포츠 관계자(선수, 코치, 심판, 경기단체 임원)들에게 스포츠윤리 교육을 철저히, 그리고 지속적으로 실시
- 외적 통제를 통한 승부조작을 최소화할 수 있는 방안
  - 법적 처벌 강화
  - 비디오 판독 시스템 구축
  - 심판의 수 증가

<스포츠윤리규범의 구조>

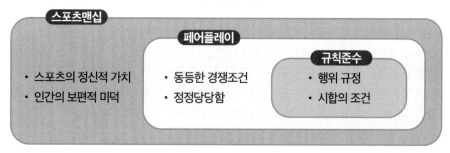

5 공정시합에 관한 두 가지 견해

(1) 형식주의(formalism)
① 형식적 공정시합으로 명확한 판정기준을 제공
② 경기 관련 규칙을 준수하며 페어플레이를 실천하는 것, 룰에 대한 준수 여부
③ 공정시합이란 구성적 규칙과 규제적 규칙을 준수하며 경기를 하는 것
- 구성적 규칙(constitutive rules)
    - 스포츠를 구성하는 포괄적이고 일반적인 규칙과 경기 진행 방법
    - 스포츠의 목적, 수단, 공간, 시간, 요구, 용품, 평가방법 등에 관한 사항
    - 구성적 규칙이 위반될 경우 스포츠가 성립하지 않음
        예) 축구: 경기장 내에서 골키퍼를 제외하고는 손을 사용하지 않음, 전·후반 각 45분씩, 득점을 많이 한 팀이 승리
- 규제적 규칙(regulative rules)
    - 규칙이나 규정에 의하여 일정한 한도를 정하거나 정한 한도를 넘지 못하게 막는 개별적이고 구체적인 규칙
        규제적 규칙 위반의 예) 사이클에서 산소운반능력을 높이기 위하여 도핑을 하고 출전하는 행위, 농구 경기에서 반칙을 해서 자유투를 유도한 후 공격권을 가져오려고 하는 경우

(2) 비형식주의(non-formalism)
① 비형식적 공정시합
② 공정의 개념을 구성적 규칙과 규제적 규칙을 포함하여 더 포괄적으로 확장
③ 스포츠의 역사적·사회적 보편성과 정당성 속에서 형성되고 공유된 에토스(shared ethos)에 충실
④ 관습을 포함하여 규정에는 없지만 좋은 경기를 위하여 권장되어야 하는 행위와 비난받아야 하는 행위를 판단할 수 있는 준거, 기준을 정립
- 관습: 경기 규칙에 관한 해석에 있어 공유되는 집단적 규범 체계

6 정의의 유형

(1) 정의의 의미
① 사회 제도가 추구해야 할 가장 핵심적이고 기본적인 덕목

(2) 정의의 유형
① 법률적(교정적) 정의: 국가의 법을 공평하게 집행함으로써 실현되는 정의
    예) 민사 재판을 통해 실현하는 배상적 정의, 형사 재판을 통해 실현하는 형벌적 정의
② 분배적 정의
- 사람들 간의 이익과 부담을 공정하게 분배할 때 실현되는 정의
- 단체의 개인에 대한 관계에서의 정의로, 단체생활에 있어서 개인 각자의 능력과 가치에 따라 적합하게 분배되어야 한다는 상대적·실질적 평등을 의미함
- 다이빙·리듬체조·피겨스케이팅 등의 종목은 기술의 난이도에 따라 차등적으로 점수를 받으며 경기 수행이 어려울수록 더 많은 점수(가산점)를 받음

예) 피겨스케이팅과 다이빙에서 높은 난이도의 연기를 펼친 선수는 그렇지 않은 선수보다 더 높은 점수를 받아야 함, B지역 체육회는 당해 연도에 소속 선수의 경기실적에 따라 연봉을 차등 지급하기로 결정함

③ 절차적 정의: 결과보다 과정에 초점을 맞춘 정의, 절차가 공정하면 그 절차에 따른 분배 결과도 공정하다는 원리, 과정의 투명성과 공정성을 강조함

예) 테니스에서 동전을 던져 코트를 결정하고 코트를 바꿔가며 게임을 진행, 시합 전 동전 던지기로 선공과 후공을 결정, 축구에서 전후반 진영 교체, 홈·원정 경기, 출발 위치 제비뽑기

④ 평균적 정의: 개인 상호간에 행하여지는 정의로 절대적 평균으로서 모든 사람들에게 차별없이 평등하게 적용되어야 한다는 절대적·형식적 평등을 의미함, 동등한 조건의 참가와 동일한 규칙의 적용

예) 핸드볼 경기 진행 시 양 팀에 동일한 골대의 규격을 적용, 유소년 축구 생활체육지도자 A는 남녀학생 구분없이 경기에 참여하도록 하고 장애 학생에게도 비장애 학생과 동일한 참여 시간을 보장함

운동선수의 신체는 훈련으로 만들어지기도 하지만 유전적 요인으로 결정되는 경우가 많다. 농구와 배구선수의 키는 타고난 우연성에 해당한다. 일반적으로 스포츠 경기에서는 이러한 불평등 문제에 평균적 정의를 적용하지 않는다. 왜냐하면 스포츠는 전적으로 개인의 자발적인 선택의 문제이기 때문이다.

(3) 롤스(J. Rawls)의 '정의의 원칙'

① 제1원칙: 평등한 자유의 원칙
- 모든 사람은 평등한 기본적 자유를 최대한 누려야 함
- 기본적인 권리와 의무 할당에 있어 평등을 요구, 기본적 자유에 대한 동등한 권리
- 양심, 사상, 선거권, 신체 등 기본적인 자유들의 보장

② 제2원칙: 차등의 원칙과 공정한 기회균등의 원칙
- 차등의 원칙: 사회적·경제적 불평등은 최소 수혜자에게 최대이익이 되는 경우에만 정당화되고 허용됨

  예) 상대적으로 사회적 약자인 저소득층 자녀들에게 지역의 사설 스포츠 센터 무료 이용권, 건강운동 강좌 수강이 가능한 스포츠 바우처(voucher)를 제공하여 누구나 경제적 형편에 상관없이 공평하게 스포츠를 누릴 수 있도록 정책을 마련

- 공정한 기회균등의 원칙: 모든 사람에게 직업이나 직책의 기회뿐만 아니라 삶의 기회까지 평등하게 제공

성피티 TIP

롤스의 정의의 원칙에서 우선순위 1순위는 평등한 자유의 원칙, 2순위는 공정한 기회균등의 원칙, 3순위는 차등의 원칙입니다.

롤스(J. Rawls)는 탁월성이 인간 발전의 조건이며, 모든 이의 관점에서 선이 된다고 하였다. 스포츠는 신체적 불평등을 훈련과 노력으로 극복하며, 기회의 균등이 정의로 작용하고 있음을 보여준다. 즉 인간이 갖는 신체적 능력의 불평등은 오히려 탁월성을 개발할 기회를 마련해주며, 이를 통해 스포츠 전체의 선(善)이 강화된다.

7 공격의 윤리성

(1) 스포츠에서 공격이 윤리적이어야 하는 이유
① 타인의 탁월성 발휘를 침해하지 않아야 함, 타인의 탁월성을 발휘할 자유와 충돌하는 공격성은 폭

력으로 변질됨
② 스포츠에서의 모든 공격은 직접적인 형태가 아닌 간접적인 형태로 나타남
- 공격의 직접적인 형태는 공격 당사자의 본능, 감정, 의지를 폭력적인 수단에 의해 관철하는 것을 의미
- 공격의 간접적인 형태는 공격의 수단과 결과가 간접적인 방식으로 드러남
③ 규칙의 범위 내에서 공격과 방어의 교환이라는 소통의 구조를 가져야 함
④ 파괴적인 것이 아니라 합리적인 방법과 전술의 개발 등 생산적이어야 함

3 스포츠와 불평등

스포츠윤리

1 성차별

(1) 의미
① 성에 근거를 둔 편향적이고 부당한 태도
② 스포츠에서 성차별은 여성이 남성보다 열등하다는 신념
③ 여성의 스포츠 참여 기회와 권리를 제한하거나 불이익을 주는 제반 행위
④ 성 역할 고정관념은 스포츠의 제반 영역에서 여성의 참여를 제한하는 논리로 기능해옴

(2) 성차별의 원인
① 사회적 성 역할의 고착화, 성에 따라 스포츠 능력이 차별적으로 배분되어 있다는 생각
② 전통사회에서 여성은 본질적으로 비공격적이며 수동적인 반면, 남성은 공격적이고 능동적인 성향이라는 것을 강조하는 편향된 문화적 전통(남성 문화에 기반한 근대스포츠)
③ 신체구조와 운동능력에 대한 편견
④ 차이를 차별로 정당화하는 논리, 부모의 차별적 성 역할 사회화
⑤ 대중매체의 편향적 보도 자세
⑥ 생물학적 환원주의: 남성은 여성에 비해 선천적으로 우월한 신체 능력을 갖고 태어나기 때문에 신체 능력에 크게 의존하는 스포츠에서 남녀차별은 불가피하다는 이론

(3) 스포츠에서의 성차별의 과거와 현재
① 서양의 고대 사회
  • 3500여 년 전 지중해 크레타섬의 여성들은 남자와 같이 황소타기, 투우, 전차경주 등에 직접 참여
  • 고대 올림픽 초기 헤라를 위한 제전에서는 여성의 달리기 경주가 개최됨
  • 스파르타에서는 강건한 군인을 양육하기 위한 어머니의 역할을 강조해서 질주·도약·투창·씨름 등의 신체 단련과 무예를 허용
  • 고대 그리스 올림픽에서 여성은 관람 및 참가가 모두 비허용
② 중세
  • 여성들의 스포츠 참여를 제한함
  • 귀족 여성에 한해서 스케이딩과 마상시합의 관람을 허용
  • 사냥과 승마는 직접 참가를 허용
③ 근대 초기
  • 1896년 제1회 근대올림픽: 근대 올림픽의 창시자인 쿠베르탱의 반대로 여자선수의 참가를 불허함
  • 1900년 제2회 파리대회: 테니스경기에 여자선수 출전 허용. 이후 피겨스케이팅, 수영 등에 여성 참가를 허용
  • 근대올림픽의 부활에 있어서 여성 경기인들의 참여는 제한적
  • 1960년대 이후 여성의 사회참여가 활발해지면서 여성들의 스포츠 참여도 급격히 증가하기 시작
  • 1972년 제20회 뮌헨대회: 천여 명의 여자선수들이 각 종목에 걸쳐 참가. 각종 국제대회에 여성

참가자 수가 크게 증가하는 계기가 됨
- 1972년: 미국에서 Title IX(남녀교육평등법안)이 통과되어 여성 스포츠에 대한 재정적 지원과 관리방안이 마련됨으로써 여성들의 스포츠 활동 참여가 급증하게 됨
- 미국의 Title IX은 여성의 스포츠 참여를 활성화하는 계기가 됨
- 2012년 런던올림픽에서 여성이 참가하지 못한 종목은 하나도 없었음
- 현대 올림픽에서는 싱크로나이즈드스위밍이나 리듬체조 등 여성들만 참가할 수 있는 경기 종목들이 존재
④ 우리나라
- 조선시대 이전: 남녀관계에 대한 사회적 통념이 비교적 엄격하지 않아 성별에 구애받지 않고 놀이문화가 보편적으로 확산됨
  예) 널뛰기, 그네뛰기, 투호 등
- 조선시대 이후: 남존여비의 유교사상 때문에 여성의 스포츠 참여가 철저히 제한됨
- 개화기: 근대 학교가 설립되고 외국인 선교사들의 기독교 사상에 힘입어서 운동회와 각종 스포츠 활동에 여성의 참가가 허용됨
- 해방 이후: 스포츠(체육)가 학교교육의 중요한 교과목으로 등장함에 따라서 여성들의 스포츠 참여가 보편화되기 시작함

(4) 스포츠에서 성 평등을 이루기 위한 방안
① 전통적인 여성상에서 탈피하려는 노력
② 여성의 성 정체성과 신체에 대한 인식의 전환
③ 남성 선수와의 연봉 불균형 개선
④ 능력에 대한 공정한 평가
⑤ 여성 스포츠지도자를 육성하고 이를 위한 프로그램 개발 및 시설 확충
⑥ 체육 조직 및 단체에서의 여성 역할 확대

(5) 성전환 선수의 문제
① 남성에서 여성으로의 성전환 수술을 받은 선수는 수술 전 성(性)의 장점을 유지할 수 있기 때문에 스포츠 공정성 측면에서 위반될 수 있음
② 성전환 수술을 했다고 하여 스포츠에 있어 일반적인 여성과 동등하게 취급하는 것은 제한할 필요가 있음
③ 2003년 승인된 국제올림픽위원회(IOC) 가이드라인에 따르면 남성 또는 여성으로 성전환한 선수들은 반드시 수술을 거쳐야 하며, 최소 2년 이상 호르몬 치료를 받아야 출전할 수 있었음
④ 2016년 1월에 IOC는 올림픽대회를 비롯한 국제 경기대회에서 외과적인 수술을 받지 않은 성전환자들도 선수로 출전할 수 있도록 허용해야 한다는 새 가이드라인을 발표함
⑤ 여성에서 남성으로 성전환한 선수들은 아무런 제약 없이 남성으로 대회에 출전할 수 있게 되었으며, 남성에서 여성으로 성전환한 선수는 여성으로 출전하기 최소 1년 전 남성 호르몬인 테스토스테론 검사에서 일정 수준 이하의 수치가 나와야 출전 가능

(6) 관련 용어 정의
① 페미니즘
- 여성과 남성의 권리 및 기회의 평등을 핵심으로 하는 여러 형태의 사회적·정치적 운동과 이론

들을 아우르는 용어
- 여성과 남성의 관계를 살펴보고, 여성이 사회 제도 및 관념에 의해 억압되고 있다는 것을 밝혀내는 여러 가지 사회적·정치적 운동과 이론들을 포괄하는 용어
- 역사적으로 남성이 사회활동과 정치 참여를 주도해 왔기 때문에, 페미니즘은 여성의 권리를 주장하고 실현하는 것을 목표로 함

2 인종차별

(1) 용어정의
① 인종: 생물학적, 형태학적 특징에 따라 분류된 인간 집단
② 인종주의: 특정 종목에 유리하거나 불리한 인종이 실제로 존재한다는 사고 방식
③ 인종 차별: 선수의 능력 차이를 특정 인종의 우월이나 열등으로 과장하여 차등을 조장하는 것
④ 스포츠 인종주의: 스포츠계에서 특정한 인종이 다른 인종을 차별하거나 분리하려는 비합리적인 사고방식, 특별한 이유 없이 백인들은 자신들과 다른 유색인종에 대한 지배나 정복을 정당화하고 헤게모니를 확보하기 위한 수단으로 인종주의 편견을 유지하고 신봉해 옴

(2) 스포츠에서 인종차별의 과거와 현재
① 과거 백인들은 스포츠에서의 유색인종의 활동을 제한함
② 제한 대상: 주로 라틴계 미국인이나 흑인들, 아시아인들
③ 노예시대: 노예주들은 노예들이 폭동을 일으키거나 다른 생각을 하지 못하도록 약간의 스포츠를 즐길 수 있도록 함
④ 19세기: 노예해방선언이 있었고, 흑인들도 운동선수로서 활동을 시작함. 그러나 여전히 차별적인 대우는 남아있었음
⑤ 20세기 후반: 흑인들이 신체적 능력을 인정받기 시작하면서 스포츠에 참여하는 흑인선수의 비율이 증가함, 그래도 여전히 인종차별은 존재하고 있음
⑥ 남아프리카공화국에서는 1960년까지 백인 선수만 올림픽에 참가함
⑦ 흑인 선수의 경기력은 발생학적(생리학적)이고, 백인 선수는 후천적 노력의 결과로 봄
   예) "백인 선수는 성공하기 위해서 많은 노력과 땀을 흘렸을거야. 자기를 희생하면서도 끝없는 자기관리와 투지의 결과일 거야. 그에 비해 저 흑인 선수가 구사하는 기술은 누구도 가르칠 수 없는 묘기이지. 아마도 타고나지 않으면 할 수 없는 거지. 천부적인 재능이야."
⑧ 스포츠에서 인종 간의 승패여부는 민족적·생물학적 의미를 가진다고 봄
⑨ 미디어에서는 흑인 선수가 수영종목에 적합하지 않은 신체조건을 갖고 있다고 설명함
⑩ 아파르트헤이트(Apartheid): 20세기 남아프리카공화국의 인종차별 정책

(3) 인종차별의 원인
① 국수주의: 자기 나라의 민족성·역사·전통·문화·정치만이 가장 우월하다고 믿음으로써, 다른 나라나 민족을 배척하는 극단적인 태도나 경향을 나타내는 극단적 국가주의
② 백인 우월주의: 백인이 다른 인종보다 선천적으로 우월함을 타고났다는 인종 관념
③ 스포츠 순혈 주의
④ 지배층의 정치적 의도

(4) 스포츠에서 인종차별 극복 방안
① 인종을 초월한 실력으로 경쟁
② 인종에 대한 편견 해소
③ 차별 철폐의 이념과 방법론

(5) 다문화사회의 도래와 예상되는 갈등들
① 문화의 차이로 인한 적응 문제
② 언어소통의 문제
③ 편견과 소외 및 왕따로 인한 부조화 문제
④ 자녀 양육과 교육 문제

(6) 스포츠에서 인종차별을 극복하기 위한 방안
① 문화적·신체적으로 교류하는 것이 가장 수월하고 효과가 좋은 방법 중의 하나이며, 스포츠 활동이 대표적임
② 차별적 갈등 문제를 인지하고 해결방안을 모색해야 함
③ 다양한 문화적 배경을 가진 선수들과 학생, 스포츠 회원들을 효과적으로 지도하며, 함께 어우러져 팀워크를 이룰 수 있는 방법론을 탐구하고 적용해야 함
④ 다문화주의 가치의 합리적 수용성을 담아내는 스포츠 정책
- 문화가정의 체육 활동 지원
- 이민자 생활체육의 욕구 및 실태조사
- 다문화가정의 체육 교육 프로그램 개발

③ 장애차별

(1) 장애인의 스포츠권
① 장애의 유무와 상관없이 인간으로서 존엄성을 인정받고 인간답게 살 수 있는 권리가 있음
② 장애인도 인격과 독립성을 가진 하나의 인간으로서 완전한 사회 참여와 평등권을 보장받아야 하고, 다른 사회구성원들과 동일하게 스포츠에 참여할 수 있는 기회를 보장받아야 함
③ 장애인의 스포츠권은 장애인의 기본적인 권리의 충족 이후가 아니라 동시에 보장되어야 함

(2) 우리나라 장애인 스포츠 발달
① 1988년 서울장애인올림픽 이후부터 크게 발달
② 처음에는 보건복지부가 장애인스포츠를 담당하였으나, 나중에는 문화체육관광부로 이관됨
③ 장애인복지체육회가 장애인체육을 담당하는 행정기관임
④ 국민체육진흥법에 근거하여 대한체육회와 똑같은 수준의 대한장애인체육회가 설립됨

(3) 장애차별의 유형
① 직접차별: 장애인을 정당한 이유 없이 제한·배제·분리·거부하여 불리하게 대하는 것
② 간접차별: 형식상으로는 공정한 기준을 적용했더라도 장애를 고려하지 않은 기준을 적용해 장애인에게 불리한 결과가 발생하게 하는 것

③ 정당한 편의제공 거부에 의한 차별: 정당한 이유 없이 편의시설이나 장애를 고려한 서비스 등의 제공을 거부하는 것

④ 광고에 의한 차별: 광고의 내용이 장애인에 대한 제한·배제·분리·거부 등 불리한 대우를 나타내는 것

(4) 스포츠에서 장애인 차별
① 체육시설 이용의 차별
② 체육용기구의 차별
③ 체육지도자의 부족
④ 이용 프로그램의 차별
⑤ 신체적·생리적 능력의 차별
⑥ 경기 참가의 차별
⑦ 장애로 인해 스포츠 참여의 권리와 기회를 비장애인과 동등하게 누리지 못하는 불평등
⑧ 장애를 이유로 스포츠 참여를 원하는 장애인에 대한 제한, 배제, 분리, 거부는 기본권의 침해에 해당함

(5) 장애차별 없는 스포츠의 조건
① **기회제공**: 장애인이 원하는 장소와 시간을 확보해야 함
② **재정지원**: 활동에 필요한 장비 및 기구의 재정적인 지원이 확보되어야 함
③ **계속적인 활동**: 일회성의 체험이 아닌 회원으로 관리되는 지속적인 클럽활동이 보장되어야 함
④ **선택의 기회**: 대회의 참여와 종목의 선택은 본인에게 맡김
⑤ **다양한 사람과의 만남**: 다양한 사람과의 관계를 통해 사회성 함양의 기회를 주어야 함

(6) 장애인차별금지법
① 장애를 이유로 한 차별을 금지하고 장애를 이유로 차별받는 사람의 권익을 구제함으로써 장애인의 사회참여와 평등권 실현을 통해 인간으로서의 존엄과 가치를 구현하기 위해 만들어진 법

(7) 장애인 선수들의 인권향상을 위한 방안
① 인권에 대한 문제는 예방이 중요하므로 지속적인 예방 교육과 더불어 홍보가 필요함
② 장애인 국가대표 선수단 역시 훈련에 필요한 안정적인 지원이 확보되어야 함
③ 장애인 선수들의 접근과 이용이 불편하지 않도록 시설 확충과 설계가 이루어져야 함

스포츠에서의 장애차별이란 장애로 인해 스포츠 참여의 권리와 기회를 비장애인과 동등하게 누리지 못하는 불평등을 말한다. 장애를 이유로 스포츠 참여를 원하는 장애인에 대한 제한, 배제, 분리, 거부는 기본권의 침해에 해당한다.

4 스포츠에서 환경과 동물 윤리

스포츠윤리

1 스포츠와 환경윤리

(1) 스포츠가 환경에 미치는 영향
① 스포츠 행위: 산악자전거, 클라이밍, 오프로드 경기 등
② 스포츠와 관련한 교통수단
③ 스포츠 시설: 경기장, 골프장, 스키장 등

(2) 환경윤리
① 생명의 가치와 자연물의 가치를 높일 수 있는 환경 친화적이고 생태 지향적인 규범의 설정 및 그 가능성과 타당성을 연구하는 학문
② 목적: 기존에 있던 규범적 이론과 원칙을 확대하여 동물보호·자연보호·환경보호의 원칙을 세우고, 나아가서 올바른 환경 도덕적 의사결정을 위한 환경윤리 교육의 이론적 토대를 만드는 것

(3) 스포츠를 위한 환경의 3가지 범주(부올레 P. Vulloe)
① 순수 환경: 원래 그대로의 자연환경에서 이루어지는 스포츠 환경
   예) 카누, 등산, 요트, 윈드서핑
② 개발 환경: 트레일, 슬로프, 스포츠 필드, 실외 수영장 같은 시설을 지어 자연에 일정한 변형을 가한 환경, 옥외 스포츠
   예) 골프, 야구, 테니스, 스키
③ 시설 환경: 실내 체육관, 경기장, 아이스링크 같은 완전한 실내 스포츠 공간, 자연과 분리된 인공적 환경
   예) 역도, 유도, 탁구, 체조, 아이스하키 등의 실내스포츠

(4) 스포츠에서 파생되는 환경윤리적인 문제들
① 환경 오염
② 자연 훼손

(5) 스포츠에 적용 가능한 환경 윤리학의 이론들
① 인간 중심주의
   • 인간에게만 본질적 가치를 부여하고, 인간 이외의 존재에게는 도구적인 가치만을 부여함
   • 인간의 삶과 행복을 위해 자연보호를 함, 자연환경 보호의 당위성을 도구적 가치에서 찾음
   • 환경 문제는 인간의 이성에 의해서 해결될 수 있다고 봄
   • 패스모어(J. Passmore)의 환경윤리
     - 환경 문제를 해결하기 위해 우리에게 필요한 것은 새로운 윤리가 아니라 우리가 그동안 알고 있던 윤리를 잘 준수하는 일
     - 자연은 인간이 그것을 사랑하고 아름답다고 느끼기 때문에 가치 있는 것이며, 인간이 자연에 대해 느끼는 책임은 그 책임의 바탕에 인간의 이익과 관심이 들어 있기 때문임

- 베르크(A. Berque)의 환경윤리
  - 지구나 생태계, 환경은 모두 인간 존재의 터(에쿠멘)로 보았을 때 의미와 가치를 가짐
  - 지구는 인간이 인간답게 살기 위해 아름답고 살기 좋은 곳이어야 함, 지구는 인간의 거처일 때 비로소 의미를 가지게 됨
  - 인간적 거처로서의 에쿠멘을 통해 지구에 대한 인간의 책임과 보전 근거를 제시

② 자연 중심주의
- 자연환경은 그 자체로 고유한 가치가 있기 때문에 보존되어야 함
- 자연의 산물인 모든 생명체를 인정하고 도덕적 대우를 해야 함
- 인간은 자연에 종속되어 있으며, 만물의 척도가 아닌 자연 만물 가운데 하나일 뿐이라고 봄
- 자연환경은 그 자체로 보존되어야 함
- 강조하는 윤리적 대상에 따라 '생명 중심주의'와 '생태 중심주의'로 나뉨
- 생명 중심주의: 생명에 주목, 모든 생명은 그 자체로 존중받을 가치를 지님
- 생태 중심주의: 미생물을 포함한 생태계 전체를 윤리적 대상으로 삼음
- 슈바이처(A. Schweitzer)의 생명 중심주의
  - 생명을 해치지 않아야 하며, 인간이라면 생명 전체에 확장된 책임을 져야 함
  - 생명을 보존하고 촉진하는 일을 선으로, 생명을 부정하고 방해하는 일은 악으로 규정함
- 테일러(P. Taylor)의 생명 중심주의
  - 모든 생명체는 인간의 목적, 가치, 필요와 관계없이 고유한 가치를 가짐
  - 테일러가 제시한 환경문제 해결을 위한 인간의 4가지 의무
    · 신뢰의 의무: 야생 동물들을 기만해서 그들의 인간에 대한 신뢰를 훼손해서는 안 됨, 낚시나 덫처럼 동물을 기만하는 행위를 해서는 안 됨
    · 불간섭의 의무: 생태계가 자유롭게 발전하는 데에 제한을 가하지 말아야 함, 생태계에 간섭해서는 안 됨
    · 불침해(비상해)의 의무: 다른 생명체에 해를 끼쳐서는 안 됨
    · 보상적 정의의 의무: 인간이 다른 생명체에 부득이하게 해를 끼친 경우 피해를 보상해야 함
  - 스포츠에 의한 환경오염 발생 시 스포츠 폐지 권고
  - 인간의 욕구를 위해 동물의 생존권을 유린하는 스포츠 금지
- 레오폴드(A. Leopold)의 대지윤리
  - 인간을 대지 공통체의 일원이라고 규정하고, 인간도 그 일원으로서 대지 윤리를 지켜야 함
  - 생태계가 진화의 과정을 통해 오랜 기간 동안 균형을 유지해 왔으므로 인간의 개입은 불필요하며, 인간의 윤리적 의무는 그 안정성을 지키는 것
- 네스(A. Naess)의 심층적 생태주의
  - 환경 문제의 근본적 해결은 자아를 확장하여 주변의 생물은 물론 그들의 서식지, 나아가 지구 전체의 생태계를 나의 영역으로 받아들일 때 가능함
  - 이렇게 형성된 큰 자아는 스스로를 자연의 일부로 보고 자연과 상호 연관하는 존재로 이해하게 됨
  - 모든 생명체는 상호 연결된 전체의 평등한 구성원이며, 동등한 가치를 가짐

(6) 지속가능한 스포츠 발달의 윤리적 전제
① 필요성의 계율: 새로운 스포츠시설 건립 시 전문가를 투입하여 이 시설의 건립이 반드시 필요한지의 여부를 정확하게 진단하고, 불필요한 것으로 판명될 경우 건립을 포기하는 것
② 역사성의 계율: 스포츠시설을 개발하는 데 있어 천연자연과 인공적 자연, 인공물들이 갖는 역사성

을 충분히 고려하고 자연의 역사성을 존중하는 것

③ 다양성의 계율: 자연과 환경의 공존을 위해 자연의 다양성이 보존될 수 있도록 노력하는 것

(7) 스포츠의 지속가능한 발전
① 스포츠 시설의 개발과 자연환경의 공존
② 건강한 인간과 건강한 자연환경의 공존
③ 스포츠만의 환경 운동이 아닌 국가적, 국제적 협력과 공조

(8) 스포츠 활동에 참여하고 스포츠 이벤트를 개최하는 데 있어 발생할 수 있는 환경적 이슈
① 생물 다양성 보존
② 생태계 보호
③ 문화유산의 안전 보호

2 스포츠와 동물 윤리

(1) 스포츠의 종차별주의 문제
① 종차별주의
- 자신이 속한 종의 이익을 위해, 다른 종의 이익을 배척하는 태도
- 자신이 속한 종은 옹호하고 다른 종은 배척하는 편견이나 왜곡된 태도
- 인간의 목적을 위해 동물을 실험에 사용, 동물을 수단으로 활용
② 반종차별주의
- 동물도 고유한 가치를 지닌 존재로 존중되어야 함
- 인간과 동물의 차이를 인정하고 적절하게 공존해야 하며, 그 차이에 알맞은 대우를 받아야 함
- 피터 싱어(P. Singer)의 이익평등 고려의 법칙
  - 쾌고감수능력(쾌락과 고통을 느낄 수 있는 능력)이 있는 존재들은 이익을 배분하는 대상이 되고, 이익을 배분할 때에는 감각능력에 따라 평등하게 배분해야 함
  - 쾌락을 극대화하고 고통을 최소화하는 것은 감각을 가진 모든 생명체의 이익에 동등하게 고려되어야 함
  - 인간뿐 아니라 감각을 가진 동물도 도덕적 배려의 대상이 되어야 함
  - 고통을 느낄 수 있는 존재는 모두 도덕적 고려의 대상이 되어야 한다고 주장함으로써, 동물학대 가능성이 있는 스포츠 종목의 폐지 당위성을 제시
③ 스포츠에서의 종차별주의
- 동물을 경쟁의 도구로 이용: 전쟁, 경마, 전차경주

(2) 경쟁·유희·연구의 도구로 전락된 동물의 권리
① 경쟁도구로 전락한 동물의 권리: 승마, 경마, 동물 간의 싸움(소싸움, 닭싸움, 말싸움) 등
② 유희도구로 전락한 동물의 권리: 낚시, 사냥 등
③ 연구도구로 전락한 동물의 권리: 동물실험

동물실험 윤리(3R 원칙)

- 대체(replacement)의 원칙: 실험 재료를 인간 대신에 고등동물, 고등동물 대신에 하등동물, 하등동물 대신에 식물, 식물 대신에 무생물로 대체할 것을 권장함
- 축소·감소(reduction)의 원칙: 실험에 동원되는 동물의 숫자를 실험 결과의 신뢰도를 확보할 수 있는 최소한으로 감축할 것을 권장함
- 순화·개선(refinement)의 원칙: 실험에 동원되는 동물들에게 최대한의 복지와 도덕적 지위에 걸맞은 대우를 해줄 것을 권장함. 곧 희생될 동물이더라도 살아 있는 동안은 상응한 대우를 해주어야 하고, 실험 후에 동물이 느끼는 고통을 최소화하려고 노력해야 함

스포츠와 폭력

스포츠윤리

1 스포츠 폭력

(1) 스포츠 고유의 공격성 특성과 폭력성

① 폭력: 다른 사람의 의도에 반해 특정의도를 관철시키기 위해 강제수단을 행사하는 것, 육체적·정신적·영적 침해 등 인간성 전체에 대한 침해

② 스포츠 폭력: 운동선수·감독·심판 등과 같은 스포츠 관계자, 관중 등과 같은 일반인이 운동경기 또는 훈련 과정 중에 스포츠와 관련하여 고의나 과실로 신체적·언어적·성적 폭력 행위를 저지른 경우

③ 스포츠의 공격성: 경쟁에서 승리를 목적으로 하는 스포츠에는 본질적으로 공격성이 내재되어 있음

④ 스포츠의 폭력성: 스포츠 경기나 스포츠와 관련해서 남에게 상해를 입히거나 파괴적인 행동을 보이는 것

• 개인적 폭력: 상대방으로부터 공격을 당하거나 좌절 때문에 분노했을 때 충동적으로 표출되는 폭력 행위

• 도구적 폭력: 개인적 감정과 무관하게 팀의 승리를 위한 수단으로 행사하는 폭력 행위

⑤ 스포츠에서 보이는 공격성은 자신의 한계를 넘어서고자 하는 도전정신에서 비롯된 본능

⑥ 인간 자신의 탁월성을 위해 잠재된 능력을 드러내고자 하는 시도에서 발생

⑦ 스포츠 고유의 공격성은 인간의 근원적이고 원초적인 욕망과 살아온 환경으로부터 습득된 것이며 그것들이 표출된 것

⑧ 인간의 근원적 경향성(original tendency)과 환경적인 영향으로 비롯된 폭력성 및 공격성이 적절하게 통제되고 자제력을 함양해야 함

⑨ 스포츠에서 발생하는 폭력의 유형

• 직접적 폭력: 상해를 입히려는 의도가 있는 행위, 가시적이고 파괴적임

• 구조적 폭력: 의도가 노골적이지 않지만 관습처럼 반복됨, 비가시적이며 장기간 이루어짐

• 문화적 폭력: 언어 및 행동양식 등의 상징적 행위를 통해 가해짐, 위해를 '옳은 것'이라 정당화하여 '문제가 되지 않게' 만들기도 함

(2) 폭력 관련 이론

① 아리스토텔레스 – 분노

• 폭력은 인간 내면의 분노 감정에서 시작된 것으로, 폭력의 문제는 폭력이 폭력을 부른다는 것이다. 비이성적인 욕구들 중의 하나인 분노는 자제력이 없음을 말하며, 욕망으로부터 나오는 인간의 행위이다.

• 스포츠 현장에서 인간 내면의 분노 감정에서 시작된 폭력은 전용되고 악순환을 반복하는 경향이 있다.

• 분노는 온화한 분노와 지나친 분노로 구별되며 인간은 분노하되 절제된 분노를 지지해야 한다. 분노를 살 다스릴 줄 알아야 한다.

② 푸코 – 규율과 권력

- 위계질서의 엄격한 구조 속에서 권력이 폭력으로 생산될 수 있는 환경이 조성되고 있다. 스포츠계에서 위계적 권력 관계는 폭력으로 변질되어 작동된다.
- 권력은 누군가가 소유하거나 가질 수 있는 것이 아니라 공간적인 배치에서 발생하는 것이다. 규율을 근간으로 하는 권력이 생산적이다.

③ 한나 아렌트 – 악의 평범성
- 스포츠계에서는 오랫동안 폭력이 아무런 죄책감 없이 습관처럼 행해지고 있다. 스포츠계에서 폭력과 같은 잘못된 관행에 복종하는 데 익숙해진 나머지 이를 지속시키는 데 기여한다.
- 폭력에 길들여진 위계질서와 문화가 폭력을 폭력으로 인식하지 못하게 하고 있다. 이러한 사회에서는 사유(思惟)의 부재로 인해 폭력적이고 억압적인 행위가 지속될 수밖에 없다.
- 폭력은 괴물이나 악마처럼 괴이한 존재가 아니라 평범한 일상 속에 함께 있다. 악(폭력)을 멈추게 할 유일한 방법은 생각과 반성이다.
- 학교 스포츠에서 선수에게 폭력을 가하는 감독도 한 가정의 평범한 가장이다. 운동 중 체벌을 가하는 것은 좋은 성적을 거두어야 하는 감독의 직업적 행동이다.
- 후배들에게 체벌을 가한 것은 감독의 지시에 따른 행동으로 나의 책임이 아니다.

④ 홉스(T. Hobbes)의 폭력론
- 인간의 폭력적인 속성을 자연상태와 욕망의 체계에서 발견
- 인간은 누구나 자신을 보호하려는 본성을 가지고, 자신 이외 다른 사람은 자기보존을 위협하는 잠재적 폭력이 됨

⑤ 지라르(R. Girard)의 폭력론
- 자기가 좋아하는 운동선수의 폭력을 따라 하게 되듯이 폭력의 원인은 공격 본능이나 자연상태가 아닌 '모방적 경쟁 관계'임
- 모방욕구는 주체와 닮고자하는 대상 사이에 심각한 갈등을 불러오는데 이를 모방적 경쟁이라 함

(3) 격투 스포츠의 윤리적 논쟁: 이종격투기
① 찬성 의견
- 싸움이 아니고 경기장의 제도 및 틀 안에서 이루어지는 합법적 폭력(용인된 폭력)임
- 인간 수양의 도구로 볼 수도 있고, 인간의 공격성을 정화시키는 역할도 함
- 폭력적이었던 사람을 스포츠맨으로 교화하는 역할을 수행하기도 함
② 반대 의견
- 어떤 상황에서든 폭력은 정당화될 수 없음
- 스포츠 내의 폭력도 용인될 수는 없음
- 청소년이 폭력적 행동에 노출되고 모방할 가능성이 있음
- 선수뿐만 아니라 관중들의 폭력성도 증가시킬 수 있음
- 폭력이 일반화되는 사회를 조장할 가능성이 있음
③ 이종격투기에서 나타나는 사회윤리적 측면의 문제
- 폭력에 대한 무감각 및 중독 초래

2 선수 폭력

(1) 경기 중, 후 선수들 간의 폭력
① 스포츠 현장에서 폭력 상황이 발생하는 이유: 승리지상주의
② 승리를 위한 전술적인 부분에서 시도되는 경향이 있음
③ 보복성 반칙으로 이어질 수 있음

(2) 선수나 지도자의 심판 폭력
① 선수나 지도자가 심판의 판정에 불만을 품었을 때 발생
② 선수 또는 지도자가 판정에 불만을 갖게 됨으로써 심판에게 가하는 폭력의 원인
  • 선수 및 지도자의 자기 분노조절 실패
③ 심판은 공정하게 심판을 보아야 할 의무가 있고 대부분의 경우 공정하게 심판을 보지만, 경우에 따라서 오심이 나올 수 있음. 그때 심판은 오심을 인정할 수 있는 용기가 있어야 하고, 선수나 지도자는 분노를 절제할 수 있는 능력을 길러야 함

(3) 일상생활에서 선수의 폭력
① 선배 선수가 후배 선수에게 가하는 폭력: '팀의 전통'이라는 미명 아래에서 당연시되거나 합법적인 행동으로 오해하는 경우가 많고 심지어는 세습되는 경우도 있음
② 지도자가 선수에게 가하는 폭력: 가장 큰 원인은 팀의 성적에 따라서 지도자의 거취가 결정되면서 지도자는 선수를 폭력적으로 독려해서라도 팀의 성적을 높이려 함
③ 해결방안
  • 지도자의 신분을 제도적으로 보장할 수 있는 방안 마련
  • 지도자는 승리 지상주의에서 탈피하여 선수들을 전인적으로 지도

(4) 폭력이 근절되지 않는 이유
① 선수 간의 폭력 세습
② 지도자와 관련 기관이 폭력 문제를 인식하면서도, 사후 대책 마련에 소극적이거나 묵인하는 태도
③ 지도자의 신분이 불안정한 상태에서 폭력으로 선수를 독려하는 관행
④ 학교, 가정, 사회, 정보 등 여러 요소가 결합된 복합적인 문제

(5) 선수위원회 규정
① 목적
  • 선수 및 지도자의 권익 보호, 증진
  • 건전한 운동 환경 조성
  • 페어플레이 정신 함양을 통한 존경받는 체육인 상을 확인
  • 올림픽 정신의 보급·확산에 기여
② 징계
  • 위원회는 징계 확정 내용을 징계 대상자 및 그 소속 단체장에게 통지함은 물론 체육회와 징계 대상자 소속 가맹단체 또는 시·도체육회에 통지하여야 함
  • 폭력 행위를 한 지도자, 성폭력범죄 행위 외 성과 관련된 행위를 한 지도자
    - 1차 적발: 5년 이상의 자격정지

- 2차 적발: 10년 이상의 자격정지
- 3차 적발: 영구 제명
- 폭력 행위를 한 선수, 성폭력범죄 행위 외 성과 관련된 행위를 한 선수
- 1차 적발: 3년 이상의 자격정지
- 2차 적발: 5년 이상의 자격정지
- 3차 적발: 영구 제명
- 성폭력범죄 행위를 한 선수 또는 지도자
- 1차 적발: 영구 제명

3 관중 폭력

(1) 관중 폭력의 의미
① 스포츠 경기를 관람하려고 모인 팬들이 무리를 지어 다니며 상대편 선수나 팬들을 언어적 또는 물리적으로 공격하는 것
② 훌리거니즘(hooliganism)
- '군중'과 '팬의 무질서'를 합친 뜻으로 팬들이 무리를 지어 다니며 상대편 선수나 팬들을 공격하거나 경기장 근처의 기물을 파괴하는 일, 위협적 응원문화
- 훌리건들의 난동으로 인한 대표적인 피해사례: 1964년 리마에서 개최된 페루·아르헨티나의 축구 경기에서 경기장 내 폭력으로 300여 명 사망, 1969년 온두라스와 엘살바도르의 축구 전쟁, 1985년 벨기에 헤이젤 경기장에서 열린 리버풀과 유벤투스의 경기에서 응원단이 충돌하여 39명 사망
③ 선수나 심판에 대한 욕설이나 비방도 넓은 의미에서 관중폭력에 해당
④ 신체적 폭행이 아닌 경기 시설물을 파괴하는 행위도 관중폭력에 해당
⑤ 축구팬의 훌리거니즘(hooliganism)은 관중폭력의 실제 사례 중 하나임

(2) 관중 폭력의 원인
① 한 개인이 군중의 일원이 되었을 때 군중의 지배적인 분위기와 익명성을 빌미로 공격적이고 파괴적인 행동을 하기 쉬워짐
② 군중 속에서는 개별성과 책임성이 없어짐
③ 선수들의 폭력이 관중들의 동조의식을 불러일으켜 관중들의 난동으로 발전하는 경우가 많음
④ 선수 간에 또는 반대편을 응원하는 관중 간에 신체 접촉이 일어나기 쉬운 환경에서 관중 폭력이 자주 발생
⑤ 자기가 응원하는 팀이 무조건적으로 이기기를 바라기 때문에 발생
⑥ 심판들의 편파적, 무능력한 판정으로 관중 폭력이 유발됨
⑦ 비중 있는 경기에서 폭력이 발생할 확률이 더 높음

(3) 관중 폭력의 예방
① 관중 폭력은 경기에서 스포츠 참여의 관여를 향한 사람들의 태도와 스포츠에 대한 지역사회 지지에 중요한 영향을 미침
② 비윤리적 행위를 거부하기 위한 적절한 윤리적 가치관을 고취시키는 것이 매우 중요함

③ 관중의 폭력은 윤리적 차원만의 문제가 아닌 법적인 문제를 야기할 수도 있음

④ 관중도 스포츠 참가자의 일부이기 때문에 스포츠맨십을 준수할 의무가 있다는 것을 알아야 함

⑤ 스포츠 팀들은 자기 팀을 응원하는 관중들에게 건전한 응원 문화를 정착시킬 의무가 있음

⑥ 관중 폭력이 발생하지 않도록 제도를 개선해야 함

1 도핑

(1) 도핑의 의미
① 선수가 운동 경기에서 성적을 향상시킬 목적으로 약물을 사용하거나 특수한 이학적 처치를 하는 일, 그리고 사용행위를 은폐하는 것까지 포함한 총체적인 행위

(2) 도핑(약물복용)의 원인
① 경기에 참가하고 싶은 지나친 욕구
② 선수 또는 동물의 수행능력 향상
③ 상대와의 경쟁에서 승리
④ 물질적 보상이 동기가 됨

(3) 도핑을 금지해야만 하는 이유
① 건강상의 부작용: 약물 투여로 인해 발생하는 해로운 부작용으로부터 선수를 보호하기 위해
② 스포츠와 인간 공동 추구의 기본적 즐거움을 감소시키기 때문
③ 도핑을 통해 경기 수행에 부당한 이익을 얻는 것을 방지하기 위해
④ 공정성: 경쟁의 본질을 직접적으로 훼손할 수 있음
⑤ 역할모형: 청소년은 주로 관찰이나 모방을 통해 일탈행위를 하게 되는데, 이를 모방할 수 있음
⑥ 강요: 감독이나 코치 등의 지도자에 의해 강제로 도핑을 하거나 자신도 모르게 도핑을 할 수 있음

(4) 도핑방지규정의 기본원리
① 스포츠의 본질적 가치인 "스포츠 정신"을 보전
② 타고난 재능의 완성을 위해 혼신의 노력을 다함으로써 인간의 우수성을 추구, 진정한 의미의 경기 방식
③ 스포츠 정신은 인간의 정신과 심신의 찬양이며, 스포츠를 통하여 발견한 다음과 같은 가치를 반영함
   • 윤리, 페어플레이, 정직, 건강, 우수한 경기력, 품성 및 교육, 재미와 즐거움
   • 협동정신, 헌신과 책임, 규칙과 법령의 준수, 용기
   • 자기 자신과 다른 참가자를 존중하는 자세, 공동체의식과 연대의식
④ 도핑은 근본적으로 스포츠 정신에 반하는 행위임

(5) 세계도핑방지위원회 금지약물
① 상시 금지 약물: 경기와 관계없이 먹어서는 안 되는 약물로, 치료 목적으로 먹더라도 세계반도핑기구(WADA)의 승인을 받아야 함
   • S0. 비승인약물
   • S1. 동화작용제
   • S2. 펩티드 호르몬, 성장인자, 관련 약물 및 유사제

- S3. 베타-2 작용제
- S4. 호르몬 및 대사 변조제
- S5. 이뇨제 및 은폐제
- 금지 방법
  - M1. 혈액 및 혈액 성분의 조작
  - M2. 화학적, 물리적 조작
  - M3. 유전자 및 세포 도핑
② 경기 기간 중 금지 약물: 경기 기간 동안에 먹어서는 안 되는 약물
  - S0. 비승인약물
  - S1. 동화작용제
  - S2. 펩티드 호르몬, 성장인자, 관련 약물 및 유사제
  - S3. 베타-2 작용제
  - S4. 호르몬 및 대사 변조제
  - S5. 이뇨제 및 은폐제
  - S6. 흥분제
  - S7. 마약
  - S8. 카나비노이드
  - S9. 글루코코르티코이드
  - 금지 방법
    - M1. 혈액 및 혈액 성분의 조작
    - M2. 화학적, 물리적 조작
    - M3. 유전자 및 세포 도핑
③ 특정 스포츠 금지 약물: 특정 스포츠 종목에서 금지약물로 지정한 약물
  - P1. 베타차단제(다음 종목에서 경기기간 중에만 금지되며, 양궁과 사격은 경기기간 외에도 금지됨)
    - 양궁, 자동차경주, 당구, 다트, 골프, 사격, 스키/스노우보드, 수중·핀수영

(6) 세계반도핑규약(WADC)에서 규정하고 있는 도핑 금지방법
① 산소운반능력 향상
  - 자가혈액, 동종 또는 이종혈액 및 적혈구 제제를 사용하는 경우를 포함한 혈액 도핑
  - 인위적인 산소 섭취 및 운반능력 향상 제품 사용(산소보충 제외)
② 화학적·물리적 조작
  - 도핑검사 과정에서 채취한 시료의 성분과 유효성을 변조하거나 변조를 시도하는 행위
  - 의료기관의 허가에 따른 합법적인 정맥투여 혹은 투여 양이 50ml이상이며, 간격이 6시간 이내인 정맥주사(임상주사를 제외한 정맥주사)
  - 소량이더라도 전혈을 순차적으로 채취·조작 후 순환계로 재주입하는 행위
③ 유전자 도핑
  - 핵산 또는 핵산 순서의 이동
  - 정상적인 세포 또는 유전적 변형이 있는 세포 사용

(7) 효과적인 도핑 금지 방안
① 윤리교육을 통한 의식 변화

② 윤리·도덕 교육의 강화
③ 도핑 검사의 강화
④ 적발 시 강력한 처벌

(8) 도핑검사에서 선수의 역할 및 책임
① 시료채취가 언제든 가능하도록 해야 함
② 도핑방지규정위반을 조사하는 도핑방지기구에 협력해야 함
③ 도핑방지와 관련하여 선수가 사용하고 복용한 모든 물질에 대하여 책임을 짐
④ 의료진에게 운동선수임을 고지해야 함
⑤ 의료진에게 선수로서 금지약물 및 금지방법을 사용하지 않아야 할 책임이 있음을 고지하고, 어떠한 의료처치도 본 도핑방지규정 및 한국도핑방지규정에 규정된 도핑방지정책 및 규정에 위반되지 않도록 확인할 책임을 짐

2 과학기술과 스포츠

(1) 스포츠에 도입된 과학기술의 긍정적인 효과
① 공정성 강화
  • 선수의 불공정한 행위를 감시하고 적발하는 데 도움이 됨
  • 선수의 비도덕적 행위를 예방하는 효과
  • 오심과 편파판정을 최소화하여 경기의 공정성을 향상시킴
  • 기록의 객관성과 신뢰성을 높임
② 경기력 향상
  • 선수의 경기력 향상 및 운동선수의 안전과 부상 방지에 도움을 줌

3 유전자 조작

(1) 유전자 도핑
① 인간의 세포나 유전자 자체를 변형시키고, 유전인자의 사용 및 조작을 통해 운동선수의 능력을 증가시키고 스포츠 수행능력을 향상시키는 방법
② 질병에 대한 유전자 치료법을 악용하는 것임
③ 유전자 치료를 통한 스포츠 수행력의 향상은 일종의 도핑에 해당함

(2) 스포츠에서 유전자 조작의 현황
① 체세포의 변형: 조혈촉진 인자를 만들어내는 유전자의 삽입으로 적혈구 수를 증가시켜서 신체능력을 향상 시키는 것
② 성장호르몬의 투여
③ 유전 배아 선택
④ 생식세포 계열 변형

(3) 유전자 도핑이 금지되어야 하는 이유

① 일반인 및 선수 생명의 보호
② 인간의 존엄성을 침해할 수 있고, 안전성이 검증되지 않았음
③ 종의 정체성에 혼란을 야기함
④ 신체를 실험 대상화하여 기계나 물질로 이해하도록 만듦
⑤ 유전자조작 인간과 자연적 인간 사이에 갈등을 초래함
⑥ 생명체로서 인간의 본질을 훼손하고 존엄성을 부정함
⑦ 인간을 우생학적 개량의 대상으로 만듦

성피티 TIP

도핑을 금지하는 이유에는 여러 가지가 있겠지만, 그중에서 가장 중요한 것은 생명의 보호입니다.

(4) 유전자 조작 방지 대책

① 지속적이고 체계적인 연구
② 신뢰성 있는 도핑테스트 개발
③ 선수들의 도핑검사 의무화
④ 선수 및 지도자의 윤리교육 실시

4 용기구와 생체 공학 기술 활용

(1) 스포츠에서 공학기술의 역할

① 안전을 위한 기술: 시간과 장소를 초월하여 부상에 노출되어 있는 선수들의 안전 보호
② 감시를 위한 기술: 오심이나 편파 판정을 최소화하여 공정성을 향상시키는 역할
③ 수행 증가를 위한 기술: 운동수행 증가를 목적으로 동원되어 선수들이 지니고 있는 기량을 최대화시킬 뿐만 아니라 인간의 도전정신을 고무시키는 데 긍정적 영향을 미침

(2) 기술도핑

① 첨단 용품과 기구의 사용으로 인해 선수의 기록 향상에 영향을 주어 스포츠의 공정성과 형평성을 해치는 형태의 도핑
   예) 전신수영복, 야구의 압축 배트, 특수 제작 신발 등

(3) 전신수영복 착용을 금지하는 이유

① 전신수영복의 특징
   • 기존의 수영복에 비해 24%의 마찰력을 줄인 초경량 소재, 무봉제 기술로 인한 부력 향상, 몸의 표면을 유선형으로 만들어주는 유체역학적 기술의 적용 등 전신수영복은 물의 저항이라는 수영 경기의 가장 중요한 변인을 최소화함으로써 기록 자체의 신뢰를 무너뜨림
   • 국제수영연맹(FINA)은 2010년부터 승인받지 않은 최첨단 소재 수영복의 착용을 금지시킴
② 금지해야 하는 이유
   • 선수의 노력과 기량이 아닌 용기구에 의한 경기 기록의 단축이나 승리
   • 페어플레이 정신 및 공정성과 형평성에 위배될 수 있음

- '기술도핑'에 해당될 수 있음

(4) 의족장애선수의 일반 경기 참가

① 의족에 따라 일반 선수에 대한 역차별이 발생할 수 있음

② '기술도핑'에 해당될 수 있음

③ 공정성과 형평성에 위배될 수 있음(기술적 불공정)

　　예) 2011년 대구세계육상선수권대회에서 남아프리카공화국의 의족 스프린터 피스토리우스(O. Pistorius)는 비장애인육상경기에 참가 신청을 했으나, 국제육상경기연맹은 경기에 사용되는 의족의 탄성이 피스토리우스에게 유리하다는 이유로 출전을 허용하지 않음

7 스포츠와 인권

스포츠윤리

> **스포츠 인권**
>
> - 스포츠에서 가져야 할 인간의 존엄성, 인간의 자유에 대한 권리
> - 모든 사람은 평등하게 스포츠와 신체활동에 참여할 권리를 가짐
> - 인종이나 성별에 관계없이 누구나 스포츠를 동등하게 누릴 수 있는 권리
> - 스포츠의 종목이나 대상에 관계없이 절대적으로 보장되는 권리
> - 국가는 장애인이 스포츠 활동 참여의 권리를 동등하게 보장받도록 노력해야 함
> - 국가 차원에서 체계적인 스포츠 인권 정책을 마련해야 함

1 학생 선수의 인권

(1) 인권 사각지대인 학교 운동부

① 학생선수들은 선배와 지도자의 폭력과 성폭력에 쉽게 노출되어 있음
② 팀의 승리를 위한 도구로 사용되고 있음
③ 운동에만 전념하도록 강요받고 있음(학습권 상실)
④ 부상을 당하더라도 고통을 무릅쓰고 운동을 지속해야 함
⑤ 운동 과정에서 주체성을 잃고 자율성을 억압당하고 있음
⑥ 상급학교, 실업팀, 프로팀 등에 판매하기 위한 상품으로 이용되고 있음
⑦ 인간의 소외

(2) 학생 선수의 생활권과 학습권: 최저학력제도

> **최저학력제**
>
> 학생선수가 일정 수준의 학력기준에 도달하지 못한 경우에는 별도의 기초학력보장 프로그램을 운영하며, 학교의 장은 필요한 경우 학생선수의 경기대회 출전을 제한할 수 있음

① 학생 선수의 학습권 보장 근거
   • 교육의 본질적 목적 달성
   • 다양한 직업 선택의 준비
   • 인간으로서의 좋은 삶을 준비
   • 운동선수 이후의 삶의 준비
   • 다른 사람들과의 공존의 기회를 학습
② 학생 선수의 학습권 보장을 위한 대안
   • 방과 후 운동
   • 정규수업 이수
   • 운동 시간의 제한

- 전국대회 출전 횟수 제한
- 최저 학력 제도
- 학사 관리 지원 제도
- 체육특기자 동일계 진학제도 개선
- 합숙 기간의 축소
- 합숙소를 기숙사로 전환
- 주말 리그 제도

③ NCAA
- 미국 학생선수들의 최저학력제를 관리·감독하는 조직으로 고등학교 성적 2.0 이상(만점 4.0)의 고교선수에 대해 대학선수 선발을 인정
- 평균학점 C+ 이상의 학생에게만 대회출전자격을 주는 등 엄격한 성적제한 규정을 두고 있음

(3) 체육특기자의 진학과 입시제도의 문제
① 입시 비리의 관행화 및 법적 처벌의 한계
② 다른 학생들의 진학기회 박탈
③ 스카우트의 불법성에 대한 현장의 인식 부족 및 대안 부재
④ 학교 중심적 선발 구조의 문제
⑤ 관리감독기구의 부실
⑥ 학교 운동부의 파행적 운영

(4) 체육특기자 제도의 개선 방향
① 경기 실적 반영 비율을 줄이고 학업능력의 반영 비율을 확대
② 선발 범위에서의 객관성을 높일 수 있도록 선발 자격 제도를 개선
③ 체육특기생의 선정을 투명하게 진행
④ 학교 성적과 정규수업 이수율을 반영

2 스포츠지도자 윤리

(1) 지도자에 의한 폭력이 가능한 이유
① 스포츠 조직의 상하구조를 이용한 통제수단으로 사용되며, 외부로 알려지기 어려움
② 기량강화의 한 형태로 위장되는 경우가 많으며, 일상화되기 쉬움
③ 상하구조의 조직문화로 인해 주체적 대응이 어렵고, 악순환의 구조를 가짐
④ 지도자는 팀과 관련된 모든 것을 결정할 수 있는 결정권자이며, 팀의 전략과 전술을 지휘하는 최고의 위치에 있음
⑤ 지도자는 감시나 통제를 받지 않으며, 경기 출전권을 가지고 있음
⑥ 지도자는 선수들의 진로와 연봉에 영향력을 미칠 수 있음

(2) 폭력의 특징
① 계속적이며 상호적임
② 동일성이 있고 폭력이 폭력을 낳음

③ 폭력을 정당화하려고 함

(3) 선수 체벌 문제

① 발생 이유
- 체벌(폭력)은 경기력과 깊은 관계가 있다는 편견
- 학부모들이 지도자의 폭력을 묵인해주는 관행
- 체벌의 세습

② 스포츠 분야의 폭력 방지책
- 어떠한 경우에도 훈련이나 규율을 목적으로 체벌이나 기합이 용인되어서는 안 되며, 신체적·정신적 고통을 주는 과도한 훈련은 지양되어야 함
- 선수 또는 회원의 운동기능이나 신체적 특징과 관련하여 놀리거나 모욕감을 주는 언행 등을 하지 말아야 함
- 지도자는 선수들을 관리하고 통제하는 사람이 아니라 전문적인 지식과 기술을 전수하는 사람이라는 인식을 가지도록 지도자 교육을 실시
- 체벌에 대한 잘못된 인식과 관행의 추방을 위한 노력
- 지도자, 선수, 학부모에 대한 인권 교육 프로그램을 확대
- 스포츠 지도자의 임용과 자격취득 검증제도 강화
- 지도자 평가제도의 개선 및 처벌 강화
- 지도자의 신분 보장
- 학교 운동부 감독의 권한과 권위를 견제할 수 있는 장치를 마련

③ 해결방안
- 폭력 발생 시 피해 선수의 신체적·정신적 안전보호조치를 최우선으로 해야 함
- 기본적인 응급처치와 인명구조법을 숙지하고 있어야 하며, 신속히 119나 전문병원 등에 알려야 함
- 폭력 사건 발생 시 사건정황에 대한 다양한 증거자료를 확보하고 진위 여부를 파악해야 하며, 연루된 당사자뿐만 아니라 목격자들에게도 재발방지 교육 및 상담을 실시

(4) 성폭력 문제

① 인권침해의 특징
- 엘리트스포츠 시스템, 특히 권위주의적 위계질서에서 비롯되는 경우가 많음
- 성폭력을 훈련, 규율, 교육, 치료, 장난 등으로 왜곡하거나 혼동함
- 남성지도자와 여성선수 사이의 성폭력은 차별과 권위주의가 중첩된 구조에서 기인하며, '성적 길들이기'의 전형적 유형임
- 스포츠 공동체의 폐쇄성과 가족적 유대가 성폭력을 은폐함

② 성폭력 예방 또는 대처
- 선수는 피해 사실을 기록하도록 함
- 선수는 가능한 한 피해 상황에서 즉시 벗어나도록 함
- 성폭력 사실을 고발한 선수가 피해받지 않는 분위기를 조성함

③ 스포츠 성폭력 방지책
- 성적 굴욕감을 주거나 성적 농담을 해서는 안 됨
- 운동동작의 기술지도 시 민감한 신체 부위의 접촉에 각별히 주의하고, 외모와 특히 성적 상징 부위에 대해 지적하거나 평가하기 않음

- 성과 관련된 여러 가지 추측성 오해를 불러일으키지 않도록 지도스케줄을 투명하게 공개
- 체육 지도자와 청소년들의 성별 융합 학습교육 실시
- 주변 사람과 사회적의 지속적인 관심
- 체육 단체들의 의무적 예방교육의 필요성
- 스포츠 성폭력 전문상담원 배치
④ 해결방안
- 운동동작을 지도하는 도중 실수로 민감한 신체 부위를 만지게 되었을 경우, 즉시 사과하고 재발 하지 않도록 각별히 주의해야 함
- 19세 미만의 미성년자를 보호하거나 교육 또는 치료하는 시설의 장 및 관련 종사자인 성폭력 신 고의무자는 성폭력 피해사실을 알게 된 때 즉시 수사기관에 알려야 함
⑤ 문화체육관광부가 지목하고 있는 '스포츠 4대 악'
- 조직 사유화
- 승부조작 및 편파 판정
- (성)폭력
- 입시비리

(5) "교육자"로서의 책임과 권한
① 스포츠지도자의 비윤리적 행위의 원인
- 학부모의 지도자 금품 제공
- 팀 성적에 대한 부담
- 지도자의 불안정한 근무 형태
② 체육 지도자가 지녀야 할 덕목
- 책임감
- 창의적 사고
- 스포츠맨십
③ 교육자의 책임과 역할
- 미래에 대한 방향 제시
- 목표 달성을 위한 심리적 및 사회적 환경을 조성
- 바람직한 가치와 철학의 교육
- 집단 구성원들의 동기 유발
- 갈등의 해결
- 물리적 폭력이나 언어적 폭력 지양
- 선수들이 민주적으로 의사 결정할 수 있도록 배려
- 선수에 대한 인격적 대우, 인권 존중

3 스포츠와 인성교육

(1) 어린이 운동선수를 보호하기 위한 방안
① 선수이기 전에 어린이라는 것을 항상 생각하고, 성장 발달에 지장을 초래할 정도로 무리하게 운동 을 시키면 안 됨

② 경기에서 승리하는 것을 강조하기보다는, 경기에서 지더라도 기초기술과 기초체력 위주로 훈련시켜야 함

③ 일생 동안 운동을 생활화할 수 있는 기반을 마련할 수 있도록 승리보다는 스포츠 자체의 즐거움과 재미를 알 수 있도록 도와줘야 함

④ 공부와 운동을 병행해서 시켜야 함

⑤ 체벌을 가하면 안 됨

(2) 학교 체육의 인성 교육적 가치
① 인성: 인간의 성품, 즉 그 사람의 성질과 품격

② 지·정·의를 조화롭게 발달시키는 교육

③ 자아를 실현시키는 교육

④ 남과 함께 더불어 살아가는 도덕교육

⑤ 인성의 덕목
  - 기본적인 습관(규칙적인 생활, 정리정돈, 청결위생 등)
  - 자아확립(정체성, 정직, 근면, 성실 등)
  - 공동체의식(질서, 협동, 준법, 타인존중, 책임, 봉사, 정의 등)

⑥ 부정적 정서를 감소시키고 긍정적인 정서를 증진시킴

⑦ 타인에 대한 정서적 공감능력을 향상시킴

⑧ 집중력과 주의력 등 지적기능 발달의 토대가 됨

⑨ 창의적인 사고기술과 비판적 판단능력을 향상시킴

⑩ 일탈을 방지하고 친사회적인 행동 및 생활기술을 향상시킴

⑪ 스포츠맨십과 페어플레이 정신을 통해서 사회성과 도덕성을 함양시킴

(3) 학교 체육의 역할
① 사회적 이탈 행위에 대한 정화적 역할

② 사회적 존재로서의 공동체 의식 고취

③ 학교 환경 적응과 갈등 해소 기회 제공

④ 학교 체육에서 반사회적인 행위를 순화 및 구체화시켜 주는 체육의 심리학적 가치
  - 근원적 경향의 제어

(4) 전문 체육
① 소수 정예를 중심으로 경쟁성을 강조하는 운동 또는 전문적인 운동선수들이 행하는 운동을 표현

(5) 스포츠 인성교육
① 스포츠 활동에서 바람직한 행동을 지속적으로 반복하도록 함

② 학습자가 올바른 도덕적 의식을 가지고 자율적으로 실천하도록 함

③ 지도자가 바람직한 인성의 역할 모델로서 스포츠맨십의 모범을 보여줌

④ 스포츠 활동과 인성의 요소를 유기적으로 조화롭게 지도함

4 스포츠 폭력 근절 대책(2013년 문화체육관광부)

(1) 3대 방향 10대 과제

① 피해 선수 보호 및 지원 강화
- 스포츠인 권익센터 상담·신고 기능을 보강하여 지원 대상을 장애인, 프로 선수로 확대하고, 장애인 선수 전담 상담 인력을 추가로 배치하여 장애인 선수의 이용 접근성 및 편의성을 제고할 계획
- 각종 대회 및 훈련 현장, 학교 등에 직접 찾아가는 교육 및 상담을 확대하여 실시하고 여성가족부 등 관련 기관의 협조를 통해 피해 선수에 대한 의료·심리치료 등 통합 지원을 강화할 계획
- 선수 생활 지속 여부, 신분 노출 등에 대한 염려로 피해자 또는 목격자가 적극적으로 신고하지 못했던 점을 보완하여 신고자 불이익 처분에 대한 처벌을 강화하고, 신고상담 시 비밀보장 기능을 강화하여 안심하고 신고할 수 있는 여건을 마련할 방침

② 공정하고 투명한 처리시스템 구축
- 각 체육 단체별 징계 시 폭력행위에 대한 양형 기준이 없거나, 행위의 경중에 대한 구분없이 과도한 기준을 설정하는 등 징계에 자의성이 개입할 위험이 있었으나 앞으로는 체육 단체별 '징계 양형기준'을 새롭게 마련하여 '무관용원칙'을 적용할 계획
- 단체별 징계 기구가 체육계 전·현직 지도자, 담당 공무원 위주로 구성되어 전문성 및 공정성이 부족하고 징계 시 사전 조사 기능이 부족하여 징계의 객관성 확보 문제가 발생하였으나, 앞으로는 조사권과 징계권을 분리, 각 단체별 조사단을 구성하여 사전 조사 기능을 강화하고 조사 및 징계 과정에의 외부 전문가 참여를 제도화할 계획
- 대한체육회 가맹 경기단체 조직운영평가(리더십, 윤리성, 재무관리)에 윤리성 평가지표가 포함되어 있지만 지표의 구체성이 다소 부족하였으므로 앞으로는 각 단체의 폭력 근절 노력 및 성과 등을 종합적으로 평가할 수 있도록 조직운영평가 '윤리성'지표를 세분화하고 가중치를 확대하며 평가 결과를 매년 공개하여 결과에 따라 운영비를 차등 지원할 계획

③ 폭력 예방 활동 강화
- 지도자 채용심사 시 본인의 이력서에만 의존하는 등 자질 검증이 부족하여 폭력 지도자가 징계 기간 중 현장에 복귀하는 사례가 일부 발생하였으므로 앞으로는 기존 선수등록시스템을 보완, 지도자 등록시스템을 구축하고 이를 취업지원시스템과 연계하여 채용 시 활용할 수 있도록 제공할 방침
- 감독, 코치의 지도 능력을 선수 실적으로만 평가하는 점과, 효율적 선수지도기법 부족으로 강압적 훈련, 폭력 등을 동원한 선수지도 관행이 지속되고 있는 점을 개선하기 위해 과학적 훈련 기법을 개발, 보급하고 지도자 리더십 우수 모델을 발굴·홍보하는 한편 리더십 우수지도자에 대한 시상을 확대할 계획
- 학교 운동부의 비교육적 문화를 개선하기 위하여 실적 위주의 지도자 평가시스템 개선, 학생 선수 참여 대회 시상제도 개선 등 운동부 민주적 운영에 대한 인센티브를 확대하고 시도 교육청 주관 학교운동부 컨설팅, 학교 내 학생 선수 상담을 상시 실시할 계획
- 지도자 양성 과정에서의 폭력·성폭력 예방 등 인권교육을 확대하며, 학교 스포츠 지도자 인성 교육을 체계화하고 선수, 학부모, 지도자를 대상으로 하는 연중 폭력 예방 교육의 실시를 확대할 계획

5 스포츠윤리센터 설립

(1) 국민체육진흥법 [시행 2021. 6. 9.] [일부개정 2020. 12. 8.] 제18조의3 스포츠윤리센터의 설립

① 체육의 공정성 확보와 체육인의 인권보호를 위하여 스포츠윤리센터를 설립함

② 스포츠윤리센터는 법인으로 함

③ 스포츠윤리센터는 다음 각 호의 사업을 함

    1. 다음 각 목에 해당하는 체육계 인권침해 및 스포츠비리 등에 대한 신고 접수와 조사

        가. 선수에 대한 체육지도자 등의 성폭력 등 폭력에 관한 사항

        나. 승부조작 또는 편파판정 등 불공정에 관한 사항

        다. 체육 관련 입시비리에 관한 사항

        라. 체육단체·경기단체 및 그 임직원의 횡령·배임 및 뇌물수수 및 보조금 및 지방보조금의 용도 외 사용 금지 위반에 관한 사항

        마. 그 밖에 체육계 인권침해 및 스포츠비리에 해당된다고 인정되는 사항

    2. 신고자 및 피해자에 대한 치료 및 상담, 법률 지원, 임시보호 및 연계

    3. 긴급보호가 필요한 신고자 및 피해자를 위한 임시보호시설 운영

    4. 체육계 현장의 인권침해 조사·조치 상황 등을 상시 점검할 수 있는 인권감시관 운영

    5. 스포츠비리 및 체육계 인권침해에 대한 실태조사

    6. 스포츠비리 및 체육계 인권침해 방지를 위한 예방교육

    7. 그 밖에 체육의 공정성 확보 및 체육인의 인권보호를 위하여 필요한 사업

④ 스포츠윤리센터의 정관에 기재할 사항은 대통령령으로 정함

⑤ 스포츠윤리센터의 장은 업무 수행에 필요하다고 인정될 때에는 문화체육관광부장관의 승인을 받아 관계 행정기관 소속 공무원이나 관계 기관·단체 소속 임직원의 스포츠윤리센터 파견 또는 지원을 요청할 수 있음

⑥ 스포츠윤리센터가 아닌 자는 스포츠윤리센터 또는 이와 비슷한 명칭을 사용하지 못함

⑦ 스포츠윤리센터는 문화체육관광부장관이 감독한다. 이 경우 문화체육관광부장관은 스포츠윤리센터가 제3항 각 호의 사업을 독립적으로 수행할 수 있도록 필요한 시책을 강구하고 보장하여야 함

⑧ 스포츠윤리센터에 관하여 이 법에서 정한 것을 제외하고는 「민법」 중 재단법인에 관한 규정을 준용함

스포츠 조직과 윤리

8

스포츠윤리

1 스포츠와 정책 윤리

(1) 정치와 스포츠의 관계(스포츠와 정치의 유사성)

① 스포츠 참여자는 학교, 지역사회, 회사 등 조직을 대표하고, 정치인은 지역사회, 부족, 단체, 국가 등을 대표함

② 스포츠 조직과 정치 조직은 모두 고도로 조직화되어 있고, 조직화되는 과정이 유사함

③ 정치는 스포츠를 이용해서 체제선전을 하고, 스포츠도 정부기관을 이용해서 세금 등의 혜택을 받음

④ 스포츠 경기를 시작하기 전 또는 후에 하는 의식이 정치의식과 유사함

⑤ 스포츠의 사회적 순기능
  • 국민의 화합과 협력
  • 외교적 승인과 국위 선양
  • 국민의 건강과 행복 증진
  • 국가 간의 화해와 협력

⑥ 스포츠의 사회적 역기능
  • 정치 선전 및 체제 강화
  • 사회통제
  • 정치적 시위
  • 국가 간의 분쟁

(2) 스포츠의 사회적 기능

① 순기능
  • 체제 유지와 긴장처리
  • 사회 통합
  • 목표 성취
  • 적응기제 강화

② 역기능
  • 신체적 소외
  • 강제와 사회 통제
  • 상업주의와 군국주의
  • 성차별과 인종차별

(3) 스포츠 정책

① 정책
  • 공동체 구성원들에게 기본적인 권리와 의무를 할당하고 이득과 부담을 적절히 배분함
  • 정책분석에는 경제적 합리성의 기준뿐만 아니라 윤리적 정당성의 기준도 충족되어야 함

② 정책윤리

- 규범윤리적 관점에 초점을 맞추어 고찰해야 함
- 규범윤리적 접근을 위한 6가지
  - 개인의 선택문제에 초점을 맞추는 주관적 접근
  - 공식적이고 객관적인 기준을 설정하려는 객관적 접근
  - 객관적 기준을 추구하면서 성의에 초점을 두는 평등주의적 접근
  - 상호학습 과정에 초점을 두는 과정적 접근
  - 체제유지 및 체제도전에 초점을 맞추는 구조적 접근
  - 법적 윤리에 초점을 두면서 모든 사람에게 적용되는 원리에 초점을 두는 다원적 접근

2 심판의 윤리

(1) 스포츠 규칙의 원리
  ① 제도화: 제도화된 규칙
  ② 공평성: 모든 경쟁자들에게 동일하게 적용
  ③ 임의성(가변성): 규칙의 가변성

(2) 스포츠의 3대 구성요소
  ① 선수: 경쟁의 당사자로서 스포츠의 운동형식과 규칙을 몸으로 익히고 숙지한 사람
  ② 경기장: 경쟁이 이루어지는 물리적 조건
  ③ 심판: 공정성을 경기에 적용하고 집행하는 사람

(3) 심판의 정의
  ① 스포츠경기 상황에서 규칙이 준수되도록 외적 통제가 강화되어야 하는데, 경기 중 이 일을 직접 담당하는 가장 중요한 사람
  ② 심판의 임무: 경기 규칙에 따라 정당하게 경기가 진행될 수 있도록 규칙의 이행을 감시하고, 경기의 흐름을 조율
  ③ 공정하고 청렴하게 편견과 차별 없이 직무를 수행하며 심판에게 요구되는 높은 수준의 책임윤리를 갖추어야 함

(4) 심판에게 요구되는 윤리적 덕목(도덕적 조건)
  ① 개인 윤리
  - 행위의 주체를 개인의 양심이나 덕성에 둠, 개인의 도덕적 의지와 책임을 강조
  - 도덕적 자율성
  - 외부의 지시나 간섭을 단호히 뿌리쳐야 함
  - 어느 한쪽으로 치우침과 사사로움이 없어야 함
  - 성품이 고결하여 탐욕이 없고, 심판으로서 품위를 지켜야 함
  - 공정하고 엄격한 도덕적 원칙을 적용해야 함
    - 공정성(공평무사·공평정대): 선수의 이익을 동등하게 대우하는 엄격한 중립성을 가지고, 개인적 감정을 배제, 사적인 이익과 감정에 휘둘리지 않고 공정한 자세를 유지
    - 청렴성: 성품과 행실이 바르고 탐욕이 없어야 함

- 투명성: 말이나 태도가 분명함
- 자율성: 외부의 지시나 간섭을 단호히 뿌리침
- 정직성: 거짓이나 꾸밈이 없음
- 냉철함: 침착한 판단과 선수의 심리에 밝아야 함
- 형평성: 편견과 차별성을 가지면 안 됨

② 사회 윤리
- 협회나 종목단체의 도덕성과 밀접한 관련이 있음
- 윤리적 문제 해결 시 사회 구조나 제도 자체의 변화가 필요하다고 봄
- 제도적 강제성, 정책과 제도의 개선을 통한 사회적 도덕의 중요성 강조
- 판정의 신뢰성을 높이는 제도를 도입해야 함

(5) 심판의 오심을 바로잡기 위한 방안
① 심판의 판정능력 및 전문성 향상을 위한 오랜 경험과 반복 훈련
② 상임심판 제도의 확립과 적절한 보수를 통한 전문성 제고
③ 심판의 질적 향상을 위한 교육 기회 확대
④ 심판의 징계 강화
⑤ 비디오 판독 등 객관적인 심판제도의 도입
⑥ 정기적인 심판 보수교육
⑦ 심판 윤리교육 강화

(6) 심판의 사회적 역할과 과제
① 심판의 순기능
- 심판의 판정 행위는 심판의 기술적 판단 행위이므로 윤리적 가치가 있음
- 심판의 판정은 보편타당성이 있고 객관적 필연성이 있음
- 심판의 판정 행위는 심판의 절제 있는 자세임(중용)
② 심판의 역기능
- 심판의 오심
- 심판의 편파 판정
③ 공리주의적 입장이 아닌 규칙에 근거한 의무론적 윤리에 따라 행동해야 함
④ 감성에 흔들리지 않고 물질에 유혹받지 않으며 인과 관계에 연연하지 않는 자신의 의지에 따라 합리적 선택을 추구해야 함
⑤ 순간포착을 위한 준비로써 반복훈련에 의한 판정 의무에서 직관은 필수적임
⑥ 직관에서 주어지는 판정은 반복된 경험적 학습과 훈련에서 만들어지므로 부단한 노력이 필요함
⑦ 공정하고 청렴하게 편견과 차별 없이 직무를 수행하며 심판에게 요구되는 높은 수준의 책임윤리를 갖추어야 함

3 스포츠조직의 윤리경영

(1) 의미
① 기업의 가치경영을 넘어 정성적 규범기준까지 확장된 스포츠 사회·윤리적 가치체계

② 이러한 체계가 실효성 있게 작동되기 위해서는 경영자의 윤리적 실천의지와 경영의 투명성 확보가 선행되어야 함

(2) 스포츠경영자의 윤리적 의식: 윤리적 리더십

① 사회에 대한 봉사, 사회복시에 공헌
② 공정성과 정의 실천, 인사에 있어서 객관적 공정을 기하기, 공과 사를 구분하기
③ 팬과 소비자들에 대한 신뢰의 형성, 과대선전 등으로 소비자를 기만하지 말기
④ 공동체 의식의 지향
⑤ 인간성을 존중
⑥ 공해 등의 사회적 비용을 항상 고려
⑦ 품질의 부당 표시, 강매 등 불공정 거래를 하지 말기

(3) 스포츠정책의 윤리적 측면에서 초등학교 스포츠강사 사업

① 긍정적 가치
  • 체육수업 운영의 전문성 확보를 통한 내실화
  • 초등교사의 수업 부담 감소
  • 방과 후 체육활동 활성화
② 부정적 가치
  • 전문 인력 남용과 동시에 저소득 양산

(4) 스포츠 조직의 윤리적 문화 조성에 필요한 효과적인 행동 수칙

① 수칙은 애매모호하지 않아야 함
② 수칙은 그 수칙이 적용될 사람들에게 확실히 명시되어야 함
③ 수칙은 위반의 결과를 명확히 해야 함

1. <보기>에서 설명하는 법령은?

〈보기〉

이 법은 국민 모두가 스포츠 및 신체활동에 자유롭고 평등하게 참여하여 건강하고 행복한 삶을 영위할 수 있도록 스포츠의 가치가 교육, 문화, 환경, 인권, 복지, 정치, 경제, 여가 등 우리 사회 영역 전반에 확산될 수 있게 국가와 지방자치단체가 그 역할을 다하며, 개인이 스포츠 활동에서 차별받지 아니하고, 스포츠의 다양성, 자율성과 민주성의 원리가 조화롭게 실현되도록 하는 것을 기본 이념으로 한다.

① 스포츠클럽법 ② 스포츠기본법
③ 국민체육진흥법 ④ 학교체육진흥법

2. <보기>에서 스포츠에서 발생하는 폭력의 유형과 특징으로 옳은 것만을 모두 고른 것은?

〈보기〉

ㄱ. 직접적 폭력은 가시적, 파괴적이다.
ㄴ. 직접적 폭력은 상해를 입히려는 의도가 있는 행위이다.
ㄷ. 구조적 폭력은 비가시적이며 장기간 이루어진다.
ㄹ. 구조적 폭력은 의도가 노골적이지 않지만 관습처럼 반복된다.
ㅁ. 문화적 폭력은 언어, 행동양식 등의 상징적 행위를 통해 가해진다.
ㅂ. 문화적 폭력은 위해를 '옳은 것'이라 정당화하여 '문제가 되지 않게' 만들기도 한다.

① ㄱ, ㄷ, ㅁ ② ㄱ, ㄷ, ㄹ, ㅂ
③ ㄱ, ㄴ, ㄷ, ㄹ, ㅁ ④ ㄱ, ㄴ, ㄷ, ㄹ, ㅁ, ㅂ

3. 스포츠에서 여성에 대한 차별이 발생하거나 심화되는 원인으로 볼 수 없는 것은?

① 생물학적 환원주의
② 남녀의 운동 능력 차이
③ 남성 문화에 기반한 근대스포츠
④ 여성 참정권

4. <보기>에서 (가)의 문제를 해결하기 위해 생명중심주의 입장에서 (나)를 제시한 학자는?

〈보기〉

(가)
스포츠에서 환경문제가 발생하는 근본 원인은 스포츠의 사회 문화적 가치와 환경 혹은 자연의 보전 가치 사이의 충돌이다.

(나)
• 불침해의 의무: 다른 생명체에 해를 끼쳐서는 안 된다.
• 불간섭의 의무: 생태계에 간섭해서는 안 된다.
• 신뢰의 의무: 낚시나 덫처럼 동물을 기만하는 행위를 해서는 안된다.
• 보상적 정의의 의무: 부득이하게 해를 끼친 경우 피해를 보상해야 한다.

① 테일러(P. Taylor)
② 베르크(A. Berque)
③ 콜버그(L. Kohlberg)
④ 패스모어 (J. Passmore)

5. <보기>의 ⊙~ⓒ에 들어갈 용어로 바르게 묶인 것은?

〈보기〉

- (⊙): 생물학적, 형태학적 특징에 따라 분류된 인간 집단
- (ⓒ): 특정 종목에 유리하거나 불리한 인종이 실제로 존재한다는 사고 방식
- (ⓒ): 선수의 능력 차이를 특정 인종의 우월이나 열등으로 과장하여 차등을 조장하는 것

	⊙	ⓒ	ⓒ
①	인종	인종주의	인종 차별
②	인종	인종 차별	젠더화 과정
③	젠더	인종주의	인종 차별
④	젠더	인종 차별	젠더화 과정

6. <보기>의 축구 경기 비디오 판독(VAR)에서 심판 B의 판정 견해를 지지하는 윤리 이론에 가장 부합하는 것은?

〈보기〉

심판 A: 상대 선수가 부상을 입었지만 퇴장은 가혹하다.
심판 B: 그 선수가 충돌을 피할 수 있는 시간은 충분했다. 그러나 그는 피하려 하지 않았다. 따라서 퇴장의 처벌은 당연하다.

① 최대다수의 최대행복
② 의무주의
③ 쾌락주의
④ 좋음은 옳음의 근거

7. <보기>에 담긴 윤리적 규범과 관련이 없는 것은?

〈보기〉

나는 운동선수로서 경기의 규칙을 숙지하고 준수하여 공정하게 시합을 한다.

① 페어플레이(fair play)
② 스포츠딜레마(sport dilemma)
③ 스포츠에토스(sport ethos)
④ 스포츠퍼슨십(sportpersonship)

8. <보기>의 사례로 나타나는 품성으로 스포츠인에게 권장하지 않는 것은?

〈보기〉

- 경기 규칙의 위반은 옳지 않음을 알면서도 불공정한 파울을 행하기도 한다.
- 도핑이 그릇된 일이라는 점을 알고 있지만, 기록갱신과 승리를 위해 도핑을 강행한다.

① 테크네(techne)
② 아크라시아(akrasia)
③ 에피스테메(episteme)
④ 프로네시스(phronesis)

9. <보기>의 내용과 가장 밀접한 것은?

〈보기〉

- 정정당당하게 경기에 임하라.
- 어떠한 경우에도 최선을 다해라.
- 운동선수는 페어플레이를 해야 한다.

① 모방욕구
② 가언명령
③ 정언명령
④ 배려윤리

10. <보기>의 내용에 해당하는 윤리적 태도는?

〈보기〉

나는 경기에 참여할 때마다, 나의 행동 하나하나가 가능한 많은 사람이 만족하는데 기여할 수 있도록 노력한다.

① 행위 공리주의
② 규칙 공리주의
③ 제도적 공리주의
④ 직관적 공리주의

11. <보기>의 설명에 해당하는 스포츠에서의 정의(justice)는?

〈보기〉

정의는 공정과 준법을 요구한다. 모든 선수에게 동등한 기회를 보장해야 한다는 공정의 원칙은 지켜지지 않을 때가 있다. 스포츠에서는 완전한 통제가 어려운 불평등을 줄이기 위해 공수 교대, 전후반 진영 교체, 홈·원정 경기, 출발 위치 제비뽑기 등을 한다.

① 자연적 정의
② 평균적 정의
③ 분배적 정의
④ 절차적 정의

12. <보기>의 ㉠~㉢에 해당하는 용어가 바르게 제시된 것은?

〈보기〉

공자의 사상은 (㉠)(으)로 설명할 수 있다. (㉡)은/는 마음이 중심을 잡아 한쪽으로 치우치지 않는 상태를 의미하고, (㉢)은/는 나와 타인의 마음이 서로 다르지 않다는 뜻으로 배려와 관용을 나타낸다. 공자는 (㉢)에 대해 "내가 원하지 않는 일을 남에게 하지 말라(己所不欲 勿施於人)"는 정언명령으로 규정한다. 이는 스포츠맨십과 상통한다.

	㉠	㉡	㉢
①	충효(忠孝)	충(忠)	효(孝)
②	정의(正義)	정(正)	의(義)
③	정명(正名)	정(正)	명(名)
④	충서(忠恕)	충(忠)	서(恕)

13. <보기>의 주장과 가장 밀접한 관련이 있는 것은?

〈보기〉

스포츠 경기에서 승자의 만족도는 '1'이고, 패자의 만족도는 '0'이라고 말하는 사람이 있다. 그러나 스포츠 경기에서 양자의 만족도 합은 '0'에 가까울 수 있고, '2'에 가까울 수도 있다. 승자와 패자의 만족도가 각각 '1'에 가까울 수 있기 때문이다.

① 칸트 ② 정언명령
③ 공정시합 ④ 공리주의

14. <보기>의 설명에 해당하는 반칙의 유형은?

〈보기〉

- 동기, 목표가 뚜렷하다.
- 스포츠의 본질적인 성격을 부정하는 의미로 해석할 수 있다.
- 실격, 몰수패, 출전 정지, 영구 제명 등의 처벌이 따른다.

① 의도적 구성 반칙
② 비의도적 구성 반칙
③ 의도적 규제 반칙
④ 비의도적 규제 반칙

15. <보기>의 대화에서 '윤성'의 윤리적 관점은?

〈보기〉

진서: 나 어젯밤에 투우 중계방송 봤는데, 스페인에서 엄청 인기더라구! 그런데 동물을 인간 오락의 대상으로 삼는 것은 윤리적으로 허용될 수 없는 거 아니야?

윤성: 난 다르게 생각해! 스포츠 활동은 인간의 이상을 추구하기 위한 것이고, 그 이상의 실현을 위해 동물은 수단으로 활용될 수 있는 거 아닐까? 승마의 경우 인간과 말이 훈련을 통해 기량을 향상시키고 결국 사람 간의 경쟁에 동물을 도구로 활용한다고 볼 수 있잖아.

① 동물해방론 ② 동물권리론
③ 종차별주의 ④ 종평등주의

16. <보기>의 사례에서 나타나는 윤리적 태도와 가장 밀접한 관련이 있는 것은?

〈보기〉

선수는 윤리적 갈등을 겪을 때면, 우리 사회에서 오랫동안 본보기가 되어온 위인들을 떠올린다. 그리고 그 위인들처럼 행동하려고 노력한다.

① 멕킨타이어(A. MacIntyre)
② 의무주의(deontology)
③ 쾌락주의(hedonism)
④ 메타윤리(metaethics)

17. 스포츠윤리의 특징으로 적절하지 않은 것은?
① 스포츠 경쟁의 윤리적 기준이다.
② 올바른 스포츠 경기의 방향이 된다.
③ 보편적 윤리로는 다룰 수 없는 독자성이 있다.
④ 스포츠인의 행위, 실천의 기준이다.

18. <보기>에서 학생운동선수의 학습권 보호와 관련된 것으로 옳은 것만 모두 고른 것은?

〈보기〉

> ㄱ. 최저 학력 제도
> ㄴ. 리그 승강 제도
> ㄷ. 주말 리그 제도
> ㄹ. 학사 관리 지원 제도

① ㄱ, ㄴ, ㄷ   ② ㄱ, ㄴ, ㄹ

③ ㄱ, ㄷ, ㄹ   ④ ㄴ, ㄷ, ㄹ

19. <보기>의 주장에 나타난 윤리적 관점은?

〈보기〉

> 스포츠 행위의 도덕적 가치는 사회에 따라, 또는 사람에 따라 다를 수 있다. 물론 도덕적 준거가 없는 것은 아니다.

① 윤리적 절대주의   ② 윤리적 회의주의

③ 윤리적 상대주의   ④ 윤리적 객관주의

20. <보기>의 대화에서 논란이 되고 있는 도핑의 종류는?

〈보기〉

> **지원:** 스포츠 뉴스 봤어? 케냐의 마라톤 선수 킵초게가 1시간 59분 40초의 기록을 세웠대!
>
> **사영:** 우와! 2시간의 벽이 드디어 깨졌네요! 인간의 한계는 끝이 없나요?
>
> **성현:** 그런데 이번 기록은 특수 제작된 신발을 신고 달렸으니 킵초게 선수의 능력만으로 달성했다고 볼 수 없는 거 아니야? 스포츠에 과학기술의 도입은 필요하지만, 이러다가 스포츠에서 탁월성의 근거가 인간에서 기술로 넘어가는 거 아니야?
>
> **혜름:** 맞아! 수영의 전신 수영복, 야구의 압축 배트가 금지된 사례도 있잖아!

① 약물도핑(drug doping)

② 기술도핑(technology doping)

③ 브레인도핑(brain doping)

④ 유전자도핑(gene doping)

1. 스포츠맨십(sportsmanship) 행위가 <u>아닌</u> 것은?
① 패자에게 승리의 우월성 과시
② 악의없는 순수한 경쟁
③ 패배에 대한 겸허한 수용
④ 승자에 대한 아낌없는 박수

2. <보기>에서 스포츠에 관한 결과론적 윤리관에 해당하는 것으로만 고른 것은?

〈보기〉

> ㉠ 경기에서 지더라도 경기규칙은 반드시 준수해야 한다.
> ㉡ 개인의 최우수선수상 수상보다 팀의 우승이 더 중요하다.
> ㉢ 운동선수는 훈련과정보다 경기에서 승리하는 것이 더 중요하다.
> ㉣ 스포츠 경기는 페어플레이를 중시하기 때문에 승리를 위한 불공정한 행위를 해서는 안된다.

① ㉠, ㉢   ② ㉠, ㉣
③ ㉡, ㉢   ④ ㉢, ㉣

3. 스포츠에서 나타나는 인종차별에 관한 설명으로 적절하지 <u>않은</u> 것은?
① 경기실적 향상을 위해 우수한 외국 선수를 귀화시키기도 한다.
② 개인의 운동기량을 인종 전체로 일반화시켜 편견과 차별이 심화되기도 한다.
③ 스포츠미디어는 인종에 대한 편견과 차별을 재생산하기도 한다.
④ 일부 관중들은 노골적으로 특정 인종을 비하하는 모욕 행위를 표출하기도 한다.

4. 스포츠윤리 이론 중 덕윤리의 특징으로 적절하지 <u>않은</u> 것은?
① 스포츠 상황에서의 행위의 정당성보다 개인의 인성을 강조한다.
② 비윤리적 행위는 궁극적으로 스포츠인의 올바르지 못한 품성에서 비롯된다.
③ '어떠한 행위를 하는 선수가 되어야 하는가'보다 '무엇이 올바른 행위인지'를 판단하는 데 더 주목한다.
④ 스포츠인의 미덕을 드러내는 행동은 옳은 것이며, 악덕을 드러내는 행동은 그릇된 것으로 간주한다.

5. <보기>에서 스포츠윤리의 역할로 적절한 것으로만 고른 것은?

〈보기〉

> ㉠ 스포츠 상황에서 행동의 옳고 그름을 판단할 수 있는 원리 탐구
> ㉡ 스포츠 현상을 사실적으로 기술하는 방법 탐구
> ㉢ 스포츠 현상의 미학적 탐구
> ㉣ 윤리적 원리와 도덕적 덕목에 기초하여 스포츠인에게 요구되는 행위 탐구

① ㉠, ㉡   ② ㉠, ㉣
③ ㉡, ㉢   ④ ㉡, ㉣

6. <보기>의 괄호 안에 공통으로 들어갈 용어는?

〈보기〉

> • 칸트(I. Kant)에게 도덕성의 기준은 (　　)이다.
> • 칸트에 의하면, 페어플레이도 (　　)이/가 없으면 도덕적이라 볼 수 없다.
> • (　　)은/는 도덕적인 선수가 갖추어야 할 내적인 태도이자 도덕적 행위의 필요충분 조건이다.

① 행복   ② 선의지
③ 가언명령   ④ 실천

7. \<보기\>에서 스포츠 선수의 유전자 도핑을 반대해야 하는 이유로 적절한 것을 모두 고른 것은?

〈보기〉

> ㉠ 선수의 신체를 실험 대상화하여 기계나 물질로 이해하도록 만들기 때문
> ㉡ 유전자조작 인간과 자연적 인간 사이에 갈등을 초래하기 때문
> ㉢ 생명체로서 인간의 본질을 훼손하고 존엄성을 부정하기 때문
> ㉣ 선수를 우생학적 개량의 대상으로 만들기 때문

① ㉠, ㉢   ② ㉡, ㉢
③ ㉠, ㉡, ㉣   ④ ㉠, ㉡, ㉢, ㉣

8. \<보기\>의 괄호 안에 들어갈 정의(justice)의 유형은?

〈보기〉

> 운동선수의 신체는 훈련으로 만들어지기도 하지만 유전적 요인으로 결정되는 경우가 많다. 농구와 배구선수의 키는 타고난 우연성에 해당한다. 일반적으로 스포츠 경기에서는 이러한 불평등 문제에 (   ) 정의를 적용하지 않는다. 왜냐하면 스포츠는 전적으로 개인의 자발적인 선택의 문제이기 때문이다.

① 자연적   ② 절차적
③ 분배적   ④ 평균적

9. \<보기\>에서 A선수의 판단 근거가 되는 윤리이론의 난점에 관한 설명으로 적절한 것은?

〈보기〉

> 농구경기 4쿼터 종료 3분 전, 감독에게 의도적 파울을 지시받은 A선수는 의도적 파울이 팀 승리에 기여할 수 있지만, 상대 선수에게 위협을 가하거나 자칫 부상을 입힐 수 있기 때문에 도덕적으로 옳지 않다고 판단했다.

① 사회 전체의 이익을 고려하지 않는 경우가 발생한다.
② 상식적이고 보편적인 도덕직관과 충돌하는 판단을 내릴 수 있다.
③ 행위의 결과를 즉각 산출하기 어려울 경우에 명료한 지침을 제시하지 못할 수 있다.
④ 도덕을 수단적으로 인식한다는 점에서 근본적인 도덕개념들과 양립하기 어렵다.

10. \<보기\>의 괄호 안에 공통으로 들어갈 용어는?

〈보기〉

> **예진:** 스포츠에는 규칙으로 통제된 (   )이 존재해. 대표적으로 복싱과 태권도와 같은 투기종목은 최소한의 안전장치가 마련되고, 그 속에서 힘의 우열이 가려지는 것이지. 따라서 스포츠 내에서 폭력은 용인된 폭력과 그렇지 않은 폭력으로 구분할 수 있어!
> **승현:** 아니, 내 생각은 달라! 스포츠 내에서의 폭력과 일상 생활에서의 폭력은 본질적으로 동일하지. 그래서 (   )은 존재할 수 없어.

① 합법적 폭력   ② 부당한 폭력
③ 비목적적 폭력   ④ 반사회적 폭력

11. <보기>에서 국제수영연맹(FINA)이 기술도핑을 금지한 이유는?

〈보기〉

> 2008년 베이징올림픽 수영종목에서는 25개의 세계신기록이 쏟아져 나왔다. 주목할만한 것이 23개의 세계신기록이 소위 최첨단 수영복이라 불리는 엘지알 레이저(LZR Racer)를 착용한 선수들에 의해 수립되었다는 것이다. 그러나 이 같은 수영복을 하나의 기술도핑으로 간주한 국제수영연맹은 2010년부터 최첨단 수영복의 착용을 금지하였다.

① 효율성 추구　　　② 유희성 추구
③ 공정성 추구　　　④ 도전성 추구

12. <보기>에서 나타난 현준과 수연의 공정시합에 관한 관점이 바르게 연결된 것은?

〈보기〉

> **현준:** 승부조작은 경쟁적 스포츠의 본래적 가치를 훼손시키는 행위지만, 경기규칙을 위반하지 않았다면 윤리적으로 문제없는 것이 아닌가?
>
> **수연:** 나는 경기규칙을 위반하지 않았다 하더라도, 스포츠의 역사적·사회적 보편성과 정당성 속에서 형성되고 공유된 에토스(shared ethos)에 충실해야 한다고 생각해! 그래서 스포츠의 가치를 근본적으로 훼손시키는 승부조작은 추구해서도, 용인되어서도 절대 안돼!

	현준	수연
①	물질만능주의	인간중심주의
②	형식주의	비형식주의
③	비형식주의	형식주의
④	인간중심주의	물질만능주의

13. <보기>의 ㉠, ㉡과 관련된 맹자(孟子)의 사상이 바르게 연결된 것은?

〈보기〉

> ㉠ 농구 경기에서 자신과 부딪쳐서 부상을 당해 병원으로 이송되는 상대 선수를 걱정해 주는 마음
> ㉡ 배구 경기에서 자신의 손에 맞고 터치 아웃된 공을 심판이 보지 못해서 자기 팀이 득점을 했을 때 스스로 부끄러워하는 마음

	㉠	㉡
①	수오지심(羞惡之心)	측은지심(惻隱之心)
②	측은지심(惻隱之心)	수오지심(羞惡之心)
③	사양지심(辭讓之心)	시비지심(是非之心)
④	측은지심(惻隱之心)	사양지심(辭讓之心)

14. 장애인의 스포츠 참여를 지원하는 방법으로 적절하지 **않은** 것은?
① 장애인이 접근 가능한 장소의 확보
② 활동에 필요한 장비 및 기구의 안정적 지원
③ 비장애인과의 통합수업보다 분리수업 지향
④ 일회성 체험이 아닌 지속적인 클럽활동 보장

15. 스포츠의 지속 가능한 발전에 관한 설명으로 적절하지 **않은** 것은?
① 새로운 스포츠 시설의 개발 금지
② 스포츠 시설의 개발과 자연환경의 공존
③ 건강한 인간과 건강한 자연환경의 공존
④ 스포츠만의 환경 운동이 아닌 국가적, 국제적 협력과 공조

16. <그림>은 스포츠윤리규범의 구조이다. ㉠~㉢에 해당하는 용어가 바르게 연결된 것은?

- ㉠ • 스포츠의 정신적 가치
  • 인간의 보편적 미덕
- ㉡ • 동등한 경쟁조건
  • 정정당당함
- ㉢ • 행위 규정
  • 시합의 조건

	㉠	㉡	㉢
①	규칙준수	스포츠맨십	페어플레이
②	스포츠맨십	페어플레이	규칙준수
③	페어플레이	규칙준수	스포츠맨십
④	스포츠맨십	규칙준수	페어플레이

17. 국민체육진흥법(시행 2022.8.11.) 제18조의3 '스포츠윤리센터의 설립'에 관한 사항으로 옳지 않은 것은?
① 스포츠윤리센터는 문화체육관광부 장관이 감독한다.
② 스포츠윤리센터의 정관에 기재할 사항은 국무총리령으로 정한다.
③ 스포츠윤리센터가 아닌 자는 스포츠윤리센터 또는 이와 비슷한 명칭을 사용하지 못한다.
④ 스포츠윤리센터의 장은 문화체육관광부 장관의 승인을 받아 관계 행정 기관 소속 임직원의 파견 또는 지원을 요청할 수 있다.

18. <보기>에서 국제육상경기연맹(IFFA)이 출전금지를 판단한 이유는?
〈보기〉

2011년 대구세계육상선수권대회에서 남아프리카공화국의 의족 스프린터 피스토리우스(O. Pistorius)는 비장애인육상경기에 참가 신청을 했으나, 국제육상경기연맹은 경기에 사용되는 의족의 탄성이 피스토리우스에게 유리하다는 이유로 출전을 허용하지 않았다고 한다.

① 인종적 불공정   ② 성(性)적 불공정
③ 기술적 불공정   ④ 계급적 불공정

19. 스포츠에서 나타나는 성차별의 원인이 아닌 것은?
① 사회적 성 역할의 고착화
② 차이를 차별로 정당화하는 논리
③ 신체구조와 운동능력에 대한 편견
④ 여성성을 해치는 스포츠에의 여성 참가 옹호

20. 스포츠에서 심판윤리에 관한 설명으로 옳지 않은 것은?
① 심판의 사회윤리는 협회나 종목단체의 도덕성과 밀접한 관련이 있다.
② 심판은 공정하고 엄격한 도덕적 원칙을 적용해야 한다.
③ 심판의 개인윤리는 청렴성, 투명성 등의 인격적 도덕성을 의미한다.
④ 심판은 '이익동등 고려의 원칙'에 따라 전력이 약한 팀에게 유리한 판정을 할 수 있다.

1. '도덕적 선(善)'의 의미를 내포한 것은?

① 축구 경기에서 득점과 연결되는 '좋은' 패스

② 피겨스케이팅 경기에서 고난도의 '좋은' 연기

③ 농구 경기에서 상대 속공을 차단하는 수비수의 '좋은' 반칙

④ 경기에 패배했음에도 불구하고 상대팀에게 박수를 보내는 '좋은' 매너

2. <보기>에서 ㉠, ㉡에 들어갈 용어가 바르게 연결된 것은?

〈보기〉

> 롤스(J. Rawls)는 (㉠)이 인간 발전의 조건이며, 모든 이의 관점에서 선이 된다고 하였다. 스포츠는 신체적 (㉡)을 훈련과 노력으로 극복하며, 기회의 균등이 정의로 작용하고 있음을 보여준다. 즉 인간이 갖는 신체적 능력의 (㉡)은 오히려 (㉠)을 개발할 기회를 마련해주며, 이를 통해 스포츠 전체의 선(善)이 강화된다.

	㉠	㉡
①	탁월성	평등
②	규범성	조건
③	탁월성	불평등
④	규범성	불평등

3. <보기>에서 가치판단에 해당하는 것만을 모두 고른 것은?

〈보기〉

> ㉠ 체조경기에서 선수들의 연기는 아름답다.
> ㉡ 건강을 위해서는 고지방 음식을 피해야 한다.
> ㉢ 시합이 끝난 후 상대방에게 인사를 하는 것은 옳은 행위이다.
> ㉣ 이상화는 2010년 밴쿠버동계올림픽경기대회에서 금메달을 획득하였다.

① ㉠, ㉢   ② ㉡, ㉢

③ ㉠, ㉡, ㉢   ④ ㉠, ㉡, ㉢, ㉣

4. <보기>에서 설명하는 윤리 이론으로 적절한 것은?

〈보기〉

> • 모든 스포츠인의 권리는 동등하게 보장되어야 한다.
> • 스포츠 규칙 제정은 공평성과 평등의 원칙에 근거해야 한다.
> • 선수의 행동이 좋은 결과를 얻었다면 도덕적으로 옳은 것이다.

① 공리주의   ② 의무주의

③ 덕윤리   ④ 배려윤리

5. 아곤(agon)과 아레테(arete)에 관한 설명으로 옳지 않은 것은?

① 아곤은 경쟁과 승리를 추구한다.

② 아곤은 타인과의 비교를 전제하지 않는다.

③ 아레테는 아곤보다 더 포괄적인 개념이다.

④ 아레테는 신체적·도덕적 탁월성을 추구한다.

6. 스포츠 경기에 적용되는 과학기술에 관한 설명으로 옳지 않은 것은?

① 유전자 치료를 통한 스포츠 수행력의 향상은 일종의 도핑에 해당한다.

② 야구의 압축배트, 최첨단 전신수영복 등은 경기의 공정성 확보에 기여한다.

③ 도핑 시스템은 선수의 불공정한 행위를 감시하고 적발하는 데 도움이 된다.

④ 태권도의 전자호구, 축구의 비디오 보조 심판(VAR: Video Assistant Referees)은 기록의 객관성과 신뢰성을 높인다.

7. <보기>에서 ㉠, ㉡에 들어갈 용어가 바르게 연결된 것은?

〈보기〉

> 독일의 철학자 (㉠)는 인간의 행위에 대한 탐구를 통해 성공적인 삶을 실현하는 사회적 조건으로 (㉡)을 들고 있다. 인간은 누구나 타인에게 (㉡)을 받고 싶은 욕구가 있다. 스포츠에서 승리에 대한 욕구는 가장 원초적인 (㉡)투쟁이라고 할 수 있다.

	㉠	㉡
①	호네트(A. Honneth)	인정
②	호네트(A. Honneth)	보상
③	아렌트(H. Arendt)	인정
④	아렌트(H. Arendt)	보상

8. <보기>에서 의무론적 도덕 추론에 해당하는 것만을 모두 고른 것은?

〈보기〉

> ㉠ 의무론적 도덕 추론은 가언적 도덕 추론이라고도 한다.
> ㉡ 스포츠지도자, 선수 등의 행위 주체에 초점을 맞추고 있다.
> ㉢ 행위의 결과에 상관없이 절대적인 도덕규칙에 따라 판단을 내린다.
> ㉣ 선의지는 도덕적인 선수가 갖추어야 할 내적인 태도이자 도덕적 행위의 필요충분조건이다.
> ㉤ 정정당당하게 경기에 임하려는 선수의 착한 의지는 경기결과에 상관없이 그 자체로 선한 것이다.

① ㉠, ㉡, ㉢ ② ㉠, ㉢, ㉣
③ ㉡, ㉣, ㉤ ④ ㉢, ㉣, ㉤

9. <보기>의 ㉠~㉢에 해당하는 정의의 유형이 바르게 연결된 것은?

〈보기〉

> ㉠ 유소년 축구 생활체육지도자 A는 남녀학생 구분없이 경기에 참여하도록 했다. 또한 장애 학생에게도 비장애 학생과 동일한 참여 시간을 보장했다.
> ㉡ 테니스 경기에서는 공정한 경기를 위해 코트를 바꿔가며 게임을 하도록 규칙을 적용한다.
> ㉢ B지역 체육회는 당해 연도에 소속 선수의 경기실적에 따라 연봉을 차등 지급하기로 결정했다.

	㉠	㉡	㉢
①	평균적	절차적	분배적
②	평균적	분배적	절차적
③	절차적	평균적	분배적
④	분배적	절차적	평균적

10. 셸러(M. Scheler)의 가치 서열 기준과 이를 스포츠에 적용한 사례로 연결이 적절하지 않은 것은?

① 지속성 - 도핑으로 메달을 획득하는 것보다 지속적으로 훈련을 하여 경기에 참여하는 것이 가치가 더 높다.
② 만족의 깊이 - 자신의 실수를 인정하여 패배하는 것이 속임수를 쓰고 승리하여 메달을 획득하는 것보다 가치가 더 높다.
③ 근거성 - 올림픽 경기에서 메달 획득으로 병역 혜택을 받는 것보다 올림픽 정신을 토대로 세계적인 선수들과 정정당당하게 겨루는 것이 가치가 더 높다.
④ 분할 향유 가능성-상위 팀이 상금(몫)을 독점하는 것보다는 적더라도 보다 많은 팀이 상금(몫)을 받도록 하는 것이 가치가 더 높다.

11. <보기>의 ㉠에 해당하는 레스트(J. Rest)의 도덕성 구성요소는?

〈보기〉

(㉠)은/는 스포츠 현장에서 발생하는 특정 상황 속에 내포된 도덕적 이슈들을 감지하고 그 상황에서 어떠한 행동을 할 수 있으며 그 행동들이 관련된 사람들에게 어떤 영향을 미칠 수 있는가를 상상하는 것을 말한다.

① 도덕적 감수성(moral sensitivity)
② 도덕적 판단력(moral judgement)
③ 도덕적 동기화(moral motivation)
④ 도덕적 품성화(moral character)

12. <보기>의 설명과 관계있는 자연중심주의 사상가는?

〈보기〉

• 생태윤리에 대한 규칙:불침해, 불간섭, 신뢰, 보상적 정의
• 스포츠에 의한 환경오염 발생 시 스포츠 폐지 권고
• 인간의 욕구를 위해 동물의 생존권을 유린하는 스포츠 금지

① 베르크(A. Berque)
② 테일러(P. Taylor)
③ 슈바이처(A. Schweitzer)
④ 하이젠베르크(W. Heisenberg)

13. <보기>에서 설명하는 사건과 거리가 먼 것은?

〈보기〉

• 1964년 리마에서 개최된 페루·아르헨티나의 축구 경기에서 경기장 내 폭력으로 300여 명 사망
• 1969년 온두라스와 엘살바도르의 축구 전쟁
• 1985년 벨기에 헤이젤 경기장에서 열린 리버풀과 유벤투스의 경기에서 응원단이 충돌하여 39명 사망

① 경기 중 관중의 폭력
② 아파르트헤이트(Apartheid)
③ 위협적 응원문화
④ 훌리거니즘(hooliganism)

14. 폭력을 설명한 학자의 개념과 그에 대한 설명이 바르게 연결된 것은?

① 푸코(M. Foucault)의 '분노'-스포츠 현장에서 인간 내면의 분노로 시작된 폭력은 전용되고 악순환을 반복하는 경향이 있다.
② 아리스토텔레스(Aristotle)의 '규율과 권력' - 스포츠계에서 위계적 권력 관계는 폭력으로 변질되어 표출된다.
③ 홉스(T. Hobbes)의 '악의 평범성'-폭력이 관행화 된 스포츠계에서는 폭력에 대한 죄책감이 없어진다.
④ 지라르(R. Girard)의 '모방적 경쟁'-자신이 닮고자 하는 운동선수를 모방하게 되듯이 인간 폭력의 원인을 공격 본능이 아닌 모방적 경쟁 관계에서 찾는다.

15. <보기>의 ㄱ~ㄷ에 해당하는 용어로 바르게 연결된 것은?

〈보기〉

> 스포츠 조직에서 (ㄱ)은/는 기업의 가치경영을 넘어 정성적 규범기준까지 확장된 스포츠 사회·윤리적 가치체계를 의미한다. 이러한 체계가 실효성 있게 작동되기 위해서는 경영자의 윤리적 (ㄴ)와 경영의 (ㄷ) 확보가 선행되어야 한다.

	ㄱ	ㄴ	ㄷ
①	기업윤리	공동체	투명성
②	윤리경영	실천의지	투명성
③	기업윤리	실천의지	공정성
④	윤리경영	공동체	공정성

16. 체육의 공정성 확보와 체육인의 인권보호를 위해 설립된 스포츠윤리 센터의 역할로 적절하지 <u>않은</u> 것은?

① 스포츠비리 및 체육계 인권침해에 대한 실태조사
② 스포츠비리 및 체육계 인권침해 방지를 위한 예방교육
③ 신고자 및 가해자에 대한 치료와 상담, 법률 지원, 임시보호 연계
④ 체육계 인권침해 및 스포츠비리 등에 대한 신고 접수와 조사

17. <보기>의 내용과 관련 있는 용어는?

〈보기〉

> • 상대 존중, 최선, 공정성 등을 포함
> • 경쟁이 갖는 잠재적 부도덕성의 제어
> • 스포츠 참가자가 마땅히 따라야 할 준칙과 태도
> • 스포츠의 긍정적 가치를 유지하려는 도덕적 기제

① 테크네(techne)
② 젠틀맨십(gentlemanship)
③ 스포츠맨십(sportsmanship)
④ 리더십(leadership)

18. <보기>의 대화에서 나타나는 스포츠 차별은?

〈보기〉

> **영은**: 저 백인 선수는 성공하기 위해서 얼마나 많은 노력과 땀을 흘렸을까.
> **상현**: 자기를 희생하면서도 끝없는 자기관리와 투지의 결과일 거야.
> **영은**: 그에 비해 저 흑인 선수가 구사하는 기술은 누구도 가르칠 수 없는 묘기이지.
> **상현**: 아마도 타고나지 않으면 할 수 없는 거지. 천부적인 재능이야.

① 성차별
② 스포츠 종목 차별
③ 인종차별
④ 장애차별

19. <보기>의 설명과 관련 있는 제도는?

〈보기〉

> 학생선수가 일정 수준의 학력기준에 도달하지 못한 경우에는 별도의 기초학력보장 프로그램을 운영한다. 학교의 장은 필요한 경우 학생선수의 경기대회 출전을 제한할 수 있다.

① 최저학력제
② 체육특기자 제도
③ 운동부의 인권보장제
④ 학생선수의 생활권 보장제도

20. <보기>에서 스포츠 인권에 대한 내용을 모두 고른 것은?

〈보기〉

> ㄱ 모든 사람은 평등하게 스포츠와 신체활동에 참여할 권리를 가진다.
> ㄴ 국가 차원에서 체계적인 스포츠 인권 정책을 마련해야 한다.
> ㄷ 스포츠의 종목이나 대상에 따라 권리가 상대적으로 보장되어야 한다.
> ㄹ 국가는 장애인이 스포츠 활동 참여의 권리를 동등하게 보장받도록 노력해야 한다.

① ㄱ, ㄷ
② ㄱ, ㄹ
③ ㄱ, ㄴ, ㄷ
④ ㄱ, ㄴ, ㄹ

1. 〈보기〉는 스포츠기본법 제2조 기본 이념에 대한 설명이다.

2. 〈보기〉는 스포츠에서 발생하는 폭력의 유형과 특징으로 모두 옳은 내용이다.

3. ④ 여성 참정권은 여성이 정치에 참여하는 권리로서, 여성의 권리 향상을 의미하므로 성차별 심화 원인으로 볼 수 없다.

4. 생명중심주의 입장에서 (나)를 제시한 학자는 테일러이다. 테일러는 모든 생명체가 고유한 가치를 가진다고 보았으며, 환경문제 해결을 위한 인간의 4가지 의무를 주장하였다.

5. ㉠은 인종, ㉡은 인종주의, ㉢은 인종 차별에 대한 설명이다.

6. 심판 B가 원칙에 따라 퇴장의 처벌을 내렸으므로, 심판 B의 판정 견해를 지지하는 윤리 이론은 의무주의이다. 의무주의는 행위의 결과에 상관없이 절대적인 도덕규칙에 따라 판단을 내리고, 행위의 의도와 동기를 기준으로 옳고 그름을 판단하는 윤리 이론이다.

7. 스포츠딜레마는 두 가지 중 하나를 고르는 선택 상황에서 결정하기 어려운 상황을 의미하는 것으로 〈보기〉에 담긴 윤리적 규범과는 관련이 없다. ① 페어플레이는 공정한 시합을 의미하고, ③ 스포츠에토스는 인격 및 도덕성을 의미하고, ④ 스포츠퍼슨십은 스포츠맨십의 성 중립적 용어이며, 스포츠인이 마땅히 지켜야 할 준칙과 갖추어야할 태도를 의미한다.

8. 〈보기〉의 사례에서 나타나는 품성은 아크라시아이다. 아크라시아는 자제력 부족 및 의지력 부족을 의미하고, 자신의 더 나은 판단에 반하는 행동을 하는 것을 의미한다. ① 테크네는 능숙함을 통해 바라는 결과를 얻는 능력, 유용성 및 효율성을 의

미한다. ③ 에피스테메는 과학적 지식 및 일반적 지식을 의미하고, ④ 프로네시스는 실천적 지식 및 지혜를 의미한다.

9. 〈보기〉는 정언명령과 가장 밀접하다. 정언명령은 행위의 결과나 목적과 무관하게 행위 그 자체의 도덕적 가치에 따르는 것으로, 절대적이고 무조건적인 명령이다. ② 가언명령은 목적 달성을 위한 수단으로서의 가치를 지니는 것으로, 조건이나 상황에 따라 적용되고 요구되는 도덕 명령이다.

10. 〈보기〉는 특정한 행위의 결과가 최대의 유용성을 낳는가에 대한 부분으로, 행위 공리주의에 해당한다.

11. 〈보기〉는 결과보다 과정에 초점을 맞춘 정의로서, 절차가 공정하면 그 절차에 따른 분배 결과도 공정하다는 원리이므로 절차적 정의에 해당한다. ② 평균적 정의는 개인 상호간에 행하여지는 정의로 절대적 평균으로서 모든 사람들에게 차별없이 평등하게 적용되어야 한다는 절대적·형식적 평등을 의미한다. ③ 분배적 정의는 사람들 간의 이익과 부담을 공정하게 분배할 때 실현되는 정의이다. 단체생활에 있어서 개인 각자의 능력과 가치에 따라 적합하게 분배되어야 한다는 상대적·실질적 평등을 의미한다.

12. 공자의 사상은 충서(忠恕)로 설명할 수 있다. 충은 마음이 중심을 잡아 한쪽으로 치우치지 않는 상태를 의미하고, 서는 나와 타인의 마음이 서로 다르지 않다는 뜻으로 배려와 관용을 나타낸다.

13. 〈보기〉는 여러 윤리 이론들과 관련이 있을 수 있어서, 문제 출제 오류로 모두 정답처리 된 문제이다.

14. 〈보기〉는 동기와 목표가 뚜렷하기 때문에 의도적 반칙이며, 스포츠의 본질적인 성격을 부정하는 반칙이므로 구성적 규칙을 위반하였다. 그러므로 〈보기〉는 의도적 구성 반칙이다.

15. 〈보기〉에서 윤성은 동물을 수단으로 활용할 수 있다고 보는 종차별주의 관점이다. 진서는 동물도 고유한 가치를 지닌 존재로 존중되어야 한다는 반종차별주의 관점이다.

16. 〈보기〉는 위인들처럼 행동하려고 노력하는 태도

로서 덕윤리에 해당하며, 덕윤리는 맥킨타이어와 밀접한 관련이 있다. ② 의무주의는 행위의 결과에 상관없이 절대적인 도덕규칙에 따라 판단을 내리는 윤리 이론이다. ③ 쾌락주의는 쾌락을 최고의 목적 및 선으로 보는 이론이다. ④ 메타윤리는 윤리학의 본질과 의미를 탐구하는 분야이다.

17. 스포츠윤리는 일반적인 사회윤리의 하위 항목으로서 일반윤리의 덕목과 본질적으로는 크게 다르지 않다. 그러므로 보편적 윤리로 다룰 수 없는 독자성이 있다고 보기는 어렵다.

18. 학생운동선수의 학습권 보호를 위하여 최저 학력 제도, 주말 리그 제도, 학사 관리 지원 제도, 방과 후 운동, 운동 시간의 제한, 전국대회 출전 횟수 제한, 합숙 기간의 축소 등을 한다. 리그 승강 제도는 상위 리그와 하위 리그를 구분하여 결과에 따라 리그를 맞바꾸는 제도로 학생운동선수의 학습권 보호와는 관련이 없다.

19. 〈보기〉는 윤리적 상대주의 관점이다. 윤리적 상대주의는 도덕적이라는 판단의 기준이 개별의 문화나 사회 집단, 구성원 개개인의 사고방식에 따라서 달라질 수 있는 상대적인 것으로 본다.

20. 〈보기〉의 대화에서 논란이 되고 있는 도핑의 종류는 기술도핑이다. 기술도핑은 첨단 용품과 기구의 사용으로 인해 선수의 기록 향상에 영향을 주어 스포츠의 공정성과 형평성을 해치는 형태의 도핑을 의미한다.

2023년 | 생활·전문 스포츠지도사2급 스포츠윤리

1. ① 2. ③ 3. ① 4. ③ 5. ② 6. ② 7. ④ 8. ④
9. ① 10. ① 11. ③ 12. ② 13. ② 14. ③ 15. ①
16. ② 17. ② 18. ③ 19. ④ 20. ④

1. 스포츠맨십은 이상적인 신사의 인간상이 스포츠에 적용되면서 만들어진 가치로서 상대를 존중하는 부분도 포함된다. 패자에게 승리의 우월성을 과시하는 것은 스포츠맨십의 행위가 아니다.

2. 결과론적 윤리관은 행위 자체보다는 행위의 결과에 초점을 두며 결과의 유용성만을 중시하며, '최대 다수의 최대 행복' 실현을 윤리적 행위의 목적

으로 본다. ㉠과 ㉣은 의무론적 윤리관에 해당하며, ㉡과 ㉢은 결과론적 윤리관에 해당한다.

3. 경기실적 향상을 위해 우수한 외국 선수를 귀화시키는 것은 인종차별이 아닌 인종차별을 극복한 사례에 해당한다.

4. '무엇이 올바른 행위인지'를 판단하는 데 더 주목하는 윤리이론은 의무론적 윤리이론이다. 덕윤리는 '무엇을 해야 하는가?'보다 '어떻게 살아야 하는가?'가 더 중요하며, 행위 자체보다는 행위자에게 초점을 맞춘다.

5. 스포츠윤리의 역할은 스포츠인의 행위에서 요구되는 도덕적 원리와 덕목을 고찰하는 것이며, 스포츠 상황에서 행동과 목적의 옳고 그름을 결정할 수 있는 근본원리를 탐색하는 것이다. 또한 윤리적 원리와 도덕적 덕목에 기초하여 스포츠인에게 요구되는 행위를 탐구한다. 〈보기〉에서 ㉠, ㉣이 스포츠윤리의 역할에 해당한다.

6. 칸트에게 도덕성의 기준은 선의지이며, 페어플레이도 선의지가 없으면 도덕적이라 볼 수 없다. 행위에 있어 선의지가 중요하며, 목적은 수단을 정당화할 수 없다. 선의지는 도덕적인 선수가 갖추어야 할 내적인 태도이자 도덕적 행위의 필요충분조건이며, 정정당당하게 경기에 임하려는 선수의 착한 의지는 경기결과에 상관없이 그 자체로 선한 것이다.

7. 〈보기〉는 유전자 도핑을 반대하는 이유로 모두 적절하다. 또한 도핑을 금지하는 이유에는 여러 가지가 있겠지만, 그중에서 가장 중요한 것은 생명의 보호이다.

8. 평균적 정의는 절대적 평균으로서 모든 사람들에게 차별없이 평등하게 적용되어야 한다는 절대적·형식적 평등을 의미한다. 동등한 조건의 참가와 동일한 규칙의 적용을 의미하는데, 키와 같은 유전적 요인은 타고난 우연성에 해당하므로 이러한 불평등 문제에 평균적 정의를 적용하지는 않는다.

9. A선수의 판단 근거가 되는 윤리이론은 의무론적 윤리이론이다. 의무론적 윤리이론은 그 행위가 도덕적 의무를 준수했는가를 판단의 기준으로 한다. 난점으로는 도덕규칙 간의 갈등 및 충돌 문제가 발생했을 때 실질적인 도움을 주지 못할 수 있다는 점과 사회 전체의 이익을 제대로 고려하지 못하는 경우가 있는 부분이다.

10. 격투 스포츠에 대한 윤리적 논쟁이 있으며, 경기장의 제도 및 틀 안에서 이루어지는 합법적 폭력(용인된 폭력)이라고 보는 찬성 의견과 어떤 상황에서든 폭력은 정당화될 수 없다고 보는 반대 의견이 있다.

11. 선수의 노력과 기량이 아닌 용기구에 의한 경기 기록의 단축이나 승리로, 페어플레이 정신 및 공정성과 형평성에 위배될 수 있으므로 기술도핑을 금지하였다.

12. 현준은 경기 관련 규칙을 준수하며 페어플레이를 실천하는 것을 의미하는 형식주의 관점이며, 수연은 공정의 개념을 구성적 규칙과 규제적 규칙을 포함하여 더 포괄적으로 확장하여 관습까지 포함하는 비형식주의 관점이다.

13. ㉠은 남을 불쌍하게 여기는 타고난 착한 마음인 측은지심, ㉡은 자기의 옳지 못함을 부끄러워하고 남의 옳지 못함을 미워하는 마음으로 수오지심이다.

14. 분리수업보다는 통합수업을 지향하며, 다양한 사람과의 관계를 통한 사회성 함양의 기회를 주어야 한다.

15. 스포츠의 지속가능한 발전은 스포츠 시설의 개발과 자연환경의 공존을 추구한다. 새로운 스포츠 시설 건립 시 전문가를 투입하여 이 시설의 건립이 반드시 필요한지의 여부를 정확하게 진단하고, 불필요한 것으로 판명될 경우 건립을 포기한다.

16. ㉠ 스포츠맨십은 스포츠의 가장 포괄적이고 일반적인 도덕규범이다. ㉡ 페어플레이는 공평하고 공정한 플레이이다. ㉢ 규칙의 준수는 도덕성 함양에 기여할 수 있다고 여겨지면서 하나의 윤리 규범으로 정착하였다.

17. 스포츠윤리센터의 정관에 기재할 사항은 대통령령으로 정한다.

18. 의족장애선수의 일반 경기 참가는 의족에 따라 일반 선수에 대한 역차별이 발생할 수 있다. 이는 기술도핑에 해당될 수 있으며, 공정성과 형평성에 위배될 수 있다.

19. 여성성을 해치는 스포츠에의 여성 참가 옹호는 성차별의 원인에 해당하지 않으며, 공정한 기회와 평가를 제공할 수 있으므로 성차별의 극복방안이라고 볼 수 있다.

20. 심판은 어느 한쪽으로 치우침과 사사로움이 없어야 하며, 선수의 이익을 동등하게 대우하는 엄격한 중립성을 가지고 개인적 감정을 배제해야 한다.

2022년 생활·전문 스포츠지도사2급 스포츠윤리

1. ④ 2. ③ 3. ①,②,③ 4. ① 5. ② 6. ② 7. ①
8. ③,④ 9. ① 10. ④ 11. ① 12. ② 13. ② 14. ④
15. ② 16. ③ 17. ③ 18. ③ 19. ① 20. ④

1. 도덕적 선(善)은 도덕과 윤리의 본질적인 가치로서 도덕적인 좋음, 좋은 것, 착함을 의미한다. 경기에 패배했음에도 불구하고 상대팀에게 박수를 보내는 '좋은' 매너는 도덕적 선을 의미한다.

2. 롤스는 탁월성이 인간 발전의 조건이며, 모든 이의 관점에서 선이 된다고 하였다. 스포츠는 신체적 불평등을 훈련과 노력으로 극복하며, 기회의 균등이 정의로 작용하고 있음을 보여준다. 즉 인간이 갖는 신체적 능력의 불평등은 오히려 탁월성을 개발할 기회를 마련해주며, 이를 통해 스포츠 전체의 선이 강화된다.

3. ㉠, ㉡, ㉢은 가치판단에 해당하며, ㉣은 사실판단에 해당한다.

4. 〈보기〉에서 설명하는 윤리 이론은 공리주의에 해당한다. 공리주의는 결과론적 윤리체계로서, 가치판단의 기준을 효용과 행복의 증진에 두어 '최대 다수의 최대 행복' 실현을 윤리적 행위의 목적으로 본다.

5. 아곤은 경쟁과 승리를 추구하며, 결과를 중시한다. 즉 아곤은 상대와의 경쟁을 통해 타인과 비교하며 승리를 추구한다. 아레테는 아곤보다 더 포괄적인 개념이며, 탁월성을 성취하는 것을 의미한다.

6. 야구의 압축배트, 최첨단 전신수영복 등은 경기의 공정성 및 형평성에 위배될 수 있다.

7. 독일의 철학자 악셀 호네트는 인간의 행위에 대한 탐구를 통해 성공적인 삶을 실현하는 사회적 조건으로 인정을 들고 있다. 인간은 누구나 타인에게 인정을 받고 싶은 욕구가 있으며, 스포츠에서 승리에 대한 욕구는 가장 원초적인 인정투쟁이라고 하였다.

8. ㉠ 의무론적 도덕 추론은 정언적 도덕 추론이다.

9. ㉠은 평균적 정의, ㉡은 절차적 정의, ㉢은 분배적 정의에 해당한다.

평균적 정의는 개인 상호간에 행하여지는 정의로 절대적 평균으로서 모든 사람들에게 차별없이 평등하게 적용되어야 한다는 절대적·형식적 평등을 의미한다. 절차적 정의는 결과보다 과정에 초점을 맞춘 정의로서 절차가 공정하면 그 절차에 따른 분배 결과도 공정하다는 원리이다. 분배적 정의는 단체의 개인에 대한 관계에서의 정의로, 단체생활에 있어서 개인 각자의 능력과 가치에 따라 적합하게 분배되어야 한다는 상대적·실질적 평등을 의미한다.

10. 셸러는 많은 사람이 분할하지 않고 그대로 향유할 수 있는 가치가 더 높은 가치라고 보았다. 셸러의 가치 서열 기준으로는 지속성(지속적인 가치가 변화하는 가치보다 높음), 만족의 깊이(만족의 정도가 클수록 높은 가치), 근거성(다른 가치에 덜 의존할수록 높은 가치), 분할 향유 가능성, 독립성(사람에 따라 상대적이지 않은, 독립적인 가치가 더 높은 가치)이 있다.

11. 〈보기〉의 ㉠은 레스트의 도덕성 4구성요소 중 도덕적 감수성(도덕적 민감성)에 해당한다. 도덕적 감수성은 특정 상황 속에 내재된 도덕적 이슈를 자각하고 상황을 해석하는 것을 의미한다. 도덕적 판단력은 어떤 행동에 대해서 도덕적으로 옳은지 그른지에 대한 판단, 도덕적 동기화는 다른 가치보다 도덕적 가치를 더 우위에 두려는 동기, 도덕적 품성화는 실천의 장애 요인을 극복하여 실천할 수 있는 강한 의지와 용기 등의 품성을 갖는 것을 의미한다.

12. 테일러는 모든 생명체가 인간의 목적, 가치, 필요와 관계없이 고유한 가치를 가진다고 보았으며, 환경문제 해결을 위한 인간의 4가지 의무로 신뢰의 의무, 불간섭의 의무, 불침해의 의무, 보상적 정의의 의무를 주장하였다.

13. 〈보기〉는 경기 중 관중의 폭력, 위협적 응원문화, 훌리거니즘과 관련이 있는 사건이다. 아파르트헤이트는 20세기 남아프리카공화국의 인종차별 정책을 의미한다.

14. ①은 아리스토텔레스의 분노, ②는 푸코의 규율과 권력, ③은 한나 아렌트의 악의 평범성에 대한 설명이다.

15. 스포츠 조직에서 윤리경영은 기업의 가치경영을 넘어 정성적 규범기준까지 확장된 스포츠 사회 윤리적 가치체계를 의미한다. 이러한 체계가 실효성 있게 작동되기 위해서는 경영자의 윤리적 실천의지와 경영의 투명성 확보가 선행되어야 한다.

16. 신고자 및 피해자에 대한 치료 및 상담, 법률 지원, 임시보호 및 연계를 해야 한다.

17. 〈보기〉는 스포츠맨십과 관련 있는 내용이다. 스포츠맨십은 스포츠의 가장 포괄적이고 일반적인 도덕규범으로 스포츠인이 마땅히 지켜야 할 준칙과 갖추어야 할 태도를 의미한다.

18. 흑인 선수의 경기력은 발생학적(생리학적)이고, 백인 선수는 후천적 노력의 결과로 보는 것은 인종차별에 해당한다.

19. 〈보기〉는 최저학력제에 대한 설명이다. 최저학력제는 학생 선수의 생활권과 학습권 보장을 위해 도입되었다.

20. 스포츠 인권은 스포츠에서 가져야 할 인간의 존엄성, 인간의 자유에 대한 권리를 의미한다. 인종이나 성별에 관계없이 누구나 스포츠를 동등하게 누릴 수 있는 권리이며, 스포츠의 종목이나 대상에 관계없이 절대적으로 보장되는 권리이다.

스포츠심리학

① 스포츠심리학의 정의 및 의미

(1) 스포츠심리학의 정의
① 스포츠와 체육 상황에서 인간의 수행에 영향을 주는 요인을 심리학적 관점에서 분석하는 체육학의 한 분야
② 심리학의 한 하위 학문 영역으로 심리학과 그 연구 방법이나 내용에 관한 정보를 상호 교환함
③ 스포츠에서 경기력 향상을 목적으로 하는 스포츠 과학의 주요 하위 학문 영역으로 인정받고 있으며 독자적인 학문 영역을 형성
④ 스포츠 현장에서 관찰 가능한 선수 또는 운동을 수행하는 사람의 행동과 그 행동을 조정하는 정신 과정을 연구하는 학문
⑤ 심리학적 원리를 스포츠의 상황에 적용
⑥ 스포츠 상황에서 인간행동을 과학적으로 탐구하는 분야
⑦ 스포츠에 연관된 사람들 대부분이 연구의 대상이 되며 그들의 행동과 정신적 과정을 연구함

(2) 스포츠심리학의 의미
① 광의의 스포츠심리학(1980년대 이전)
  • 스포츠심리+운동제어, 운동학습, 운동발달
  • 인간 운동의 기능적, 생태적 원리를 포괄하는 운동제어, 운동학습, 운동발달 등을 포함하는 연구 분야
  • 자연과학적 특성이 강한 분야까지도 포함하는 넓은 학문 분야
  • 학술단체
    - 1960년대 국제스포츠심리학회(ISSP), 북미스포츠심리학회(NASPSPA)
    - 1989년 한국스포츠심리학회(KSSP)
  • 1980년대 이후에 체육학의 전문화와 세분화 추세에 따라 광의의 스포츠심리학 관점은 점차 퇴색됨
② 협의의 스포츠심리학(1980년대 이후)
  • 스포츠심리
  • 사회심리학적 배경이 강한 스포츠심리 영역만을 스포츠심리학으로 간주
  • 심리적 요인이 운동수행에 어떤 영향을 미치는가를 규명하는 분야
  • 스포츠나 운동수행이 개인과 팀의 심리적 기능에 어떠한 영향을 주는지 규명하는 분야
  • 스포츠 상황에서의 인간과 인간 행동을 과학적으로 연구하고, 그 지식을 스포츠와 운동 현장에 적용하는 학문
  • 학술단체
    - 1986년 응용스포츠심리학회(AASP)
③ 스포츠 운동심리학
  • 최근에 스포츠 상황뿐만 아니라 건강을 위한 운동 상황에서 심리적인 측면에 관심을 가지면서

그 범위가 확대됨
- 선수가 아닌 일반인들의 스포츠 활동에 대한 지속적인 참여와 참여로부터 얻어지는 신체적, 심리적 건강에 관심을 갖는 영역
- 외국의 경우 최근에는 스포츠심리학이라는 용어보다는 스포츠운동심리학이라는 용어가 더 자주 쓰이고 있고 국내에서도 이런 경향을 따르고 있음
- 연구 목표
  - 심리적 요인(독립변인)이 스포츠와 운동수행(종속변인)에 미치는 영향
    예) 불안이 축구 페널티킥 성공률에 어떠한 영향을 미치는가?
    자신감의 수준이 아동의 수영학습에 어떠한 영향을 미치는가?
    성공/실패의 경험은 골프퍼팅 학습에 어떠한 영향을 미치는가?
    수영에 대한 자신감이 수영 학습에 어떤 영향을 주는가?
  - 스포츠와 운동참가(독립변인)가 개인의 심리(종속변인)에 미치는 영향
    예) 태권도 수련 참가는 아동의 성격발달에 어떠한 영향을 미치는가?
    달리기는 우울증을 조절하는가?
    스포츠클럽 활동은 사회성과 집중력을 높이는가?
    태권도 수련은 아동의 인성 발달에 도움이 되는가?
- 발전 방향
  광의의 스포츠심리학 → 협의의 스포츠심리학 → 스포츠 운동심리학

성피티 TIP

1980년대를 기준으로 그 이전에는 광의의 스포츠심리학만이 존재하고, 이후에는 협의의 스포츠심리학이 존재했던 것은 아닙니다. 시대적으로 1980년대 이후 광의의 스포츠심리학 관점이 약화된 것이고 협의의 스포츠심리학 관점이 보편화된 것입니다. 그렇기 때문에 1980년대 이후에도 광의의 스포츠심리학 학술단체(1989년 한국스포츠심리학회)가 생겼다고 이해하시면 됩니다.

2 스포츠심리학의 역사

(1) 스포츠심리학의 발전 과정

고대 그리스	태동기 1895-1920	창립기	정착기	도약기 1965-1979	번영기 1980-현재
헤로디커스 히포크라테스	노먼 트리플릿(최초연구가): 사회적 촉진 현상 연구	-	-	국제학회 창설 : 연구의 활성화	스포츠심리학 의 부각

① 운동과 정신 건강의 주제들을 분석하는 연구가 근대 운동심리학의 시작
② 미국의 응용스포츠심리학회(AASP)의 스포츠심리 컨설턴트 자격제도는 미국올림픽위원회가 채택할 정도로 권위를 인정받음
③ AASP의 스포츠심리 컨설턴트 자격을 취득하기 위해서는 박사학위와 함께 일정 시간의 현장수련이 요구됨

(2) 스포츠심리학의 역사

① 1990년대 이후 미국, 영국, 캐나다, 한국 등의 국가에서 스포츠심리학 전문가에게 자격을 부여하는

제도 도입
② 2004년 한국스포츠심리학회에서 스포츠심리 상담사 자격제도 도입
- 학력, 수련활동, 연수 등의 기준에 따라 1급, 2급, 3급으로 자격등급 구분
- 2급과 1급의 경우 현장 수련과 슈퍼비전이 필수적으로 요구됨

3 스포츠심리학의 영역과 역할

(1) 스포츠심리학
① 성격, 동기(동기유발전략), 정서, 불안(불안감소전략), 인지, 집단응집력, 상담기술 및 방법 등

(2) 운동제어
① 인간의 움직임이 어떻게 생성되고 제어(조절)되는지를 밝히는 영역
② 정보처리이론, 운동제어이론, 운동의 법칙 등

(3) 운동학습
① 운동기술을 효율적으로 수행하고 학습하는 데 필요한 원리를 연구하는 영역
② 운동행동모형, 운동학습과정, 운동 기억, 피드백, 전이, 연습 등

(4) 운동발달
① 운동행동이 연령에 따라 계열적이고 연속적으로 변해가는 과정에 관한 연구 분야
② 유전과 경험, 운동 능력의 발달, 운동 기능의 발달 등

(5) 운동심리학
① 신체활동에 영향을 주는 사회인지적 요인을 찾아내는 것과 운동에 따른 심리적 혜택을 분석하는 것
② 지속적인 운동참여와 그것을 통해 얻을 수 있는 개인의 정신건강에 관한 연구 분야
③ 운동지속동기, 정신건강 등

1 운동제어

(1) 운동기술(motor skill)

① 정의: 목적을 달성하기 위해 수행하는 수의적이고 효율적인 신체의 움직임
② 3가지 조건: 목적지향적, 수의적, 신체 혹은 사지에 의한 움직임
③ 특징: 운동 수행 시 최소의 시간을 소모하고 최소의 에너지를 소모하며 성공에 대한 확실성을 최대화하는 상태로 변화되어가는 것
④ 일차원적 운동기술분류
  - 움직임에 동원되는 근육의 크기: 대근운동기술(큰 근육 사용), 소근운동기술(작은 근육 사용)
  - 움직임의 연속성
    - 불연속적 운동기술: 동작의 시작과 끝이 명확하게 나타나는 기술, 동작이 짧은 시간에 빠르게 진행됨
      예) 던지기, 받기, 차기
    - 계열적 운동기술: 불연속적 운동기술이 연속적으로 연결되어 하나의 전체적인 기술로 나타남
      예) 체조 및 마루운동, 야구의 수비기술
    - 연속적 운동기술: 시작과 끝을 인지할 수 없고, 특정한 움직임이 계속적으로 반복되는 기술
      예) 수영, 사이클
  - 환경의 안정성
    - 폐쇄운동기술: 환경이 변하지 않는 안정된 상태에서 수행하는 기술
      예) 사격, 양궁, 체조, 농구 경기에서 자유투하기
    - 개방운동기술: 시·공간적인 환경의 변화에 대한 적응력과 판단력이 필요한 기술
      예) 농구, 축구, 야구, 테니스, 럭비, 야구 경기에서 투수가 던진 공을 타격하기, 자동차 경주에서 드라이버가 경쟁하면서 운전하기, 미식축구 경기에서 쿼터백이 같은 팀 선수에게 패스하기
⑤ 젠타일(A. Gentile)의 이차원적 운동기술분류

구분			동작의 요구(기능)			
			신체 이동 없음 (신체의 안정성)		신체 이동 있음 (신체의 불안정성)	
			물체 조작 없음	물체 조작 있음	물체 조작 없음	물체 조작 있음
환경적 맥락	안정적인 조절 조건	동작 시도 간 환경 변이성 없음	제자리에서 균형잡기	농구 자유투하기	계단 오르기	책들고 계단 오르기
		동작 시도 간 환경 변이성	수화로 대화하기	타이핑하기	평균대 위에서 체조 기술 연습하기	리듬체조에서 곤봉 연기하기
	비안정적 조절 조건	동작 시도 간 환경 변이성 없음	움직이는 버스 안에서 균형잡기	같은 속도로 던져지는 야구공 받기	움직이는 버스 안에서 걸어가기	물이 든 컵을 들고 일정한 속도로 걷기
		동작 시도 간 환경 변이성	트레드밀 위에서 장애물 피하기	자동차 운전하기	축구경기에서 드리블하는 선수 수비하기	수비자를 따돌리며 드리블해 나가기

구스리(E. Guthrie)가 제시한 '운동기술 학습으로 인한 변화'

- 최소의 움직임 시간과 최소의 에너지를 소비하여 최대의 확실성을 갖고 운동과제를 달성할 수 있는 능력

(2) 운동제어의 개념

① 움직임이 어떻게 생성되고 조절되는지를 신경심리적 과정과 생체학적 메커니즘을 통해 밝히는 영역
② 인간의 움직임 생성과 조절에 대한 신경심리적 과정과 생물학적 기전을 밝히는 학문 영역
③ 운동 동작이 만들어지고 조절되는 과정을 신경 생리적 관점과 생물학적 관점에서 탐구하므로 자연과학적 특성이 강한 분야
④ 인간의 동작이나 운동을 어떻게 만들고 조절할 수 있는가에 대한 기전과 원인을 연구
⑤ 주어진 내·외적 정보의 선별, 정보의 처리, 반응, 조절, 동작 등을 연구

(3) 기억체계 및 운동제어 체계

① 기억체계의 종류
- 감각기억
  - 기억체계의 첫 번째 단계로 아주 짧은 시간 동안만 저장되며 많은 양의 감각정보를 포함함
  - 시각, 청각, 운동감각 등의 감각기관을 통해 정보를 받아들임
  - 기억 용량: 극히 제한, 약 0.5초 동안만 기억되는 정보
  - 특징: 새로운 정보가 유입되면 쉽게 손실됨
  - 지도방법: 불필요한 외부정보를 줄이고 집중할 수 있도록 지도
- 단기기억(활동기억)
  - 과제 해결에 필요하다고 선택되어진 것이나 장기기억에서 인출되어진 정보들이며, 모두 '주의'의 집중을 통해서만 처리됨
  - 처리 결과 또한 '주의'의 집중을 통해 장기기억에 저장됨
  - 수행하고자 하는 동작에 대한 운동명령도 단기기억 장치에 저장되어 동작계획의 수정을 가능하게 함
  - 용량이 제한되어 있으며 오랫동안 기억할 수 없음
  - 기억 용량: 제한, 5~9개 사이의 항목을 기억할 수 있으며 18초 정도가 한계임
  - 특징: 반복하거나 시연하지 않으면 사라짐
  - 지도방법: 한번에 너무 많은 정보를 제공하지 않고, 정보를 처리할 수 있는 시간을 제공하기
- 장기기억
  - 특별한 간섭이나 소멸 과정을 경험하지 않는다면 영구적으로 사용할 수 있다고 봄
  - 기억 용량: 무제한, 영구적으로 보관되는 정보
  - 특징: 반복과 시연을 통해 강화됨
  - 지도방법: 연습을 통해 기억을 강화하기
  - 일화적 기억: 개인적 경험·사건·일화에 관한 기억으로, 사건이 일어난 특정 시간·공간·상황 등 맥락 정보가 함께 저장됨
  - 의미적 기억: 일반적인 세상의 지식과 사실에 관한 기억으로, 사물 간의 관계·단어의 의미들 간의 관계에 대한 지식
  - 절차적 기억: 특정 일을 어떻게 하는지에 대한 기억으로, 걷기·자전거 타기 등과 같은 특정 작업을 담당하며 학습이 되면 의식의 개입 없이 자동적으로 수행이 이루어짐

예) 학창 시절 자전거를 타고 학교에 등하교했던 A는 오랜 기간 자전거를 타지 않았음에도 불구하고 여전히 자전거를 탈 수 있음, 어린 시절 축구선수로 활동했던 B는 축구의 슛 기술을 어떻게 수행하는지 시범을 보일 수 있음

시각탐색에 사용되는 안구 움직임의 형태

- 빠른 움직임(saccadic movement)
- 부드러운 추적 움직임(smooth pursuit movement)
- 전정안구반사(vestibulo-ocular reflex)
- **빠른 움직임과 추적 움직임이 조화를 이루는 움직임**

---

② 기억체계의 단계
- 지각 → 저장 → 인출
③ 정보처리 3단계
- 감각지각(자극확인) 단계
  - 자극의 확인 및 감각기관을 통한 지각 및 수용, 환경정보 자극에 대한 확인과 자극의 유형에 대한 인식
    예) 테니스 선수가 상대 코트에서 넘어오는 공의 궤적, 방향, 속도에 관한 환경정보를 탐지함
  - 기억체계와의 접촉을 통해 자극을 해석, 받아들인 정보의 내용을 분석하여 의미를 부여하는 과정
  - 정보의 병렬적 처리: 지각과 반응정보의 동시 처리
  - 스트룹 효과(Stroop effect): 일치하지 않는 조건의 자극을 보고 그 자극을 실행할 때, 일치하는 조건의 자극을 보고 실행할 때보다 반응속도가 늦어지는 현상(자극 간 간섭 현상)
    예) 단어를 인지하는 과정에서 그 단어의 의미와 글자의 색상이 일치하지 않는 조건에서 색상을 명명하면 반응속도가 늦어짐 - 빨간색으로 쓰인 '검정'이라는 글자
  - 칵테일 파티 효과(cocktail party effect)(선택적 주의집중): 칵테일파티처럼 여러 사람의 목소리와 잡음이 많은 상황에서도 본인이 흥미를 갖는 이야기는 선택적으로 들을 수 있는 현상, 인간은 귀를 통해 하루 종일 다양한 소리를 듣지만 본인에게 필요한 정보를 선택해서 집중적으로 습득할 수 있는 지각능력을 가지고 있음
    예) 체육관에서 관중의 함성과 응원 소리에도 불구하고, 작전타임에서 코치와 선수는 서로 의사소통이 가능함
- 반응선택(변환) 단계
  - 자극을 확인한 후 환경특성에 맞는 반응을 선택, 목표 달성 위해 동작 패턴을 선택하고 계획
    예) 테니스 선수가 환경정보를 토대로 어떤 종류의 기술로 공을 어떻게 받아쳐야 할지 결정함
  - 초보자: 반응을 순차적으로 처리하는 통제적 처리, 처리속도 느림, 주의력 요구
  - 숙련자: 의식적인 노력 없이 많은 정보를 동시에 처리할 수 있는 자동적 처리, 처리속도 빠름, 주의력 요구 수준 감소
- 반응실행(반응 프로그래밍) 단계
  - 운동계획에 따라 운동명령을 보냄, 실제 움직임을 생성하기 위하여 움직임을 조직화함
  - 정보의 계열적 처리
  - 병목 현상이 발생하여 심리적 불응기 현상이 나타남
  - 병목 현상: 자극에 대한 반응실행이 완료되지 않으면, 다음 자극에 대한 반응실행이 완료되지 않아 반응이 쌓이는 현상

- 심리적 불응기: 1차 자극에 대한 반응을 수행하고 있을 때 2차 자극을 제시할 경우 2차 자극에
대해 반응시간이 느려지는 현상(집단화: 1차와 2차 자극을 하나의 자극으로 간주하는 현상)
  예) 농구 경기에서 수비수가 공격수의 첫 번째 페이크 슛 동작에 반응하면서, 바로 이어지는 두 번째
실제 슛 동작에 제대로 반응하지 못하는 현상

<정보처리 접근에 근거한 운동행동모형>

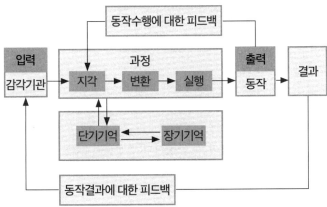

④ 운동제어 체계의 구성-정보처리이론(인간을 능동적인 정보처리자로 설명함)
- 폐쇄 회로 체계
  - 미리 저장된 참조기제에 출력을 피드백하여 이루어지는 체계
  - 자극이 감각기관을 거쳐 중추신경까지 도달 후, 미리 저장된 피드백에 따라 운동이 이루어짐
  - 피드백을 위해서는 감각적 수용기(감각기관)의 역할이 중요
  - 중추신경계로 입력 → 동작의 분석 목적을 위해 통합
  - 운동을 시작하기 전에 운동체계의 시작 상태에 관한 정보를 제공하고, 운동 중에는 동작의 중요 과
정을 감시하는 역할을 담당하며, 운동이 끝난 후에는 동작이 정확한지 아닌지를 판단하는 근거를 제공함
  - 느리거나 정확한 동작 설명 시 유용
  - 체계가 실행해야 할 목표가 설정됨
  - 연속적인 피드백이 주어짐
  - 정확한 동작에 관한 기억을 수행 중인 움직임과 비교한 피드백 정보를 활용하여 움직임을 생
성하고 제어함
- 개방 회로 체계
  - 동작이 참조기제를 통한 피드백 없이 실행되는 체계
  - 감각과 관계없이 자동적으로 운동이 수행되는 회로
  - 운동이 피드백이 아닌 운동계획에 의하여 이루어지고 제어된다는 이론
  - 생성된 피드백에 의해 개시되거나 피드백 없이 실행되는 체계
  - 감각이 많은 활동들의 제어에 기여하기는 하지만, 운동수행을 위해 필수적인 것은 아님
  - 매우 빠른 운동 동작을 설명하는 데 유용한 이론
  - 피드백이 없어도 인간의 운동은 정상적으로 발생
  - 움직임이 발생하기 이전에 상위의 대뇌피질에서 동작에 대한 운동 프로그램이 기억되어 있음
  - 대뇌피질에 저장된 운동프로그램을 통해 움직임을 생성하고 제어함
⑤ 도식이론(schema theory)

- 빠른 움직임과 느린 움직임을 구분하여 설명함
- 회상도식: 피드백 정보가 없는 빠른 운동을 조절하는 역할을 하는 것, 유사한 과거의 운동 결과를 근거로 새로운 운동을 계획
- 재인도식: 피드백 정보가 있는 느린 운동을 조절하는 역할을 하는 것, 피드백 정보를 통하여 잘못된 동작을 평가하고 수정

⑥ 일반화된 운동프로그램(Generalized Motor Program: GMP)
- 움직임의 형태 조절에 관여하는 불변매개변수와 가변매개변수로 구성됨
- 불변매개변수
  - 요소의 순서: 동작이나 반응 요소의 순서
  - 시상: 근수축의 시간적 구조
  - 상대적인 힘: 근육이 활동하는 데 필요한 힘의 양을 선택된 각 근육에 적절한 비율로 분배하는 과정
- 가변매개변수
  - 전체 동작지속시간: 시상과 달리 매 동작마다 일정하지 않음
  - 힘의 총량: 상대적인 힘은 변하지 않지만 힘의 총량은 변함
  - 선택된 근육군: 동작 생성에 관련된 각각의 근육이 동작에 따라 다르게 선택됨

⑦ 생태학적 이론
- 환경정보에 대한 지각 그리고 동작의 관계를 강조함

⑧ 뉴웰(Newell)의 다이나믹 시스템 이론
- 유기체, 환경, 과제의 상호작용 속에서 자기조직의 원리와 비선형성의 원리에 의해 인간의 운동이 생성되고 조절됨(인간의 운동협응이 이루어짐)
- 일반화된 운동프로그램과 같은 기억표상의 구조가 필요하지 않다고 주장
- 협응구조는 하나의 기능적 단위로 자기조직의 원리에 따라 형성됨
- 협응구조의 안정성은 상대적 위상의 표준편차로 측정할 수 있음
- 제어변수는 질서변수를 변화시키는 원인이 되는 것으로, 동작을 변화시키는 속도나 무게 등이 있음
- 자기조직의 원리: 제한요소의 상호작용의 결과가 특정조건에 부합될 때 인간의 움직임은 저절로 발생
- 비선형성의 원리: 제한요소의 변화에 따른 운동 형태의 변화는 선형적인 경향을 보이지 않음
- 상변이 현상: 제한 요소의 변화에 따라서 운동의 형태가 갑작스럽게 전환되는 현상
- 상변이는 협응구조의 형태가 변화하는 현상이며 비선형의 원리를 따름

> **뉴웰(K. Newell)이 제시한 움직임 제한(constraints) 요소**
>
> - **유기체**: 신장·몸무게·근육형태, 운동능력, 인지·동기·정서상태
> - **환경**: 물리적(온도, 습도) 환경, 사회문화적(성별, 인종) 환경
> - **과제**: 과제목표와 특성, 규칙, 장비의 요소

⑨ 번스타인(Bernstein)의 다이나믹 시스템 이론
- 신체의 역학적 특성과 신체에 작용하는 여러 가지 힘을 고려함
- 운동 등가: 다른 근육군을 사용하여 같은 움직임을 수행할 수 있는 능력
- 맥락 조건 가변성: 근육의 활동이 동일해도 조건에 따라 운동결과가 달라질 수 있음

⑩ 운동제어의 제한 요소(운동제어의 3요소)
- 개인 요인

- 지각: 의미있는 정보 수집
- 인지: 실행에 필요한 판단과 계획
- 동작: 계획을 근육명령에 의해 실제적인 움직임을 만들어냄
- 과제 요인
  - 이동성 과제: 걷기, 달리기 등 사지의 움직임을 통한 신체의 물리적 위치이동에 관여하는 과제
  - 조종성 과제: 공이나 운동용구를 이용하여 던지고, 굴리고, 치는 것과 같은 과제수행을 하는 것
  - 안정성 과제: 신체 이동이 포함되지 않는 모든 종류의 균형 잡기 과제
- 환경 요인
  - 조절환경: 공의 크기, 그라운드 상태 등 움직임에 영향을 줄 수 있는 환경적 요소
  - 비조절환경: 과제 수행에 영향을 주지만, 움직임에 직접적인 영향을 미치지 못하는 환경적 요소
- 개인, 환경, 과제 중 하나의 요소만 변해도 운동행동에 차이가 남
- 움직임은 세 가지 요소의 상호작용에 의한 결과임

⑪ 반응시간(Reaction Time)
- 개념
  - 자극이 주어진 후, 그것을 의식하고 일정한 반응 동작을 일으키는 데 소요되는 시간
  - 자극 제시와 반응 시작 간의 시간 간격
- 유형
  - 단순 반응시간: 하나의 자극 신호에 대하여 하나의 반응만을 요구할 때 측정되는 반응시간으로 가장 기본적인 반응시간의 형태
  - 선택 반응시간: 두 개 이상의 자극이 제시되고, 각각의 자극 신호에 대하여 다른 반응을 요구할 때 측정되는 반응시간
  - 변별 반응시간: 두 개 이상의 자극이 제시되고, 어느 특정한 자극에 대해서만 반응할 때 측정되는 반응시간
- 움직임 시간(movement time): 반응 시작과 반응 종료 간의 시간 간격
- 전체 반응시간(response time): 자극 제시와 반응 종료 간의 시간 간격

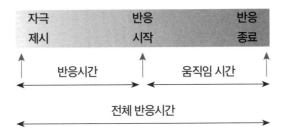

힉스의 법칙(Hick's law)
- 자극-반응 대안의 수가 증가할수록 선택반응시간도 길어짐
  - **예)** 투수가 직구와 슬라이더 구종에 커브 구종을 추가하여 무작위로 섞어 던졌을 때 타자의 반응시간이 길어짐

> **피츠의 법칙(Fitts' law)**
> - 동작 속도와 정확성의 관계를 설명하는 기본적인 법칙
> - 두 개의 목표물 간의 거리와 목표물의 크기에 따라 움직임 시간이 달라짐
> - 목표물의 크기가 작아질수록 속도와 정확도가 나빠지고 목표물과의 거리가 멀어질수록 필요한 시간이 더 길어짐

> **파워 법칙(power law)**
> - 연습 초기에는 수행 향상도가 크고, 연습 후기에는 수행 향상도가 낮음

> **임펄스 가변성 이론(impulse variability theory)**
> - 임펄스: 단위 시간에 작용한 힘의 양, 근육 수축을 통하여 생성된 힘이 사지를 움직이는 데 사용된 양
> - 임펄스가 사지의 움직임을 비롯한 인간 운동의 형태를 결정하고, 임펄스 가변성에 따라 움직임의 정확성이 변함
> - 근수축을 통해 생성한 힘의 양에 따라 움직임의 정확성이 달라짐

2 운동학습

(1) 운동학습의 개념
① 운동기술을 효율적으로 수행하고 학습하는 데 관련된 변인을 주로 인지적 관점에서 연구하는 영역
② 숙련된 운동수행을 위해 개인의 능력을 변화시키기 위한 학습의 과정 연구
③ 운동기능 습득에 관한 원리를 밝힘
④ 운동행동모형, 운동학습과정, 전이, 피드백, 연습 이론 등 운동기능을 효율적으로 습득하기 위한 방법을 연구
⑤ 개인적 특성을 바탕으로 경험과 연습을 통해 과제와 환경적 변화에 부합하는 가장 효율적인 협응 동작과 숙련된 수행에 필요한 역량을 비교적 영속적으로 변화시키는 과정
⑥ 신체의 기능에 대한 총체적인 이해를 필요로 하며, 복잡한 연속적 과정 속에서 이루어짐

(2) 운동학습의 특성
① 숙련된 운동 수행을 위한 개인 능력의 비교적 영구적인 변화를 유도하는 일련의 내적 과정
② 운동할 수 있는 능력 습득
③ 과정 자체를 직접적으로 관찰하기는 어려우며, 실제 학습에 대한 평가는 학습자의 수행을 반복적으로 관찰함으로써 유추할 수밖에 없음. 따라서 타당성 있는 학습의 평가 방법을 계획하고 실천하는 것이 무엇보다도 중요함
④ 연습과 경험에 의해서 나타나는 현상이며, 성숙이나 동기 또는 훈련 등에 의해 일시적으로 변화하는 것은 포함하지 않음
⑤ 신경가소성(인간의 두뇌가 경험에 의해 변화되는 능력)의 특성을 나타냄

(3) 운동학습의 과정
① 지도자나 교사로부터 제시되는 운동기술 동작의 전체적인 움직임 형태를 통하여 해당 운동기술의 특성 파악

② 운동기술 동작의 구성 수준과 난이도 파악 → 움직임, 동작 구성

③ 학습자의 직접적인 체험 → 동작의 비교 → 수정

④ 학습이 진행됨에 따라 자동화(의식적인 주의 없이 수행 가능), 안정화(다양한 상황에서 기술 수준을 유지)됨

(4) 운동학습의 단계

① 피츠(P. Fitts)와 포스너(M. Posner)의 운동학습 3단계

- 인지 단계(초보 단계)
  - 학습하여야 할 운동기술의 특성을 이해하고 과제 수행을 위해 전략을 개발하는 단계
  - 협응이 조잡한 단계
  - 학습 초기에 나타나는 초보자 단계
  - 동작의 정확성과 일관성이 낮음

    예) 학습자는 테니스 포핸드 스트로크의 개념을 이해한다

- 연합 단계(중급 단계)
  - 과제를 수행하기 위한 전략을 선택하고, 잘못된 수행에 대한 적절한 해결책을 찾는 단계
  - 인지적 문제들이 해결되고, 움직임의 리듬이 조화로움
  - 동작이 더 정확하며, 동작의 일관성이 높아짐

    예) 학습자는 오류를 수정하기 위해서 연습하고, 스스로 오류를 탐지하여 그 오류의 일부를 수정할 수 있다.

- 자동화 단계(숙련 단계)
  - 동작이 거의 자동적으로 이루어지게 되며 움직임 자체에 대한 의식적인 주의가 요구되지 않는 단계
  - 다른 활동에 의해 간섭을 적게 받고 수행할 수 있으며, 동작의 정확성과 일관성이 매우 높음

    예) 테니스 포핸드 스트로크 자세를 안정적이고 일관성 있게 수행할 수 있다.

성피티 TIP

단계가 진행될수록 동작이 점점 숙련되기 때문에 인지-연합-자동화의 단계에 따라 주의 요구 수준은 점점 감소합니다.

② Gentile의 2단계

- 움직임의 개념 습득 단계
  - 주어진 정보가 운동 기술과 관련 있는 정보인지 아닌지를 구분
- 고정화 및 다양화 단계
  - 운동기술의 유형에 따라 달리 적용
  - 사격이나 양궁과 같은 폐쇄 운동 종목에서는 운동기술 수행의 고정화가 필요
  - 럭비나 축구와 같은 개방 운동 종목에서는 운동기술 수행의 다양화가 필요

③ 번스타인(Bernstein)의 운동학습 단계

- 자유도의 고정 단계
  - 새로운 운동기술을 학습하고자 할 때 신체의 자유도를 고정함
  - 여분의 자유도를 감소시켜 움직임과 관련된 요소들을 단순화시킴
  - 이 단계에서는 환경적 변화에 적절하게 대처할 수 없다는 한계가 있음

예) 스케이트를 신고 고관절, 슬관절, 발목관절을 하나의 단위체로 걷게 한다.
- 자유도의 풀림 단계
  - 고정했던 자유도를 풀어 여분의 자유도의 수를 늘림
  - 다양한 환경의 요구에 보다 쉽게 적응 가능, 운동 수행의 다양성을 이룸
  - 공동작용(synergy): 움직임의 효율적 제어를 위해 중추신경계가 자유도를 개별적으로 제어하지 않고, 의미 있는 단위로 묶어서 조절함
    예) 스케이트를 탈 때 고관절, 슬관절, 발목관절을 활용하여 추진력을 갖게 한다.
- 반작용의 활용 단계
  - 수행자와 환경과의 상호작용으로 관성, 마찰력과 같은 반작용 현상이 일어남
  - 신체 내·외적으로 발생하는 힘을 활용하기 위하여 더 많은 여분의 자유도를 활용할 수 있어야 함
  - 지각과 동작의 역동적인 순환 관계를 끊임없이 수정해가며 변화하는 환경에 적응하는 단계
    예) 체중 이동을 통해 추진력을 확보하며 숙련된 동작을 실행하게 한다.
④ 뉴웰(Newell)의 운동학습 단계
- 협응 단계
  - 기본적인 협응 동작을 형성하는 과정
  - 자유도의 고정과 풀림 단계를 총체적으로 표현한 단계
- 제어 단계
  - 적절한 협응 형태가 형성되면 다양하게 변하는 환경과 과제들의 특성에 따라서 협응 형태가 달라짐(매개 변수화)
  - 매개 변수화하는 능력을 학습하게 되면서 운동기술 수행의 효율성은 더욱 향상
- 기술(제어의 최적화) 단계
  - 움직임의 협응과 제어의 필요한 최적의 매개변수가 부여된 단계(가장 적절한 협응 형태)

(5) 효율적인 운동학습 - 피드백
① 피드백의 의미
- 어떤 목표 상태와 수행 간의 차이에 대한 정보를 되돌리는 것
- 운동동작 그 자체, 운동수행의 결과나 평가에 대해 정보를 수행자에게 되돌리는 것
② 피드백의 종류
- 내재적(감각, 고유) 피드백: 정보가 내부에서 주어지는 것으로 자신의 시각, 청각, 자기수용감각, 촉각 등에 의한 것
- 외재적(보강, 고무) 피드백: 정보가 외부에서 주어지는 것으로 지도자나 타인의 언어적 충고, 비디오, 사진 등
  - 수행지식: 수행을 위해 학습자가 취해야 할 동작에 대한 정보를 제공하는 지식, 동작 수행에 대한 피드백
  - 결과지식: 목표와 결과의 차이에 대한 정보를 제공, 동작 결과에 대한 피드백
- 자기통제 피드백: 학습자 스스로 피드백의 제공 시점과 양을 결정하는 방식
- 바이오 피드백: 불수의근이나 자율신경계를 우리 의지로 제어하는 기술
- 뉴로 피드백: 뇌파를 우리 의지로 제어하는 바이오 피드백 기술
③ 피드백의 기능
- 정보기능: 감각 피드백과 보강 피드백 정보를 통하여 학습자에게 성공적인 운동수행에 필요한

정보 제공

예) "백스윙을 더 천천히 해"

- 강화기능: 칭찬을 하면 그 동작을 반복해서 수행하려 노력(정적강화)하고, 잘못된 동작을 지적하면 그 동작을 반복하지 않으려고 노력함(부적강화)
- 동기유발기능: 과제에 더욱 흥미를 느끼고 목표를 달성하기 위해 연습을 더 오래 지속하도록 도와줌

예) "계속해, 잘하고 있어"

- 주의 집중 기능: 학습자가 집중해야 하는 정보에 주의를 집중하게 하는 기능
- 의존성 기능: 학습자 스스로 문제를 해결하기보다는 외적인 지도에 의존하게 만들 수 있음

(6) 운동기술의 연습 계획

① 연습 구간의 시간과 빈도, 연습 활동 유형, 연습 순서, 실제 연습에 할당된 시간 등을 고려해야 함

② 연습의 가변성

- 현장에서 운동기술의 연습 계획 시 가장 먼저 고려해야 할 사항
- 학습자가 기술을 연습할 때 다양한 움직임과 환경 상황을 경험할 수 있도록 해주는 것
- 수행 형태의 일반성을 강화할 수 있도록 도와줌

③ 맥락간섭

- 학습해야 하는 자료와 학습 시간 중간에 개입된 사건이나 경험 사이에 발생하는 갈등으로 인하여 학습이나 기억에 방해를 받는 것
- 운동 기술을 연습할 때 다양한 요소들 간의 간섭현상이 발생하는 것
- 맥락간섭을 극복하려고 노력하는 과정에서 배운 것들이 파지, 전이됨
- 학습자의 나이, 지식수준, 경험수준에 따라 파지와 전이의 정도가 다름

④ 맥락간섭 조절 방법

- 구획연습(분단연습): 과제를 순차적으로 제시, 구분하여 따로 연습, 하나의 기술을 학습하는 데 있어서 각 변인들을 나누어 각각 할당된 시간 동안 연습하는 것, 맥락간섭의 효과가 낮아 무선연습에 비해 연습 수행의 효과가 높음, 저맥락간섭
- 무선연습: 과제를 무작위로 제시, 무작위 연습, 선택된 연습과제들을 순서에 상관없이 무작위로 연습하는 방법, 맥락락간섭의 효과가 높아 파지와 전이에 효과적임, 고맥락간섭

(7) 연습 방법의 종류

① 연습 시간에 따른 구분

- 집중연습
  - 연습구간 사이의 휴식시간이 연습시간보다 짧게 이루어진 연습방법
  - 과제가 복잡하고 많은 부분 동작으로 구성되어 있으며 준비운동을 필요로 하는 경우
  - 학습자가 처음 하는 과제일 경우
  - 학습자가 성숙하여 오랫동안 주의 집중할 수 있고 연습 시에 신체적 피로감을 적게 느끼는 경우
- 분산연습
  - 휴식시간이 연습시간보다 상대적으로 긴 연습방법
  - 과제가 단순하여 학습자가 쉽게 권태감을 느낄 경우
  - 과제 학습 시 학습자의 강한 집중력을 요구하거나 신체적 피로감을 동반하는 경우
  - 학습자가 어리거나 미성숙하여 과제를 충분히 해결할 능력이 없거나 주의가 산만하여 집중력이 약할 경우

② 과제 연습의 분할 여부
- 전습법
  - 한 가지 운동기술과제를 구분 동작 없이 전체적으로 연습하는 방법
  - 과제가 복잡성이 낮고 조직화가 높은 경우
  - 과제가 연속적으로 연결되는 부분 동작으로 구성되어 있고 단순할 때
  - 부분적으로 의미가 없을 때
  - 학습자가 전체 동작을 기억해 낼 수 있는 능력이 있을 때
  - 장시간 주의 집중할 수 있을 때, 기술이 숙달되어 있을 때
    예) 농구의 드리블
- 분습법
  - 운동기술과제를 여러 개의 하위 단위로 나누어 연습하는 방법
  - 과제의 복잡성이 높고 조직화 정도가 낮은 경우
  - 과제가 서로 독립적인 부분 동작으로 구성되어 있고 매우 복잡할 때
  - 개별적인 기술로 구성되어 있을 때
  - 학습자가 기억 능력에 한계가 있을 때
  - 장시간 주의 집중을 할 수 없을 때, 특정한 부분 동작 학습에 어려움이 있을 때
    예) 체조의 마루운동

분습법의 3가지 구분

- 분절화: 학습할 전체 기술을 특정한 시·공간적인 영역으로 나누어 연습한 후 각각의 기술이 특정 수준에 도달하면 전체 기술로 결합하여 연습하는 방법
  - 순수 분습법: 각 부분을 따로 연습한 후 전체 기술을 종합적으로 연습
  - 점진적 분습법: 전체 운동기술 중에 첫 번째와 두 번째 요소를 각각 연습한 후 그 두 요소를 결합하고 이후 다음 요소를 다시 연습하는 과정을 거쳐 전체 기술을 습득, 순행연쇄법(운동기술의 처음 동작요소부터 연습하는 방법)과 역행연쇄법(운동기술의 마지막 동작요소부터 연습하는 방법)으로 구분됨
  - 반복적 분습법: 한 부분을 연습한 후 다른 부분을 더해서 연습, 연습 부분을 점차 늘림
- 단순화: 운동기술을 수행할 때 과제 요소를 줄여 기술 수행의 난이도나 복잡성을 낮추는 방법
- 부분화: 운동 과제에 포함되는 하위 요소를 하나 또는 둘 이상으로 분리하여 각각 연습하는 방법

---

(8) 용어 개념

① 고원현상
- 운동기술의 학습 과정에서 일시적으로 수행이 정체되는 현상
- 연습을 계속하는데도 학습자의 운동기능 수준이 발달하지 않고 머물러 있는 상태
- 천장 효과(상한 효과): 운동 기술 과제가 너무 쉬울 때 나타남
- 바닥 효과(하한 효과): 운동 기술 과제가 너무 어려울 때 나타남

② 슬럼프
- 운동 경기에서 자기 실력을 제대로 발휘하지 못하고 저조한 상태가 길게 계속되는 일
- 기능 수준이 평소보다 오히려 퇴보된 채로 머무는 현상

③ 부호화
- 외부에서 들어오는 자극 내용을 정보화하여 넣는 과정. 우리가 지각하고, 생각하고, 느끼는 것을 지속적인 기억으로 변환하는 과정

④ 표상
- 각종 자극에 대한 정보들이 부호화되어 기억에 저장되는 것

⑤ 파지
- 기억하고 있는 것 중에 재생되는 것. 비록 재생되지 않는 것일지라도 동일한 내용을 다시 학습할 경우 기억해 둔 잠재적 효과가 나타나 학습을 용이하게 하는 현상
- 연습으로 향상된 운동기술의 수행력을 오랫동안 유지할 수 있는 능력
- 파지검사: 학습자가 새로운 기술을 연습한 후, 특정한 시간이 지난 후 연습한 기술의 수행력을 평가하는 검사
  예) 골프 퍼팅 과제를 100회 연습한 뒤, 24시간 후에 동일 과제에 대해 수행하는 검사

⑥ 전이
- 과거의 과제 수행 경험이나 학습 경험이 다른 과제의 수행이나 새로운 운동기술의 수행과 학습에 미치는 영향
- 미치는 영향에 따른 분류
  - 정적 전이: 운동기술의 요소와 처리 과정이 유사하여 과거의 학습이 새로운 학습에 도움이 되는 것
  - 부적 전이: 운동기술의 요소와 처리 과정이 유사하지만 결정적인 특성이 달라, 과거의 학습이 새로운 학습에 방해가 되는 것
  - 중립적 전이: 아무런 영향이 없는 것
- 영향을 미치는 양에 따른 분류
  - 적극적 전이: 영향을 미치는 양이 많음
  - 소극적 전이: 영향을 미치는 양이 적음
  - 영 전이: 영향을 미치는 양이 없음
- 영향을 주고받는 시간적 관계에 따른 분류
  - 순행적 전이: 먼저 배운 과제의 수행 경험이 나중에 배우는 과제의 학습에 영향을 미침
  - 역행적 전이: 나중에 배운 과제의 수행 경험이 이전에 배웠던 기능에 여향을 미침
- 양측성 전이(신체 내 전이): 몸의 한쪽에서 습득한 학습이 다른쪽으로 전이되는 현상
- 전이검사: 연습한 기술이 다른 수행상황에서도 발휘될 수 있는지를 평가하는 검사
  - 과제 내 전이검사: 연습한 조건과는 다른 수행 환경에서 같은 기술을 구사하도록 요구하는 것
    예) 수영장에서 연습한 수영기술을 바다에서도 잘 발휘할 수 있는지를 확인하는 검사
  - 과제 간 전이검사: 이전에 배운 기술의 경험이 새로운 기술의 수행에 영향을 미치는 것
    예) 야구에서 배운 오버핸드 공 던지기를 핸드볼에서 오버핸드 공 던지기 기능으로 잘 발휘할 수 있는지를 확인하는 검사

3 운동발달

(1) 발달의 개념 및 특징
① 발달: 인간의 생명이 시작되는 수정의 순간에서부터 죽음에 이르기까지 전 생애를 통해서 이루어지는 모든 변화의 양상과 과정
② 인간의 모든 특성에 있어서의 긍정적 혹은 부정적인 변화를 모두 포함하는 개념
③ 발달의 특성
- 발달은 태아기에서 사망까지의 전 생애에 걸쳐 진행되는 지속적인 연속적 과정

- 발달에 방향성이 있으며, 일정한 순서로 발달
- 성장 및 성숙, 학습에 의존
- 발달의 각 측면은 서로 밀접한 관계가 있음
- 발달에 개인차가 있음, 속도는 일정하지 않음
- 발달의 속도와 범위는 개인별로 과제의 특성에 의해 영향을 받음
- 분화와 통합의 과정을 거침
- 유전과 환경의 상호작용을 통해 발달
- 환경적 맥락의 영향을 받음
- 특정 능력이나 행동의 발달에 최적인 시기가 존재하며, 이를 민감기 또는 결정적 시기라고 함

④ 발달의 특징
- 개인적 측면: 발달에 영향을 미치는 요인이 개인마다 달라서 나타나는 현상
- 다차원적 측면: 개인의 신체적·정서적 특성과 같은 내적 요인 그리고 사회 환경과 같은 외적 요인으로 나눌 수 있음
- 계열적 측면: 기기와 서기의 단계를 거친 후에야 자신의 힘으로 스스로 걸을 수 있게 되는 것
- 종합적 측면: 현재 나타나고 있는 움직임 양식이 과거 움직임의 경험이 축적되어 나타나는 것
- 질적 측면: 움직임의 효율성 향상과 같은 질적 변화를 수반하는 것
- 방향적 측면: 발달에 방향성이 있음

(2) 운동발달의 개념
① 인간의 움직임과 관련된 발달 현상을 연구하는 분야
② 운동행동의 전 생애에 걸친 연속적인 변화와 그 변화가 일어나는 과정
③ 인간의 생애에 걸쳐 성장과 발달에 따라 운동기능이 어떻게 발달하는지 탐구하는 영역
④ 인간의 운동기능 발달에 영향을 주는 유전적 요소와 학습 효과를 분석하여 연구
⑤ 신경, 근육, 인지의 발달이 환경과 상호작용을 통하여 운동 능력 발달에 어떻게 관여하는지 연구
⑥ 유전과 경험, 운동 기능의 발달, 학습 및 수행 적정 연령, 노령화 등이 연구의 대상

> **용어 개념**
>
> - 성장(발육): 신체와 분절의 크기 증가를 의미, 신체의 연령 증가와 더불어 나타나는 신체적·행태적 변화, 신체 변화의 총체
> - 발달: 신체의 기능적 변화 + 심리적 진보
> - 성숙: 기능을 보다 높은 수준으로 발전시키는 질적 변화, 환경적인 요인과는 비교적 상관없이 개체의 선천적인 힘에 의하여 이루어지는 자연적인 신체 변화의 순서, 정해진 순서에 따라 진행
> - 학습: 경험의 힘에 의해 획득되는 후천적 행동 변화 과정

(3) 운동발달 영향 요인
① 개인적 요인
- 유전: 성장과 성숙에 영향을 미치며, 환경적 요인과 함께 전체 발달을 어느 정도 결정
- 심리적 요인
  - 자기개념: 자신의 능력과 중요성·성공·가치성에 대한 개인적인 평가와 판단, 아동기 중반까지 상대적으로 형성됨
  - 동기: 목표를 향하여 행동을 시작하게 하고 지속하게 하는 내적 과정

② 환경적 요인
- 부모와의 관계: 역할 모델이 되며, 부모와의 유대관계가 중요한 영향을 미침
- 또래 문화: 팀 스포츠 참가에 절대적인 영향을 줌, 스포츠 참가의 기반이 됨
- 사회문화적 요인
  - 고정관념: 교사나 학교 사회에서의 성별 구분 등
  - 인종과 문화적 배경
  - 경제적 요인
  - 놀이 공간, 놀이 활동

(4) 발달의 원리와 시기적 특성

시기적 구분		기간		특징
태아기		임신~출생		전 생애적 발달 측면에서 매우 중요 (임신 초기 8주는 필수적인 신체 기관이 형성되는 시기로 가장 중요)
영아기		출생~2세		기기 혹은 걷기 등의 이동 기술이 시작됨, 양손 사용 가능, 상징적인 언어 표현이나 운동 감각의 협응과 같은 활동 시작됨
유아기		2~6세		기본적인 운동기술뿐만 아니라 지각 활동 등 다양한 기술 발달
아동기		6~12세		기본적인 운동기술이 더 세련되어짐
청소년기		12~18세		신체 성장과 운동기술이 완벽에 가까워짐
성인기	초기	18세 이상	18~40세	자아정체감 확립, 신체적 발달 완성
	중기		40~65세	신체적 기능 저하, 운동행동의 쇠퇴
	후기 (노인기)		65세 이상	

(5) 운동발달의 단계적 특성

단계	기간	특징
반사 움직임 단계 (반사 단계)	출생~1세 (태아기)	• 신경체계가 아직 성숙되지 않은 상태 • 불수의적인 움직임, 전형적인 리듬을 갖는 형태의 움직임 • 점차 신경체계가 성숙하여 수의적인 제어가 가능해지고 반사적 단계의 움직임이 점차 사라짐
초기 움직임 단계 (기초 단계)	1~2세 (영아기)	• 성숙에 절대적인 영향 받음 • 과정이 비교적 예측 가능함 • 수의적 움직임이 나타남 • 머리·목·몸통 조절, 뻗기, 잡기 등의 물체 조작 운동 • 기기, 걷기와 같은 이동 운동
기본 움직임 단계	2~6세 (유아기)	• 성숙 + 환경적 조건(연습의 기회, 동기, 교육 등)이 중요 • 지각-운동 능력 발달(신체 인식, 균형 유지) • 이동 기술과 물체 조작 기술 발달 • 기술 혼합 형태도 나타남
스포츠 기술 (전문 움직임)단계	7~14세 (아동기)	• 다양하고 복잡한 활동을 위한 움직임 패턴 실시 • 세련되고 효율적인 움직임 • 움직임 동작을 서로 연관시켜 하나의 일관된 동작을 형성

단계	기간	특징
성장과 세련 단계	청소년기	• 질적·양적 측면이 급격하게 발달하는 단계 • 호르몬 분비 증가, 근육계 및 골격계 급성장, 운동기술 수준 발달
최고 수행 단계	성인 초기	• 근력 및 심폐기능, 정보처리 등에서 최고의 능력 발휘 • 최상의 운동기술 수행
퇴보 단계	성인 후기	• 생리적·신경학적 기능 감소 • 운동행동 능력 쇠퇴 • 근력, 지구력 등이 감소하고 체지방이 증가

레빈(K. Lewin, 1935)의 장이론

- 인간의 행동은 개인(person)과 환경(environment)에 의해 결정됨
- 행동은 개인(person)과 환경(environment)의 상호작용으로 변화함
- B(행동)=f(P, E)

스포츠 수행의 심리적 요인

스포츠심리학

1 성격

(1) 성격의 개념

① 성격
- 어떤 사람이 다른 사람과 구별되도록 해주는 여러 특성
- 환경에 적응하도록 결정지어 주는 개인의 내적인 심리·물리적 체계의 역동적 조직으로 개인을 유일하고 독특하게 만드는 특징들의 총합체

② 성격의 특성
- 독특성(uniqueness): 타인과 구분할 수 있는 개개인의 사고 및 행동양식, 주어진 환경자극에 대한 독특한 반응 양식
- 일관성(consistency): 시간이나 상황의 변화에 영향을 받지 않고 비교적 안정되고 일관적인 부분
- 경향성(tendency): 그 사람의 행동적인 경향성, 일련의 경향성, 즉 지속적인 행동을 통해 파악되는 부분

③ 성격의 3단계 구조
- 심리적 핵
  - 깊숙이 내재되어 있는 실제 이미지를 의미하며, 일관성이 가장 높음
  - 자아, 태도, 가치, 흥미, 동기 등을 포함함
  - 가치관이나 철학과 같은 본질적인 속성, 가장 심층적, 잘 변하지 않음
- 전형적 반응
  - 주변 상황 및 환경의 자극에 의해 상호작용 결과가 나타나는 행동
  - 심리적 핵이 반영되어 환경에 대응하는 일반적인 행동 양식
  - 환경에 적응하기 위한 학습된 행동 양식
- 역할 관련 행동
  - 주어진 상황을 인식해서 행하는 행동, 환경의 영향을 가장 많이 받음
  - 환경의 변화에 민감하게 반응, 성격의 가장 바깥 단계

④ 성격의 유형
- A형 행동유형: 스트레스를 받기 쉬운 성격 유형으로 시간강박증, 과도한 경쟁성, 적대감을 갖고 있는 성격
- B형 행동유형: 여유, 태평스러움, 서두르지 않음, 현실적임
- C형 행동유형: 억압을 비롯한 비주장성, 무기력증, 대인관계 갈등회피 등

(2) 성격 이론

① 정신분석 이론(정신역동 이론)
- 개인의 무의식적인 동기에 초점을 맞추고 관찰하고 분석하는 이론
- 인간의 성격은 원초아, 자아, 초자아의 세 가지로 구성되어 있다고 봄

② 특성 이론
- 성격 특성은 지속적이고 영속적인 것이며, 인간 행동의 원인은 개인의 내면에 존재한다고 봄
- 상황이나 환경의 영향은 적다고 여김

③ 사회학습이론
- 인간의 행동은 상황이나 환경에 의해 결정된다고 봄
- 다른 사람의 행동을 관찰하여 모방이 일어남
  예) 자기가 좋아하는 국가대표선수가 무더위에서 진행된 올림픽 마라톤 경기에서 불굴의 정신력으로 완주하는 모습을 보고, 자기도 포기하지 않는 정신력으로 10km 미라톤을 완주함
- 인간의 행동은 상황이나 환경에 의해 결정된다고 봄

④ 상호작용 이론
- 개인과 상황 모두가 행동을 결정하는 공통 요소라고 봄
- 개인의 심리적 특성과 상황을 모두 아는 것이 행동을 이해하는 데 도움이 된다고 봄

⑤ 체형 이론
- 사람의 체형(외배엽, 중배엽, 내배엽)에 따라 성격이 다르다는 이론

(3) 성격의 측정
① 방법: 등급척도, 투사법, 질문지법(성격검사지), 면접법
② 성격검사 도구 현장 사용 시 고려 사항
- 심리검사가 선수, 회원, 고객에게 도움이 되어야 함
- 사용할 심리검사의 개발 배경, 검사의 원리를 잘 알고 있어야 함
- 검사 시 발생될 수 있는 측정 오류를 이해해야 함
- 심리검사 시행자가 자신의 지식의 한계에 대해 알고 있어야 함
- 심리검사 결과만으로 선수를 선발해서는 안 됨
- 선수, 회원, 고객에게 심리검사의 목적을 미리 설명하고, 피드백을 제공
- 심리 검사의 결과에 대해서는 비밀을 유지
- 다른 사람과의 비교가 아니라 개인적인 정보로 활용

(4) 성격과 경기력과의 관계
① 우수 선수와 비우수 선수의 성격 비교
- 우수 선수는 활력이 평균보다 월등히 높지만 긴장, 우울, 분노, 피로, 혼동과 같은 부정적인 요인의 점수는 평균보다 낮음
- 우수 선수일수록 정신건강이 더 우수하고 긍정적임

선수의 빙산형 프로파일을 근거로 팀 대표로 선발을 하거나 경기력을 예측하는 것은 바람직하지 않음

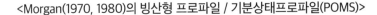
<Morgan(1970, 1980)의 빙산형 프로파일 / 기분상태프로파일(POMS)>
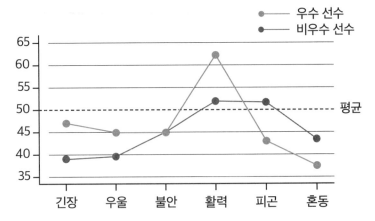

② 건강을 위한 운동이 성격에 미치는 영향
- A형 성격(시간강박증, 과도한 경쟁성, 적대감을 갖고 있는 성격)을 갖고 있으면 관상동맥질환의 위험이 높음
- 운동을 꾸준히 실천하면 A형 행동의 빈도가 낮아지고, 스트레스에 대한 심폐계의 반응성도 낮아짐
- 운동 참여가 A형 행동의 성격을 변화시키는 것이 가능함

③ 우수 선수의 뛰어난 인지 전략 7가지

영역	세부 전략
훈련	시합에 대비한 구체적인 대처전략을 미리 연습
루틴	시합 전후의 주의 방해 요인에 대한 대비책으로 루틴(routine)을 실천
집중	불필요한 생각과 감정을 차단하고 당면한 시합에 고도로 집중
심상	자신에게 도움이 되는 고유한 심상 또는 심리적 리허설 방법을 실천
합리성	통제 불가능한 요인보다는 통제 가능한 요인에 집중
시합전략	시합에 대한 매우 구체적인 계획을 갖고 있음
각성조절	최적의 수행에 도움이 되도록 각성과 불안 수준을 조절

2 정서와 시합불안

(1) 재미와 몰입
- 스포츠나 운동을 하면서 얻게 되는 가장 대표적인 긍정적 정서들
- 운동을 지속하는 가장 강력한 요인 중 하나

① 재미
- 과제 활동 시 느끼는 긍정적인 정서 반응
- 보상이나 목적을 기대하지 않고 활동 자체에만 몰두하여 얻는 적극적인 감정 상태
- 주관적으로 느끼는 긍정적인 심리 상태

② 몰입(flow)
- 깊이 파고들거나 빠짐, 무언가에 흠뻑 빠져 심취해 있는 무아지경의 상태
- 기술과 도전이 균형을 이루는 상황에서 운동 수행에 완벽히 집중하는 것
- 몰입을 촉진하는 과제의 특성이나 조건
  - 첫째, 분명한 목표가 있는 활동
  - 둘째, 즉각적인 피드백이 주어지는 활동
  - 셋째, 개인의 기술 수준과 과제의 난이도가 적절한 균형을 이루는 것
  - 넷째, 과제의 도전 수준과 개인의 기술 수준이 모두 높을 때
- 도전이 높고 기술이 낮으면 불안을 느끼고, 도전이 낮고 기술이 높으면 이완을 느낌

웨이스와 아모로스(M. Weiss & A. Amorose, 2008)가 제시한 스포츠 재미(sport enjoyment)의 영향 요인
- 사회적 소속, 동작 자체의 감각 체험, 숙달과 성취

(2) 정서(emotion)

① 정서의 개념
  - 지속시간이 짧고, 선행사건이 분명히 지각되며, 대상이 뚜렷하고, 독특한 표정과 생물학적 과정을 수반하며, 행동(준비성)의 변화

② 정서의 측정
  - 형용사 체크리스트를 이용하여 슬픈, 화난, 기쁜 등과 같은 현재의 감정을 묘사해줄 수 있는 형용사들을 구성하여 이러한 형용사에 체크하는 것

(3) 불안

① 의미
  - 높은 수준의 신체적 각성이 동반된 걱정, 우울 등의 주관적인 정서
  - 각성의 증가와 함께 나타나는 부정적인 정서
  - 각성, 우울감, 스트레스 등이 높을 때 발생

② 종류
  - 특성불안
    - 성격적으로 타고난 불안, 선천적으로 타고난 잠재적인 특성이나 성향
    - 환경의 위협 정도와 무관하게 불안을 지각하는 잠재적 성향
  - 상태불안: 상황에 따라 달라지는 불안으로 특정 상황에서 개인이 경험하는 기분
    - 신체불안: 몸의 증상으로 나타나는 불안으로 자율신경계에 변화가 일어남
    - 인지불안: 신체 증상과 관계없이 머릿속으로 걱정하는 불안, 운동수행에 관한 부정적 생각이나 걱정 등의 의식적 지각
  - 경쟁불안: 경쟁상황에서 느끼는 불안으로 원인으로는 실패에 대한 두려움, 승리에 대한 압박, 불만족스러운 신체적인 증상, 부적합한 느낌, 통제력의 상실, 죄의식 등이 있음
  - 불안의 해석 여부에 따른 구분
    - 방해불안: 불안을 부정적으로 받아들여 수행에 방해가 됨
    - 촉진불안: 불안을 긍정적으로 받아들여 수행에 도움이 됨

- 불안은 높거나 낮은 정도라고 할 수 있는 강도가 중요한 것이 아니라, 수행에 도움이 되도록 긍정적으로 해석하는지 수행에 방해가 되도록 부정적으로 해석하는지가 더 중요함
- 우수한 선수일수록 불안을 경기에 도움이 되도록 긍정적으로 해석함

③ 측정
  - 심리적 척도 방법: 검사지를 이용
    - 상태·특성불안 측정 검사지: STAI(State Trait Anxiety Inventory)
    - 특성불안 측정 검사지: SCAT(Sport Competitive Anxiety Test)
    - 경쟁불안 측정 검사지: CSAI-2(Competitive State Anxiety Inventory-2)
  - 생리적 척도 방법: 불안을 느낄 때 생리적으로 나타나는 현상을 측정
    - 뇌전도(EEG), 심전도(EKG), 근전도(EMG), 피부전기저항(GSR), 발한율, 심박수, 혈압 등
  - 행동적 척도 방법: 선수들이 보여주는 행동을 관찰
    - 불안의 행동적 증상 기록지

(4) 스트레스와 탈진

① 스트레스(stringor 팽팽히 죄다; 긴장)
- 내·외적 압력에 의하여 유기체 내에서 일어나는 모든 불특정적 반응의 총합
- 심리적·신체적 긴장 상태, 신체적 자원의 소모 정도
- 어떤 특징이 없지만 일반적이고 일관된 징후
- 좋은 스트레스(eustress): 당장에는 부담스럽더라도 적절히 대응하여 자신의 향후 삶이 더 발전하고 나아질 수 있는 스트레스
- 불쾌 스트레스(distress): 자신의 대처나 적응에도 불구하고 지속되는 스트레스로 인해 면역체계가 악화되어 질병이 발생하거나, 불안이나 우울 등의 증상을 일으킬 수 있는 스트레스
- 운동 중 스트레스 측정 시 심박수, 피부 반응, 호르몬 변화 등을 활용

② 탈진
- 과도한 신체·심리에너지 사용으로 인한 심리생리적 피로의 결과
- 부정적 스트레스의 일부분

> 레이데크와 스미스(T. Raedeke & A. Smith, 2001)의 운동선수 탈진 질문지(Athlete Burnout Questionnaire: ABQ)의 세 가지 측정 요인
>
> - 성취감 저하(reduced sense of accomplishment)
> - 스포츠 평가절하(sport devaluation)
> - 신체적/정서적 고갈(physical, emotional exhaustion)

(5) Maslow 욕구단계 이론(욕구위계 이론)

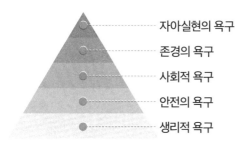

① 1단계 생리적 욕구: 생존을 위해 본능적으로 필요한 욕구
② 2단계 안전의 욕구: 정신적, 심리적, 육체적, 경제적으로 안전을 확보하고 싶은 욕구
③ 3단계 사회적 욕구: 사회적인 관계 속에서 소속감과 사랑을 느끼고 싶어 하는 욕구
④ 4단계 존경의 욕구: 주변으로부터 인정과 존경을 받고자 하는 욕구
⑤ 5단계 자아실현의 욕구: 지속적인 자기발전과 창조적인 생활을 도모하고자 하는 욕구

인간의 5가지 욕구가 위계적으로 존재하며, 낮은 수준의 욕구가 충족되어야 그 다음 수준의 욕구를 충족하고자 함

(6) 경쟁 불안과 경기력 관계 이론(불안의 해석 이론)

① 추동 이론(욕구 이론)
- 수행(P) = 습관(H) × 욕구(D)
- 수행은 경기력, 습관은 기술, 욕구는 각성 또는 불안 수준을 말함
- 선수가 습득한 기술은 체득된 습관으로 볼 수 있으며, 욕구는 시합에서 잘하려는 동기요인으로서 욕구가 높아질수록 각성 수준이 높아짐

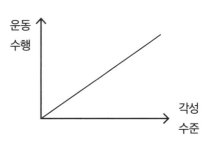

- 각성과 수행의 관계를 직선적 비례관계로 보는 이론
- 각성의 수준이 높아지면 높아질수록 경기력도 이와 비례하여 증가한다는 이론

② 역U 가설 이론(적정 각성 수준 이론)
- 각성 수준이 낮거나 높은 경우 경기력이 저하되고, 적정한 수준의 각성이 운동수행을 극대화시킴
- 특정 지점까지 각성의 증가는 수행력을 증가시키지만, 이후의 지속적인 각성의 증가는 수행력을 저하시킴

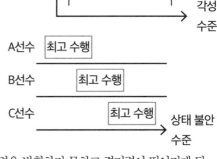

③ 최적수행지역 이론(적정기능구역 이론)
- 개인차가 매우 크며, 최고의 수행을 발휘하는 데 자신만의 고유한 불안 수준이 있다는 이론
- 불안과 수행의 관계를 개인차로 설명함
- 각 선수들의 상태불안이 자신들의 적정 기능 구역 내에 있으면 경기력이 좋음
- 각 선수에게는 개인의 최고경기력이 발휘되는 적절한 상태불안의 영역이 있으며, 이 영역을 벗어나면 최고경기력을 발휘하지 못하고 경기력이 떨어지게 됨

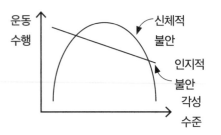

④ 다차원적 이론
- 불안을 다차원적으로 검사함으로써 불안과 경기력과의 관계를 규명
- 불안은 2개의 구성요소로 이루어져 있음
- 종류
  - 인지적 불안: 불유쾌한 감정의 인식과 수행력에 영향을 주는 부정적 기대
  - 신체적 불안: 생리적 각성인식과 경쟁 상황에 대한 조건화된 반응
- 인지적 불안과 신체적 불안이 상호독립적으로 운동수행력에 영향을 미침
- 인지적 불안과 경기력은 부적 선형 관계이고, 신체적 불안과 경기력은 역U 관계임

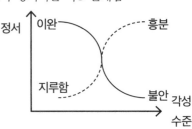

⑤ 전환 이론(반전 이론)
- 불안을 어떻게 해석하는지 여부가 중요하다는 사실을 보여주는 이론
- 각성 수준에 대한 개인의 인지적 해석에 따라 정서 경험이 다를 수 있음
- 자신의 불안 수준(각성 수준)을 어떻게 해석하느냐에 따라 유쾌와 불쾌의 감정 결정됨
- 각성이 높을 때
  - 유쾌하게 해석 → 기분 좋은 흥분
  - 불쾌하게 해석 → 불쾌한 정서(불안)
- 각성이 낮을 때
  - 유쾌하게 해석 → 이완감
  - 불쾌하게 해석 → 우울 or 지루함
- 불안의 개인차를 이해하는 데 많은 기여를 한 이론
- 불안이 높더라도 긍정적으로 해석하는 것이 중요

- 불안을 부정적으로 해석하는 관점에서 긍정적 해석 관점으로 바꾸면 전환이 가능
- 우수한 선수일수록 경기에 도움이 되도록 불안을 긍정적으로 해석
- 결정적 순간에 발생하는 심판의 오심은 선수의 정서 상태를 순간적으로 변화시킬 수 있음

⑥ 카타스트로피(격변) 이론
- 역U 가설에 대한 대안으로, 급격한 질적 변화와 같은 불연속적 현상을 나타내는 것으로 질적 변화에 주목하는 이론
- 인지불안이 높아지면, 생리적 각성이 증가함에 따라 운동수행도 점차 증가하지만 적정 수준을 넘어서면 수행의 급격한 추락 현상이 발생
- 생리적 각성과 운동수행 사이에 역U자 형태의 관계는 인지불안의 수준이 낮을 때에만 성립됨

⑦ 심리에너지 이론
- 각성을 어떻게 해석하느냐에 따라 운동수행이 달라짐
- 각성을 긍정적으로 해석하면 긍정적 심리에너지가 발생되기 때문에 운동수행에 긍정적인 영향을 미침
- 각성을 부정적으로 해석하면 부정적 심리에너지 때문에 각성과 운동수행 사이의 부정적인 관계가 성립
- 선수는 긍정적인 심리에너지가 높고 부정적인 심리에너지가 낮을 때 최고의 경기력을 발휘함

⑧ 단서 활용 이론
- 각성과 수행의 역U 이론을 인지적으로 설명하는 이론
- 각성이 증가하기 시작하면 주의 집중의 폭이 좁아지면서 부적절한 단서는 무시하고 필요한 정보만을 받아들이게 되어 수행이 최적의 수준에 이른다고 봄
- 각성의 수준이 지나치게 높아지면 주의의 범위가 너무 좁아져서 수행에 필요한 단서마저도 차단되어 수행에 장애가 발생하며, 이 과정에서 역U 관계가 성립
- 각성이 너무 적은 경우: 불필요한 단서까지도 지각하게 되어 수행력 감소(주의산만)
- 중간 정도의 각성: 최적의 수행
- 각성이 너무 높은 경우: 수행에 필요한 단서까지도 배제되어 수행력 감소(지각 협소화)
  - 지각 협소화(perceptual narrowing): 각성 수준이 높아져 주의를 기울일 수 있는 폭이 점차 좁아지는 현상
    예) 축구를 처음 하는 사람이 공을 소유하면 주변이 보이지 않고 앞만 보이는 것, 바닷속으로 다이빙하면서 각성 수준이 높아져 깊은 바닷속에서 시야가 평소보다 훨씬 좁아지는 현상

(7) 불안 및 스트레스 관리 기법
① 불안 및 스트레스 관리의 원칙
- 자신이 조절할 수 있는 것에만 주의를 집중하기
- 마음속으로 연습하기
- 최악의 시나리오를 생각해보기
- 신체활동이나 충분한 준비운동을 하기
- 인지적 전략을 활용하기
② 행동적 방법(신체적 조절 기법): 근육의 긴장을 풀어주는 이완 기법
- 점진적 이완기법: 근육을 최대로 수축하고 이완하는 수행을 반복하여 선수가 근육의 긴장과 이완 상태를 스스로 자각하여, 필요 이상으로 근육이 긴장되었을 때 스스로 근육을 이완시키는 능력을 배양하는 훈련 방법

- 자생훈련(자율훈련)
  - 불안을 감소시키기 위해 자기최면을 사용하여 무거움과 따뜻함을 실제처럼 느끼도록 유도하는 방법
  - 이완 상태에서 느끼는 '무거움'과 '따뜻함'을 스스로 느끼도록 일련의 동작을 실시하여 근육에서의 대조적인 느낌을 가짐으로써 신체의 긴장을 이완시키는 훈련 방법
- 초월명상/선: 눈을 감고 심호흡을 하거나 영상화를 하면서 나지막한 소리로 주문을 외워서 이완 반응을 일으키는 방법
- 체계적 둔감화: 불안을 유발하는 자극의 목록을 작성한 후, 하나씩 차례로 적용하여 유발 감각 자극에 대한 민감도를 줄여 불안 수준을 감소시키는 방법
- 호흡조절법: 시합 상황에서 불안과 긴장을 낮출 뿐만 아니라 혈액 중의 산소의 양을 증가시켜 수행을 향상시킬 수 있는 방법, 호흡을 가슴이 아닌 복부로 깊고 천천히 의도적으로 반복하는 것
- 바이오 피드백 훈련: 고가의 장비가 필요한 훈련법으로, 선수들의 자율신경계 반응을 선수에게 계속적으로 전달함으로써 선수 자신이 자기 신체의 생리적인 반응 상태를 알도록 한 다음 필요에 따라 스스로 그 반응을 조절할 수 있도록 하는 방법
  - 예) 테니스선수 어깨 부분에 근육의 긴장도를 측정하는 센서와 가슴에 심박수를 측정하는 센서를 부착하여 불안감이 높아질 때 어깨 근육의 긴장도가 함께 증가하는 것을 시각적으로 보면서 각성 조절능력을 높이도록 함
③ 인지적 조절 기법
- 인지 재구성
  - 부정적인 생각들과 상상들을 긍정적이고 합리적인 방향으로 전환시키는 방법
  - 정신 훈련, 자신감 고취, 주의 집중, 긍정적 사고유발 등 비합리적인 생각을 합리적인 생각으로 전환시킴
    - 예) 멀리뛰기의 도움닫기에서 파울을 할 것 같은 부정적인 생각이 들 때, 부정적인 생각은 그만하고 연습한 대로 구름판을 강하게 밟자고 생각함. 그리고 스스로 통제할 수 있는 것에 집중하자고 다짐함
- 사고 정지: 부정적인 생각이 떠오르면 스스로 이를 정지시키고 긍정적인 생각으로 대체하는 것
- 자화: 긍정적 자화(자신감 및 수행 향상), 부정적 자화(자신감 및 수행 감소)
④ 행동과 인지의 혼합 방법: 이완 기법과 인지적 방법을 적절하게 혼용하여 사용
- 시각적 운동행동 시연
- 스트레스 면역 훈련
- 인지-정서적 스트레스 관리훈련
- 동양의 선 훈련

3 동기

(1) 동기의 이해
① 동기의 의미
- 개인의 성격적인 특성으로 표현되는 경우
- 특정 행동의 이유나 이에 대한 외부의 영향
- 특정 행동에 대한 결과나 그 행동을 설명하는 의미
② 동기의 기본적 속성

- 행동을 촉발시키거나 활성화시키는 원동력으로 작용
- 정서와 밀접한 관련이 있음
- 행동의 방향을 설정하거나 목표를 지향하면서 행동을 유지 및 지속시키는 속성

③ 동기의 정의
- 목표를 향하여 행동을 시작하게 하고 지속하게 하는 내적 과정
- 노력의 방향(활동 추구, 활동 회피)과 노력의 강도(노력을 얼마나 열심히 하는가)로 정의함

④ 동기의 관점
- 특성지향 관점: 성격, 태도 목표 등이 동기를 결정
- 상황지향 관점: 처한 상황과 환경에 의해 동기가 결정됨
- 상호작용 관점: 특성점 관점과 상황적 관점과의 상호작용 속에서 형성

(2) 동기유발의 기능과 종류

① 동기부여의 3가지 요소
- 방향(Direction): 목표와 같은 방향을 향하는가
- 강도(Intensity): 얼마나 열심히 노력하는가, 얼마만큼의 노력을 투입하는가
- 지속성(Persistence): 얼마나 오랫동안 노력이 지속되는가

② 동기유발의 기능
- 활성적 기능: 행동을 지속시키고 추진하는 기능
- 지향적 기능: 행동의 방향성을 결정해주는 기능, 목표에 맞게 행동을 유도해주는 기능
- 조절적 기능: 목표에 맞는 선택적인 행동을 유발하는데 영향을 미치는 기능
- 강화적 기능: 행동의 결과에 따른 정적 혹은 부적강화를 제공하여 후속되는 동기유발의 수준을 결정하는 기능

③ 동기유발의 요소
- 외적(외재적) 동기
  - 개인의 내면이 아닌 외부로부터 발생하는 동기, 보상을 받거나 처벌을 피하고자 스포츠에 참여함
  - 외부로부터 보상받기를 기대하는 마음으로 행동을 일으키는 것
  - 상, 상금, 메달, 트로피, 지위 획득, 주변 사람의 호감을 사기 위함
    예) 매달 운동참여율이 70% 이상인 회원에게 경품을 제공한다.
    헬스클럽에서 출석 상황과 운동수행 정도를 그래프로 게시한다.
    에스컬레이터 대신 계단 이용을 권장하는 포스터를 부착한다.
- 내적(내재적) 동기
  - 개인의 내면으로부터 자발적으로 발생되는 동기, 스포츠 자체가 좋아서 참여함
  - 무엇인가를 하게끔 만드는 내적 충동, 추진력, 의지
  - 재미, 도전, 즐거움, 우정, 나 자신과의 싸움, 자신의 기록 확인
    예) 운동 목표를 재미에 두어 즐거움과 몰입을 체험하게 한다.

④ 경쟁과 내적 동기 관계

간접 경쟁	· 기록경기 혹은 환경적 요인과 경쟁하는 스포츠	· 특정한 과제에서는 유능감 증진 · 내적 동기를 유지하거나 강화함 · 내외적인 억압이 있을 때 내적 동기가 약화됨

직접 경쟁	• 다른 사람이나 팀과 경쟁하는 스포츠 • 승패가 결정되는 스포츠	• 승리 자체에 초점을 둘 때 내적 동기는 약화됨 • 지도자는 간접 경쟁의 요소를 강조하여 참가자 의 내적동기를 유지해야 함

(3) 동기 이론

① 자결성 이론(자기결정이론)
- 외적 보상이 내적 동기에 어떤 영향을 주는가
- 자결성
  - 자신이 통제력을 얼마나 발휘하는가
  - 자기 스스로 결정하고 자발적으로 하는 행동
- 행동에 대한 결정이 외부의 강압이 아니라 자기 자신에 의해 내려졌다는 생각
- 자결성 이론의 전제
  - 사람들은 누구나 자결성, 유능감, 관계성의 욕구가 있음
- 외적 보상
  - 유능감(competence, 자신의 능력이 우수하다고 스스로 느끼는 정도)
    예) 상 받음 → 자신이 운동을 잘하는 사실을 확인하는 기회 → 내적 동기 증가
  - 통제(스스로 결정이 아닌 외부의 강요에 의해 결정되는 것)
    예) 회비 면제 혜택 → 시합 출전 강요받음 → 자결성 감소 → 내적 동기 감소
- 외적 보상이 유능감에 대해 긍정적인 정보를 주고 자신이 스스로 통제력을 발휘한다는 정보를
  주면 내적 동기가 높아지고 반대인 경우는 내적 동기가 감소

<인간의 행동에 영향을 주는 동기>

무동기	외적 동기				내적 동기		
	통제적 외적 동기		자율적 외적 동기				
무규제	외적 규제	의무감 규제	확인 규제	통합 규제	지식 습득	과제 성취	감각 체험
자결성 낮음 ◄─────────────────────────────────────► 자결성 높음							

- 무동기: 동기가 없는 상태, 운동을 실천할 능력이 없다고 믿거나 운동에 가치를 두지 않는 상태
- 외적 동기: 스포츠 그 자체가 아닌 다른 이유 때문에 운동을 지속하는 것
  - 외적 규제: 자기결정수준이 가장 낮은 규제로 외적인 보상을 받거나 처벌을 피하기 위한 목적
    으로 운동을 하는 상태
  - 의무감 규제: 스스로 압력을 느껴서 운동하는 것, 운동을 하지 않으면 죄책감이 생겨서 운동
    을 하는 상태
    예) 스포츠클럽 활동을 그만두고 싶었지만 지도자와 동료들로부터 부정적인 평가를 받기 싫어서 클럽
    활동을 유지하고 있음, 승아는 필라테스를 그다지 좋아하지는 않지만 개인강습비를 지원해준 부
    모님에 대한 죄책감 때문에 학원에 다님
  - 확인 규제: 자신이 설정한 목표를 달성하는 것이 중요하기 때문에 운동하는 것, 운동의 순수
    한 즐거움이 아니라 진로, 체력증진, 경기실적 등을 목적으로 운동을 하는 상태
    예) 현우는 뛰는 것을 그다지 좋아하지는 않지만 체중조절과 건강증진을 위해서 매일 1시간씩 조깅을 함
  - 통합규제: 외적동기가 내면화된 상태로, 운동 선수와 같이 스포츠나 운동을 당연히 해야할
    일로 생각하는 상태

- 내적 동기: 운동하는 것 자체가 좋아서 운동을 지속하는 것
  - 지식 습득: 새로운 것을 배우고 알아가는 것이 좋아서 운동을 하는 상태
  - 과제 성취: 어려운 기술을 숙달하는 것이 좋아서 운동을 하는 상태, 성취함으로써 만족감을 느끼는 상태
  - 감각 체험: 활동에서의 즐거움으로 운동을 하는 상태, 몰입
- 자결성이 높으면 운동을 지속적으로 실천하지만, 낮으면 중도에 포기할 가능성이 높기 때문에 자결성을 키우는 지도 전략이 중요
  예) 운동프로그램 설계 시 회원의 의견 반영, 목표 달성에 따른 성공 체험을 자주 하기, 운동에서 즐거움을 체험하게 하기

② 성취목표 성향 이론
- 개인의 성취목표를 이분화시켜서 설명함
- 과제목표(학습목표) 성향
  - 목표: 배우는 활동 그 자체, 학습의 증진과 연관된 자기 참고적(self reference)인 목표
  - 실패는 학습 과정에서 자연스러운 것으로 인식하며, 과제 완수를 통해 스스로 능력이 향상된다고 믿음
  - 노력하면 성취할 수 있는 적절한 과제를 선호, 자신의 기술향상을 위하여 개인 노력을 중시함
- 수행목표(자아목표, 자기목표) 성향
  - 목표: 자신이 남들보다 우수함을 증명하는데 치중함
  - 다른 사람을 이겼을 때 자신이 잘해서 승리하였다고 생각함
  - 실수나 실패는 자신의 능력이 열등하다는 증거이기 때문에 이에 대한 핑곗거리를 미리 만들어놓음
  - 성공이 쉬운 과제나 아예 실현 불가능한 과제를 선택하는 불합리성을 보이기도 함

③ 인지평가 이론
- 상, 돈, 칭찬과 같이 외적 보상이 내재적 동기에 어떤 영향을 미치는가를 규명하는 것
- 내재적 동기는 자신이 어떤 일을 수행할 때 능력이 있다고 느끼는 유능감 욕구와 그 일에 대한 수행 여부를 자신이 결정하는 자결성 욕구에 의해서 결정됨
- 외적 보상으로 인해 유능감과 자결성이 영향을 받지 않을 수 있도록 하는 것이 중요함
- 외적 보상이 통제적으로 작용하지 않도록 배려하는 것이 중요하며, 행동과 보상의 연관성이 생기지 않도록 해야 함
- 결과보다는 과정을 강조하고, 행동을 통제하려는 목적보다는 성취의 상징으로 보상을 이용하면 외적 보상이 긍정적인 효과를 가져올 수 있음
- 동료 간, 지도자와 선수 간에 좋은 관계를 유지하고 타인과의 관계성을 높여줄수록 내적 동기가 높아질 가능성이 커짐

외적보상	통제적 측면	통제성 낮음	자결성 증가	내적동기 유발
		통제성 높음	자결성 감소	내적동기 감소
	정보적 측면	긍정적 정보	유능감 증가	내적동기 유발
		부정적 정보	유능감 감소	내적동기 감소

(4) 귀인과 귀인 훈련
① 와이너(B. Weiner)의 귀인 이론
- 발생된 사건의 원인을 무엇으로 지각하는가(귀인)가 그 사건에 대한 개인의 동기를 결정한다는 이론

- 승리와 패배의 원인을 인과성, 안정성, 통제성의 차원으로 분석함
② 귀인 요소

		통제의 소재(인과성)	
		내적 요인	외적 요인
안정성	안정적 요인	능력(통제 불가능)	과제 난이도(통제 불가능)
	불안정적 요인	노력(통제 가능)	운(통제 불가능)

- 성공(승리) 시 안정적 요인에 대한 귀인(능력, 과제난이도) → 미래 성공을 예상
- 성공(승리) 시 불안정적 요인에 대한 귀인(노력, 운) → 미래 성공이 불확실함
- 실패(패배) 시 안정적 요인에 대한 귀인(능력, 과제 난이도) → 미래 실패를 예상
- 실패(패배) 시 불안정적 요인에 대한 귀인(노력, 운) → 미래 실패가 불확실함
③ 귀인 훈련
- 성공의 원인은 내적이며 통제가능하고 안정적인 요인으로 해석하는 것이 좋으며, 실패의 원인은 내적이며 통제가능하고 불안정적인 요인에서 찾는 것이 좋음
- 성공의 원인을 자신의 능력 덕분이라고 유도하고, 실패의 원인을 자신의 노력 부족이나 전략의 미흡으로 유도하는 것이 좋음
- 실패의 원인을 자신의 능력이나 자질 부족 때문이라 생각하지 않도록 유도해야 함

(5) 동기 유발의 방법
① 이론에 근거한 동기유발전략
- 운동 실천으로 얻는 혜택을 인식시켜 줌(건강신념모형)
- 운동 방해 요인에 대한 대책을 마련함(계획 행동 이론)
- 자기효능감을 높여줌(자기효능감 이론)
② 행동 수정 전략
- 의사 결정 단서를 제공
- 운동출석 상황을 제시
- 출석에 따른 보상 제공
- 운동기능 향상에 대한 피드백 제공
  예) 운동화를 눈에 잘 띄는 곳에 둠, 지각이나 결석이 없는 회원에게 보상 제공, 출석상황과 운동수행 정도를 공공장소에 게시
③ 인지 행동 전략
- 목표 설정 원칙에 맞는 목표 설정
- 운동일지 및 운동계약서 작성
- 운동강도 모니터링
④ 내적 동기 전략
- 운동을 즐겁게 할 수 있도록 함
- 몰입 체험을 하도록 유도함

(6) 동기 유발 시 유의 사항
① 성공이나 승리를 최대한 많이 경험할 수 있는 기회를 만들어주어야 함
② 지도자는 선수들에게 자신감 있는 시범을 보여주어야 함

③ 선수의 의견 수용

④ 다른 선수와 비교하여 평가하지 않음

⑤ 다른 선수와 경쟁을 유도함

⑥ 수행을 훌륭하게 했을 때 칭찬을 아끼지 않아야 함

4 목표 설정

(1) 목표의 특성

① 목표: 개인이 달성하고자 하는 내용을 특정한 행동을 통해 달성하려는 대상, 구체적인 시간적 제한 내에서 어떤 과제에 대한 구체적인 수행 능력의 수준

② 객관적이고 기준이 있으며 과제수행이나 숙달 정도 또는 행동에 대한 계획성이 있어야 함

(2) 목표 설정의 원리

① 구체적이고 측정 가능한 목표

② 쉽지 않지만 실현 가능한 목표

③ 자발적인 목표 설정

④ 수준에 맞는 수행 목표

⑤ 장기목표와 단기목표 모두 설정

⑥ 시간을 정해둔 목표

⑦ 긍정적인 목표

⑧ 목표 달성에 대한 피드백 부여

⑨ 구체적인 전략 명시

⑩ 주위의 적극적인 지원

⑪ 과도한 목표 설정 자제

⑫ 과감한 목표 수정

⑬ 구체적인 일정 제시

⑭ 목표의 문자화 및 기록화

(3) 목표 설정의 실제

① 준비 단계 → 교육 단계 → 평가 단계

(4) 목표의 유형

① 주관적 목표: 개인의 견해나 관점을 기초로 하여, 선수에 따라 다르게 해석되는 목표

② 객관적 목표: 자기와의 관계에서 벗어나 제3자의 입장에서 사물을 보거나 생각하여 구체적인 시간, 횟수 등으로 명시된 목표

- 수행 목표(과정 목표): 수행에 관련된 통제 가능한 생각과 행동에 초점을 두는 목표(운동기술을 잘 수행하기 위해서 필요한 핵심 행동에 중점을 둠), 운동 수행 성취에 기반을 둔 목표, 과거 자신의 경기력과 비교한 객관적인 목표나 기준을 달성하는데 초점을 맞추는 것(자신의 운동수행에 대한 목표를 달성하는데 중점을 두는 목표로 달성의 기준점이 자신의 과거 기록이 됨), 자기효능감과 자신감을 높이고 인지 불안을 낮추는 데 도움이 됨

예) 골프 스윙에서 공을 끝까지 본다. 테니스 포핸드 발리에서 손목을 고정한다. 야구 타격에서 무게중심을 뒤에서 앞으로 이동한다.
- 결과 목표(성과 목표): 시합의 결과 및 성과에 초점을 두는 목표
  예) 농구 대회에서 우승한다.

5 자신감

(1) 자신감의 개념
① 자신이 원하는 행동을 성공적으로 수행할 수 있다는 신념
② 주어진 과제를 성공하거나 목표를 성취할 수 있다는 나 자신의 능력에 대한 믿음

(2) 자신감 이론
① 자기효능감 이론(자기유능감 이론)
- 자기효능감(자기유능감): 특정 상황에서 주어진 과제를 성공적으로 수행할 수 있다는 개인의 믿음('나는 할 수 있다'는 믿음, 농구드리블과 같은 구체적인 기술을 수행할 수 있다는 믿음)
- 자기효능감이 높을수록 행동의 실현 가능성이 높아짐
- 자기효능감의 4가지 원천
  - 과거의 수행(성공 경험, 성취 경험): 과거에 성공을 한 경험이 자기효능감의 형성에 가장 큰 역할을 함
  - 간접 경험(대리 경험): 타인의 성공하는 모습에 대한 관찰
  - 언어적 설득
  - 신체와 정서 상태: 운동 중 긍정적 정서(재미, 성취감) 체험 → 자기효능감 증가, 운동 중 부정적 정서(실망함, 당황감) 체험 → 자기효능감 감소
    예) 경쟁상황에서 각성상태에 대해 부정적으로 인식할 때 자기효능감은 떨어질 수 있음
- 자기효능감이 높은 선수는 역경 상황에 잘 대처함
- 운동상황에서의 자기효능감을 높이는 것이 운동의 지속적 실천에 중요한 역할을 함
② 유능성 동기 이론
- 세 가지 심리적 요인과 관련된 다차원적 구성개념
- 유능성 동기의 세 가지 요인: 동기 지향성, 지각된 유능성, 통제감
- 유능성: 자신의 능력에 대한 판단으로서 자신감과 매우 유사한 개념
- 유능성 동기는 숙달행동을 시도함으로써 충족됨
- 성공 경험은 자기효능감과 긍정적 정서를 갖게 하여 유능성 동기를 높이고, 숙달(mastery)을 경험하게 함
- 실패 경험은 부정적 정서를 갖게 하여 유능성 동기를 낮추고, 결국에는 운동을 중도 포기하게 함
③ 폭스(K. Fox)의 위계적 신체적 자기개념 가설
- 자신의 신체에 대해 지각하는 정도를 신체적 힘, 신체적 컨디션, 신체 매력, 스포츠 유능감의 4가지로 지각하여 신체에 대한 자기 가치를 느끼게 되어 전반적 자기존중감(전체적인 자기개념)을 느낄 수 있도록 함
- 신체적 힘, 신체적 컨디션, 신체 매력, 스포츠 유능감 → 신체적 자기가치 → 전반적 자기존중감
- 신체적 자기가치의 4가지 하위 수준

- 신체적 힘: 근력, 근력이 요구되는 상황에서 자신감의 인식
- 신체적 컨디션: 체력에 대한 인식, 운동을 지속할 수 있는 능력
- 신체 매력: 매력적 신체를 유지하는 능력, 외모에 대한 매력인식, 외모에 대한 자신감
- 스포츠 유능감: 스포츠 능력과 스포츠 기술 학습 능력에 대한 자신감
- 전반적 자기존중감은 신체적 자기 가치의 상위영역에 속함
- 신체적 힘, 신체적 컨디션, 신체 매력, 스포츠 유능감은 신체적 자기가치의 하위영역에 속함
④ Vealey의 스포츠 자신감 개념 모형
- 스포츠 자신감: 스포츠 상황에서 성공하기 위한 능력이 있다는 확신의 정도나 신념
- 스포츠 자신감 결정 요인: 특성 스포츠 자신감(타고난 스포츠 자신감), 상태 스포츠 자신감(특정 스포츠 상황에서 구체적으로 느끼는 자신감)
- 스포츠 자신감 결정 요인 중 상태 스포츠 자신감은 안정성이 낮고 시합의 결과에 따라 변동되기도 하며, 특성 스포츠 자신감과 경쟁 성향에 의해 영향을 받아 결정됨

(3) 자신감을 향상시키는 방법
① 수행경험: 성공적인 수행경험은 자신감을 증대시키며, 미래의 과제도 성공적 행동으로 이끎
② 자신 있는 행동: 자신 있게 행동할수록 더욱 자신감을 갖게 됨
③ 자신 있는 생각: 긍정적인 생각과 태도는 자신감을 향상시켜줌
④ 심상: 성공적인 경기장면을 마음속으로 상상하는 것은 자신감 향상에 도움이 됨
⑤ 신체적 상태: 신체적 컨디션이 좋으면 자신감이 향상됨
⑥ 준비: 시합에 대한 지속적이고 일관성 있는 준비는 성공할 수 있다는 자신감을 줌

6 심상

(1) 심상의 개념
① 모든 감각을 활용하여 마음속으로 어떠한 경험을 재현하거나 창조하는 것
② 모든 감각을 활용하여 과거의 성공 경험을 회상하거나 미래의 성공적 운동수행을 마음속으로 상상함으로써 자신감을 향상시키고 집중력을 높이는 것
- 재현과 창조: 기억에 기초하여 외부의 사건을 마음속으로 재현하고 새로 만들 수 있음
- 다양한 감각 동원: 시각, 청각, 후각, 미각, 촉각 등 가능한 모든 감각을 동원함

(2) 심상의 매개 변인
① 심상의 유형(지향)
- 내적 심상(운동학적 심상): 자신의 신체가 직접적으로 운동을 수행하는 것처럼 느끼는 것, 자신의 눈으로 보는 관점으로 수행 장면을 상상하는 것, 외적 심상보다 내적 심상을 할 때 근육과 신경이 더 활발하게 활동함(운동의 전이 효과가 높음)
- 외적 심상: 비디오에 찍힌 자신의 모습을 보는 것과 같이 자신의 수행 모습을 관찰자의 시점에서 상상해보는 것
② 과제를 개념화시킬 수 있는 능력: 선명도와 조절력이 높아야 함
- 선명도(vividness)
- 심상을 할 때 이미지는 실제 이미지와 같을수록 좋음(뚜렷한 상)

- 모든 감각을 동원하여 시합에서 느꼈던 자신감, 흥분, 행복감을 실제처럼 시각화함
- 조절력(controllability)
    - 선명한 이미지를 떠올리며 원하는 대로 조절할 수 있어야 함(성공적인 상)
    - 부정적인 수행 장면을 성공적인 수행 이미지로 바꿈
        예) 복싱선수가 상대의 펀치를 맞고 실점하는 장면이 계속해서 떠오르면, 심상 조절력을 높이는 훈련이 필요함
③ 개인의 기술 수준: 기술 수준이 높을수록 심상 효과가 큼

(3) 심상 효과를 설명하는 이론
① 심리신경근 이론: 근육 기억
- 심상을 하는 동안에 실제 동작에서 발생하는 근육의 전기 반응과 유사한 전기 반응이 근육에서 발생함
- 운동선수가 특정 움직임을 상상할 때, 뇌에서는 실제 움직임이 일어날 때와 유사한 반응이 발생함
- 어떤 동작을 생생하게 상상하면 실제 동작과 유사한 근육의 미세 움직임이 일어남
- 실제 활동을 할 때처럼 똑같은 순서로 근육에 자극이 전달되어 근육의 운동기억을 강화시켜 주는 효과가 있음
② 상징학습 이론
- 심상은 어떤 동작을 뇌에서 부호로 잘 만들게 하거나 자동화시키는 역할을 함
- 동작에 대한 청사진을 그리거나 동작을 상징적인 요인으로 기호화하여 운동 수행을 더욱 원활하게 하고, 이를 통해 동작을 잘 이해하게 만들거나 자동화시키게 함
- 생리적 반응과 심리 반응을 함께하면 심상의 효과는 높아짐
- 심상은 운동 과제(역도)보다 인지 과제(바둑)에서 더 효과적임
③ 주의각성 이론
- 심상은 여러 심리기술을 배우고 연습할 수 있는 효과적인 수단
- 심상을 통해 각성을 조절하고, 불안을 낮추며, 집중력을 향상시킬 수 있음
④ 생체정보 이론(생물정보 이론)
- 심상은 상상해야 할 상황 조건인 자극 전제와 심상의 결과로 일어나는 반응 전제로 구성됨
- 심상을 하게 되면 이미지의 내용을 묘사하는 자극전제와 그 상황에서 자극에 대한 반응을 묘사하는 반응전제가 활성화됨
- 심상이 운동수행에 도움이 되기 위해서는 심상을 할 때 반응전제를 일으켜 이를 수정하고 향상시키고 강화하는 것이 중요함
- 심상을 통해 특정 자극 상황으로 인한 반응의 특징을 반복적으로 측정하고, 이러한 반응을 수정하여 기술을 실행하는 데 완전하게 조절할 수 있으면 운동수행을 향상시킬 수 있음

(4) 심상훈련 방법
① 최초의 심상은 조용한 환경에서 이루어져야 함, 마음이 차분하고 신체가 이완된 상태에서 할 때 가장 효과적임
② 정기적으로 시합장 환경에서 심상을 연습함
③ 긍정적이고 성공적인 내용을 심상함
④ 생생한 심상을 위해 모든 감각기관을 동원함
⑤ 신체적 요소뿐만 아니라 통합적으로 심상 훈련을 실시

⑥ 실제 경기 상황과 동일한 속도로 심상함
⑦ 연습 때는 물론이고 경기 시에도 심상을 활용함
⑧ 운동의 동작을 구체적으로 포함하여 심상함
⑨ 기술의 실제 스피드와 같은 스피드로 심상함
⑩ 해결하기 어려운 문제 상황을 상상하고 그 해결 방안을 생각해봄

(5) 심상의 효과
① 집중력 및 자신감의 향상
② 동기 유발 및 에너지 수준 관리
③ 기술 및 전략의 학습과 연습, 기술의 학습과 완성, 어려운 문제의 해결
④ 각성 및 불안의 조절과 심리적 이완, 부상의 회복
⑤ 시합 준비, 재집중

7 주의 집중

(1) 주의 집중의 개념
① 운동을 수행하는 데 필요한 정보들은 받아들이고 불필요한 정보들은 배제함으로써 수행에 몰입하는 현상
② 주의: 개인이 관심을 기울일 대상을 선정하는 능력, 지속적인 정보 수용 및 인지
③ 집중: 받아들인 정보를 개인의 상황에 맞게 주의를 유지하는 것
④ 주의의 특징
- 주의의 용량: 제한적임
- 주의의 준비: 정서 상태에 따라 달라짐
- 주의의 선택: 스스로 주의의 초점을 선택함
⑤ 주의의 유형은 폭과 방향으로 구성됨
- 주의의 폭: 한 개인이 주어진 시간 내에 얼마나 많은 정보에 대해 집중해야 하는가, 광의와 협의
- 주의의 방향: 선수가 자신의 감정과 생각 등 내적 단서에 주의를 집중하느냐 아니면 주위에 관중, 스코어 등 환경적 외적 단서에 주의를 기울이는가, 외적(주변의 모든 환경)과 내적(자신의 사고와 감정)

(2) 주의 집중의 유형과 측정
① 유형
- 넓은-외적 주의 집중(광의-외적 주의 집중)
  - 외부 환경을 평가하여 전략을 보다 효과적으로 계획할 수 있으며 환경에 빠르게 적응
  - 상대방의 움직임 분석 및 예측을 잘함
  예) 순간적으로 패스할 곳을 찾는 축구선수, 골프장의 바람, 코스 상황, 관중, 서브를 준비하면서 상대 진영을 살피는 배구 선수
- 넓은-내적 주의 집중(광의-내적 주의 집중)
  - 내면의 큰 그림을 분석하는 것으로, 경기 계획이나 전략 개발에 필수적임
  - 한번에 많은 정보의 분석이 가능
  예) 작전을 계획하는 코치, 정보 분석(이전 경험 추출), 계획 수립, 클럽 선택

- 좁은-외적 주의 집중(협의-외적 주의 집중)
  - 하나의 대상에 초점을 두는 것으로, 하나 또는 두 개의 주요 목표물에만 집중할 수 있음
  - 주의의 폭이 너무 좁아서 중요한 단서를 놓칠 수 있음

    예) 과녁을 조준하는 양궁선수, 공 자체를 보고 샷, 오로지 표적을 바라보며 조준, 빈 곳을 확인하여 그곳으로 공을 서브하는 배구 선수
- 좁은-내적 주의 집중(협의-내적 주의 집중)
  - 내면의 생각에 초점을 두는 것으로, 하나의 생각이나 단서에만 초점을 둠

    예) 시합 전 마음 속으로 기술을 연습하는 선수
② 측정
- TAIS(Test of Attentional and Interpersonal Style)
  - Nideffer(1976)가 개인의 주의 집중 유형이나 성향을 측정하기 위해 개발한 도구

(3) 주의와 경기력의 관계
① 운동수행과의 관계
- 선수의 자동화가 높을수록 부적절한 주의를 줄이고 경기력 향상에 도움을 줌
- 사격과 골프, 양궁 경기 중 관중의 소란은 경기에 영향을 미침
- 구기 종목의 홈그라운드는 경기 과정이나 결과에 영향을 미침

(4) 주의 집중 향상 기법
① 모의 훈련
- 경기를 위해 유니폼을 갖추어 입는 것부터 경기 중 행하는 의례적인 절차와 경기의 진행에 이르기까지 실제 경기와 똑같은 상황을 만들어 연습하는 것
② 과제 지향 목표 설정
- 결과보다는 당면하고 있는 과제를 해결하는 데 주의를 집중하도록 도움
③ 심상 훈련
- 실제 대상, 장면, 사건 등이 발생하지 않아도 비슷하게 발생하는 마음속의 영상을 통해 주의 집중을 향상시킴
④ 참선 훈련
- 앉아서 몰입하는 훈련을 통해 주의 집중을 향상시킴
⑤ 격자판(모눈판) 훈련
- 격자판: 가로 세로 각각 10줄의 총 100개 칸에 0부터 99까지의 숫자가 임의로 적혀 있는 정사각형의 숫자판
- 코치가 지시한 특정 숫자부터 시작하여 다음 숫자를 순서대로 1분 동안에 얼마나 찾아내는가를 측정하는 방법으로 선수 선발에도 사용됨
⑥ 신뢰 훈련
- 동작을 의식적으로 수행하려는 생각을 없애버리면 동작이 자동적으로 이루어진다는 것에 대한 신뢰를 기르기 위한 훈련법
⑦ 시계 바늘 움직이기
⑧ 초점 맞추기
⑨ 주의산만 요인에 노출시키기
⑩ 주의 초점의 전환을 훈련하기

⑪ 지금 현재하는 수행에 집중하기

⑫ 적정 각성 수준 찾기

⑬ **재집중하도록 훈련하기**

⑭ 조절할 수 있는 것에 집중하기

⑮ 수행 전 루틴 개발하기

8 루틴(Routine)

(1) 루틴의 개념 및 효과

① 개념

- 최상의 운동수행을 발휘하는 데 필요한 이상적인 상태를 갖추기 위한 선수들 자신만의 고유한 동작이나 절차
- 경기력의 일관성을 위해 개발된 습관화된 동작
- 심상과 혼잣말이 포함될 수 있음

② 효과

- **훈련한 것을 경기에서 충분히 실력 발휘**
- 경기력 향상에 도움을 줌
- 불안을 감소시키고 집중력을 증대시킴
- 상황이 달라져도 편안함을 유지시킴
- 자신이 조절할 수 있는 요인에 주의를 기울이게 함
- **예상치 못한 경기 상황 변화에 적응**
- 자기 자각을 가능하게 하여 외적 요인에 적절하게 대처하게 함
- 심리적·신체적·행동적 요인을 통합하게 함

(2) 루틴의 유형

① 경기 전 루틴: 신체적이고 기술적인 준비운동, 필수적인 전술 재검토, 장비 준비, 팀 동료와의 대화, 심리적 준비 등

② 수행 간 루틴: 운동수행 간의 시간에 하는 모든 수행, 휴식, 재정비, 재집중

③ 경기 후 루틴: 신체적·심리적·장비 부분

④ 미니 루틴(수행 루틴): 운동수행에서 특정한 동작을 하기 직전의 루틴

스포츠 수행의 사회 심리적 요인

1 집단 응집력

(1) 집단 응집력의 정의
① 집단의 목표 달성과 회원의 만족을 위해 집단 구성원이 뭉치는 경향, 팀워크
② 유형
- 사회적 응집: 선수가 서로를 좋아하고 모이는 것을 즐거워하는 정도를 반영
- 과제 응집: 선수들이 팀의 공동 목표를 향하여 함께 노력하는 정도를 반영
③ 응집력의 결정요인, 영향요인
- 환경 요인: 주변의 상황이 선수들을 하나의 집단 구성원으로 묶어놓는 규범적 힘
- 개인 요인: 개인의 지향성, 만족도, 개인차
- 팀 요인: 집단 과제, 성취 욕망, 집단의 지향성, 집단의 성과 규범, 팀의 능력, 팀의 목표, 팀의 승부욕
- 리더십 요인: 지도자 행동, 리더십 유형, 코치-선수 대인관계, 코치-팀 관계

(2) 집단에서의 사회적 태만
① 사회적 태만(링겔만 효과)
- 개인이 팀에 속해 있을 때 100% 노력을 발휘하지 않는 현상
- 팀원의 수가 많아질수록 점점 더 개인이 노력을 덜 하는 현상
- 집단이 내는 힘의 총합이 개인의 힘을 모두 합친 것보다 적게 나타나는 현상
- 팀에 속한 개인들이 각자 100% 노력을 기울이지 않으면 동기 손실이 발생, 집단의 인원수가 증가할 때 발생하는 개인의 수행 감소는 동기 손실 때문임
- 팀원의 손발이 맞지 않은 엇박자로 인해 조정 손실이 발생
② 사회적 태만의 발생원인(개인의 동기적 손실 원인)
- 할당 전략: 혼자일 때 최대의 능력을 발휘하기 위해 집단 속에서는 힘을 절약하는 의도
- 최소화 전략: 가능한 최소의 노력으로 목표를 달성하려는 의도
- 무임승차 전략: 남들의 노력에 편승해서 공짜로 혜택을 받고자 하는 의도
- 반 무임승차 전략: 타인의 무임승차를 원하지 않으므로 자신도 게으름을 피우려는 의도
③ 사회적 태만을 방지하는 방법
- 개인의 공헌을 강조, 지도자는 선수 개개인의 노력을 확인하고 이를 인정하기

- 목표 설정을 할 때 팀 목표와 개인 목표를 모두 설정함
- 사회적 태만을 주제로 개인 상담을 함
- 개인의 노력이 팀에 어떤 공헌을 하는지 의미를 강조
- 개인의 수행 수준을 확인하는 시스템을 마련
- 사회적 태만이 발생하는 구체적인 상황을 미리 알려줌
- 사회적 태만의 허용상황을 미리 규정하기
- 팀을 작은 모둠으로 나누어 임무를 부여, 대집단보다는 소집단(포지션별)을 구성하여 훈련 실시
- 선수들이 자신의 포지션뿐만 아니라 다른 역할도 경험하게 하기

(3) 집단 응집력과 운동수행 관계

① 응집력 향상의 집단적인 효과
- 경기력 향상
  - 상호 의존적으로 이루어지는 종목(축구, 농구 등)은 응집력이 높으면 높을수록 팀의 경기력 향상
  - 개인 종목(사격, 골프 등)은 응집력이 팀의 경기력에 영향을 미치지 않음
- 선수들이 팀에 남아있으려는 경향이 강하며, 팀의 안전성이 높음
- 효율적인 상호작용과 의사소통 증대
- 상대적으로 성취동기가 강하며, 다른 팀보다 우월하다고 과대평가하는 경향이 있어 팀에 대한 왜곡된 지각을 가짐

② 응집력 향상의 개인적인 효과
- 개인의 경기력 향상, 심리적 안정, 개인적 만족, 책임감

(4) 스포츠 종목에 따른 팀 응집력 요구 수준

① 낮음: 양궁, 볼링, 골프, 사격, 스키
② 중간: 미식축구, 야구, 조정, 육상, 수영(계주)
③ 높음: 농구, 축구, 배구, 필드하키, 아이스하키

성피티 TIP

같은 과제를 수행하지만 과제 관련 상호작용 없이 독립적으로 수행이 이루어지는 공행스포츠(공행종목)의 경우 팀 응집력 요구 수준이 낮습니다.

(5) 팀 빌딩과 집단 응집력 향상 기법

① 팀 구축(team building) 중재 전략과 요인
- 환경 요인
  - 팀 구성원 간의 신체적 거리를 가깝게 하기 위해, 환경을 통일성 있게 조성(근접성 및 독특성)
    예) 팀 구성원이 동일한 유니폼을 입는다.
- 구조 요인
  - 팀 구성원의 역할과 책임을 분명히 하고, 팀 내에 존재하는 규범에 순응하도록 유도하는 것, 팀 리더십(역할 명료성, 팀규범 순응 및 리더십)
    예) 매주 한 번씩 팀 미팅을 열어 각자의 역할과 책임에 대해 논의
- 과정 요인

– 팀 구성원 간 상호작용과 의사소통의 기회를 충분히 갖는 것, 팀 목표(희생, 협동, 소통)

② 팀빌딩에 근거한 응집력 향상 중재 전략
- 독특성: 팀 명칭, 팀 티셔츠, 팀 포스터, 슬로건, 야광 헤드 밴드, 야광 운동화 끈 등
- 개인위치: 소집단으로 구분, 회원 자리 정하고 지키게 함
- 집단규범: 회원끼리 운동 파트너가 되도록 권장, 체중감량 목표 함께 설정
- 개인공헌: 그날의 목표 설정을 부탁함, 기존 회원에게 신입 회원을 도와주도록 부탁함
- 상호작용: 서로를 소개함, 함께 운동하고 교대로 시범 보임
③ 응집력 향상 위한 지도자 지침
- 팀 성공을 위한 개인의 역할 설명
- 도전적인 팀 목표 설정
- 팀의 정체성 강조
- 팀 내의 패거리 형성을 막음
- 과도한 선수의 이동 회피
- 갈등 해소를 위한 주기적인 팀 미팅
- 팀의 분위기와 선수들의 감정 파악, 지속적인 접촉
- 선수와의 개인적인 유대 관계 강화

2 리더십

(1) 리더십의 정의
① 조직의 구성원이 조직의 목표를 달성하기 위하여 자발적, 열정적으로 노력하도록 그들에게 영향력을 행사하는 기술 또는 과정
② 팀이 목표를 달성하기 위해 지도자가 개인과 집단에 영향력을 행사하는 과정
③ 리더십이 존재하기 위해서는 두 사람 이상의 성원을 갖고 있는 집단이 있어야 하고, 집단성원이 공통으로 수행해야 할 과제가 있어야 하며, 성원들 간에 책임의 분화가 있어야 함

(2) 효과적인 리더십에 영향을 미치는 4가지 요소
① 리더 특성
- 정직, 융통성, 자신감, 책임감, 준비성, 풍부한 지식, 자제력, 인내
② 상황 요인
- 개인·단체 종목, 팀 크기, 시합까지 주어진 시간
③ 리더십 스타일
- 리더가 의사결정을 내리는 방식(민주적, 독재적)

④ 구성원 특성
  • 구성원의 성, 나이, 응집력, 경험 등

(3) 리더십 이론

① 특성 이론
  • 리더십의 본질을 지도자의 개인적 특성에서 찾아내려는 이론
  • 훌륭한 지도자는 본래 타고 난다고 가정
  • 훌륭한 지도자의 신체적, 성격적, 능력적, 사회적 특성을 추출하는 데 초점을 맞춤
② 행동 이론
  • 훌륭한 지도자의 행동을 배우면 누구라도 훌륭한 지도자가 될 수 있다는 이론
  • 훌륭한 지도자의 행동을 추출하는 데 초점을 맞춤
③ 상황 이론
  • 주어진 환경 및 상황에 따라서 지도자의 특성과 행동이 달라져야 효율적인 리더십을 발휘한다는 이론
  • 상황과 지도자의 특성이 부합되어야 효율적인 리더십을 발휘할 수 있음
  • 피들러(F. Fiedler)의 상황부합 리더십 모형
    - 과제 지향 리더: 주로 수행에 초점을 둠, 상황이 가장 유리할 때와 가장 불리할 때 효과성이 좋음
    - 관계 지향 리더: 주로 대인관계에 초점을 둠, 중간 정도의 유리한 상황에서 효과성이 있음

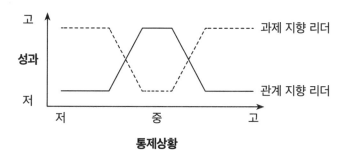

  • 첼라드라이(P. Chelladerai)의 다차원 리더십 모형
    - 리더십의 효율성은 상황적 요인과 리더와 구성원의 특성에 의하여 결정됨
    - 리더 행동은 특정 상황에서 리더에게 요구되는 규정된 행동(규정 행동), 리더가 실제로 행하는 행동(실제 행동), 구성원들이 좋아하는 리더의 행동(선호 행동)으로 구성됨
    - 리더십의 효율성은 이 세 요인들이 얼마나 서로 일치하느냐에 달려 있음
    - 리더의 특성은 리더의 실제 행동에 영향을 줌
    - 리더의 실제 행동과 선수의 선호 행동이 다르면 선수의 만족도가 낮아짐

<다차원 리더십 모형>

원인변인	리더행동	결과변인
상황요인	규정행동	
리더특성	실제행동	수행결과 - 선수만족
성원특성	선호행동	

(4) 강화

① 강화의 개념
- 긍정적이거나 부정적인 것과 관계없이 특정한 행동에 뒤따르는 결과로서 그 행동의 빈도, 강도 혹은 지속 시간이 증가하는 경우
- 학습자의 바람직한 행농을 촉진하기 위해 사용하는 방법

② 강화의 유형
- 정적 강화(긍정적 강화 또는 적극적 강화)
  - 목표 행동이 나타난 이후 특정한 후속자극을 제공함으로써 그 행동의 발생률, 강도 혹은 지속 시간을 증가시키는 방법
    예) 상, 사탕, 상금, 보수 등
- 부적강화(부정적 강화 또는 소극적 강화)
  - 원하지 않는 어떤 특정한 것(주로 혐오하는 상황이나 사물 등)을 제거해줌으로써 바람직한 행동의 강도와 빈도를 증가시키는 강화
    예) 훈련 목표를 달성할 때마다 운동 뒷정리를 면제해줌, 숙제를 잘하는 경우 화장실 청소를 면제해줌

③ 일차적 강화자극
- 그 사람에게 가치 있는 물건이나 물질을 사용
  예) 음식, 장난감, 옷, 신발, 게임하기 등

④ 이차적 강화자극
- 관계 안에서의 사회적인 강화
  예) 칭찬, 미소, 안아주기, 긍정적 관심 등

⑤ 계속적 강화(연속 강화)
- 목표 행동이 일어날 때마다 강화자극을 제공, 초보 단계에서 효과적
- 학습자가 강화자극에 익숙 → 목표 행동에 대한 동기 수준 저하, 강화에 대한 의존성 상승
- 강화 중단 → 매우 빠른 속도로 행동이 사라짐

⑥ 간헐적 강화(부분 강화)
- 강화 자극을 간헐적으로 제공하는 것, 숙련 단계에서 효과적
- 포화와 소거를 예방하고 학습자의 만족 지연 능력을 향상시킬 수 있는 좋은 방법

⑦ 효과적인 강화 지침
- 초보자에게는 자주, 장기적으로, 바람직한 행동을 할 때마다 강화하기
- 숙련자에게는 빈도를 낮추고 간헐적으로 강화하기
- 바람직한 반응이 나타난 직후에 즉각적으로 강화하기(즉각적 강화의 효과가 더 큼)
- 일관성 유지하기: 새로운 기술을 가르칠 때는 올바른 행동 시 매번 강화하기
- 성취 결과뿐만 아니라 노력과 행동에 반응하기
- 실수나 슬럼프가 있더라도 과도하게 압박하지 않으면서 강화를 계속 하기
- 학습 초기 단계에는 자주, 일관성 있게 강화하기

(5) 처벌

① 처벌의 개념
- 학습자의 특정한 행동에 대해 불쾌하거나 해가 되는 결과를 제공함으로써 그 행동의 빈도, 강도 혹은 지속 시간을 감소시키는 것
- 바람직하지 않은 행동을 줄이거나 없애기 위해 사용되는 방법

② 처벌의 유형
- 정적 처벌
  - 받기 꺼려하는 자극을 주어서 행동을 못하게 하는 것
    예) 숙제를 안 한 경우 화장실 청소를 시킴
- 부적처벌
  - 기존에 주어졌던 이익이나 혜택을 제거하는 것
    예) 숙제를 안 한 경우 게임을 못 하게 함, 선수들의 경기장 폭력을 감소시키기 위해 폭력 정도에 따라 출전시간을 제한함

③ 처벌의 부정적 효과
- 처벌이 지연되거나 처벌을 피하는 방법을 알고 있을 때 행동 통제에 비효과적임
- 처벌 대상에 대한 혐오학습이 될 수 있음
- 학습된 무기력감을 가질 수 있음
- 처벌도 모델링 효과로 학습됨, 배움
- 심한 처벌은 자아존중감(자존감)을 하락시킴
- 행동에 대한 대안이 없음

④ 바람직한 처벌 행동 지침
- 동일한 규칙위반에 대해서는 누구에게나 동일한 처벌로 일관성을 지키기
- 사람이 아닌 행동을 처벌하기
- 규칙 위반에 관한 처벌 규정을 만들 때 선수 의견을 반영하기
- 신체활동을 처벌로 이용하지 않기
- 개인적 감정으로 처벌하지 않기
- 연습 상황의 실수를 처벌하지 않기
- 전체 선수나 학생 앞에서 개인선수에게 창피를 주지 않기
- 처벌이 필요할 때에는 단호함을 보이기

(6) 바람직한 코칭 행동 지침
- 선수의 이야기를 잘 들어주기
- 팀 구성원을 인간적으로 이해하기 위해 노력하기
- 자신이 지도하는 종목에 대한 전문지식을 배양하기
- 지도자의 소신을 지키기
- 팀을 운영하는 원칙을 수립하고 원칙에 충실하기
- 지도 방법의 개선을 위한 정보와 지식을 습득하기 위한 노력을 기울이기
- 팀 구성원에게 차별이나 편애 없이 공정하게 대우하기
- 지도자 개인의 필요에 따라 선수를 이용하지 않기
- 팀에서 발생하는 문제에 책임 있는 태도를 보이기

> **CET(Coach Effectiveness Training)**
> - 스미스(R. Smith)와 스몰(F. Smol)이 개발한 유소년 지도자 훈련 프로그램
> - **긍정적인 코칭을 많이 할수록 선수와 참가자의 자존감과 동기가 좋아진다는 연구를 바탕으로 개발한 지도자 연수 프로그램**
> - 지도자가 배워야 할 핵심 원칙 5가지

- 발달 모델: 유소년이라면 승리보다는 노력을 중시할 것
- 긍정적 접근: 격려와 칭찬의 긍정적인 접근을 할 것
- 상호 지원: 선수들 스스로 협력하게 하고 팀의 단결을 촉진시킬 것
- 선수 참여: 의사 결정에 선수를 참여시켜 의견을 반영할 것
- 자기 관찰: 지도자 스스로 자신의 코칭행동을 관찰, 반성할 것

3 사회적 촉진

(1) 사회적 촉진의 개념 및 이론
① 사회적 촉진의 개념
- 타인의 존재가 과제수행에 미치는 영향
- 관중효과(관중에 의해 운동수행 향상) 및 공행효과(다른 사람과 같이할 때 운동수행 향상)를 모두 포함함
② 사회적 촉진 이론
- 단순 존재 가설: 타인의 존재만으로도 각성과 욕구가 생김, 단순한 과제 및 학습된 과제는 수행이 향상됨, 복잡한 과제 및 새로운 과제는 수행이 저하됨
- 평가 우려 가설: 자신을 바라보는 타인의 전문성과 수행자 개인의 타인 지각 경험이 중요함, 타인의 전문성을 높이 평가할 경우 단순과제의 수행 향상, 타인의 전문성을 낮게 평가할 경우 복잡과제의 수행 향상
- 주의 분산/갈등 가설: 타인의 존재가 운동과제에 대한 집중을 방해하기도 하지만 수행자의 욕구 수준을 증가시키기도 함, 단순한 과제나 익숙한 과제는 잘하려는 노력의 효과가 방해 효과보다 크기 때문에 수행이 촉진됨, 복잡한 과제나 낯선 과제는 방해 효과가 잘하려는 노력의 효과보다 크기 때문에 수행이 저하됨

(2) 모델링
① 모델링의 의미
- 다른 사람들의 행동을 관찰하고 이를 모방하기 위해 시도하는 학습, 시범 수행
② 모델링 유형
- 관찰 학습
- 직접 모델링: 직접 시범
- 싱징적 모델링: 시청각 자료
③ 모델링의 기능
- 행동 반응 촉진: 그러한 행동을 하고자 하는 반응 촉진
- 억제와 탈억제: 이전에 학습된 행동에 대한 억제를 강화시키거나 약화시킴
- 관찰학습 유발
④ 모델링의 과정
- 관찰 → 주의집중 → 파지 → 산출(동작재생, 운동재생) → 동기 → 운동 수행

4 사회성 발달

(1) 공격성의 개념
① 개념
- 피해나 부상을 피하려고 하는 사람에게 피해나 상해를 입히기 위한 목적으로 가해지는 행동
- 목표와 분노가 있었는지에 따라 적대적 공격과 수단적 공격으로 분류됨
② 분류
- 적대적 공격
  - 개인적 공격, 개인의 감정, 상대방의 자극에 의한 반응으로 분노가 수반됨
  - 대상에게 가해지는 고통, 상처 등이 보상
    예) 야구의 빈볼, 축구의 보복 공격
- 수단적 공격
  - 도구적 공격, 팀의 승리 수단, 승리, 명예, 금전 등이 보상

(2) 공격성 이론
① 본능 이론
- 인간이 본능적으로 신체적, 언어적 공격을 한다는 이론
- 인간의 내부에는 공격성을 유발하는 에너지가 존재함
② 좌절-공격 이론
- 목표를 달성함에 있어 방해를 받게 되면 좌절하게 되고, 이로 인해 공격성이 발생한다는 이론
- 좌절(예, 목표를 추구하는 행위가 방해받는 경험)이 공격 행동을 유발함
③ 사회학습 이론
- 공격적 행동을 포함한 인간의 모든 행동은 모방과 보상에 의해서 학습된다는 이론
- 환경에서 관찰과 강화로 공격행위를 학습함
④ 수정된 좌절-공격 이론
- 좌절이 무조건 공격행동을 유발하지 않고, 공격행동이 적절하다는 외부적 단서가 있을 때 나타남

(3) 스포츠에서 공격성의 원인과 결과
① 득점 차이와 공격성: 득점 차이가 많을수록 공격적인 반칙의 횟수도 증가함
② 홈경기와 원정경기: 시합 종목에 따라 다르지만 원정팀이 더 많은 공격성을 보임
③ 경기 결과: 선수들은 경기에 패했을 때 더 많은 공격성을 보임
④ 리그 성적: 순위가 낮은 팀일수록 더 많은 공격성을 보이며, 순위가 높은 팀일수록 공격성이 낮음
⑤ 경기 시점: 경기 전반부보다 후반부에 공격 행위가 증가함
⑥ 종목 특성: 신체적 접촉이 많은 종목

(4) 공격성 감소 방법
① 선수의 공격성 감소 방법
- 어떠한 공격 행위도 받아들여져서는 안 됨. 공격 행위를 보인 선수는 벌금, 출전 정지 등의 엄한 벌을 받도록 하여 이러한 행동이 재발되지 않도록 해야 함
- 공격 또는 폭력적인 행동을 교사하거나 조장, 허락하는 지도자를 단속하거나 제재시킬 수 있는 제도가 필요함

- 지도자와 선수들에게 공격성과 감정이 고조되었을 때 감정 조절 방법 등을 교육해야 함

② 관중의 공격성 감소 방법

- 경기장 내 주류 판매 금지
- 매스컴에서 공격성이나 폭력을 미화시키지 않기
- 공격성을 유발시킬 수 있는 충동을 조상하시 않기
- 관중의 공격성도 엄하게 다루고, 이에 상응하는 조치가 뒤따라야 함

1 운동의 심리적 효과

(1) 심리적 효과
① 불안 및 스트레스 감소 효과
- 유산소 운동이 효과적(걷기, 달리기, 수영, 자전거 타기, 에어로빅 등)
- 유산소 운동 종목들 사이에 불안 감소 효과는 비슷함
- 운동을 장기적으로 실천하면 특성불안이 감소하고, 일회성 운동은 상태불안을 감소시킴
- 저항운동이나 웨이트 트레이닝과 같은 무산소 운동은 불안을 감소시키는 데 도움이 안 될 가능성이 높음, 특히 고강도 저항운동은 오히려 불안을 높일 수 있다는 연구 결과도 자주 등장함
- 운동의 항불안 효과는 운동 강도, 지속시간, 형태에 관계없이 일어날 수 있음
- 운동의 항불안 효과는 성별, 체력 수준, 불안 수준, 건강 상태, 연령에 관계없이 나타남
② 우울증 감소 효과
- 운동을 규칙적으로 실천하는 사람일수록 덜 우울함
- 유산소 운동, 무산소 운동 모두 우울증을 감소시키는 데 효과가 비슷함
- 운동기간이 길수록 우울증 개선에 더 효과적임, 적어도 9주 이상의 장기간 처치 후에 크게 나타남
- 운동의 항우울증 효과는 체력수준에 관계없이 나타남
- 운동의 항우울증 효과는 연령, 건강상태, 성별, 체력 수준에 관계없이 나타남
③ 자아 존중감과 자긍심 상승
- 운동은 자아 존중감을 향상시키는 효과가 상당히 높음
- 아동의 자아 존중감 향상은 일반 아동에 비해 장애 아동에게서 더 크게 나타남
- 운동 전에 자아 존중감이 낮은 경우 운동으로 인한 자아 존중감 향상 효과가 더 크게 나타나는 경향이 있음
- 운동의 유형(무산소 운동, 유산소 운동)에 관계없이 자기존중감에 영향을 줄 수 있지만 단기적으로는 웨이트 트레이닝의 효과가 더 좋은 것으로 알려져 있음
④ 인지능력 상승
- 일회성 운동보다는 장기간 운동이 더 좋은 영향을 미침
- 중장년층에게 가장 효과적이며, 청소년과 대학생에게도 효과적임
- 치매 예방에도 효과가 좋음
⑤ 긍정적 기분 및 활력 증가
- 러너스 하이(runner's high): 마라톤 등 특히 장거리 레이스 같은 운동 과정 중 30분 정도 경과 후 생리적으로 심박수가 120 이상으로 빨라지고 극한의 피로와 고통이 몰려오지만, 이 고비를 넘기면 오히려 도취감과 쾌감이 몰려와 고통을 잊고 순항한다는 심리학 용어
⑥ 부정적 영향
- 운동중독, 과훈련, 탈진, 식이장애, 스테로이드 남용 등

(2) 심리적 효과의 과정
① 열 발생 가설
- 운동이 체온을 높이며, 체온 상승은 뇌에서 근육에 이완 반응을 유발
- 뇌에서 내려진 명령으로 근육이 이완되면 이 정보가 다시 뇌로 전달되어 이완감이나 불안 감소로 인식된다는 가설

② 모노아민 가설
- 운동이 우울증에 도움이 되는 이유를 설명하는 가설
- 세로토닌, 노르에피네프린, 도파민 등 신경전달물질의 분비로 감정과 정서가 개선됨
- 운동 시 이러한 신경전달물질이 많아지며, 이로 인해 신경의 의사소통이 증가함

③ 뇌 변화 가설
- 운동 시 대뇌 피질의 혈관 밀도가 높아지고 뇌 구조에도 변화가 나타남
- 뇌의 혈관의 변화와 혈류량 증가는 운동에 따른 인지적 혜택 제공

④ 생리적 강인함 가설
- 스트레스에 자주 노출되면 대처능력이 좋아지고 정서적으로 안정되기 때문에 불안 감소
- 운동으로 신체가 건강해지면 스트레스에 대한 반응 과정도 효율성이 좋아짐

⑤ 사회심리적 가설
- 운동을 하면 기분이 좋아질 것이라는 기대로 인해 운동 후에 심리적으로 좋은 효과를 얻음
- 운동이 실제로 효과가 있어서가 아니라 기대심리로 인한 위약 효과가 작용
- 운동을 하면서 접하는 지도자, 동료 등과의 상호작용도 심리, 정서적으로 긍정적 영향 미침
- 운동을 하면서 근육이 발달하고 외모에 대한 자신감이 증가하면서 자기개념과 자아존중감이 개선되는 효과가 나타남, 이로 인해 정신건강이 개선됨

2 운동심리 이론

(1) 합리적 행동 이론
① 개인의 운동참여 의도가 행동을 유도하는 결정적인 원인이라고 보는 이론
② 행동을 실천하려는 의도가 있는지를 알면 행동을 예측할 수 있음

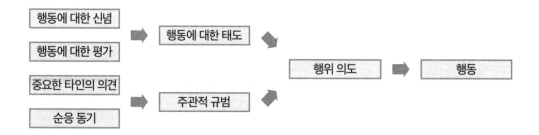

③ 구성요인: 태도, 주관적 규범, 의도
④ 행동에 대한 태도 + 주관적 규범 ⇒ 행동 의도(운동 의도)
⑤ 행동에 대한 태도: 운동과 같은 건강 행동을 실천하는 것이 중요하다고 생각, 행동을 수행하는 것에 대한 개인의 정서적이고 평가적인 요소를 반영함
⑥ 주관적 규범: 운동을 해야 한다는 주변 사람들의 기대와 압력을 받는 것, 어떤 행동을 할 것인지 또

는 안 할 것인지에 대해 개인이 느끼는 사회적 압력

⑦ 운동을 실천하려면 운동을 해야겠다는 의도를 강하게 품는 것이 필요함, 개인의 의도에 따라 행동 여부가 결정됨

⑧ 체육 지도자는 운동의 의도 또는 의지를 높이는 데 필요한 도움을 제공할 필요가 있음

(2) 계획 행동 이론

① 구성요인: 태도, 주관적 규범, 행동 통제 인식, 의도

② 합리적 행동 이론에 행동 통제 인식(지각된 행동 통제감)이라는 개념이 추가된 이론

③ 행동통제 인식: 운동 행동을 방해하는 요인을 통제할 수 있는 자신감, 어떤 행동을 하기가 쉽거나 어려운 정도에 대한 인식 정도

④ 운동에 대한 의도와 함께 운동을 방해하는 일에 대해 어떻게 성공적으로 대처할 것인가에 대한 전략을 갖는 것이 중요함

(3) 프로차스카(J. O. Prochaska)의 운동행동변화단계이론(단계적 변화모형)

① 특징

- 운동 행동의 변화를 5단계로 구분해서 설명함
- 신체활동은 일련의 단계를 거쳐 변화한다는 것을 기본적인 전제로 함
- 단계는 진전이 될 수도 있지만 퇴보나 정체도 가능함
- 같은 단계에 속한 사람들은 같은 특성을 가지지만 다른 단계에 속한 사람과는 특성에서 차이가 있음
- 행동 변화 요인
  - 자기효능감: 변화 단계가 높아질수록 같이 높아짐(비례관계)
  - 의사결정 균형: 운동을 할 때 기대할 수 있는 혜택과 손실을 평가하는 것, 단계가 높아질수록 기대손실은 감소하고 기대혜택은 증가함
  - 변화 과정: 인지적·행동적 변화과정을 통해 이전 단계에서 다음 단계로 이동하게 됨
- 지도자는 회원이 어느 단계에 속하는지를 잘 파악 후, 단계 맞춤식 중재 전략을 제공할 필요가 있음
  예) 무관심 단계에 속한 회원에게는 운동에 대한 혜택 인식을 강조, 준비 단계에 속한 회원에게는 자기 효능감을 높이는 전략을 사용, 실천 단계에 속한 회원에게는 운동을 방해하는 요인을 찾아 극복하는 전략을 지도

② 운동 행동의 변화 단계(신체 활동 단계)

단계	정의
계획 전 단계 (무관심)	현재 운동을 하고 있지 않으며 앞으로 6개월 내에도 운동을 할 의도가 없는 단계, 운동과 관련된 행동 변화의 필요성을 거부함
계획 단계 (관심)	현재 운동을 하고 있지 않으나 6개월 내에 운동을 할 의도를 가지고 있는 단계

단계	정의
준비 단계	현재 운동을 하고 있지만 가이드라인(대개 주당 3회 이상, 1회 20분 이상)을 채우지 못하는 수준, 규칙적으로 운동을 하고 있지 않으나 1개월 내에 운동을 할 의도를 가지고 있는 단계
실천 단계	가이드라인을 충족하는 수준의 운동을 해왔는데 아직 6개월 미만인 상태, 운동 동기가 충분하고 운동에 투자도 많이 함, 운동으로 인한 손실보다는 혜택을 더 많이 인식함, 가장 불안정한 단계로 하위 단계로 내려갈 위험성이 가장 높음
유지 단계	현재 가이드라인을 충족하는 수준의 운동을 규칙적으로 하고 있으며 시작한 지 6개월이 지난 단계, 운동이 안정 상태에 접어들었으며 하위 단계로 내려갈 가능성은 낮음

(4) 사회생태모형
① 운동을 실천할 때 개인적 차원의 역할도 중요하지만, 물리적 환경이나 사회적 환경과 정책도 중요한 영향을 미친다는 이론
  예) 지역사회가 여성 전용 스포츠 센터를 확충한다. 정부가 운동 참여에 대한 인센티브 정책을 수립한다. 가정과 학교에서 운동 참여를 지지해주는 분위기를 만든다.

(5) 건강신념 모형
① 질병의 위험성 인식이 건강행동 실천에 영향을 줌
② 질병의 위험성 인식은 질병 발생 가능성 인식, 질병의 심각성 인식, 개인 배경, 사회 심리적 배경, 운동의 혜택 및 손실 인식의 영향을 받음

3 운동실천 중재 전략

(1) 운동 실천 영향 요인
① 개인 요인
  • 개인 특성: 나이, 직업, 소득수준, 교육수준, 성별, 사회경제적 지위 등
  • 인지 성격: 운동에 대한 태도, 운동 방해 요인, 운동 의도, 시간 부족, 건강 또는 체력 인식, 자기 동기, 운동 자기효능감 등
  • 행동: 흡연 여부, 과거 운동 여부 등
② 환경 요인
  • 사회적 환경: 친구·가족·배우자·동료·지도자로부터의 사회적지지, 운동집단, 집단응집력 등
  • 물리적 환경: 기후, 계절, 시설에 대한 접근성 등
③ 운동 특성 요인: 운동 강도, 운동 시간, 프로그램 등

(2) 개인 차원의 중재전략
① 행동 수정이 운동 실천을 높이는 데 효과적임
② 참여자를 직접 만나 전달하는 방식보다는 우편이나 전화 등을 통해 간접적으로 중재하는 방식이 효과가 더 큼
③ 개인 차원이나 가족 단위로 중재하는 것보다 집단을 대상으로 할 때 더 효과적임
④ 가족 전체를 대상으로 하는 중재의 효과는 매우 낮음

(3) 집단 차원의 중재전략

① 집단 응집력

② 리더십

③ 사회적 지지

- 의미: 다른 사람으로부터 받는 편안한 느낌, 사랑받고 있다는 인식, 도움이나 정보를 받는 것
- 사회적 지지를 많이 받을수록 운동량과 운동 지속률이 높아짐
- 유형 5가지
  - 도구적 지지: 실질적인 행동으로 지지를 제공함

    예) 웨이트트레이닝 시 보조 역할 등
  - 정서적 지지: 다른 사람을 격려하고 걱정하는 과정에서 생기는 지지로, 노력에 대한 칭찬과 격려를 해주고 어려움을 호소 시 같이 걱정해줌
  - 정보적 지지: 운동 방법에 대한 안내와 조언, 진행 상황에 관한 피드백 제시
  - 동반적 지지: 운동할 때 동반자의 역할
  - 비교확인 지지: 다른 사람과의 비교를 통해 자신의 생각, 감정, 문제, 체험 등이 정상적이라는 확인을 하는 것, 남과 운동을 하거나 관찰을 통해 얻을 수 있음

6 스포츠심리상담

스포츠심리학

1 스포츠심리상담의 개념

(1) 스포츠심리상담의 이론

① 상담의 정의
- 도움을 필요로 하는 사람이 전문적 훈련을 받은 사람과 대화를 통해 전반적인 생활 과제를 해결하며, 행동 및 감정 측면의 인간적 성장을 위해 노력하는 학습 과정
- 상담자와 내담자의 상호 협력 관계에 기초함

② 운동상담: 운동에 참여하는 사람들을 대상으로 도움을 줄 수 있는 사람(운동심리상담자)과의 대화를 통한 운동참가자들의 인간적 성장을 위한 노력, 건강 증진 및 삶의 질 향상

③ 스포츠심리상담: 스포츠와 운동 상황에서 선수, 지도자, 일반 운동 참여자를 대상으로 심리 기술훈련과 상담을 적용하여 경기력 향상과 인간적 성장을 위한 개입 과정

④ 목표
- 인간적 성장과 경기력 향상, 운동수행 및 운동참가 만족도 향상
- 운동참가자의 운동 지속 기간 증가
- 타인과의 의사소통이나 대인관계 개선, 운동에 관련된 심리적인 요인의 개선
- 스트레스, 우울증, 낮은 수준의 자기개념(자아존중감), 자살 등의 문제 해결

⑤ 역할: 치료적 역할, 예방적 역할, 교육·발달적 역할

⑥ 운동 상담 접근 방법
- 상담 시작 전에 상담의 전 과정을 내담자에게 안내
- 친밀감(유대감) 형성
- 운동 지속 기간 및 운동만족도 향상에 주목
- 개인적 성장(신체, 정신, 사회적 측면)에 초점
- 인간과 환경과의 상호작용에 주목

⑦ 심리기술훈련
- 다양한 심리기법을 연습하고 훈련하여 심리기술을 향상시키는 것
- 평소 연습과 통합되어 지속적으로 진행되어야 함
- 연령, 성별, 경기수준과 관계없이 모든 선수들에게 적용될 수 있음
- 심리기술 조절을 위하여 심리기법을 활용
- 상위개념: 심리기술, 하위개념: 심리기법
  - 심리기술: 선수의 심리 상태를 조절하여 최상의 수행을 발휘할 수 있도록 하는 능력
    예) 집중력, 동기, 각성, 불안, 자신감 등
  - 심리기법: 심리기술을 향상시키거나 시험에 적절한 상태에 도달하기 위해 사용되는 방법
    예) 심상, 루틴, 사고조절, 이완 등

(2) 스포츠심리상담 모형(상담 과정의 3단계 모형)

① 탐색: 내담자가 자신의 생각, 감정, 행동을 탐색할 수 있도록 도움

② 통찰: 내담자가 탐색한 생각, 감정, 행동을 이해할 수 있도록 도움
③ 실행: 내담자가 어떤 행동을 해야 하는지 도움

2 스포츠심리상담의 적용

(1) 스포츠심리상담의 기법
① 라포(rapport) 형성: 상담자와 내담자 사이의 공감적 관계
② 신뢰 형성
- 내담자가 원하는 것을 정확히 파악하고, 상담자가 도움을 줄 수 있다는 인상 심어주기
- 내담자가 상담의 효과에 대해 긍정적인 기대를 갖도록 하기
- 정직하고 솔직하게 상담하고 비밀을 엄수하기, 전문성을 갖추기
- 내담자 개인의 정신적 고민이나 감정적 호소에 귀 기울이기
③ 관심 집중: 상담자가 내담자와 온전하게 함께하는 것
- 팔짱을 끼거나 다리를 꼬지 않음
- 적절하게 시선을 맞출 때 내담자가 자신이 관찰 받고 있다는 느낌을 받지 않도록 주의해야 함
  예) 내담자를 향해서 앉기, 개방적인 몸 자세를 취하기, **때때로 내담자를 향해 몸을 기울여 앉기**, 적절하게 시선 맞추기, **긴장 풀기** 등
④ 경청: 내담자의 언어적 메시지(말)뿐만 아니라 비언어적 메시지(표정, 손발의 움직임, 몸의 자세, 목소리 등)도 집중하여 듣는 것
- 감정이입을 하면서 듣고, 수용적으로 듣기
- 정신적으로 들을 준비를 하기
- 주의 집중을 향상시키도록 연습하기
- 말하는 사람의 언어적 표현이 비언어적 표현과 일치하는지를 알아보도록 동작과 표현을 살피면서 듣기
- 사소한 사실에 사로잡히지 말고 주가 되는 개념을 듣기
- 어휘를 늘리고, 이해도를 높이기 위해 어려운 설명문을 듣기
- 가능한 한 주의를 산만하게 하는 것들을 주변에서 제거하기
- 보다 더 잘 듣는 사람이 되도록 결심하고 연습하기
- 적극적 경청: 내담자의 말에 적절하게 행동으로 반응하는 것
⑤ 공감적 이해
- 내담자가 말한 의미를 생각해보고 생각할 시간을 가진 뒤 반응함
- 내담자가 장황하게 말하도록 내버려 두는 것보다 대화를 나누는 것이 더 효과적이므로, 반응시간을 짧게 하고 구체적이고 정확한 반응을 함
- 내담자에게는 생각할 시간을 충분히 주고, 상담자는 반응을 짧게 함
- 내담자에게 맞게 반응하도록 내담자와 정서적 어조를 나눔

경청의 방해 요인

-부적절한 경청: 상담자가 자기 생각에 빠져 있거나 내담자의 말에 충분한 주의를 기울이지 못할 때

-평가적 경청: 상대방의 말을 판단하려고 할 때

-여과된 경청: 다양한 여과장치를 동원하여 선별해서 들을 때

-라벨이라는 여과장치: 자신이 배운 범주 내의 특정한 틀에 따라 분류하거나 진단하려고 할 때

-인간 중심보다 사실 중심의 경청: 정보 수집에만 열을 올려 질문을 퍼붓는 경우
-리허설: 생각하거나 내담자의 말에 완벽한 반응을 하려고 궁리하느라 제대로 듣지 못하는 경우
-동정적 경청: 내담자가 자기연민에 사로잡혀 자신의 문제를 제대로 처리하지 못하는 데 동조하는 경우
-끼어들기: 내담자가 말하는 중간에 끼어드는 경우

(2) 스포츠심리상담사의 자질
① 호기심: 인간의 사고, 감정, 동기, 행동에 대한 관심으로, 상담의 과학적인 측면보다는 창조적이고 예술적인 측면에 매료되는 것
② 청취 능력: 타고난 경청/청취 능력과 타인의 이야기를 듣는 것을 좋아하는 것
③ 대화하는 것을 편안해 함: 타인과 이야기 하는 것을 좋아하고, 대화하는 그 자체가 보상인 것을 의미
④ 공감 및 이해 능력: 자신과 타인의 생각과 느낌을 이해하고 행동의 동기 및 의미를 반성하고 성찰할 수 있는 능력
⑤ 정서적 통찰력: 내담자가 표현하는 다양한 감정을 통찰하고, 내담자가 이러한 감정들을 경험하고 표현하도록 격려
⑥ 극기: 상담은 내담자 중심이기 때문에 상담자는 자신의 개인적 욕구를 상담 장면에서 드러내지 않는 극기의 능력이 필요
⑦ 모호함을 견디는 능력: 내담자의 문제에 대한 해답을 섣불리 제시하려 하지 말고, 상담자의 의도대로 내담자를 통제하지 않으며, 권위적인 태도로 내담자를 대하는 것을 지양함
⑧ 따뜻함과 배려: 내담자를 판단하지 않고 이해하고 배려하는 태도
⑨ 친밀한 관계 형성 능력: 내담자와 깊고 친밀한 관계를 형성하고 유지
⑩ 권력에 대해 편안해 함: 상담자는 내담자와의 관계에서 힘과 영향력 면에서 우위에 있을 수밖에 없는데, 이런 위치에 놓이게 되는 것을 편하게 여겨야 함
⑪ 유머감각: 적절한 시기에 적절한 방법으로 표현된 유머는 치료 효과가 있음

(3) 스포츠 심리상담사의 상담윤리
① 전문성
- 자신의 전문성 영역과 한계 영역을 명확하게 인식하고 한계를 넘는 주장과 행동은 하지 않기
- 교육, 연수, 수련 경험 등을 통해 인정받은 전문 지식과 기법을 제공
- 자신의 활동분야에 있어서 최근 연구 동향과 정보 숙지
- 전문가 능력 유지 및 개발을 위해 정기적 또는 비정기적으로 교육 및 지도감독을 받기
② 정직성: 성실, 정직, 공정
③ 책무성
- 윤리기준을 준수하며 자신의 행동에 대한 책임을 짐
- 스스로 윤리적인 행동을 실천하고 남에게 윤리적 행동을 하도록 적극적으로 권장
- 비윤리적 행동의 예방과 종결을 위해 필요한 경우 윤리위원회에 의뢰
④ 인권존중
- 선수 및 고객의 사생활, 비밀, 자유의지에 대한 권리 존중
- 나이, 성별, 국적, 종교, 장애, 사회경제적 지위 등의 개인차 존중
⑤ 사회적 책임
- 사회에 대한 전문적·학술적 책임 인식

- 공공의 복리를 위해 지식을 현장에 적용
- 연구할 때에도 공공의 복리 증진, 연구 참여자의 권리 보호
⑥ 권력 남용과 위협: 권력을 남용하지 않고, 좋은 평가나 소감(증언)을 요구하지 않기
⑦ 의뢰와 위임
- 내담자의 이익을 최우선에 두고 상담을 진행하며 필요한 경우 다른 전문가에게 의뢰
- 타인에게 역할을 위임할 때는 전문성이 있는 사람에게만 위임하여야 하며 그 타인의 전문성을 확인해야 함
⑧ 상담 비용
- 상담 비용에 대해 공식적으로 상담을 동의하기 전에 합의
- 내담자의 소득수준과 실정에 맞게 책정
⑨ 물품: 상담에 대한 대가로 상담료 이외의 물품이나 금품 보상을 받지 않음
⑩ 부적절한 관계
- 평소 알고 지내는 사람(가족, 친구 등)과의 전문적인 상담 관계를 진행하지 않도록 함
- 상담, 감독을 받는 학생이나 고객과 이성관계로 만나지 않음
- 미성년자 고객의 가족과는 개인적, 금전적 또는 다른 관계로 만나지 않음
- 특별한 경우를 제외하고는 고객과 상담실 밖에서의 사적인 관계를 유지하지 않도록 함
⑪ 비밀보장
- 상담 과정에서 얻은 사생활과 비밀유지에 대한 개인의 권리를 최대한 존중
- 비밀 보장에 제한이 있거나, 상담과정에서 얻은 정보를 이용할 경우 미리 고객과 상의
- 법적으로 상담자가 보고해야 하는 내담자 상황
  - 내담자가 자신이나 타인에게 위험한 행동을 할 때
  - 미성년 내담자가 근친상간, 강간, 아동 학대 혹은 여타 범죄의 희생자라고 생각될 때
  - 내담자가 입원할 필요가 있다고 판단될 때
  - 정보가 법적인 문제가 될 때
⑫ 기록: 다른 전문가에 의한 서비스 수행 촉진, 책무성 확보, 기관이나 법적 의무 완수 등의 목적을 위해 상담이나 연구 결과를 기록으로 남기기

최고의 스포츠심리상담사

- 선수 개인별 요구에 부합하는 융통성과 풍부한 전문적인 지식
- 친밀감(유대감) 형성
- 지속적인 심리훈련
- 선수 개인별 다차원적인 접근
- 경기 시즌, 전·중·후 지원

최악의 스포츠심리상담사

- 대인관계 기술 부족, 적극성 부족
- 선수와의 개인별 접근 제한
- 지식 부족으로 인한 부적절한 지원 타이밍
- 조사 및 상담에 대한 피드백 제공이 없음

1. <보기>가 설명하는 성격 이론은?

〈보기〉

> • 자기가 좋아하는 국가대표선수가 무더위에서 진행된 올림픽 마라톤 경기에서 불굴의 정신력으로 완주하는 모습을 보고, 자기도 포기하지 않는 정신력으로 10 km 마라톤을 완주하였다.

① 특성이론 ② 사회학습이론
③ 욕구위계이론 ④ 정신역동이론

2. 개방운동기술(open motor skills)에 해당하지 <u>않는</u> 것은?

① 농구 경기에서 자유투하기
② 야구 경기에서 투수가 던진 공을 타격하기
③ 자동차 경주에서 드라이버가 경쟁하면서 운전하기
④ 미식축구 경기에서 쿼터백이 같은 팀 선수에게 패스하기

3. <보기>의 ㉠~㉢에 들어갈 개념을 바르게 나열한 것은?

〈보기〉

> • (㉠): 노력의 방향과 강도로 설명된다.
> • (㉡): 스포츠 자체가 좋아서 참여한다.
> • (㉢): 보상을 받거나 처벌을 피하고자 스포츠에 참여한다.

	㉠	㉡	㉢
①	동기	외적 동기	내적 동기
②	동기	내적 동기	외적 동기
③	귀인	내적 동기	외적 동기
④	귀인	외적 동기	내적 동기

4. <보기>의 ㉠, ㉡에 들어갈 정보처리 단계를 바르게 나열한 것은?

〈보기〉

> • (㉠): 테니스 선수가 상대 코트에서 넘어오는 공의 궤적, 방향, 속도에 관한 환경정보를 탐지한다.
> • (㉡): 환경정보를 토대로 어떤 종류의 기술로 어떻게 받아쳐야 할지 결정한다.

	㉠	㉡
①	반응 선택	자극 확인
②	자극 확인	반응 선택
③	반응/운동 프로그래밍	반응 선택
④	반응/운동 프로그래밍	자극 확인

5. <보기>에서 설명하는 심리기술훈련 기법은?

〈보기〉

> • 멀리뛰기의 도움닫기에서 파울을 할 것 같은 부정적인 생각이 든다.
> • 부정적인 생각은 그만하고 연습한 대로 구름판을 강하게 밟자고 생각한다.
> • 스스로 통제할 수 있는 것에 집중하자고 다짐한다.

① 명상 ② 자생 훈련
③ 인지 재구성 ④ 인지적 왜곡

6. 운동발달의 단계가 순서대로 바르게 제시된 것은?

① 반사단계→기초단계→기본움직임단계→성장과 세련단계→스포츠기술단계→최고수행단계→퇴보단계

② 기초단계→기본움직임단계→반사단계→스포츠기술단계→성장과 세련단계→최고수행단계→퇴보단계

③ 반사단계→기초단계→기본움직임단계→스포츠기술단계→성장과 세련단계→최고수행단계→퇴보단계

④ 기초단계→기본움직임단계→반사단계→성장과 세련단계→스포츠기술단계→최고수행단계→퇴보단계

7. 반두라(A. Bandura)가 제시한 4가지 정보원에서 자기효능감에 가장 큰 영향력을 미치는 것은?

① 대리경험
② 성취경험
③ 언어적 설득
④ 정서적/신체적 상태

8. <보기>에서 연습방법에 관한 설명으로 옳은 것만을 모두 고른 것은?

〈보기〉

> ㄱ. 집중연습은 연습구간 사이의 휴식시간이 연습시간보다 짧게 이루어진 연습방법이다.
> ㄴ. 무선연습은 선택된 연습과제들을 순서에 상관없이 무작위로 연습하는 방법이다.
> ㄷ. 분산연습은 특정 운동기술과제를 여러 개의 하위 단위로 나누어 연습하는 방법이다.
> ㄹ. 전습법은 한 가지 운동기술과제를 구분 동작 없이 전체적으로 연습하는 방법이다.

① ㄱ, ㄴ   ② ㄷ, ㄹ
③ ㄱ, ㄴ, ㄹ   ④ ㄱ, ㄷ, ㄹ

9. 미국 응용스포츠심리학회(AAASP)의 스포츠심리상담 윤리 규정이 아닌 것은?

① 스포츠에 참여하는 모든 사람과 전문적인 상담을 진행한다.

② 직무수행상 자신의 한계를 인식하고 한계를 넘는 주장과 행동은 하지 않는다.

③ 회원 스스로 윤리적인 행동을 실천하고 남에게 윤리적 행동을 하도록 적극적으로 권장한다.

④ 다른 전문가에 의한 서비스 수행 촉진, 책무성 확보, 기관이나 법적 의무 완수 등의 목적을 위해 상담이나 연구 결과를 기록으로 남긴다.

10. <보기>가 설명하는 기억의 유형은?

〈보기〉

> • 학창 시절 자전거를 타고 학교에 등하교 했던 A는 오랜 기간 자전거를 타지 않았음에도 불구하고 여전히 자전거를 탈 수 있다.
> • 어린 시절 축구선수로 활동했던 B는 축구의 슛 기술을 어떻게 수행하는지 시범 보일 수 있다.

① 감각 기억(sensory memory)
② 일화적 기억(episodic memory)
③ 의미적 기억(semantic memory)
④ 절차적 기억(procedural memory)

11. <보기>는 피들러(F. Fiedler)의 상황부합 리더십 모형이다. <보기>의 ㉠, ㉡에 들어갈 내용을 바르게 나열한 것은?

〈보기〉

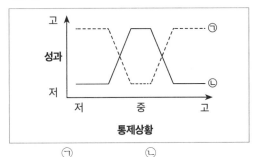

	㉠	㉡
①	관계지향리더	과제지향리더
②	과제지향리더	관계지향리더
③	관계지향리더	민주주의리더
④	과제지향리더	권위주의리더

12. 운동학습에 의한 인지역량의 변화에 관한 설명으로 옳지 <u>않은</u> 것은?

① 정보를 처리하는 속도가 빨라진다.

② 주의집중 역량을 활용하는 주의 체계의 역량이 좋아진다.

③ 운동과제 수행의 수준과 환경의 요구에 대한 근골격계의 기능이 효율적으로 좋아진다.

④ 새로운 정보와 기존의 정보를 연결하여 정보를 쉽게 보유할 수 있는 기억체계 역량이 좋아진다.

13. <보기>는 아이젠(I. Ajzen)의 계획행동이론이다. <보기>의 ㉠~㉣에 들어갈 개념을 바르게 나열한 것은?

〈보기〉

(㉠)는 행동을 수행하는 것에 대한 개인의 정서적이고 평가적인 요소를 반영한다. (㉡)은/는 어떤 행동을 할 것인지 또는 안 할 것인지에 대해 개인이 느끼는 사회적 압력을 말한다. 어떠한 행동은 개인의 (㉢)에 따라 그 행동 여부가 결정된다. (㉣)은/는 어떤 행동을 하기가 쉽거나 어려운 정도에 대한 인식 정도를 의미한다.

	㉠	㉡	㉢	㉣
①	태도	의도	주관적 규범	행동통제인식
②	의도	주관적 규범	행동통제인식	태도
③	태도	주관적 규범	의도	행동통제인식
④	의도	태도	행동통제인식	주관적 규범

14. <보기>에서 정보처리이론에 관한 설명으로 옳은 것만을 모두 고른 것은?

〈보기〉

ㄱ. 정보처리이론은 인간을 능동적인 정보처리자로 설명한다.

ㄴ. 도식이론은 기억흔적과 지각흔적의 작용으로 움직임을 생성하고 제어한다고 설명한다.

ㄷ. 개방회로이론은 대뇌피질에 저장된 운동프로그램을 통해 움직임을 생성하고 제어한다고 설명한다.

ㄹ. 폐쇄회로이론은 정확한 동작에 관한 기억을 수행 중인 움직임과 비교한 피드백 정보를 활용하여 움직임을 생성하고 제어한다고 설명한다.

① ㄱ, ㄴ   ② ㄷ, ㄹ

③ ㄱ, ㄴ, ㄹ   ④ ㄱ, ㄷ, ㄹ

15. <보기>의 ㉠~㉢에 들어갈 개념을 바르게 나열한 것은?

〈보기〉

• (㉠): 타인의 존재가 과제수행에 미치는 영향을 말한다.

• (㉡): 타인의 존재만으로도 각성과 욕구가 생긴다.

• (㉢): 타인의 존재가 운동과제에 대한 집중을 방해하기도 하지만, 수행자의 욕구 수준을 증가시키기도 한다.

	㉠	㉡	㉢
①	사회적 촉진	단순존재가설	주의 분산/갈등 가설
②	사회적 촉진	단순존재가설	평가우려가설
③	단순존재가설	관중효과	주의 분산/갈등 가설
④	단순존재가설	관중효과	평가우려가설

16. 힉스(W. Hick)의 법칙에 관한 설명으로 옳은 것은?

① 자극-반응 대안의 수가 증가할수록 반응시간은 길어진다.

② 근수축을 통해 생성한 힘의 양에 따라 움직임의 정확성이 달라진다.

③ 두 개의 목표물 간의 거리와 목표물의 크기에 따라 움직임 시간이 달라진다.

④ 움직임의 속력이 증가하면 정확도가 떨어지는 속력-정확성 상쇄(speed-accuracy trade-off) 현상이 나타난다.

17. <보기>의 ㉠에 들어갈 용어는?

〈보기〉

- 복싱선수가 상대의 펀치를 맞고 실점하는 장면이 계속해서 떠오른다.
- 이 선수는 (㉠)을/를 높이는 훈련이 필요하다.

① 내적 심상　　② 외적 심상
③ 심상 조절력　　④ 심상 선명도

18. <보기>의 ㉠, ㉡에 들어갈 운동 수행에 관한 개념이 바르게 제시된 것은?

〈보기〉

- 운동 기술 과제가 너무 쉬울 때 (㉠)가 나타난다.
- 운동 기술 과제가 너무 어려울 때 (㉡)가 나타난다.

	㉠	㉡
①	학습 고원 (learning plateau)	슬럼프 (slump)
②	천장 효과 (ceiling effect)	바닥 효과 (floor effect)
③	웜업 감소 (warm-up decrement)	수행 감소 (performance decrement)
④	맥락 간섭 효과 (contextual-interference effect)	부적 전이 (negative transfer)

19. <보기>에서 운동 실천을 위한 환경적 영향요인을 모두 고른 것은?

〈보기〉

ㄱ. 지도자
ㄴ. 교육수준
ㄷ. 운동집단
ㄹ. 사회적 지지

① ㄱ, ㄴ　　② ㄷ, ㄹ
③ ㄱ, ㄴ, ㄹ　　④ ㄱ, ㄷ, ㄹ

20. <보기>가 설명하는 개념은?

〈보기〉

농구 경기에서 수비수가 공격수의 첫 번째 페이크 슛 동작에 반응하면서, 바로 이어지는 두 번째 실제 슛 동작에 제대로 반응하지 못하는 현상이 발생한다.

① 스트룹 효과(Stroop effect)
② 무주의 맹시(inattention blindness)
③ 지각 협소화(perceptual narrowing)
④ 심리적 불응기(psychological-refractory period)

1. 스포츠심리학의 주된 연구의 동향과 영역에 포함되지 않는 것은?

① 인지적 접근과 현장 연구
② 경험주의에 기초한 성격 연구
③ 생리학적 항상성에 관한 연구
④ 사회적 촉진 및 각성과 운동수행의 관계 연구

2. 데시(E. Deci)와 라이언(R. Ryan)이 제시한 자기결정 이론(self-determination theory)에서 외적동기 유형 으로 분류되지 않는 것은?

① 무동기(amotivation)
② 확인규제(identified regulation)
③ 통합규제(integrated regulation)
④ 의무감규제(introjected regulation)

3. <보기>에서 설명하는 개념은?

〈보기〉

> 체육관에서 관중의 함성과 응원 소리에도 불구
> 하고, 작전타임에서 코치와 선수는 서로 의사소
> 통이 가능하다.

① 스트룹 효과(Stroop effect)
② 지각협소화(perceptual narrowing)
③ 무주의 맹시(inattention blindness)
④ 칵테일파티 효과(cocktail party effect)

4. <표>는 젠타일(A. Gentile)의 이차원적 운동기술분류 이다. 야구 유격수가 타구된 공을 잡아서 1루로 송구 하는 움직임이 해당하는 곳은?

〈표〉

구분			동작의 요구(기능)			
			신체 이동 없음 (신체의 안정성)		신체 이동 있음 (신체의 불안정성)	
			물체 조작 없음	물체 조작 있음	물체 조작 없음	물체 조작 있음
환경적맥락	안정적인 조절 조건	동작 시도 간 환경 변이성없음				
		동작 시도 간 환경 변이성				
	비안정적 조절 조건	동작 시도 간 환경 변이성없음	①		③	
		동작 시도 간 환경 변이성		②		④

5. 뉴웰(K. Newell)이 제시한 움직임 제한(constraints) 요소의 유형이 다른 것은?

① 운동능력이 움직임을 제한한다.
② 인지, 동기, 정서상태가 움직임을 제한한다.
③ 신장, 몸무게, 근육형태가 움직임을 제한한다.
④ 과제목표와 특성, 규칙, 장비가 움직임을 제한한다.

6. <보기>에서 설명하는 게셀(A. Gesell)과 에임스(L. Ames)의 운동발달의 원리가 <u>아닌</u> 것은?

〈보기〉

> - 머리에서 발 방향으로 발달한다.
> - 운동발달은 일련의 방향성을 갖는다.
> - 운동협응의 발달순서가 있다.
>   양측: 상지 혹은 하지의 양측을 동시에 움직이는 형태를 보인다.
>   동측: 상하지를 동시에 움직이는 형태를 보인다.
>   교차: 상하지를 동시에 움직이는 형태를 보인다.
> - 운동기술의 습득 과정에서 몸통이나 어깨 근육을 조절하는 능력을 먼저 갖추고, 이후에 팔, 손목, 손, 그리고 손가락 근육을 조절하는 능력을 갖춘다.

① 머리-꼬리 원리(cephalocaudal principle)
② 중앙-말초 원리(proximodistal principle)
③ 개체발생적 발달 원리(ontogenetic development principle)
④ 양측-동측-교차 운동협응의 원리(bilateral-unilateral(ipsilateral)-crosslateral principle)

7. 스포츠를 통한 인성 발달 전략에 대한 설명으로 옳지 <u>않은</u> 것은?

① 상황에 맞는 바람직한 행동을 설명한다.
② 도덕적으로 적절한 행동에 대하여 설명한다.
③ 바람직한 행동을 강화하고, 적대적 공격행동은 처벌한다.
④ 격한 상황에서 자신의 감정을 공격적으로 표출하도록 격려한다.

8. <보기>에서 설명하는 목표의 유형은?

〈보기〉

> - 운동기술을 잘 수행하기 위해서 필요한 핵심 행동에 중점을 둔다.
> - 자기효능감과 자신감을 높이고 인지 불안을 낮추는 데 도움이 된다.
> - 자신의 운동수행에 대한 목표를 달성하는데 중점을 두는 목표로 달성의 기준점이 자신의 과거 기록이 된다.

① 과정목표와 결과목표
② 수행목표와 과정목표
③ 수행목표와 객관적목표
④ 객관적목표와 주관적목표

9. 스미스(R. Smith)와 스몰(F. Smol)이 개발한 유소년 지도자 훈련 프로그램인 CET(Coach Effectiveness Training)의 핵심 원칙이 <u>아닌</u> 것은?

① 자기관찰   ② 운동도식
③ 상호지원   ④ 발달모델

10. 균형유지와 사지협응 및 자세제어에 주된 역할을 하는 뇌 구조(영역)는?

① 소뇌(cerebellum)
② 중심고랑(central sulcus)
③ 대뇌피질의 후두엽(occipital lobe of cerebrum)
④ 대뇌피질의 측두엽(temporal lobe of cerebrum)

11. 골프 퍼팅 과제를 100회 연습한 뒤, 24시간 후에 동일 과제에 대해 수행하는 검사는?

① 속도검사(speed test)
② 파지검사(retention test)
③ 전이검사(transfer test)
④ 지능검사(intelligence test)

12. <보기>에서 설명하는 일반화된 운동프로그램 (generalized motor program)의 불변 특성 (invariant feature) 개념은?

〈보기〉

A 움직임 시간(movement time) = 500ms			
하위 움직임 1 = 25%	하위 움직임 2 = 25%	하위 움직임 3 = 25%	하위 움직임 4 = 25%

B 움직임 시간(movement time) = 900ms			
하위 움직임 1 = 25%	하위 움직임 2 = 25%	하위 움직임 3 = 25%	하위 움직임 4 = 25%

- A 움직임 시간은 500ms, B 움직임 시간은 900ms로 서로 다르다.
- 4개의 하위 움직임 구간의 시간적 구조 비율은 변하지 않는다.
- 단, A와 B 움직임은 모두 동일인이 수행한 동작이며, 하위움직임 구성도 4개로 동일함

① 어트랙터(attractor)
② 동작유도성(affordance)
③ 상대적 타이밍(relative timing)
④ 절대적 타이밍(absolute timing)

13. <보기>에서 구스리(E. Guthrie)가 제시한 '운동기술 학습으로 인한 변화'에 관한 설명으로 옳은 것을 모두 고른 것은?

〈보기〉

> ⊙ 최대의 확실성(maximum certainty)으로 운동과제를 수행할 수 있다.
> ⓒ 최소의 인지적 노력(minimum cognitive effect)으로 운동과제를 수행할 수 있다.
> ⓒ 최소의 움직임 시간(minimum movement time)으로 운동과제를 수행할 수 있다.
> ㄹ 최소의 에너지 소비(minimum energy expenditure)로 운동과제를 수행할 수 있다.

① ⊙, ⓒ, ⓒ   ② ⊙, ⓒ, ㄹ
③ ⓒ, ⓒ, ㄹ   ④ ⊙, ⓒ, ⓒ, ㄹ

14. <보기>에 제시된 공격성에 관한 설명과 이론(가설)이 바르게 연결된 것은?

〈보기〉

> - (⊙) 환경에서 관찰과 강화로 공격행위를 학습한다.
> - (ⓒ) 인간의 내부에는 공격성을 유발하는 에너지가 존재한다.
> - (ⓒ) 좌절(예, 목표를 추구하는 행위가 방해받는 경험)이 공격 행동을 유발한다.
> - (ㄹ) 좌절이 무조건 공격행동을 유발하지 않고, 공격행동이 적절하다는 외부적 단서가 있을 때 나타난다.

	⊙	ⓒ	ⓒ	ㄹ
①	사회학습이론	본능이론	좌절-공격 가설	수정된 좌절-공격 가설
②	사회학습이론	본능이론	수정된 좌절-공격 가설	좌절-공격 가설
③	본능이론	사회학습이론	좌절-공격 가설	수정된 좌절-공격 가설
④	본능이론	사회학습이론	수정된 좌절-공격 가설	좌절-공격 가설

15. <보기>에서 하터(S. Harter)의 유능성 동기이론 모형에 관한 설명으로 옳은 것을 고른 것은?

〈보기〉

> ㉠ 심리적 요인과 관련된 단일차원의 구성개념이다.
> ㉡ 실패 경험은 부정적 정서를 갖게 하여 유능성 동기를 낮추고, 결국에는 운동을 중도 포기하게 한다.
> ㉢ 성공 경험은 자기효능감과 긍정적 정서를 갖게 하여 유능성 동기를 높이고, 숙달(mastery)을 경험하게 한다.
> ㉣ 스포츠 상황에서 성공하기 위한 능력이 있다는 확신의 정도나 신념으로 특성 스포츠 자신감과 상태 스포츠 자신감으로 구분한다.

① ㉠, ㉡   ② ㉠, ㉣
③ ㉡, ㉢   ④ ㉡, ㉣

16. <보기>에서 설명하는 용어는?

〈보기〉

> 번스타인(N. Bernstein)은 움직임의 효율적 제어를 위해 중추신경계가 자유도를 개별적으로 제어하지 않고, 의미 있는 단위로 묶어서 조절한다고 설명하였다.

① 공동작용(synergy)
② 상변이(phase transition)
③ 임계요동(critical fluctuation)
④ 속도-정확성 상쇄 현상(speed-accuracy trade-off)

17. <보기>에서 연구 결과를 통해 확인할 수 있는 목표 설정에 관한 설명으로 옳은 것을 고른 것은?

〈보기〉

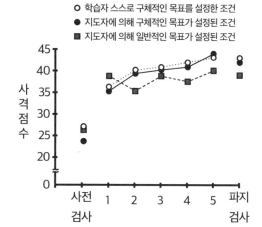

> ㉠ 목표설정이 운동의 수행과 학습에 효과적이다.
> ㉡ 학습자에게 어려운 목표를 설정하도록 조언해야 한다.
> ㉢ 구체적인 목표를 설정했던 집단에서 더 높은 학습 효과가 나타났다.
> ㉣ 구체적이고 도전적인 목표를 향해 전념하도록 격려하는 것은 운동의 수행과 학습의 효과를 감소시킨다.

① ㉠, ㉡   ② ㉠, ㉢
③ ㉡, ㉢   ④ ㉡, ㉣

18. <보기>에서 설명하는 피드백 유형은?

〈보기〉

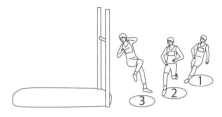

> 높이뛰기 도약 스텝 기술을 연습하게 한 후에 지
> 도자는 학습자의 정확한 도약 기술 습득을 위해
> 각 발의 스텝번호(지점)를 바닥에 표시해주었다.

① 내적 피드백(intrinsic feedback)
② 부적 피드백(negative feedback)
③ 보강 피드백(augmented feedback)
④ 부적합 피드백(incongruent feedback)

19. <보기>는 칙센트미하이(M. Csikszentmihalyi)가 주장한 몰입의 개념이다. ㉠~㉣에 들어갈 개념이 바르게 연결된 것은?

〈보기〉

> • (㉠)과 (㉡)이 균형을 이루는 상황에서 운동 수행에 완벽히 집중하는 것을 몰입(flow)이라 한다.
> • (㉡)이 높고, (㉠)이 낮으면 (㉢)을 느낀다.
> • (㉡)이 낮고, (㉠)이 높으면 (㉣)을 느낀다.

	㉠	㉡	㉢	㉣
①	기술	도전	불안	이완
②	도전	기술	각성	무관심
③	기술	도전	각성	불안
④	도전	기술	이완	지루함

20. 학습된 무기력(learned helplessness) 상태에 있는 학습자에게 귀인 재훈련(attribution retraining)을 위한 적절한 전략은?

① 실패의 원인을 외적 요인에서 찾게 한다.
② 능력의 부족을 긍정적으로 받아들이게 한다.
③ 운이 따라 준다면 다음에 성공할 수 있다고 지도한다.
④ 실패의 원인을 노력 부족이나 전략의 미흡으로 받아들이게 한다.

1. <보기>는 레빈(K. Lewin, 1935)이 주장한 내용이다. ⊙, ⓒ에 들어갈 개념으로 바르게 묶인 것은?

〈보기〉

> - 인간의 행동은 (⊙)과 (ⓒ)에 의해 결정된다.
> - (⊙)과 (ⓒ)의 상호작용으로 행동은 변화한다.

	⊙	ⓒ
①	개인(person)	환경(environment)
②	인지(cognition)	감정(affect)
③	감정(affect)	환경(environment)
④	개인(person)	인지(cognition)

2. 아동의 운동 발달을 평가할 때 심리적 안정을 도모하기 위한 평가 방법으로 옳은 것은?

① 평가장소에 도착하면 환경에 대한 탐색 시간을 주지 말고 평가를 바로 진행한다.

② 아동의 평가 민감성을 높이기 위해 평가라는 단어를 강조한다.

③ 운동 도구를 사용하여 평가할 때 탐색할 기회를 제공한다.

④ 아동과 공감대를 형성하지 않는다.

3. <보기>에 제시된 일반화된 운동프로그램(Generalized Motor Program: GMP)에 관한 설명으로 바르게 묶인 것은?

〈보기〉

> ⊙ 인간의 운동은 자기조직(self-organization)과 비선형성(nonlinear)의 원리에 의해 생성되고 변화한다.
>
> ⓒ 불변매개변수(invariant parameter)에는 요소의 순서(order of element), 시상(phasing), 상대적인 힘(relative force)이 포함된다.
>
> ⓒ 가변매개변수(variant parameter)에는 전체 동작지속시간(overall duration), 힘의 총량(overall force), 선택된 근육군(selected muscles)이 포함된다.
>
> ⓒ 환경정보에 대한 지각 그리고 동작의 관계(perception-action coupling)를 강조한다.

① ⊙, ⓒ   ② ⊙, ⓒ

③ ⓒ, ⓒ   ④ ⓒ, ⓒ

4. <보기>에서 설명하는 개념은?

〈보기〉

> - 자극반응 대안 수가 증가할수록 선택반응시간도 증가한다.
> - 투수가 직구와 슬라이더 구종에 커브 구종을 추가하여 무작위로 섞어 던졌을 때 타자의 반응시간이 길어졌다.

① 피츠의 법칙(Fitts' law)

② 파워 법칙(power law)

③ 임펄스 가변성 이론(impulse variability theory)

④ 힉스의 법칙(Hick's law)

5. <보기>에 제시된 번스타인(N. Bernstein)의 운동학습 단계에 대한 설명으로 바르게 묶인 것은?

〈보기〉

> ㉠ 스케이트를 탈 때 고관절, 슬관절, 발목관절을 활용하여 추진력을 갖게 한다.
> ㉡ 체중 이동을 통해 추진력을 확보하며 숙련된 동작을 실행하게 한다.
> ㉢ 스케이트를 신고 고관절, 슬관절, 발목관절을 하나의 단위체로 걷게 한다.

	㉠	㉡	㉢
①	자유도 풀림	반작용 활용	자유도 고정
②	반작용 활용	자유도 풀림	자유도 고정
③	자유도 풀림	자유도 고정	반작용 활용
④	반작용 활용	자유도 고정	자유도 풀림

6. 레이데크와 스미스(T. Raedeke & A. Smith, 2001)의 운동선수 탈진 질문지(Athlete Burnout Questionnaire: ABQ)의 세 가지 측정 요인이 아닌 것은?

① 성취감 저하(reduced sense of accomplishment)
② 스포츠 평가절하(sport devaluation)
③ 경쟁상태불안(competitive state anxiety)
④ 신체적/정서적 고갈(physical, emotional exhaustion)

7. 웨이스와 아모로스(M. Weiss & A. Amorose, 2008)가 제시한 스포츠 재미(sport enjoyment)의 영향 요인으로 옳지 않은 것은?

① 인지능력
② 사회적 소속
③ 동작 자체의 감각 체험
④ 숙달과 성취

8. <보기>에 제시된 도식이론(schema theory)에 관하여 옳은 설명으로 묶인 것은?

〈보기〉

> ㉠ 빠른 움직임과 느린 움직임을 구분하여 설명한다.
> ㉡ 재인도식은 피드백 정보가 없는 빠른 운동을 조절하는 역할을 한다.
> ㉢ 회상도식은 과거의 실제결과, 감각귀결, 초기조건의 관계를 바탕으로 형성된다.
> ㉣ 200ms 이상의 시간이 필요한 느린 운동 과제의 제어에는 회상도식과 재인도식이 모두 동원된다.

① ㉠, ㉡   ② ㉡, ㉢
③ ㉠, ㉣   ④ ㉢, ㉣

9. <보기>에 제시된 심리적 불응기(Psychological Refractory Period: PRP)에 관하여 옳은 설명으로 묶인 것은?

〈보기〉

> ㉠ 1차 자극에 대한 반응을 수행하고 있을 때 2차 자극을 제시할 경우, 2차 자극에 대해 반응시간이 느려지는 현상이다.
> ㉡ 1차 자극과 2차 자극간의 시간차가 10ms 이하로 매우 짧을 때 나타난다.
> ㉢ 페이크(fake) 동작의 사용 빈도를 높일 때 효과적이다.
> ㉣ 1차와 2차 자극을 하나의 자극으로 간주하는 현상을 집단화라고 한다.

① ㉠, ㉡   ② ㉡, ㉢
③ ㉢, ㉣   ④ ㉠, ㉣

10. 인간 발달의 특징에 관한 설명으로 옳지 <u>않은</u> 것은?

① 개인적 측면은 발달에 영향을 미치는 요인이 개인마다 달라서 나타나는 현상이다.

② 다차원적 측면은 개인의 신체적·정서적 특성과 같은 내적 요인 그리고 사회 환경과 같은 외적 요인으로 나눌 수 있다.

③ 계열적 측면은 기기와 서기의 단계를 거친 후에야 자신의 힘으로 스스로 걸을 수 있게 되는 것이다.

④ 질적 측면은 현재 나타나고 있는 움직임 양식이 과거 움직임의 경험이 축적되어 나타나는 것이다.

11. 시각탐색에 사용되는 안구 움직임의 형태로 옳지 <u>않은</u> 것은?

① 지각의 협소화(perceptual narrowing)

② 부드러운 추적 움직임(smooth pursuit movement)

③ 전정안구반사(vestibulo-ocular reflex)

④ 빠른 움직임(saccadic movement)

12. <보기>에 제시된 불안과 운동수행의 관계를 설명하는 이론은?

〈보기〉

> • 선수가 불안을 어떻게 '해석'하느냐에 따라 운동수행이 달라질 수 있다.
> • 선수는 각성이 높은 상태를 기분 좋은 흥분상태로 해석할 수도 있지만 불쾌한 불안으로 해석할 수도 있다.

① 역U가설(inverted-U hypothesis)

② 전환이론(reversal theory)

③ 격변이론(catastrophe theory)

④ 적정기능지역이론(zone of optimal functioning theory)

13. <보기>의 ㉠과 ㉡에 들어갈 알맞은 용어는?

〈보기〉

> • (㉠)은 불안을 감소시키기 위해 자기최면을 사용하여 무거움과 따뜻함을 실제처럼 느끼도록 유도하는 방법이다.
> • (㉡)은/는 불안을 유발하는 자극의 목록을 작성한 후, 하나씩 차례로 적용하여 유발 감각 자극에 대한 민감도를 줄여 불안 수준을 감소시키는 방법이다.

	㉠	㉡
①	바이오피드백 (biofeedback)	체계적 둔감화 (systematic desensitization)
②	자생훈련 (autogenic training)	바이오피드백 (biofeedback)
③	점진적 이완 (progressive relexation)	바이오피드백 (biofeedback)
④	자생훈련 (autogenic training)	체계적 둔감화 (systematic desensitization)

14. 와이너(B. Weiner)의 경기 승패에 대한 귀인이론에 관한 설명으로 옳지 <u>않은</u> 것은?

① 노력은 내적이고 불안정하며 통제 가능한 요인이다.

② 능력은 내적이고 안정적이며 통제 불가능한 요인이다.

③ 운은 외적이고 불안정하며 통제 불가능한 요인이다.

④ 과제난이도는 외적이고 불안정하며 통제할 수 있는 요인이다.

15. <보기>에 제시된 심상에 대한 이론과 설명이 바르게 묶인 것은?

〈보기〉

> ㉠ 심리신경근 이론에 따르면 심상을 하는 동안에 실제 동작에서 발생하는 근육의 전기 반응과 유사한 전기 반응이 근육에서 발생한다.
> ㉡ 상징학습 이론에 따르면 심상은 인지 과제(바둑)보다 운동 과제(역도)에서 더 효과적이다.
> ㉢ 생물정보 이론에 따르면 심상은 상상해야 할 상황 조건인 자극 전제와 심상의 결과로 일어나는 반응 전제로 구성된다.
> ㉣ 상징학습 이론에 따르면 생리적 반응과 심리 반응을 함께하면 심상의 효과는 낮아진다.

① ㉠, ㉡ ② ㉠, ㉢
③ ㉡, ㉢ ④ ㉢, ㉣

16. <보기>에 제시된 첼라드라이(P. Chelladerai)의 다차원리더십 모델에 관한 설명으로 옳게 묶인 것은?

〈보기〉

> ㉠ 리더의 특성은 리더의 실제 행동에 영향을 준다.
> ㉡ 규정 행동은 선수에게 규정된 행동을 말한다.
> ㉢ 선호 행동은 리더가 선호하거나 바라는 선수의 행동을 말한다.
> ㉣ 리더의 실제 행동과 선수의 선호 행동이 다르면 선수의 만족도가 낮아진다.

① ㉠, ㉡ ② ㉠, ㉣
③ ㉡, ㉢ ④ ㉢, ㉣

17. <보기>에서 설명하는 운동심리 이론(모형)은?

〈보기〉

> • 지역사회가 여성 전용 스포츠 센터를 확충한다.
> • 정부가 운동 참여에 대한 인센티브 정책을 수립한다.
> • 가정과 학교에서 운동 참여를 지지해주는 분위기를 만든다.

① 사회생태모형(social ecological model)
② 합리적행동이론(theory of reasoned action)
③ 자기효능감이론(self-efficacy theory)
④ 자결성이론(self-determination theory)

18. 프로차스카(J. O. Prochaska)의 운동변화단계 모형(Transtheoretical Model)에 관한 설명으로 옳은 것은?

① 변화 단계와 자기효능감과의 관계는 U자 형태다.
② 인지적·행동적 변화과정을 통해 운동 단계가 변화한다.
③ 변화 단계가 높아짐에 따라 운동에 대해 기대할 수 있는 혜택은 점진적으로 감소한다.
④ 무관심 단계는 현재 운동에 참여하지 않지만, 6개월 이내에 운동을 시작할 의도가 있다.

19. 한국스포츠심리학회가 제시한 스포츠 심리상담사 상담윤리에 대한 설명으로 옳지 않은 것은?

① 스포츠심리상담사는 자신의 전문영역과 한계영역을 명확하게 인식해야 한다.
② 스포츠심리상담사는 상담 과정에서 얻은 정보를 이용할 때 고객과 미리 상의해야 한다.
③ 스포츠심리상담사는 상담 효과를 알리기 위해 상담에 참여한 사람으로부터 좋은 평가나 소감을 요구해야 한다.
④ 스포츠심리상담사는 타인에게 역할을 위임할 때는 전문성이 있는 사람에게만 위임하여야 하며 그 타인의 전문성을 확인해야 한다.

20. <보기>에 제시된 폭스(K. Fox)의 위계적 신체적 자기개념 가설(hypothesized hierarchical organization of physical self-perception)에 관한 설명으로 바르게 묶인 것은?

〈보기〉

> ㉠ 신체적 컨디션은 매력적 신체를 유지하는 능력이다.
> ㉡ 신체적 자기 가치는 전반적 자기존중감의 상위영역에 속한다.
> ㉢ 신체 매력과 신체적 컨디션은 신체적 자기가치의 하위영역에 속한다.
> ㉣ 스포츠 유능감은 스포츠 능력과 스포츠 기술 학습 능력에 대한 자신감이다.

① ㉠, ㉡ ② ㉠, ㉢
③ ㉡, ㉣ ④ ㉢, ㉣

1. ② 2. ① 3. ② 4. ② 5. ③ 6. ③ 7. ② 8. ③
9. ① 10. ④ 11. ② 12. ③ 13. ③ 14. ④ 15. ①
16. ① 17. ③ 18. ② 19. ④ 20. ④

1. 〈보기〉가 설명하는 성격 이론은 사회학습이론이다. 사회학습이론은 인간의 행동이 상황이나 환경에 의해 결정되며, 다른 사람의 행동을 관찰하여 모방이 일어난다고 보는 이론이다. ① 특성이론은 성격 특성이 지속적이고 영속적인 것이며 인간 행동의 원인은 개인의 내면에 존재한다고 보는 이론이다. ③ 욕구위계이론은 인간의 5가지 욕구가 위계적으로 존재한다고 보는 이론이다. ④ 정신역동이론은 개인의 무의식적인 동기에 초점을 맞추고 관찰하고 분석하는 이론으로 인간의 성격은 원초아, 자아, 초자아의 세 가지로 구성되어 있다고 본다.

2. ①은 환경이 변하지 않는 안정된 상태에서 수행하는 기술이므로 폐쇄운동기술에 해당한다. 개방운동기술은 시·공간적인 환경의 변화에 대한 적응력과 판단력이 필요한 기술을 의미한다.

3. ㉠은 동기의 정의이다. 동기는 노력의 방향(활동 추구, 활동 회피)과 노력의 강도(노력을 얼마나 열심히 하는가)로 정의한다. ㉡은 개인의 내면으로부터 자발적으로 발생되는 동기로서 내적 동기에 해당한다. ㉢은 외부로부터 발생하는 동기로서 외적 동기에 해당한다.

4. ㉠은 환경정보 자극에 대한 확인과 자극의 유형에 대한 인식단계인 자극 확인 단계이다. ㉡은 자극을 확인한 후 환경특성에 맞는 반응을 선택하는 반응 선택 단계이다.

5. 〈보기〉에서 설명하는 심리기술훈련 기법은 인지 재구성이다. 인지 재구성은 부정적인 생각들과 상상들을 긍정적이고 합리적인 방향으로 전환시키는 방법을 의미한다. ① 명상은 눈을 감고 심호흡을 하거나 영상화를 하면서 이완반응을 일으키는 방법이다. ② 자생 훈련은 불안을 감소시키기 위해 자기최면을 사용하여 무거움과 따뜻함을 실제

처럼 느끼도록 유도하는 방법이다.

6. 운동발달의 단계는 반사단계(반사움직임단계)→기초단계(초기움직임단계)→기본움직임단계→스포츠기술단계→성장과 세련단계→최고수행단계→퇴보단계이다.

7. 반두라가 제시한 4가지 정보원에서 자기효능감에 가장 큰 영향력을 미치는 것은 성취경험(성공경험)이다. 과거에 성공을 한 경험이 자기효능감의 형성에 가장 큰 역할을 한다.

8. 분산연습은 휴식시간이 연습시간보다 상대적으로 긴 연습방법이며, 운동기술과제를 여러 개의 하위 단위로 나누어 연습하는 방법은 분습법이다.

9. 스포츠심리상담사는 모든 사람과 상담을 진행하기보다는 도움을 필요로 하는 경우에 상담을 진행하며, 평소 알고 지내는 사람(가족, 친구 등)과는 전문적인 상담 관계를 진행하지 않도록 해야 한다.

10. 〈보기〉가 설명하는 기억의 유형은 절차적 기억이다. 절차적 기억은 특정 일을 어떻게 하는지에 대한 기억으로, 걷기·자전거 타기 등과 같은 특정 작업을 담당하며, 학습이 되면 의식의 개입 없이 자동적으로 수행이 이루어진다. ① 감각 기억은 기억체계의 첫 번째 단계로 아주 짧은 시간 동안만 저장되며 많은 양의 감각정보를 포함한다. ② 일화적 기억은 개인적 경험·사건·일화에 관한 기억으로, 사건이 일어난 특정 시간·공간·상황 등 맥락 정보가 함께 저장된다. ③ 의미적 기억은 일반적인 세상의 지식과 사실에 관한 기억으로, 사물 간의 관계·단어의 의미들 간의 관계에 대한 지식이다.

11. ㉠은 상황이 가장 유리할 때와 가장 불리할 때 효과성이 좋은 과제 지향 리더이고, ㉡은 중간 정도의 유리한 상황에서 효과성이 있는 관계 지향 리더이다.

12. ③은 인지 역량의 변화가 아닌 신체적, 생리적인 변화에 해당한다.

13. 계획행동이론은 합리적 행동 이론에 행동 통제 인식이라는 개념이 추가된 이론이며, 구성요인으

로는 태도, 주관적 규범, 행동 통제 인식, 의도가 있다. ㉠은 태도, ㉡은 주관적 규범, ㉢은 의도, ㉣은 행동통제인식이다.

14. ㄴ은 폐쇄회로이론에 대한 설명이다. 도식이론은 빠른 움직임과 느린 움직임을 구분하여 설명하는 이론이다.

15. ㉠은 사회적 촉진의 개념이며, ㉡은 단순존재가설에 대한 설명이다. 단순한 과제 및 학습된 과제는 수행이 향상되고, 복잡한 과제 및 새로운 과제는 수행이 저하된다는 이론이다. ㉢은 주의 분산/갈등 가설에 대한 설명이다. 단순한 과제나 익숙한 과제는 잘하려는 노력의 효과가 방해 효과보다 크기 때문에 수행이 촉진되고, 복잡한 과제나 낯선 과제는 방해 효과가 잘하려는 노력의 효과보다 크기 때문에 수행이 저하된다는 이론이다.

16. 힉스의 법칙에 관한 설명으로 옳은 것은 ①이다. ②는 임펄스 가변성 이론, ③은 피츠의 법칙에 대한 설명이다.

17. 〈보기〉의 ㉠에 들어갈 용어는 심상 조절력이다. 선명한 이미지를 떠올리면서 원하는 대로 조절할 수 있어야 하며, 부정적인 수행 장면을 성공적인 수행 이미지로 바꾸는 것을 의미한다. ① 내적 심상은 자신의 눈으로 보는 관점으로 수행 장면을 상상하는 것을 의미한다. ② 외적 심상은 자신의 수행 모습을 관찰자의 시점에서 상상해보는 것을 의미한다. ④ 심상 선명도는 시합에서 느꼈던 자신감, 흥분, 행복감을 실제처럼 시각화하는 것을 의미한다.

18. 운동 기술 과제가 너무 쉬울 때에는 천장 효과(상한 효과)가 나타나며, 운동 기술 과제가 너무 어려울 때에는 바닥 효과(하한 효과)가 나타난다.

19. 운동 실천 영향 요인으로는 개인 요인, 환경 요인, 운동 특성 요인이 있다. 〈보기〉에서 ㄱ, ㄷ, ㄹ은 환경 요인에 해당하며, ㄴ은 개인 요인에 해당한다.

20. 〈보기〉는 심리적 불응기에 대한 설명이다. 심리적 불응기는 1차 자극에 대한 반응을 수행하고 있을 때 2차 자극을 제시할 경우 2차 자극에 대해 반응시간이 느려지는 현상을 의미한다.

---

1. 생리학적 항상성에 관한 연구는 운동생리학과 관련된 영역으로, 스포츠심리학의 연구 영역에 포함되지 않는다.

2. 인간의 행동에 영향을 주는 동기로는 무동기, 외적 동기, 내적 동기가 있다. 무동기에는 무규제가 있으며, 외적 동기에는 외적 규제, 의무감 규제, 확인 규제, 통합 규제가 포함된다. 내적 동기에는 지식 습득, 과제 성취, 감각 체험이 있다.

3. 〈보기〉는 칵테일파티 효과에 대한 설명이다. 칵테일파티처럼 여러 사람의 목소리와 잡음이 많은 상황에서도 본인이 흥미를 갖는 이야기는 선택적으로 들을 수 있는 현상을 의미한다. ① 스트룹 효과는 일치하지 않는 조건의 자극을 보고 그 자극을 실행할 때, 일치하는 조건의 자극을 보고 실행할 때보다 반응속도가 늦어지는 현상을 의미한다. ② 지각협소화는 각성 수준이 높아져 주의를 기울일 수 있는 폭이 점차 좁아지는 현상을 의미한다. ③ 무주의 맹시는 눈이 특정 위치를 향하고 있지만 주의가 다른 곳에 있어서 눈이 향하는 위치의 대상이 지각되지 못하는 현상을 의미한다.

4. 야구 유격수가 타구된 공을 잡아서 1루로 송구하는 움직임은 동작의 요구에서 신체 이동이 있고, 공을 잡아서 송구하는 과정에서 물체 조작이 있다. 환경적 맥락에서 비안정적인 조절 조건이며, 동작 시도 간 환경 변이성이 있으므로 ④에 해당한다.

5. 뉴웰이 제시한 움직임 제한 요소의 유형으로는 유기체, 환경, 과제가 있다. ①, ②, ③은 유기체 유형에 해당하며, ④는 과제 유형에 해당한다.

6. 머리-꼬리 원리, 중앙-말초 원리, 양측-동측-교차 운동협응의 원리는 게셀과 에임스의 운동발달의 원리에 해당한다. ③ 개체발생적 발달 원리는 환경적 요인의 영향을 받아 학습 과정을 통해 획득되는 발달 원리를 의미하며, 연습과 경험을 통해 형성되는 발달 원리이다.

7. 격한 상황에서 자신의 감정을 공격적으로 표출하도록 격려하는 것은 스포츠를 통한 인성 발달 전략에 해당하지 않는다. 격한 상황에서 자신의 감정을 공격적으로 표출하지 않고, 이성적으로 행동하도록 격려해야 한다.

8. 〈보기〉는 목표의 유형 중 수행목표와 과정목표에 대한 설명이다. 수행목표와 과정목표는 수행에 관련된 통제 가능한 생각과 행동에 초점을 두는 목표로 과거 자신의 경기력과 비교한 객관적인 목표나 기준을 달성하는데 초점을 맞춘다. 주관적 목표는 개인의 견해나 관점을 기초로 하여 선수에 따라 다르게 해석되는 목표를 의미하며, 객관적 목표는 자기와의 관계에서 벗어나 제3자의 입장에서 사물을 보거나 생각하여 구체적인 시간과 횟수 등으로 명시된 목표를 의미한다. 결과 목표(성과 목표)는 시합의 결과 및 성과에 초점을 두는 목표이다.

9. CET는 스미스와 스몰이 개발한 유소년 지도자 훈련 프로그램으로, 긍정적인 코칭을 많이 할수록 선수와 참가자의 자존감과 동기가 좋아진다는 연구를 바탕으로 개발한 지도자 연수 프로그램이다. 이에 해당하는 지도자가 배워야 할 핵심 원칙 5가지로는 발달 모델, 긍정적 접근, 상호 지원, 선수 참여, 자기 관찰이 있다.

10. 몸의 균형유지와 사지협응 및 자세제어 역할을 하는 뇌 구조는 소뇌이다. 소뇌는 대뇌 뒤쪽 하부에 위치하며, 고도로 단련된 동작이나 크고 섬세한 동작에 관여한다. ② 중심고랑은 전두엽과 두정엽의 경계가 되는 부분으로 앞쪽은 운동 영역, 뒤쪽은 몸 감각 영역을 담당한다. ③ 대뇌피질의 후두엽은 시각 정보를 담당한다. ④ 대뇌피질의 측두엽은 청각과 후각 기능을 담당한다.

11. 골프 퍼팅 과제를 100회 연습한 뒤, 24시간 후에 동일 과제에 대해 수행하는 검사는 파지검사이다. 파지검사는 학습자가 새로운 기술을 연습한 후, 특정한 시간이 지난 후 연습한 기술의 수행력을 평가하는 검사이다.

12. 일반화된 운동프로그램의 불변매개변수에는 요소의 순서, 시상, 상대적인 힘이 있으며, 〈보기〉에서 설명하는 일반화된 운동프로그램의 불변 특성 개념은 상대적 타이밍이다. 상대적 타이밍은 각 하위 움직임의 시간적 구조 비율을 의미한다.

13. 구스리가 제시한 '운동기술 학습으로 인한 변화'는 최소의 움직임 시간과 최소의 에너지를 소비하여 최대의 확실성을 갖고 운동과제를 달성할 수 있는 능력이다.

14. ㉠은 사회학습이론, ㉡은 본능이론, ㉢은 좌절-공격 가설, ㉣은 수정된 좌절-공격 가설이다.

15. 〈보기〉에서 유능성 동기이론 모형에 관한 설명은 ㉡, ㉢이다. ㉠ 유능성 동기이론 모형은 세가지 심리적 요인과 관련된 다차원적 구성개념이다. ㉣은 Vealey의 스포츠 자신감 개념 모형에 대한 설명이다.

16. 〈보기〉는 번스타인의 운동학습단계에서 자유도의 풀림 단계에 해당하는 공동작용에 대한 설명이다. ② 상변이는 협응구조의 형태가 변화하는 현상이며 비선형의 원리를 따른다. ③ 임계요동은 시스템의 변이가 일어나는 임계점에 접근함에 따라 요동의 증폭이 증가되어 변이가 일어나는 임계점 바로 직전에 커지는 현상을 의미한다. ④ 속도-정확성 상쇄 현상은 움직임 속도를 빠르게 하면 정확성이 떨어지고, 정확하게 하려고 하면 속도가 느려지는 현상을 의미한다.

17. ㉡ 학습자에게 구체적인 목표를 설정하도록 조언해야 한다. ㉣ 구체적이고 도전적인 목표를 향해 전념하도록 격려하는 것은 운동의 수행과 학습의 효과를 증가시킨다.

18. 〈보기〉는 보강 피드백에 해당한다. 보강 피드백은 외재적 피드백, 고무 피드백이라고도 하며 정보가 외부에서 주어지는 것으로 지도자나 타인의 언어적 충고, 비디오, 사진 등이 이에 해당한다. 내적 피드백은 내재적 피드백, 감각 피드백, 고유 피드백이라고도 하며 정보가 내부에서 주어지는 것으로 자신의 시각, 청각, 자기수용감각, 촉각 등에 의한 것이 이에 해당한다.

19. 기술과 도전이 균형을 이루는 상황에서 운동 수행에 완벽히 집중하는 것을 몰입이라 한다. 도전이 높고 기술이 낮으면 불안을 느끼고, 도전이 낮고 기술이 높으면 이완을 느낀다.

20. 성공의 원인은 자신의 능력 덕분이라고 유도하는 것이 좋다. 실패의 원인은 내적이며 통제가능하고 불안정적인 요인에서 찾는 것이 좋다. 실패의

원인을 자신의 노력 부족이나 전략의 미흡으로 유도하는 것이 좋으며, 자신의 능력이나 자질 부족 때문이라 생각하지 않도록 유도해야 한다.

2022년 생활·전문 스포츠지도사2급 스포츠심리학

1. ① 2. ③ 3. ③ 4. ④ 5. ① 6. ③ 7. ① 8. ③
9. ④ 10. ④ 11. ① 12. ② 13. ④ 14. ④ 15. ②
16. ② 17. ① 18. ② 19. ③ 20. ④

1. 〈보기〉는 레빈의 장이론이다. 레빈은 인간의 행동이 개인과 환경의 상호작용에 의해 결정된다고 보았다.

2. ① 평가장소에 도착하면 평가 진행 전에 환경에 대한 탐색 시간을 주어야 한다. ② 아동의 평가 민감성을 높일 수 있으므로 평가라는 단어를 사용하지 않는다. ④ 아동과 공감대를 형성해야 한다.

3. 〈보기〉에서 일반화된 운동프로그램에 관한 설명으로 옳은 것은 ㉡, ㉢이다. ㉠은 다이나믹 시스템 이론, ㉣은 생태학적 이론에 대한 설명이다.

4. 자극반응 대안 수가 증가할수록 선택반응시간도 증가한다는 법칙은 힉의 법칙(Hick's law)이다. 피츠의 법칙은 목표물의 크기가 작아질수록 속도와 정확도가 나빠지고 목표물과의 거리가 멀어질수록 필요한 시간이 더 길어진다는 법칙이다. 파워 법칙은 연습 초기에는 수행 향상도가 크고, 연습 후기에는 수행 향상도가 낮다는 법칙이다. 임펄스 가변성 이론은 임펄스(단위 시간에 작용한 힘의 양)가 사지의 움직임을 비롯한 인간 운동의 형태를 결정하고, 임펄스 가변성에 따라 움직임의 정확성이 변한다는 이론이다.

5. 번스타인은 운동학습 단계를 자유도의 고정 단계, 자유도의 풀림 단계, 반작용의 활용 단계로 구분하였다. ㉠은 자유도 풀림, ㉡은 반작용 활용, ㉢은 자유도 고정에 대한 예시이다.

6. 레이테크와 스미스의 운동선수 탈진 질문지의 세 가지 측정 요인은 성취감 저하, 스포츠 평가절하, 신체적/정서적 고갈이다.

7. 웨이스와 아모로스가 제시한 스포츠 재미의 영향 요인으로는 사회적 소속, 동작 자체의 감각 체험, 숙달과 성취가 있다.

8. 〈보기〉에서 도식이론에 관하여 옳은 설명은 ㉠, ㉣이다. 빠른 운동을 조절하는 역할을 하는 것은 회상도식, 느린 운동을 조절하는 역할을 하는 것은 재인도식이다.

9. 〈보기〉에서 심리적 불응기와 관하여 옳은 설명은 ㉠, ㉣이다. 심리적 불응기는 두 개의 자극 간 시간차가 짧으면 첫 번째 자극에 대한 반응이 실행 중이므로 두 번째 자극에 대한 반응 시간이 현저하게 길어지는 현상을 의미한다.

10. 종합적 측면은 현재 나타나고 있는 움직임 양식이 과거 움직임의 경험이 축적되어 나타나는 것이다. 질적 측면은 움직임의 효율성 향상과 같은 질적 변화를 수반하는 것이다.

11. 시각탐색에 사용되는 안구 움직임의 형태로는 부드러운 추적 움직임, 전정안구반사, 빠른 움직임이 있다. 지각의 협소화는 각성 수준이 높아져 주의를 기울일 수 있는 폭이 점차 좁아지는 현상을 의미한다.

12. 〈보기〉에 제시된 불안과 운동수행의 관계를 설명하는 이론은 전환이론이다. 전환이론은 불안을 어떻게 해석하는지 여부가 중요하다는 사실을 보여주는 이론으로, 불안 수준을 어떻게 해석하느냐에 따라 유쾌와 불쾌의 감정 결정된다고 보는 이론이다.

13. 〈보기〉에서 ㉠은 자생훈련(자율훈련), ㉡은 체계적 둔감화이다. 바이오피드백은 자율신경계 반응을 계속적으로 전달함으로써 자기 신체의 생리적인 반응 상태를 알도록 한 다음 필요에 따라 스스로 그 반응을 조절할 수 있도록 하는 방법이다. 점진적 이완은 근육을 최대로 수축하고 이완하는 수행을 반복하여 근육의 긴장과 이완 상태를 스스로 자각하여 필요 이상으로 근육이 긴장되었을 때 스스로 근육을 이완시키는 능력을 배양하는 훈련 방법이다.

14. 과제난이도는 외적이고 안정적이며 통제 불가능한 요인이다.

15. ㉡ 상징학습 이론에 따르면 심상은 운동 과제(역도)보다 인지 과제(바둑)에서 더 효과적이다. ㉣ 상징학습 이론에 따르면 생리적 반응과 심리 반응을 함께하면 심상의 효과는 높아진다.

16. 규정 행동은 특정 상황에서 리더에게 요구되는 규정된 행동을 말한다. 선호 행동은 구성원들이 좋아하는 리더의 행동을 말한다.

17. 〈보기〉는 사회생태모형의 예시이다. 사회생태모형은 운동을 실천할 때 개인적 차원의 역할도 중요하지만, 물리적 환경이나 사회적 환경과 정책도 중요한 영향을 미친다고 본다.

18. 자기효능감은 변화 단계가 높아질수록 같이 높아진다(비례 관계). 변화 단계가 높아짐에 따라 운동에 대해 기대할 수 있는 혜택은 점진적으로 증가한다. 무관심 단계는 현재 운동을 하고 있지 않으며 앞으로 6개월 내에도 운동을 할 의도가 없는 단계이다. 현재 운동에 참여하지 않지만, 6개월 이내에 운동을 시작할 의도가 있는 단계는 계획 단계이다.

19. 스포츠심리상담사는 권력을 남용하지 않고, 좋은 평가나 소감(증언)을 요구하지 않아야 한다.

20. ㉠ 신체 매력은 매력적 신체를 유지하는 능력이다. ㉡ 전반적 자기존중감은 신체적 자기 가치의 상위영역에 속한다.

노인체육론

성피티의 생활스포츠지도사
2급 필기 합격공식

1 노화의 개념

(1) 노화에 대한 정의

① 나이를 먹으면서 정신적, 신체적 기능이 약화되는 현상

② 질병 또는 기타의 큰 사고 등에 의한 것이 아니고 연령 증가에 따라 생체 조직이나 기관의 형태가 변화하고 기능이 감퇴되어 가는 비가역인 퇴행성 과정

③ 노화는 대부분의 사람들이 겪는 신체기능의 점진적 감퇴를 수반

④ 노화는 생물학적 노화, 심리적 노화, 사회적 노화의 과정을 포함하며 생물학적 노화는 모든 사람에게 보편적으로 일어나며, 환경적 요인을 배제한 내재적 요인에 의해 발생함

⑤ 노화의 속도와 기능 저하의 정도는 개인차가 존재함

⑥ 대사작용의 산물인 활성산소의 증가로 여러 노화 관련 질환이 유발됨

⑦ 쇠퇴성: 노화는 신체기능에 부정적 영향을 미쳐 사망을 초래함, 나이가 들면서 신체기능이 더 좋아지면 노화가 아님

(2) 노화의 과정 및 사회·문화적 인식

① 생물학적 노화의 특성은 신체 구성 조직 성분 중 지방분은 증가하는 반면, 고형분과 수분은 감소하여 뼛속의 칼슘이 고갈됨에 따라 골다공증의 증세가 나타남

② 연골의 탄력성이 약화되고 퇴행성관절염 등의 발생 빈도가 높게 나타나며, 젊은이에 비해서 쉽게 골절상을 당할 수 있음

③ 노화에 따라 남자는 2.25%, 여자는 약 2.5% 정도 신장이 줄어들고 체중도 감소함

④ 고령화사회: 총인구 중 65세 이상의 노인인구가 7% 이상의 비중을 차지하는 사회

⑤ 고령사회: 총인구 중 65세 이상의 노인인구가 14% 이상의 비중을 차지하는 사회

⑥ 초고령사회: 총인구 중 65세 이상의 노인인구가 20% 이상의 비중을 차지하는 사회

⑦ 노인인구 증가로 인한 생산가능 인구의 노인에 대한 부양비 증가

⑧ 사회가 고령화되면 복지비용은 증가하고 의료비의 비중도 증가

⑨ 성공적 노화: 신체적, 인지적 기능뿐만 아니라 사회적 역할과 생산 활동 등에 적극적으로 참여하는 것

⑩ 노인의 생활습관과 삶의 태도는 신체적·정신적 건강에 중요한 요인

(3) 기능적(functional) 연령

① 연령적 노화라고 일컬어지는 출생 이후의 햇수인 역연령과 대비되는 개념

② 연령과 성을 기준으로한 기능적 체력과 관련이 있음

③ 신체 연령이라고도 함

④ 신체적 나이(physiological age), 사회적 나이(social age), 심리적 나이(psychological age)를 포함함

(4) 연대기적 연령(chronological age)

① 가장 보편적인 지표로 출생 이후 살아온 시간의 길이를 의미

② 노인의 경우 연소노인(young-old: 65~74세), 중고령노인(middle-old: 75~84세), 고령노인(old-

old: 85~99세), 초고령노인(oldest-old: 100세 이상)으로 구분함

(5) 건강수명
① 신체적으로 제한이 없으며 질환으로부터 자유로운 상태
② 건강과 일상생활의 기능을 유지하는 기간
③ 질병이나 신체장애 없이 생존한 삶의 기간
④ 신체적·정서적·인지적 활력 또는 기능적 웰빙을 유지할 것으로 예상되는 삶의 기간

(6) 기대수명
① 성별·연령별로 몇 년을 더 살아갈 것인지 통계적으로 추정한 기대치로 생존 연수를 뜻함
② 나이가 증가함에 따라 변화함
③ 대부분의 나라에서 꾸준히 증가하고 있음
④ 평균적으로 여성의 기대수명이 남성의 기대수명보다 높음
⑤ 출생직후부터 생존할 것으로 기대되는 생존 연수

(7) 평균수명
① 특정기간 동안 사망한 사람들의 나이에 대한 평균적인 수명

2 노화와 관련된 이론

(1) 노화의 생물학적 이론
① 노화의 유전학적 이론
  • 인체의 노화 과정을 유전적인 이유로 설명하는 이론
  • 유전적 요인이 노화의 속도를 결정함
  • 노화와 관련된 유전인자 '텔로미어(telomere)': 세포의 분열수명을 제어, 조로증(progeria)의 원인
② 노화의 손상 이론
  • 세포의 손상으로 인해 노화가 진행된다는 이론
  • 세포손상의 누적이 세포의 기능장애에 결정요소로 작용함
  • 자유기(free radical)에 의한 세포훼손이 일어남
  • 결합조직의 엘라스틴과 콜라겐의 교차결합(cross linkage)이 폐, 신장, 혈관, 소화계, 근육 등의 탄력성을 감소시킴
③ 노화의 점진적 불균형 이론
  • 호르몬 불균형으로 인해 노화가 발생한다는 이론
  • 스트레스는 호르몬 분비 기능에 영향을 미쳐 호르몬 불균형과 부족을 가져와 대사적 불균형을 초래
  • 인체기관이 다른 속도로 노화하면서 신경내분비계에 불균형을 초래함
④ 교차결합이론(cross-linkage theory): 분자들이 서로 엉켜서 조직이 탄력성을 잃고 세포 내·외부로의 영양소와 화학적 전달물질 교환을 방해하는 현상
⑤ 사용마모이론(wear and tear theory): 신체기관도 기계처럼 오래 사용하면 기능이 약화되고 정지되는 것처럼 점진적으로 퇴화되는 현상
⑥ 신체적변이이론(somatic mutation theory): 세포가 방사선 또는 어떤 작용에 노출되어 신체가 변이되어 노화가 진행된다고 봄

⑦ 면역반응이론(immune reaction theory): **면역기능이 저하되어 노화가 나타난다고 봄,** 항체의 이물질에 대한 식별능력이 저하되어 이물질이 계속 체내에 있으면서 부작용을 일으켜 노화 촉진

(2) 노화의 심리적 이론

① Maslow 욕구단계 이론

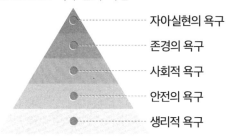

자아실현의 욕구
존경의 욕구
사회적 욕구
안전의 욕구
생리적 욕구

- 1단계 생리적 욕구: 생존을 위해 본능적으로 필요한 욕구
- 2단계 안전의 욕구: 정신적, 심리적, 육체적, 경제적으로 안전을 확보하고 싶은 욕구
- 3단계 사회적 욕구: 사회적인 관계 속에서 소속감과 사랑을 느끼고 싶어 하는 욕구
- 4단계 존경의 욕구: 주변으로부터 인정과 존경을 받고자하는 욕구
- 5단계 자아실현의 욕구: 지속적인 자기발전과 창조적인 생활을 도모하고자 하는 욕구

낮은 수준의 욕구가 충족되어야, 그 다음 수준의 욕구를 충족하고자 함

② 발테스와 발테스(M. Baltes & P. Baltes)의 보상이 수반된 선택적 적정화 이론
- 선택, 적정화, 보상이라는 3가지 전략을 통해 성공적인 노화 수준이 결정된다는 이론
- 성공적 노화 이론은 질병이 없는 상태로 높은 수준의 인지적, 신체적 기능을 유지하며 활기찬 인간관계 및 생산적 활동에 적극적으로 참여하는 것
- 성공적 노화는 신체적, 정신적, 사회적 손실에 대한 적응력과 관련이 있음
- 기능적 능력의 향상을 통해 노화로 인한 손실을 보완하도록 도움을 줌
  예) 85세의 마이클 조던은 노화로 인한 신체기능 저하로 더 이상 예전의 농구기량을 보여줄 수 없게 되어, 농구를 계속하고 싶었던 마이클 조던은 다음과 같은 전략을 수립함: 농구를 계속하기로 함, 풀코트 대신 하프코트로 뛰기로 함, 40분 정규시간 대신 20분만 뛰기로 함, 동일한 연령대의 그룹과 경기하기로 함

③ 에릭슨(E. Erickson)의 심리사회적 이론과 연령대의 발달 과업
- 출생부터 노년까지 자아발달의 8단계를 설명하고 있는 이론
- 각 단계는 발달의 갈등이나 위기를 극복해가면서 진행해가기 때문에 성공적인 노화를 위해서는 각 단계의 위기가 잘 해결되어야 한다고 주장함

단계	연령	긍정적 결과	부정적 결과
1. 신뢰 대 불신	유아기 0~1세	영아는 사람들에게 신뢰를 갖게 되며, 자신의 요구를 해결해 줄 것이라 믿음	영아는 다른 사람들을 믿을 수 없으며 자신의 요구는 충족되지 않을 것으로 믿음
2. 자율성 대 수치심과 회의	초기 아동기 1~3세	영아는 기본적인 일들을 혼자 수행하는 자신의 능력에 자신감을 갖음	영아의 자신감이 결여됨
3. 주도성 대 죄책감	후기 아동기 3~5세	유아는 새로운 것을 시도해도 좋다고 느낌	유아는 새로운 것을 시도하는 것이 두려우며, 실패 또는 비난을 두려워함

단계	연령	긍정적 결과	부정적 결과
4. 역량 대 열등감	학동기 6~12세	어린이는 기대되는 작업을 수행할 수 있다는 것에 자부심을 갖음	다른 어린이들이 할 수 있는 것을 자신이 할 수 없기 때문에 열등감을 느낌
5. 독자성 대 역할혼동	청소년기 12~20세	자신이 누구인지 그리고 어떻게 삶을 살기를 원하는지에 대한 생각과 느낌을 발달시킴	어린이는 독자성을 확립할 수 없거나(역할혼동) 또는 부정적인 독자성을 수용함
6. 친분 대 고독	젊은 성인기 21~40세	친구 및 연인과 밀접한 관계를 형성할 수 있음	친밀한 관계를 형성하는데 어려움이 있음
7. 생산적 대 정체	중년 성인기 41~65세	가족의 부양 또는 어떤 형태의 일을 통해 생산적인 생활을 할 수 있음	생산적이게 되지 못함
8. 자아 주체성 대 절망	노년기 65세 이상	자부심과 만족을 느끼면서 삶을 되돌아볼 수 있으며, 죽음을 위엄 있게 받아들일 수 있음	삶에서 달성해야 하는 것들을 달성하지 못했다고 느끼며 삶의 종말이 다가오는 것에 대해 좌절감을 느낌

④ 하비거스트(R. Havighurst)의 발달과업이론에서 노년기의 과업
- 배우자의 죽음에 대한 적응
- 은퇴와 수입 감소에 대한 적응
- 자기의 동년배와 친밀한 관계를 유지
- 근력 감소와 건강 약화에 대한 적응

⑤ 로우(J. Rowe)와 칸(R. Kahn)의 성공적 노화 이론
- 높은수준의 인지적, 신체적 기능을 유지하며 활기찬 인간관계 및 생산적 활동에 적극적으로 참여하는 것

⑥ 펙(R. Peck)의 발달과업 이론
- 중년기 이후의 발달과업을 제시
- 인생의 후반부인 중년기를 4단계, 노년기를 3단계로 구분
- 각 단계에서 심리적 과제나 적응이 있고 개인에 따라서 각기 다른 순서로 각 단계를 밟아나아감
- 중년기에 성취해야 할 심리적 과업
  - 지혜의 중시 대 육체적 힘의 중시: 이 시기를 성공적으로 적응하는 사람은 육체적 힘이 쇠퇴해져도 정신적 능력인 지혜가 이를 보완할 수 있음을 인식함
  - 대인관계의 사회화 대 성적 대상화: 이혼이나 배우자의 사망으로 경험하는 사회적, 신체적 변화는 대인관계를 성적 친밀감이나 경쟁심보다는 친구 사이를 강조하는 관계로 재정의하도록 함
  - 정서적 융통성 대 정서적 빈곤: 부모의 사망, 자녀의 독립, 친지의 사망 등에 의해 정서적으로 관계의 단절을 경험하게 됨. 이때 다른 사람이나 다른 활동에 감정을 쏟지 못하면 정서적 빈곤을 경험하게 됨
  - 지적 융통성 대 지적 경직성: 자신의 견해와 활동에 대한 융통성과 새로운 사고에 대한 수용력이 요구됨. 새로운 정보에 대한 수집을 거부하거나 중단하는 사람들은 지적 성장이 느리고 자신의 삶이 가치가 없다고 느끼게 됨. 반면에 새로운 경험과 배움을 수용하는 사람은 과거의 경험과 더불어 새로운 지혜를 활용할 수 있음

- 노년기에 심리적으로 적응해야 할 과업
  - 직업역할 몰두 대 자아분화: 퇴직상황에 빨리 적응하고 새로운 활동에 만족을 얻을 수 있도록 자기가치 재평가
  - 신체몰두 대 신체초월: 노화로 인한 건강상태와 외모변화에 초월함으로써 인간관계와 창조적 정신능력에서 행복을 정의할 줄 아는 것
  - 자아몰두 대 자아초월: 죽음에 직면한 상황에 적응하여 죽음을 긍정적으로 수용하고 성공적 노화를 이룸

(3) 노화의 사회적 이론과 건강행동모형

① 활동이론(activity theory)
- 현재 가장 널리 인정된 노화의 사회적 이론
- 성공적인 노화는 높은 활동수준을 유지하는데 달려 있으며 활동의 참여는 삶의 만족과 밀접한 관련이 있다고 봄
- **정신적, 신체적 활동을 지속할수록 성공적인 노화가 가능하다는 이론**
- 분리 이론과 대립되는 이론
- 지속적인 활동이 성공적인 노화의 핵심
- 노인의 사회활동 참여 정도가 높을수록 생활만족도가 높아짐

② 분리 이론(disengagement theory)
- 노인들이 왜 삶의 현장에서 벗어나는지를 설명하기 위한 노화와 관련된 초기 이론
- 노년기에는 모든 적극적인 활동으로부터 심리적 에너지를 거두어들이게 되며 이러한 과정이 정상적인 노화과정이라고 봄
- **사회적 역할의 감소로 인해 사회적으로 분리되어 소극적인 노후 생활을 유지한다는 이론**
- 개인의 사회적 환경과 자연환경이 노화 과정에 영향을 미침
- 부적합한 사회적 환경과 자연환경은 사망률과 질병 발병률을 증가시킴
- 부적합한 사회적 환경과 자연환경은 전반적인 건강 및 웰빙의 감소와 관련이 있음

③ 연속성(지속성) 이론(continuity theory)
- **과거의 생활 패턴과 비슷한 활동 및 태도를 유지할수록 성공적인 노화가 가능하다는 이론**
- 성공적으로 노화를 이룬 사람의 특징: 긍정적 건강 습관, 올바른 생활 방식, 좋은 인간관계

④ 하위문화이론(subculture theory)
- 공통된 특성을 가진 노인들이 집단을 형성하고 빈번한 상호작용을 통해 그들 특유의 행동양식을 만듦

⑤ 학습이론(learning theory)
- **학습이 형성되는 요인이 무엇인가를 설명하는 이론**
- 강화, 계시, 행동을 조성

⑥ 계획행동이론(planned behavior theory)
- 신념과 행동 사이의 관계를 설명하는 이론, 자신의 신념과 행동을 연결하는 이론
- 구성 요인: 태도, 주관적 규범, 지각된 행동 통제, 의도, 행동통제인식
- 행동을 향한 태도, 주관적 규범 등이 행동에 영향을 미침
- **운동의 시작과 지속함에 있어서 스스로 행동을 통제할 수 있다는 생각이 중요함**
  - **예)** 65세인 조 할머니는 요즘 살이 계속 찌고 움직이는 것도 점점 힘들어졌다. 가족과 친구들이 운동을 권유하였으나 완강하게 거부하며 운동을 하지 않았다. 그러나 최근 병원에서 당뇨병 판정을 받고 의

사의 운동 권유로 운동에 대한 믿음과 의지가 생겨서 구체적인 운동 목표를 세우고 헬스센터장에서 운동을 시작하였다.

⑦ 사회인지이론(social cognitive theory)
- 인간의 행동 변화는 환경의 영향, 개인의 내적 요인, 행동 요인에 영향을 받음
- 사아효능감은 행동 변화와 밀접한 관련이 있음
- 운동지도자의 격려를 통해 지속적으로 운동프로그램에 참여함
- **인지(사고) 과정을 이해하기 위해서는 개개인의 성격을 분석해야 함**
- **인간은 사회적 관계와 스스로의 사고를 통해 형성됨**

⑧ 건강신념모형(health belief model)
- **건강 행위를 연구하기 위한 이론**
- 신체활동의 효과를 인식하고 이를 행동으로 옮길 수 있는 자기효능감은 행동 변화를 쉽게 유발할 수 있음
- 6가지 요소: 지각된 개연성, 지각된 심각성, 지각된 이익, 지각된 장애, 행동의 계기, 자기효능감

⑨ 프로차스카(J. Prochaska)의 범이론적 모형(transtheoretical model)
- 행동변화단계모형 5단계
- 행동이 변화되는 과정과 전략을 제시
- 목표 설정, 피드백, 보상시스템과 같은 행동전략들이 신체 활동 참여를 유지하는 데 도움이 됨
  - 계획이전단계(무의식, 고려 전단계): 6개월 이내 행위변화의 의지가 없는 단계
  - 계획단계(의식, 고려단계): 6개월 이내 행위변화의 실행 의지가 있지만 구체적 계획은 아직 없고 당장 실행에 옮기지 않는 단계
  - 준비단계: 향후 1개월 이내 행위를 취할 의도가 있는 단계
  - 행동단계(실행단계): 6개월 이내로 행동변화가 실행되는 단계
  - 유지단계: 행위변화를 최소 6개월 이상 지속하여 생활의 일부분으로 정착하는 단계

⑩ 페르브뤼헌과 예터(L. Verbrugge & A. Jette, 1994)의 장애과정 모델에서 장애에 이르는 과정
- 병 → 손상 → 기능적 제한 → 장애

<페르브뤼헌과 예터(L. Verbrugge & A. Jette, 1994)의 장애과정 모델>

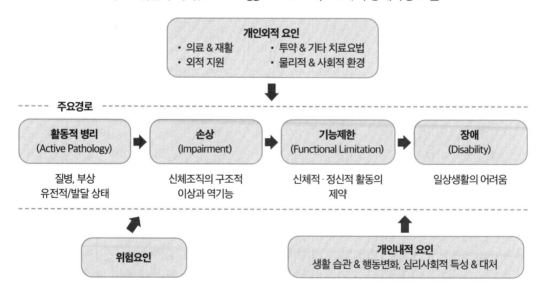

3 노화에 따른 신체적·생리적·심리적·사회적 변화

(1) 신체적인 특성 변화

① 신체기관: 내부기관계의 기능 저하 → 저항력 약화 → 노인성 질환의 발병

② 운동기관: 운동량 감소 → 골경화 → 골절이 쉽게 발생

③ 등이나 허리가 굽어지며 보폭이 좁아짐

④ 피부의 탄력이 없고 주름이 많아지며 노인성 피부 반점이 생김

⑤ 모든 생명체와 세포는 노화하지만 노화의 속도는 개인과 신체의 계통에 따라 다름

⑥ 노화에 따라 체내의 화학적 조성이 변화하고 신체의 기능적 능력이 감소

⑦ 노화로 인하여 환경의 변화에 대한 적응력이 감소

⑧ 근세포의 기능저하로 근육이 위축됨

⑨ 뼈와 관절 등의 변형으로 키가 줄어듦

⑩ 골대사의 변화로 뼈의 밀도와 질량이 감소함

⑪ 노화와 관련된 인지기능에서 나타나는 보편적 변화: 기억력 저하, 단기 기억력의 감소, 느린 정보처리 속도, 인지능력의 저하, 느려진 반응 시간, 유동성 지능의 감소, 결정성 지능의 증가

⑫ 심폐능력과 근육 및 유연성은 연령이 증가함에 따라 감소하는 경향이 있음

⑬ 체지방 비율 증가

⑭ 안정 시 심박수 증가

⑮ 근육량이 감소하기 때문에 근력과 근파워도 감소함

⑯ 최대산소섭취량 감소

⑰ 최대심박수 감소

⑱ 혈관 경직도의 증가

⑲ 최대 심박출량의 감소

⑳ 최대 1회 박출량의 감소

㉑ 동정맥 산소차이의 감소

㉒ 관절 움직임의 제한으로 낙상 위험이 증가함

㉓ 관절가동범위의 감소는 평형성과 안정성 상실을 초래함

㉔ 폐의 탄력성은 저하되고 흉곽 경직성은 증가되어 호흡기 근력이 저하됨

㉕ 수축기 및 이완기 혈압수치의 증가

(2) 사회·심리적인 특성 변화

① 권력, 권위, 보상 및 선택의 재량 상실

② 타인에 대한 의존성 증가

③ 대인관계와 사회참여도의 감소로 인한 스트레스와 우울증

④ 노인은 사회적 역할의 상실 등으로 인하여 자신감을 잃기 쉬우며, 점점 고립되어 고독감을 느끼게 되기 때문에, 다른 사람이나 사회로부터의 보살핌, 존중, 도움을 받는 사회적 지지가 필요함

⑤ 노인은 일정 수준의 목표를 성취할 수 있다는 자신의 역량에 대한 믿음을 뜻하는 자기효능감을 가져야 함

(3) 스피르두소(W. Spirduso)의 신체적 능력 5단계

① 1단계 신체적으로 의존: 일상생활에서의 활동 불가

예) 보호시설 의존

② 2단계 신체적으로 연약: 일상생활의 기본적 활동 가능

　예) 가벼운 집안일, 집 밖으로의 이동 제한

③ 3단계 신체적으로 독립: 아주 가벼운 신체활동으로 신체적 부담이 적은 활동

　예) 운전, 여행, 스포츠댄스 등

④ 4단계 신체적으로 단련(적정): 중강도 신체활동으로 대부분의 취미활동 가능

　예) 자전거, 조깅, 등산 등

⑤ 5단계 신체적으로 아주 잘 단련(엘리트): 경쟁 스포츠, 파워 스포츠, 모험 스포츠 가능

　예) 축구, 농구, 역도, 원반던지기, 행글라이딩, 레프팅 등

(4) 노인들의 일상적인 기능 평가

① 일상생활활동(Activities of Daily Living, ADL): 규칙적이고 반복적인 과정임

- 기본적 일상생활활동(Basic Activities of Daily Living, BADL)
  - 노인 환자들이 자신의 몸을 관리하는 활동
  - 식사하기, 목욕하기, 옷입고 벗기, 화장실 사용 등 신체적 자기관리 능력을 평가함
- 도구적 일상생활활동(Instrumental Activities of Daily Living, IADL)
  - 사회생활에 필요한 기술과 행위들로 이루어짐
  - 요리, 가사일, 전화사용, 돈 관리, 약 먹기, 몸단장 및 치장 등 복잡한 인지능력을 평가함

2 노인 운동의 역할 및 효과

노인체육론

1 용어의 개념

(1) 노인체육 관련 용어의 의미

① 신체활동(physical activity): 골격근에 의해 에너지 소비가 이루어지는 일상생활 활동을 포함한 신체의 움직임
② 운동(exercise): 체력의 향상과 유지를 위한 계획적인 신체 활동
③ 체력(physical fitness): 신체활동을 수행할 수 있는 기능적 특성
④ 건강(health): 질병이 없거나 허약하지 않을 뿐만 아니라 신체적, 심리적, 사회적으로 안녕한 상태

(2) 운동기술체력 요소

① 개념
  • 건강관련 체력 요소(health related fitness): 근력, 근지구력, 심폐지구력, 유연성, 신체조성(체구성)
  • 운동관련 체력 요소(skill-related fitness): 민첩성, 순발력, 스피드, 협응력, 평형성, 반응시간

② 종류
  • 근력: 신체 각 부위의 근육의 힘 증가
    예) 악력 측정
  • 근지구력: 동일한 근수축 운동을 반복적으로 오랫동안 지속적으로 수행할 수 있는 능력
    예) 평행봉에서 팔 근육으로 버티기, 윗몸 일으키기
  • 심폐지구력: 긴 시간 동안 지속적으로 전신 활동을 수행할 수 있는 능력
    예) 10m 왕복 오래달리기, 셔틀런(페이서, PACER)
  • 유연성: 관절과 근육을 부드럽게 최대로 늘릴 수 있는 능력
    예) 앉아서 무릎을 펴고 몸을 앞으로 굽히기
  • 신체조성(체구성): 체지방 성분비
  • 민첩성: 짧은 시간동안 신체의 방향을 재빠르게 전환하는 능력
    예) 5m왕복 달리기
  • 순발력: 짧은 시간 폭발적으로 힘을 발휘하는 능력
    예) 제자리에서 모둠발로 점프하여 멀리 뛰기
  • 스피드: 빠르게, 느리게 등 속도를 조절할 수 있는 능력
  • 협응력: 근신경계와 운동기관 등의 움직임의 상호조절 능력, 신체의 각 부위가 조화롭게 움직일 수 있는 능력
    예) 상대방에게 공을 던지고 받기, 공 차기
  • 평형성(균형성): 움직이거나 정지상태에서 몸의 균형을 유지하는 능력
    예) 평균대 위에서 외발서기
  • 반응시간: 자극(빛, 소리, 접촉 등)에 반응하는 데 소요되는 시간

2 운동의 역할 및 효과

(1) 운동의 신체적 역할 및 효과

① 관절 주위의 인대 및 근육의 강화(근육의 횡단면적 증가), 관절 가동 범위 증가

② 유연성 증가, 협응력 향상

③ 심장 및 혈관의 기능 향상, 심장 혈류량 증가, 심폐지구력 증가, 안정 시 심박수 감소, 주어진 절대 강도에서 심박수 감소

④ 성인병 발병률 감소, 고밀도지단백콜레스테롤(HDL-C) 증가

⑤ 면역 기능의 변화(강화)

⑥ 골격근(근력)의 변화(유지 및 증가)

⑦ 골밀도 감소율 저하, 골다공증 예방

⑧ 신체 반응 시간 단축

⑨ 운동은 에너지를 소모하는 골격근에 의해 이루어지며 건강과 삶의 질에 영향을 줌

⑩ 관절 가동 범위를 증가시키는 운동을 통해서 유연성을 유지하거나 회복시킬 수 있음

⑪ 운동을 통해서 낙상의 주요 원인인 평형성 감소를 방지하거나 지연시킬 수 있음

⑫ 운동은 노화로 인해 중추신경계의 반응 속도가 느려지는 것을 지연시키는 데 도움이 됨

⑬ 비만 노인은 체지방량이 감소되고 제지방량이 증가됨

⑭ 당뇨 노인은 혈당량이 감소되고 인슐린 감수성이 향상됨, 인슐린 내성 감소

⑮ 골다공증 노인은 골밀도 감소가 개선되고 낙상이 예방됨

(2) 운동의 심리적 역할 및 효과

① 자기개념 및 자아존중감 증가
- 운동을 하면서 근육이 발달하고 외모에 대한 자신감이 증가하면서 자기개념과 자아존중감이 개선되는 효과가 나타남, 이로 인해 정신건강이 개선됨
- 자기개념: 자신에 대해 가지고 있는 모든 의견, 감정, 믿음
- 자기효능감: 일정 수준의 수행을 성취할 수 있는 자신의 역량에 대한 판단, 특정 상황에서 주어진 과제를 성공적으로 수행할 수 있다는 개인의 믿음

② 스트레스 해소 및 불안과 우울증 감소

③ 정서적 안정감 제공

④ 인지능력 및 기억력 향상, 치매 예방

⑤ 긍정적인 기분전환, 심리적 웰빙 향상

(3) 운동의 사회적 역할 및 효과

① 사회 활동에 참여하고자 하는 욕구 증가

② 노화와 노인의 부정적인 고정관념 탈피

③ 집단 신체 활동은 새로운 우정과 교류를 촉진

④ 소규모 집단에서 이루어져도 사회적, 문화적 교류 증진

⑤ 사회문화적 네트워크 확장

⑥ 세대 간의 교류 증가

⑦ 원만한 인간관계 유지

⑧ 역할 유지와 새로운 역할을 맡는데 도움이 됨

(4) 노인을 위한 준비 및 정리운동의 생리적 효과
① 준비운동은 혈중산소포화도를 증가시켜 근육의 산소 이용률을 증가시킴
② 정리운동은 호흡, 체온, 심박수를 활동 전 수준으로 되돌리는데 도움을 줌
③ 정리운동은 혈중젖산농도를 낮추는데 도움을 줌

(5) 노인이 규칙적인 유산소운동을 통해 얻을 수 있는 효과
① 동맥 경직도 감소
② 골격근의 모세혈관 밀도 증가
③ 인슐린 민감도 증가
④ 고밀도지단백콜레스테롤(HDL-C) 증가
⑤ 최대산소섭취량과 1회 박출량 증가
⑥ 분당 환기량 증가와 안정 시 호흡수 감소
⑦ 말초혈관의 저항 감소와 혈관 탄력성 증가
⑧ 복부지방 감소와 안정 시 인슐린 분비의 감소

(6) 노인이 운동참여로 얻을 수 있는 신체적 이점
① 안정 시 호흡빈도 감소와 폐활량 증가
② 혈관 확장과 말초혈관의 저항성 감소
③ 반응시간의 단축과 협응력 향상
④ 근육량과 뼈의 강도 증가

(7) 노인이 장기간 저항성 운동을 했을 때 예상되는 변화
① 체구성 개선: 근력과 제지방량의 증가 및 에너지 소비량 증가, 체지방 감소
② 골밀도 증가: 골다공증 예방 및 개선, 골절 위험성 저하
③ 심혈관 기능 향상: 혈압 및 뇌졸중과 관상동맥질환의 위험 저하
④ 혈당 대사 기능 향상: 당 내성 개선, 인슐린 민감성 향상
⑤ 관절통 감소: 체간근육과 하지근육 및 근력 증가로 통증 감소
⑥ 혈중 지질 개선: 콜레스테롤과 중성지방 등 혈중 지질 농도 개선

(8) 중강도의 규칙적인 운동이 노인의 건강에 미치는 영향
① 근력의 증가
② 수면의 질 향상
③ 뇌 혈류량의 증가
④ 인슐린 감수성의 증가와 인슐린 저항성의 감소

1 운동 프로그램의 요소

(1) FITT 원리
① Frequency(빈도수): 일주일에 3~4회
② Intensity(강도): 60~80% of MHR(노인은 40~60%의 저강도로 실시)
③ Time(시간): 20~60분(노인은 20~50분 정도로 대상자의 상황에 맞게 실시)
④ Type(형태, 종류): 유산소, 무산소 등

(2) 트레이닝 원리(운동 프로그램의 원리)
① 과부하(overload)의 원리: 일상생활에서 접할 수 있는 부하 이상의 부하, 즉 과부하를 가하여 운동 효과를 높이는 것
② 가역성(reversibility)의 원리: 운동을 하다가 중단했을 때 운동 효과가 시간이 지남에 따라 서서히 감소되면서 운동 전의 상태로 되돌아가려고 하는 것
   예) 올해 70세인 박 할머니는 지난 6개월 동안 집 근처 헬스장에서 하루 1시간씩, 주 5회 이상 노인스포츠지도사와 운동을 하여 체력이 향상되었으나 최근 코로나19(COVID-19) 때문에 운동을 3개월 동안 하지 못하여 지금은 계단을 오르기조차 힘들어졌다.
③ 특수성(specificity)의 원리: 특정한 운동 목적에 대한 향상을 위해 트레이닝 방법을 특수하게 구성하는 것, 운동의 효과는 운동 중 사용한 특정 근육 및 부위에서 나타남
④ 개별성(individuality)의 원리: 표준화되거나 획일적인 방법이 아닌 개개인의 체력, 건강, 기호, 체형과 같은 개별적 조건을 고려하여 트레이닝하는 것
⑤ 점진성의 원리: 운동의 양이나 강도를 점진적으로 늘려가면서 운동하는 것
⑥ 반복성의 원리: 일시적이 아닌 정기적으로 반복하여 운동의 효과를 높이는 것
⑦ 기능 관련성 원리: 일상적인 환경에서의 움직임과 연관된 동작을 포함하는 운동프로그램을 설계하고 실행하는 것

(3) 노인 운동 프로그램의 구성 요소
① 운동 프로그램에는 심폐지구력, 근력, 유연성 운동 등이 포함됨
② 운동 빈도, 운동 강도, 운동 시간, 운동 종류를 고려하여 구성
③ 유산소 운동은 주 3회 이상을 권장
④ 저항성 운동은 주 2~3회가 적당함
⑤ 운동 강도는 적절한 부하량으로 제공되어야 함
⑥ 질환별 특성을 고려하여 운동 시간대를 결정함
⑦ 휴식 시간을 충분히 제공하며 저강도의 운동을 진행하고, 운동 빈도는 주 3~5회 정도로 점차적으로 늘려 나감
⑧ 심혈관질환자에게는 규칙적인 유산소성 운동이 효과적임
⑨ 협심증이나 부정맥 환자의 가슴통증이 있는 경우는 운동을 금지하고 전문가의 상담을 받아야 함

⑩ 점진적 유산소운동프로그램 참여 전 낙상, 무릎통증 등을 예방하기 위해 평형성 및 근력운동을 먼저 해야 함
⑪ 건강한 노인은 고강도 운동을 실시할 수 있음

(4) 노인의 심폐지구력 향상을 위한 운동 강도를 설정하는 기준
① 최대산소섭취량(VO₂max)
② 운동자각도(Ratings of Perceived Exertion, RPE): 노인이 자신의 주관적인 느낌을 통해 운동강도를 설정할 수 있음
③ 최대 심장 박동 수(HRmax)
④ 대사당량(METs)

(5) 대사당량(METs)
① 휴식하고 있을 때 필요한 에너지나 몸에서 필요로 하는 산소의 양
② 1MET는 휴식상태에서 체중 1kg당 1분 동안 사용하는 산소량으로 1MET=3.5ml/min/kg
③ 노인의 유산소 운동 시 안전한 운동강도 설정 지표로 활용됨
④ 안정 시 MET값은 연령에 따라 평균적으로 일정함
⑤ MET의 강도
- 저강도: 1.1~2.9METs
- 중강도: 3.0~6.0METs
- 고강도: 6.0METs 이상

(6) 리클리와 존스(Rikli & Jones)의 노인기능체력검사(Senior Fitness Test: SFT)
① 등 뒤로 손닿기, 등 뒤에서 양손 마주 잡기: 상체 유연성
　예) 욕실에서 머리 감기, 상의를 입고 벗기, 차에서 안전벨트 매기
② 2분 제자리 걷기: 심폐지구력
③ 30초 아령(덤벨) 들기: 상체 근력
　예) 식료품 나르기와 손자 안아주기
④ 30초 동안 의자에 앉았다가 일어서기: 하체 근력
　예) 걷기, 계단 오르기, 자동차 타고 내리기
⑤ 6분 걷기: 심폐지구력
⑥ 눈감고 외발 서기: 평형성
⑦ 의자에 앉아 윗몸 앞으로 굽히기: 하체 유연성
⑧ 2.44m 왕복 걷기: 민첩성 및 동적 균형성
　예) 버스에서 신속하게 내리기

(7) 한국형 노인체력검사(국민체력 100)의 측정항목과 측정방법

체력	측정항목	측정방법	운동방법
건강 체력	상지 근 기능	상대악력[악력(kg)/체중(kg)×100]	볼 스퀴즈, 수건 비틀기
	하지 근 기능	의자에 앉았다가 일어서기(회/30초)	밴드 잡고 앉아서 다리 밀기
	유연성	앉아 윗몸 앞으로 굽히기(cm)	스트레칭
	심폐지구력	2분 제자리 걷기(회) 또는 6분 걷기(m) [택1]	고정식 자전거 타기

체력	측정항목	측정방법	운동방법
운동	동적 평형성	의자에 앉아 3m 표적 돌아오기(초)	베개 등 다양한 지지면 위에서 균형 걷기
체력	협응력	8자 보행(초)	**보폭을 좁힌 걷기**

(8) 노인체력검사(Senior Fitness Test)에서 보행 및 동적평형성을 동시에 측정하는 검사 방법

① 의자에 앉아 있다 3m 앞 표적 돌아와서 다시 앉기

② 2.4m 왕복 걷기와 관련된 활동: 버스 빠르게 타고 내리기

(9) 노인의 신체기능검사

① 6분 걷기 검사: 6분 동안 걸을 수 있는 최대거리(m)로 심폐지구력을 평가함, 장거리 보행이나 계단 오르기 등의 일상생활 동작과 관련이 있음

② 기능적 팔 뻗기 검사(FRT): 균형을 잃지 않고 팔이 닿을 수 있는 최대거리를 측정하여 동적 평형성을 평가함, 노인의 낙상 위험도 범주 분류에 사용됨

③ 노인 체력 검사(SFT)의 어깨 유연성을 평가하는 '등 뒤에서 손잡기' 검사: 머리 위로 옷을 벗거나, 자동차에서 안전벨트를 매는 동작과 관련된 항목

④ 단기신체기능검사(Short Physical Performance Battery, SPPB)
- 노인들의 신체 기능을 평가하기 위해 사용되는 검사항목으로, 근감소증 진단에 중요한 역할을 함
- 보행 능력, 일어서기 능력, 균형 능력을 종합적으로 평가하여 노인의 신체 기능을 간단하면서도 효과적으로 측정함
- 점수가 낮을수록 더 낮은 기능을 의미함

(10) 체력요인에 따른 노인의 운동 방법과 효과

체력요인	운동 방법	효과
심폐지구력	고정식 자전거 타기	심혈관계 질환의 위험률 감소
근력	덤벨 들고 앉았다 일어서기	근육 및 뼈 강화로 인한 일상생활수행능력 향상
유연성	앉아서 윗몸 앞으로 굽히기, **골반 돌리기, 다양한 스트레칭**	신체활동 시 기능적 제한 예방
평형성	한쪽 다리 들고 20초 동안 외발 서기	무게 중심이 고정되어 있을 때 평형을 유지하는 능력 향상
협응성	앉은 상태에서 공 밀기	다양한 신체 부위의 분리된 운동체계를 효과적인 운동으로 통합하는 능력 향상

(11) 노화로 인한 체력 저하

① 순발력은 10내에 **최대치를 이루고 근력에 비해 빠르게 저하됨**

② 근력은 20대에 최대치를 이루고 그 후 점차적으로 저하됨

③ 지구력은 근력, 순발력에 비해 느리게 저하됨

④ 평형성은 20대에 최대치를 이루고 그 후 천천히 저하됨

(12) 노인 운동 검사 전 의사에게 의뢰가 필요한 이상 징후 및 증상

① 가슴 통증이나 불편함

② 빠르고 불규칙한 심장박동

③ 현기증이나 기절

④ 통증을 동반한 발목의 부종

(13) 노인의 운동부하검사
① 검사 장비로 트레드밀보다는 자전거 에르고미터 권장
② 운동부하는 저강도부터 서서히 증가시킴
③ 운동 중 심박수와 혈압을 주기적으로 확인

(14) 노인에게 유산소성 운동을 지도할 때 고려해야 할 사항
① 체중부하 운동이 힘든 노인의 경우 고정식 자전거를 활용
② 운동 강도는 운동자각도(RPE)기준에서 '다소힘들게' 정도로 설정
③ 운동 속도는 초기에 느리게 하고 점진적으로 빠르게 하는 것이 안전
④ 운동은 한번에 장시간 지속하는 것보다 휴식과 함께 체력 수준에 따라 실시

(15) 골다공증 노인에게 운동을 지도할 때 고려해야 할 사항
① 허리를 뒤로 젖혀서 과신전을 증가시키는 운동은 주의해야 함
② 체중부하운동이 불가능한 경우 수중 걷기, 수중부하운동을 권장
③ 근력 수준에 적합한 체중부하운동과 저항성 근력 운동을 실시
④ 통증을 유발하지 않는 중강도 운동을 권장함
⑤ 평형성 향상을 위한 운동을 권장함
⑥ 골다공증 노인에게는 골밀도 증가를 위한 체중 지지 운동이 권장됨
⑦ 심각한 골다공증이 있는 노인에게는 최대근력검사를 권장하지 않음

(16) 근감소증을 겪고 있는 노인이 일상생활에서 할 수 있는 근육증강훈련
① 무게를 이용한 저항성 운동하기
② 앉았다 일어서기 반복하기
③ 계단 오르기 반복하기

(17) 노인의 균형감
① 의식적인 노력은 균형감 향상에 도움이 됨
② 시력 강화는 균형감을 향상시킴
③ 전정계 기능의 증가는 균형감을 향상시킴
④ 체성감각 기능의 저하는 균형감을 떨어뜨림

(18) 노화로 인한 평형성과 가동성(balance and mobility) 변화에 영향을 미치는 요인
① 체성감각계
② 시각계
③ 전정계
④ 운동계

(19) 노화로 인한 낙상의 원인
① 자세 동요의 증가

② 발목의 발등굽힘 감소

③ 보폭이 좁은 오리걸음 패턴

(20) 낙상 위험 노인을 위한 일반적인 운동지침

① 사회적 지원, 자기효능감과 같은 행동전략을 활용함

② 발끝서기와 같은 자세유지 근육운동을 권장함

③ 저강도 운동에서 점차적으로 운동 강도를 높여나가는 것이 좋음

④ 신경근운동과 함께 평형성 운동도 권장함

⑤ 낙상 방지를 위한 자세 안정성 확보 방법은 기저면을 넓게 하고, 무게 중심을 낮춤

⑥ 발목 가동성 확보를 위한 스트레칭

⑦ 걸음걸이의 보폭을 증가시킬 수 있는 고관절 스트레칭

2 지속적 운동 참여를 위한 동기 유발 방법

(1) 반두라(A. Bandura)의 자기효능감 이론

① 자기효능감: 특정 상황에서 주어진 과제를 성공적으로 수행할 수 있다는 개인의 믿음

② 자기효능감의 4가지 원천: 과거의 수행(성공 경험), 간접 경험(모델), 사회적(언어적) 설득, 신체와 정서 상태

- 성공수행경험: 운동참여에 대한 불안과 두려움을 극복하는 경험을 갖도록 지도함
- 간접경험: 운동에 함께 참여하는 동료 노인을 통해 간접경험을 갖게 함
- 사회적(언어적) 설득: 다른 구성원들로부터 격려의 말을 듣게 함
- 정서적 상태: 불안과 두려움을 조절할 수 있도록 인지적 훈련을 시킴

③ 자기효능감이 높을수록 행동의 실현 가능성이 높아짐

④ 과거의 수행, 즉 과거에 성공을 한 경험이 자기효능감의 형성에 가장 큰 역할을 함

⑤ 운동 상황에서의 자기효능감을 높이는 것이 운동의 지속적 실천에 중요한 역할을 함

⑥ 행동 변화에 대한 기대, 결과에 대한 기대 등이 자아효능감에 영향을 미침

⑦ 개인의 행동 변화와 행동 변화를 위한 동기 유발과 관련이 있음

(2) 노인의 지속적인 운동참여를 위한 동기유발 방법

① 운동 시설에 대한 접근성을 높임

② 동료의 성공적인 경험을 공유하게 함

③ 체력 수준에 맞게 운동 목표를 구체적으로 설정

④ 가족, 친구들과 함께 운동하며, 사회적 교류 기회가 확대됨을 설명함

⑤ 스트레스 해소와 활력감 증진에 도움이 됨을 설명함

⑥ 건강 및 체중 관리에 도움이 됨을 설명함

(3) 노인 운동 참여자들의 목표 설정

① 목표설정은 기본적으로 단기와 장기 목표로 구분함

② 구체적이고 측정 가능하며 성취 가능성을 고려해서 목표를 설정함

③ S: 구체적임(Specific)

④ 가족, 친구들과 함께 운동하며, 사회적 교류 기회가 확대됨을 설명함

⑤ 스트레스 해소와 활력감 증진에 도움이 됨을 설명함

⑥ 건강 및 체중 관리에 도움이 됨을 설명함
- 참여자가 운동하는 시간을 구체적으로 명시해야 함
- 목표는 노인의 신체능력에 맞게 구체적으로 설정해야 함

⑦ M: 측정 가능함(Measurable)
- 목표는 계측이 가능해야 함
- 참여자는 목표가 달성되었는지를 판단할 수 있어야 함

⑧ A: 현실적임(Attainable)
- 목표는 달성 가능한 것으로 설정해야 함
- 참여자 스스로가 달성할 수 있다고 확신하는 목표를 통해 자아효능감을 높여야 함

⑨ R: 적절한(Relevant)
- 목표는 장수와 삶의 질 향상을 위해 적절한 것으로 해야 함
- 참여자는 결과 지향적 목표보다는 결과 행동적 목표를 통해 자아효능감을 높여야 함

⑩ T: 시간에 근거한(Time based)
- 목표는 시간과 기간에 근거를 두어야 함

3 운동 권고 지침 및 운동 방안

(1) 노인 신체 활동 권고 지침

① 운동 전 의학적 진단과 운동 부하 검사 및 체력 진단을 통하여 운동의 안정성 여부를 점검하는 것을 권장

② 하루 30분, 주 3일 이상의 신체 활동 참가를 권장

③ 근력 운동은 근골격계 질환의 발생을 감소시킴

④ 낙상의 위험이 있는 노인에게는 안전을 최우선으로 확보한 상태에서 운동을 진행

⑤ 질환이 있는 노인은 의학적 상황에 따라 운동의 강도와 빈도를 적절하게 조절

⑥ 격렬한 경쟁은 가능한 한 피함

⑦ 운동 시 갈증을 느끼지 않더라도 수시로 수분을 보충

⑧ 동기부여와 재미를 고려한 프로그램을 실시

⑨ 근력 운동 중 중량을 들어 올릴 때 숨을 내쉼

⑩ 권장 신체활동은 기본적인 수준이므로 추가로 건강상의 이득을 얻기 위해서는 활동 빈도수를 늘리거나 신체활동의 강도를 높이는 것이 좋으며, 저강도 유산소 신체활동은 일주일에 2시간 30분 이상 실시하는 것이 좋음

⑪ 노인의 신체활동에 대한 개인차를 고려하여 수준별로 운동을 지도함

(2) 미국스포츠의학회(American College of Sports Medicine, ACSM)에서 제시한 노인의 신체활동 권고지침

① 운동자각도 7~8수준(10점 척도기준)은 고강도에 속하며 노인은 운동자각도 5~6정도의 중강도 유산소운동을 권장

② 보그 스케일(Borg Scale)의 운동자각도(RPE) 6~20 지수에서 6~11은 저강도, 12~16은 중강도,

17~20은 고강도에 해당

③ 고강도로 주 3일 이상 또는 중강도로 주 5일 이상의 유산소운동

④ 고강도 유산소 운동은 주당 3일, 하루 20분 실시

⑤ 중강도 유산소운동은 주당 5일, 하루 최소 30분 실시하며 필요에 따라 나누어서 실시하는 것을 권장
  예) 3.0mi/h(4.83km/h)의 속도로 걷기, 청소, 창 닦기, 세차, 페인팅, 정원 가꾸기 등의 가사 활동으로 숙련
  된 활동 또는 기초체력 향상을 위한 활동으로 좌식 자전거, 수영, 요가, 스케이트 등

⑥ 주당 유산소 운동 시간은 150~300분 권장

⑦ 저항운동은 체력수준을 고려하여 실시

⑧ 저·중강도로 주 2회 이상, 8~10종의 대근육군을 이용한 저항운동

⑨ 저항운동을 처음 시작할 경우 1RM의 40~50% 강도의 체중부하운동

⑩ 노인의 저항운동은 주당 2~3일의 빈도수를 권장

⑪ 근지구력 향상을 위한 반복수는 15~20회, 근력 향상은 10~15회

⑫ 부상 및 손상의 위험이 적은 정적인 스트레칭을 권장

⑬ 유연성 향상을 위한 운동은 한 세션에 10분 이상 실시할 것을 권장하고 근육의 긴장감이 느껴지는
  정도의 정적스트레칭은 30~60초 동안 유지

⑭ 근육의 긴장과 약간의 불편감이 느껴질 정도의 유연성 운동

⑮ 각 주 근육군의 지속적인 정적 스트레칭과 계단 오르기 운동

<미국스포츠의학회(ACSM, 2018)의 노인을 위한 유산소 운동 지침>

운동 빈도(F)	• 중강도시 5일/주 • 고강도시 3일/주
운동 강도(I)	• 중강도 시 5~6(RPE 10점 만점 도구 기준) • 고강도 시 7~8(RPE 10점 만점 도구 기준)
운동 시간(T)	• 중강도 시 150분~300분/주 • 고강도 시 75분~100분/주

(3) 미국스포츠의학회(ACSM)가 제시한 노인을 대상으로 한 운동부하검사의 고려사항

① 시력 손상, 보행 실조, 발의 문제가 있는 경우 자전거 에르고미터 검사를 실시함

② 트레드밀 부하는 속도보다는 경사도를 증가시킴

③ 균형감과 근력이 낮고, 신경근 협응력이 저조하여 검사의 두려움이 있다면 트레드밀의 양측 손잡이
  를 잡고 검사를 실시함

④ 낮은 체력을 가진 노인은 초기 부하가 낮고(3METs 이하), 부하 증가량도 작은(0.5~1.0METs) 노턴
  (Naughton) 트레드밀 프로토콜을 이용

(4) 미국스포츠의학회(ACSM)가 제시한 관상동맥 질환의 위험인자

① 가족력: 직계가족으로 부모, 형제, 자식과 같은 혈액관련 가족력을 참고
  • 남성의 친척이 심근경색, 심혈관질환 및 관상동맥질환 등으로 인해 55세 이전에 갑작스러운 사
    망을 한 경우
  • 여성의 직계가족에 있어서는 65세 이전에 갑작스러운 사망을 한 경우

② 흡연: 현재 흡연상태이거나 또는 금연한 지 6개월 이내인 경우

③ 혈압: 수축기 140mmHg이상 또는 이완기 90mmHg 이상으로 고혈압인 경우

④ 고콜레스테롤혈증: 총 혈중 콜레스테롤: 200mg/dL이상 또는 고밀도지단백질 콜레스테롤이 40mg/dL이하인 경우, 저밀도 지단백질 콜레스테롤이 130mg/dL이상인 경우

⑤ 공복혈당 저하: 공복혈당 110mg/dL이거나 그 이상일 때

⑥ 비만: 체질량지수 30이상이거나 허리둘레가 남성은 102cm이상, 여성은 88cm이상

⑦ 신체활동: 규칙적인 운동 프로그램에 참여하지 않는 좌식생활을 하는 사람 또는 일주일의 대부분을 중등도의 신체적 활동이 없거나 30분 미만으로 최소 권장 활동을 하지 않는 사람

(5) 세계보건기구(World Health Organization, WHO)가 제시한 노인의 신체활동에 대한 심리적 단기 효과

① 이완(relaxation)

(6) 노인성 질환의 예방 방법

① 초기에 병의 위험인자를 발견하여 진단과 치료를 시행

② 정밀검사가 필요한 경우 병원을 방문하여 의사의 처방을 따름

③ 규칙적인 생활과 적당한 여가 선용, 식습관이 중요

④ 스트레스 관리 및 운동의 생활화가 될 수 있도록 노력

(7) 노인에게 운동을 지도할 때 주의사항

① 탈수증상을 대비하여 수분을 미리 보충하게 함

② 낙상의 위험을 최소화하기 위해 적절한 신발을 착용하게 함

③ 추운 환경에서는 준비운동을 평소보다 오랜 시간 진행하도록 함

④ 노인 운동 지도 시 수용(accommodation) 가능한 범위 내에서 자신의 능력에 최대한 맞게 운동을 하되, 무리하거나 통증을 발생하거나 스스로 안전하다고 생각하는 수준을 넘어서지 않게 운동하도록 지도해야 함

(8) 노인에게 아쿠아로빅스와 같은 수중 운동을 실시할 때 유의 사항

① 충분한 준비운동을 한 후 입수

② 근력이 부족한 노인은 물속 걷기가 적합

③ 입수 및 퇴수를 용이하게 하고 안전에 만전을 기함

④ 폐질환, 요도감염, 심부전증 등과 같은 질환이 있는 사람은 전문의의 상담 필요

(9) 노인의 바른 걷기 동작

① 시선은 정면을 주시하되 좌우를 살피고, 양팔은 가볍게 흔들며 걷고, 착지는 뒤꿈치로 하기

② 팔은 자연스럽게 앞뒤 교대로 흔들면서 걷게 함

③ 기립 안정성을 위해 배를 내밀지 않은 상태에서 허리를 바로 세우고 걷게 함

④ 발바닥 전체로 내딛거나 보폭을 너무 크게 하면 피로가 빨리 오고 발바닥에 통증이 발생하므로 주의시킴

(10) 노인의 걷기 특성

① 분당 보폭수(cadence)의 증가

② 보행주기 중 양발 지지기(double support time) 비율의 증가

③ 안정된 걷기를 위한 의식적 관여의 증가

④ 보폭(step length)의 감소와 활보장(stride length)의 증가

(11) 스트레칭의 종류

① 탄성 스트레칭(ballistic stretching): 반동을 이용하는 빙법으로 주동 근(agonist)을 반복적으로 수축하면 길항근(antagonis)이 짧은 시간 동안 늘어나는 스트레칭으로 부상 가능성이 높아서 잘 권장하지 않음

② 정적 스트레칭(static stretching): 추가적인 움직임이 근육 자체에 의해 제한되는 지점까지 근육을 스트레칭하는 방법, 즉 움직임 없이 15~30초 정도 멈춰있는 형태의 스트레칭으로 근골격계 손상 위험이 낮기 때문에 노인에게 가장 권장되는 스트레칭 방법임

③ 고유수용성 신경근 촉진법(proprioceptive neuromuscular facilitation: PNF)
   • 해당 근육군(muscle group)과 건(tendon)에 등척성 수축을 일으킨 후, 같은 근육군을 정적으로 스트레칭하는 방법
   • 고유수용성 신경근 촉진법은 가장 많은 효과를 볼 수 있는 스트레칭 방법으로 꼽힘

④ 동적 스트레칭(dynamic stretching)
   • 움직임이 있는 스트레칭으로 탄성 스트레칭과 관절의 가동범위를 돌려주는 형태의 ROM스트레칭도 동적 스트레칭에 포함됨
   • 하나의 신체 부위에서 다른 신체 부위로 자세를 반복적으로 바꾸어 관절가동범위를 점진적으로 증가시키는 방법

⑤ 압박 스트레칭(compressive stretching): 체중을 이용해서 압박하고 눌러주며 하는 형태의 스트레칭으로 유도 및 레슬링 선수들이 주로 실시함

1 호흡·순환계 질환 운동 프로그램

(1) 심혈관계 질환
① 고혈압
- 기준: 수축기 혈압이 140mmHg 이상, 이완기 혈압이 90mmHg 이상인 경우
- 체중감소에 도움을 줄 수 있는 규칙적인(주 3회~5회 30분~50분) 저강도 유산소성 운동이 효과적임
- 나트륨 섭취 제한, 체중조절, 유산소 운동을 권장
- 추운 날씨에는 야외운동을 삼가는 것이 좋음
- 발살바조작(Valsalva maneuver)이 동반되는 등척성 및 저항성 운동은 금지
② 협심증(angina pectorialis)
- 심장에 혈액을 공급하는 관상동맥이 좁아지고 동맥 내에 혈전이 생기거나 동맥이 수축하면 가슴에 통증이 생기는 경우
- 심장근육의 산소요구량에 대하여 관상동맥에서의 산소공급이 일시적으로 부족하여 흉부 압박감 및 불쾌감이 생기는 경우, 하지만 일반적으로 허혈성 괴사는 일어나지 않음
③ 뇌졸중(stroke)
- 뇌의 일부분에 혈액을 공급하는 혈관이 막히거나 손상되어 나타나는 신경학적 증상, 뇌의 갑작스러운 혈액 순환 장애로 인한 증상, 의식을 잃고 손발의 마비·언어 장애·호흡 곤란 등의 증상이 나타남
- 우측 마비 노인의 경우 언어 지시보다 행동적 시범을 보여야 함
④ 심근경색(myocardial infarction): 심장의 근육에 혈액을 공급하는 관상동맥이 다양한 원인에 의해 갑자기 막혀서 심근에 괴사가 일어나는 경우
⑤ 말초동맥 질환(죽상경화증)
- 죽상동맥경화 병변이 특징인 질환
- 위험요인: 연령증가, 고콜레스테롤혈증, 이상지질혈증, 운동부족, 과체중, 복부비만, 가족력, 흡연, 고혈압, 당뇨병
- 주요 증상: 체중부하 움직임 시 하지의 간헐적 파행

(2) 대사성 질환
① 고지혈증(이상지질혈증)
- 혈액 내에 지방성분이 정상보다 많은 상태로 혈관 벽에 쌓여 염증을 일으키거나 혈액순환 장애를 일으켜 심혈관계 질환을 일으키는 질병으로 혈전증, 동맥경화로 악화될 수 있음
- 원인: 과도한 열량섭취와 운동부족
- 총 콜레스테롤 농도: 200mg/dl 이상은 위험
- 저밀도지단백(LDL) 콜레스테롤 130mg/dl 이상
- 고밀도지단백(HDL) 콜레스테롤 40mg/dl 이하
- 운동법

- 근력운동보다는 유산소운동이 더욱 효과적임, 유산소운동은 대략 20분 이상 지속할 것을 권장함
- 운동과 식이제한을 병행할 경우 더욱 효과적임
- 하루 30~60분의 운동이 적당함
- 유연성 운동, 저항운동 및 유산소 운동을 실시함
- 대근육을 이용한 지속적이고 리드미컬한 형태의 운동을 함

② 당뇨병
- 확실한 당뇨병성 망막증의 출현
- 당뇨 진단 기준
  - 당화혈색소: 6.5% 이상
  - 8시간 이상 공복 후 혈당수치 126mg/dl 이상
  - 75g 경구당부하검사 2시간 후 200mg/dl 이상
- 당뇨 초기 증상: 갈증, 다뇨, 다음, 체중감소
- 운동법: 저항운동과 유산소운동을 병행하여 실시
- 운동 효과: 체지방 감소, 죽상동맥경화 합병증 위험 감소, 당뇨병 전단계에서 제2형 당뇨병으로의 진행 예방, 인슐린 저항성 감소, 인슐린 민감성 증가, 골격근의 포도당 수송 능력 증가

③ 혈전증: 혈관 속에서 피가 굳어진 덩어리로 인해 생기는 질환

(3) 호흡계 질환
① 노화에 따른 호흡계 변화
- 호흡기 중추신경 활동에 대한 민감성 감소
- 잔기량의 증가, 흉곽의 경직성 증가, 생리학적 사강의 증가
② 천식(asthma)
- 기관지의 협착, 기도폐색 또는 염증 발생으로 나타나는 흔한 폐질환으로 90% 이상은 알레르기에 의한 것으로 그 원인물질을 알러젠(allergen)이라고 함
- 어떤 유발 물질이 기도를 자극하게 되면 그 즉시 과잉반응을 나타내며 기도가 좁아지면서 기관지 경련을 일으킴
- 증상으로는 끊임없는 기침과 호흡수가 급격히 증가하게 되고 천명소리와 함께 심한 호흡곤란 증세를 보임
- 천식 환자의 운동유발성기관지수축은 추운 환경, 대기오염, 스트레스에 의해 촉발됨
③ 만성 기관지염(chronic bronchitis)
- 기관지의 만성적 염증으로 기도가 좁아지는 질환
- 1년에 3개월 이상 기침, 객담이 지속적으로 배출되는 상태가 2년 이상 지속됨
④ 만성폐쇄성폐질환(COPD)
- 만성기관지염과 폐기종의 두 가지 형태로 나뉨
- 담배, 대기오염 또는 독성흡입물질에 의해 기도에 염증이 생겨 기도가 좁아지면서 서서히 기도 폐쇄가 일어나는 질환
- 심장질환이나 폐질환이 없는데도 기도가 폐쇄되어 호흡기도의 흐름을 감소시키는 질환
- 만성폐쇄성폐질환자의 기도저항은 호흡근 약화를 초래함
- 주요 증상: 호흡곤란, 가래, 만성적인 기침

2 근골격계 질환 운동 프로그램

(1) 근골격계 질환
① 관절염
- 운동강도는 통증 정도를 고려하여 설정함
- 저항성 운동을 할 때 통증을 유발하는 운동은 등척성 운동으로 대체할 수 있음
- 불편함을 느끼기 시작하는 강도보다 낮은 강도로 운동을 시작해야 함
- 관절 부담을 적게 주는 수영, 수중 운동, 고정식 자전거 운동 등 저강도 유산소성 운동을 권장
- 수중운동의 경우 물의 온도는 약 29~32℃를 권장하며, 근육과 관절에 부담이 적기 때문에 운동 형태로 적합함
- 염증 부위는 휴식을 취할 수 있도록 하고 운동을 하지 않도록 함

② 골다공증
- 폐경으로 인한 에스트로겐 감소로 골다공증 위험 증가
- **신체활동의 경우 골밀도 증가를 위한** 체중부하 운동(자신의 체중을 이용하여 뼈와 근육에 자극 및 부하를 가하는 운동)을 권장함
  예) 걷기, 등산, 스케이트 등

③ 근감소증(sarcopenia)
- 노화와 관련한 대표적인 증상 또는 질환
- 근육 위축(muscle atrophy)으로도 알려져 있음
- 유산소 능력, 골밀도, 인슐린 민감성 및 신진대사율 감소를 유발할 수 있음
- 넘어짐을 예방하기 위한 체중부하 근력 운동을 권장함

④ 근육저긴장증(muscle hypotonia): 근긴장도의 감소, 즉 움직임이 없거나 관절의 수동적 움직임에 대한 저항이 감소함, 관련된 근육은 자극에 덜 반응함

⑤ 근이영양증(muscular dystrophy): 점점 골격근이 약화되고 근육 단백질이 결핍되어 근세포와 조직이 괴사됨

⑥ 척추질환: 단축된 결합조직을 이완시키는 유연성 운동을 권장함

(2) 신경계 질환
① 디스크
- 요통을 예방하는 방법: 장시간 계속 서 있는 것을 피함

② 파킨슨질환(Parkinson's disease)
- 노인에게서 나타나는 퇴행성 신경계 질환 중의 하나임
- 진행성 신경장애, 근육경직, 자세 불안정, 운동완서, 휴식 시 진전, 균형감각 장애
- 체형 변화로 인한 부작용을 근력운동으로 지연시킬 수 있음
- 만성적인 진행성 질환이기 때문에 규칙적인 운동이 필요함

③ 치매, 알츠하이머
- 대뇌 신경세포의 손상으로 인해 지능, 의지, 기억 등이 지속적으로 상실되는 병으로 주로 노인에게 나타남
- 치매 노인을 위한 운동지도에서 고려해야 할 사항
  - 운동 프로그램을 단순하게 구성, 잔존 운동 기술을 강화
  - 집중 시간이 짧으므로 운동을 하면서 숫자를 세거나 박수를 치도록 함
  - 불안과 초조함을 경감시킬 수 있도록 스트레칭을 지도

④ 루게릭병(amyotrophic lateral sclerosis): 운동신경 세포만 선택적으로 사멸하는 진행성 신경 퇴행성 질환

3 질환별 운동 프로그램 설계

- 일반 노인 운동 프로그램과 거의 비슷함
- 안전을 최우선으로 하며, 저강도의 꾸준한 운동 권장
- 무산소, 유산소 운동 모두 개인의 특성에 맞추어 적절한 강도의 운동 권장

(1) 알츠하이머 질환이 있는 노인을 대상으로 진행하는 운동 프로그램 및 효과
① 치매 노인은 인지능력과 상황판단 능력이 떨어지기 때문에 지도자나 보호자를 동반하여 운동을 실시하는 것이 좋음
② 노인 환자가 운동 프로그램이나 운동 환경에 흥분할 수도 있는 행동의 변화를 고려
③ 노인 환자의 신체 및 정신적 건강이 쇠퇴하면서 생기는 문제에 대처
④ 운동 프로그램은 가능한 단순하고 쉬운 동작 위주로 구성
⑤ 중증 치매 노인의 경우, 개별운동이 그룹운동보다 더 효과적임
⑥ 뇌에 산소공급량을 증가시키고 신경세포 활성에 도움을 줌

(2) 비만 노인의 운동방법
① 심폐지구력과 함께 근력운동을 권장함, 규칙적 유산소운동으로 체지방률을 감소시킴
② 관절에 무리가 가지 않도록 체중부하운동보다는 비체중부하운동을 권장함
③ 운동강도 설정 방법으로 최대심박수(HRmax)보다는 운동자각도(RPE)를 권장함
④ **목표심박수를 활용하여 유산소 운동을 진행하는 것이 바람직함**
⑤ 목표심박수 측정을 위한 카보넨(Karvonen)공식
- 목표 심박수 = [(최대 심박수 – 안정 시 심박수) × 운동 강도] + 안정 시 심박수
  예) 나이: 70세, 성별: 남성, 안정시 심박수: 80회/분, 최대심박수: 150회/분, 의사는 심폐지구력 운동 시 목표심박수 40~50% 강도를 권고하는 경우 목표심박수의 범위는?
  => (150-80)×0.4+80=108, (150-80)×0.5+80=115
  => 카보넨 공식을 활용한 목표심박수의 범위는 108%HRR에서 115%HRR이다.

(3) 비만 노인을 대상으로 한 운동의 효과
① 비만을 측정하는 가장 대표적인 방법은 BMI
- BMI를 구하는 방법: (몸무게kg)/(키m)^2
② 뇌졸중 위험이 있는 비만 노인에게는 서서히 운동 강도를 높이는 것이 바람직함
③ 일반적으로 비만 치료는 약물요법이나 수술요법보다 식이요법과 운동 치료를 우선적으로 시행
④ 가벼운 산책, 자전거, 수영은 비만 치료에 도움이 되는 유산소성 운동임

(4) 만성질환 노인의 운동 효과
① 비만 노인의 체지방량이 감소하고, 근육량은 유지 및 증가됨
② 당뇨 노인의 혈당량이 감소하고, 근육의 인슐린 민감성이 증가됨
③ 골다공증 노인의 골밀도 감소가 개선되고, 낙상과 골절이 예방됨

1 의사소통기술

(1) 노인운동 교육의 원리와 설명
① 개별화의 원리: 지적 능력, 학력, 흥미, 성격, 경험, 건강상태 등 개개인의 학습 욕구를 충족시켜줄 수 있는 방법을 모색함
② 사제동행의 원리: 지도자와 학습자 간의 동등한 관계에서 출발하여 교육활동 전반에서 상호 간의 합의를 이루도록 함

(2) 인지능력이 저하된 노인을 지도할 때 적합한 방법
① 대화와 운동의 템포를 늦춤
② 지시를 단순하게 제시
③ 다채로운 시각 자료를 사용하고, 시각적 도구는 쉽게 읽을 수 있게 만들기
④ 반복적인 학습이 효과적
⑤ **필요한 경우 동의 및 양해를 구하고 적절한 신체접촉을 사용하며 지도할 수 있음**
⑥ 노인의 특성을 고려해서 한번에 한두 가지의 동작에 대한 시범을 보여줌
⑦ 운동을 지도할 때, 노인들이 이해할 수 있는 언어와 그림을 함께 사용함
⑧ 각자의 페이스로 동작을 수행하도록 함
⑨ 동작을 단순화하여 반복적으로 시범을 보여줌
⑩ 심상훈련을 활용

(3) 언어적 암시
① 하나의 단어 또는 짧고 간결한 어구를 사용
② 기술의 결정적 측면이나 부분을 일깨워 주는 역할을 함
③ 분명하고 명확하게 말하기
④ 노인은 인지 능력이 떨어지기 때문에 한번에 너무 많은 정보를 전달하지 않도록 주의하는 것이 좋음

(4) 노인과의 올바른 의사소통 방법
① 자신을 소개할 것
② 노인에 대해 알려고 노력해야함
③ 공감을 느끼며 경청함
④ 신체 언어에 주의를 기울임
⑤ 접촉을 적절하게 자주 사용
⑥ 분명하고 천천히 말함
⑦ 소리를 질러가며 말하지 않음
⑧ 따뜻한 표정으로 비언어적 의사소통을 사용
⑨ 노인이 원하는 존칭을 사용해야함

예) 선생님, 어르신
⑩ 노인의 정면에 서야 함
⑪ 적절한 눈맞춤을 해야 함
⑫ 노인을 향해 몸을 약간 기울이기

(5) 노인체육수업의 지도 전략
① 도입: 지난 수업내용에 대해 다시 설명하고 수업시간에 진행될 사항을 설명
② 전개: 긍정적인 피드백을 제공
③ 정리단계: 참여자들이 성취한 것을 정리

(6) 행동주의적 지도방법
① 행동적 조성과 유지에서 환경의 역할을 강조
② 인간의 행동은 강화와 처벌에 의해 통제되며, 개인차를 고려하지 않고 보편적 입장을 추구함
③ 성공적인 운동참여에 대해 긍정적 강화를 제공함
　예) 체육관 복도에 출석률을 게시함, 런닝머신 걷기를 할 때만 좋아하는 연속극을 시청하게 함

2 노인 운동 시 위험 관리

(1) 노인 운동 시설 안전 관리
① 시설 안전
- 노인 운동 시설과 관련된 법률, 규정, 규범을 준수
- 장비는 적절하게 배치하고 정기적으로 검사, 정비
- 안전에 유념하라는 표시를 장비의 적절한 위치에 명확히 보이도록 함
- 서류로 된 위기관리 계획을 작성해 보고
- 항상 사용하는 시설에도 표시나 스티커 부착
- 지도자가 전문 능력을 갖추고 있는지를 증명하도록 요구
- 지도자는 응급 대처 훈련을 이수
- 운동장비의 사용방법과 사용 시 주의사항을 적절한 장소에 게시해야 함
- 응급상황에서 신속하게 대처할 수 있어야 하며, 모든 지도자에게 알려져 있는 응급대처 계획을 게시해놓고, 모든 지도자들을 대상으로 정기적인 응급 대처 훈련을 실시해야 함
- 유효한 CPR 및 응급처치 자격증을 포함해서 지도자가 전문 능력을 갖추고 있는지를 증명하도록 해야 함
② 장비 안전: 안전과 운동 동선을 파악하여 시설과 장비를 배치하고 정기적인 보수관리를 함
③ 장소 안전: 무덥고 다습한 곳은 피해야 함

(2) 노인 운동 시 위험관리에 관한 지침
① 신체활동 프로그램 시작 전에 신체적 기능에 따라 참여자들을 선별하기
② 시각적 문제가 있는 경우 적절한 조명과 거울로 된 벽, 방향 표시를 하기

(3) 노인의 운동참여를 제한해야 할 경우

① 뇌졸중, 심근경색을 동반할 수 있는 위험한 환경
② 심부전 징후가 나타날 경우
③ 고온다습 또는 추운 환경인 경우
④ 약물로 조절이 잘되지 않는 고혈압인 경우

(4) 지도자가 노인의 운동을 중지시켜야 할 때

① 급격하게 혈압이 상승할 때
② 참여자가 운동 중단을 요구할 때
③ 호흡곤란 및 하지경련이 발생할 때
④ 심장질환의 징후인 가슴통증, 호흡곤란, 불규칙한 심박수가 나타날 때

(5) 노인이 운동할 때 응급상황에 대한 응급처치 방법과 목적

방법	목적
Protection(보호)	추가적 손상 방지
Rest(휴식)	심리적 안정
Ice(냉찜질)	통증, 부종, 염증 감소
Compression(압박)	부종 감소
Elevation(거상)	부종 감소
Stabilization(고정)	근 경련 감소

(6) 일반적인 응급처치법

① 의식이 있는 경우, 환자의 동의를 구해야 함
② 심장질환의 징후가 나타나면 즉시 운동을 중지하고 병원으로 이송
③ 노인 운동 시설에는 자동 제세동기를 설치
④ 일반 심폐소생술은 약물 없이 시행하는 기도 개방, 인공호흡 등을 말함
⑤ 전문 심폐소생술은 기본 소생술에 약물을 사용하며 전문 기도 유지술이 포함되는 의료행위를 의미
⑥ 운동 시 심한 피로나 근육통이 있는 경우 휴식 시간 및 운동 강도 조절
⑦ 완전기도폐쇄 시 복부 밀쳐 올리기를 실시
⑧ 척추 손상 및 골절이 의심되면 무리하게 움직이지 말고 안정시킴
⑨ 급성 손상 시 RICE 처치법을 실시
⑩ **손상 부위를 심장보다 높게 하여 혈류량을 감소시켜야 함**
⑪ **타박상으로 부종이 생긴 경우, 냉찜질을 온찜질보다 먼저 실시함**

(7) 노인의 운동 중 발생한 응급상황에 대한 처치

① 골절이 발생하면 안정을 시키고 손상 부위를 고정시킴
② 저혈당이 발생한 경우 빠르게 흡수될 수 있는 당분이 함유된 간식이나 음료를 섭취시킴
③ 저체온증이 발생하면 따뜻한 곳으로 옮기고 서서히 체온을 올려줌
④ 심정지가 발생하면 즉시 119에 신고하고 구급대가 도착할 때까지 심폐소생술을 실시

(8) 운동 중 노인의 심정지 상황에 대한 응급처치

① 자동제세동기를 이용할 수 있는 경우 사용함

② 의식의 확인과 119 신고 후, 심폐소생술을 실시함

③ 의식이 없으면 묵시적 동의라고 간주하고 심폐소생술을 실시함

1. 노화에 따른 생리적 변화로 옳은 것은?

① 1회 박출량 증가
② 동·정맥산소차 감소
③ 근육의 산화능력 증가
④ 심장근육의 수축시간 감소

2. <보기>가 설명하는 노화이론은?

〈보기〉

> • 항체의 이물질에 대한 식별능력이 저하되어
> 이물질이 계속 체내에 있으면서 부작용을 일
> 으켜 노화 촉진

① 유전적노화이론　　② 교차연결이론
③ 사용마모이론　　　④ 면역반응이론

3. <보기>가 설명하는 노화의 특징은?

〈보기〉

> • 노화는 신체기능에 부정적 영향을 미쳐 사
> 망을 초래한다.
> • 나이가 들면서 신체기능이 더 좋아지면 노
> 화가 아니다.

① 보편성　　② 내인성
③ 점진성　　④ 쇠퇴성

4. <보기>에서 설명하는 노인의 행동 변화 이론은?

〈보기〉

> • 인간의 행동 변화는 환경의 영향, 개인의 내
> 적 요인, 행동 요인에 영향을 받는다.
> • 자아효능감은 행동 변화와 밀접한 관련이 있다.
> • 운동지도자의 격려를 통해 지속적으로 운동
> 프로그램에 참여한다.

① 지속성이론(continuity theory)
② 건강신념모형(health belief theory)
③ 사회인지이론(social cognitive theory)
④ 계획행동이론(planned behavior theory)

5. 노인 폐질환에 관한 설명으로 옳지 않은 것은?

① 천식의 증상은 운동으로 악화되지 않는다.
② 만성폐쇄성폐질환자의 기도저항은 호흡근 약
화를 초래한다.
③ 만성폐쇄성폐질환의 주요 증상은 호흡곤란, 가
래, 만성적인 기침이다.
④ 천식 환자의 운동유발성기관지수축은 추운 환
경, 대기오염, 스트레스에 의해 촉발된다.

**6. 한국형 노인체력검사(국민체력 100)의 측정항목과
측정방법의 연결이 옳지 않은 것은?**

	측정항목	측정 방법
①	협응력	8자 보행
②	심폐지구력	6분 걷기
③	상지 근 기능	덤벨 들기
④	유연성	앉아 윗몸 앞으로 굽히기

**7. 노인의 생활 기능 분류에서 도구적 일상생활 활동
(Instrumental Activities of Daily Living : IADLs)에
해당하는 것은?**

① 요리　　② 목욕
③ 옷 입기　　④ 화장실 사용

**8. 미국스포츠의학회(ACSM, 2022)가 제시한 노인의 운
동지침으로 옳지 않은 것은?**

① 유연성 운동: 약간의 불편감이 느껴질 정도로
30~60초 동안의 정적 스트레칭
② 유산소 운동: 중강도로 주 5일 이상 또는 고강
도로 주 3일 이상의 대근육 운동
③ 파워 운동: 빠른 속도로 1 RM의 60% 이상의
고강도 근력운동을 10~14회 반복
④ 저항 운동: 8~10종의 대근육군 운동, 초보자
는 1 RM의 40~50 % 강도의 체중부하운동

9. 노인의 신체기능검사에 관한 설명으로 옳지 <u>않은</u> 것은?

① 6분 걷기 검사는 6분 동안 걸을 수 있는 최대 거리(m)로 심폐지구력을 평가하고, 장거리 보행이나 계단 오르기 등의 일상생활 동작과 관련이 있다.

② 기능적 팔 뻗기 검사(FRT)는 균형을 잃지 않고 팔이 닿을 수 있는 최대거리를 측정하여 동적 평형성을 평가하고, 노인의 낙상 위험도 범주 분류에 사용된다.

③ 노인 체력 검사(SFT)의 어깨 유연성을 평가하는 '등 뒤에서 손잡기' 검사는 머리 위로 옷을 벗거나, 자동차에서 안전벨트를 매는 동작과 관련된 항목이다.

④ 단기신체기능검사(SPPB)는 보행 속도, 균형 능력 및 의자 앉았다 일어나기 시간의 점수를 합산하여 평가하고 점수가 높을수록 더 낮은 기능을 의미한다.

10. <보기>에서 〈표〉의 특성을 가진 노인의 운동처방에 관한 설명으로 옳은 것만을 모두 고른 것은? (단, ACSM. 2022 기준)

〈표〉

- **나이:** 68세
- **성별:** 남
- **흡연**
- **신장:** 170cm
- **체중:** 65kg
- **BMI:** 22.5kg/m²
- **혈압:** SBP 129mmHg, DBP 88 mmHg
- **LDL-C:** 123mg/dL, **HDL-C:** 41mg/dL
- **공복시 혈당:** 98 mg/dL
- 근력운동의 경험 없음
- 지난 3개월 동안 주 2회, 20분 정도의 천천히 걷기 운동
- 걷기 운동 시 별다른 신체적 증상 없으나 가끔 종아리 통증이 느껴짐.

〈보기〉

ㄱ. 심혈관질환 위험요인의 양성 위험요인은 1개이다.

ㄴ. 선별알고리즘에 따라 중강도 운동 시 의료적 허가가 권장되지 않는다.

ㄷ. 운동자각도(10점 척도) 5~6의 빠르게 걷는 유산소 운동을 한다.

ㄹ. 1RM의 40~50%의 강도로 대근육군을 활용한 근력 강화 운동을 한다.

ㅁ. 과체중이므로 체중감량을 위한 운동처방을 해야 한다.

① ㄱ, ㄴ, ㄷ   ② ㄱ, ㄹ, ㅁ
③ ㄴ, ㄷ, ㄹ   ④ ㄷ, ㄹ, ㅁ

11. 페르브뤼헌과 예터(L. Verbrugge & A. Jette, 1994)의 장애과정 모델에서 장애에 이르는 과정을 옳게 나열한 것은?

① 손상 → 기능적 제한 → 병 → 장애
② 병 → 손상 → 기능적 제한 → 장애
③ 손상 → 병 → 기능적 제한 → 장애
④ 병 → 기능적 제한 → 손상 → 장애

12. 에릭슨(Erikson, 1986)의 심리사회적 단계가 옳게 나열된 것은?

연령 증가
———————————————————→

① 생산적 대 정체 → 자아 주체성 대 절망 → 친분 대 고독
② 친분 대 고독 → 생산적 대 정체 → 자아 주체성 대 절망
③ 자아 주체성 대 절망 → 생산적 대 정체 → 친분 대 고독
④ 생산적 대 정체 → 친분 대 고독 → 자아 주체성 대 절망

13. <보기>에서 설명하는 것은?

〈보기〉

- 죽상동맥경화 병변이 특징인 질환이다.
- 위험요인은 연령, 흡연, 고혈압, 당뇨병, 이상지질혈증이다.
- 주요 증상은 체중부하 움직임 시 하지의 간헐적 파행이다.

① 뇌졸중 (stroke)
② 근감소증(sarcopenia)
③ 신장질환(kidney disease)
④ 말초동맥질환(peripheral arterial disease)

14. 노화에 따른 호흡계 변화로 옳은 것은?

① 잔기량의 감소
② 흉곽의 경직성 감소
③ 생리학적 사강의 감소
④ 호흡기 중추신경 활동에 대한 민감성 감소

15. <보기>에서 노인 당뇨병 환자의 운동 효과로 옳은 것만을 모두 고른 것은?

〈보기〉

ㄱ. 인슐린 저항성 증가
ㄴ. 체지방 감소
ㄷ. 죽상동맥경화 합병증 위험 감소
ㄹ. 인슐린 민감성 감소
ㅁ. 골격근의 포도당 수송 능력 감소
ㅂ. 당뇨병 전단계에서 제2형 당뇨병으로의 진행 예방

① ㄱ, ㄴ, ㅂ
② ㄴ, ㄷ, ㄹ
③ ㄴ, ㄷ, ㅂ
④ ㄹ, ㅁ, ㅂ

16. 세계보건기구(World Health Organization)가 제시한 노인의 신체활동에 대한 심리적 단기 효과는?

① 이완(relaxation)
② 기술 획득(skill acquisition)
③ 인지 향상(cognitive improvement)
④ 운동제어와 수행(motor control and performance)

17. 노화에 따른 인지기능 변화로 옳지 않은 것은?

① 유동성 지능의 감소
② 결정성 지능의 감소
③ 단기 기억력의 감소
④ 인지 처리 속도의 지연

18. 노인의 근·골격계 질환에 관한 권장 운동으로 옳지 않은 것은?

① 골다공증: 골밀도 증가를 위한 수영
② 관절염: 관절 부담을 적게 주는 자전거 운동
③ 척추질환: 단축된 결합조직을 이완시키는 유연성 운동
④ 근감소증: 넘어짐을 예방하기 위한 체중부하 근력 운동

19. <보기>에서 치매 노인에게 적합한 운동 형태로 옳은 것만을 모두 고른 것은?

〈보기〉

ㄱ. 계단 오르내리기
ㄴ. 밴드를 이용한 저항 운동
ㄷ. 물건 들고 안전하게 보행하기
ㄹ. 대근육군을 사용하는 자전거 타기

① ㄱ, ㄴ, ㄷ, ㄹ   ② ㄴ, ㄷ, ㄹ

③ ㄷ, ㄹ   ④ ㄹ

20. 노인 운동 시 위험관리에 관한 지침으로 옳은 것만을 모두 고른 것은?

〈보기〉

ㄱ. 신체활동 프로그램 시작 전에 신체적 기능에 따라 참여자들을 선별한다.
ㄴ. 심정지 노인의 심폐소생술 시행 중에는 자동심장충격기를 사용하지 않는다.
ㄷ. 시각적 문제가 있는 경우 적절한 조명과 거울로 된 벽, 방향 표시를 한다.
ㄹ. 청각적 문제가 있는 경우 잘 들리지 않는 귀쪽으로 큰 소리로 이야기하며 지도한다.
ㅁ. 심장질환의 징후인 가슴통증, 호흡곤란, 불규칙한 심박수가 나타나면 운동을 바로 중단한다.

① ㄱ, ㄴ, ㄹ   ② ㄱ, ㄷ, ㅁ

③ ㄴ, ㄷ, ㅁ   ④ ㄷ, ㄹ, ㅁ

1. 기대수명(life expectancy)에 대한 설명으로 옳지 않은 것은?
   ① 나이가 증가함에 따라 변화한다.
   ② 기대수명과 평균수명은 동일한 개념이다.
   ③ 대부분의 나라에서 꾸준히 증가하고 있다.
   ④ 평균적으로 여성의 기대수명이 남성의 기대수명보다 높다.

2. 무릎골관절염 노인의 운동을 지도할 때 고려사항으로 옳지 않은 것은?
   ① 저항성 운동할 때 통증을 유발하는 운동은 등척성 운동으로 대체할 수 있다.
   ② 불편함을 느끼기 시작하는 강도보다 낮은 강도로 운동을 시작한다.
   ③ 수중운동의 경우 물의 온도는 약 29~32°C를 권장한다.
   ④ 무릎관절에 충격이 큰 체중부하 운동을 권장한다.

3. <보기>에서 설명하는 운동 원리는?

   〈보기〉

   > 노인스포츠지도사는 일상적인 환경에서의 움직임과 연관된 동작을 포함하는 운동프로그램을 설계하고 실행해야 한다.

   ① 기능 관련성 원리　　② 난이도 원리
   ③ 점진성 원리　　　　④ 과부하 원리

4. <보기>에서 설명하는 것은?

   〈보기〉

   > • 노화와 관련한 대표적인 증상 또는 질환이다.
   > • 근육 위축(muscle atrophy)으로도 알려져 있다.
   > • 유산소 능력, 골밀도, 인슐린 민감성 및 신진대사율 감소를 유발할 수 있다.

   ① 근감소증(sarcopenia)
   ② 근이영양증(muscular dystrophy)
   ③ 루게릭병(amyotrophic lateral sclerosis)
   ④ 근육저긴장증(muscle hypotonia)

5. <보기>에서 체중부하운동을 모두 고른 것은?

   〈보기〉

   | ㉠ 걷기 | ㉡ 등산 | ㉢ 고정식 자전거 |
   | ㉣ 스케이트 | ㉤ 수영 | |

   ① ㉠, ㉢　　　　　② ㉠, ㉡, ㉣
   ③ ㉡, ㉢, ㉣　　　④ ㉡, ㉢, ㉣, ㉤

6. '국민체력 100'에서 제시한 노인 체력에 대한 측정 방법과 운동 방법의 연결이 옳지 않은 것은?

	체력	측정 방법	운동 방법
①	동적 평형성	의자에 앉아 3m 표적 돌아오기	베개 등 다양한 지지면 위에서 균형 걷기
②	유연성	앉아 윗몸 앞으로 굽히기	스트레칭
③	하지 근기능	30초간 의자에 앉았다가 일어서기	밴드 잡고 앉아서 다리 밀기
④	심폐지구력	8자 보행	고정식 자전거 타기

7. 노인이 규칙적인 유산소운동을 통해 얻을 수 있는 효과로 옳지 않은 것은?
   ① 최대산소섭취량과 1회 박출량 증가
   ② 분당 환기량 증가와 안정 시 호흡수 감소
   ③ 말초혈관의 저항 감소와 혈관 탄력성 증가
   ④ 복부지방 감소와 안정 시 인슐린 분비의 증가

8. <보기>는 만성질환 노인의 운동 효과이다. ㉠~㉢에 들어갈 용어를 바르게 연결한 것은?

〈보기〉

> • 비만 노인의 체지방량이 (㉠)하고, 근육량은 유지 및 증가된다.
> • 당뇨 노인의 혈당량이 감소하고, 근육의 인슐린 민감성이 (㉡)된다.
> • 골다공증 노인의 골밀도 (㉢)가 개선되고, 낙상과 골절이 예방된다.

	㉠	㉡	㉢
①	감소	증가	감소
②	증가	증가	감소
③	감소	증가	증가
④	증가	감소	증가

9. 운동프로그램의 원리 중 '특수성의 원리(specificity principle)'에 대한 설명으로 옳은 것은?

① 훈련 자극 및 강도를 지속적으로 증가시켜야 한다.
② 신체의 기능 향상을 위해서는 더 강한 부하를 주어야 한다.
③ 운동의 효과는 운동 중 사용한 특정 근육 및 부위에서 나타난다.
④ 노인의 개인 특성과 운동능력 및 체력 수준을 고려하여 운동 형태를 결정해야 한다.

10. 건강한 노인의 걷기운동을 지도할 때 주의사항으로 옳지 않은 것은?

① 팔은 자연스럽게 앞뒤 교대로 흔들면서 걷게 한다.
② 안전한 보행을 위하여 앞꿈치, 발바닥, 뒤꿈치 지지순서로 걷게 한다.
③ 기립 안정성을 위해 배를 내밀지 않은 상태에서 허리를 바로 세우고 걷게 한다.
④ 발바닥 전체로 내딛거나 보폭을 너무 크게 하면 피로가 빨리 오고 발바닥에 통증이 발생하므로 주의시킨다.

11. <보기>에서 설명하는 노화와 관련된 유전인자는?

〈보기〉

> • 세포의 분열수명을 제어
> • 조로증(progeria)의 원인

① 마이오카인(myokine)
② 사이토카인(cytokine)
③ 글루코오스(glucose)
④ 텔로미어(telomere)

12. <보기>에서 설명하는 이론은?

〈보기〉

> 85세의 마이클 조던은 노화로 인한 신체기능 저하로 더 이상 예전의 농구기량을 보여줄 수 없게 되었다. 농구를 계속하고 싶었던 마이클 조던은 다음과 같은 전략을 수립했다.
> • 농구를 계속하기로 함
> • 풀코트 대신 하프코트, 40분 정규시간 대신 20분만 뛰기로 함
> • 동일한 연령대의 그룹과 경기하기로 함

① 반두라(A. Bandura)의 자기효능감 이론
② 로우(J. Rowe)와 칸(R. Kahn)의 성공적 노화 이론
③ 펙(R. Peck)의 발달과업 이론
④ 발테스와 발테스(M. Baltes & P. Baltes)의 보상이 수반된 선택적 적정화 이론

13. <보기>의 ㉠, ㉡에 들어갈 내용을 바르게 연결한 것은?

〈보기〉

> • 폐경으로 인한 (㉠) 감소로 골다공증 위험 증가
> • 대사작용의 산물인 (㉡)의 증가가 여러 노화 관련 질환 유발

	㉠	㉡
①	테스토스테론	활성산소
②	테스토스테론	젖산
③	에스트로겐	활성산소
④	에스트로겐	젖산

14. <보기>에서 설명하는 행동 변화 이론 또는 모형은?

〈보기〉

- 자신의 신념(belief)과 행동(behavior)을 연결하는 이론
- 구성 요인은 태도, 주관적 규범, 지각된 행동 통제, 의도, 행동통제인식

① 학습이론(learning theory)
② 건강신념모형(health belief model)
③ 계획행동이론(theory of planned behavior)
④ 행동변화단계모형(behavior change model)

15. <보기>에서 노인과의 원활한 의사소통 방법으로 옳은 것을 모두 고른 것은?

〈보기〉

ⓐ 참여자의 정면에 선다.
ⓑ 시선을 한곳에 고정한다.
ⓒ 적절한 눈맞춤을 한다.
ⓓ 참여자를 향해 몸을 약간 기울인다.
ⓔ 손은 계속 움직이며 손가락으로 지적한다.

① ㉠, ㉡   ② ㉡, ㉤
③ ㉠, ㉢, ㉣   ④ ㉠, ㉢, ㉣, ㉤

16. 대사당량(METs)에 대한 설명으로 옳지 않은 것은?

① 안정시 MET값은 연령에 따라 다르다.
② 중강도의 신체활동 기준은 3.0~6.0METs이다.
③ 노인의 유산소 운동시 안전한 운동강도 설정 지표로 활용된다.
④ 1MET는 휴식상태에서 체중 1kg당 1분 동안 사용하는 산소량이다.

17. <표>는 노인이 운동할 때 응급상황에 대한 응급처치 방법과 목적을 제시한 것이다. ㉠~㉢에 들어갈 용어를 바르게 연결한 것은?

〈표〉

방법	목적
• (㉠)	• 추가적 손상 방지
• Rest(휴식)	• 심리적 안정
• Ice(냉찜질)	• (㉡)
• Compression(압박)	• 부종 감소
• Elevation(거상)	• 부종 감소
• Stabilization(고정)	• (㉢)

	㉠	㉡	㉢
①	Posture(자세)	근 경련 감소	마비 예방
②	Posture(자세)	통증,부종,염증 감소	마비 예방
③	Protection(보호)	통증,부종,염증 감소	근경련 감소
④	Protection(보호)	마비 예방	근 경련 감소

18. 노화로 인한 낙상의 원인으로 옳은 것은?

① 보행속도의 증가
② 자세 동요의 감소
③ 발목의 발등굽힘 증가
④ 보폭이 좁은 오리걸음 패턴

19. 노화로 인한 체력 저하에 대한 설명으로 옳지 않은 것은?

① 근력은 20대에 최대치를 이루고 그 후 점차적으로 저하된다.
② 순발력은 10대에 최대치를 이루고 근력에 비해 빠르게 저하된다.
③ 평형성은 20대에 최대치를 이루고 그 후 급속히 저하된다.
④ 지구력은 근력, 순발력에 비해 느리게 저하된다.

20. 생물학적 노화의 특징으로 옳지 않은 것은?

① 노화로 인한 변화는 점진적이다.
② 모든 사람에게 보편적으로 나타난다.
③ 발달과 쇠퇴를 모두 포함하는 변화이다.
④ 환경적 요인을 배제한 내재적 요인에 의해 발생한다.

1. <보기>에서 설명하는 연령지표는?

〈보기〉

> • 연령적 노화라고 일컬어지는 출생 이후의 햇수인 역연령과 대비되는 개념이다.
> • 연령과 성을 기준으로한 기능적 체력과 관련이 있다.
> • 신체 연령이라고도 말한다.

① 기능적(functional) 연령
② 주관적(subjective) 연령
③ 심리적(psychological) 연령
④ 연대기적(chronological) 연령

2. 건강수명에 대한 설명으로 적절하지 않은 것은?

① 건강과 일상생활의 기능을 유지하는 기간을 뜻한다.
② 질병이나 신체장애 없이 생존한 삶의 기간을 뜻한다.
③ 성별·연령별로 몇 년을 더 살아갈 것인지 통계적으로 추정한 기대치로 생존 연수를 뜻한다.
④ 신체적·정서적·인지적 활력 또는 기능적 웰빙을 유지할 것으로 예상되는 삶의 기간을 뜻한다.

3. <보기>의 ㉠, ㉡에 해당하는 노화와 관련된 심리학적 이론이 바르게 나열된 것은?

〈보기〉

㉠	• 자부심과 만족을 느끼면서 자신의 삶을 되돌아볼 수 있으며 죽음을 위엄있게 받아들인다. • 삶에서 달성해야 하는 것들을 달성하지 못했다고 느끼며, 삶의 종말이 다가오는 것에 대해 좌절감을 느낀다.
㉡	• 성공적 노화는 신체적·정신적·사회적 손실에 적응하는 노인의 능력과 관련이 있다. • 기능적 능력을 향상함으로써 노화로 인한 손실을 보완하도록 도움을 준다.

	㉠	㉡
①	하비거스트(R. Havighust)의 발달과업 이론	로우(J. Rowe)와 칸(R. Kahn)의 성공적 노화 이론
②	하비거스트(R. Havighust)의 발달과업 이론	펙(R. Peck)의 발달과업 이론
③	에릭슨(E. Erikson)의 심리사회발달단계 이론	로우(J. Rowe)와 칸(R. Kahn)의 성공적 노화 이론
④	에릭슨(E. Erikson)의 심리사회발달단계 이론	발테스와 발테스(M. Baltes & P. Baltes)의 보상이 수반된 선택적 적정화 이론

4. <보기>에서 설명하는 노화와 관련된 사회학적 이론은?

〈보기〉

> • 노화와 관련된 사회학적 이론에서 가장 널리 인정되는 이론이다.
> • 노인의 사회활동 참여 정도가 높을수록 생활 만족도가 높아진다.
> • 지속적인 활동이 성공적 노화의 핵심이다.

① 분리이론
② 활동이론
③ 현대화이론
④ 하위문화이론

5. <보기>의 ㉠, ㉡에 들어갈 용어가 바르게 나열된 것은?

〈보기〉

- 노인은 사회적 역할의 상실 등으로 인하여 자신감을 잃기 쉬우며, 점점 고립되어 고독감을 느끼게 되기 때문에, 다른 사람이나 사회로부터의 보살핌, 존중, 도움을 받는 (㉠)이/가 필요하다.
- 노인은 일정 수준의 목표를 성취할 수 있다는 자신의 역량에 대한 믿음을 뜻하는 (㉡)을 가져야 한다.

	㉠	㉡
①	사회적 지지	자기효능감
②	사회적 설득	자기효능감
③	사회적 설득	자부심
④	사회적 지지	자부심

6. <보기>에서 운동이 노인에게 미치는 심리적 효과로 옳은 것만을 모두 고른 것은?

〈보기〉

㉠ 운동 기술 습득　㉡ 우울증 감소
㉢ 심리적 웰빙 향상　㉣ 사회적 연결망 확장

① ㉠, ㉡　　② ㉠, ㉢
③ ㉡, ㉢　　④ ㉢, ㉣

7. 노화와 관련된 신체적 변화로 옳지 않은 것은?
① 근 질량 감소
② 관절 유연성 감소
③ 폐 탄력성과 흉곽 경직성 증가
④ 수축기혈압과 이완기혈압 증가

8. <보기>에서 운동이 노인에게 미치는 생리적 효과로 옳은 것만을 모두 고른 것은?

〈보기〉

㉠ 인슐린 내성 증가　㉡ 체지방 감소
㉢ 인슐린 감수성 증가　㉣ 안정시 심박수 감소
㉤ 주어진 절대 강도에서 심박수 증가
㉥ 고밀도지단백콜레스테롤(HDL-C) 감소

① ㉠, ㉡, ㉥　　② ㉡, ㉢, ㉣
③ ㉡, ㉢, ㉤　　④ ㉣, ㉤, ㉥

9. 체력요인에 따른 노인의 운동 방법과 효과가 바르게 연결되지 않은 것은?

	체력요인	운동 방법	효과
①	심폐지구력	고정식 자전거타기	심혈관계 질환의 위험률 감소
②	근력	덤벨 들고 앉았다 일어서기	근육 및 뼈 강화로 인한 일상생활수행능력 향상
③	유연성	앉아서 윗몸 앞으로 굽히기	신체활동 시 기능적 제한 예방
④	평형성	의자 잡고 옆으로 한발 들기	신체 각 부위가 조화를 이루면서 원활히 움직일 수 있는 능력 향상

10. <보기>의 ㉠, ㉡에 들어갈 목표심박수 범위가 바르게 나열된 것은?

〈보기〉

- 나이: 70세　　• 성별:남성
- 안정시 심박수: 80회/분
- 최대심박수: 150회/분
- 의사는 심폐지구력 운동 시 목표심박수 40~50% 강도를 권고
- 카보넨(Karvonen) 공식을 활용한 목표심박수의 범위는 (㉠)%HRR에서 (㉡)%HRR이다.

	㉠	㉡
①	108	115
②	115	122
③	122	129
④	129	136

11. 노인운동 시의 위험 관리 항목과 방법이 바르게 연결된 것은?

① 환경과 장소 안전: 참가자 중 당뇨 환자가 있을 경우, 사탕이나 초콜릿을 준비해 둔다.

② 시설 안전: 운동장비의 사용방법과 사용 시 주의사항을 적절한 장소에 게시해야 한다.

③ 환경과 장소 안전: 운동 동선을 파악하여 시설과 장비를 배치한다.

④ 시설 안전: 무덥고 다습한 곳은 피해야 한다.

12. <보기>에서 고혈압 질환이 있는 노인의 운동 지도 시 고려해야 할 사항으로 적절한 것만을 모두 고른 것은?

〈보기〉

> ㉠ 등척성 운동을 권장한다.
> ㉡ 나트륨 섭취 제한, 체중조절, 유산소 운동을 권장한다.
> ㉢ 저항성 운동 시 발살바 메뉴버에 의한 혈압 상승에 주의한다.
> ㉣ 이뇨제, 칼슘채널차단제, 혈관확장제 등의 약물에 의한 운동 후 혈압 상승에 주의한다.

① ㉠, ㉡   ② ㉠, ㉢
③ ㉡, ㉢   ④ ㉢, ㉣

13. 노인체력검사(Senior Fitness Test) 항목에서 2.4m 왕복 걷기와 관련된 활동으로 옳은 것은?

① 자동차나 목욕탕에 들어가고 나오기
② 손자 안기, 식료품 가방 들기
③ 장거리 보행, 계단 오르기
④ 버스 빠르게 타고 내리기

14. <보기>에서 노화로 인한 평형성과 기동성(balance and mobility) 변화에 영향을 미치는 요인을 모두 고른 것은?

〈보기〉

> ㉠ 체성감각계 ㉡ 시각계 ㉢ 전정계 ㉣ 운동계

① ㉠, ㉡, ㉢, ㉣   ② ㉡, ㉢, ㉣
③ ㉢, ㉣   ④ ㉣

15. <보기>에서 근골격계 질환이 있는 노인에게 적합한 운동만을 모두 고른 것은?

〈보기〉

> ㉠ 등산 ㉡ 수영 ㉢ 테니스 ㉣ 수중 운동
> ㉤ 스케이팅 ㉥ 고정식 자전거 타기

① ㉠, ㉡, ㉢   ② ㉡, ㉣, ㉥
③ ㉢, ㉣, ㉤   ④ ㉣, ㉤, ㉥

16. 건강신념모형에서 건강신념행동을 구성하는 요소로 옳지 않은 것은?

① 지각된 장애   ② 지각된 이익
③ 지각된 심각성   ④ 지각된 자기 인식

17. <보기>의 ㉠, ㉡에 해당하는 노인운동 교육의 원리와 설명이 바르게 나열된 것은?

〈보기〉

> • (㉠)-지적 능력, 학력, 흥미, 성격, 경험, 건강 상태 등 개개인의 학습 욕구를 충족시켜줄 수 있는 방법을 모색한다.
> • (㉡) - 지도자와 학습자 간의 동등한 관계에서 출발하여 교육활동 전반에서 상호 간의 합의를 이루도록 한다.

	㉠	㉡
①	다양화의 원리	사회화의 원리
②	개별화의 원리	사제동행의 원리
③	개별화의 원리	사회화의 원리
④	다양화의 원리	사제동행의 원리

18. <보기>에서 미국스포츠의학회(ACSM, 2018)의 노인을 위한 유산소 운동 지침으로 옳은 것만을 모두 고른 것은?

〈보기〉

㉠	운동 빈도(F)	• 중강도시 5일/주 • 고강도시 3일/주
㉡	운동 강도(I)	• 중강도 시 5 ~ 6 (RPE 10점 만점 도구 기준) • 고강도 시 7 ~ 8 (RPE 10점 만점 도구 기준)
㉢	운동 시간(T)	• 중강도 시 150분~ 300분/주 • 고강도 시 75분~ 100분/주
㉣	운동 형태(T)	• 앉았다 일어서기(스쿼트), 스트레칭

① ㉠, ㉡, ㉢   ② ㉠, ㉡, ㉣
③ ㉠, ㉢, ㉣   ④ ㉡, ㉢, ㉣

19. <보기>에 해당하는 대상자의 운동참여 동기유발을 위한 노인스포츠지도사의 상담 내용으로 적절하지 <u>않은</u> 것은?

〈보기〉

> • 68세 어르신은 체중조절과 건강관리를 위한 운동에 관심이 있다.
> • 운동 참여 경험은 없지만, 지속적으로 운동에 참여하고 싶다.

① 가족, 친구들과 함께 운동하며, 사회적 교류 기회가 확대됨을 설명한다.
② 스트레스 해소와 활력감 증진에 도움이 됨을 설명한다.
③ 건강 및 체중 관리에 도움이 됨을 설명한다.
④ 질병치료에 대한 기대감을 갖도록 설명한다.

20. 노인운동 지도 시 의사소통에 관한 설명으로 옳은 것은?
① 어린아이를 다루듯 말한다.
② 스킨십은 사용하지 않는다.
③ 소리를 질러가며 말하지 않는다.
④ 대상자를 정면에서 쳐다보는 언어적 기술을 사용한다.

노인체육론

1. ② 2. ④ 3. ④ 4. ③ 5. ① 6. ③ 7. ① 8. ③
9. ④ 10. ③ 11. ② 12. ② 13. ④ 14. ④ 15. ③
16. ① 17. ② 18. ① 19. 모두 정답 20. ②

1. 노화에 따른 생리적 변화로는 1회 박출량 감소, 근육의 산화능력 감소, 심장근육의 수축시간 지연, 최대심박수 감소, 최대산소섭취량의 감소, 폐의 탄력성과 호흡기 근력의 저하, 동·정맥산소차의 감소 등이 있다.

2. ① 유전적노화이론: 유전적 요인이 노화의 속도를 결정함 ② 교차연결이론: 분자들이 서로 엉켜서 조직이 탄력성을 잃고 세포 내·외부로의 영양소와 화학적 전달물질 교환을 방해하는 현상 ③ 사용마모이론: 신체기관도 기계처럼 오래 사용하면 기능이 약화되고 정지되는 것처럼 점진적으로 퇴화되는 현상

3. ① 보편성: 노화는 보편적으로 모든 사람에게 일어나는 과정이다. ② 내인성: 노화는 내적인 기제로 인해 발생하게 된다. ③ 점진성: 노화는 나이가 들수록 점점 더 증가하게 된다.

4. ① 지속성이론: 과거의 생활 패턴과 비슷한 활동 및 태도를 유지할수록 성공적인 노화가 가능하다는 이론 ② 건강신념모형: 건강 행위를 연구하기 위한 이론 ④ 계획행동이론: 신념과 행동 사이의 관계를 설명하는 이론

5. ① 천식의 증상은 운동으로 악화될 수 있다. 어떤 유발 물질이 기도를 자극하게 되면 그 즉시 과잉 반응을 나타내며 기도가 좁아지면서 기관지 경련을 일으킨다.

6. 상지 근 기능 측정 방법은 상대악력(kg)/체중(kg)×100이다.

7. 목욕, 옷 입기, 화장실 사용은 노인의 생활 기능 분류에서 기본적 일상생활 활동에 해당한다.

8. ③ 파워 운동: 빠른 속도로 1RM의 30~60% 이상의 중강도 근력운동을 1~3세트를 6~10회 반복하는 것을 권장한다.

9. ④ 단기신체기능검사(SPPB)는 보행 속도, 균형 능력 및 의자 앉았다 일어나기 시간의 점수를 합산하여 평가하고 점수가 낮을수록 더 낮은 기능을 의미한다.

10. ㄱ. 심혈관질환 위험요인의 양성 위험요인은 나이, 흡연, 신체활동 부족으로 3개이다. ㅁ. BMI(kg/m²)를 구하는 방법은 (몸무게kg)/(키m)² 이다. BMI 수치가 22.49kg/m2으로 과체중 기준인 23을 넘지 않기 때문에 과체중이 아니다.

11. 페르브뤼헌과 예터의 장애과정 모델에서 장애에 이르는 과정은 병→손상→기능적 제한→장애이다.

12. 에릭슨의 심리사회적 단계는 친분 대 고독→생산적 대 정체→자아 주체성 대 절망이다.

13. 〈보기〉는 말초동맥질환에 대한 설명이다. ① 뇌졸중: 뇌의 일부분에 혈액을 공급하는 혈관이 막히거나 손상되어 나타나는 신경학적 증상이다. ② 근감소증: 노화와 관련한 대표적 질환으로 근육위축으로도 알려져 있다. ③ 신장질환: 신장에 생기는 병을 의미한다.

14. ① 잔기량의 증가 ② 흉곽의 경직성 증가 ③ 생리학적 사강의 증가

15. ㄱ. 인슐린 저항성 감소 ㄹ. 인슐린 민감성 증가 ㅁ. 골격근의 포도당 수송 능력 증가

16. 세계보건기구가 제시한 노인의 신체활동에 대한 심리적 단기 효과는 이완이다.

17. 의사결력력과 사고력은 그동안의 수많은 경험과 노련함으로 인해 더 증가한다. ② 결정성 지능의 증가

18. 골밀도 증가를 위해서는 체중부하 운동이 권장된다. 하지만 수영은 부력으로 인해서 체중이 부하로 작용하지 않는다.

19. 치매 노인의 신체적 특성은 그 정도에 따라 다양할 수 있기 때문에, 해당 문제는 출제 오류로 모두 정답처리 되었다.

20. ㄴ. 자동심장충격기를 이용할 수 있는 경우 사용한다. ㄹ. 청각적 문제가 있는 경우 지시를 단순하게 제시한다. 또한 다채로운 시각 자료를 사용하고 시각적 도구는 쉽게 읽을 수 있게 만드는 것이 좋다.

2023년 노인 스포츠지도사 노인체육론 기출 문제

1. ② 2. ④ 3. ① 4. ① 5. ② 6. ④ 7. ④ 8. ①
9. ③ 10. ② 11. ④ 12. ④ 13. ③ 14. ③ 15. ③
16. ① 17. ③ 18. ④ 19. ③ 20. ③

1. ② 기대수명은 출생 직후부터 생존할 것으로 기대되는 생존 연수이다. 평균수명은 특정기간동안 사망한 사람들의 나이에 대한 평균적인 수명이다.

2. ④ 무릎관절에 충격이 적은 고정식 자전거와 수중운동 등을 권장하는 것이 좋다.

3. 〈보기〉는 기능 관련성 원리에 대한 설명이다. 기능 관련성 원리는 일상적인 환경에서의 움직임과 연관된 동작을 포함하는 운동프로그램을 설계하고 실행하는 것을 의미한다. ③ 점진성 원리는 운동의 양이나 강도를 점진적으로 늘려가면서 운동하는 것을 의미한다. ④ 과부하 원리는 일상생활에서 접할 수 있는 부하보다 더 큰 부하를 이용해서 운동하는 것을 의미한다.

4. 〈보기〉는 근감소증에 대한 설명이다. ② 근이영양증는 점점 골격근이 약화되고 근육 단백질이 결핍되어 근세포와 조직이 괴사되는 것을 의미한다. ③ 루게릭병은 운동신경 세포만 선택적으로 사멸하는 진행성 신경 퇴행성 질환을 의미한다. ④ 근육저긴장증은 근긴장도의 감소, 즉 움직임이 없거나 관절의 수동적 움직임에 대한 저항이 감소하며, 관련된 근육은 자극에 덜 반응하는 것을 의미한다.

5. 체중부하운동은 자신의 체중을 이용하여 뼈와 근육에 자극 및 부하를 가하는 운동으로 걷기, 등산, 스케이트 등이 이에 해당한다.

6. ④ 8자 보행은 협응력에 대한 부분이다. 심폐지구력은 2분 제자리 걷기로 측정 가능하며, 운동 방법으로는 6분 걷기가 있다.

7. ④ 노인이 규칙적인 유산소운동을 통해 얻을 수 있는 효과로는 복부지방 감소와 안정 시 인슐린 분비의 감소가 있다.

8. 비만 노인의 체지방량이 감소하고, 근육량은 유지 및 증가된다. 당뇨 노인의 혈당량이 감소하고, 근육의 인슐린 민감성이 증가된다. 골다공증 노인의 골밀도 감소가 개선되고, 낙상과 골절이 예방된다.

9. 특수성의 원리에 대한 설명으로 옳은 것은 ③이다. ①은 점진성의 원리, ②는 과부하의 원리, ④는 개별성의 원리에 해당한다.

10. ② 안전한 보행을 위하여 착지는 뒤꿈치로 한다.

11. 〈보기〉는 텔로미어에 대한 설명이다. ① 마이오카인은 근육이 수축하면서 생성되는 호르몬이다. ② 사이토카인은 면역조절과 관련된 세포 신호전달 물질이다. ③ 글루코오스는 혈액에 떠다니는 탄수화물의 형태이다.

12. 〈보기〉에서 설명하는 이론은 발테스와 발테스의 보상이 수반된 선택적 적정화 이론이다. 이 이론은 선택, 적정화, 보상이라는 3가지 전략을 통해 성공적인 노화 수준이 결정된다는 이론이다. ① 반두라의 자기효능감 이론은 자신이 어떤 일을 해낼 수 있는지에 대한 믿음이다. ② 로우와 칸의 성공적 노화 이론은 높은 수준의 인지적, 신체적 기능을 유지하며 활기찬 인간관계 및 생산적 활동에 적극적으로 참여하는 것이다. ③ 펙의 발달과업 이론은 중년기 이후의 발달과업을 제시하면서 노년기에 심리적으로 적용해야 할 과업으로 '자아분화 대 직업역할 몰두'. '신체초월 대 신체몰두', '자아초월 대 자아몰두'를 제시했다.

13. ㉠은 에스트로겐, ㉡은 활성산소로 정답은 ③이다.

14. 〈보기〉는 계획행동이론에 대한 설명이다. ① 학습이론은 학습이 형성되는 요인이 무엇인가를 설명하는 이론으로 강화, 게시, 행동을 조성한다. ② 건강신념모형은 지각된 개연성, 지각된 심각성, 지각된 이익, 지각된 장애, 행동의 계기, 자기효능감 이렇게 6가지로 구성된다. ④ 행동변화단계모형은 행동이 변화되는 과정과 전략을 제시하는 이론이다.

15. 〈보기〉에서 노인과의 원활한 의사소통 방법으로 옳은 것은 ㉠, ㉡, ㉢이다.

16. ① 안정 시 MET값은 연령에 따라 평균적으로 일정하다. 1MET=3.5ml/kg/min

17. ㉠은 Protection(보호), ㉡은 통증, 부종, 염증 감소, ㉢은 근 경련 감소이다.

18. 낙상의 원인으로는 보폭이 좁은 오리걸음 패턴이 제일 근접하다. 노화로 인한 보행속도의 증가, 자세 동요의 감소, 발목의 발등굽힘의 증가는 낙

상의 원인과 관련이 없다.

19. ③ 평형성은 20대에 최대치를 이루고 그 후 천천히 저하된다.

20. ③ 생물학적 노화는 신체기능의 점진적 쇠퇴를 말한다.

---

1. ① 2. ③ 3. ④ 4. ② 5. ① 6. ③ 7. ③ 8. ②
9. ④ 10. ① 11. ② 12. ③ 13. ④ 14. ① 15. ② 16.
④ 17. ② 18. ① 19. ④ 20. ③

1. 〈보기〉는 기능적 연령에 대한 설명이다.

2. 성별·연령별로 몇 년을 더 살아갈 것인지 통계적으로 추정한 기대치로 생존연수를 뜻하는 것은 기대수명에 대한 설명이다.

3. 〈보기〉에서 ㉠은 에릭슨의 심리사회발달단계 이론, ㉡은 발테스와 발테스의 보상이 수반된 선택적 적정화 이론에 대한 설명이다.

4. 〈보기〉는 활동이론에 대한 설명이다. 현대화이론은 문명이 발달되지 않았던 전통사회에서는 노인의 지위가 절대적인 것이었지만, 사회가 현대화될수록 노인의 지위는 상대적으로 낮아진다는 이론이다.

5. 〈보기〉에서 ㉠에 들어갈 용어는 사회적지지, ㉡에 들어갈 용어는 자기효능감이다.

6. 〈보기〉에서 운동이 노인에게 미치는 심리적 효과는 ㉡, ㉢이다. ㉠은 신체적 효과, ㉣은 사회적 효과에 해당한다.

7. 노화로 인해 폐의 탄력성은 저하되고 흉곽 경직성은 증가되어 호흡기 근력의 저하를 초래한다.

8. 〈보기〉에서 운동이 노인에게 미치는 생리적 효과는 ㉡, ㉢, ㉣이다. 인슐린 내성은 감소하고, 주어진 절대 강도에서 심박수는 감소하며, 고밀도지단백콜레스테롤(HDL-C)은 증가한다.

9. 평형성은 한쪽 다리 들고 20초 동안 외발 서기와 같은 자세 유지 능력이며, 무게 중심이 고정되어 있을 때 평형을 유지하는 능력을 말한다. 그리고 신체 각 부위가 조화를 이루면서 원활히 움직일 수 있는 능력은 협응력이다.

10. 목표심박수는 카보넨 공식으로 구할 수 있다.

목표심박수=(최대심박수-안정시심박수)×운동강도+안정시심박수
(150-80)×0.4+80=108, (150-80)×0.5+80=115
카보넨 공식을 활용한 목표심박수의 범위는 108%HRR에서 115%HRR이다.

11. ① 참가자 중 당뇨 환자가 있을 경우에 사탕이나 초콜릿을 준비하는 것은 응급상황 및 안전관리에 대한 내용이다. ③ 장비 안전: 안전과 운동 동선을 파악하여 시설과 장비를 배치하고 정기적인 보수관리를 해야 한다. ④ 장소 안전: 무덥고 다습한 곳은 피해야 한다.

12. 발살바조작이 동반되는 등척성 및 저항성 운동은 혈압상승을 유발하기 때문에 권장하지 않는 것이 좋다.

13. ① 자동차나 목욕탕에 들어가고 나오기는 30초 동안 의자에 앉았다가 일어서기: 하체 근력, ② 손자 안기, 식료품 가방 들기는 30초 아령(덤벨) 들기: 상체 근력, ③ 장거리 보행은 6분 걷기: 심폐지구력, 계단 오르기는 30초 동안 의자에 앉았다가 일어서기: 하체 근력

14. 노화로 인한 평형성과 가동성 변화에 영향을 미치는 요인은 ㉠, ㉡, ㉢, ㉣ 모두이다.

15. 근골격계 질환이 있는 노인에게 적합한 운동은 관절에 무리가 가지 않는 체중에 대한 부담을 느끼지 않는 운동이 좋다. 이에 해당하는 것은 ㉡, ㉣, ㉥이다.

16. 건강신념모형에서 건강신념행동을 구성하는 요소는 지각된 개연성, 지각된 심각성, 지각된 이익, 지각된 장애, 행동의 계기, 자기효능감 이렇게 6가지이다.

17. 〈보기〉에서 ㉠은 개별화의 원리, ㉡은 사제동행의 원리를 의미한다.

18. 앉았다 일어서기(스쿼트)는 근력운동에 해당하고 스트레칭은 유연성 운동에 해당한다.

19. 질병치료에 대한 기대감을 갖도록 설명해서는 안 된다.

20. ① 어린아이를 다루듯 말하지 않는다. ② 접촉을 적절하게 자주 사용한다. ④ 대상자를 정면에서 쳐다보는 것은 적극적인 경청행위이다. 신체 언어에 주의를 기울이고 따뜻한 표정으로 비언어적 의사소통을 함께 사용한다.

유아체육론

성피티의 생활스포츠지도사
2급 필기 합격공식

유아 체육의 이해

유아체육론

1 유아기의 특징

- 국민체육진흥법 개정(2013)에서 제시하는 유소년의 정의: 만3세부터 중학교 취학 전까지의 어린이
- 영유아보육법에서 제시하는 영유아의 정의: 6세 미만의 취학 전 아동

(1) 일반적 특징
① 3세에서 5세까지의 유아기는 신체 성장은 느려지나 운동 기술은 섬세해지고 향상됨
② 인지적인 성장이 극대화되고, 다양한 사회적 기술을 습득하게 됨
③ 언어로 대부분의 의사소통이 가능하게 되며, 개인에 따른 발달 차이가 많이 나는 시기
④ 유아의 행동을 비교하기보다는 유아의 개인의 발달 수준을 잘 관찰하여 이를 기초로 적절한 상호 작용을 해주는 것이 필요

(2) 유아기 건강체력 발달에 대한 특징
① 최대 심박수는 성인기에 비해 높음
② 유아기 안정 시 호흡수는 성인기에 비해 높음
③ 성장함에 따라 근력이 증가하고 근섬유도 굵어짐

(3) 영유아기 뇌 발달
① 대뇌피질은 출생 이후 4세까지 발달함
② 뇌는 6개월까지 발달이 급격하게 일어나 출생 후 6개월 정도에는 성인의 60% 정도가 됨
③ 3세의 뇌 무게는 성인의 75% 정도임
④ 6세경 뇌 무게는 성인의 90% 정도에 도달함

(4) 유소년 신체활동을 통한 자기개념(self-concept) 발달
① 유소년에게 용기를 북돋아 주고, 생활에 모험활동이 포함되도록 함
② 목표달성의 가능성을 높이고, 성취와 성공지향적 경험들을 제공함
③ 자신들의 한계 내에서 합리적인 수행목표를 세울 수 있도록 도와줌
④ 긍정적인 자기개념을 촉진시킬 수 있는 방법 중 하나임

(5) 신체적 발달과 기본운동 발달
① 발달의 각 측면은 서로 밀접한 관계가 있음
② 발달의 특성
- 일정한 순서로 발달하며, 발달에는 방향성이 있음
- 발달은 계속적인 과정이나, 발달의 속도는 항상 일정하지 않음
- 발달의 속도와 범위는 개인차가 있음
- 상부에서 하부로, 즉 머리(위)에서 발 방향(아래)으로 발달

- 중심에서 말초 방향으로 발달, 중추신경이 먼저 발달한 다음 말초신경이 발달함
- 신체 부위별 크기 증가는 대근육에서 소근육으로 순차적으로 이루어짐
- 안정 시 분당 호흡수는 출생 후 점차 줄어듦
- 아동기의 근력은 성장에 따라 발달함
- 남성의 유연성은 사춘기 진후에 여성보다 빠르게 감소함
- 안정 시 분당 심박수는 평균적으로 신생아가 4~5세 아동들보다 높음
- 반사 및 반응 행동은 운동발달에 필수적인 단계임
- 특정 능력이나 행동의 발달에 최적인 시기가 존재하며, 이를 민감기라고 함
- 각 시기에 따른 유아의 발달은 특정 시기에 도달해야 할 발달과업을 갖기 때문에 시기를 놓쳐버리면 올바른 성장이 저해될 수 있음
- 소근육 운동의 발달은 눈과 손이 협응하여 손기술을 정확하게 구사하는 능력으로, 중추신경계통의 성숙을 의미함
- **신체 부위별 크기 증가는 똑같은 비율로 이루어지지 않으며 상체와 하체의 비율은 출생 시 약 1.7배에서 연령이 증가함에 따라 0.1배씩 점차 줄어듦**

③ 걷기동작의 발달 단계 중 시작 단계(생후12개월 전후)의 특징
- 균형을 쉽게 잃게 되고, 보폭이 짧음
- 기저면이 상대적으로 넓음
- 발바닥 전체로 바닥과 접촉하며 걸음

④ 발달적 특성을 고려한 신체활동 지도 방법
- 지도 내용과 방법에 변화를 줌
- 개인차를 고려하여 적절한 자극을 부여함
- 놀이 상대를 바꾸어 주어 흥미를 유지함
- 목표를 설정하고 다양한 활동에 대해 반복의 정도와 시간을 설정하여 체계적으로 지도함
- 집중력 저하를 고려한 놀이 중심의 신체활동과 지적 활동을 병행
- 신체활동에 의한 성장과 발달을 통해 전인적 인간 육성을 지향
- 발육과 발달에 중점을 둠
- **이동성, 조작성, 안정성을 바탕으로 일상생활에 필요한 기본적인 능력을 발달시킴**

⑤ 안정성 운동(자세조절 능력)의 발달
- 생후 2년이 지나면 유아들은 영아기 동안 발달된 초보적인 운동 능력을 완전히 획득
- 안정적인 자세조절 능력이 발달되는 시기
- 선이나 평균대 따라 걷기, 구르기 등을 할 수 있고, 3~5초 동안 한 발로 서 있을 수 있음

⑥ 안정성 운동기술
- 동적 안정성: 움직이는 동안에, 즉 무게중심이 이동할 때 평형을 유지하는 능력
  예) 구르기, 재빨리 피하기(dodging)
- 정적 안정성: 한자리에 서거나 앉은 자리에서, 즉 무게중심이 고정되어 있을 때 평형을 유지하는 능력
- 축성 안정성
  - 몸의 중심을 축으로 하여 다양한 동작을 할 때 몸을 유지하는 능력
  - 굽히기, 펴기, 비틀기, 몸 돌리기, 뻗기, 들어 올리기, 밀기, 당기기 등과 같은 정적 자세
    예) 몸통 앞으로 굽히기(bending)

⑦ 이동운동 기술
- 초보적인 이동이나 탐색을 넘어 걷기, 달리기, 점핑, 호핑 등의 기본적인 이동 기술이 발달

- 호핑(Hopping): 한 발로 점프하고 점프한 발로 착지, 즉 한쪽 다리로만 껑충 껑충 뛰기
- 겔로핑(galloping): 전방으로 이동하는 기술로 발을 앞뒤로 놓은 상태에서 뒤쪽발이 앞쪽 발 뒤꿈치에 바짝 붙이며 밀어내는 식으로 이동하는 동작, 동일한 발로 지속적으로 리드하면서 걷기와 뛰기의 결합
- 슬라이딩(sliding): 측면으로 서서 오른쪽으로 이동할 때 좌측 발이 먼저 움직여 우측발 내측을 밀어내는 식으로 이동하는 동작
- 리핑(leaping): 허들 선수가 허들을 넘듯이 양쪽 다리를 번갈아가며 앞뒤로 보폭을 크게 하여 앞쪽 다리의 발만 지면에 닿게끔 체중을 한 발에서 다른 발로 이동시키며 높이 멀리 뛰는 동작
- 스키핑(skipping): 걷기와 뛰기를 리드미컬하게 번갈아 하는 이동 동작
  - 모든 구간에서 체중 이동이 자연스러움
  - 체중 이동이 이루어지는 동안 팔의 움직임이 줄어듦
  - 호핑 구간 동안 지지하는 다리의 발이 지면 가까이 있음

⑧ 조작운동(물체 조작 능력)의 발달
- 주변의 사물을 정확히 다루고 조절하는 능력 발달
- 던지기, 받기, 치기, 차기, 던지기 등의 더욱 발달된 기술과 정확성을 요구하는 활동들을 수행하기 시작
- 추진(propulsive) 조작 운동: 힘을 가해서 물체를 조작하는 운동으로 던지기, 차기, 때리기 등이 있음
  예) 배트로 치기 연습하기(striking)
- 흡수(absorptive) 조작 운동: 날아오거나 굴러오는 물체에 힘을 가해서 정지시키거나 속도를 줄이는 운동으로 잡기, 받기, 볼 멈추기 등이 있음
  예) 날아오는 공을 발로 잡기(trapping), 날아오는 공을 손으로 받기(catching)

<스포츠 기술에 반영된 조작운동과 지각운동 구성요소>

스포츠 기술	조작운동	지각운동 구성요소
골프공 때리기, 축구공 차기	추진	관계
농구패스잡기, 핸드볼패스 잡기	흡수	공간
티볼 펀팅, 탁구공 되받아치기	추진	시간
축구패스공 멈추기, 야구 공중볼 받기	흡수	공간

⑨ 수직점프(vertical jump)의 초보단계에서 성숙단계로 발달하도록 지도하는 방법
- 도약과 착지 지점이 매우 가깝도록 지도함
- 두 팔을 동시에 위로 올리는 협응동작을 지도함
- 두 발로 동시에 도약하고 착지할 수 있도록 지도함
- 도약 후 공중에서 몸 전체를 뻗을 수 있도록 지도함

구분	징검다리 걷기	네발로 걷기
기본움직임기술 요소	안정성 운동	이동 운동
기초체력 요소	평형성	근력/근지구력

(6) 영아기 반사

① 영아의 반사: 원시반사, 자세반사, 운동반사 세 가지로 나뉘어지며 유아들의 운동발달을 예측할 수 있는 중요한 변인임

② 신경적 장애 진단을 위한 반사의 출현과 소멸 간의 관계 검사는 전문가의 도움이 필요함
③ 영아기 반사의 기능
- 생존을 도움
- 운동 행동을 진단함
- 미래의 움직임을 예측함
④ 원시반사(primitive reflexes)
- **특징**: 운동발달의 기초가 됨, 영아의 생존을 돕는 역할을 함, 영아의 중추신경계 장애를 진단할 수 있음, 불수의적 움직임임
- 모로 반사(Moro reflex)
  - 아기 머리의 갑작스러운 위치 변화나 강한 소리와 빛에 반응하여 무엇을 껴안으려고 함
  - 출생 시 나타나지 않으면 중추신경계의 문제가 있을 수 있음
  - 좌우 대칭적으로 나타나야 할 반사에서 비대칭적으로 반사가 나타나면 신경적인 변이나 손상을 추측할 수 있음
- 비대칭목경직반사(Asymmetric Tonic Neck Reflexes: ATNR)
  - **출생 전~6개월까지 나타남**
  - 눈과 손의 협응력 발달에 중요함
  - 눈·손의 협응과 좌·우측 인식의 발달 수준을 추측할 수 있음
  - 머리를 오른쪽으로 돌리면 오른쪽 팔과 다리가 펴짐
- **바빈스키반사(Babinski reflex)**
  - **발바닥을 만지면 처음에는 다리를 움츠리고, 그 다음 발가락을 쫙 펴는 반응을 함**
- 걷기반사(Stepping Reflex)
  - **추후 수의적으로 걸을 수 있는지를 보여줌**
⑤ 자세반사(Postural reactions)
- 낙하산반사(parachute reaction)
  - 신생아에게 나타날 수 있는 자세반사로서 중력반사라고도 함
  - 자세유지를 위해 나타나며, 생후 10개월 이후에도 나타남
  - 아기를 뒤에서 안아 상체를 아래로 내리면 손을 앞으로 뻗고 손바닥을 펴 자신을 보호하려 함
  - 추락에 대한 보호반응
- 당김반사(pull-up reaction)
  - 앉아 있는 상태에서 손을 잡으면 팔을 구부려 일어서고자 하는 반응을 함
- 목가누기(neck righting), 목자세반사
  - 눕거나 엎드린 상태에서 머리를 한쪽으로 돌리면 목 아랫부분이 같은 방향으로 움직이는 반사
⑥ 반사 움직임 단계
- 정보 부호화 단계(information encoding stage)
  - 태아기를 거쳐 생후 약 4개월까지 관찰될 수 있는 불수의적 움직임의 특징을 보이는 단계
  - 뇌 중추는 다양한 강도와 지속시간을 가진 여러 자극에 대해 불수의적 반응을 유발할 수 있음
  - 뇌하부 중추는 운동 피질보다 더 많이 발달하며 태아와 신생아의 움직임을 제어하는데 필수적임
- 정보 해독 단계(information decoding stage): 생후 약 4개월 무렵에 시작되는 단계

(7) 인지적 발달
① 주의집중 시간이 매우 짧아서 10분 이상 한 가지 활동에 주의집중을 할 수가 없음
② 수와 색깔에 흥미를 나타냄
③ 보고 들은 것을 어느 정도 기억할 수 있으며, 의미 있었던 것이나 인상적인 것은 보다 잘 기억해냄
④ 질문과 호기심이 매우 많지만 질문에 대한 정확한 대답을 듣는 것에는 관심이 없고, 말하는 것 자체를 즐김

(8) 정서적 발달
① 유아기 정서: 분노-애정-기쁨
② 후기 아동기 시기(6~10세)의 정서 발달 특징
  • 정서적 수준이 미성숙하여 가정과 학교에서의 행동이 다를 수 있음
  • 자아중심적이며 소집단 활동에서는 잘 놀지만, 장시간 이어지는 대집단 놀이에서는 서투른 편임
  • 때때로 공격적이고 자아비판적이며 과잉반응으로 행동
  • 남아와 여아의 관심사가 비슷하지만 이후부터는 점차 달라지기 시작하고 성 역할이 매우 뚜렷하여 남녀를 구별하여 놀음

(9) 사회적 발달
① 친구와 놀이하는 것을 좋아하기도 하지만 반대로 싸우기도 많이 함
② 자아가 발달하기 시작하는 시기로 자기의 주장을 굽히려 하지 않음
③ 타인에 대한 이해력이 부족하기 때문에 자기중심적임
④ 유아는 지적 능력이나 정서적 능력보다 운동 기능이 더 발달

유아의 신체적 자기개념(self-concept)

• 신체적 자기개념과 사회적 인지발달은 밀접한 관련이 있음
• 신체적 자기개념은 자기효능감과 관련이 있음
• 스포츠 참여를 통한 성공경험과 스포츠유능감은 서로 관련성이 있음
• 스포츠 참여는 신체적 능력에 대한 개념을 형성하는 데 도움을 줌
---

2 유아기 운동 발달

(1) 운동발달 모형
① 피아제(Piaget)의 인지발달 단계이론
  • 유아의 인지발달은 성숙과 환경과의 지속적인 상호작용의 결과라고 강조
  • 유아는 자발적으로 환경과 계속적인 상호작용을 하면서 포괄적인 인지구조를 능동적으로 형성해나가는 존재라고 주장
  • 피아제(J. Piaget)는 유아의 행동에 대한 기본 개념을 도식(schema)이라는 단어로 설명하는데 도식은 동화(accommodation), 조절(assimilation), 평형화(equilibrium)의 과정을 통해 내부에서 외부로 이루어진다고 제시함
  • 유아의 다양한 경험을 토대로 동화, 조절, 평형화의 과정을 통해 도식이 발달됨
  • 조직화와 적응을 강조

- 도식(schema): 기존의 차기동작 경험을 통해 형성된 인지적 구조
- 동화(assimilation): 다른 속도로 굴러오는 공에 기존의 차기기술로 반응하는 것, 새로운 경험과 자극이 유입되었을 때 기존에 가지고 있는 도식을 사용하여 해석함
- 조절(accommodation): 다른 속도로 굴러오는 공에 새로운 차기기술로 반응하는 것, 기존의 도식으로는 새로운 사물이나 사건을 이해할 수 없을 때 새로운 사물이나 대상에 맞도록 기존의 도식을 변경함
- 평형화(equilibrium): 조절 과정을 통해 도식과 현실경험이 일치하는 것
- 조직화(organization): 현재의 조직들이 서로 상호작용하며 효율적인 체계로 결합하여 더 복잡한 수준의 지적 구조를 이루는 과정
- 감각운동기(0~2세)
  - 영아는 반사적인 행동으로 시작하여 여러 가지 감각적 경험과 운동적인 경험을 통해 사물이나 환경을 이해
  - 자기와 타인에 대한 원시적 감각을 획득하고 사물이 자기의 시야에서 벗어나도 계속 존재함을 배움
- 전조작기(2-6세)
  - 사물에 대한 사고 능력에서 큰 발전을 보임
  - 모방과 상상, 상징을 통해 눈에 보이지 않는 사물이나 행동을 표상
  - 행동이 아닌 생각으로 행위를 수행할 수 있으며, 자기중심적임
  - 지각운동시기로 사물과 사건의 관계를 인식하는 사고 능력의 큰 진보가 이루어지지만 자기중심성이 강함
  - 게임을 할 때 일반적인 규칙이나 전략을 사용할 수 있지만 완전하지는 못함
  - 놀이 활동을 통해 상상력이 풍부해지고 타인이 자기처럼 세상을 지각하지 않을 수 있음을 점차 인정함
- 구체적 조작기(7~12세)
  - 타인의 관점과 생각이 자신과 다를 수 있음을 이해함(탈중심화)
  - 논리적 조작이 가능
  - 사물들 간의 관계성을 이해
  - 보존개념을 습득
  - 보존개념: 질량 혹은 무게가 동일한 물질이 형태 혹은 위치가 변할 수 있음을 이해
  - 보존개념 획득의 전제 요소
    - 동일성: 아무것도 더하거나 빼지 않으면 그 양은 같음
    - 보상성: 변형에 의한 양의 손실은 다른 차원에서 얻어짐
    - 가역성: 본래의 상태로 되돌아갈 수 있음
  - 사물과 가치관의 관계를 이해하고 타인의 행동을 관찰하여 동기를 추론하는 데 능숙해짐
- 형식적 조작기(11-15세)
  - 추상적 사고가 가능
  - 가설적 문제에 대한 생각을 즐기고 다양한 문제 해결 방법을 생각하고 보다 더 나은 답을 찾게 해주는 연역적 사고가 가능함
② 갤라휴(D. L. Gallahue)의 이론(운동발달의 시기적 특성)
- 반사 움직임 단계(~생후 1년)
  - 불수의적인 움직임(무의식적인 반응)
  - 수의적인 제어(의식적인 반응)

- 반사를 통해 환경에 대한 정보 획득
- 초보 움직임 단계(생후 1년~2년)
  - 반사행동이 줄어들고 기본움직임이 시작됨
  - 성숙에 절대적 영향 받음
  - 발달 과정이 비교적 예측 가능
- 기본 움직임 단계(2~7세)
  - 기초 체력이 형성되고, 운동 능력이 발달하는 시기
  - 성숙+환경적 조건(연습의 기회, 동기, 교육 등) 중요
  - 초보 움직임의 습득으로 전문화된 움직임을 위한 준비 기간
  - 걷기, 달리기, 던지기 등의 기본동작을 적절하게 발달시켜야 함
  - 육체·정신적으로 발달이 왕성한 시기이므로 놀이 위주의 신체활동이 필요함
  - 수행이 역학적 효율성을 가지며, 움직이는 물체를 추적하는 정교한 시각운동과 신체의 움직임 등은 완전히 발달하지 않음
  - 시작 단계(2~3세) → 초보 단계(4~5세) → 성숙 단계(6~7세)

단계	초보	성숙
움직임 기술	물구나무서기	공 차기
설명	• 삼각지지를 통한 물구나무서기 가능 • 일정하지 않은 균형점을 보이고, 간헐적으로 자세를 오랫동안 유지함 • 감각적으로 사지의 위치를 살피려고 노력함	• 차기동작 동안 양팔 흔들기가 나타남 • 팔로우 스로우가 이루어지는 동안 몸통이 허리까지 굽혀짐 • 다리 스윙이 길어지고, 달리거나 껑충 뛰어서 공에 다가감

- 전문화된 움직임 단계
  - 움직임은 일상생활, 기본 스포츠 기술, 레크리에이션 분야 등에 응용되고, 세련된 활동이 가능함
  - 기술 발달의 시작과 정도는 다양한 과제요인, 개인요인, 환경요인에 의해 좌우됨

전문화된(specialized) 움직임 시기의 '적용(application) 단계'

- 만 11~13세까지의 기간으로 초등체육 교육과정의 3~4학년군 성취기준에 해당함
- 인지능력이 정교해지고 경험이 쌓이면서 많은 것을 학습하게 됨
- 움직임 수행의 정확성과 더불어 양적 측면이 강조됨
- 다양한 과제, 개인, 환경 요인 등을 토대로 어떤 활동에 참여할 것인지를 결정함
- 특정 활동을 찾거나 기피하기 시작함
- 기본 체력운동의 방법과 절차를 익히며 자신의 수준에 맞는 운동을 시도함
- 기본 움직임 기술의 의미와 종류를 이해하고 스포츠와의 관계를 파악함
- 움직임의 심미적 표현에 대한 호기심과 감수성을 나타냄

<갤라휴(D. Gallahue)의 운동에 대한 2차원 모델>

운동발달 단계	움직임 과제의 의도된 기능		
	안정성	이동	조작
반사 움직임 단계	• 직립 반사	• 걷기 반사	• 손바닥 파악반사
움직임 단계	• 머리와 목 제어	• 포복하기	• 잡기
기본 움직임 단계	• 한발로 균형잡기	• 걷기	• 던지기
전문화 움직임 단계	• 축구 페널티킥 막기	• 육상 허들 넘기	• 야구 공치기

③ 레프 비고스키(L. Vygotsky)의 사회문화적 발달이론
- 유아와 숙련된 협력자와의 상호작용과 협동학습의 중요성을 강조
- 환경에 능동적으로 대응하며 운동기능을 발달시킴
- 지도사, 부모, 또래 집단은 운동발달에 영향을 미침
- 집단활동의 구성은 운동발달의 효과적인 교수법임
- 발달단계: 연속적 발달단계
- 언어가 사고의 발달에 핵심적인 역할을 한다고 봄
- 언어는 사회적 상호작용을 통해 습득되며, 이후 내면화되어 개인의 사고 과정에 중요한 도구가 됨
- 근접발달영역: 학습자가 스스로 해결할 수 없는 과제를 다른 사람의 도움으로 해결할 수 있는 영역, 학습자는 자신보다 더 능숙한 사람(교사, 부모, 동료 등)의 지원을 받아 점차적으로 독립적으로 과제를 수행할 수 있게 됨
- 비계설정: 아동이 스스로 문제를 해결할 수 있도록 교사나 유능한 또래가 제공하는 체계적인 도움이며 교구 및 자료를 이용한 상호 작용을 포함함, 처음에는 교사가 많이 개입하지만 유아의 능력이 발달함에 따라 점점 도움의 양을 줄여 자기 조절력을 증진시킬 수 있음
- 인간의 인지 발달이 사회적 상호작용과 문화적 환경에 의해 외부에서 내부로 결정된다고 강조함

④ 반두라(A. Bandura)의 사회학습이론
- 타인을 관찰하는 것만으로 새로운 행동을 획득할 수 있음
- 모방학습의 중요성을 강조
- 아동은 주변 친구들의 운동기술을 관찰하여 자신의 운동기술을 개발함
- TV 속 정현의 포핸드스트로크 모습을 보고 흉내내며 치기(striking) 기술을 향상시킴

⑤ 생태학적 이론(U. Bronfenbrenner)
- 최근 대두되는 관점으로, 인간이 생물로서 다양한 환경에 적응하는 것을 발달적 관점에서 연구하는 이론
- 유아의 행동을 미시체계(microsystem), 메소체계(mesosystem), 엑소체계(exosystem), 거시체계(macro-system)의 개념으로 나누어 연구함

⑥ 스키너(B. Skinner)의 행동주의 이론
- 자극에 반응한 결과를 강조하는 이론으로, 그 결과 행동의 발생 빈도를 높이기 위해 자극요인을 조건화하게 된다는 이론
- 인간의 발달은 환경에 따른 훈련으로 이루어짐
- 학습에 의한 긍정적 행동의 촉진을 강조
- 환경을 변화시켜 바람직한 행동을 형성함
- 피드백을 통해 유아의 바람직한 행동을 촉진함

⑦ 프로이드(S. Freud)의 정신분석이론

- 인간의 본능적 충동, 무의식적인 사고와 감정, 성적 요인을 지나치게 강조
- 인간의 인성 구조를 원초아(id), 자아(ego), 초자아(superego)로 설명
- 인간의 발달단계를 구강기, 항문기, 남근기, 잠복기, 생식기로 제시하였음

⑧ 에릭슨(E. Erickson)의 심리사회발달이론
- 사회적 요인과 또래관계를 포함한 인간관계에서의 상호작용을 중시함
- 인간의 발달단계를 출생에서 노년까지 8단계로 구분함

단계	연령	긍정적 결과	부정적 결과
1. 신뢰 대 불신	유아기 0~1세	영아는 사람들에게 신뢰를 갖게 되며, 자신의 요구를 해결해 줄 것이라 믿음	영아는 다른 사람들을 믿을 수 없으며 자신의 요구는 충족되지 않을 것으로 믿음
2. 자율성 대 수치심과 회의	초기 아동기 1~3세	근육 발달을 조절할 수 있으며 자기 주위를 탐색함, 영아는 기본적인 일들을 혼자 수행하는 자신의 능력에 자신감을 갖음	영아의 자신감이 결여됨
3. 주도성 대 죄책감 (죄의식)	후기 아동기 3~5세	유아는 새로운 것을 시도해도 좋다고 느낌, 놀이를 스스로 시도할 수 있는 시기이며 놀이를 통한 성공경험은 주도성 형성에 도움이 됨, 목표나 계획을 세워 성공하고자 노력함	유아는 새로운 것을 시도하는 것이 두려우며, 실패 또는 비난을 두려워함
4. 근면성(역량) 대 열등감	학동기 6~12세	기초적인 인지 기술과 사회적 기술을 습득함, 어린이는 기대되는 작업을 수행할 수 있다는 것에 자부심을 갖음	다른 어린이들이 할 수 있는 것을 자신이 할 수 없기 때문에 열등감을 느낌
5. 독자성 대 역할혼동	청소년기 12~20세	자신이 누구인지 그리고 어떻게 삶을 살기를 원하는지에 대한 생각과 느낌을 발달시킴	어린이는 독자성을 확립할 수 없거나(역할혼동) 또는 부정적인 독자성을 수용함
6. 친분 대 고독	젊은 성인기 21~40세	친구 및 연인과 밀접한 관계를 형성할 수 있음	친밀한 관계를 형성하는 데 어려움이 있음
7. 생산적 대 정체	중년 성인기 41~65세	가족의 부양 또는 어떤 형태의 일을 통해 생산적인 생활을 할 수 있음	생산적이게 되지 못함
8. 자아 주체성 대 절망	노년기 65세 이상	자부심과 만족을 느끼면서 삶을 되돌아볼 수 있으며, 죽음을 위엄 있게 받아들일 수 있음	삶에서 달성해야 하는 것들을 달성하지 못했다고 느끼며 삶의 종말이 다가오는 것에 대해 좌절감을 느낌

⑨ 하비거스트(R. J. Havighurst)의 환경이론
- 인간발달은 생물학적, 사회적, 문화적 힘들 간의 상호작용으로 이루어지게 됨
- 유아기와 아동기 발달은 움직임, 놀이, 신체활동이 중요한 요소가 된다고 강조

⑩ 게셀(A. Gesell)의 성숙주의 이론

- 인간의 발달은 유전적 요인에 기인한다고 주장함
- 발달단계에 이르게 되는 결정적인 힘은 개체가 가진 유전적 요인에 전적으로 의존한다는 관점
- 유아가 발달 준비가 되었을 때, 성인의 개입을 최소화하고 자신의 발달수준에 적합한 활동을 스스로 선택하도록 함

⑪ 사회적놀이 발달이론(M. Parten)
- 파튼은 사회적 놀이를 사회적 참여도에 따라 여섯 가지 형태로 분류함
- **비참여 행동: 방을 둘러보거나 가만히 서 있거나 목적 없이 움직이는 행동 등으로 놀이에 참여하지 않음**
- 혼자(단독)놀이: 다른 친구와는 떨어져 혼자서 놀이함
- 병행놀이: 주변의 친구들과 동일한 놀이를 하지만 함께 놀이를 하지는 않음, **다른 친구들을 흉내내고 놀잇감을 공유하지만 친구들과 상호작용하지 않음**
- 연합놀이: 다른 유아와 활동을 공유하며 놀이에 대해 이야기를 주고받거나 놀잇감을 빌려주기도 하지만 놀이 내용이 조직적으로 전개되지는 않음
- 협동놀이: 역할의 분담과 목적의 공유가 이루어지는 단계로서 병원 놀이 같은 것, 집단 안에서 **활발한 사회적 상호작용이 나타남, 1~2명의 리더가 있고 공동의 목표달성을 위해 집단 속에서 역할을 분담하는 것과 같이 조직화된 놀이가 이루어짐**

⑫ 도덕성발달 이론(L. Kohlberg)
- 인간의 존엄성과 양심에 따라 자율적이고 독립적 판단이 가능하다고 주장함

⑬ 훗트(C. Hutt)가 제시한 놀이 관련 행동(탐색과 놀이의 특성)
- 탐색: 이 물건의 속성은 무엇일까? 라는 의문을 풀기 위한 행동으로 새로운 물체에 대한 정보를 획득하는 과정
- 놀이: 이 물체를 가지고 무엇을 할 수 있을까? 라는 의문과 연관되는 행동으로 물체가 없어도 되며 익숙한 물체를 가지고 자극을 생성하여 다양한 활동으로 즐거움과 만족감에 의한 행복을 추구하는 과정

구 분	탐색	놀이
맥 락	새로운 물체	익숙한 물체
목 적	정보 획득	자극 생성
행 동	정형화됨	다양함
기 분	심각함	행복함
심장박동 변화	낮은 변화성	높은 변화성

(2) 운동기술의 발달

① 운동기술 발달의 특성
- 운동능력은 뇌에 가까운 부분부터 발달하며, 신체 중심 부분에서 말초 부분으로 발달
- 대근육에서 소근육으로 발달
- 수평적 동작에서 수직적 동작으로 발달
- 양쪽 발달이 함께 이루어지고, 그 후 한쪽 발달이 이루어짐(양손의 움직임이 가능해진 뒤, 한 손의 움직임이 발달)
- 기본 움직임 패턴에서 신체 부위들의 발달 속도는 서로 다를 수 있음
- 기본 움직임 기술의 습득 및 성숙은 과제·개인·환경 요인들에 영향을 받음
- 움직임 기술의 발달 단계 구분은 움직임 패턴의 특수성이나 관찰자의 정교함에 영향을 받음

② 유아의 기본움직임 발달단계
- 시작 단계: 기본적인 움직임을 보이지만, 협응이 원활하지 않아 움직임이 매끄럽지 못함
- 초보 단계: 기본 움직임에 대한 제어와 협응이 향상되지만, 신체사용이 비효율적임
- 성숙 단계: 움직임의 수행이 역학적으로 효율성을 갖게 되어 협응과 제어가 향상됨
- **전문화 단계: 다양한 움직임과 스포츠 기술 등이 응용되어 보다 더 복잡한 활동이 가능해짐**

③ 이동성 운동능력의 출현 순서(**수평 → 수직**)
- 걷기 → 달리기 → 위로 점프 → 갤로핑

④ 유아의 학습 행동 발달 유형의 순서
- 인식 → 탐색 → 탐구 → 활용

⑤ 운동 발달 기본 움직임 단계 순서
- 반사 → 초보 → 기본 → 전문화

⑥ 영아기 기본적인 움직임 기술
- 반사 운동

⑦ 유아기 기본적인 움직임 기술
- 이동 운동: 걷기, 달리기, 호핑, 스키핑, 갤로핑, 슬라이딩, 점핑
- 비 이동 운동: 구르기, 굽히기, 펴기, 비틀기, 몸 돌리기
- 조작 운동: 쥐기, 받기, 볼 멈추기, 던지기, 차기, 때리기, 튀기기, 되받아치기

⑧ 안정성 운동능력
- 정적 평형성은 무게 중심이 고정되어 있을 때 평형을 유지하는 능력(한 발로 서기)
- 동적 평형성은 무게 중심이 이동할 때 평형을 유지하는 능력(구르기)
- 축성 평형성은 굽히기, 늘리기, 비틀기, 몸 돌리기, 빙그르 돌기, 전후좌우로 흔들기
- **안정성 운동기술의 동적 움직임: 구르기(rolling)**
- **안정성 운동기술의 정적 움직임: 거꾸로 균형(inversed balance)**
- 안정성 운동은 비교적 빠르게 발달하는 능력
  예) 철봉 잡고 앞뒤로 흔들기(swinging), 몸통을 굽히거나 접기(bending)

⑨ 인간행동의 역학적 요인
- **안정성 요인: 중력 중심, 중력선, 지지면**
- **힘을 가하는 요인: 관성, 가속도, 작용/반작용**
- **힘을 받는 요인: 표면적, 거리**

⑩ 기본운동 발달 중 안정성(stability) 향상 프로그램
- 굽히기(bending)
- 직립균형(upright balance)
- 늘리기(stretching)

⑪ 지각운동 발달 유형
- 유아기는 지각-운동 발달의 최적기임
- 지각-운동 발달은 아동의 운동능력을 나타내는 중요 요소 중 하나임
- 유아기의 지각-운동 학습경험이 많을수록 다양한 운동상황에 반응하는 적응력이 발달됨
- 지각운동은 환경의 크기, 속도, 움직임, 모양 등 다양한 동작의 요소들을 지각하고 인식하는 운동으로 움직임과 관련이 깊고 유아기에 급속하게 발달함
- 신체지각운동
  - 자신의 신체의 명칭, 신체의 모양, 신체의 표면 등을 구별하는 능력

- 공간지각운동
  - 공간 안에서 공간과 자신의 신체 위치에 대해 인식하는 능력
  - 크기가 다른 훌라후프 터널을 통과하는 방법 익히기, 몸을 구부려 훌라후프 통과하기
  - 과제와 상황에 따라 움직임의 범위를 조절하는 방법 익히기
  - 높이가 다른 뜀틀을 넘기를 함
  - 자신으로부터 대상이 떨어져 있는 거리를 판단하는 능력은 공간 지각에서 깊이 지각에 해당됨
    예) 장소, 높이, 방향, 범위, 바닥모양
- 방향지각운동
  - 방향성(사물이 놓여진 위치를 지각)과 측면성(위치와 방향을 고려해 신체의 다양한 차원을 내면적으로 인식)을 인지하는 능력
  - 신호에 따라 오른쪽으로 회전하기
    예) 앞, 뒤, 옆, 위, 아래, 비스듬히
- 시간지각운동
  - 시간의 경과를 물리적인 측정이 아닌 자신의 주관으로 파악하는 능력
  - 동작의 속도와 리듬 및 흐름에 관련된 능력
  - 박수 소리에 맞추어 리듬감 있게 점프하기
  - 음악에 맞추어 동작을 학습함
  - 다양한 속도로 날아오는 공을 받음
  - 악기의 연주 빠르기에 따라 다양한 속도로 이동기술을 연습함

영유아의 시지각(visual perception)에서 '형태(form)지각'에 대한 설명

- 모양을 구별하고 여러 가지 양식들을 분간할 수 있는 능력
- 생후 6개월경에 급속히 발달한 후에 정교해짐
- 신생아는 형태를 지각할 수 있으며, 직선보다 곡선을 더 선호하는 것으로 알려졌음

- 무게지각운동
  - 무겁고 가벼운 동작에 따라 근육의 긴장을 어느 정도 하는지 인지하는 것
    예) 무게전이, 힘의 세기
- 관계지각운동
  - 신체 간의 관계, 사람과의 관계, 물체와의 관계 등을 인식하는 능력
- 피카(R. Pica)는 동작요소를 공간, 형태, 시간, 힘, 흐름, 리듬으로 구성된다고 함
- 퍼셀(M. Purcell)은 공간 인식(수준, 방향), 신체 인식(전신의 움직임, 신체 부분의 움직임), 노력(시간, 힘), 관계(파트너·그룹, 기구·교수 자료) 같은 동작요소에 대한 이해를 바탕으로 이를 응용영역에 적용시킬 수 있어야 한다고 함

⑫ 신체조절능력을 향상시키기 위한 프로그램
  - 신체균형을 유지해봄
  - 신체 각 부분의 움직임을 조절해 봄
  - 공간, 힘, 시간 등의 움직임 요소를 경험함
⑬ 성장, 발달, 성숙의 개념
  - 성장: 일정 시기가 되면 자연히 발생되는 양적인 변화과정으로 신장·체중·신경조직·세포증식

의 확대에 의한 증가를 뜻함
- 발달: 신체·운동·심리적 측면에서 전 생애에 걸쳐 일어나는 체계적이고 연속적인 변화과정으로 변화하는 속도에는 개인차가 있으며 상승적 변화뿐 아니라 하강적 변화도 포함함
- 성숙: 기능을 더 높은 수준으로 발전할 수 있도록 하는 질적인 변화과정으로 신체적·생리적 변화뿐 아니라 행동 변화까지 포함함

3 유아기의 건강과 운동

(1) 유아기의 운동 및 효과
① 뇌의 구조를 개선시키는 것이 진정한 목적
② 뇌의 신경성장 유발물질을 유발시켜 지적 능력을 향상시킴
③ 신체 발달, 인지능력 향상, 사회성 촉진, 정서 및 체력 발달

(2) 유아 운동권장지침
① 간접적, 직접적 상황에서 대근육 활동을 할 수 있는 기회를 지속적으로 제공
② 물체의 조작과 눈과 손의 협응이 자연스럽도록 프로그램을 구성
③ 세부적 움직임 기술보다 전신을 움직이는 활동을 우선적으로 구성
④ 지각 운동기능이 향상될 수 있도록 특별한 활동을 포함
⑤ 안전하고 건강한 생활에 필요한 습관과 태도를 습득시킴
⑥ 신체 활동에 대한 중요성을 인식시킴
⑦ 유산소성 신체활동을 주로 함
⑧ 신체 각 부분의 명칭을 알고 움직임에 관심을 가지게 함
⑨ 신체 각 부분의 움직임을 조절해보며, 눈과 손을 협응하여 소근육을 조절함
⑩ 자신과 다른 사람의 운동능력의 차이를 이해하며 친구와 함께 신체활동에 참여함

(3) 미국스포츠의학회(ACSM)의 '어린이와 청소년을 위한 FITT(빈도, 강도, 시간, 형태) 권고사항'

구 분	유산소 운동	저항 운동	뼈 강화 운동
빈도	고강도 운동을 최소 주 3일 이상 포함되도록 함	주 3일 이상	주 3일 이상
강도	중강도에서 고강도	체중 또는 8~15회 반복 가능한 무게	충격이나 기계적 부하와 같이 부하를 주는 신체활동이나 운동자극
시간	하루 60분 이상의 운동시간이 포함되도록 함		
형태	뛰기, 자전거 타기, 농구, 축구 등 여러 가지 스포츠를 포함한 즐겁고 성장 발달에 적절한 활동	스쿼트, 클라이밍, 레슬링 등 신체활동은 구조화되지 않은 활동이나 구조화되고 적절하게 감독할 수 있는 활동으로 구성	달리기, 줄넘기, 농구, 테니스, 호핑, 스키핑, 점핑 등과 같은 활동

(4) 미국스포츠·체육교육협회(NASPE)의 유아기 신체활동 촉진을 위한 지도지침
① 근육과 뼈를 강화시키는 신체활동을 함

② 매일 최소 60분의 계획된 신체활동에 참여해야 함
③ 안전한 실내와 실외에서 대근육 활동을 해야 함
④ 수면시간을 제외하고 60분 이상 눕거나 앉아있지 않도록 함
⑤ 개인의 신체활동의 중요성을 인식하고 유아의 운동기술을 발달하게 해야 함

(5) 세계보건기구(WHO, 2020)가 권장한 유아·청소년기 신체활동 지침
① 만 3~4세: 최소 60분 이상의 중·고강도 신체활동을 포함한 하루 180분 이상의 신체활동을 권장
② 만 5~17세: 뼈와 근육을 강화하는 격렬한 강도의 활동을 최소 주 3회 이상 권장, 매일 중등도 내지 격렬한 강도의 신체활동을 권장하며 대부분은 유산소 활동운동이어야 함

(6) 국립중앙의료원(2010)이 제시한 어린이·청소년 신체활동 권장사항
① 인터넷, TV, 게임 등을 위해 앉아서 보내는 시간은 하루 2시간 이내로 함
② 일주일에 3일 이상 유산소운동, 근육강화운동, 뼈 강화운동을 해야 함
③ 영유아는 운동량을 스스로 조절하므로 안전한 놀이 공간을 제공해야 함
④ 어린이와 청소년은 매일 1시간 이상의 운동을 권장

(7) 미국 질병통제예방센터(CDC)가 제시한 연령별 신체활동 가이드라인
① 미취학 아동에게 성장과 발달을 위해 일정 시간 이상의 신체활동이 권장됨
② 미취학 아동의 보호자는 다양한 활동유형의 놀이를 장려해야 함
③ 어린이와 청소년에게 매일 60분 이상의 중강도 신체활동을 장려해야 함
④ 어린이와 청소년들에게 연령에 적합하며, 즐겁고 다양한 신체활동에 참여할 수 있는 기회와 격려의 제공이 권장됨

(8) 운동발달에 대한 검사와 평가
① 운동발달 검사는 전반적인 운동발달 상황을 확인할 수 있는 유용하고 객관적인 지표를 제공함
② 대근운동발달검사(Test of Gross Motor Development)는 만 3~10세 아동을 대상으로 한 이동 및 조작 운동기술에 대한 검사도구임
③ 평가 결과는 특정 기술수행에서 결여된 부분을 확인하고 그 원인을 파악해 프로그램의 구체적인 목표를 설정할 수 있게 함
④ 평가는 기준에 따라 규준지향 평가와 준거지향 평가로 나뉨
  - 규준지향 평가: 학습자가 속한 집단의 규준과 비교하여 상대적인 위치를 알 수 있는 평가방법
  - 준거지향 평가: 절대적인 기준인 준거에 대해서 평가하는 방법으로 학습자의 목표도달 여부를 확인할 수 있음

(9) 기본 움직임 기술에 대한 대근운동발달검사-II(Test of Gross Motor Development-II: TGMD-II)의 영역별 검사항목

구분	영역	세부 검사항목
대근운동 기술	이동 기술 6가지 (상하체의 움직임과 리듬감)	달리기, 제자리멀리뛰기, 외발뛰기(hop), 갤롭(gallop), 립(leap), 슬라이드(slide)
	물체 조작 기술 6가지 (올바른 물체 사용방법)	공 던지기(over-hand throw), 공 받기, 공 치기(striking), 공 차기, 공 굴리기, 공 튕기기(dribble)

(10) '국민체력100'에서 제시하는 유아기(만4~6세, 48개월~83개월) 체력측정 항목

구분	요인	측정항목
체격	신체조성	신장(cm)
		체중(kg)
		BMI(kg/m²)
건강체력	근력	상대악력(%)
	근지구력	윗몸말아올리기(회)
	심폐지구력	10m 왕복 오래달리기(회)
	유연성	앉아윗몸앞으로굽히기(cm)
운동체력	민첩성	5m×4회 왕복달리기(초)
	순발력	제자리 멀리뛰기(cm)
	협응력	3×3 버튼누르기(초)

(11) 유아의 체력 요인과 검사 방법

① 순발력: 모둠발로 멀리 뛴 거리의 측정
② 평형성: 평균대 위에서 한 발로 서있는 시간의 측정
③ 민첩성: 왕복달리기(2m) 시간의 측정
④ 유연성: 앉아서 몸 앞으로 굽히기(좌전굴)
⑤ 근지구력: 1분간 앉았다 일어나기 동작 횟수의 측정

(12) 운동기술체력 요소

① 개념
  • 건강관련 체력 요소(health related fitness): 근력, 근지구력, 심폐지구력, 유연성, 신체조성
  • 운동관련 체력 요소(skill-related fitness): 민첩성, 순발력, 스피드, 협응력, 평형성, 반응시간
② 종류
  • 근력: 신체 각 부위의 근육의 힘 증가
    예) 악력 측정
  • 근지구력: 동일한 근수축 운동을 오랫동안 지속적으로 수행할 수 있는 능력
    예) 평행봉에서 팔 근육으로 버티기, 윗몸 일으키기
  • 심폐지구력: 긴 시간 동안 지속적으로 전신 활동을 수행할 수 있는 능력
    예) 10m 왕복 오래달리기, 셔틀런(페이서, PACER)
  • 유연성: 관절과 근육을 부드럽게 최대로 늘릴 수 있는 능력
    예) 앉아서 무릎을 펴고 몸을 앞으로 굽히기
  • 신체조성(체구성): 체지방 성분비
  • 민첩성: 짧은 시간동안 신체의 방향을 재빠르게 전환하는 능력
    예) 5m왕복 달리기
  • 순발력: 짧은 시간 폭발적으로 힘을 발휘하는 능력
    예) 제자리에서 모둠발로 점프하여 멀리 뛰기
  • 스피드: 빠르게, 느리게 등 속도를 조절할 수 있는 능력
  • 협응력: 근신경계와 운동기관 등의 움직임의 상호조절 능력, 신체의 각 부위가 조화롭게 움직일 수 있는 능력

예) 상대방에게 공을 던지고 받기, 공 차기
- 평형성(균형성): 움직이거나 정지상태에서 몸의 균형을 유지하는 능력
  예) 평균대 위에서 외발서기
- 반응시간: 자극(빛, 소리, 접촉 등)에 반응하는 데 소요되는 시간

(13) 누리과정(2019)

신체운동·건강	신체활동 즐기기, 건강하게 생활하기, 안전하게 생활하기, 신체 움직임을 조절하기, 신체를 인식하고 움직이기, 실내외 신체활동에 자발적으로 참여하기, 기초적인 이동운동, 제자리 운동, 도구를 이용한 운동하기
의사소통	듣기와 말하기, 읽기와 쓰기에 관심 가지기, 책과 이야기 즐기기
사회관계	나를 알고 존중하기, 더불어 생활하기, 사회에 관심 가지기
예술경험	아름다움 찾아보기, 창의적으로 표현하기, 예술 감상하기
자연탐구	탐구과정 즐기기, 생활 속에서 탐구하기, 자연과 더불어 살기

(14) 고강도 운동 시 성인과 비교하여 유소년에게 나타나는 생리적 반응
① 1회박출량: (성인에 비하여) 낮음
② 수축기 혈압: (성인에 비하여) 낮음
③ 호흡 수: (성인에 비하여) 높음
④ 심박수: (성인에 비하여) 높음

1 유아 체육 프로그램의 구성 기본 원리

① 적합성의 원리
  - 연령에 따른 민감기를 고려하여 적절한 운동이 적용되면 운동발달에 효과적임
  - 연령과 신체활동의 경험, 기술 및 발달 수준, 체력을 고려한 프로그램 구성이 필요함
  - 동일 연령의 유아라도 발육발달의 개인차를 프로그램에 반영함
  - 발달 단계에 따른 민감기를 고려한 움직임 수업을 설계함
② 방향성의 원리
  - 인간의 성장과 발달은 일련의 방향성을 가지고 발달하는데 머리에서 사지로 발달하고 신체 중심에서 말초부위로 발달하게 됨
  - 대근육 운동에서 소근육 운동으로 확장된 움직임 수업을 설계함
③ 특이성의 원리
  - 개인의 체력 및 운동 능력의 차이, 성별의 차이, 유전과 환경 요인을 고려한 개인차를 반영
  - 유아의 자발성이나 창의성을 고려하여 계획
④ 안전성의 원리
  - 일상생활 및 안전에 대한 사항들을 이해하고 예방하는 것
  - 신체조정능력과 판단력이 완전히 발달되지 않은 유아에게 우선적으로 고려해야 할 원리임
  - 자신의 능력을 과대평가하는 아동의 성향을 고려한 운동 환경을 마련
  - 우발적 사고에 대한 부모나 지도자의 올바른 인식이 중요
⑤ 연계성의 원리
  - 신체 발달뿐만 아니라 정서적, 사회적 발달을 위한 연계된 프로그램을 제공
  - 프로그램 특성의 변화와 순서를 조직적으로 연계
  - 발육발달과 운동기술발달의 수준을 동시에 고려함
  - 쉬운 과제에서 어려운 과제의 순서로 구성함
  - 차기(kicking)의 개념 학습 후, 정지된 공에서 빠르게 움직이는 공의 순으로 수업을 설계함
⑥ 다양성의 원리
  - 흥미를 잃지 않도록 다양한 프로그램을 제공
  - 체력 향상의 한 측면보다 다양한 부분을 고려
  - 눈과 손의 협응력 향상에 필요한 다양한 활동을 포함함
  - 성별로 구분하는 것보다 연령과 신체 및 운동 발달단계를 고려해서 구성
⑦ 전면성의 원리: 신체의 특정 부위와 체력요소에 치중하지 않고, 전신 운동을 통해 신체를 균형 있게 발달시키고 다양한 체력 요소를 프로그램에 포함시켜야 함
⑧ 과부하(overload)의 원리: 운동 강도가 일상적인 활동보다 높아야 체력이 증진됨
⑨ 가역성(reversibility)의 원리: 운동을 중단하면 운동의 효과가 없어지므로 꾸준히 지속하는 것이 중요함
⑩ 특수성(specificity)의 원리: 특정한 운동 목적에 대한 향상을 위해 트레이닝 방법을 특수하게 구성

하는 것, 운동의 효과는 운동 중 사용한 특정 근육 및 부위에서 나타남

⑪ 개별성(individuality)의 원리: 표준화되거나 획일적인 방법이 아닌 개개인의 체력, 건강, 기호, 체형과 같은 개별적 조건을 고려하여 트레이닝하는 것

⑫ 점진성의 원리: 운동을 부상 없이 효과적으로 수행하기 위해서는 운동강도 및 운동량을 점차적으로 증가시켜야 함

⑬ 반복성의 원리: 일시적이 아닌 정기적으로 반복하여 운동의 효과를 높이는 것

⑭ 기능 관련성 원리: 일상적인 환경에서의 움직임과 연관된 동작을 포함하는 운동프로그램을 설계하고 실행하는 것

2 운동프로그램의 구성 요소

(1) 운동빈도, 운동강도, 운동시간
- 유아 체육 지도 시간은 연령(대상)에 따라 20~40분이 적당하며, 주 2~3회 실시(만 3세 30분, 만 4세 40분, 만 5세 45분 이상)

(2) 운동형태(기본 운동, 지각 운동, 체력 운동)
① 놀잇감(도구)의 변화
- 한 가지 놀잇감(도구)을 가지고 놀이하는 시간은 10여 분이 바람직
- 만 4세의 수업은 3가지, 만 5세의 수업에는 4가지가 적당
- 놀잇감(도구)의 변화를 주어야 함
② 운동 대형의 변화
- 동일한 운동일 경우 둥근 모양, 반원형, 십일자형, 자유 대형 등으로 운동의 대형을 적절하게 창안하는 것이 원칙
③ 반대 동작의 운동을 가함
④ 복합적이고 연속적인 운동을 실시

(3) 유아체육 프로그램 구성 절차
- 자료 수집 → 적용 대상 선정 → 프로그램 작성 → 프로그램 지도 → 프로그램 평가 → 피드백

(4) 유아기의 운동프로그램 구성을 위해 고려해야 할 사항
① 순서를 오래 기다리지 않게 함(릴레이 게임은 삼간다)
② 정적인 운동에 편중되지 않게 함
③ 추상적인 맨손체조는 피함
④ 유아의 경쟁심을 지나치게 강조하지 말아야 함
⑤ 규칙과 약속을 지킴
⑥ 과제를 위한 시간 분배를 가지고 진행을 예측
⑦ 과제 수행보다 유아의 개인차를 우선시
⑧ 학습자가 과제를 인식할 수 있도록 어떤 신호나 자극을 줌
⑨ 과제를 설명할 때 학습자와 의사소통이 될 수 있도록 함
⑩ 활동적인 유아를 위해 주 3~4회의 운동을 편성

⑪ 흥미를 잃지 않도록 발달 수준을 고려하여 구성

⑫ 운동 기능의 향상을 위해 점진적 방법을 적용

⑬ 성별의 차이를 고려해야 함

⑭ 발육발달 상태를 평가해야 함

⑮ 놀이방법을 이해할 수 있는지를 확인해야 함

⑯ 복합적이고 정교한 동작수행 경험보다 다양한 기본움직임에 중점을 두어 구성

⑰ 협응성 운동 시, 속도나 민첩성의 요소가 연계되지 않도록 함

⑱ 운동수행의 성공 빈도를 높일 수 있도록 프로그램을 구성

⑲ 간단한 움직임에서 복잡한 움직임으로 진행되도록 구성

⑳ 대근육에서 소근육으로의 발달단계를 고려하여 구성

㉑ 기본움직임 단계에서는 다양한 안정성, 이동 및 조작 움직임을 습득하도록 구성

㉒ 기본움직임 단계는 협응력이 발달되는 중요한 시기이므로, 다양한 움직임 경험을 갖도록 구성기본

㉓ 기본움직임에서 전문화된 움직임으로의 전환(transition)단계에서는 움직임 수행의 형태, 기술, 정확성과 더불어 질적 측면을 강조하여 구성

1 유아 체육 지도 방법의 종류

(1) 직접-교사 주도적 교수 방법

① 유아 체육 교육기관에서 체육활동을 지도할 때 일반적으로 사용하는 전통적인 교수방법

② 이 방법은 유아가 무엇을, 언제 어떻게 할 것인지를 모두 교사가 결정하여 가르치는 교수법으로 교사 주도적임

③ 전체 학습자가 한번에 다 같이 학습해야 할 기술에 대한 이해나 연습에 효과적

④ 대그룹 활동을 지도할 때 효과적

⑤ 지시적 교수법과 과제 중심 접근 방법으로 나뉨

- 지시적 교수법(지시적 방법): 시범 보이기, 연습해보기, 일반적인 언급해주기, 보충설명과 시범 다시 보이기

  예) 콘을 지그재그로 통과하면서 드리블하는 시범을 보이고 따라 하게 유도하고, 실수하거나 느린 아이들은 지적하면서 동작을 수정해주기

- 과제 중심 접근 방법(과제 제시 방법)

  – 지시적 방법과 마찬가지로 유아가 할 행동이나 활동하는 방법을 지도사가 정하지만 유아에게 의사결정권을 주는 점에서 지시적 방법과 다름

  – 학습환경에 자유와 융통성을 도입하여 더 많은 책임을 부여함

    예) 인사이드 드리블, 아웃사이드 드리블 등 다양한 유형의 기술을 시범 보인 이후에 아이들이 자신이 좋아하거나 잘하는 기술 위주로 자유롭게 선택하여 연습할 수 있도록 유도함

(2) 간접-유아 주도적 교수 방법

① 유아에게 주도권을 주는 것에 초점을 두는 방법으로서 학습 과정의 중심이 유아가 됨

② 이 교수법의 특징은 체육 활동이나 운동을 선택하는 기회를 유아에게 제공

③ 체육실에 있는 어떤 운동 기구나 소도구를 자유롭게 이용

④ 탐색적 방법과 안내-발견적 방법으로 나뉨

- 탐색적 방법(탐구적 방법)

  – 동작 과제나 질문을 제시하고 유아들이 제안한 다양한 해결방법을 인정하고 받아들이기

  – 학습과정 그 자체에 초점을 두기 때문에 형식과 정확성을 요구하지 않으며, 각각의 유아가 같은 방법으로 운동과제를 수행하도록 요구하지 않음

  – 지도사는 의미있는 운동과제를 제공하여 유아 자신이 신체동작의 가능성을 탐색하고 동작기술을 발전시켜 창의적인 방법으로 표현하도록 격려함

  – 유아 스스로의 실험과 문제해결, 자기 발견을 통해 학습이 일어나는 과정

  – 유아가 창의성 있게 자발적으로 참여하게 하는 지도방법

    예) 아이들이 개별적으로 볼을 가지고 놀면서 자유롭게 드리블을 하게 하고, 모든 공간을 쓸 수 있게 허용함, 어떠한 신체 부위를 사용하든지 관여하지 않음

- 안내-발견적 방법: 올바른 동작 방법을 제시하고 자유롭고 창의적으로 표현하게 하기

예) 활동 전 아이들에게 어떻게 하면 콘을 건드리지 않고 드리블해 나갈 수 있을지를 질문한 후 실제 활동을 하게 한 후 다양한 수준을 가진 아이들의 수행을 관찰하게 함

⑤ 장점
- 유아 개개인의 능력이나 흥미의 개인차를 인정
- 유아의 취향에 따라 운동을 선택 가능
- 유아 스스로가 독창성을 발휘하여 자기발견학습을 하게 함

(3) Slater(1993)의 유아-교사 상호 주도적·통합적 교수 방법
① 유아들에게 적절한 과제를 주고, 충분히 안내를 받아 연습을 하게 함
② 계획적인 교수 방법을 제공
③ 유아를 위한 체육 프로그램을 구성하는 교육자들은 유아들이 해야 할 경험에 대해 잘 알고 적합한 연습의 기회를 주는 것이 매우 중요
④ 지나친 교사 주도적 활동이나 지나친 유아 주도적 방법에 치우치지 않고 유아의 흥미와 교사의 체계적인 접근방법이 균형을 이루는 교수 방법
⑤ Slater(1993)의 통합적 교수법: 도입, 동작 습득, 창의적 표현, 평가의 4단계별 활동 전개

2 유아 체육 지도자의 자세 및 자질

(1) 국민체육진흥법(2014)의 유소년스포츠지도사 자격제도
① 유소년은 만 3세부터 중학교 취학 전까지를 말함
② '유소년스포츠지도사'란 유소년을 대상으로 체육을 지도하는 사람을 말함
③ 유소년스포츠지도사는 유소년의 행동양식, 신체 발달 등에 대한 지식을 갖춤

(2) 유아 체육 지도자의 역할
① 유아의 발달에 적합한 동작 언어를 사용하여 구체적인 동작을 위한 반문이나 창의적 질문을 함으로써 유아의 발달 수준에 따라 개별화 교수와 안전한 체육 활동을 진행하는 열정적인 교수자의 역할을 하여야 함
② 특수한 동작 기술을 가르치는 것도 중요하지만 그보다도 유아가 신체를 새롭고 창의적인 방법으로 사용하는 것을 격려함으로써 유아가 자신의 느낌과 생각을 동작으로 표현하고 신체의 잠재적 가능성을 발견할 수 있도록 촉진자의 역할을 하여야 함
③ 유아의 주위에서 움직이면서 과제에 대하여 각 유아의 신체 활동과 반응이 어떠한지, 유아의 운동 능력이 증진되었는지, 유아의 심리적 상태는 어떠한지를 주의 깊게 살펴보면서 관찰자와 해석자의 역할을 하여야 함
④ 각 유아의 신체 활동에 대한 관찰과 해석을 기초로 하여 유아 체육 활동에 적극적으로 시범을 보이며 개입을 할 것인가 또는 개입하지 않고 소극적으로 조정하며 상호작용 할 것인가를 비판적으로 판단하는 의사결정자의 역할을 하여야 함
⑤ 호기심을 자극하고, 반응에 관심을 보이며 지도함
⑥ 반드시 이기는 것이 좋은 것이 아니라 정확한 신체 동작과 규칙을 잘 지키면서 활동하는 것이 중요하다는 것을 강조하면서 진행
⑦ 주제와 장소를 고려하여 적절한 장비를 선택하며 지도함

⑧ "해보자!", "해보지 않겠니?"등의 권유형 언어를 사용하여 지도함

⑨ 교사는 유아들의 흥미와 동기 유발을 위해 유아와 함께 신체 탐색 활동과 다양한 신체 활동에 적극 참여해야 함

⑩ 교사는 유머 감각을 가지고 웃음을 통해 유아가 끊임없이 흥미를 지속하도록 노력해야 함

⑪ 특히 어려운 신체 활동을 가르칠 때나 시범을 보일 때 일부러 유아들이 할 수 있는 실수를 해서 유아들이 웃으며 배울 수 있도록 함

⑫ 밝은 표정과 따뜻한 대화 분위기를 조성하여 유아와 긍정적인 상호작용을 함

⑬ 유아의 눈높이에서 열린 마음으로 유아와 대화를 나누며, 유아의 이야기를 경청하고 친절하게 반응해야 함

⑭ 활동적이고 주의 산만한 유아 또는 신체 활동에 전혀 참여하지 않으려는 소극적인 유아가 있는 경우에는 그런 유아들에게 개별적인 관심을 갖고 적절하게 대처해 나가면서 신체 활동을 진행해야 함

⑮ 신체 활동을 진행할 때 가장 속도가 늦은 유아의 수업 속도에 맞추어 단계를 낮추어 진행

⑯ 수업 방법을 놀이를 통해 다양화해야 함

⑰ 반복적인 연속은 유아들을 지루하게 하고 흥미를 저하시킴

⑱ 성공적인 수업의 진행을 위해서는 놀이를 적극적으로 활용하고, 신체 활동 방법을 개별적인 유아의 발달 속도에 따라 다양화하도록 함

⑲ 체육 활동의 주제와 계절을 고려하여 적절하고 다양한 음악을 선택

⑳ 유아들이 체육 활동의 주체가 되어 정확한 동작을 할 수 있도록 지도

㉑ 더 나아가서 창의적인 신체 표현까지 가능하도록 충분한 시간을 주도록 함

㉒ 유아의 수를 고려하여 운동 종목과 장소에 유의하여 운동 기구 및 시설을 적절히 배치

㉓ 유아들의 운동 상태를 한눈에 파악할 수 있는 운동 대형을 만들어 지도

㉔ 게임과 편을 나누어 하는 체육 활동을 진행할 경우에는 지나친 경쟁의식을 갖지 않도록 지도

(3) 효과적 학습경험 설계를 위한 유아체육 지도자의 교수전략
① 각 유아에게 적합한 수준에서 연습할 수 있도록 개별화된 학습경험을 제공
② 유아의 실제학습시간(ALT)을 증가시킬 수 있는 환경을 조성
③ 유아의 능력 수준을 고려한 학습과제를 제공하고, 연습 시간을 최대한 확보해주기
④ 새로운 기능 학습 시에는 수업 초반에 제시한 과제 수준을 필요에 따라 변화를 주기

(4) 유의점
① 유아들이 신체를 활발하게 자유로이 움직일 수 있고 체육 활동을 할 수 있는 충분한 공간을 제공
② 유아들이 체육 활동을 위해 흩어졌다가 모일 수 있는 일정한 장소를 정하고 유아들이 시각적으로 잘 인지할 수 있도록 색 테이프로 표시
③ 유아들과 협의하여 출발과 멈춤 신호, 안전규칙을 미리 정하고 잘 알려주어 체육 활동이 질서 있고 안전하게 이루어지게 함
④ 신체 활동을 하기 전에 유아 자신이 활용할 수 있는 개인 공간과 유아 모두가 공유하여 활용할 수 있는 일반 공간에 대한 인식을 먼저 가지고 움직이도록 함
⑤ 가능하면 동작의 시범을 보이지 않고 유아 스스로가 생각한 대로 동작 표현을 하게 하여 자발적이고 창의적이며, 개별화된 체육 활동이 이루어지게 함
⑥ 체육 활동에 참여하지 않는 소극적인 유아의 경우에는 인내심을 가지고 관찰하고 기다리면서 천천히 자연스럽게 참여를 유도
⑦ 경쟁적인 요소나 과격한 체육 활동에 의해 안전이 우려되는 경우에는 일정한 방향으로 움직이게 하

거나 일정한 안전 장소를 정해서 소집단으로 활동
⑧ 유아들의 적극적인 참여가 가장 중요하므로 장비와 기구를 충분히 제공하여 순서를 기다리는 시간을 최소화하고 유아들이 직접 참여해서 많이 움직여 볼 수 있는 충분한 시간을 제공

3 유아 운동프로그램 지도

(1) 유소년 체육 지도 원리
유아 운동프로그램은 단순한 것에서 시작하여 복잡한 것으로 운동을 지도해야 하며 어떤 기능 발달을 할 것인가에 대한 목적성을 띠고 있어야 한다.

① 놀이 중심의 원리: 유아의 흥미를 고려하여 **체육 활동이 지속될 수 있도록** 다양한 운동 도구를 활용
② 생활 중심의 원리: 유아의 일상생활에서의 움직임을 잘 관찰하고 일상생활에서의 신체 활동 경험을 바탕으로 함
③ 개별화의 원리: 유아의 운동능력 수준이나 경험 수준이 다양한 점을 고려함으로써 유아 개개인의 개인차를 인정
④ 탐구 학습의 원리: 유아 개개인이 자발적으로 자신의 신체에 대한 움직임, 공간 내에서의 움직임, 방향, 시간, 힘, 흐름 등과 같은 움직임의 기본적 개념을 탐색
⑤ 반복 학습의 원리: 유아 체육에서는 안정, 이동, 조작 운동의 3가지 기초 운동의 반복 학습을 하도록 하며, 지각-운동 요소에 대한 정보 또한 반복 학습
⑥ 융통성의 원리: 신체 활동의 과정에서 순서를 제시할 때에도 유아의 체력과 흥미, 활동 시간 등을 고려
⑦ 통합의 원리
  • 대근육 운동능력 중 안정과 이동의 기초운동기술, 협응과 균형의 운동능력, 공간과 방향의 지각-운동능력 발달이 통합적으로 이루어지도록 함
  • 과거 경험, 현재 흥미의 고려는 물론 다양한 문화적 경험을 할 수 있도록 함
⑧ 표현성 원리: 음악의 리듬에 맞추어 효과적인 표현지도
⑨ 사회화 원리: 소규모 집단으로 구성하여 지도
⑩ 흥미성 원리: 흥미를 존중하여 학습 능력을 높이도록 지도

(2) 유아대상의 운동 지도방법
① 자세한 설명보다는 시범을 자주 보여줌
② 게임 파트너를 교대하며 다양한 변화를 줌
③ 미디어를 활용하여 운동참여에 대한 관심을 유도함
④ 어렵고 위험한 과제에는 신체적 가이던스(physical guidance)를 적극 활용해야함

(3) 유아의 운동기술 연습 시 지도자의 적합한 시범
① 시범에서 행동적 표현을 보다 많이 활용할 때 더 효과적임
② 시범은 추가적 학습단서(learning cue)와 함께 제공될 때 더 효과적임
③ 다양한 각도에서 이루어진 시범을 통해 정확한 정보를 제공
④ 자주 실수하는 동작에 대해 반복적인 시범을 보여주기

(4) 유소년의 전문화된 운동기술 연습 시, 인지단계(cognitive stage)의 지도전략
① 복잡한 운동기술은 여러 단계로 구분하여 지도
② 운동의 목적과 요구되는 기술을 명확히 설명해줌
③ 과거 기술과 연계지어 동작의 형태를 반복되도록 구성
④ 운동수행에 대한 평가는 지도자가 하는 것이 좋음

(5) 유아체육 프로그램 운영지침 및 목표
① 실제 신체활동 참여 시간을 늘림
② 일상생활과 관련된 내용을 프로그램에 포함시킴
③ 다양한 신체활동을 통해 기본 운동 기술을 이해함
④ 자신의 감정을 표현할 수 있는 기회를 제공
⑤ 지각과 동작 간의 협응 과정을 통해 지각-운동 기술을 발전시킴
⑥ 유아의 흥미를 고려한 지도 방법으로, 음악이나 도구를 활용하여 다양한 프로그램을 구성
⑦ 운동기술 수준에 맞는 도전적인 프로그램을 제공
⑧ 무조건적인 칭찬이 아닌 노력에 연계된 격려를 제공
⑨ 개개인의 발달 수준을 고려한 개별화 프로그램을 제공

(6) 유아의 신체활동 참여 동기를 증진시키는 방법
① 수행력 향상을 위해 역할모델을 활용함
② 쉬운 과제를 성취한 경우라도 칭찬해 줌
③ 성취경험의 빈도를 높이기 위해 과제 난이도를 조절함
④ 모든 유아의 성공을 가져오도록 하는 환경을 만들기
⑤ 유아의 능력과 과제 난이도를 고려한 프로그램 제공을 통해 몰입을 돕기
⑥ 학습과제 범위 내에서 유아에게 자율적 선택권을 부여함
⑦ 활동적으로 참여하는 유아를 격려하고 칭찬함
⑧ 프로그램 내 과제 수준은 이전 프로그램과 연계해서 개인 역량에 맞게 제공하는 것이 좋음

(7) 신체활동 프로그램에서 실제학습시간(Academic Learning Time: ALT)을 증가시키는 전략
① 설명은 간결하고 명확하게 함
② 주의집중을 위해 상호 간에 약속된 신호를 만들기
③ 동작에 대한 시범을 위한 시간을 너무 길지 않게 함
④ 활동적 참여에 대해 정적 강화를 함
⑤ 일부 유아들이 어려워하는 활동이나 게임은 피함

(8) 유치원 체육수업에서 실제학습시간(ALT)을 증가시킬 수 있는 공간 구성 전략
① 수업 시작 전 교구를 효율적으로 배치하여 대기시간을 줄임
② 운동이 익숙해지는 시기에는 병렬식보다 순환식 위주로 기구를 배치함
③ 유아의 주의 집중을 위해 체육시설이나 기구를 효율적으로 배치함
④ 수업 중인 신체활동과 관련 없는 놀잇감 배치를 지양함
⑤ 유아의 호기심 및 모험심 등을 표현할 수 있는 환경 조성을 추구함

(9) 유아 체육 활동 시 안전을 위한 고려사항

① 발달 수준에 적합한 운동 기구 선택
② 도구 사용법이나 운동 방법에 대한 사전 교육
③ 안전한 장소에서 운동 수행
④ 운동 전·후에 올바른 준비·정리 운동 실시
⑤ 신체활동을 위한 넓은 공간을 확보
⑥ 수업 교구의 사용법을 설명해주기
⑦ 놀이시설의 위험성을 주의할 수 있도록 지도
⑧ 유아에게 일어날 수 있는 우발적인 사고를 예방하기 위해서 환경적 요인 변화와 유아의 행동 변화를 주의 깊게 관찰

(10) 유소년 체육활동에서 체온조절과 관련된 내용으로 지도자가 고려해야 할 사항

① 적당한 온도 및 습도가 유지된 환경을 조성해야 함
② 더운 여름철의 체육 활동에는 적절한 수분 보충을 장려함
③ 유소년은 체육활동 시 성인에 비해 열을 빨리 획득하게 된다는 것을 인지함

(11) 열 관련 질환

① 고체온증: 신체 내부의 온도가 비정상적으로 상승하여 체온조절이 불가능해지는 상태
② 열성경련
  • 주로 생후 6개월~5세 사이의 영유아에게서 발생하며 갑자기 올라간 고열과 함께 경련을 일으킴
  • 주된 원인으로 고열, 뇌 손상, 유전적인 요인 등이 거론됨
③ 열경련: 고온환경에서 운동 후 과다한 발한작용으로 인한 무기질 손실과 탈수가 원인으로 열 관련 가장 가벼운 손상이며 골격근의 심한 경련이 주로 팔, 다리, 복부에서 일어남
④ 일사병: 고온환경에 노출되어 심부 신체의 온도가 37도에서 40도 사이로 상승하여, 적절한 심장박출을 유지할 수 없으나 중추신경계의 이상은 없는 상태
⑤ 열사병
  • 체온이 40℃ 이상으로 오름
  • 땀을 전혀 흘리지 않거나 과도하게 많이 흘림
  • 신체 내 열을 외부로 발산하지 못해 고체온 발생 및 중추신경계의 이상을 보임
  • 신속한 체온감소 조치와 병원 후송이 필요함

(12) 응급 상황 시 행동 요령

  • 응급상황 인지 → 도움 유무 결정 → 구급차 호출 → 부상자 진단 → 응급처치 실시

(13) 응급처치

① 휴식(rest): 부상부위를 고정하고 안정을 취함
② 얼음찜질(ice): 부상부위에 얼음주머니를 대고 붕대를 감음
③ 압박(compression): 탄성붕대를 이용하여 압박함
④ 거양(elevation): 다리를 심장보다 높게 놓고 안정을 취함

(14) '영유아 기도폐쇄' 응급처치

① 1세 미만의 경우 등 두드리기 및 흉부압박이 권장됨
② 의식이 없는 경우 혀에 의한 기도폐쇄가 있는지 확인해야함
③ 등 두드리기를 할 때 머리를 가슴보다 낮게 하고, 안은 팔을 허벅지에 고정시켜야함
④ 흉부를 압박할 때 등을 받치고 머리를 가슴보다 낮게 하여, 안은 팔을 무릎 위에 놓아야 함

4 안전한 운동 프로그램 지도를 위한 환경

(1) 안전한 운동 프로그램의 환경 조성

① 유소년들의 기본적인 감각능력을 기르고 자신의 신체를 긍정적으로 인식할 수 있도록 시각, 청각, 미각, 후각, 촉각 등의 다양한 감각적 자극을 제공해서 환경과 능동적으로 상호작용하고 감각적 차이를 느낄 수 있도록 구성
② 다양한 활동 놀잇감 제공 → 조작, 대소근육 발달, 균형 감각 증진시키는 기구 제공 → 다양한 감각적 자극 제공 → 환경과 능동적으로 상호작용
③ 흥미유발을 위해 다양한 교구를 사용함
④ 대근운동 시 충격 흡수를 위한 안전매트를 깔아줌
⑤ 필요하면 음향시설을 활용할 수 있음
⑥ 안전을 위해 가능한 충분한 공간을 확보해야 함

(2) 유아발달에 적합한 실내·외 지도 환경

① 공간의 구성은 놀이 형태와 지속시간에 영향을 줌
② 놀이 공간과 놀이 교구는 유아의 놀이에 영향을 미침
③ 유아의 활동성을 고려해 충분한 공간을 확보하는 것이 바람직함
④ 발달과 학습을 유도할 수 있는 환경을 의도적으로 구성해야 함
⑤ 다양한 감각 자극을 제공할 수 있는 환경을 조성함
⑥ 적절한 교구 배치를 통해 효과적 지도가 가능한 환경을 조성함

(3) 유아체육 지도환경 조성 원칙

① 흥미성: 호기심, 모험심 등을 표현할 수 있는 지도환경 조성
② 필요성: 음향시설, 냉난방시설, 활동공간의 크기 등을 고려한 지도환경 조성
③ 안전성: 설비나 용구로 인한 건강 저해나 활동의 위험성이 없도록 지도환경 조성, 부드러운 마감재나 바닥 재질, 공간의 벽 등을 고려한 지도환경 조성

(4) 유아 운동프로그램의 시설과 교재 교구 배치 원리 및 유형

① 운동 프로그램의 시설과 교재 교구 배치 원리
 • 유소년들의 연령과 운동능력에 적합한 환경을 제공
 • 좁은 공간에서는 그 공간에 맞도록 다양한 방법으로 변화시킴
 • 운동 프로그램 진행의 위치를 선정하는 것이 중요하며, 공간은 대집단 유아들이 충분히 움직일 수 있는 크기여야 함
 • 운동 프로그램 진행은 소리가 많이 나는 활동적인 영역이므로 정적인 활동을 방해하지 않는 위

치를 선정해야 함
- 매력적인 운동프로그램이 되도록 기구를 구성하여 유소년들이 운동프로그램을 하고 싶은 욕구를 느끼도록 함
- 유소년들이 쉽게 접근할 수 있는 대도구와 소도구를 제공하며, 주제에 따라 자주 바꿔줘야 함
- 안전사고를 예방할 수 있는 공간을 구성

② 운동 기구 배치 유형별 효과
- 병렬식 배치: 교구 사용을 반복하여 자신감을 갖도록 유도함, 유아들이 운동 기구에 쉽게 익숙해짐
- 순환식 배치: 대기시간을 줄여 실제학습시간을 늘림, 여러 운동 기구를 한꺼번에 접할 수 있도록 하여 흥미와 만족을 줌
- 시각적 효과의 배치: 학습자의 시선을 유도함, 유아의 만족감을 증대시킬 수 있음
- 공간 활용성을 높인 배치: 안전사고를 예방함
- 운동 기구 관리: 운동 기구의 유지 및 관리를 철저히 하여 안전사고를 예방할 수 있음

(5) 체육과 교육과정(2022)에서 추구하는 핵심적인 신체활동 역량

① 움직임 수행 역량
- 신체활동 형식에 적합한 움직임의 기능과 방법을 효율적, 심미적으로 발휘할 수 있는 능력
- 운동, 스포츠, 표현 활동 과정에서 동작에 필요한 지식, 기능, 태도를 다양한 상황에 적용하며 발달함

② 건강관리 역량
- 체력 및 신체적, 정신적, 사회적 건강을 유지하고 증진하는 능력
- 체육과 내용 영역에서 학습한 신체활동을 일상생활에서 실천하며 함양함

③ 신체활동 문화 향유 역량
- 다양한 신체활동 문화를 전 생애 동안 즐기며 타인과 상호작용할 수 있는 능력
- 각 신체활동 형식의 특성을 이해하고 인류가 축적한 문화적 소양을 내면화하여 공동체 속에서 실천하면서 길러짐

1. 효과적 학습경험 설계를 위한 유아체육 지도자의 교수전략으로 옳지 <u>않은</u> 것은?
   ① 각 유아에게 적합한 수준에서 연습할 수 있도록 개별화된 학습경험을 제공해야 한다.
   ② 유아의 실제학습시간(ALT)을 증가시킬 수 있는 환경을 조성해야 한다.
   ③ 유아의 능력 수준을 고려한 학습과제를 제공하고, 연습 시간을 최대한 확보해준다.
   ④ 새로운 기능 학습 시에는 수업 초반에 제시한 과제 수준을 일관되게 유지한다.

2. 유아의 운동기술 연습 시 지도자의 적합한 시범으로 옳지 <u>않은</u> 것은?
   ① 시범에서 언어적 표현을 보다 많이 활용할 때 더 효과적이다.
   ② 시범은 추가적 학습단서(learning cue)와 함께 제공될 때 더 효과적이다.
   ③ 다양한 각도에서 이루어진 시범을 통해 정확한 정보를 제공한다.
   ④ 자주 실수하는 동작에 대해 반복적인 시범을 보여준다.

3. 유아 신체활동의 내적 참여동기를 증진시키는 효과적 교수전략으로 옳지 <u>않은</u> 것은?
   ① 유아의 능력과 과제 난이도를 고려한 프로그램 제공을 통해 몰입을 돕는다.
   ② 학습과제 범위 내에서 유아에게 자율적 선택권을 부여한다.
   ③ 활동적으로 참여하는 유아를 격려하고 칭찬한다.
   ④ 프로그램 내 과제 수준을 동일하게 제공한다.

4. 유아의 지각-운동 발달에 관한 설명으로 옳지 <u>않은</u> 것은?
   ① 유아기는 지각-운동 발달의 최적기이다.
   ② 지각이란 감각수용세포가 자극으로 들어온 정보를 뇌로 전달하는 것을 뜻한다.
   ③ 지각-운동 발달은 아동의 운동능력을 나타내는 중요 요소 중 하나이다.
   ④ 유아기의 지각-운동 학습경험이 많을수록 다양한 운동상황에 반응하는 적응력이 발달된다.

5. <보기>가 설명하는 것은?
   〈보기〉

   - 체온이 40℃ 이상으로 오른다.
   - 땀을 전혀 흘리지 않거나 과도하게 많이 흘린다.
   - 신체 내 열을 외부로 발산하지 못해 고체온 발생 및 중추신경계의 이상을 보인다.
   - 신속한 체온감소 조치와 병원 후송이 필요하다.

   ① 일사병   ② 열사병
   ③ 고체온증   ④ 열경련

6. <보기>의 ㉠~㉢에 해당하는 설명과 유아체육 프로그램의 구성원리가 올바르게 제시된 것은?
   〈보기〉

   ㉠ 차기(kicking)의 개념 학습 후, 정지된 공에서 빠르게 움직이는 공의 순으로 수업을 설계한다.
   ㉡ 대근육 운동에서 소근육 운동으로 확장된 움직임 수업을 설계한다.
   ㉢ 발달 단계에 따른 민감기를 고려한 움직임 수업을 설계한다.

	㉠	㉡	㉢
①	연계성	전면성	특이성
②	다양성	방향성	적합성
③	연계성	방향성	적합성
④	다양성	적합성	개별성

7. <보기>의 ⊙~ⓒ에 들어갈 용어가 바르게 제시된 것은?

〈보기〉

⊙	• 일정 시기가 되면 자연히 발생되는 양적인 변화과정이다. • 신장, 체중, 신경조직, 세포증식의 확대에 의한 증가를 뜻한다.
ⓒ	• 신체, 운동, 심리적 측면에서 전 생애에 걸쳐 일어나는 체계적이고 연속적인 변화를 뜻한다. • 변화하는 속도에는 개인차가 있으며, 상승적 변화뿐 아니라 하강적 변화도 포함한다.
ⓒ	• 기능을 더 높은 수준으로 발전할 수 있도록 하는 질적변화를 뜻한다. • 신체적, 생리적 변화뿐 아니라 행동 변화까지 포함한다.

	⊙	ⓒ	ⓒ
①	성숙	발달	성장
②	발달	성숙	성장
③	성장	발달	성숙
④	발달	성장	성숙

8. <보기>는 대근운동발달검사-II(Test of Gross Motor Development-II: TGMD-II)의 영역별 검사항목이다. ⊙, ⓒ에 들어갈 항목이 바르게 연결된 것은?

〈보기〉

구분	영역	세부 검사항목
대근운동 기술	이동 기술	달리기, 제자리멀리뛰기, 외발뛰기(hop), (ⓒ), 립(leap), 슬라이드(slide)
	(⊙)기술	공 던지기(over-hand throw), 공 받기, 공 치기(striking), 공 차기, 공 굴리기, 공 튕기기(dribble)

	⊙	ⓒ
①	안정성	갤롭(gallop)
②	물체 조작	피하기(dodging)
③	안정성	피하기(dodging)
④	물체 조작	갤롭(gallop)

9. <보기>는 인지발달 관점에 따른 주요 이론의 내용이다. ⊙~@에 들어갈 용어가 바르게 제시된 것은?

〈보기〉

이론	발달단계	주요 개념	인지발달의 방향
인지발달 단계 이론	감각운동기 전조작기 구체적 조작기 (ⓒ)	(ⓒ) 동화 조절	내부→외부
(⊙)	연속적 발달단계	내면화 (@) 비계설정	외부→내부

	⊙	ⓒ	ⓒ	@
①	정보처리 이론	형식적 조작기	부호화	기억기술
②	사회문화적 이론	형식적 조작기	평형화	근접발달영역
③	정보처리 이론	성숙적 조작기	부호화	근접발달영역
④	사회문화적 이론	성숙적 조작기	평형화	기억기술

10. 반사 움직임 시기의 '정보 부호화 단계(information encoding stage)'에 대한 설명으로 옳지 않은 것은?

① 피질의 발달과 특정 환경적 억제 요인의 감소 현상이 일어난다.

② 태아기를 거쳐 생후 약 4개월까지 관찰될 수 있는 불수의적 움직임의 특징을 보인다.

③ 뇌 중추는 다양한 강도와 지속시간을 가진 여러 자극에 대해 불수의적 반응을 유발할 수 있다.

④ 뇌하부 중추는 운동 피질보다 더 많이 발달하며 태아와 신생아의 움직임을 제어하는데 필수적이다.

11. 체육과 교육과정(2022)에서 추구하는 핵심적인 신체활동 역량의 내용이 **아닌** 것은?

① 움직임 수행 역량: 운동, 스포츠, 표현 활동 과정에서 동작에 필요한 지식, 기능, 태도를 다양한 상황에 적용하며 발달한다.

② 건강관리 역량: 체육과 내용 영역에서 학습한 신체활동을 일상생활에서 실천하며 함양한다.

③ 신체활동 문화 향유 역량: 각 신체활동 형식의 특성을 이해하고 인류가 축적한 문화적 소양을 내면화하여 공동체 속에서 실천하면서 길러진다.

④ 자기 주도성 역량: 신체적으로 활동적인 삶을 사는 데 필요한 움직임을 다양한 환경에서 수행하고 적용함으로써 길러진다.

12. <보기>의 지도자별 교수 방법이 바르게 연결된 것은?

〈보기〉

A 지도자: 콘을 지그재그로 통과하면서 드리블하는 시범을 보이고 따라 하게 유도한다. 실수하거나 느린 아이들은 지적하면서 동작을 수정해준다.
B 지도자: 아이들이 개별적으로 볼을 가지고 놀면서 자유롭게 드리블을 하게 한다. 모든 공간을 쓸 수 있게 허용한다. 어떠한 신체 부위를 사용하든지 관여하지 않는다.
C 지도자: 인사이드 드리블, 아웃사이드 드리블 등 다양한 유형의 기술을 시범 보인다. 이후에 아이들이 자신이 좋아하거나 잘하는 기술 위주로 자유롭게 선택하여 연습할 수 있도록 유도한다.
D 지도자: 활동 전 아이들에게 어떻게 하면 콘을 건드리지 않고 드리블해 나갈 수 있을지를 질문한 후 실제 활동을 하게 한다. 이후 다양한 수준을 가진 아이들의 수행을 관찰하게 한다.

① A 지도자: 탐색적(exploratory) 방법

② B 지도자: 과제 중심 접근(task-oriented) 방법

③ C 지도자: 지시적 교수법(command style teaching)

④ D 지도자: 안내-발견적 (guide-discovery) 방법

13. <보기>는 퍼셀(M. Purcell)이 제시한 동작교육과정에 관한 내용이다. ㉠~㉢에 해당하는 용어가 바르게 연결된 것은?

〈보기〉

• (㉠): 전신의 움직임, 신체 부분의 움직임
• (㉡): 수준, 방향
• (㉢): 시간, 힘
• (관계): 파트너/그룹, 기구·교수 자료

	㉠	㉡	㉢
①	공간인식	노력	신체 인식
②	신체 인식	공간인식	노력
③	노력	신체 인식	공간인식
④	신체 인식	노력	공간인식

14. <보기>는 인간행동의 '역학적 요인'이다. ㉠~㉢에 들어갈 용어가 바르게 연결된 것은?

〈보기〉

• 안정성 요인: 중력 중심, 중력선, (㉠)
• 힘을 가하는 요인: 관성, (㉡), 작용/반작용
• 힘을 받는 요인: 표면적, (㉢)

	㉠	㉡	㉢
①	지지면	가속도	거리
②	가속도	거리	지지면
③	지지면	거리	가속도
④	거리	가속도	지지면

15. <표>는 미국스포츠의학회(ACSM, 2022)의 '어린이와 청소년을 위한 FITT(빈도, 강도, 시간, 형태) 권고사항'이다. ⑦~ⓒ에 들어갈 용어가 바르게 연결된 것은?

〈표〉

구분	유산소 운동	저항 운동	뼈 강화 운동
형태	여러 가지 스포츠를 포함한 즐겁고 (⑦)에 적절한 활동	신체활동은 (ⓒ) 되지 않은 활동이나 (ⓒ) 되고 적절하게 감독할 수 있는 활동으로 구성	달리기, 줄넘기, 농구, 테니스 등과 같은 활동
시간	하루 (ⓒ) 이상의 운동시간이 포함되도록 함		

	⑦	ⓒ	ⓒ
①	기술 향상	분절화	60분
②	성장 발달	분절화	40분
③	성장 발달	구조화	60분
④	기술 향상	구조화	40분

16. 기본 움직임 과제들의 '기술 내 발달 순서(intraskill sequences)'에 관한 설명으로 옳지 <u>않은</u> 것은?

① 기본 움직임 패턴에서 신체 부위들의 발달 속도는 서로 다를 수 있다.

② 기본 움직임 기술의 습득 및 성숙은 과제·개인·환경 요인들에 영향을 받는다.

③ 움직임 기술의 발달 단계 구분은 움직임 패턴의 특수성이나 관찰자의 정교함에 영향을 받지 않는다.

④ 갤러휴(D. Gallahue)와 클렐랜드(F. Cleland)는 운동기술의 발달 순서에 대해 시작, 초보, 성숙으로 분류하였다.

17. '국민체력100'에서 제시하는 유아기 체력측정에 관한 설명으로 옳은 것만을 모두 고른 것은?

〈보기〉

> ㄱ. 체력측정은 건강체력과 운동체력 항목으로 나뉜다.
> ㄴ. 건강체력 측정의 세부항목으로는 10m 왕복오래달리기, 상대악력, 윗몸말아올리기, 앉아윗몸앞으로굽히기 등이 있다.
> ㄷ. 운동체력 측정의 세부항목으로는 5m×4 왕복달리기, 제자리 멀리뛰기, 3×3 버튼누르기 등이 있다.

① ㄱ, ㄴ   ② ㄱ, ㄷ
③ ㄴ, ㄷ   ④ ㄱ, ㄴ, ㄷ

18. 유소년 운동프로그램 구성의 기본원리에 대한 설명으로 옳은 것만을 모두 고른 것은?

〈보기〉

> ㄱ. 가역성의 원리: 운동을 중단하면 운동의 효과가 없어지므로 꾸준히 지속하는 것이 중요하다.
> ㄴ. 전면성의 원리: 운동을 부상 없이 효과적으로 수행하기 위해서는 운동강도 및 운동량을 점차적으로 증가시켜야 한다.
> ㄷ. 점진성의 원리: 신체의 특정 부위에 치중하지 않고, 전신 운동을 통해 신체를 균형 있게 발달시킨다.
> ㄹ. 과부하의 원리: 운동 강도가 일상적인 활동보다 높아야 체력이 증진된다.

① ㄱ, ㄹ   ② ㄴ, ㄷ
③ ㄱ, ㄷ, ㄹ   ④ ㄴ, ㄷ, ㄹ

19. <표>는 갤러휴(D. Gallahue)의 운동에 대한 2차원 모델이다. ㉠~㉢에 들어갈 내용이 바르게 연결된 것은?

〈표〉

운동발달 단계	움직임 과제의 의도된 기능		
	안정성	이동	조작
반사 움직임 단계	• 직립 반사	• 걷기 반사	• (㉢)
초보 움직임 단계	• (㉠)	• 포복하기	• 잡기
기본 움직임 단계	• 한발로 균형 잡기	• 걷기	• 던지기
전문화 움직임 단계	• 축구 페널티 킥 막기	• (㉡)	• 야구 공치기

	㉠	㉡	㉢
①	포복하기	축구 골킥하기	손바닥 파악반사
②	머리와 목 제어	육상 허들 넘기	손바닥 파악반사
③	포복하기	육상 허들 넘기	목 가누기 반사
④	머리와 목 제어	축구 골킥하기	목 가누기 반사

20. <보기>의 동작에서 성숙단계로 발달하도록 지도하는 방법으로 적절하지 <u>않은</u> 것은?

〈보기〉

시작 단계의 드리블 동작

① 두 발을 벌리고, 내민 발의 반대편 손을 앞으로 내밀어 드리블하도록 지도한다.

② 허리 높이에서 몸통을 약간 앞으로 기울여 드리블하도록 지도한다.

③ 공을 튀길 때 손목 스냅을 이용하여 공을 바닥 쪽으로 밀어내도록 지도한다.

④ 공을 튀길 때 손바닥으로 공을 때리도록 지도한다.

1. **영유아기 뇌 발달에 대한 설명으로 옳지 않은 것은?**
   ① 대뇌피질은 출생 이후에도 발달한다.
   ② 3세의 뇌 무게는 성인의 75% 정도이다.
   ③ 6세경 뇌 무게는 성인의 90% 정도에 도달한다.
   ④ 뇌는 영유아기까지 완만하게 발달하다 이후에는 급격히 발달한다.

2. **영유아의 시지각(visual perception)에서 '형태(form) 지각'에 대한 설명으로 옳지 않은 것은?**
   ① 신생아는 형태를 지각할 수 있으며, 직선보다 곡선을 더 선호하는 것으로 알려졌다.
   ② 모양을 구별하고 여러 가지 양식들을 분간할 수 있는 능력이다.
   ③ 자신으로부터 대상이 떨어져 있는 거리를 판단하는 능력이다.
   ④ 생후 6개월경에 급속히 발달한 후에 정교해진다.

3. **기본움직임기술(fundamental movement skills: FMS)과 움직임 양식과의 연결이 옳지 않은 것은?**
   ① 조작 운동: 굽히기(bending), 늘리기(stretching), 직립균형(upright balance)
   ② 조작 운동: 때리기(striking), 튀기기(bouncing), 되받아치기(volleying)
   ③ 이동 운동: 걷기(walking), 호핑(hopping), 스키핑(skipping)
   ④ 이동 운동: 점핑(jumping), 갤로핑(galloping), 슬라이딩(sliding)

4. **유아체육 지도환경 조성 원칙에 따른 내용이 옳지 않은 것은?**

	원칙	내용
①	흥미성	호기심, 모험심 등을 표현할 수 있는 지도환경 조성
②	안전성	부드러운 마감재나 바닥 재질, 공간의 벽 등을 고려한 지도환경 조성
③	필요성	음향시설, 냉난방시설, 활동공간의 크기 등을 고려한 지도환경 조성
④	경제성	설비나 용구로 인한 건강 저해나 활동의 위험성이 없도록 지도환경 조성

5. **전문화된(specialized) 움직임 시기의 '적용(application) 단계'에 대한 설명으로 옳지 않은 것은?**
   ① 특정 활동을 찾거나 기피하기 시작한다.
   ② 움직임 수행의 정확성과 더불어 양적 측면이 강조된다.
   ③ 다양한 과제, 개인, 환경 요인 등을 토대로 어떤 활동에 참여할 것인지를 결정한다.
   ④ 인지능력이 저하되고 경험 토대가 축소되면서 많은 것을 학습하기가 어려워진다.

6. **<보기>에서 유소년 신체활동을 통한 자기개념(self-concept) 발달에 대한 설명으로 옳은 것을 모두 고른 것은?**

   〈보기〉

   > ⊙ 움직임은 긍정적인 자기개념을 촉진시킬 수 있는 최상의 방법이다.
   > ⓒ 유소년에게 용기를 북돋아 주고, 생활에 모험활동이 포함되도록 한다.
   > ⓒ 자신들의 한계 내에서 합리적인 수행목표를 세울 수 있도록 도와준다.
   > ⓔ 실패의 가능성을 높이고, 실패와 실패지향적 경험들을 많이 제공한다.

   ① ⊙
   ② ⊙, ⓔ
   ③ ⓒ, ⓒ
   ④ ⓒ, ⓒ, ⓔ

7. <보기>의 ㉠~㉢에 들어갈 용어를 옳게 나열한 것은?

〈보기〉

- 피카(R. Pica)는 동작요소를 (㉠), 형태, (㉡), 힘, 흐름, 리듬으로 구성된다고 하였다.
- 퍼셀(M. Purcell)은 (㉠) 인식, 신체 인식, 노력, (㉢) 같은 동작요소에 대한 이해를 바탕으로 이를 응용영역에 적용시킬 수 있어야 한다고 하였다.

	㉠	㉡	㉢
①	공간	시간	관계
②	저항	속도	무게
③	공간	관계	시간
④	무게	속도	저항

8. <표>의 ㉠, ㉡에 들어갈 기본움직임기술의 발달 단계를 바르게 제시한 것은?

〈표〉

단계	(㉠)	(㉡)
움직임 기술	물구나무서기	공 차기
설명	• 삼각지지를 통한 물구나무서기 가능 • 일정하지 않은 균형점을 보이고, 간헐적으로 자세를 오랫동안 유지함 • 감각적으로 사지의 위치를 살펴려고 노력함	• 차기동작 동안 양 팔 흔들기가 나타남 • 팔로우 스로우가 이루어지는 동안 몸통이 허리까지 굽혀짐 • 다리 스윙이 길어지고, 달리거나 껑충 뛰어서 공에 다가감

	㉠	㉡
①	시작	시작
②	시작	성숙
③	초보	초보
④	초보	성숙

9. 에릭슨(E. Erikson)이 제시한 심리사회발달 단계에 대한 내용의 연결이 적절하지 <u>않은</u> 것은?

	단계	내용
①	신뢰감 대 불신감	정체감을 확립하지 못한 경우 자신감을 가지지 못함
②	자율성 대 수치·회의	근육 발달을 조절할 수 있으며 자기 주위를 탐색함
③	주도성 대 죄의식	목표나 계획을 세워 성공하고자 노력함
④	근면성 대 열등감	기초적인 인지 기술과 사회적 기술을 습득함

10. <보기>에서 동일한 유형의 반사(reflex)나 반응(reaction)인 것을 고른 것은?

〈보기〉

㉠ 모로(Moro) ㉡ 당김(pull-up)
㉢ 목가누기(neck righting)
㉣ 바빈스키(Babinski)
㉤ 비대칭목경직(asymmetrical tonix neck)
㉥ 낙하산(parachute)

① ㉠, ㉡, ㉥ ② ㉠, ㉣, ㉤
③ ㉡, ㉢, ㉣ ④ ㉡, ㉢, ㉤

11. <보기>에서 '영유아 기도폐쇄' 응급처치에 관한 설명으로 옳은 것을 모두 고른 것은?

〈보기〉

㉠ 1세 미만의 경우 등 두드리기 및 흉부압박이 권장된다.
㉡ 의식이 없는 경우 혀에 의한 기도폐쇄가 있는지 확인한다.
㉢ 등 두드리기를 할 때 머리를 가슴보다 낮게 하고, 안은 팔을 허벅지에 고정시킨다.
㉣ 흉부를 압박할 때 등을 받치고 머리를 가슴보다 낮게 하여, 안은 팔을 무릎 위에 놓는다.

① ㉠, ㉡ ② ㉠, ㉢
③ ㉡, ㉢, ㉣ ④ ㉠, ㉡, ㉢, ㉣

12. <표>에서 체력의 구분 및 요소, 검사방법의 연결이 옳은 것을 고른 것은?

〈표〉

	구분	체력요소	검사방법
㉠	건강체력	순발력	모둠 발로 멀리뛰기
㉡	건강체력	심폐지구력	셔틀런 (페이서, PACER)
㉢	운동체력	평형성	평균대 위에서 한발로 서기
㉣	건강체력	유연성	1분간 앉았다 일어나기

① ㉠, ㉡   ② ㉠, ㉣
③ ㉡, ㉢   ④ ㉡, ㉣

13. 초등체육 교육과정의 3~4학년군 성취기준에 대한 내용으로 옳지 <u>않은</u> 것은?

① 체력운동이나 스포츠활동보다 신체를 인식하고 움직이는 기초적인 이동운동을 한다.
② 기본 체력운동의 방법과 절차를 익히며 자신의 수준에 맞는 운동을 시도한다.
③ 기본 움직임 기술의 의미와 종류를 이해하고 스포츠와의 관계를 파악한다.
④ 움직임의 심미적 표현에 대한 호기심과 감수성을 나타낸다.

14. 스포츠 기술에 반영된 조작 운동과 지각운동 구성요소의 연결이 옳은 것은?

	스포츠 기술	조작운동	지각운동 구성요소
①	골프공 때리기, 축구공 차기	추진	안정
②	농구패스잡기, 핸드볼패스 잡기	추진	공간
③	티볼 펀팅, 탁구공 되받아치기	흡수	시간
④	축구패스공 멈추기, 야구 공중볼 받기	흡수	공간

15. <보기>의 대화에서 ㉠, ㉡에 들어갈 유아체육 프로그램 기본원리와 교수방법은?

〈보기〉

A 지도자: 저는 수업에서 유아 간에 체력이나 소질 같은 개인차가 발생하는 부분이 늘 고민이었어요. 운동프로그램 구성을 위한 원리 같은 것이 있을까요?

B 지도자: (㉠)의 원리 같은 경우가 적용될 수 있을 것 같아요. 이 원리는 일반화된 특성뿐만 아니라 유전과 환경요인 같은 개인차를 고려하는 것을 말해요.

A 지도자: 그렇다면 유아가 창의성 있게 자발적으로 참여하게 하는 지도방법은 어떤 것이 있을까요?

B 지도자: (㉡) 방법이 효과적일 것 같아요. 이 방법은 유아 스스로의 실험과 문제해결, 자기 발견을 통해 학습이 일어나는 과정을 강조하는 방법이예요.

	㉠	㉡
①	특이성	탐색적(exploratory)
②	특이성	과제 중심 접근(task-oriented)
③	연계성	탐색적(exploratory)
④	연계성	과제 중심 접근(task-oriented)

16. 기본 움직임 기술에 대한 대근운동발달검사 (TGMD)에서 검사항목과 수행기준이 적절하지 <u>않은</u> 것은?

	기본움직임기술	검사항목	수행기준
①	이동운동	달리기 (15m)	팔꿈치를 구부리고 팔과 다리는 엇갈려 움직인다.
②	이동운동	제자리멀리 뛰기	던지는 팔의 반대쪽 발을 내딛으며 무게를 이동시킨다.
③	조작 운동	던지기 (over-hand throw)	엉덩이와 어깨를 목표지점을 향하여 회전시킨다.
④	조작 운동	공 차기	디딤발로 외발 뛰기를 하면서 차는 발을 길게 뻗는다.

17. 미국 질병통제예방센터(CDC)가 제시한 연령별 신체활동 가이드라인으로 옳지 <u>않은</u> 것은?

① 미취학 아동에게 성장과 발달을 위해 일정 시간 이상의 신체활동이 권장된다.

② 미취학 아동의 보호자는 제한적인 활동유형의 소근육 위주 놀이를 장려해야 한다.

③ 어린이와 청소년에게 매일 60분 이상의 중강도 신체활동을 장려해야 한다.

④ 어린이와 청소년들에게 연령에 적합하며, 즐겁고 다양한 신체활동에 참여할 수 있는 기회와 격려의 제공이 권장된다.

18. 유치원 체육수업에서 실제학습시간(ALT)을 증가시킬 수 있는 공간 구성 전략으로 옳지 <u>않은</u> 것은?

① 유아의 호기심 및 모험심 등을 표현할 수 있는 환경 조성을 추구한다.

② 유아의 주의 집중을 위해 체육시설이나 기구를 효율적으로 배치한다.

③ 운동이 익숙해지는 시기에는 순환식보다 병렬식 위주로 기구를 배치한다.

④ 수업 중인 신체활동과 관련 없는 놀잇감 배치를 지양한다.

19. <표>는 미국스포츠의학회(ACSM)의 '어린이와 청소년을 위한 FITT(빈도, 강도, 시간, 형태) 권고사항'이다. ㉠~㉢에 들어갈 용어를 바르게 연결한 것은?

〈표〉

구분	(㉠) 운동	(㉡) 운동	(㉢) 운동
빈도	고강도 운동을 최소 주 3일 이상 포함되도록 함	주 3일 이상	주 3일 이상
강도	중강도에서 고강도	체중 또는 8~15회 반복 가능한 무게	충격이나 기계적 부하와 같이 부하를 주는 신체활동이나 운동자극

	㉠	㉡	㉢
①	무산소	심폐체력	평형성
②	유산소	저항	평형성
③	유산소	저항	뼈 강화
④	유산소	뼈 강화	저항

20. 유소년 체육활동에서 체온조절과 관련된 내용으로 지도자가 고려해야 할 사항으로 옳지 <u>않은</u> 것은?

① 적당한 온도 및 습도가 유지된 환경을 조성해야 한다.

② 체온조절을 위해 가능한 더운 공간에서의 활동을 장려한다.

③ 더운 여름철의 체육 활동에는 적절한 수분 보충을 장려한다.

④ 유소년은 체육활동 시 성인에 비해 열을 빨리 획득하게 된다는 것을 인지한다.

1. 영·유아기의 발달에 대한 설명으로 적절하지 않은 것은?

① 말초신경이 먼저 발달한 다음 중추신경이 발달한다.

② 특정 능력이나 행동의 발달에 최적인 시기가 존재한다.

③ 발달은 일정한 순서로 이루어지지만, 발달속도에는 개인차가 있다.

④ 소근육 운동의 발달은 눈과 손이 협응하여 손 기술을 정확하게 구사하는 능력으로, 중추신경계통의 성숙을 의미한다.

2. 유아기의 운동프로그램 구성을 위해 고려해야 할 사항으로 적절하지 않은 것은?

① 다양한 기본움직임 경험보다 복합적이고 정교한 동작수행에 중점을 두어 구성한다.

② 협응성 운동 시, 속도나 민첩성의 요소가 연계되지 않도록 한다.

③ 운동수행의 성공 빈도를 높일 수 있도록 프로그램을 구성한다.

④ 간단한 움직임에서 복잡한 움직임으로 진행되도록 구성한다.

3. 발달단계에 따른 유소년체육 프로그램 구성 시, 고려해야 할 사항으로 적절하지 않은 것은?

① 대근육에서 소근육으로의 발달단계를 고려하여 구성한다.

② 기본움직임 단계에서는 다양한 안정성, 이동 및 조작 움직임을 습득하도록 구성한다.

③ 기본움직임 단계는 협응력이 발달되는 중요한 시기이므로, 다양한 움직임 경험을 갖도록 구성한다.

④ 기본움직임에서 전문화된 움직임으로의 전환(transition)단계에서는 움직임 수행의 형태, 기술, 정확성과 더불어 양적 측면을 강조하여 구성한다.

4. <보기>에 들어갈 인지발달 이론의 요소가 바르게 나열된 것은?

〈보기〉

- (㉠): 새로운 경험과 자극이 유입되었을 때, 기존에 가지고 있는 도식을 사용하여 해석한다.
- (㉡): 기존의 도식으로는 새로운 사물이나 사건을 이해할 수 없을 때, 새로운 사물이나 대상에 맞도록 기존의 도식을 변경한다.
- (㉢): 현재의 조직들이 서로 상호작용하며 효율적인 체계로 결합하여 더 복잡한 수준의 지적 구조를 이루는 과정이다.

	㉠	㉡	㉢
①	조절 (accommodation)	동화 (assimilation)	적응 (adaptation)
②	적응 (adaptation)	조절 (accommodation)	조직화 (organization)
③	동화 (assimilation)	조절 (accommodation)	조직화 (organization)
④	동화 (assimilation)	조직화 (organization)	적응 (adaptation)

5. <보기>에서 유소년의 전문화된 운동기술 연습 시, 인지단계(cognitive stage)의 지도전략에 해당하는 것으로 가장 적절한 것은?

〈보기〉

㉠ 스스로 자신의 운동수행을 평가할 기회를 제공한다.

㉡ 복잡한 운동기술은 여러 단계로 구분하여 지도한다.

㉢ 운동의 목적과 요구되는 기술을 명확히 설명해준다.

㉣ 다양한 기술과 연계지어 동작의 형태를 바꾸는 전략을 찾게 한다.

① ㉡, ㉢   ② ㉠, ㉣

③ ㉡, ㉣   ④ ㉠, ㉢

6. <보기>에 들어갈 유아의 기본움직임 발달단계가 바르게 나열된 것은?

〈보기〉

> - (㉠): 기본적인 움직임을 보이지만, 협응이 원활하지 않아 움직임이 매끄럽지 못하다.
> - (㉡): 기본 움직임에 대한 제어와 협응이 향상되지만, 신체사용이 비효율적이다.
> - (㉢): 움직임의 수행이 역학적으로 효율성을 갖게 되어 협응과 제어가 향상된다.

	㉠	㉡	㉢
①	시작 단계	전환 단계	전문화 단계
②	초보 단계	성숙 단계	전문화 단계
③	시작 단계	초보 단계	성숙 단계
④	초보 단계	적용 단계	성숙 단계

7. 안정성(stability) 운동기술 중 축성(axial) 움직임만으로 나열된 것은?

① 구르기(rolling), 늘리기(stretching), 흔들기(swinging)

② 늘리기(stretching), 비틀기(twisting), 흔들기(swinging)

③ 구르기(rolling), 비틀기(twisting), 거꾸로 균형(inversed balance)

④ 비틀기(twisting), 흔들기(swinging), 거꾸로 균형(inversed balance)

8. 운동발달에 대한 검사와 평가에 관한 설명으로 적절하지 않은 것은?

① 운동발달 검사는 전반적인 운동발달 상황을 확인할 수 있는 유용하고 객관적인 지표를 제공한다.

② 평가는 내용에 따라 규준지향 평가와 준거지향 평가로 나뉘고, 기준에 따라 결과지향 평가와 과정지향 평가로 나뉜다.

③ 평가 결과는 특정 기술수행에서 결여된 부분을 확인하고 그 원인을 파악해 프로그램의 구체적인 목표를 설정할 수 있게 한다.

④ 대근운동발달검사(Test of Gross Motor Development)는 만 3~10세 아동을 대상으로 한 이동 및 조작 운동기술에 대한 검사도구이다.

9. 국립중앙의료원(2010)이 제시한 어린이·청소년 신체활동 권장사항이 아닌 것은?

① 인터넷, TV, 게임 등을 위해 앉아서 보내는 시간은 하루 2시간 이내로 한다.

② 일주일에 3일 이상 유산소운동, 근육강화운동, 뼈 강화운동을 한다.

③ 운동강도 조절을 위해 놀이공간의 안전성은 고려하지 않는다.

④ 매일 1시간 이상 운동을 한다.

10. 유아 운동프로그램의 지도 원리로 적절하지 않은 것은?

① 추상적인 것에서 시작하여 구체적인 것으로 운동을 지도한다.

② 유아 간 연령별 체력의 차이, 운동소질 및 적성의 차이를 고려하여 지도한다.

③ 기초체력, 기본운동기술과 지각운동의 발달이 통합적으로 이루어지도록 지도한다.

④ 다양한 감각을 통해 구체적 경험이 형성되도록 프로그램을 구성하여 지도한다.

11. 유아운동 지도 시 교구배치 방법과 그 효과에 대한 설명으로 적절하지 않은 것은?

① 공간 활용성을 높인 교구배치로 안전사고를 예방한다.

② 시각적 효과를 높인 교구배치로 학습자의 시선을 분산한다.

③ 순환식 교구배치로 대기시간을 줄여 실제학습시간을 늘려준다.

④ 병렬식 교구배치로 교구 사용을 반복하여 자신감을 갖도록 유도한다.

12. <보기>에 해당하는 발달이론이 바르게 나열된 것은?

〈보기〉

	발달이론
㉠	• 인간의 발달은 환경에 따른 훈련으로 이루어진다. • 학습에 의한 긍정적 행동의 촉진을 강조한다.
㉡	• 유아의 다양한 경험을 토대로 동화, 조절, 평형화의 과정을 통해 도식이 발달된다. • 조직화와 적응을 강조한다.
㉢	• 타인을 관찰하는 것만으로 새로운 행동을 획득할 수 있다. • 모방학습의 중요성을 강조한다.

	㉠	㉡	㉢
①	스키너(B. Skinner)의 행동주의 이론	게셀(A. Gesell)의 성숙주의 이론	에릭슨(E. Erickson)의 심리사회발달 이론
②	반두라(A. Bandura) 의 사회학습 이론	피아제(J. Piaget)의 인지발달 이론	비고스키(L. Vygotsky)의 상호작용 이론
③	에릭슨(E. Erickson)의 심리사회발달 이론	게셀(A. Gesell)의 성숙주의 이론	반두라(A. Bandura) 의 사회학습 이론
④	스키너(B. Skinner)의 행동주의 이론	피아제(J. Piaget)의 인지발달 이론	반두라(A. Bandura) 의 사회학습 이론

13. 성인체육과 비교 시 유아체육의 특징으로 적절하지 않은 것은?

① 집중력 저하를 고려한 놀이 중심의 신체활동과 지적 활동을 병행한다.

② 신체활동에 의한 성장과 발달을 통해 전인적 인간 육성을 지향한다.

③ 스포츠 활동에 필요한 전문화된 기술 습득을 강조한다.

④ 발육과 발달에 중점을 둔다.

14. <보기>의 ㉠, ㉡에 들어갈 가장 적절한 용어로만 나열된 것은?

〈보기〉

> • 유아교육 교사: 유아는 다양한 기본움직임 기술이나 기초체력 향상에 관한 활동을 스스로 익히기 어렵습니다. 유아가 이와 같은 요소들을 자연스럽게 익히려면 어떻게 해야 할까요?
>
> • 스포츠지도사: 네. 유아는 징검다리 걷기, 네발로 걷기 등의 놀이 중심 신체활동 프로그램을 통해 기본움직임기술과 기초체력 요소를 향상시킬 수 있어요.
>
> | 구분 | 징검다리 걷기 | 네발로 걷기 |
> |---|---|---|
> | 기본움직임기술 요소 | (㉠)운동 | 이동 운동 |
> | 기초체력 요소 | 평형성 | (㉡) |

	㉠	㉡
①	안정성	민첩성
②	안정성	근력/근지구력
③	조작	근력/근지구력
④	조작	민첩성

15. <보기>에서 국민체육진흥법(2014)의 유소년스포츠지도사 자격제도에 관한 설명으로 옳은 것을 모두 고른 것은?

〈보기〉

> ㉠ 유소년은 만 3세부터 중학교 취학 전까지를 말한다.
>
> ㉡ '유소년스포츠지도사'란 유소년을 대상으로 체육을 지도하는 사람을 말한다.
>
> ㉢ 유소년스포츠지도사는 유소년의 행동양식, 신체 발달 등에 대한 지식을 갖춘다.

① ㉠, ㉡   ② ㉠, ㉢

③ ㉡, ㉢   ④ ㉠, ㉡, ㉢

16. 영아의 반사에 관한 설명으로 적절하지 **않은** 것은?

① 비대칭목경직반사(Asymmetric Tonic Neck Reflex) 검사로 눈·손의 협응과 좌·우측 인식의 발달 수준을 추측할 수 있다.

② 신경적 장애 진단을 위한 반사의 출현과 소멸 간의 관계 검사는 전문가의 도움이 필요하다.

③ 걷기반사(Stepping Reflex) 검사로 불수의적 운동행동의 발달을 추측할 수 있다.

④ 모로반사(Moro Reflex) 검사로 신경적인 변이나 손상을 추측할 수 있다.

17. <그림>의 동작에서 성숙 단계로 발달하도록 지도하는 방법이 적절하지 **않은** 것은?

〈그림〉

〈시작단계의 구르기(rolling) 동작〉

① 이마가 지면에 닿게 지도한다.

② 머리가 동작을 리드할 수 있도록 지도한다.

③ 구르는 힘을 생성할 수 있도록 양팔의 움직임을 지도한다.

④ 몸이 구르는 내내 압축된 C자 모양을 유지할 수 있도록 지도한다.

18. 유아체육 지도 방법 중 '탐구적 방법'에 해당되는 내용으로 적절한 것은?

① 도입, 동작 습득, 창의적 표현, 평가의 단계별 활동 전개하기

② 학습환경에 자유와 융통성을 도입하여 더 많은 책임 부여하기

③ 시범 보이기, 연습해보기, 언급해주기, 보충 설명하기, 시범 다시 보이기

④ 동작 과제나 질문을 제시하고 유아들이 제안한 다양한 해결방법을 인정하고 받아들이기

19. 고강도 운동 시 성인과 비교하여 유소년에게 나타나는 생리적 반응으로 적절하지 **않은** 것은?

① 1회박출량: (성인에 비하여) 낮음

② 호흡 수: (성인에 비하여) 높음

③ 수축기 혈압: (성인에 비하어) 낮음

④ 심박수: (성인에 비하여) 낮음

20. <보기>의 ㉠, ㉡에 들어갈 용어가 바르게 나열된 것은?

〈보기〉

> • 특정 능력이나 행동의 발달에 최적인 시기를 (㉠)라고 한다.
> • 각 시기에 따른 유아의 발달은 특정 시기에 도달해야 할 (㉡)을 갖기 때문에 시기를 놓쳐버리면 올바른 성장이 저해될 수 있다.

	㉠	㉡
①	민감기	통합성
②	민감기	발달과업
③	감각운동기	발달과업
④	전조작기	병변현상

2024년 유소년 스포츠지도사 유아체육론

1. ④ 2. ① 3. ④ 4. ② 5. ② 6. ③ 7. ③ 8. ④
9. ② 0. ① 11. ④ 12. ④ 13. ② 14. ① 15. ③
16. ③ 17. ④ 18. ① 19. ② 20. ④

1. ④ 새로운 기능 학습 시에는 수업 초반에 제시한 과제 수준을 필요에 따라 변화를 준다.

2. ① 시범에서 행동적 표현을 보다 많이 활용할 때 더 효과적이다.

3. ④ 프로그램 내 과제 수준은 이전 프로그램과 연계하고 개인 역량에 맞게 제공하는 것이 좋다.

4. ② 감각이란 감각수용세포가 자극으로 들어온 정보를 뇌로 전달하는 것을 뜻한다.

5. 〈보기〉가 설명하는 것은 열사병이다. ① 일사병: 고온환경에 노출되어 심부 신체의 온도가 37도에서 40도 사이로 상승하여, 적절한 심장박출을 유지할 수 없으나 중추신경계의 이상은 없는 상태이다. ③ 고체온증: 신체 내부의 온도가 비정상적으로 상승하여 체온조절이 불가능해지는 상태이다. ④ 열경련: 고온환경에서 운동 후 과다한 발한작용으로 인한 무기질 손실과 탈수가 원인으로 열 관련 가장 가벼운 손상이며 골격근의 심한 경련이 주로 팔, 다리, 복부에서 일어난다.

6. ㉠은 연계성, ㉡은 방향성, ㉢은 적합성이다. 연계성: 프로그램 특성의 변화와 순서를 조직적으로 연계한다. 방향성: 인간의 성장과 발달은 일련의 방향성을 가지고 발달하는데 머리에서 사지로 발달하고 신체 중심에서 말초부위로 발달하게 된다. 적합성: 연령에 따른 민감기를 고려하여 적절한 운동이 적용되면 운동발달에 효과적이다.

7. ㉠은 성장, ㉡은 발달, ㉢은 성숙이다.

8. 해당 검사의 측정 도구는 이동 기술 6가지, 물체 조작기술 6가지를 평가하는 것이다. ㉠은 물체 조작기술(올바른 물체 사용방법), ㉡은 갤롭이다.

9. ㉠은 사회문화적 이론, ㉡은 형식적 조작기, ㉢은 평형화, ㉣은 근접발달영역이다.
피아제의 인지발달 단계이론에서 유아의 인지발달

은 성숙과 환경과의 지속적인 상호작용의 결과라고 강조했고, 레프 비고츠키의 사회문화적 발달이론에서 인지발달은 사회적 상호작용과 문화적 환경에 의해 결정된다고 주장했다.
근접발달영역은 학습자가 스스로 해결할 수 없는 과제를 다른 사람의 도움으로 해결할 수 있는 영역을 말한다. 학습자는 자신보다 더 능숙한 사람(교사, 부모, 동료 등)의 지원을 받아 점차적으로 독립적으로 과제를 수행할 수 있게 된다.

10. 반사 움직임 단계는 태아기를 거쳐 생후 약 4개월까지 관찰되며, 불수의적 움직임 특징을 보이는 정보 부호화 단계와 생후 약 4개월 무렵에 시작되는 정보 해독단계로 분류된다. ① 반사는 불수의적으로 이루어지며 피질 하에서 제어되는 움직임으로 운동발달 단계들의 토대가 된다.

11. 체육과 교육과정(2022)에서 추구하는 삶은 세 가지 신체활동 역량(움직임 수행 역량, 건강 관리 역량, 신체활동 문화 향유 역량)을 갖춤으로써 실현된다. 움직임 수행 역량은 신체활동 형식에 적합한 움직임의 기능과 방법을 효율적, 심미적으로 발휘할 수 있는 능력이다. 건강 관리 역량은 체력 및 신체적, 정신적, 사회적 건강을 유지하고 증진하는 능력이다. 신체활동 문화 향유 역량은 다양한 신체활동 문화를 전 생애 동안 즐기며 타인과 상호작용할 수 있는 능력이다.

12. 지도자별 교수 방법이 바르게 연결된 것은 ④이다.
  • 지시적 교수법(A지도자): 시범 보이기, 연습해보기, 일반적인 언급해주기, 보충설명과 시범 다시 보이기
  • 탐색적 교수법(B지도자): 동작 과제나 질문을 제시하고 유아들이 제안한 다양한 해결방법을 인정하고 받아들이기
  • 과제 중심 접근 교수법(C지도자): 지시적 방법과 마찬가지로 유아가 할 행동이나 활동하는 방법을 지도사가 정하지만, 유아에게 의사결정권을 주는 점에서 지시적 방법과 다름
  • 안내-발견적 교수법(D 지도자): 올바른 동작 방법을 제시하고 자유롭고 창의적으로 표현하게 하기

13. ㉠은 신체 인식, ㉡은 공간 인식, ㉢은 노력이다.

14. ㉠은 지지면, ㉡은 가속도, ㉢은 거리이다.

15. ㉠은 성장 발달, ㉡은 구조화, ㉢은 60분이다.

16. ③ 움직임 기술의 발달 단계 구분은 움직임 패턴의 특수성이나 관찰자의 정교함에 영향을 받는다.

17. '국민체력100'에서 제시하는 유아기 체력측정에 관한 설명으로 옳은 것은 ㄱ, ㄴ, ㄷ이다.

18. ㄴ. 전면성의 원리: 신체의 특정 부위와 체력요소에만 치중하지 않고, 전신 운동을 통해 신체를 균형있게 발달시킨다. ㄷ. 점진성의 원리: 운동을 부상 없이 효과적으로 수행하기 위해서는 운동강도 및 운동량을 점차적으로 증가시켜야 한다.

19. ㉠은 머리와 목 제어, ㉡은 육상 허들 넘기, ㉢은 손바닥 파악반사이다.

20. ④ 공을 튀길 때 손바닥으로 공을 때리도록 지도하는 것은 성숙단계가 아닌 초보단계의 특징이다.

2023년 유소년 스포츠지도사 유아체육론

1. ④ 2. ③ 3. ① 4. ④ 5. ④ 6. ③ 7. ① 8. ④
9. ① 10. ② 11. ④ 12. ③ 13. ① 14. ④ 15. ①
16. ② 17. ② 18. ③ 19. ③ 20. ②

1. ④ 뇌는 6개월까지 발달이 급격하게 일어나 출생 후 6개월 정도에는 성인의 60% 정도가 된다.

2. ③ 자신으로부터 대상이 떨어져 있는 거리를 판단하는 능력은 공간지각에 해당된다.

3. ① 조작 운동에서 굽히기, 늘리기, 직립균형은 안정성 운동에 해당된다.

4. ④는 안전성에 해당하는 내용이다. 경제성은 교구에 대한 교체시기 등 비용에 대한 부분이다.

5. ④ 전문화된 움직임 시기의 '적용단계'는 11~13세까지의 기간이 해당된다. 이 시기는 인지능력이 발달되고 경험 토대가 축적되면서 많은 것을 학습할 수 있게 된다.

6. 〈보기〉에서 유소년 신체활동을 통한 자기개념 발달에 대한 설명으로 옳은 것은 ㉡, ㉢이다. ㉠ 움직임은 긍정적인 자기개념을 촉진시킬 수 있는 하나의 방법이다. ㉣ 성공 가능성을 높이고, 성취와 성공지향적 경험들을 많이 제공한다.

7. 피카는 동작요소를 공간, 형태, 시간, 힘, 흐름, 리듬으로 구성된다고 하였다. 퍼셀은 공간 인식, 신체 인식, 노력, 관계 같은 동작요소에 대한 이해를 바탕으로 이를 응용영역에 적용시킬 수 있어야 한다고 하였다.

8. ㉠은 초보, ㉡은 성숙이다.

9. ① 신뢰감 대 불신감의 긍정적 결과의 경우 영아는 사람들에게 신뢰를 갖게 되며, 자신의 요구를 해결해줄 것이라 믿는다. 부정적 결과의 경우 영아는 사람들을 믿을 수 없으며 자신의 요구는 충족되지 않을 것으로 믿는다.

10. ② ㉠, ㉣, ㉤은 원시반사에 해당하고 ㉡, ㉥, ㉢은 자세반사에 해당된다.

11. 〈보기〉에서 '영유아 기도폐쇄' 응급처치에 관한 설명으로 ㉠, ㉡, ㉢, ㉣ 모두 옳다.

12. 〈보기〉에서 옳은 것은 ㉡, ㉢이다. ㉠은 운동체력에 해당한다. ㉣에서 검사방법은 무릎을 펴고 몸을 앞으로 굽히기이다.

13. ① 신체를 인식하고 움직이는 기초적인 이동운동을 하는 단계는 초보 움직임 단계에 해당한다. 3~4학년군의 시기는 전문화된 움직임 단계 중 적용 단계에 해당한다. 정교화된 인지 능력을 활용하고 축적된 경험으로 자신의 수준에 맞는 체력운동이나 스포츠활동을 시도한다.

14. 옳은 것은 ④이다. ①은 지각운동 구성요소가 관계이다. ②는 조작운동이 흡수이다. ③은 조작운동이 추진이다.

15. ㉠은 특이성, ㉡은 탐색적으로 정답은 ①이다. 특이성의 원리는 개인의 체력 및 소질 등 유전과 환경 요인을 고려한 개인차를 반영한다. 탐색적 방법은 유아 스스로의 실험과 문제해결, 자기 발견을 통해 학습이 일어나는 과정으로 유아가 창의성 있게 자발적으로 참여하게 하는 지도방법이다. 연계성의 원리는 신체 발달뿐만 아니라 정서적, 사회적 발달을 위한 연계된 프로그램을 제공한다.

16. ② 이동기술 중 립(Leap)에 대한 수행기준이다. 립은 한쪽 발로 이지하여 반대발로 착지한다. 도약 후두 발을 크게 벌리면서 뛰는 동작으로, 뛰는 동작보다 양 발이 지면에서 떨어져 있는 시간이 더 길다. TGMD는 미국에서 2000년도에 개발된 대근육운동발달 검사이다. 대상은 3~10세 비장애, 장애 학생

모두 사용이 가능하며, 이동기술과 조작기술로 나뉘어져 있다.

17. ② 미취학 아동의 보호자는 다양한 활동유형의 놀이를 장려해야 한다.

18. ③ 운동이 익숙해지는 시기에는 병렬식보다 순환식 위주로 기구를 배치하여 대기 시간을 줄여 실제 학습시간을 증가시킬 수 있다.

19. ㉠은 유산소, ㉡은 저항, ㉢은 뼈 강화로 정답은 ③이다.

20. ② 유소년은 체육활동 시 성인에 비해 열을 빨리 획득하기 때문에 체온조절을 위해 더운 공간보다는 시원한 공간에서의 활동을 장려하는 것이 좋다.

2022년 유소년 스포츠지도사 유아체육론

1. ① 2. ① 3. ④ 4. ③ 5. ① 6. ③ 7. ② 8. ②
9. ③ 10. ① 11. ② 12. ④ 13. ③ 14. ② 15. ④
16. ③ 17. ① 18. ④ 19. ④ 20. ②

1. 중추신경이 먼저 발달한 다음 말초신경이 발달한다.
2. 복합적이고 정교한 동작수행 경험보다 다양한 기본움직임에 중점을 두어 구성한다.
3. 기본움직임에서 전문화된 움직임으로의 전환단계에서는 움직임 수행의 형태, 기술, 정확성과 더불어 질적 측면을 강조하여 구성한다.
4. 인지발달 이론의 요소 중 ㉠은 동화, ㉡은 조절, ㉢은 조직화를 의미한다.
5. 인지단계의 지도전략에 해당하는 것은 ㉡, ㉢이다. ㉠ 운동수행에 대한 평가는 지도자가 하는 것이 좋다. ㉣ 과거 기술과 연계지어 동작의 형태를 반복되도록 구성한다.
6. 유아의 기본움직임 발달단계에서 ㉠은 시작 단계, ㉡은 초보 단계, ㉢은 성숙 단계를 의미한다. 이외에도 전문화 단계는 다양한 움직임과 스포츠 기술 등이 응용되어 보다 더 복잡한 활동이 가능해지는 단계를 의미한다.
7. 안정성 운동기술 중 축성 움직임은 굽히기, 늘리기, 비틀기, 몸 돌리기, 빙그르 돌기, 전후좌우로 흔들기 등이다. 구르기와 거꾸로 균형은 안정성 운동기술의 동적 및 정적 움직임에 해당한다.

8. 평가는 기준에 따라 규준지향 평가와 준거지향 평가로 나뉜다. 규준지향 평가는 학습자가 속한 집단의 규준과 비교하여 상대적인 위치를 알 수 있는 평가방법이고, 준거지향 평가는 절대적인 기준인 준거에 대해서 평가하는 방법으로 학습자의 목표도달 여부를 확인할 수 있다.
9. 영유아는 운동량을 스스로 조절하므로 안전한 놀이 공간을 제공해야 하고 어린이와 청소년은 매일 1시간 이상의 운동을 권장한다.
10. 유아 운동프로그램은 단순한 것에서 시작하여 복잡한 것으로 운동을 지도해야 하며 어떤 기능발달을 할 것인가에 대한 목적성을 띠고 있어야 한다.
11. 시각적 효과를 높인 교구배치로 학습자의 시선을 유도한다.
12. ㉠은 스키너의 행동주의 이론, ㉡은 피아제의 인지발달 이론, ㉢은 반두라의 사회학습 이론을 의미한다. 비고스키의 상호작용 이론은 유아와 숙련된 협력자와의 상호작용과 협동학습의 중요성을 강조하는 이론이다.
13. 유아체육은 이동성, 조작성, 안정성을 바탕으로 일상생활에 필요한 기본적인 발달을 요구한다. 유아체육 과정에서 스포츠 활동에 요구되는 전문화된 기술 습득을 강조하는 것은 적절하지 않다.
14. ㉠에 적절한 용어는 안정성, ㉡에 적절한 용어는 근력/근지구력이다.
15. 〈보기〉에서 ㉠, ㉡, ㉢ 모두 옳은 설명이다.
16. 걷기반사는 이후 수의적으로 걸을 수 있는지 여부를 알 수 있게 한다.
17. 구르기 시 이마가 지면에 닿게 지도하는 것은 시작 단계에 해당한다. 성숙 단계에서는 뒤통수가 바닥에 살짝 닿게 지도해야 한다.
18. ① Slater(1993)의 유아-교사 상호 주도적·통합적 교수방법: 도입, 동작 습득, 창의적 표현, 평가의 단계별 활동 전개하기 ② 직접-교사 주도적 교수 방법의 과제제시 방법: 학습환경에 자유와 융통성을 도입하여 더 많은 책임 부여하기 ③ 직접-교사 주도적 교수방법의 지시적 방법: 시범 보이기, 연습해보기, 언급해주기, 보충 설명하기, 시범 다시 보이기
19. 고강도 운동 시 성인과 비교했을 경우 유소년의

심박수는 높게 나타난다.

20. • 특정 능력이나 행동의 발달에 최적인 시기를 민감기라고 한다. • 각 시기에 따른 유아의 발달은 특정 시기에 도달해야 할 발달과업을 갖기 때문에 시기를 놓쳐버리면 올바른 성장이 저해될 수 있다. • 감각운동기와 전조작기는 피아제의 인지발달 이론단계에 해당한다.
• 피아제의 인지발달단계: 감각운동기-전조작기-구체적조작기-형식적조작기

참고 문헌

- 한국스포츠개발원 생활체육지도자연수원,《3급 생활체육지도자 연수교재(2014), 대한미디어》
- 국민체육진흥공단 체육과학연구원,《3급 생활체육지도자 연수교재(2012), 대한미디어》
- 국민체육진흥공단 체육과학연구원,《2급 생활체육지도자 연수교재(2010), 대한미디어》
- 국민체육진흥공단 체육과학연구원,《1급 생활체육지도자 연수교재(2013), 생활체육지도자연수원》
- 국민체육진흥공단 체육과학연구원,《2급 경기지도자 연수교재(2007), 경기지도자연수원》
- 국민체육진흥공단 체육과학연구원,《1급 경기지도자 연수교재(1997), 한국체육과학연구원 경기지도자연수원》
- 국민체육진흥공단 체육과학연구원,《스포츠생체역학(2009), 대한미디어》
- 체육과학연구원,《스포츠생리학(2000), 체육과학연구원》
- 최의창,《스포츠교육학(2003), 도서출판무지개사》
- 강신복,《현대 스포츠교육학의 이해(2009), 레인보우북스》
- 김병준,《운동심리학 이해와 활용(2006), 레인보우북스》
- 김상용,《스포츠 철학과 윤리학(2014), 스포츠북스》
- 권오륜,《스포츠 윤리철학의 동양철학적 접근(2008), 한국체육철학회》
- 권순용, 조욱연,《스포츠사회학(2015), 대한미디어》
- 한국체육사학회,《한국체육사(2015), 대한미디어》
- 김명일,《운동생리학(2015), 금광미디어》
- 위승두,《핵심 운동생리학(2012), 대경북스》
- 이필근,《핵심 운동역학(2009), 대경북스》
- 임번장,《스포츠사회학개론(1994), 동화문화사》
- 임번장,《사회체육개론(2008), 대한미디어》
- 황진, 김상범, 김병준, 김영숙,《스포츠심리학(2015), 대한미디어》
- 이병기 외,《스포츠심리학 플러스(2010), 대경북스》
- 류호상 외,《스포츠심리학 (2013), 영남대학교출판부》
- 한국체육철학회,《스포츠윤리(2015), 대한미디어》
- 한국스포츠교육학회,《스포츠교육학(2015), 대한미디어》
- 임완기 외,《운동생리학(2014), 도서출판 홍경》
- 편집부,《스포츠윤리학 특강(2017), 대경북스》
- 한국운동역학회,《운동역학(2015), 대한미디어》
- 김정효,《스포츠윤리학(2015), 레인보우북스》
- 정철수, 신인식,《운동역학총론(2005), 대한미디어》
- 김대진,《스포츠교육학 총론(2015), 교육과학사》
- 최영옥, 이병기, 구봉진,《스포츠 행동의 심리학적 이해(2002), 대한미디어》
- 대한운동사회,《치료적 운동의 원리와 실제(2003), 대한미디어》
- 한국운동생리학회,《운동생리학(2015), 대한미디어》
- 박홍규 외 2인,《스포츠사회학(1992), 나남신서》
- 박성주,《스포츠윤리 교육의 내용과 방법(2013), 한국체육학회지》
- 조영훈,《FISAF KOREA PERSONAL TRAINING교재(2000)》
- 《노인 스포츠지도사 연수교재, 연세대학교 노인스포츠지도사 연수원》
- 《유소년 스포츠지도사 연수교재, 중앙대학교 체육지도자연수원》

성피티의
생활
스포츠
지도사
2급 필기
합격공식

2급류 체육지도자 자격검정 OMR 답안지

* 컴퓨터용 검정색 수성 사인펜만 사용

※ 과목명 당 1개의 과목만 선택하여 표기(마킹)하시기 바라며, 과목을 표기(마킹)하지 않을 경우 해당과목은 0점 처리됩니다.

과목명 1

번호	1	2	3	4
스포츠사회학 ①	①	②	③	④
스포츠교육학 ②	①	②	③	④
스포츠심리학 ③	①	②	③	④
한국체육사 ④	①	②	③	④
운동생리학 ⑤	①	②	③	④
운동역학 ⑥	①	②	③	④
스포츠윤리 ⑦	①	②	③	④
특수체육론(장애인) ①	①	②	③	④
유아체육론(유소년) ②	①	②	③	④
노인체육론(노인) ③	①	②	③	④

(과목명 1 ~ 과목명 5 구조 동일, 문항 1~20)

과목명 2

번호	1	2	3	4

과목명 3

번호	1	2	3	4

과목명 4

번호	1	2	3	4

과목명 5

번호	1	2	3	4

자격·등급

고 사 장

성 명

현재 / 만 야

수험번호

결 시

감독 확인 (서명 또는 날인)

성피티의
생활
스포츠
지도사
2급 필기
합격공식

2급류 체육지도자 자격검정 OMR 답안지

* 컴퓨터용 검정색 수성 사인펜만 사용

※ 과목명 당 1개의 과목만 선택하여 표기(마킹)하시기 바라며, 과목을 표기(마킹)하지 않을 경우 해당과목은 0점 처리됩니다.

과목 명 1 / 과목 명 2 / 과목 명 3 / 과목 명 4 / 과목 명 5

과목	코드
스포츠사회학	⑪
스포츠교육학	㉒
스포츠심리학	㉝
한국체육사	㊹
운동생리학	㊺
운동역학	㊻
스포츠윤리	㊼
특수체육론(장애인)	⑪
유아체육론(유소년)	⑫
노인체육론(노인)	⑬

번호 1~20, 각 문항 ① ② ③ ④

자격 · 등급	
고 사 장	
성 명	

Ⓐ Ⓑ
문 제 형 별

수 험 번 호
0 1 2 3 4 5 6 7 8 9

결 시
(서명 또는 날인)
감독 확인

성피티의
생활
스포츠
지도사
2급 필기
합격공식